Revue des Nouvelles Technologies de l'Information
Sous la direction de Djamel A. Zighed et Gilles Venturini

RNTI E.37 ISBN 979-10-96289-14-1

Extraction et Gestion des Connaissances, EGC'2021

Rédacteurs invités : Vincent Lemaire (Orange Labs), Jérôme Azé (LIRMM)

LE MOT DES DIRECTEURS DE LA COLLECTION RNTI

Très chers lecteurs et lectrices,

La collection RNTI s'étoffe d'année en année. Vos publications RNTI sont disponibles en ligne mais également en diffusion de livres classiques ou numériques auprès des grands libraires et distributeurs.

La collection RNTI a maintenant pris sa place dans l'édition scientifique francophone. Elle s'impose dans le paysage éditorial scientifique puisque tout son contenu est référencé dans les banques de données bibliographiques et notamment DBLP. La communauté scientifique, notamment francophone, la considère comme l'une des publications de référence du domaine. Le nombre de pages publiées chaque année est d'environ 750, représentant des articles sélectionnés sur la base d'une évaluation rigoureuse selon les normes internationales. Le taux de sélection, autour de 30%, la place parmi les publications les plus exigeantes. Les publications de RNTI se font toutes selon la même charte éditoriale respectant les standards internationaux en matière de transparence et de qualité.

Nous tenons encore une fois à exprimer toute notre gratitude aux auteurs, aux rédacteurs invités et à tous nos collègues qui nous ont fait l'honneur de proposer des articles ou des numéros spéciaux.

Nous continuons à faire paraître des numéros dans les thèmes liés à l'Extraction de connaissances à partir des données, à la Fouille de données et à la Gestion des connaissances, mais nous ouvrons l'espace RNTI plus largement à d'autres domaines de l'Informatique, toujours avec les mêmes niveaux d'exigence sur les numéros publiés. Nous vous invitons à nous proposer des projets éditoriaux rentrant dans la politique éditoriale de RNTI et dont les principes assez simples font la distinction entre deux deux sortes de publications :

- des numéros à thème faisant l'objet d'un appel à communication. Chaque numéro à thème est édité par un ou plusieurs rédacteurs en chef invités. Un comité de programme spécifique d'une quinzaine de personnes est constitué à cette occasion. Si vous avez un projet éditorial vous pouvez nous le soumettre et s'il est dans le créneau de RNTI vous serez désigné rédacteur invité et vous vous chargerez ensuite de manière libre et indépendante de la mise en place de la collecte, de l'évaluation, de la sélection et de la publication du numéro,
- des actes de conférences sélectives garantissant une haute qualité des articles. Si vous présidez une conférence dans des thématiques liées aux technologies de l'information, vous pouvez nous contacter.

Nous remercions chaleureusement la communauté EGC de garder sa confiance à RNTI pour la parution de ce numéro qui fête la 21ième édition de la conférence, et nous espérons vivement qu'il vous donnera à toutes et à tous une entière satisfaction.

Pour tout renseignement, nous vous invitons à consulter notre site Web et à nous contacter.

Nous terminons ce petit mot en vous adressant nos meilleurs vœux pour 2021 et particulièrement à toute la communauté EGC.

Djamel A. Zighed et Gilles Venturini.

PRÉFACE

Vingt-et-unième édition que le temps passe vite ! EGC a visité presque autant de villes : Nantes (2001), Montpellier (2002), Lyon (2003), Clermont-Ferrand (2004), Paris (2005), Lille (2006), Namur (2007), Sophia-Antipolis (2008), Strasbourg (2009), Hammamet (2010), Brest (2011), Bordeaux (2012), Toulouse (2013), Rennes (2014), Luxembourg-Ville (2015), Reims (2016), Grenoble (2017), Paris (2018), Metz (2019), Bruxelles (2020).

En vingt ans, EGC s'est imposée comme un lieu d'échanges heureux et fructueux à la convergence de plusieurs communautés scientifiques : ingénierie des connaissances, fouille de données, apprentissage automatique.

Pour 2021 le contexte a été inhabituel et l'édition prévue à Montpellier (pôle de la région Occitanie) a du se tenir en distanciel en raison de la pandémie de Covid. L'équipe de Montpellier, l'équipe d'organisation, le comité de programme ont découvert une autre façon de travailler et d'organiser cette nouvelle édition. Nous pensons que le résultat est de haute qualité et remercions déjà tous ceux qui ont permis cela.

La conférence Extraction et Gestion des Connaissances (EGC) est un événement annuel réunissant des chercheurs et praticiens de disciplines relevant des sciences des données et des connaissances. Ces disciplines incluent notamment l'apprentissage automatique, l'ingénierie et la représentation de connaissances, le raisonnement sur des données et des connaissances, la fouille et l'analyse de données, les systèmes d'information, les bases de données, le web sémantique et les données ouvertes, etc.

Pour cette édition, nous souhaitons mettre l'accent sur la science des données qui est un mélange inter-disciplinaire dont l'objectif est la résolution de problèmes de découverte de connaissances mais aussi la résolution de problèmes analytiques complexes. Les données peuvent alors générer une certaine "valeur" dont la définition varie selon le ou les acteurs concernés. La science des données repose sur plusieurs grands domaines : expertise mathématique, apprentissage automatique, expertise sur les données concernées, statistiques, visualisation, ..., qui ont besoin de phases d'acquisition de données représentatives des problèmes concernés. L'édition d'EGC 2021 souhaite mettre en valeur toutes les connexions, associations et applications qui existent en ces grands domaines et qui aboutissent à de nouvelles méthodes ou de nouvelles applications dans des champs applicatifs très variés comme par exemple : la biométrie, la santé, le climat, la sécurité... tout en respectant la création de confiance (privacy) via par exemple l'interprétabilité des décisions « prises » par les algorithmes.

La conférence EGC est l'occasion de faire se rencontrer académiques et industriels afin de confronter des travaux théoriques et des applications pratiques sur des données réelles et de communiquer des travaux de qualité, d'échanger et de favoriser la fertilisation croisée des idées, à travers la présentation de travaux de recherche récents, de développements industriels et d'applications originales.

Les cinq conférences invitées explorent les territoires de la science des données qui devraient stimuler des débats passionnés et des directions pour les travaux de recherche en gestation qui donneront les publications de demain :

- "Targeted Machine Learning: how we can use machine learning for causal inference" par Antoine Chambaz

- "Integrating trees and networks into reproducible data analytic workflows" par Susan Holmes

- "Pl@ntNet, la science des données au service de la biodiversité végétale" par Alexis Joly

- "Explications de données et de classifieurs : quelques méthodes et risques notables" par Marie-Jeanne Lesot

- "Deep Convolutional Neural Networks: from recognition to anti-spoofing" par Sébastien Marcel

L'école éEGC, se tenant les 25 et 26 janvier, juste avant la conférence, a pour thème "Techniques d'apprentissage" et deux focus "Fouille de données textuelles", "Deep Learning : théorie et pratique".

Dix sessions donneront l'occasion aux scientifiques d'échanger sur les thèmes suivants (ordre chronologique) :

- Données textuelles

- Réseaux Sociaux et Données du web

- Données séquentielles, temporelles

- Clustering, Centralités, Découverte

- Interprétation, Sélection, Recommandation, Causalité

- Graphes

- Données textuelles

- Agents, Assistants , interactions & recommandation

- Traces, Logs, Flux

- Signal & Maintenance

EGC, cette année, c'est aussi 5 ateliers organisés la veille de la conférence :

- Atelier "TextMine (Fouille de textes)"

- Atelier "Le numérique : impact et applications dans l'environnement"

- Atelier APTA (Apprentissage Profond : Théorie et Applications)

- Atelier DAHLIA (DigitAl Humanities and cuLtural herItAge: data and knowledge management and analysis)

- Atelier DL for NLP (Deep Learning pour le traitement automatique des langues)

Pour terminer, soulignons que cette édition, de la conférence EGC 2021 en virtuel de Montpellier, sera particulière par la qualité et le sérieux de l'évaluation des papiers soumis. On notera aussi que malgré le contexte de pandémie et la virtualisation de la conférence le nombre d'article soumis est resté constant vis-à-vis de 2020 ; ceci montrant l'enracinement de la communauté EGC.

Sur 75 papiers soumis, 58 ont été acceptés (taux de sélection : 77%) répartis comme suit :

- 18 articles en version longue.

- 24 articles en version courte, dont 7 articles déjà publiés à l'international.

- 16 posters, dont 3 articles déjà publiés à l'international

- 5 posters correspondants à des articles déjà publiés

Remerciements : Nos remerciements les plus sincères vont tout d'abord aux auteurs pour la qualité scientifique de leurs contributions. Nous remercions aussi les membres du comité de programme et les relecteurs sollicités pour la qualité de leurs rapports d'évaluation et le temps consacré malgré des périodes chargées. Nos remerciements chaleureux vont particulièrement à toute l'équipe du comité d'organisation pour leur travail si essentiel à la réussite de la conférence, pour toutes les idées émises et les innovations qui leurs sont dues, leur gentillesse à toute épreuve et leur réactivité face à des demandes toujours urgentes, toujours indispensables.

Jérôme AZÉ
LIRMM, Université de Montpellier
Président du Comité d'Organisation

Vincent LEMAIRE
Orange Labs
Président du Comité de Programme

Membres du comité de lecture

Le Comité de Lecture est constitué du comité de programme et des membres du comité de pilotage de l'association EGC ayant participé à la sélection des articles.

Rennes (France)
Florent Masseglia, INRIA (France)
Guy Melançon, Université de Bordeaux, CNRS LaBRI UMR 5800 (France)
Engelbert Mephu Nguifo, University Clermont Auvergne - LIMOS - CNRS (France)
Zoltan Miklos, University of Rennes 1 (France)
Rokia Missaoui, LARIM, UQO (Canada)
Boughanem Mohand, IRIT University Paul Sabatier Toulouse (France)
Fabrice Muhlenbach, Laboratoire Hubert-Curien - Université de Saint-étienne (France)
Amedeo Napoli, LORIA Nancy (CNRS - Inria - Université de Lorraine) France (France)
Elsa Negre, Université Paris-Dauphine, LAMSADE (France)
Benjamin Nguyen, INSA Centre Val de Loire (France)
Ndèye Niang, CNAM (France)
Damien Nouvel, INaLCO (France)
Jean-Marc Ogier, University of La Rochelle, Laboratoire L3i (France)
Teste Olivier, IRIT (France)
Benoit Otjacques, Luxembourg Institute of Science and Technology (Luxembourg)
André Péninou, IRIT (France)
Frédéric Pennerath, CentraleSupélec (France)
Nathalie Pernelle, LRI-Universit Paris SUD (France)
Fabien Picarougne, LINA, University of Nantes (France)
Bruno Pinaud, Université de Bordeaux, CNRS UMR 5800 LaBRI (France)
Suzanne Pinson, Université Paris-Dauphine (France)
Benjamin Piwowarski, CNRS / University Pierre et Marie Curie (France)
Marc Plantevit, LIRIS - Université Claude Bernard Lyon 1 (France)
Pascal Poncelet, LIRMM Montpellier (France)
Philippe Preux, INRIA, LIFL, Université de Lille (France)
Cédric Pruski, Luxembourg Institute of Science and Technology (Luxembourg)
Gianluca Quercini, CentraleSupélec - LRI (France)
Mohamed Cherif Rahal, Institut VeDeCoM (France)
Chantal Reynaud, LRI, Univ. Paris-Sud, CNRS, Université Paris-Saclay (France)
Maria Rifqi, Université Panthéon-Assas - LEMMA (France)
François Rioult, GREYC CNRS UMR6072 - Université de Caen (France)
Christophe Roche, Université Savoie Mont-Blanc - Condillac (France)
Mathieu Roche, Cirad, TETIS (France)
Marie-Christine Rousset, University of Grenoble Alpes (France)
Catherine Roussey, Irstea Clermont-Ferrand Center (France)
Celine Rouveirol, LIPN, Université Paris 13 (France)
Fatiha Saïs, LRI, Univ. Paris-Sud, CNRS, Université Paris-Saclay (France)
Christian Sallaberry, University of Pau et Pays de l'Adour (France)
Virginie Sans, IRISA, University of Rennes 1 (France)
Lucile Sautot, AgroParisTech (Dép. SIAFEE, UMR TETIS) (France)
Florence Sedes, Université Paul Sabatier - Toulouse III (France)
Nazha Selmaoui-Folcher, University of New Caledonia (New Caledonia)
Dan Simovici, University of Massachusetts Boston (United States)
Malika Smail-Tabbone, University of Lorraine (France)
Arnaud Soulet, Université François Rabelais Tours (France)
Erick Stattner, LAMIA Laboratory, Uni-

versity of the French West Indies (France)
Thomas Tamisier, Luxembourg Institute of Science and Technology (Luxembourg)
Bouadi Tassadit, IRISA-Université Rennes 1 (France)
Maguelonne Teisseire, INRAE (France)
Virginie Thion, Université Rennes 1 / ENSSAT, IRISA (France)
Christophe Thovex, French-Mexican Laboratory of Informatics and Automatic Control (LAFMIA - UMI CNRS 3175) (France)
Fabien Torre, Université de Lille (France)

Ronan Tournier, IRIT (France)
Julien Velcin, ERIC Lyon 2, EA 3083, Université de Lyon (France)
Gilles Venturini, LI, Université François Rabelais Tours (France)
Michel Verleysen, Ecole Polytechnique de Louvain (Belgique)
Nicole Vincent, Université Paris Descartes Paris 5 (France)
Christel Vrain, LIFO - university of Orléans (France)
Jean-Daniel Zucker, IRD (France)

Membres du comité de lecture des démonstrations de logiciels

Fadila Bentayeb (Université Lyon 2)

Comité d'organisation

Président : Jérôme Azé

Membres locaux : Reza Akbarinia, Samy Benslimane, Sandra Bringay, Arnaud Castelltort, Fati Chen, Virginie Fèche, Zakaria Ghalmane, Dino Ienco, Clément Jonquet, Zakaria Ghalmane, Anne Laurent, Hugo Le Baher, Florent Masseglia, Laetitia Megual, Mégane Miquel, Leonardo Moros, Isabelle Mougenot, Pierre Pompidor, Pascal Poncelet, Mathieu Roche, Nancy Rodriguez, Arnaud Sallaberry, Laetitia Viau.

TABLE DES MATIÈRES

Conférences invitées

Articles longs

Articles courts

Déjà publiés à l'international

Démonstrations

Posters

Targeted Machine Learning: how we can use machine learning for causal inference

Antoine Chambaz*

* MAP5 (736-O)
Université de Paris
45 rue des Saints-Pères
75270 Paris cedex 06
France
`http://helios.mi.parisdescartes.fr/~chambaz/`
antoine.chambaz@u-paris.fr

Résumé

Coined by Mark van der Laan and Dan Rubin in 2006, targeted learning is a general approach to learning from data that reconciles machine learning and statistical inference. On the one hand, "machine learning" refers to the estimation of infinite-dimensional features of the law of the data, P, for instance a regression function. Machine learning algorithms are versatile, and produce (possibly highly) data-adaptive estimators. Driven by the need to make accurate predictions, they do not care so much about the assessment of prediction uncertainty. On the other hand, "statistical inference" refers to the estimation of finite-dimensional parameters of P, for instance a measure of association with a causal interpretation. It focuses on the construction of confidence regions or the development of hypotheses tests. Emphasis is placed on robustness (guaranteeing that one goes to the truth even under mild and reasonable assumptions on P), efficiency (trying to draw as much information from the data as possible), and controlling the asymptotic levels or type I errors. Targeted learning has been applied and studied in a great variety of contexts. Its analysis is framed in the theory of inference based on semiparametric models. We will illustrate how targeted learning unfolds in examples from causal analysis.

Integrating trees and networks into reproducible data analytic workflows

Susan Holmes *

* Department of Statistics
Sequoia Hall
Mail Code 4065
390 Jane Stanford Way
Stanford University
Stanford, CA 94305-4020
USA
http://statweb.stanford.edu/~susan/
susan@stat.stanford.edu

Résumé

Biomedical data often contain information from different sources or sources. Interaction networks and phylogenetic trees are omnipresent in biomedical and genomic data and their integration into longitudinal multivariate analyses can be challenging.

As examples, I will show how our group has developed software (phyloseq, structSSII and adaptivegPCA) that can incorporate phylogenetic trees into count abundance data and modulate the influence of the tree using tree-based regularization and testing.

Pl@ntNet, la science des données au service de la biodiversité végétale

Alexis Joly*

* LIRMM - UMR 5506 - CC 477
Inria ZENITH team
161 rue Ada
34095 Montpellier Cedex 5 France
`http://www-sop.inria.fr/members/Alexis.Joly/wiki/pmwiki.php`
alexis.joly@inria.fr

Résumé

Pl@ntNet est une plateforme participative de collecte de données botaniques dont l'originalité est de reposer sur des technologies d'intelligence artificielle pour aider les contributeurs à identifier les plantes avec leur smartphone. Pl@ntNet a été conçu à l'origine comme un instrument scientifique de surveillance de la biodiversité végétale mais son impact sociétal va désormais bien au-delà de ce seul objectif avec plus de 10 millions de personnes l'utilisant partout dans le monde dont des centaines de milliers d'agriculteurs et de gestionnaires d'espaces naturels. Pour atteindre cet objectif, l'équipe Pl@ntNet a dû relevé un grand nombre de défis dans le domaine de la science des données et continue aujourd'hui encore à jouer un rôle majeur sur les problématiques liées aux données de biodiversité. Dans cette présentation, nous dresserons un panorama des approches algorithmiques et méthodologiques mises en oeuvre dans la plateforme et nous focaliserons ensuite sur les derniers travaux de recherche en cours, à la croisée de l'IA et de l'écologie.

Explications de données et de classifieurs : quelques méthodes et risques notables

Marie-Jeanne Lesot*

* Sorbonne Université,
Laboratoire d'Informatique de Paris 6, LIP6
Bureau 26-00/510
DAPA, LIP6
BP 169, 4 place Jussieu, 75005 Paris
France
`https://webia.lip6.fr/~lesot/`
Marie-Jeanne.Lesot@lip6.fr

Résumé

Au delà de la question de la performance des méthodes d'apprentissage automatique, il est devenu crucial d'augmenter la lisibilité des résultats obtenus, pour permettre aux utilisateurs de les comprendre et d'interpréter. Ces problématiques sont regroupées sous le terme "eXplainable Artificial Intelligence" (XAI). Au sein de ce vaste domaine, cet exposé aborde deux niveaux : le premier porte sur la compréhension des données elles-mêmes, dans un cadre d'analyse exploratoire et de description intelligible. L'objectif est de permettre à un utilisateur de comprendre le contenu des données en les résumant par le biais de formulations linguistiques, ce qui soulève en particulier les problèmes de choix des mots et de cohérence des résumés.

Le second niveau considéré est celui de tâches de classification, dans le cadre classique de l'interprétation locale, post-hoc et agnostique de la prédiction d'une classe pour une donnée. Les questions soulevées sont celles des risques liés à la définition de la localité et à la génération d'explications non justifiées.

Deep Convolutional Neural Networks: from recognition to anti-spoofing

Sébastien Marcel*

* Idiap research institute
Rue Marconi 19
1920 Martigny - Switzerland
https://www.idiap.ch/~marcel
sebastien.marcel@idiap.ch

Résumé

In biometrics, Presentation Attacks (PA also referred to as spoofing) are performed by falsifying the biometric trait and then presenting this falsified information to the biometric system, one such example is to fool a fingerprint system by copying the fingerprint of another person and creating an artificial or gummy finger which can then be presented to the biometric system to falsely gain access. This is an issue that needs to be addressed because it has recently been shown that conventional biometric techniques are vulnerable to presentation attacks. One of the main challenges in Presentation Attack Detection (PAD also referred to as anti-spoofing) is to find a set of features and models (mostly classifiers) that allows systems to effectively distinguish signals that were directly emitted by a human from those reproduced by an attacker. This talk will focus on the use of Deep Convolutional Neural Networks (DCNNs) in face recognition and face PAD.

Apprentissage Conjoint de Représentations d'Auteurs et de Documents

Antoine Gourru*, Rohit Yadav**,*, Julien Velcin*

*ERIC UR3083, Université de Lyon, Lyon 2, France
{antoine.gourru,julien.velcin}@univ-lyon2.fr,
**Université Jean Monnet, Saint-Etienne, France
rohit.yadav@etu.univ-st-etienne.fr

Résumé. Les modèles de langue les plus récents utilisent des représentations de mots contextualisés à l'aide de Transformers. Ils ont rapidement dépassé les méthodes état de l'art dans de nombreuses tâches de traitement automatique de la langue. Des versions pré-entraînées de ces modèles sont largement utilisées, mais leur spécialisation pour résoudre une tâche spécifique reste une question centrale. Par exemple, ces méthodes ne produisent pas de représentation à l'échelle du document et de l'auteur, mais seulement du mot. Or comme le montrent Reimers et Gurevych (2019), une simple moyenne des plongements de mots ne suffit pas. En utilisant une approche dite du Variational Information Bottleneck, nous développons une architecture simple pour construire des représentations d'auteurs et de documents à partir de modèles pré-entraînés (Devlin et al., 2019). Nous évaluerons de manière quantitative et qualitative notre modèle sur deux jeux de données : un corpus d'articles scientifiques et un d'articles de presse. Notre modèle produit des représentations plus robustes que l'existant, et donne des résultats compétitifs en classification et en identification d'auteurs.

1   Introduction

Depuis les travaux de Mikolov et al. (2013), de nombreux modèles incorporent des représentations continues des mots, appelées plongements, pour résoudre des tâches de traitement automatique de la langue, par exemple de recherche d'information (Kuzi et al., 2016), génération (Brown et al., 2020), et classification (Yang et al., 2015). Grâce aux mécanismes d'attention (Bahdanau et al., 2015; Luong et al., 2015), ces vecteurs sont contextualisés, i.e. un mot possède une représentation dépendante de sa position dans la phrase ainsi que de son contexte. Une nouvelle famille de modèles de langue (Devlin et al., 2019; Brown et al., 2020) basés sur les Transformers (Vaswani et al., 2017), qui incorporent ces mécanismes, a révolutionné le domaine en dépassant l'état de l'art sur un très grand nombre de tâches de traitement automatique des langues (traduction, génération, systèmes de questions-réponses).

De nombreuses problématiques peuvent bénéficier d'une représentation conjointe des documents et des auteurs, comme la recommandation automatique ou l'identification d'auteur. Ces représentations doivent ainsi vivre dans le même espace de façon à pouvoir calculer des proximités et construire des voisinages. Malheureusement, il n'existe pas de méthode universelle pour apprendre une représentation continue des documents et des auteurs dans un même espace à partir de vecteurs de mots : une simple moyenne des vecteurs, contextualisés ou non, semble fonctionner assez mal (Le et Mikolov, 2014; Reimers et Gurevych, 2019). On peut ajouter qu'une représentation d'un document ou d'un auteur comme un point dans un espace vectoriel n'est pas suffisante. En effet, de nombreux auteurs et documents sont associés à un contenu sémantique complexe. Certaines méthodes de représentation de documents proposent donc d'apprendre une mesure d'incertitude en plus de ces vecteurs en utilisant des auto-encodeurs variationnels (Meng et al., 2019) ou des modèles probabilistes (Ji et al., 2017; Gourru et al., 2020). Malheureusement, aucune méthode n'intègre cette mesure dans l'apprentissage de représentations des auteurs.

Dans cet article, nous proposons une nouvelle approche pour apprendre des représentations continues dans un espace de faible dimension des auteurs et des documents d'un corpus. Cette approche, basée sur la méthode du Variational Information Bottleneck (VIB) (Alemi et al., 2017), utilise des matrices de vecteurs de mots comme observation, et permet donc de réaliser un transfert de connaissance à partir de modèles de type BERT (Devlin et al., 2019; Liu et al., 2019) qui bénéficient d'un apprentissage sur des corpus volumineux. En plus de représenter les auteurs comme un vecteur, notre méthode leur associe une mesure de variance, et donc d'incertitude sémantique. Nous allons d'abord présenter les travaux existants en apprentissage de représentation pour les documents, puis pour les auteurs, dans la section 2. Après une présentation du cadre théorique VIB utilisé, nous proposons un modèle original appelé PAD en section 4. Nous évaluons notre modèle sur des tâches de classification et d'identification d'auteur en section 5 avant de conclure.

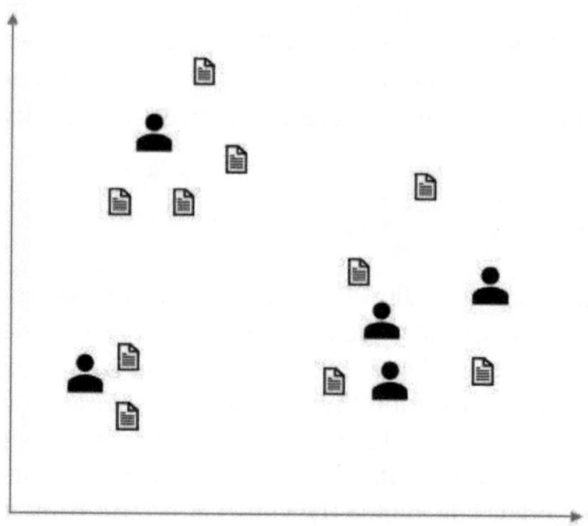

FIG. 1 – *Apprendre à représenter les auteurs et les documents dans le même espace permet de réaliser un grand nombre de tâches : clustering, recommandation, identification de l'auteur d'un document.*

2 Travaux existants

Nous allons présenter ici les différentes approches de représentation des documents et des auteurs. L'objectif général est d'apprendre, pour chaque auteur et chaque document, un vecteur dans un espace $\mathbb{R}^r$ tel que les mesures de similarité entre objets dans cet espace révèlent une forme de proximité sémantique. Les représentations apprises servent ensuite d'intermédiaires pour résoudre des tâches en aval, telles que la prédiction de lien entre auteurs ou entre documents, la classification ou le clustering.

2.1 Représentation des documents

L'approche la plus simple pour représenter un document est le sac de mots. Un document est un vecteur dans l'espace du vocabulaire, où l'entrée correspondant au mot est non nulle si le mot est présent dans le document. De nombreuses méthodes de normalisation et de pondération de ces vecteurs ont été proposées, comme TF-IDF ou Okapi Bm25. Ces représentations ont le désavantage d'être extrêmement creuses et en très grande dimension. De plus, la similarité entre deux documents utilisant des synonymes est faible, malgré un thème possible en commun.

L'objectif de l'apprentissage de représentation est donc double : i) compresser l'information en réduisant la dimension et en densifiant les vecteurs, ii) identifier un espace sémantique dans lequel deux documents évoquant les mêmes thématiques seront proches.

Différents travaux permettent de représenter les documents dans un espace sémantique latent, telle l'allocation de Dirichlet Latente de Blei et al. (2003) qui construit, au niveau de chaque document, un vecteur probabiliste sur un ensemble de thématiques. Les thématiques sont des distributions de probabilité sur le vocabulaire de mots.

Plus récemment, les travaux de Mikolov et al. (2013) ont donné un nouveau souffle à l'apprentissage de représentation de mots. Dans ce cadre, les plongements (*embedding*) de mots sont appris en résolvant une tâche de classification de paires positives de vraies cooccurrences et des paires négatives tirées aléatoirement. Les modèles Doc2Vec (Le et Mikolov, 2014) étendent cette approche au niveau du document.

Les méthodes récentes s'attellent à construire des plongements contextualisés des mots (Devlin et al., 2019). Le plongement est modifié en fonction du contexte dans lequel le mot est observé, et en fonction de sa position dans la phrase. Ces approches reposent sur le principe du mécanisme d'attention, proposé à l'origine pour résoudre des tâches de traduction (Luong et al., 2015; Bahdanau et al., 2015). Les travaux de Reimers et Gurevych (2019) proposent d'affiner (*fine-tuner*) un modèle BERT sur une tache de classification de paires de documents (*Triplet Loss*).

Une autre famille d'approches se concentre sur l'apprentissage de documents en réseau : la prise en compte du voisinage permet d'améliorer les plongements appris sur le texte seul (Yang et al., 2015; Gourru et al., 2020).

2.2 Représentation des Auteurs

Dans le modèle Author Topic Model (ATM) (Rosen-Zvi et al., 2004), les auteurs sont représentés dans un espace de thématiques, similairement à Blei et al. (2003). ATM est un modèle hiérarchique probabiliste, optimisé par échantillonnage de Gibbs.

L'approche proposée par Ganguly et al. (2016), Aut2vec (A2V), reprend le principe de Mikolov et al. (2013). Les plongements d'auteurs et de documents sont appris de façon à bien séparer des exemples auteur/document positifs et négatifs. Une paire positive correspond à un auteur et un des documents qu'il a écrits. Les exemples négatifs sont tirés aléatoirement. La distance entre les vecteurs modifie la valeur d'une fonction d'activation qui produit une probabilité que le lien soit observé. Le modèle prend la forme d'un réseau de neurones.

Peu de méthodes permettent d'apprendre des représentations d'auteurs et de documents dans un même espace. Aucune ne semble utiliser des représentations pré-apprises comme BERT (Devlin et al., 2019). De plus, il n'existe pas de méthode qui représente un auteur autrement que par un point. Nous proposons donc dans cet article un modèle pour répondre à ces trois problématiques. Il est basé sur l'apprentissage par Variational Information Bottleneck que nous allons présenter dans la section suivante.

3   PAD : Plongement d'Auteurs et de Documents

Nous présentons dans cette section notre modèle, après une introduction au principe du Variational Information Bottleneck (VIB).

3.1   Variational Information Bottleneck

L'apprentissage VIB Tishby et al. (1999) consiste à apprendre une représentation z qui maximise la compression des observations initiales x, tout en étant informative par rapport aux étiquettes y associées aux données.

$$\arg \max_z I(z, y) - \beta I(z, x) \tag{1}$$

où I est l'information mutuelle, $I(x, y) = \int \int p(x, y) \log \frac{p(x,y)}{p(x)p(y)} d_x d_y$. Le paramètre $\beta \geq 0$ contrôle l'équilibre entre ces deux sous objectifs. Une valeur β élevée entraîne une représentation hautement compressée. Intuitivement, le premier terme de l'équation 1 encourage z à bien prédire y ; le deuxième terme encourage z à « oublier » x de façon à le compresser le plus possible. Dans ce cadre, la loi d'encodage, ou encodeur, $p(z|x)$ est un choix de modélisation et est définie explicitement. L'information mutuelle n'est généralement pas calculable en forme close. Alemi et al. (2017) proposent donc d'utiliser une approche variationnelle (Jordan et al., 1999) : une série d'approximations permet de construire une borne inférieure de l'équation 1 :

$$-L_{VIB} = \mathbb{E}_{z \sim p(z|x)}[\log q(y|z)] - \beta \mathbf{KL}(p(z|x)||q(z)) \tag{2}$$

où $q(y|z)$ est une approximation variationnelle de $p(y|z)$, qui joue le rôle de décodeur, et $q(z)$ est une approximation de l'à priori en z (*prior*). Cette borne est issue de la décomposition de l'information mutuelle. Comme dans l'inférence variationnelle, on est assuré de faire croître la valeur en équation (1) en maximisant l'équation (2). Malheureusement, l'espérance n'est souvent pas calculable en forme close et doit donc être approximée au moyen d'une méthode d'échantillonnage. Oh et al. (2019) proposent d'utiliser ce principe pour appendre des représentations probabilistes d'image, en apprenant à séparer des paires d'images observée ($y = 1$) et des exemples négatifs tirés aléatoirement ($y = 0$).

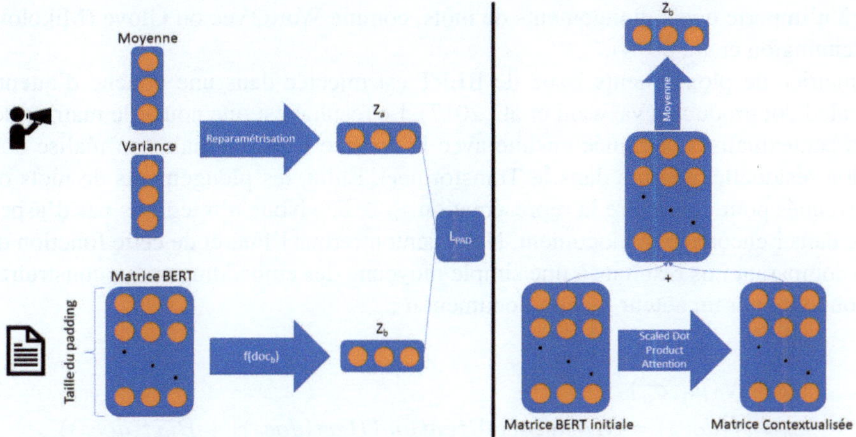

FIG. 2 – *L'architecture du modèle PAD (Plongement d'Auteurs et de Documents) à gauche. Un document est représenté par une matrice de plongements de mots contextualisés obtenue avec un modèle BERT. Les représentations latentes sont obtenues : par reparamétrisation pour l'auteur, par un encodage par attention et moyenne pour le document. La perte est ensuite calculée selon l'équation (4). À droite, l'encodeur de document : $f(doc_b)$.*

3.2 PAD

Nos données sont un ensemble d'auteurs et de documents. Chaque document peut être écrit par un ou plusieurs auteurs, comme c'est le cas dans la littérature scientifique par exemple. Le but est d'apprendre pour chaque auteur et chaque document, une représentation $z \in \mathbb{R}^r$. En plus d'un vecteur, nous voudrions apprendre une mesure d'incertitude pour chaque auteur. Par exemple, un auteur publiant dans des domaines variés devra avoir une incertitude associée élevée. Enfin, nous voudrions pouvoir intégrer un modèle de langue pré-entraîné au modèle.

Nous utiliserons l'architecture BERT (Devlin et al., 2019). La dernière couche de ce modèle contient les plongements contextualisés des mots du document encodé. La matrice est de taille fixe, c'est à dire $p \times r$, où r est la taille de l'espace latent et p est la taille du padding. Le padding correspond à la longueur de document maximale observée dans le corpus.

Nous reprenons le cadre théorique présenté en section précédente et devons donc d'abord définir la loi d'encodage, le décodeur et l'à priori. Un auteur a est encodé selon une loi normale dépendant des paramètres suivants : sa moyenne μ_a et sa variance σ_a^2.

Pour construire z_d, le document est d'abords encodé avec un modèle BERT pré-entraîné qui retourne une matrice de plongements contextualisés. Il s'agira ensuite de réaliser une agrégation de cette matrice d'embedding de mots, de façon à obtenir un unique vecteur z_d, guidée par la tâche d'identification d'auteur. Dans Reimers et Gurevych (2019), les mots sont moyennés pour construire les plongements de documents, mais c'est le modèle BERT lui-même qui est "fine tuné" pour construire des représentations adéquates par rapport à la tâche. Dans PAD, nous avons fait le choix d'apprendre une couche supplémentaire pour modifier les plongements plutôt que de "fine tuner" BERT. En effet, cela rendrait notre méthode peu exploitable sans machine puissante. De plus, le fait d'apprendre une couche d'agrégation permet d'étendre notre modèle à n'importe quels plongements de mots, comme Word2Vec ou Glove (Mikolov et al., 2013; Pennington et al., 2014).

La matrice de plongements issue de BERT est injectée dans une couche d'attention de type "scaled dot product" (Vaswani et al., 2017). Le résultat est une nouvelle matrice de plongements contextualisés, sommée ensuite avec la matrice BERT initiale (on réalise donc une connexion résiduelle, comme dans le Transformer). Enfin, les plongements de mots obtenus sont moyennés pour construire la représentation $z_d \in \mathbb{R}^r$. Nous n'intégrons pas d'aspect probabiliste dans l'encodage du document. Nous démontrerons l'intérêt de cette fonction d'encodage en comparant nos résultats à une simple moyenne des embeddings pour construire z_d.

On obtient pour un auteur a et un document d :

$$
\begin{aligned}
z_a &\sim \mathcal{N}(\mu_a, \sigma_a^2) \\
z_d &= f(doc_d) = Moyenne(Attention(Bert(doc_d)) + Bert(doc_d))
\end{aligned}
\tag{3}
$$

Nous construisons ensuite l'ensemble des paires (a, d) positives associées au label $y = 1$ correspond au fait que l'auteur a a écrit d. Pour chaque paire, nous tirons k exemples négatif (a', d), associé au label $y = 0$. On obtient comme fonction objectif générale :

$$
L_{PAD} = -\mathbb{E}_{z_a \sim p(z_a|x_a), z_d = f(doc_d)}[\log q\,(y|z_a, z_d)] + \beta \mathbf{KL}(p(z_a|x_a)||q(z_a))
\tag{4}
$$

Similairement à Oh et al. (2019), la probabilité du label y est

$$
q\,(y = 1|z_a, z_d) = \sigma\,(-c||z_a - z_d||_2 + e)
\tag{5}
$$

avec σ la fonction sigmoïde, z_a (resp. z_d) l'embedding de l'auteur a (resp. du document d), $c > 0$ et $e \in \mathbb{R}$. $q(z_a)$ une loi normale centrée réduite et l'espérance est approximée par une méthode de tirage. Plus précisément, nous utiliserons l'approche de Kingma et Welling (2014) et Oh et al. (2019). Grâce à l'astuce de la reparamétrisation, permettant la rétro propagation du gradient, la minimisation de L_{PAD} peut être réalisée par un réseau de neurones. Avec L un entier naturel, il suffit alors de calculer :

$$
\mathbb{E}_{z_a \sim p(z_a|x_a), z_d = f(doc_d)}[\log q\,(y|z_a, z_d)] \approx \frac{1}{L} \sum_{l=1}^{L} \log q\,(y|z_a, f(doc_d))
\tag{6}
$$
$$
z_a = \mu_a + \sigma_a \odot \epsilon, \ \epsilon \sim \mathcal{N}(0, 1)
$$

4 Évaluation

4.1 Jeux de Données

Nous utilisons deux jeux de données préparés par Delasalles et al. (2019). Le premier jeu de données, S2G, est composé de titres d'articles scientifiques issus du domaine du machine learning. Les articles ont été publiés entre 1985 et 2017. Il a été initialement construit par Ammar et al. (2018). Les méta-données associées sont les noms des auteurs et la conférence dans laquelle a été publié le papier (par ex. IJCAI, AAAI, ICCV). Il contient 45 496 documents et 1117 auteurs. Le deuxième jeu de données, NYT, est un ensemble de titres d'articles de presse du New York Times, initialement proposé dans Yao et al. (2018). Les méta-données sont l'auteur et la catégorie de l'article (par ex. sport, art, business). Il contient 41 249 documents et 542 auteurs.

4.2 Compétiteurs et Paramètres

Nous comparons notre méthode à trois approches. Deux méthodes d'apprentissage de représentation d'auteurs et de document : ATM (Rosen-Zvi et al., 2004) et A2V (Ganguly et al., 2016). La troisième est une méthode naïve qu'on nommera $BERT_a$ (Devlin et al., 2019). Cette dernière consiste à moyenner les représentations des mots de la dernière couche d'un modèle BERT pré-entraîné pour construire la représentation des documents. Pour les auteurs, on moyenne les représentations des documents écrits par l'auteur.

Pour A2V, nous utilisons la version "Content-Info" seulement, c'est-à-dire sans considérer les liens entre documents. Nous utilisons les paramètres suggérés par Ganguly et al. (2016) : les plongements sont de dimension 100, avec une couche cachée de 50 neurones. Les plongements de documents sont initialisés par les représentations obtenues par la méthode PV-DBOW (Le et Mikolov, 2014). L'optimiseur est Adam avec 0.001 de taux d'apprentissage, et des lots de taille 256. Pour ATM, nous utilisons l'implémention Gensim[1] avec un nombre de thématiques qui donne la valeur de cohérence c_v maximale (Röder et al., 2015). Cela donne 201 thématiques pour NYT et 229 pour S2G.

Pour $BERT_a$, ainsi que pour PAD, nous utilisons la version "bert-base-uncased" d'HuggingFace (Wolf et al., 2019), ainsi que leur implémentation du modèle BERT. Nous obtenons donc des représentations d'auteurs et de documents en dimension 768. Pour PAD, plus précisément, nous tirons cinq exemples négatifs par exemple positif. Nous tirons $L = 20$ échantillons pour calculer l'équation 6. Dans nos expériences, une valeur $\beta = 1e - 13$ semble fournir les meilleurs résultats. Enfin, nous utilisons des lots de taille 256, l'optimiseur est Adam, et 0.001 de taux d'apprentissage. Nous comparons PAD à une version plus simple, PAD_a, dans laquelle la fonction d'encodage par attention est remplacée par une simple moyenne de la matrice d'embedding. Nous fournissons l'implémentation de notre modèle, ainsi que les jeux de données à la communauté[2].

4.3 Évaluation quantitative

La tâche d'identification d'auteur est équivalente à un problème de classification multi-labels dans le cas où le document est écrit par plusieurs auteurs, comme c'est le cas sur le jeu de donnée S2G. Nous adoptons donc les scores d'erreur de couverture CE (*coverage error*) et le score de précision moyenne de rangs LRAP (*label ranking average precision score*). Nous calculons la proximité cosinus entre documents et auteurs, puis normalisons cette mesure. L'erreur de couverture calcule combien de plus proches voisins en moyenne il faut considérer pour couvrir tous les vrais auteurs d'un document. Dans le pire des cas, cette valeur est égale au nombre d'auteurs dans le jeu de données. Plus cette valeur est faible, meilleure est la méthode.

---

[1]https://radimrehurek.com/gensim/
[2]https://github.com/AntoineGourru/PAD

	S2G		NYT	
	CE	LRAP	CE	LRAP
ATM	437.51	0.0397	189.07	0.0473
BERT$_a$	319.46	0.0519	136.89	0.0895
A2V	<u>101.04</u>	**0.4182**	**53.26**	**0.2549**
PAD$_a$	515.90	0.01	231.75	0.0268
PAD	**65.67**	<u>0.20</u>	<u>58.10</u>	<u>0.1697</u>

TAB. 1 – *Coverage-error (à minimiser) et Précision (à maximiser) sur les deux jeux de données étudiés*

Train/Test ratio	10%	30%	50%
ATM	30.47 (1.67)	39.11 (1.60)	42.21 (2.37)
BERT$_a$	<u>53.89</u> (2.26)	<u>63.29</u> (1.89)	<u>64.46</u> (1.30)
A2V	11.97 (0.70)	12.26 (0.99)	11.44 (1.87)
PAD$_a$	52.09 (2.15)	58.66 (1.26)	60.11 (1.76)
PAD	**57.64** (2.49)	**65.26** (1.70)	**68.34** (1.23)

TAB. 2 – *Résultats en classification sur le jeu de données NYT en faisant varier la proportion des données d'entraînement de 10% à 50%*

LRAP est une mesure moyenne de précision pour le cas multi-classes, entre 0 et 1, où 1 est la valeur maximale de précision. Plus précisément, pour chaque vrai label de chaque échantillon, la LRAP calcule la proportion de vrais labels mieux classés. Les résultats sont présentés dans le tableau 1. ATM et BERT$_a$ ne semblent pas bien adaptés à cette tâche, sur les deux jeux de donnée. PAD donne de meilleurs résultats en couverture sur le jeu de donnée S2G mais A2V obtient un score LRAP plus élevé. Cet écart peut s'interpréter comme un ratio précision/rappel : A2V est plus précis mais donne plus souvent de mauvais scores à certains vrais auteurs que PAD. Sur NYT, A2V surpasse les autres méthodes, mais d'une marge faible par rapport à PAD. Enfin, la fonction d'encodage que nous proposons semble bien fonctionner : une simple moyenne, c'est à dire le modèle PAD$_a$, fournit les moins bons résultats.

Dans nos jeux de données, chaque document est associé à une thématique. Nous associons donc à chaque auteur la thématique qui apparaît le plus de fois dans les documents qu'il écrit. Nous utilisons ensuite une méthode classique d'évaluation (Yang et al., 2015) : nous entraînons un modèle SVM avec régularisation L2 à partir des plongements d'auteurs et calculons le score micro F1 et sa variance pour plusieurs ratios entraînement/test. La régularisation optimale est déterminée par recherche par quadrillage (*grid search*). Nous présentons les résultats dans les tableaux 2 et 3. A2V n'est pas du tout adapté à cette tâche et n'apprend pas de représentations permettant de classifier les auteurs. Seule la proximité entre auteur et documents semble interprétable dans ce modèle, et non leurs réelles positions dans l'espace latent. Sur cette évaluation, une simple moyenne de vecteur BERT donne de bons résultats. PAD obtient néanmoins les meilleurs scores sur le jeu de données S2G pour des ratios faibles : notre méthode généralise donc mieux. Sur le jeu de données NYT, PAD surpasse toutes les autres méthodes.

Train/Test ratio	10%	30%	50%
ATM	44.25 (1.40)	50.74 (1.14)	53.42 (1.30)
BERT$_a$	55.80 (1.55)	<u>62.57</u> (0.54)	**64.65** (1.28)
A2V	14.30 (1.17)	11.24 (0.94)	11.63 (1.14)
PAD$_a$	53.64 (1.97)	56.33 (1.36)	55.74 (1.51)
PAD	**60.75** (0.90)	**63.67** (0.77)	<u>63.49</u> (1.11)

TAB. 3 – *Résultats en classification sur le jeu de données S2G en faisant varier la proportion des données d'entraînement de 10% à 50%*

4.4   Évaluation Qualitative

Dans la figure 3, nous présentons une visualisation des plongements d'auteurs obtenus en appliquant PAD sur le jeu de données S2G. Nous utilisons la méthode T-SNE (Maaten et Hinton, 2008) pour réduire la dimension à 2 (avec une perplexité de 20). Les couleurs correspondent aux classes, c'est-à-dire la conférence dans laquelle chaque auteur publie le plus souvent. Les plongements semblent bien séparer les classes. On observe aussi que les auteurs proches étudient des thématiques similaires : Ian Goodfellow, Yann LeCun et Yoshua Bengio sont trois voisins, comme présentés sur la figure.

Un avantage de PAD est que les documents et les auteurs sont représentés dans le même espace. On peut donc utiliser les représentions pour de nombreuses tâches de recommandation. Le tableau 4 montre les 3 plus proches voisins de l'article : "Latent Dirichlet Allocation" et leur variance moyenne. Les plus proches voisins sont calculés selon la similarité cosinus ou la vraisemblance (calculée en fonction des moyennes et variances apprises par PAD). On observe tout d'abord que David Blei à une variance faible par rapport aux autres voisins (en termes de cosinus). En effet, il a fait sa spécialité des modèles d'Allocation de Dirichlet latente. Ensuite, la prise en compte de la variance pour calculer les plus proches voisins d'un document rapproche Michael Jordan, qui est co-auteur de l'article. Il a une variance encore plus faible. Il semblerait donc que les thématiques qu'il aborde dans notre jeu de données soient plus précises encore que David Blei.

Cosinus (Variance)	Vraisemblance (Variance)
David M. Blei (0.044)	David M. Blei (0.044)
Neil D. Lawrence (0.083)	Michael I. Jordan (0.033)
Ariel D. Procaccia (0.051)	Zoubin Ghahramani (0.040)

TAB. 4 – *Les 3 plus proches voisins de l'article : "Latent Dirichlet Allocation" et leur variance moyenne. Les plus proches voisins sont calculés selon la similarité cosinus ou selon la vraisemblance (qui prend donc en compte la variance)*

5   Conclusion

Dans cet article, nous avons présenté une méthode d'apprentissage de représentations d'auteurs et de documents nommée PAD. Elle repose sur un apprentissage de type *Variational In-*

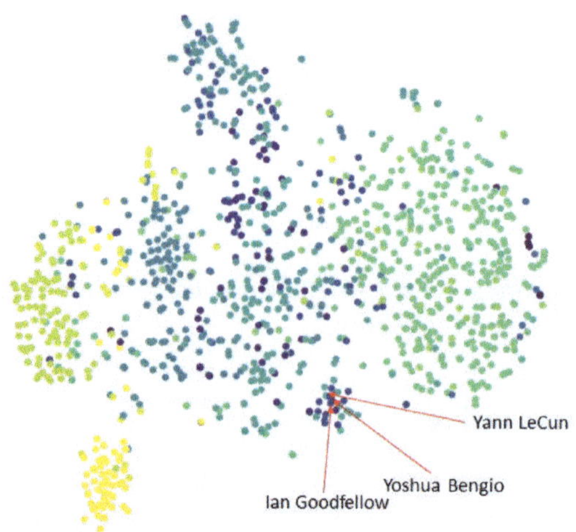

FIG. 3 – *Visualisation par T-SNE Maaten et Hinton (2008) des plongements d'auteurs sur le jeu de donnée S2G. Les couleurs correspondent aux classes (conférences les plus fréquentes).*

formation Bottleneck. PAD dépasse ou égale les scores de l'état de l'art en classification et en identification d'auteur. Elle est aussi plus robuste que le principal compétiteur qui, malgré de bonnes performances en identification, ne permet pas de bien classifier les auteurs. Chaque auteur est en plus associé à une mesure d'incertitude dont l'analyse peut permettre d'améliorer la recommandation. Nous explorerons dans de futurs travaux d'autres méthodes d'agrégation pour construire les représentations de documents.

Références

Alemi, A. A., I. Fischer, J. V. Dillon, et K. Murphy (2017). Deep variational information bottleneck. *Proceedings of the International Conference on Learning Representations (ICLR).*

Ammar, W., D. Groeneveld, C. Bhagavatula, I. Beltagy, M. Crawford, D. Downey, J. Dunkelberger, A. Elgohary, S. Feldman, V. Ha, et al. (2018). Construction of the literature graph in semantic scholar. In *Proceedings of the 2018 Conference of the North American Chapter of the Association for Computational Linguistics : Human Language Technologies, Volume 3 (Industry Papers)*, pp. 84–91.

Bahdanau, D., K. Cho, et Y. Bengio (2015). Neural machine translation by jointly learning to align and translate. In *3rd International Conference on Learning Representations, ICLR 2015.*

Blei, D. M., A. Y. Ng, et M. I. Jordan (2003). Latent dirichlet allocation. *Journal of machine Learning research 3*(Jan), 993–1022.

Brown, T. B., B. Mann, N. Ryder, M. Subbiah, J. Kaplan, P. Dhariwal, A. Neelakantan, P. Shyam, G. Sastry, A. Askell, et al. (2020). Language models are few-shot learners. *arXiv preprint arXiv :2005.14165.*

Delasalles, E., S. Lamprier, et L. Denoyer (2019). Learning dynamic author representations with temporal language models. In *2019 IEEE International Conference on Data Mining (ICDM)*, pp. 120–129.

Devlin, J., M.-W. Chang, K. Lee, et K. Toutanova (2019). Bert : Pre-training of deep bidirectional transformers for language understanding. In *Proceedings of the 2019 Conference of the North American Chapter of the Association for Computational Linguistics : Human Language Technologies, Volume 1 (Long and Short Papers)*, pp. 4171–4186.

Ganguly, S., M. Gupta, V. Varma, V. Pudi, et al. (2016). Author2vec : Learning author representations by combining content and link information. In *Proceedings of the 25th International Conference Companion on World Wide Web*, pp. 49–50. International World Wide Web Conferences Steering Committee.

Gourru, A., J. Velcin, et J. Jacques (2020). Gaussian embedding of linked documents from a pretrained semantic space. In *Proceedings of the 29th International Joint Conference on Artificial Intelligence*.

Ji, G., R. Bamler, E. B. Sudderth, et S. Mandt (2017). Bayesian paragraph vectors. *Symposium on Advances in Approximate Bayesian Inference*.

Jordan, M. I., Z. Ghahramani, T. S. Jaakkola, et L. K. Saul (1999). An introduction to variational methods for graphical models. *Machine learning 37*(2), 183–233.

Kingma, D. P. et M. Welling (2014). Auto-encoding variational bayes. *Proceedings of the International Conference on Learning Representations (ICLR)*.

Kuzi, S., A. Shtok, et O. Kurland (2016). Query expansion using word embeddings. In *Proceedings of the 25th ACM international on conference on information and knowledge management*, pp. 1929–1932. ACM.

Le, Q. et T. Mikolov (2014). Distributed representations of sentences and documents. In *International Conference on Machine Learning*, pp. 1188–1196.

Liu, Y., M. Ott, N. Goyal, J. Du, M. Joshi, D. Chen, O. Levy, M. Lewis, L. Zettlemoyer, et V. Stoyanov (2019). Roberta : A robustly optimized bert pretraining approach. *arXiv preprint arXiv :1907.11692*.

Luong, M.-T., H. Pham, et C. D. Manning (2015). Effective approaches to attention-based neural machine translation. In *Proceedings of the 2015 Conference on Empirical Methods in Natural Language Processing*, pp. 1412–1421.

Maaten, L. v. d. et G. Hinton (2008). Visualizing data using t-sne. *Journal of machine learning research 9*(Nov), 2579–2605.

Meng, Z., S. Liang, H. Bao, et X. Zhang (2019). Co-embedding attributed networks. In *Proceedings of the Twelfth ACM International Conference on Web Search and Data Mining*, pp. 393–401.

Mikolov, T., I. Sutskever, K. Chen, G. S. Corrado, et J. Dean (2013). Distributed representations of words and phrases and their compositionality. In *Advances in neural information processing systems*, pp. 3111–3119.

Oh, S. J., K. Murphy, J. Pan, J. Roth, F. Schroff, et A. Gallagher (2019). Modeling uncertainty with hedged instance embedding. In *Proceedings of the International Conference on Learning Representations*.

Pennington, J., R. Socher, et C. Manning (2014). Glove : Global vectors for word representation. In *Proceedings of the 2014 conference on empirical methods in natural language processing (EMNLP)*, pp. 1532–1543.

Reimers, N. et I. Gurevych (2019). Sentence-bert : Sentence embeddings using siamese bert-networks. *Proceedings of the International Conference on Empirical Methods in Natural Language Processing*.

Röder, M., A. Both, et A. Hinneburg (2015). Exploring the space of topic coherence measures. In *Proceedings of the eighth ACM international conference on Web search and data mining*, pp. 399–408.

Rosen-Zvi, M., T. Griffiths, M. Steyvers, et P. Smyth (2004). The author-topic model for authors and documents. In *Proceedings of the 20th conference on Uncertainty in artificial intelligence*, pp. 487–494.

Tishby, N., F. C. Pereira, et W. Bialek (1999). The information bottleneck method. *The 37th annual Allerton Conference on Communication, Control, and Computing*, 368–377.

Vaswani, A., N. Shazeer, N. Parmar, J. Uszkoreit, L. Jones, A. N. Gomez, Ł. Kaiser, et I. Polosukhin (2017). Attention is all you need. In *Advances in neural information processing systems*, pp. 5998–6008.

Wolf, T., L. Debut, V. Sanh, J. Chaumond, C. Delangue, A. Moi, P. Cistac, T. Rault, R. Louf, M. Funtowicz, J. Davison, S. Shleifer, P. von Platen, C. Ma, Y. Jernite, J. Plu, C. Xu, T. L. Scao, S. Gugger, M. Drame, Q. Lhoest, et A. M. Rush (2019). Huggingface's transformers : State-of-the-art natural language processing. *ArXiv abs/1910.03771*.

Yang, C., Z. Liu, D. Zhao, M. Sun, et E. Y. Chang (2015). Network representation learning with rich text information. In *Proceedings of the International Joint Conference on Artificial Intelligence*.

Yao, Z., Y. Sun, W. Ding, N. Rao, et H. Xiong (2018). Dynamic word embeddings for evolving semantic discovery. In *Proceedings of the eleventh acm international conference on web search and data mining*, pp. 673–681.

Summary

Most recent language models use contextualized word embedding, learnt using the Transformer architecture. They achieve state-of-the art performance on a lot of natural language processing tasks. Pretrained versions of these models are now widely used, however, their fine-tuning on specific tasks remains a central question. For example, these methods do not provide document and author level representations: a simple average of the contextualized word embedding is not good enough (Reimers et Gurevych, 2019). We develop a simple architecture based on Variational Information Bottleneck (VIB) to learn author and document representations using pre-trained contextualized word vectors (Devlin et al., 2019). We evaluate our method quantitatively and qualitatively on two datasets: a news article corpus, and a scientific article corpus. Our method produces more robust representations than existing methods and performs well in author identification and classification.

VERSUS : générateur de tableaux comparatifs à partir de bases de connaissances

Arnaud Giacometti, Béatrice Markhoff, Arnaud Soulet

Université de Tours, LIFAT, Blois
`firstname.lastname@univ-tours.fr`

Résumé. Les tableaux comparatifs sont utiles pour comparer des entités en dégageant leurs similarités et leurs différences non triviales. Le choix manuel des caractéristiques de comparaison reste une tâche complexe et fastidieuse. Cet article présente VERSUS qui est la première méthode automatique de génération de tableaux comparatifs à partir du Web sémantique. Pour cela, nous introduisons une mesure, nommée niveau de référence contextuel, pour évaluer si une propriété peut être une caractéristique intéressante pour comparer des entités. Cette mesure repose sur des contextes qui sont des ensembles d'entités similaires aux entités comparées. Nous montrons comment VERSUS sélectionne ces contextes et comment il évalue efficacement le niveau de référence contextuel à partir d'un point d'accès SPARQL public. Nous avons construit un benchmark à partir de Wikidata pour évaluer l'efficacité de VERSUS, avec une campagne d'évaluation manuelle des caractéristiques : la précision et le rappel sont élevés.

1 Introduction

Un tableau comparatif est un tableau à double entrée avec des entités à comparer en colonnes et les caractéristiques de comparaison en lignes. Le tableau comparatif est un outil particulièrement efficace pour la prise de décision en isolant les points communs et les différences significatives[1] entre les entités comparées. Par conséquent, cette technique analytique est populaire en science pour comparer des travaux, en culture pour comparer des oeuvres d'art ou dans le commerce pour comparer des produits ou des services. Dans ce contexte, cet article vise à automatiser entièrement le processus de génération d'un tableau comparatif d'un ensemble d'entités en interrogeant une base de connaissances disponible sur le Web sémantique telle que Wikidata (Vrandečić et Krötzsch, 2014). Par exemple, à partir d'Ada Lovelace et d'Alan Turing, nous voulons obtenir un tableau comparatif comme celui présenté par la table 1 construit automatiquement à partir de Wikidata. Au-delà des personnes, nous visons à comparer des entités telles que des lieux (pays, villes), des objets (tapisseries, statues), des institutions (universités, partis politiques), etc. Malheureusement, il n'y a pas de cadre théorique sur la conception des tableaux comparatifs pour déterminer si une caractéristique est intéressante pour comparer des entités. Cette tâche n'est pas anodine car dans 17 % des cas

---

1. Dans ce cadre, avoir des identifiants différents, ou des photos différentes, n'est pas considéré significatif parce que de tels traits ne sont partagés avec aucune autre entité.

un évaluateur humain ne sait pas si une caractéristique est intéressante ou non (voir la section 6). Ainsi, le principal défi est de formaliser la notion de caractéristique de comparaison *intéressante*. De plus, nous souhaitons bénéficier des immenses bases de connaissances disponibles sur le Web sémantique, ce qui pose un problème de robustesse et d'efficacité. En effet, ces bases de connaissances sont relativement fiables mais elles souffrent le plus souvent d'incomplétude (Razniewski et al., 2016). Pour cette raison, il serait souhaitable qu'une caractéristique jugée intéressante à un moment donné le reste malgré l'ajout ultérieur de faits. Par exemple, dans la table 1, déclarer la religion d'Ada Lovelace devrait maintenir l'intérêt de "religion " comme caractéristique de comparaison. De plus, plutôt que de centraliser les données, nous aimerions interroger directement les points d'accès SPARQL publics pour construire les tableaux comparatifs. Cela présente l'avantage de garantir un niveau de fraîcheur optimal et d'éviter le coût prohibitif d'une centralisation des données. Néanmoins, la politique d'usage juste de ces points d'accès, qui interrompt les requêtes trop longues, pose des problèmes d'optimisation (Soulet et Suchanek, 2019).

Caractéristiques	Ada Lovelace	Alan Turing	crl
sex or gender	female	male	0,908
spoken language	English	English	0,472
member of		Royal Society	0,205
field of work	mathematics, computing	mathematics, logic, cryptanalysis, cryptography, computer science	0,110
manner of death	natural causes	suicide	0,100
religion	?	atheism	0,015

Tab. 1 – *Exemple d'un tableau comparatif d'Ada Lovelace et d'Alan Turing*

Cet article présente Versus qui est la première méthode automatique pour générer des tableaux comparatifs à partir d'une base de connaissances. Notre approche centrée sur les entités conduit à plusieurs contributions. Premièrement, nous définissons une nouvelle mesure d'intérêt, appelée niveau de référence contextuel, afin de juger si une caractéristique est pertinente pour comparer des entités (section 4). Son principe est de privilégier les entités de référence dont les valeurs sont souvent utilisées par d'autres ensembles d'entités similaires, appelés contextes. Deuxièmement, nous montrons avec Versus (section 5) comment sélectionner les contextes et comment évaluer efficacement le niveau de référence contextuel d'une caractéristique tout en minimisant le nombre de requêtes soumises à la base de connaissances. L'idée est d'estimer les bornes inférieure et supérieure et d'interrompre le calcul dès que son intérêt est garanti ou non. Troisièmement, la section 6 évalue Versus sur un benchmark accessible au public, nommé *Comparison Feature Benchmark* (CFB), que nous avons développé pour évaluer la qualité des caractéristiques de comparaison. Il s'appuie sur 1000 tableaux comparatifs construits à partir de Wikidata et dont la pertinence a été évaluée manuellement. Sur ce benchmark, le niveau de référence contextuel conduit, avec une précision égale, à un meilleur rappel et une meilleure accuracy que la métrique de référence utilisée pour la génération automatique de facettes. De plus, notre évaluation optimisée nécessite beaucoup moins de requêtes.

2 Travaux relatifs

À notre connaissance, aucun travail ne s'est consacré à la construction automatique de tableaux comparatifs d'entités. La plupart des techniques qui comparent deux entités dans une base de connaissances reposent sur une mesure de similarité (Anyanwu et al., 2005). Ces mesures sont pertinentes pour estimer la ressemblance entre deux entités, mais elles ne donnent pas explicitement les caractéristiques de comparaison (Tversky, 1977). Dans cette direction, Petrova et al. (2017) construisent des chemins dans les graphes de connaissances entre deux entités pour identifier toutes les similarités et toutes les différences. Malheureusement, aucune mesure d'intérêt ne filtre les différences inintéressantes et de ce fait, les attributs différents pour chaque entité mais inintéressants (comme les identifiants) sont aussi extraits. Les tâches les plus proches de la nôtre sont la génération de modèles d'infoboîte (Wu et Weld, 2008) et l'extraction de facettes (Hahn et al., 2010; Oren et al., 2006; Feddoul et al., 2019). Premièrement, une infoboîte est un ensemble de paires attribut-valeur décrivant une entité. Le choix des attributs est basé sur un patron défini pour chaque classe. Par exemple, les personnes[2] sont décrites par leur nom, leur date de naissance, leur nationalité, etc. De nombreux patrons ont été produits par les contributeurs de Wikipedia, mais des méthodes ont également été proposées pour affiner automatiquement ces patrons pour des classes plus spécifiques (Wu et Weld, 2008). Malheureusement, cette méthode orientée classes ignore les classes rares et les attributs rares. En outre, la plupart des attributs des infoboîtes décrivent les entités de manière singulière et ne sont donc pas utiles pour comparer des entités. Par exemple, l'image ou les oeuvres remarquables ne sont pas des caractéristiques qui peuvent être partagées par deux personnes.

Deuxièmement, la recherche par facette consiste à restreindre une collection d'entités en ne sélectionnant que celles avec une certaine valeur pour un attribut donné, appelée facette (Zheng et al., 2013). Une facette pertinente a fréquemment des valeurs partagées entre les entités observées. Il existe quelques méthodes d'extraction automatique de facettes. Pour une classe donnée, Hahn et al. (2010) extraient des modèles d'infoboîtes les attributs dont les valeurs sont fréquemment observées. De même, (Oren et al., 2006) mesure la qualité d'un attribut en privilégiant les attributs fréquemment utilisés dont les valeurs sont peu nombreuses et uniformément réparties. Récemment, Feddoul et al. (2019) ont proposés des mesures très similaires pour extraire les facettes mais une méthode de prétraitement regroupe les valeurs quantitatives (ignorées dans cet article) et une méthode de post-traitement filtre les facettes redondantes. Ces méthodes dérivent principalement des attributs pour un nombre limité de classes contenant un grand nombre d'entités. L'évaluation d'entités très similaires (comme Ada Lovelace et Alan Turing) repose sur des groupes comportant peu d'entités (e.g., les employés de l'université de Cambridge). Ainsi, la principale limite des méthodes d'extraction de facettes est de manquer certaines caractéristiques très spécifiques mais très pertinentes. Enfin, contrairement aux facettes utilisées pour la navigation, peu importe si une caractéristique de comparaison a beaucoup de valeurs dans la base de connaissances avec une distribution déséquilibrée.

3 Formulation du problème

Une base de connaissances d'un ensemble de relations $\mathcal{R}$ et d'un ensemble de constantes $\mathcal{E}$ (représentant des entités et des valeurs) est un ensemble de faits $\mathcal{K} \subseteq \mathcal{R} \times \mathcal{E} \times \mathcal{E}$. Nous écrivons un fait sous la forme $r(s, o) \in \mathcal{K}$, où r est une relation, s est un sujet et o est un objet. Par exemple, `religion(Turing,atheism)` indique que Alan Turing était athée. Pour une relation r, $r^{-1}(s, o) \in \mathcal{K}$ signifie que $r(o, s) \in \mathcal{K}$ où r^{-1} est la relation inverse de r. De

---

2. `en.wikipedia.org/wiki/Template:Infobox_person`

plus, $r_{\mathcal{K}}(s)$ (ou plus simplement $r(s)$ quand $\mathcal{K}$ est claire) est l'ensemble d'objets associés au sujet s pour la relation r dans $\mathcal{K}$. Par exemple, `field of work(Turing)` retourne l'ensemble $\{$`mathematics, logic, computer science, cryptanalysis, cryptography`$\}$.

Pour une base de connaissances $\mathcal{K}$, le tableau comparatif d'un ensemble d'entités $E \subseteq \mathcal{E}$ par un ensemble de caractéristiques $F \subseteq \mathcal{R}$ est le tableau avec $|F|$ lignes et $|E|$ colonnes où chaque cellule à l'intersection de la caractéristique f et de l'entité e contient les valeurs $f(e) = \{o \in \mathcal{E} : f(e, o) \in \mathcal{K}\}$. Par exemple, la table 1 présente le tableau comparatif des entités $E = \{$`Lovelace, Turing`$\}$ par les caractéristiques $F = \{$`sex or gender, spoken language,`$\ldots\}$. La cellule à l'intersection de `field of work` et `Turing` contient bien les valeurs `field of work(Turing)`.

Une mesure d'intérêt $m : \mathcal{R} \times 2^{\mathcal{E}} \times 2^{(\mathcal{R} \times \mathcal{E} \times \mathcal{E})} \to [0, 1]$ évalue l'intérêt $m(f, E, \mathcal{K})$ d'utiliser la relation f comme caractéristique pour comparer les entités E dans $\mathcal{K}$. Pour une base de connaissances $\mathcal{K}$, un ensemble d'entités $E \subseteq \mathcal{E}$, une mesure d'intérêt $m : \mathcal{R} \times 2^{\mathcal{E}} \times 2^{(\mathcal{R} \times \mathcal{E} \times \mathcal{E})} \to [0, 1]$ et un seuil $\gamma \in [0, 1]$, une caractéristique intéressante $f \in \mathcal{R}$ (au sens de m et γ) satisfait $m(f, E, \mathcal{K}) \geq \gamma$. **Pour une base de connaissances $\mathcal{K}$, un ensemble d'entités E, une mesure d'intérêt m et un seuil γ, notre objectif est d'extraire toutes les caractéristiques intéressantes $F = \{f \in \mathcal{R} : m(f, E, \mathcal{K}) \geq \gamma\}$ afin de construire le tableau comparatif de E par F.** Pour cela, nous devons relever deux défis. Le premier défi consiste à définir une mesure de l'intérêt qui estime la pertinence d'une caractéristique à partir d'une base de connaissances (voir la section 4). Le second défi est d'évaluer efficacement cette mesure en minimisant le nombre de requêtes SPARQL (voir la section 5).

4 Niveau de référence contextuel d'une caractéristique

Notion de contexte Intuitivement, pour comprendre et interpréter un tableau comparatif, une caractéristique est intéressante si les valeurs décrivant les entités comparées sont connues de l'utilisateur. En psychologie, Tversky (1977) a montré que l'utilisateur a besoin d'au moins une valeur dite de *référence* pour comparer deux valeurs. En particulier, si ces valeurs sont trop rares (ou même ne caractérisent que les entités comparées), l'utilisateur de la table a peu de chance de les connaître car il n'y a jamais été confronté. Parfois, ces valeurs sont informatives, mais elles n'aident pas à comparer les entités entre elles. Par exemple, le lieu de sépulture d'Ada Lovelace est l'église Hucknall St Mary Magdalene tandis que celui d'Alan Turing est le crématorium de Woking. Il n'y a pas de conclusion directe à tirer de cette différence. Bien entendu, cette notion de rareté dépend des entités comparées. Même s'il n'y a que peu de personnes qui sont membres de la Royal Society, cette caractéristique s'impose pour comparer deux personnes employées par l'Université de Cambridge. L'idée clé de notre mesure d'intérêt est d'évaluer la pertinence d'une caractéristique en fonction d'entités similaires aux entités comparées (par exemple, celles "employées par Cambridge" ou celles "parlant anglais" pour Ada Lovelace et Alan Turing). Nous formalisons cette intuition avec la notion de contexte :

Définition 1 (Contexte) *Pour un ensemble d'entités $E \subseteq \mathcal{E}$ et un couple relation-objet $(r, o) \in \mathcal{R} \times \mathcal{E}$ tel que $E \subseteq r^{-1}(o)$, le contexte C pour E issu de (r, o) est l'ensemble d'entités $r^{-1}(o) \backslash E$. $\mathbb{C}_E$ dénote l'ensemble de tous les contextes pour E.*

Intuitivement, un contexte C est un ensemble d'entités similaires mais différentes des entités de E par rapport à un couple relation-objet (r, o) partagé par toutes les entités de E. Pour le tableau comparatif de la table 1, un exemple de contexte est l'ensemble des entités ayant l'anglais comme langue parlée (ici, le couple relation-objet est (`spoken language, English`)). Naturellement, les classes sont propices aux contextes. Par exemple, toutes les personnes (c'est-à-dire les entités avec un couple (`instance of, human`) dans Wikidata) pourraient constituer un contexte pertinent pour Ada Lovelace et Alan Turing.

Définition de la mesure Pour les entités $E = \{e_1, \ldots, e_P\} \subseteq \mathcal{E}$, une caractéristique $f \in \mathcal{R}$ et un contexte $C \in \mathbb{C}_E$, plus les valeurs $f(e)$ d'une entité $e \in E$ décrivent les entités de C, plus la caractéristique f a une chance d'être une référence pour l'utilisateur du tableau. En termes probabilistes, l'intérêt de la caractéristique f doit croître avec la probabilité d'observer les valeurs de $f(e_i)$ dans l'ensemble des valeurs $f(s_i)$ parmi les entités similaires $s_i \in C$: $\Pr\big[f(s_i) \cap f(e_i) \neq \emptyset \mid s_i \in C\big]$. Ainsi, nous définissons le niveau de référence contextuel (ou *contextual reference level*) d'une caractéristique f de la manière suivante :

$$crl_C(f, E, \mathcal{K}) = \Pr\big[(f(s_1) \cap f(e_1) \neq \emptyset) \vee \cdots \vee (f(s_P) \cap f(e_P) \neq \emptyset) \mid s_1 \in C, \ldots, s_P \in C\big]$$
$$= \Pr\big[(\exists e_i \in E)(f(s_i) \cap f(e_i) \neq \emptyset) \mid s_i \in C\big]$$

En pratique, les entités appartiennent à plusieurs contextes pertinents. Nous étendons donc la définition de $crl_C(f, E, \mathcal{K})$ à un ensemble de contextes :

Définition 2 (Niveau de référence contextuel) *Pour les entités $E = \{e_1, \ldots, e_P\} \subseteq \mathcal{E}$ et les contextes $\mathcal{C} = \{C_1, \ldots, C_K\} \subseteq \mathbb{C}_E$, le niveau de référence contextuel d'une caractéristique f est $crl_{\mathcal{C}}(f, E, \mathcal{K}) = \Pr\big[(\exists e_i \in E)(\exists k \in [1..K])(f(s_i^k) \cap f(e_i) \neq \emptyset) \mid s_i^k \in C_k\big]$.*

Notons que les entités comparées jouent un rôle très fort dans cette définition car elles limitent le choix de $\mathcal{C}$ dans l'ensemble des contextes potentiels $\mathbb{C}_E$. La quatrième colonne de la table 1 indique le niveau de référence contextuel de chaque caractéristique calculé à partir de Wikidata dans les 4 contextes suivants : (`field of work, mathematics`), (`employer, Univ. of Cambridge`), (`occupation, computer scientist`) et (`spoken language, English`). Avec la définition 2, il serait possible de calculer directement le niveau de référence contextuel d'une caractéristique avec une requête SPARQL. Cependant, cette requête statistique serait souvent trop coûteuse pour ne pas être interrompue par la politique d'usage juste des points d'accès publics SPARQL (Soulet et Suchanek, 2019). Néanmoins, dans la définition 2, comme les entités s_i^k sont choisies de manière identique et indépendante dans les différents contextes C_k, nous reformulons le niveau de référence contextuel :

Propriété 1 *Pour les entités $E \subseteq \mathcal{E}$, les contextes $\mathcal{C} \subseteq \mathbb{C}_E$ et une relation $f \in \mathcal{R}$, on a :*

$$crl_{\mathcal{C}}(f, E, \mathcal{K}) = 1 - \prod_{C \in \mathcal{C}} \prod_{e \in E} (1 - \Pr\big[f(s) \cap f(e) \neq \emptyset \mid s \in C\big])$$

Par manque de place, nous omettons les preuves. De manière intéressante, chaque probabilité $\Pr\big[f(s) \cap f(e) \neq \emptyset \mid s \in C\big]$ peut facilement être calculée indépendamment par une requêtes SPARQL peu coûteuse. De cette manière, en pratique, le taux d'échec est inférieur à 0.5%. Par ailleurs, avec la propriété 1, il est facile de voir que le niveau de référence contextuel croît avec la probabilité $\Pr\big[f(s) \cap f(e) \neq \emptyset \mid s \in C\big]$ et que son codomaine est $[0, 1]$. Le niveau de référence contextuel est nul quand aucune entité parmi les contextes n'a une valeur en commun avec celles des entités E pour la caractéristique f (e.g., c'est le cas pour les attributs qui sont des identifiants). Inversement, $crl_{\mathcal{C}}(f, E, \mathcal{K})$ est égal à 1 dès qu'une valeur dans $f(e)$ est partagée par toutes les entités d'au moins un contexte C.

Robustesse de la mesure Nous présentons deux propriétés intéressantes que vérifie le niveau de référence contextuel pour faire face à l'incomplétude des bases de connaissances. Premièrement, le niveau de référence contextuel est monotone par rapport aux contextes :

Propriété 2 *Pour une base de connaissances $\mathcal{K}$, une caractéristique f et les entités E, on a $crl_{\mathcal{C}}(f, E, \mathcal{K}) \leq crl_{\mathcal{C}'}(f, E, \mathcal{K})$ si les deux ensembles de contextes satisfont $\mathcal{C} \subseteq \mathcal{C}' \subseteq \mathbb{C}_E$.*

Ce résultat s'explique par l'ajout de facteurs inférieurs à 1 dans le double produit de la propriété 1 lorsqu'un contexte est ajouté à $\mathcal{C}$. Il est pertinent que l'ajout d'un nouveau contexte favorise l'émergence de nouvelles caractéristiques intéressantes (par exemple, si une nouvelle relation est ajoutée à la base de connaissances). La propriété suivante va plus loin en montrant que le niveau de référence contextuel est également robuste contre l'incomplétude pour la caractéristique f évaluée :

Propriété 3 *Pour deux bases de connaissances $\mathcal{K}$ et $\mathcal{K}'$, les contextes $\mathcal{C} \subseteq \mathbb{C}_E$ et une caractéristique f telle que $f_{\mathcal{K}}(e) \subseteq f_{\mathcal{K}'}(e)$ pour tout $e \in E$, on a $crl_{\mathcal{C}}(f, E, \mathcal{K}) \leq crl_{\mathcal{C}}(f, E, \mathcal{K}')$.*

Cette propriété souligne que la valeur du niveau de référence contextuel est toujours sousestimée lorsque certains faits manquent, c'est-à-dire que si de nouveaux faits sont ajoutés dans la base de connaissances, le niveau de référence contextuel d'une entité ne peut qu'augmenter. Pour cette raison, les résultats sont sûrs et ce qui a été jugé intéressant à un moment donné le restera dans le futur. Dans la table 1, la caractéristique `religion` a été sélectionnée malgré la valeur manquante pour Ada Lovelace. Quelle que soit la valeur qui pourrait être indiquée, cette caractéristique resterait intéressante pour crl.

5 VERSUS : extraction des caractéristiques intéressantes

Aperçu de VERSUS L'idée générale de l'algorithme 1 est d'analyser chaque relation f qui décrit au moins une entité de E pour déterminer s'il s'agit d'une caractéristique intéressante dans $\mathcal{K}$: $crl_{\mathcal{C}}(f, E, \mathcal{K}) \geq \gamma$. Pour commencer, l'ensemble F qui contiendra les caractéristiques intéressantes est initialisé avec l'ensemble vide (ligne 1) et l'ensemble $\mathcal{R}_E$ regroupe les relations qui décrivent au moins une entité de E (ligne 2). Après, chaque relation de $\mathcal{R}_E$ est traitée séparément (lignes 3-7). La ligne 4 sélectionne l'ensemble de contextes $\mathcal{C} \subseteq \mathbb{C}_E$ sans considérer la relation f (voir l'algorithme 2). Cet ensemble de contextes est immédiatement utilisé par l'algorithme 3 afin de déterminer si la relation f est une caractéristique intéressante pour les entités de E. Si c'est le cas, la ligne 5 l'ajoute à l'ensemble des caractéristiques intéressantes F. Finalement, cet ensemble est retourné à la ligne 7.

Sélection des contextes Cette étape essentielle vise à sélectionner un petit nombre de contextes pertinents parmi tous les contextes de $\mathbb{C}_E$ qui peuvent être redondants. En effet, dans le cas où un grand nombre de contextes dans $\mathcal{C}$ sont corrélés, le niveau de référence contextuel pourrait être anormalement surestimé à cause de la monotonie de la propriété 2. Par exemple, puisque tous les employés de l'Université de Cambridge sont forcément des humains, le contexte issu de (`instance of`, `human`) ne fournit pas d'informations supplémentaires, mais augmente la mesure de crl. Il est cependant important de garder un ensemble de contextes qui couvrent toutes les spécificités des entités similaires à E : $\bigcap \mathbb{C}_E$. Par exemple,

---

Algorithm 1 VERSUS : extraction des caractéristiques intéressantes au sens de crl

---

Input: Une base de connaissances $\mathcal{K}$, un ensemble d'entités $E \subseteq \mathcal{E}$ et un seuil γ
Output: L'ensemble des caractéristiques intéressantes $F \subseteq \mathcal{R}$
1: $F := \emptyset$
2: $\mathcal{R}_E := \{r \in \mathcal{R} : e \in E \wedge r(e,s) \in \mathcal{K}\}$
3: **for all** $f \in \mathcal{R}_E$ **do**
4:    Sélectionner l'ensemble de contextes $\mathcal{C}$ pour les entités E et la relation f avec l'algorithme 2
5:    **if** $crl_\mathcal{C}(f,E,\mathcal{K}) \geq \gamma$ (en utilisant l'algorithme 3) **then** $F := F \cup \{f\}$
6: **end for**
7: **return** F

Algorithm 2 Selection de l'ensemble de contextes

Input: Une base de connaissances $\mathcal{K}$, un ensemble d'entités $E \subseteq \mathcal{E}$ et une caractéristique $f \in \mathcal{R}$
Output: Un ensemble de contextes $\mathcal{C} \subseteq \mathbb{C}_E$
1: $\mathcal{C} := \{r^{-1}(o)\backslash E : r \in (\mathcal{R}\backslash\{f\}) \wedge (\forall e \in E)(r(e,o) \in \mathcal{K})\}$
2: Trier les contextes $\mathcal{C}$ par cardinalité croissante
3: **for all** context $C_i \in \langle C_1, \ldots, C_n \rangle$ **do**
4:    **if** $\bigcap(\mathcal{C} \setminus C_i) = \bigcap \mathcal{C}$ **then** $\mathcal{C} := \mathcal{C} \setminus C_i$
5: **end for**
6: **return** $\mathcal{C}$

---

le contexte issu de (`occupation`, `computer scientist`) est important car il distingue Ada Lovelace et Alan Turing des mathématiciens de l'Université de Cambridge qui ne s'intéressaient pas à l'informatique. Pour cette raison, nous choisissons l'un des plus petits ensembles de contextes $\mathcal{C}^* \subseteq \mathbb{C}_E$ dont l'intersection caractérise le même ensemble d'entités que $\mathbb{C}_E$: $\mathcal{C}^* \in \arg\min_{\mathcal{C} \subseteq \mathbb{C}_E}\{|\mathcal{C}| : \bigcap \mathcal{C} = \bigcap \mathbb{C}_E\}$. La résolution exacte de ce problème NP-difficile nécessiterait de soumettre un grand nombre de requêtes à la base de connaissances. Nous proposons donc d'éliminer heuristiquement les contextes superflus du plus petit au plus grand.

Étant donné une base de connaissances $\mathcal{K}$, un ensemble d'entités E et une caractéristique f, l'algorithme 2 renvoie un ensemble de contextes $\mathcal{C}$. La ligne 1 construit l'ensemble des contextes $\mathbb{C}_E$ en excluant le contexte issu de la caractéristique f (i.e., $r \neq f$). Les contextes sont ensuite triés du plus petit au plus grand (ligne 2) pour favoriser la suppression des contextes trop généraux. La boucle (lignes 3-5) itère sur chaque contexte C_i en commençant par le plus petit. La ligne 4 teste si l'intersection de contextes sans C_i donne le même ensemble d'entités qu'avec C_i. Si tel est le cas, cela signifie que ce contexte ne fournit aucune spécificité et il est écarté de $\mathcal{C}$. Une fois la boucle terminée, tous les contextes redondants sont supprimés et l'ensemble des contextes $\mathcal{C}$ est renvoyé par la ligne 6. La table 2 présente les couples relation-objet (r, o) à partir desquels les contextes sont calculés en considérant Ada Lovelace et Alan Turing. Après avoir été triés par cardinalité ascendante dans Wikidata (i.e., $|r^{-1}(o)\backslash E|$), les deux contextes redondants ont été éliminés par les lignes 3-5 de l'algorithme 2. Par exemple, la restriction "instance of human" ne supprime aucune entité parmi celles appartenant à tous les autres contextes. On constate bien que cette méthode centrée sur les entités isole des contextes très spécifiques.

Évaluation efficace du niveau de référence contextuel   L'évaluation naïve du niveau de référence contextuel serait coûteuse car chaque caractéristique nécessiterait de calcu-

Relation r	Objet o	$\lvert r^{-1}(o) \setminus E \rvert$
field of work	mathematics	2,018
employer	Univ. of Cambridge	3,129
occupation	computer scientist	7,943
~~described by source~~	~~Obalky knih.cz~~	47,563
spoken language	English	165,714
~~instance of~~	~~human~~	6,389,426

TAB. 2 – *Les couples relation-objets communs à Ada Lovelace et Alan Turing*

ler $\lvert \mathcal{C} \times E \rvert$ (resp. $\lvert \mathcal{C} \rvert$) requêtes pour les numérateurs (resp. dénominateurs) (voir la définition 2). Plutôt que de calculer le niveau de référence contextuel exact d'une caractéristique, l'idée est de faire un calcul partiel de cette valeur afin de déterminer uniquement si $crl_{\mathcal{C}}(f, E, \mathcal{K})$ est supérieur à γ. Il est facile de voir que le complément à 1 du niveau de référence contextuel (i.e., $1 - crl_{\mathcal{C}}(f, E, \mathcal{K})$) diminue à chaque multiplication par un facteur de la forme $\left(1 - \Pr\big[f(s) \cap f(e) \neq \emptyset \mid s \in C\big] \right)$. Avec cette observation, il est possible de dériver une borne inférieure pour le niveau de référence contextuel. Lors du calcul, lorsque cette borne inférieure dépasse le seuil γ, nous avons la garantie que $crl_{\mathcal{C}}(f, E, \mathcal{K}) \geq \gamma$. Inversement, il est possible de dériver une borne supérieure du niveau de référence contextuel en utilisant $\Pr[f(s) \cap f(e) \neq \emptyset, s \in \mathcal{E}]$ comme borne supérieure de la probabilité jointe $\Pr[f(s) \cap f(e) \neq \emptyset, s \in C]$. La propriété suivante formalise ces deux bornes :

Propriété 4 *Pour une base de connaissances $\mathcal{K}$, le niveau de référence contextuel d'une caractéristique f pour les entités E est bornée pour tout $\mathcal{S} \subseteq \mathcal{C} \times E$:*

$$crl_{\mathcal{C}}(f, E, \mathcal{K}) \geq 1 - \prod_{(C,e) \in \mathcal{S}} \left(1 - \Pr\big[f(s) \cap f(e) \neq \emptyset \mid s \in C\big] \right)$$

$$\leq 1 - \Bigg[\prod_{(C,e) \in \mathcal{S}} \left(1 - \Pr\big[f(s) \cap f(e) \neq \emptyset \mid s \in C\big] \right)$$

$$\times \underbrace{\prod_{(C,e) \in (\mathcal{C} \times E) \setminus \mathcal{S}} \left(1 - \frac{\min\{\lvert \{s \in \mathcal{E} : f(s) \cap f(e) \neq \emptyset\} \rvert, \lvert C \rvert\}}{\lvert C \rvert} \right)}_{\text{facteur optimiste}} \Bigg]$$

L'algorithme 3 bénéficie de ces bornes pour vérifier efficacement si $crl_{\mathcal{C}}(f, E, \mathcal{K}) \geq \gamma$. Plus précisément, les lignes 1 et 2 initialisent respectivement le produit p et le facteur optimiste o discuté ci-dessus en considérant tous les couples dans $\mathcal{C} \times E$. Les boucles des lignes 3 et 4 énumèrent les différentes entités $e \in E$ et les différents contextes $C \in \mathcal{C}$. A chaque itération, la ligne 5 affine le calcul de p en tenant compte de la probabilité $\Pr\big[f(s) \cap f(e) \neq \emptyset \mid s \in C\big]$ tandis que la ligne 7 met à jour o. Si le niveau de référence contextuel actuel est supérieur au seuil γ, la ligne 6 renvoie *true* car $1 - p$ est une approximation pessimiste du niveau de référence contextuel final. Inversement, la line 8 renvoie *false* lorsque la borne supérieure $1 - p \times o$ est inférieure à γ. Illustrons l'algorithme 3 pour la borne inférieure avec $\gamma = 0,01$. La probabilité d'avoir une entité avec une mort naturelle (comme Ada Lovelace) parmi ceux qui ont étudié les mathématiques est de $0,025$. Il est donc certain que `manner of death` est une caractéristique intéressante car son niveau de référence contextuel exact dépasse la

---

Algorithm 3 Calcul du niveau de référence contextuel d'une relation

---

Input: Une base de connaissances $\mathcal{K}$, les entités $E \subseteq \mathcal{E}$, un seuil γ, les contextes $\mathcal{C}$ et une relation f
Output: Retourne vrai si la relation f est intéressante i.e., $crl_{\mathcal{C}}(f, E, \mathcal{K}) \geq \gamma$

1:   $p := 1$
2:   $o := \prod_{(C,e) \in \mathcal{C} \times E} \left(1 - \frac{\min\{|\{s \in \mathcal{E} : f(s) \cap f(e) \neq \emptyset\}|, |C|\}}{|C|} \right)$
3:   **for all** $e \in E$ **do**
4:     **for all** $C \in \mathcal{C}$ **do**
5:       $p := p \times (1 - (|\{s \in C : f(s) \cap f(e) \neq \emptyset\}|)/(|C|))$
6:       **if** $1 - p \geq \gamma$ **then return** *true*
7:       $o := o/\left(1 - \frac{\min\{|\{s \in \mathcal{E} : f(s) \cap f(e) \neq \emptyset\}|, |C|\}}{|C|} \right)$
8:       **if** $1 - p \times o < \gamma$ **then return** *false*
9:     **end for**
10: **end for**
11: **return** *false*

---

borne inférieure $1 - (1 - 0,025)$ qui est supérieure au seuil γ. Dans ce cas, cela économise l'évaluation de 7 requêtes nécessaires pour le calcul exact.

6   Expérimentations

Après avoir présenté notre benchmark, nos expérimentations visent à répondre aux deux questions suivantes : le niveau de référence contextuel isole-t-il vraiment les meilleures caractéristiques ? (Q1) et quel est le gain de l'évaluation optimisée ? (Q2). VERSUS est implémenté en Java et utilise la bibliothèque Jena pour interroger le point d'accès SPARQL public de Wikidata. Du fait du peu d'opérations effectuées côté client, les temps d'exécution correspondent essentiellement au temps de traitement des requêtes SPARQL côté serveur[3]. Le code source, l'outil d'évaluation et les résultats sont disponibles sur le site `lovelace-vs-turing.com`.

Comparison Feature Benchmark (CFB)   La génération de tableaux comparatifs étant un nouveau problème, nous avons dû développer un benchmark pour évaluer la qualité des caractéristiques de comparaison, nommé *Comparison Feature Benchmark* (CFB).

Premièrement, nous tirons au hasard dans Wikidata 1000 types T_i ($i \in [1..1000]$) qui ont entre 10k et 1k instances. Cet échantillon garantit de couvrir une grande variété d'entités (personne, lieu, objets, événements, etc.) afin de refléter au mieux la diversité de Wikidata. Deuxièmement, pour chaque type T_i, nous sélectionnons les deux entités e_i^1 et e_i^2 qui ont le plus haut degré de faits entrants (i.e., maximiser $\deg(e) = |\{s \in \mathcal{E} : r(s, e) \in \mathcal{K} \wedge e \in T_i\}|$). Ce classement favorise les entités populaires du type T_i. Par exemple, les entités `Paris` (Q90) et `Londres` (Q84) sont sélectionnées pour le type `city` (Q515). Ensuite, pour chaque paire d'entités $E_i = \{e_i^1, e_i^2\}$, nous définissons l'ensemble F_i de relations r_j où $r_j \in \mathcal{R}$ où l'objet est une URI, r_j est une propriété directe de Wikidata (en utilisant le préfixe `http://www.wikidata.org/prop/direct/`) et $r_j(e_i^1)$ ou $r_j(e_i^2)$ n'est pas vide. Ainsi, F_i est l'ensemble des caractéristiques candidates pour comparer les entités dans E_i. Enfin, pour chaque paire d'entités $E_i = \{e_i^1, e_i^2\}$, nous stockons dans notre benchmark CFB tous les faits $r_j(e_i^k, o_i^k)$

---

3. `query.wikidata.org/`

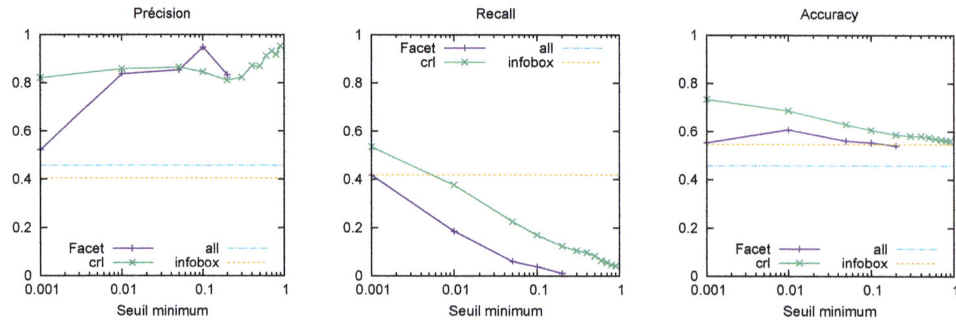

FIG. 1 – *Evaluation des mesures de précision, rappel et accuracy*

($k \in \{1, 2\}$) où $r_j \in F_i$ et o_i^k est un objet tiré aléatoirement parmi les valeurs de $r_j(e_i^k)$ (si $r_j(e_i^k)$ est l'ensemble vide, alors o_i^k est nul). Pour chaque type T_i ($i \in [1..1000]$), ce processus construit une table de comparaison avec $|F_i|$ lignes et deux colonnes pour comparer e_i^1 et e_i^2.

Deuxièmement, 1195 caractéristiques candidates (parmi les 11852 issues des tableaux, soit environ 10%) ont été tirées aléatoirement et évaluées manuellement par l'un des 6 évaluateurs. A chaque fois, on demandait si la caractéristique candidate $r_j \in F_i$ était pertinente pour comparer le couple d'entités $E_i = \{e_i^1, e_i^2\}$ (en sélectionnant dans CFB les faits $r_j(e_i^1, o_i^1)$ et $r_j(e_i^2, o_i^2)$). L'évaluateur peut répondre "Non", ce qui signifie que la caractéristique r_j n'est pas pertinente (44,9% des évaluations), "Oui" (37,9%) ou "Je ne sais pas" (17,2%). Seules 80 évaluations étaient communes dont 74 en accord ce qui donne un coefficient kappa de Cohen de 0,832 (correspondant à un accord *presque parfait* (Landis et Koch, 1977)).

Q1 : Qualité des caractéristiques extraites Tout d'abord, nous bénéficions du benchmark CFB pour comparer le niveau de référence contextuel utilisé par VERSUS (notée crl) avec la métrique utilisée pour la génération automatique de facettes (Oren et al., 2006) (notée Facet). Pour cette dernière, le type T_i des deux entités (voir ci-dessus) est utilisé pour définir la collection sur laquelle la métrique est calculée. Nous utilisons aussi deux lignes de base : la méthode all (Petrova et al., 2017) qui revient à sélectionner toutes les caractéristiques du benchmark et la méthode infobox qui sélectionne toutes les caractéristiques présentes dans au moins une des infoboîtes des entités E_i. La figure 1 trace la précision, le rappel et l'accuracy des différentes méthodes par rapport au seuil minimum. Pour les raisons évoquées lors de l'état de l'art, on observe que la précision des méthodes all et infobox, inférieure à 50%, est catastrophique. Ensuite, on constate que lorsque la précision de Facet est meilleure que celle de crl, le rappel de Facet est considérablement plus faible (moins de 20 caractéristiques sont extraites). Dans l'ensemble, le niveau de référence contextuel est bien meilleur que la métrique orientée facette avec une précision comparable mais un rappel et une accuracy plus élevés. Ce résultat n'est pas surprenant car, contrairement à Facet, notre méthode fait ressortir des caractéristiques spécifiques aux contextes des deux entités comparées. La précision du niveau de référence contextuel, toujours au-dessus de 76%, est élevée en comparaison avec les méthodes de base inférieures 50%. Fait intéressant, cette précision augmente avec le seuil de niveau de référence contextuel minimum (de 76% pour $\gamma = 0,0001$ à 86% pour $\gamma = 0,05$). Cela démontre la capacité de notre mesure à isoler les caractéristiques les plus pertinentes. Cependant, le rappel

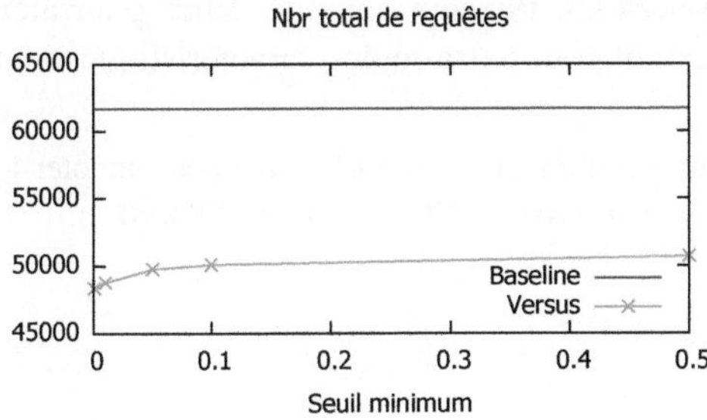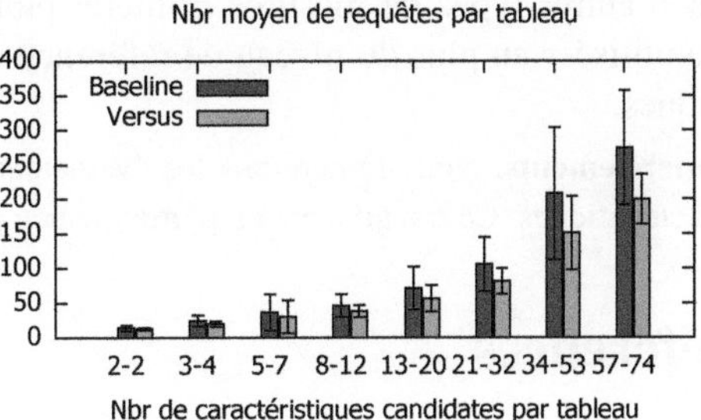

FIG. 2 – *Nombre de requêtes SPARQL exécutées sur Wikidata*

diminue très rapidement avec le seuil de niveau de référence contextuel minimum. Ceci s'explique par la diminution du nombre de caractéristiques intéressantes avec γ. Pour avoir un bon compromis, il faut fixer γ avec une valeur inférieure à 0,1.

Q2 : Efficacité de la méthode Nous évaluons maintenant le gain d'efficacité de la méthode optimisée (VERSUS bénéficiant de la propriété 4) avec une méthode naïve où la valeur exacte du niveau de référence contextuel est calculée (**baseline** basée sur la propriété 1). La figure 2 indique le nombre de requêtes SPARQL nécessaires pour construire les 1000 tableaux comparatifs du benchmark. La figure de gauche représente le nombre total de requêtes requises par **baseline** et par VERSUS par rapport au seuil de niveau de référence contextuel minimum. Il est toujours plus avantageux d'utiliser la méthode optimisée car moins de requêtes sont exécutées (environ -20% de requêtes). VERSUS est encore plus efficace pour les seuils bas (i.e. $\gamma \leq 0.1$). Pour $\gamma = 0.01$, on observe sur la figure de droite que le nombre de requêtes augmente linéairement avec le nombre de caractéristiques potentielles à tester. Ce résultat est attendu car le nombre de contextes (entre 1 et 7) est relativement indépendant du nombre de caractéristiques. Encore une fois, VERSUS s'avère toujours plus efficace.

7   Conclusion

Nous avons présenté VERSUS qui génère automatiquement un tableau comparatif d'un ensemble d'entités à partir d'une base de connaissances en interrogeant son point d'accès SPARQL public. À cette fin, nous avons introduit le niveau de référence contextuel qui évalue si une caractéristique a des valeurs pour les entités comparées qui sont suffisamment communes parmi d'autres entités similaires. Nous avons décomposé et optimisé le calcul du niveau de référence contextuel en plusieurs requêtes SPARQL à faible coût afin qu'elles satisfassent la politique d'usage juste du point d'accès public. Des expériences sur notre benchmark CFB montrent la bonne précision du niveau de référence contextuel pour isoler les caractéristiques les plus pertinentes. Il est intéressant de noter que notre approche centrée sur les entités a un rappel et une précision plus élevés qu'une méthode standard pour la détection de facette, qui repose sur des classes. De plus, grâce à notre optimisation, VERSUS économise environ 20% de requêtes par rapport à une approche naïve. Dans les travaux futurs, nous souhaiterions étudier d'autres types de mesures d'intérêt plutôt basées sur l'exceptionnalité. Elles pourraient être utilisées en plus du niveau de référence contextuel pour extraire des caractéristiques inattendues.

Remerciements. Nous remercions les évaluateurs pour le temps qu'ils ont consacré pour annoter les caractéristiques. Ce travail a été en partie financé par le projet ANR-18-CE38-0009 ("SESAME").

Références

Anyanwu, K., A. Maduko, et A. Sheth (2005). SemRank : Ranking complex relationship search results on the semantic web. In World Wide Web, pp. 117–127.

Feddoul, L., S. Schindler, et F. Löffler (2019). Automatic facet generation and selection over knowledge graphs. In International Conference on Semantic Systems, pp. 310–325.

Hahn, R., C. Bizer, C. Sahnwaldt, C. Herta, S. Robinson, M. Bürgle, H. Düwiger, et U. Scheel (2010). Faceted Wikipedia search. In Int. Conf. on Business Information Systems, pp. 1–11.

Landis, J. R. et G. G. Koch (1977). The measurement of observer agreement for categorical data. biometrics, 159–174.

Oren, E., R. Delbru, et S. Decker (2006). Extending faceted navigation for RDF data. In International Semantic Web conference, pp. 559–572. Springer.

Petrova, A., E. Sherkhonov, B. C. Grau, et I. Horrocks (2017). Entity comparison in rdf graphs. In International Semantic Web Conference, pp. 526–541. Springer.

Razniewski, S., F. Suchanek, et W. Nutt (2016). But what do we actually know ? In Proc. of the 5th Workshop on Automated Knowledge Base Construction, pp. 40–44.

Soulet, A. et F. M. Suchanek (2019). Anytime large-scale analytics of linked open data. In International Semantic Web Conference, pp. 576–592. Springer.

Tversky, A. (1977). Features of similarity. Psychological review 84(4), 327.

Vrandečić, D. et M. Krötzsch (2014). Wikidata : A free collaborative knowledgebase. Communications of the ACM 57(10), 78–85.

Wu, F. et D. S. Weld (2008). Automatically refining the Wikipedia infobox ontology. In Proc. of the 17th international conference on World Wide Web, pp. 635–644.

Zheng, B., W. Zhang, et X. F. B. Feng (2013). A survey of faceted search. Journal of Web engineering 12(1&2), 041–064.

Summary

Comparison table is useful for comparing entities for decision making. This paper presents the first automatic method for generating comparison tables from the Semantic Web. We introduce the contextual reference level to evaluate whether a feature is relevant to compare a set of entities. This measure favors the features whose values for the compared entities are reference among similar entites. We show how VERSUS efficiently evaluates this measure from a public SPARQL endpoint. The experiments show its efficiency for identifying the features deemed relevant by users with high precision and recall.

Découverte d'indicateurs de classement
dans le Web des données

Cyril De Runz, Arnaud Giacometti, Béatrice Markhoff, Arnaud Soulet

Université de Tours, LIFAT, Blois
`firstname.lastname@univ-tours.fr`

Résumé. Analyser l'impact d'entités au sein de leur domaine est fondamental pour le comprendre. A cette fin, il est essentiel de disposer d'indicateurs numériques fins retranscrivant les spécificités du domaine. Cet article propose une approche pour découvrir automatiquement des indicateurs d'impact pour classer les entités. Bien que l'approche soit transdisciplinaire, les indicateurs de classement identifiés doivent néanmoins disposer d'une sémantique intradisciplinaire. Pour cela, notre approche s'appuie sur les bases de connaissances du Web des données, pas seulement pour faciliter le calcul opérationnel des indicateurs mais aussi pour profiter de leur transparence et de la formalisation explicite de leur sémantique. L'hypothèse simple mais centrale de ce travail est que chaque répartition inégalitaire d'une quantité engendre un indicateur de classement pertinent. A cette fin, nous utilisons le coefficient de Gini pour identifier dans Wikidata les propriétés produisant des indicateurs de classement significatifs.

1   Introduction

Quel est le classement des peintres les plus importants ? Il n'est pas difficile de trouver une réponse à cette question, mais trouver la bonne s'avère plus compliqué. Par exemple, la table 1 présente les 10 peintres les plus importants selon trois sites. Ces classements s'accordent sur une partie des peintres (en gras dans les tableaux), mais certains artistes jugés comme primordiaux dans un seul classement sont occultés par les deux autres (en italique). Cela n'a évidemment rien de surprenant puisque ces classements découlent de l'avis subjectif d'une personne [1] ou d'un ensemble de personnes [2]. Le troisième classement consiste à classer les peintres par popularité en mesurant le nombre de lectures de leur article dans une encyclopédie en ligne [3] (voir l'indice en troisième colonne du classement `artcyclopedia.com` signifiant, par exemple, que la page consacrée à Salvador Dalí a reçu environ moitié moins de visites que celle de Pablo Picasso). L'utilisation d'un indicateur numérique est rassurant mais soulève aussi des questions de pertinence qui seront justement abordées dans cet article.

Notre question initiale concernant le classement des peintres pourrait être étendue à d'autres domaines : quels sont les processus biologiques les plus prépondérants ? Quelles sont les villes

---

1. `www.theartwolf.com/articles/most-important-painters.htm`
2. `www.ranker.com/list/best-painters-of-all-time/ranker-art`
3. `www.artcyclopedia.com/mostpopular.html`

theartwolf.com			ranker.com			artcyclopedia.com		
Rang	**Peintre**		**Rang**	**Peintre**		**Rang**	**Peintre**	**Indice**
1	**Pablo Picasso**		1	**Leonardo da Vinci**		1	**Pablo Picasso**	100
2	*Giotto Di Bondone*		2	Vincent van Gogh		2	Vincent van Gogh	77
3	**Leonardo da Vinci**		3	Michelangelo		3	**Leonardo da Vinci**	65
4	*Paul Cézanne*		4	**Rembrandt**		4	**Claude Monet**	56
5	**Rembrandt**		5	**Pablo Picasso**		5	Salvador Dalí	47
6	*Diego Velasquez*		6	**Claude Monet**		6	*Henri Matisse*	43
7	*Wassily Kandinsky*		7	Caravaggio		7	**Rembrandt**	41
8	**Claude Monet**		8	*Johannes Vermeer*		8	*Andy Warhol*	34
9	Caravaggio		9	*Raphael*		9	*Georgia O'Keeffe*	33
10	*Joseph M. W. Turner*		10	Salvador Dalí		10	Michelangelo	32

TAB. 1: Trois classements (parmi tant d'autres) des peintres les plus importants.

prédominantes sur le plan économique ? etc. En effet, il est régulier d'avoir à comparer l'importance d'entités entre elles (par exemple, des villes) sur des critères ciblés (pour les villes, la comparaison peut porter sur l'économie ou la culture) notamment pour conduire des politiques publiques (Behn, 2003) ou scientifiques (Weinberg, 2000). Dans ce cas, même s'il faut rester prudent (Muller, 2018), le recours à un indicateur numérique est un atout car il établit de facto un ordre strict partiel rendant aisé la comparaison de deux entités. De plus, la définition de l'indicateur donne un sens au classement (par exemple, classement par popularité pour un nombre de vues). Le choix de l'indicateur est discutable, mais pas son classement sous-jacent si les données exploitées sont correctes et complètes, et bien sûr, accessibles. Enfin, la méthode de classement est reproductible par d'autres personnes et sur d'autres données ce qui est notamment utile pour mesurer des évolutions temporelles. Dans ce contexte, notre objectif ambitieux vise à définir une méthode de découverte d'indicateurs de classement qui soit *transdisciplinaire* dans le sens où une approche concerne simultanément plusieurs domaines. Malheureusement, les sous-objectifs opposés de la transdisciplinarité des approches et de leur impact intradisciplinaire constitue un défi majeur. Pour faire sens, les indicateurs numériques sont construits manuellement à l'intention d'un type d'entités et uniquement pour une discipline visée. Par exemple, même si le nombre de citations en bibliométrie est transposable en webométrie par le nombre d'hyperliens entrants, ces deux indicateurs sont distincts. Identifier automatiquement de telles quantités pertinentes quel que soit le domaine (allant par exemple, de la peinture à l'urbanisme en passant par les processus biologiques) est une tâche non-triviale.

Cet article propose une méthode de découverte automatique d'indicateurs de classement en s'appuyant sur le Web des données. Premièrement, par sa simplicité opérationnelle, sa transparence et sa richesse sémantique, nous plaidons dans la section 2 pour l'usage du Web des données comme ressource fondamentale pour la définition d'indicateurs. Nous pointons aussi la confusion sémantique qui limite l'usage des indicateurs utilisés en recherche d'information. Deuxièmement, nous définissons dans la section 3 un indicateur de classement comme un comptage d'une quantité inégalement répartie entre les entités à comparer. Nous montrons alors comment détecter une telle inégalité à l'aide du coefficient de Gini en calculant le seuil minimum à satisfaire. A notre connaissance, aucun travail de la littérature n'avait établi ce lien entre inégalité et indicateur de classement. Enfin, nous mettons à l'épreuve dans la section 4 notre méthodologie sur Wikidata qui est une base de connaissances libre éditée de manière collaborative. Par sa transdisciplinarité, les indicateurs de classement découverts concernent tous les domaines mais en restant cohérents par rapport à leur domaine visé.

2 Web des données comme jumeau numérique

Les données numérisées sont la condition sine qua non à la construction généralisée d'indicateurs numériques. Par exemple, les premières méthodes bibliométriques ont été proposées dès le début du 20ème siècle pour étudier l'impact d'un domaine ou d'un groupe de chercheurs. Pourtant, il a fallu attendre les années 1970 pour un essor de la bibliométrie grâce à l'informatisation des bases de données notamment au sein de l'Institute for Scientific Information (ISI) (Garfield, 1972). L'importance des données est tout aussi centrale en infométrie où chaque nouvelle source de données est l'occasion de produire de nouveaux indicateurs. Typiquement, le classement des peintres de `artcyclopedia.com` s'appuie sur la fréquence de visite des pages associées à chacun des peintres. Cette méthode relève de l'analyse des données d'usage du Web qui est une technique classique en webométrie (Thelwall et al., 2005). Sur un plan bibliométrique, il serait aussi possible de comptabiliser le nombre de publications consacrées à chaque artiste pour mesurer l'influence des peintres. Bien sûr, toutes ces données sont pertinentes pour mesurer l'influence d'un peintre d'un point de vue informationnel, mais cela n'est pas directement lié à leur impact disciplinaire. A l'image des nombres de publications ou de citations pour un scientifique, il serait préférable de s'appuyer sur le nombre d'oeuvres peintes ou de peintres influencés. Plus généralement, un indicateur numérique devrait mesurer des quantités ayant une signification intradisciplinaire tangible dans le monde réel.

Dans cette perspective, les bases de connaissances du Web des données (Berners-Lee et al., 2001) (aussi dénommé par « données ouvertes liées » ou « Web sémantique ») forment une large source de données prometteuse. En effet, le Web des données concerne tous les domaines de la connaissance et il favorise la publication de données structurées ce qui facilite leur exploitation pour des traitements statistiques. La facette « données liées » incite à l'interconnexion des données en référençant les entités du monde réel avec des identifiants uniques (appelés URI pour *Uniform Resource Identifier*). Cela évite des étapes fastidieuses de traitement des données comme la désambiguïsation. Par ailleurs, le Web des données s'inscrit aussi dans un mouvement d'ouverture des données. Cette ouverture améliore naturellement la couverture des indicateurs et donc leur fiabilité, mais elle augmente aussi la transparence qui fait défaut aux indicateurs construits à partir de bases de données privées. Enfin, la facette « Web sémantique », sûrement la plus importante, souligne la richesse des données en formalisant ce que les données représentent et ce qu'on peut en faire. Alors qu'un hyperlien relie uniformément deux pages du Web, les propriétés qualifient le sens de l'interconnexion entre deux entités. Elles sont porteuses de la spécificité disciplinaire désirée. Mieux, les ontologies structurent et standardisent ces propriétés de sorte qu'il est possible de raisonner sur ces bases de connaissances. A l'inverse, il faut tenir compte des faiblesses des bases de connaissances du Web des données. Si les informations renseignées sont globalement fiables, elles souffrent souvent d'incomplétude (Zaveri et al., 2016; Razniewski et al., 2016) qui entrainent des biais de représentativité (Soulet et al., 2018). Dans notre cas, cela risque de fausser les indicateurs numériques.

Comme le Web des données est avant tout une partie du Web, une première tentation serait de lui appliquer les méthodes webométriques. De manière simple, une partie des travaux peut être transposée en considérant une entité comme une page Web identifiée par une URI et une propriété comme un hyperlien du sujet vers l'objet. Il est aussi possible de se restreindre à une partie des propriétés correspondant à une ontologie particulière comme Friend of a Friend (Stuart, 2014). Une seconde tentation est de s'appuyer sur les mesures définies dans le cadre de la recherche d'information qui peut être vue comme un domaine connexe à l'infométrie. En effet, il y a un parallèle naturel entre les méthodes bibliométriques analysant les citations et les méthodes de recherche d'information analysant les liens (Kleinberg, 1999 ; Page et al., 1999) – qui ont inspiré des scores similaires dans le Web sémantique (Ding et al., 2004). Dans ces travaux, le score d'importance d'une entité (article ou page) augmente avec son degré entrant de pointeurs (citations ou liens). Le principe populaire en recherche d'information de pondérer l'apport d'un pointeur suivant l'importance de sa source a même été envisagé auparavant par certains indicateurs bibliométriques comme celui proposé par Pinski et Narin (1976). Concernant les travaux du Web sémantique, les scores issus de la webométrie ou de la recherche d'information considèrent donc uniformément toutes les entités sans bénéficier des spécificités propres à leur domaine. Par exemple, ces scores adisciplinaires permettent de comparer l'importance d'un peintre avec celle d'une ville. Cela s'explique par la sémantique des liens entre entités, c'est-à-dire des propriétés, qui est complètement ignorée. En outre, ces scores en agrégeant des informations hétérogènes (à travers les propriétés variées) n'ont pas vraiment de signification dans le monde réel. Pire, deux choix de représentation des connaissances différents conduiront à des scores différents.

3   Indicateur de classement pertinent = forte inégalité

Avant de poursuivre, précisons quelques notations. Une base de connaissances sur un ensemble de propriétés $\mathcal{P}$ et un ensemble d'entités $\mathcal{E}$ est un ensemble de faits $\mathcal{K} \subseteq \mathcal{E} \times \mathcal{P} \times \mathcal{E}$. Nous écrivons les faits sous la forme $\langle s, p, o \rangle \in \mathcal{K}$, où s est le sujet, p est la propriété et o est l'objet. Par exemple, $\langle$Guernica, creator, Picasso$\rangle$ signifie que le tableau Guernica a été peint par Pablo Picasso [4]. Etant donnée une propriété p, $\langle s, p^{-1}, o \rangle \in \mathcal{K}$ signifie que $\langle o, p, s \rangle \in \mathcal{K}$ où p^{-1} est la propriété inverse de p (e.g., on a $\langle$Picasso, creator^{-1}, Guernica$\rangle$). Enfin, $p(s)$ désigne l'ensemble des objets en relation avec s pour la propriété $p : p(s) = \{o \in \mathcal{E} : \langle s, p, o \rangle \in \mathcal{K}\}$. Par exemple, creator^{-1}(Picasso) donne les créations de Pablo Picasso. Pour mesurer l'importance d'une entité $e \in E$ parmi un ensemble $E \subseteq \mathcal{E}$, nous voulons comptabiliser le nombre d'objets rattachés à cette entité (i.e., $|p(e)|$), mais uniquement pour une propriété p qui fait sens pour les entités E (à l'inverse des scores de la littérature qui considèrent tous les objets rattachés à l'entité par au moins une propriété). Par exemple, $\big|$creator^{-1}(Picasso)$\big| = 1147$ correspond aux 1 147 oeuvres créées par Pablo Picasso. Le défi consiste à déterminer si une propriété p est adaptée pour être un indicateur de classement pour classer les entités de l'ensemble $E \subseteq \mathcal{E}$. En d'autres termes, lorsqu'on observe que $|p(e_1)| > |p(e_2)|$ pour deux entités $e_1 \in E$ et $e_2 \in E$, l'entité e_1 est jugée plus importante que l'entité e_2 par rapport à p. Typiquement, il parait raisonnable de classer les artistes en fonction de leur nombre d'oeuvres pour savoir lesquels ont été les plus prolifiques en utilisant la propriété creator^{-1}. A l'inverse, le nombre de pères d'un artiste avec la propriété father est peu intéressant car non discriminant.

De nombreux indicateurs de classement en infométrie reposent sur des quantités suivant une loi de puissance (Egghe, 2005) (e.g., le nombre de citations pour les articles ou le nombre de liens entrants pour les pages Web). L'émergence de ces distributions se justifie essentiellement par la génération continue de nouvelles entités selon un processus d'attachement préférentiel (Barabási et Albert, 1999). Un processus d'attachement préférentiel répartit les objets entre les entités en fonction de ce qu'elles ont déjà, de sorte que celles qui ont déjà beau-

---

4. Cet exemple comme l'ensemble des illustrations est tiré de Wikidata.

coup d'objets reçoivent plus que celles qui en ont peu. Par exemple, un nouvel article a plus de chance de citer un article bien connu et donc déjà fortement cité. Si ce processus d'attachement préférentiel nous parait aisément transposable pour certaines propriétés, il ne couvre pas toutes les propriétés pertinentes (cf. les expérimentations en section 4). Typiquement, une nouvelle peinture ne pourra plus être créée par Pablo Picasso malgré son oeuvre prolifique[5]. Même si les lois de puissances peuvent être induites par d'autres phénomènes (Newman, 2005), il nous semble difficilement justifiable de se restreindre uniquement aux distributions suivant une loi de puissance pour construire des classements – d'autant qu'en pratique, de telles distributions se distinguent difficilement des autres, comme d'une distribution log-normale par exemple (Mitzenmacher, 2004). Par contre, il nous parait essentiel de constater qu'une distribution suivant une loi de puissance (ou même une distribution log-normale) concentre une grande quantité sur peu d'entités au détriment du reste des entités. C'est même cet écart qui explique bien souvent l'attrait du classement. Par exemple, le classement des milliardaires est spectaculaire car une poignée de riches concentrent toute la richesse.

De ce fait, nous faisons l'hypothèse qu'une propriété est propice à mesurer l'impact d'entités si sa distribution des objets est inégalitairement répartie. En effet, si les objets d'une propriété sont répartis de manière relativement uniforme, l'écart réduit en nombre d'objets entre deux entités risque d'être insuffisant pour justifier que l'une soit considérée comme meilleure que l'autre. Pire, il risque d'y avoir beaucoup d'entités ex aequo même parmi les entités du haut du classement. Plus formellement, pour n entités $E = \langle e_1, e_2, \ldots, e_n \rangle$ où $|p(e_i)| \leq |p(e_{i+1})|$, nous considérons qu'une propriété p donne un indicateur de classement pertinent pour E si les deux critères suivants sont vérifiés :

C1 L'écart entre celui qui a le moins d'objets pour la propriété p (i.e., e_1) et celui qui en a le plus (i.e., e_n) est élevé : $|p(e_1)| \ll |p(e_n)|$.

C2 La distribution des objets pour la propriété p est plus inégalitaire qu'une distribution uniforme entre $|p(e_1)|$ et $|p(e_n)|$.

En d'autres termes, le critère C1 explicite un fort écart de richesse et le critère C2, une répartition plus injuste que le hasard. Par exemple, le critère C2 exclut une propriété où tout le monde serait riche sauf e_1. Pour mesurer le niveau d'inégalité d'une distribution évoqué par le critère C2, nous devons recourir à une mesure de concentration (Cowell, 2011). Nous optons pour le coefficient de Gini (1936) qui est une mesure de concentration régulièrement utilisée en économie pour estimer les inégalités de revenus, mais aussi en bibliométrie (Pratt, 1977; Rousseau, 1994)[6]. Plus précisément, le coefficient de Gini, ou indice de Gini, est une mesure statistique évaluant le niveau d'inégalité de la répartition d'une variable dans une population. Il augmente entre 0 et 1 avec le niveau d'inégalité, où 0 signifie l'égalité parfaite et 1, l'inégalité parfaite. Dans notre contexte, le coefficient de Gini d'une propriété p pour n entités $E = \langle e_1, e_2, \ldots, e_n \rangle$ où $|p(e_i)| \leq |p(e_{i+1})|$ se calcule de la manière suivante :

$$G_p(E) = \frac{2 \sum_{i=1}^{n} i \times |p(e_i)|}{n \sum_{i=1}^{n} |p(e_i)|} - \frac{n+1}{n} \tag{1}$$

---

5. De toute façon, en suivant le protocole de Clauset et al. (2009), le nombre d'oeuvres par artiste ne semble pas satisfaire une loi de puissance puisqu'avec les paramètres les plus favorables (i.e., l'exposant $\alpha = 2.13$ et $x_{min} = 16$), la différence est de 0.031, bien au-dessus du seuil 0.019 correspondant à la valeur critique.

6. La même méthodologie peut être suivie avec d'autres mesures d'inégalité comme l'indice d'Atkinson (Atkinson et al., 1970) ou l'index d'entropie généralisée (Shorrocks, 1980).

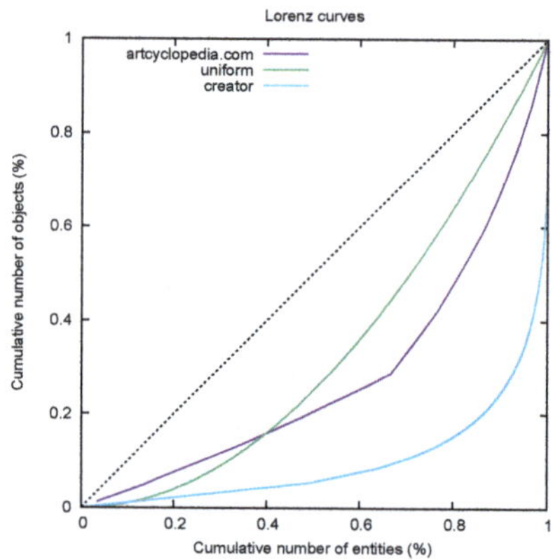

FIG. 1: Courbes de Lorenz d'une distribution uniforme (en bleu) et de la propriété `creator`$^{-1}$ (en vert) et de l'indice de `artcyclopedia.com` (en violet)

Rang	Peintre	Nbr. peintures	Rang	Peintre	Nbr. peintures
1	Kalervo Palsa	1 940	11	Mary Vaux Walcott	787
2	Edvard Munch	1 789	12	David Teniers the Younger	718
3	Anthony van Dyck	1 215	13	Pablo Picasso	705
4	John Everett	1 021	14	Rembrandt	690
5	Peter Paul Rubens	1 001	15	Paul Cézanne	656
6	George Catlin	968	16	Camille Pissarro	644
7	Claude Monet	940	17	Panos Terlemezian	631
8	Pierre-Auguste Renoir	907	18	Eliseu Visconti	590
9	Vincent van Gogh	890	19	Edwin Austin Abbey	585
10	Jean-Baptiste-Camille Corot	879	20	Emanuel Fohn	549

TAB. 2: Classement des peintres issu de la propriété `creator`$^{-1}$ restreinte aux peintures

Nous dénotons aussi par G_p le coefficient de Gini où l'ensemble d'entités E correspond à toutes les entités de $\mathcal{E}$ ayant au moins un fait pour la propriété p. Typiquement, $G_{\texttt{creator}^{-1}} = 0,805$ correspond au coefficient de Gini de toutes les entités ayant au moins une création. Le coefficient de Gini peut également se représenter graphiquement comme deux fois l'aire entre l'identité et la courbe de Lorenz. La figure 1 représente la courbe de Lorenz pour la propriété `creator`$^{-1}$ en bleu (i.e., pour k entités parmi les créateurs, l'ordonnée représente $\sum_{i=1}^{k} \left| \texttt{creator}^{-1}(e_i) \right|$ en pourcentage). Dans cette représentation, l'égalité parfaite correspond à l'identité (en tirets) et l'inégalité la plus forte à la courbe $\{(0,0), (1,0), (1,1)\}$. Finalement, la table 2 donne le classement des peintres suivant leur nombre de peintures. Bien entendu, ce classement diffère de ceux proposés par la table 1 car les peintres les plus prolifiques ne sont pas forcément les plus importants.

A ce stade, il ne fait aucun doute que la propriété `creator`$^{-1}$ engendre un classement pertinent à cause de son coefficient de Gini élevé. Mais, est-ce aussi le cas pour le classement du site `artcyclopedia.com` dont l'index a un coefficient de Gini[7] de seulement 0.442 ? Il

---

7. Le coefficient de Gini a été calculé à partir des indices des 30 peintres les plus importants. Si nous disposions de toutes les données, la valeur aurait probablement été supérieure.

nous faut déterminer à partir de quel niveau d'inégalité une mesure est jugée pertinente pour établir un classement. En reprenant les deux critères C1 et C2, il est aisé de démontrer que le coefficient de Gini[8] de la propriété p pour les entités E doit être supérieur à un tiers : $G_p(E) \geq 1/3$. En effet, pour une distribution uniforme (critère C2), le coefficient de Gini est égal à $\frac{|p(e_n)|-|p(e_1)|}{3(|p(e_n)|+|p(e_1)|)}$ or le critère C1 nous donne que $|p(e_n)|-|p(e_1)| \approx |p(e_n)|+|p(e_1)|$. Sur la figure 1, la courbe de Lorenz issue des critères C1 et C2 est tracée en vert. Bien sûr, l'aire de la courbe bleue est bien plus importante (car $G_{\texttt{creator}^{-1}} = 0.805 > 1/3$). Nous concluons aussi que le classement par popularité du site `artcyclopedia.com` fait sens puisque son coefficient de Gini est de 0.442 (courbe violette). Néanmoins, il est basé sur des données d'usage qui ne possèdent pas d'aussi bonnes propriétés que le Web des données comme listées dans la section précédente. En particulier, le classement issu de la propriété `creator`$^{-1}$ est indépendant de toute représentation informatique. Si un expert en peinture avait comptabilisé manuellement les toiles des différents maitres, il parviendrait à un classement similaire. A l'inverse, le classement fondé sur les données d'usage n'a de sens qu'à travers la consommation des ressources informatiques.

4   Cas d'étude sur Wikidata

Wikidata est une base de connaissances libre éditée de manière collaborative (Vrandečić et Krötzsch, 2014). Comme cette base de connaissances généraliste concerne des entités très variées (personne, lieux, événements, etc), elle est idéale pour mettre à l'épreuve la transdisciplinarité de notre approche. Après avoir détaillé le protocole expérimental, nous comparons le modèle basé sur l'inégalité au modèle de la loi de puissance. Ensuite, nous illustrons l'intérêt de l'approche en présentant les meilleurs indicateurs de classement identifiés sur l'ensemble de Wikidata, puis sur des classes et professions spécifiques. Le code source (réalisé en Java avec la librairie Jena) et le résultat de l'exécution sur Wikidata est disponible à l'adresse suivante : `https://github.com/asoulet/egc21ranking`.

Jusqu'ici, nous avons implicitement fait l'hypothèse que l'addition des objets pour une entité et une propriété données (i.e., $|p(e)|$) avait toujours du sens. Pour que cela soit vrai, la propriété doit être additive (Lenz et Shoshani, 1997). L'additivité consiste à ne pas compter deux fois le même objet ce qui peut arriver si une information est répétée dans la base de connaissances. Ces répétitions interviennent souvent lorsqu'une information est réifiée dans plusieurs contextes (par exemple, pour différentes périodes). Pour cette raison, nous nous restreignons uniquement aux propriétés directes correspondant à l'espace de noms `http://www.wikidata.org/prop/direct/` (préfixe `wdt`) et où les objets sont des URI. En juin 2020, il y avait 2482 propriétés directes dont seulement 659 avaient des URI pour objets. Ensuite, les statistiques sur Wikidata montrent qu'une grande partie des propriétés ont une arité faible à savoir que peu d'objets o_i sont reliés à une même entité e pour une propriété p. A l'inverse, les entités e_i reliées à un même objet o pour une propriété p s'avèrent régulièrement nombreux. Typiquement, la propriété `creator` renseigne le plus souvent une seule entité par création (le créateur), mais de nombreuses créations sont rattachées au même créateur. De ce fait, pour chaque propriété directe p, nous appliquons notre méthode sur la propriété inverse

---

8. Encore une fois, la même démarche méthodologique s'applique à d'autres mesures d'inégalité. Par exemple, pour l'indice d'Atkinson avec $\epsilon = 1$, les critères C1 et C2 impliquent un seuil de $1 - 2/e$.

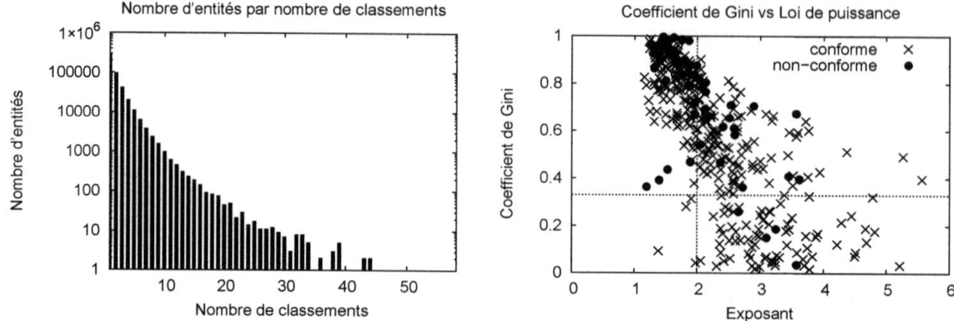

FIG. 2: Histogramme du nombre d'entités suivant leur nombre de classements et comparaison avec la loi de puissance

p^{-1} plus propice à l'émergence d'inégalités et donc, d'un indicateur de classement pertinent (comme nous l'avons fait précédemment avec `creator`$^{-1}$). Au final, nous avons calculé le coefficient de Gini pour l'inverse des 659 propriétés candidates. 386 propriétés inverses ont un coefficient supérieur à 1/3 dont 362 classent au moins 10 entités. Ces propriétés permettent de classer 2 200 983 entités. L'histogramme de la figure 2 reporte le nombre d'entités suivant leur nombre de classements. La majorité des entités (1 724 525 sur 2 200 983) n'appartiennent qu'à un seul classement. A l'autre extrême, les Etats-Unis d'Amérique sont classés via 58 propriétés.

Notre première expérience consiste à évaluer la pertinence de nos critères C1 et C2 face au modèle de la loi de puissance. Pour chaque propriété, nous avons modélisé la distribution par la meilleure loi de puissance $cx^{-\alpha}$ (où c est une constante et α l'exposant) en utilisant le protocole de Clauset et al. (2009). Le graphique de droite sur la figure 2 trace le coefficient de Gini en fonction de l'exposant retenu pour chaque propriété (les croix sont conformes et les points non-conformes). Premièrement, les modèles utilisés en infométrie reposant sur l'attachement préférentiel (Barabási et Albert, 1999) impliquent un exposant supérieur ou égal à 2 qui ne sont pas adaptés à la majorité des propriétés suivant une loi de puissance (i.e., les croix à gauche de la droite $x = 2$). Deuxièmement, 24% des propriétés avec un coefficient de Gini supérieur à 0.80 ne sont pas conformes à une loi de puissance (cf. la concentration de points de la figure 2). Par exemple, la moitié des propriétés de la table 3 (signifiée par un astérisque) ne suivent pas une loi de puissance. La loi de puissance est contradictoire en ne considérant pas la propriété `P407` comme intéressante alors que 2 autres propriétés très similaires sont jugées intéressantes (`P1412` et `P103`). Troisièmement, de nombreuses propriétés suivant une loi de puissance ont un coefficient de Gini inférieur au seuil 1/3 enfreignant au moins un des critères C1 ou C2. Une grande partie de ces propriétés classent des images, des cartes ou d'autres ressources informatiques qui n'existent pas dans le monde réel. Ces trois constats confortent notre choix de recourir aux critères C1 et C2 sans faire d'hypothèse de modèle paramétrique suivant une loi de puissance.

La table 3 indique les 20 propriétés ayant les coefficients de Gini les plus élevés. On constate que ces propriétés n'ont pas de cardinalité maximale ce qui est propice à de fortes inégalités. Par exemple, de forts écarts sont attendus entre le nombre d'entités anglophones et

Propriété p	Gini G_{p-1}	#entités	Propriété p	Gini G_{p-1}	#entités
*lang. of work or name (P407)	0.997	1172	*occupation (P106)	0.982	12 147
instance (P31)	0.995	65 777	country of citizenship (P27)	0.981	3 093
*writing system (P282)	0.994	447	*religion (P140)	0.981	1 245
epoch (P6259)	0.994	168	country of origin (P495)	0.981	1 252
sex or gender (P21)	0.987	113	*described by source (P1343)	0.981	28 828
color (P462)	0.986	242	*instrument (P1303)	0.98	818
*manner of death (P1196)	0.985	309	*collection (P195)	0.98	7 457
*material used painting (P186)	0.985	4 163	*subject has role (P2868)	0.979	878
lang. spoken or written (P1412)	0.984	1 374	honorific prefix (P511)	0.978	196
country (P17)	0.983	2 553	native language (P103)	0.976	784

TAB. 3: Les 20 meilleures propriétés de Wikidata pour classer les entités selon l'indice de Gini

Classe	Propriété p pour classer	Gini G_{p-1}	#classés	#instances
Human (Q5)	creator (P170)	0.805	90	718 384
Taxon (Q16521)	parent taxon (P171)	0.781	91	88 720
position (Q4164871)	position held (P39)	0.877	88	81 046
Scientific journal (Q5633421)	published in larger work (P1433)	0.913	99	30 146
Communes of France (Q484170)	destination point (P1444)	0.531	17	29 629
Surname (Q101352)	second family name (P1950)	0.657	69	29 175
Business (Q4830453)	manufacturer (P176)	0.811	57	24 398
Band (rock and pop) (Q215380)	performer (P175)	0.672	14	22 774
River (Q4022)	mouth of the watercourse (P403)	0.614	52	21 642
scholarly article (Q13442814)	described by source (P1343)	0.981	12	19 256
association football club (Q476028)	participating team (P1923)	0.787	68	17 253
Gene (Q7187)	regulates (molecular biology) (P128)	0.63	57	14 458
Road (Q34442)	connects with (P2789)	0.487	36	13 784
Immortalised cell line (Q21014462)	parent cell line (P3432)	0.86	60	13 013
Organization (Q43229)	member (P463)	0.838	10	10 977
Award (Q618779)	award received human (P166)	0.896	17	9 534
Season (sports) (Q27020041)	participant (P1344)	0.787	13	8 005
language (Q34770)	language of work or name (P407)	0.997	88	7 788
Comune (Q747074)	ancestral home (P66)	0.419	11	7 731
University (Q3918)	affiliation (P1416)	0.827	59	7 678

TAB. 4: Les 20 plus grandes classes de Wikidata parmi les entités classées avec leur classement

le nombre d'entités parlant quechua pour les propriétés relatives à la langue (i.e., P407, P1412, P103). De manière intéressante, les meilleures propriétés mesurent l'impact d'entités appartenant à des disciplines bien différentes : la linguistique, l'histoire, la géographie, la musique, la religion, etc. Ensuite, les tables 4 et 5 détaillent respectivement les 20 classes et les 20 professions les plus importantes de Wikidata [9]. Pour chaque catégorie (i.e., classe ou profession), il est indiqué la propriété inverse qui a classé le plus d'entités de cette catégorie parmi les 100 premiers (correspondant à la colonne #classés, e.g., creator est la propriété classant le plus d'humains dans les 100 premiers à savoir 90). Ainsi, la première ligne de la table 4 suggère qu'il est possible de classer les humains décrits dans Wikidata en comptabilisant leur nombre de créations. Pour des professions plus spécifiques, la table 5 propose d'autres classements qui paraissent bien raisonnables au regard de ces professions (par exemple, compter le nombre de castings pour les acteurs ou de films réalisés pour les réalisateurs). On retrouve aussi le classement des peintres suivant leur nombre de créations. A nouveau, la table 4 montre la diversité des disciplines considérées et en même temps, la spécificité disciplinaire des propriétés

---

9. Ces classements issus des propriétés P31 et P106 font sens car leur coefficient de Gini est élevé (cf. la table 3).

Profession	Propriété p pour classer	Gini G_{p-1}	#classés	#instances
Actor (Q33999)	cast member (P161)	0.674	50	79 386
Writer (Q36180)	screenwriter (P58)	0.577	31	55 002
Painter (Q1028181)	creator (P170)	0.805	75	45 771
Film director (Q2526255)	director (P57)	0.643	61	40 620
film actor (Q10800557)	cast member (P161)	0.674	64	38 444
Screenwriter (Q28389)	director (P57)	0.643	58	36 938
Singer (Q177220)	performer (P175)	0.672	43	29 127
television actor (Q10798782)	cast member (P161)	0.674	40	25 231
Composer (Q36834)	composer (P86)	0.736	72	24 346
university teacher (Q1622272)	author (P50)	0.859	22	24 076
Journalist (Q1930187)	presenter (P371)	0.457	21	22 884
Film producer (Q3282637)	director (P57)	0.643	50	18 325
Catholic priest (Q250867)	consecrator (P1598)	0.528	48	17 619
sport cyclist (Q2309784)	classification of race participants (P2321)	0.694	72	17 540
Architect (Q42973)	architect (P84)	0.544	42	17 268
Poet (Q49757)	author (P50)	0.859	19	16 417
stage actor (Q2259451)	cast member (P161)	0.674	33	15 919
Musician (Q639669)	composer (P86)	0.736	26	15 130
Historian (Q201788)	editor (P98)	0.378	15	10 814
sculptor (Q1281618)	creator (P86)	0.804	21	9 784

TAB. 5: Les 20 professions les plus usuelles de Wikidata avec leur classement

choisies pour mesurer l'impact (e.g., les gènes classés suivant leur nombre de molécules les régulant). De manière intéressante, notre méthode découvre automatiquement des indicateurs de classement utilisés en scientométrie : nombre d'articles publiés par un journal scientifique ou nombre de références à un article, nombre d'articles publiés par un universitaire, etc. D'autres indicateurs feraient aussi sens comme la propriété `parent taxon` en glottométrie ou la propriété `manufacturer` en économétrie.

5   Discussion et perspectives

La méthodologie présentée dans cet article montre comment découvrir automatiquement les quantités inégalitaires dans une discipline conduisant à des indicateurs de classement grâce à un usage original des mesures de concentrations. Le cas d'étude a validé le bien-fondé de cette méthodologie. Même s'il s'agit d'un premier pas, nous pensons que les quantités trouvées sont fondamentales pour élaborer des indicateurs plus subtils. Pour tenir compte de la qualité des objets comptés (et pas seulement des aspects quantitatifs), il est possible de combiner les classements. Typiquement, le h-index consiste à compter le nombre de publications bien classées en nombre de citations (Hirsch, 2005). De la même manière, une entité e pourrait avoir un (p, q)-index h si l'entité dispose de h objets pour p ayant chacun plus de h objets pour q et tous les autres objets ont au plus h objets pour q. Par exemple, la table 6 classe les peintres suivant le (`creator`$^{-1}$, `schema:about`$^{-1}$)-index h. Même s'il diffère des classements de la table 1, l'impact mesuré élimine les peintres moins unanimement reconnus.

Au-delà des indicateurs de classement, la valeur stratégique du Web des données mérite à nos yeux un plus grand intérêt. La principale leçon de ce travail est la nécessité de modèles transdisciplinaires comme celui fondé sur les critères C1 et C2 qui ne s'appuie pas sur des hypothèses spécifiques à un domaine comme par exemple la loi de Lotka en science de l'information. Même si notre modèle décrit moins précisément les phénomènes car s'appuyant

Rg	Peintre	h	Rg	Peintre	h	Rg	Peintre	h
1	Vincent van Gogh	17	11	Hieronymus Bosch	11	21	Jacques-Louis David	10
2	Leonardo da Vinci	16	12	Jan van Eyck	11	22	Paul Gauguin	10
3	Johannes Vermeer	16	13	Pierre-Auguste Renoir	11	23	Caspar David Friedrich	9
4	Raphael	15	14	J.-A.-D. Ingres	11	24	Rogier van der Weyden	9
5	Pieter Bruegel the Elder	15	15	Gustave Courbet	10	25	Pablo Picasso	9
6	Caravaggio	15	16	Joseph Wright of Derby	10	26	Claude Monet	9
7	Rembrandt	12	17	El Greco	10	27	W.-A. Bouguereau	9
8	Titian	12	18	Sandro Botticelli	10	28	Albrecht Dürer	9
9	Édouard Manet	12	19	Francisco Goya	10	29	Gustav Klimt	8
10	Diego Velázquez	11	20	Salvador Dalí	10	30	Jan Matejko	8

TAB. 6: Classement des peintres inspiré de l'index Hirsch

sur moins d'expertise, son application étend la science de la mesure à un large ensemble de domaines de la connaissance, bien au-delà de l'infométrie ou de la scientométrie.

Références

Atkinson, A. B. et al. (1970). On the measurement of inequality. *Journal of economic theory 2*(3), 244–263.

Barabási, A.-L. et R. Albert (1999). Emergence of scaling in random networks. *Science 286*(5439), 509–512.

Behn, R. D. (2003). Why measure performance ? Different purposes require different measures. *Public administration review 63*(5), 586–606.

Berners-Lee, T., J. Hendler, et O. Lassila (2001). The semantic web. *Scientific american 284*(5), 34–43.

Clauset, A., C. R. Shalizi, et M. E. Newman (2009). Power-law distributions in empirical data. *SIAM review 51*(4), 661–703.

Cowell, F. (2011). *Measuring inequality*. Oxford University Press.

Ding, L., T. Finin, A. Joshi, R. Pan, R. S. Cost, Y. Peng, P. Reddivari, V. Doshi, et J. Sachs (2004). Swoogle : a search and metadata engine for the semantic web. In *International Conference on Information and Knowledge Management*, pp. 652–659.

Egghe, L. (2005). *Power laws in the information production process : Lotkaian informetrics*. Emerald.

Garfield, E. (1972). Citation analysis as a tool in journal evaluation. *Science 178*, 471–479.

Gini, C. (1936). On the measure of concentration with special reference to income and statistics. *Colorado College Publication, General Series 208*, 73–79.

Hirsch, J. E. (2005). An index to quantify an individual's scientific research output. *Proceedings of the National academy of Sciences 102*(46), 16569–16572.

Kleinberg, J. M. (1999). Authoritative sources in a hyperlinked environment. *Journal of the ACM (JACM) 46*(5), 604–632.

Lenz, H.-J. et A. Shoshani (1997). Summarizability in OLAP and statistical data bases. In *International Conference on Scientific and Statistical Database Management*, pp. 132–143.

Mitzenmacher, M. (2004). A brief history of generative models for power law and lognormal distributions. *Internet mathematics 1*(2), 226–251.

Muller, J. Z. (2018). *The tyranny of metrics*. Princeton University Press.

Newman, M. E. (2005). Power laws, pareto distributions and zipf's law. *Contemporary physics 46*(5), 323–351.

Page, L., S. Brin, R. Motwani, et T. Winograd (1999). The pagerank citation ranking : Bringing order to the web. Technical report, Stanford InfoLab.

Pinski, G. et F. Narin (1976). Citation influence for journal aggregates of scientific publications : Theory, with application to the literature of physics. *Information processing & management 12*(5), 297–312.

Pratt, A. D. (1977). A measure of class concentration in bibliometrics. *Journal of the American Society for Information Science 28*(5), 285–292.

Razniewski, S., F. Suchanek, et W. Nutt (2016). But what do we actually know ? In *Proceedings of the 5th Workshop on Automated Knowledge Base Construction*, pp. 40–44.

Rousseau, R. (1994). Similarities between informetrics and econometrics. *Scientometrics 30*(2-3), 385–387.

Shorrocks, A. F. (1980). The class of additively decomposable inequality measures. *Econometrica : Journal of the Econometric Society*, 613–625.

Soulet, A., A. Giacometti, B. Markhoff, et F. M. Suchanek (2018). Representativeness of knowledge bases with the generalized benford's law. In *ISWC*, pp. 374–390. Springer.

Stuart, D. (2014). *Web metrics for library and information professionals*. Facet Publishing.

Thelwall, M., L. Vaughan, et L. Björneborn (2005). Webometrics. *Annual review of information science and technology 39*(1), 81–135.

Vrandečić, D. et M. Krötzsch (2014). Wikidata : a free collaborative knowledgebase. *Communications of the ACM 57*(10), 78–85.

Weinberg, A. M. (2000). Criteria for scientific choice (minerva, i (2),(1962), 158–171). *Minerva 38*(3), 253–266.

Zaveri, A., A. Rula, A. Maurino, R. Pietrobon, J. Lehmann, et S. Auer (2016). Quality assessment for linked data : A survey. *Semantic Web 7*(1), 63–93.

Summary

Analyzing the impact of entities within their field is fundamental to understand it. To this end, it is essential to have fine numerical indicators retranscribing the specificities of the field. This paper proposes a transdisciplinary approach to automatically discover ranking scores having nevertheless an intradisciplinary semantics. For this purpose, our approach is based on the knowledge bases of the Web of data, not only to facilitate the operational computation of the indicators but also to take advantage of their transparency and their semantic richness. The simple but central hypothesis of this work is that each unequal distribution of a quantity generates a relevant ranking score. To this end, we use the Gini coefficient to identify in Wikidata the properties producing significant ranking scores.

Détection de Bateaux de Plaisance dans une Marina par Deep Learning

Romane Scherrer*, Erwan Aulnette**, Thomas Quiniou*, Jöel Kasarhérou**
Pierre Kolb**, Nazha Selmaoui-Folcher*

* ISEA, Université de la Nouvelle-Calédonie
romane.scherrer@hotmail.fr,
**L2K Innovation, Nouvelle-Calédonie

Résumé. Un système acoustique autonome basé sur deux hydrophones, une carte audio et un nano ordinateur a été installé à l'entrée d'une marina pour détecter le passage des bateaux. Une succession de corrélations croisées est calculée par le système pour déterminer le retard temporel entre les signaux des hydrophones et construire un signal fonction de la trajectoire des bateaux. Depuis son installation, le nano ordinateur effectue la détection des bateaux à l'aide d'un algorithme basé sur le traitement du signal avec une justesse de 80%. Pour améliorer les performances du système, un réseau de neurones à convolution (CNN) est entrainé avec les données acquises pour effectuer une détection en temps réel. Deux taches de classifications sont considérées (binaire et multi-classes) pour à la fois détecter un bateau et son sens de navigation. Finalement, un CNN entrainé est implémenté dans un nano ordinateur pour évaluer son temps d'exécution.

1   Introduction

Depuis l'invention du sonar, les signaux acoustiques marins ont suscité un intérêt croissant. Bien que les premières inventions aient été centrées sur des applications militaires, plusieurs études récentes proposent d'utiliser les signaux acoustiques pour de toutes autres applications, comme la régulation du trafic maritime (Zwemer et al., 2018; Fillinger et al., 2009), la surveillance sous-marine (Fillinger et al., 2010) ou encore l'évaluation de l'impact des sons sur la vie marine (Codarin et al., 2009; Holles et al., 2013).

Puisque le signal acoustique émanant d'un bateaux possède plusieurs sources (hélice, moteur, hydrodynamique, vibrations...) qui produisent des signaux à différentes fréquences, la plupart des méthodes développées pour détecter, classifier ou suivre des bateaux sont basées sur l'analyse fréquentielle ou temps-fréquence. Plusieurs méthodes ont ainsi été développées pour détecter les harmoniques du signal et pour extraire la signature acoustique des bateaux. Dans la plupart des cas, ces méthodes sont basées sur l'analyse du spectre (Guo et al., 2020), du spectre DEMON (Chung et al., 2011) et du cepstre (Santos-Domínguez et al., 2016; Das et al., 2013).

Ces dernières années, l'intelligence artificielle et les réseaux de neurones ont été appliqués avec succès dans des domaines d'application très variés. Une architecture de réseau de neurones très largement utilisée en vision par ordinateur est celle des réseaux de neurones à convolution (CNN). Cette architecture est notamment connue pour sa capacité à extraire des caractéristiques représentatives à l'aide de ses couches de convolution et pour avoir fourni des résultats remarquables dans de nombreux problèmes comme la classification d'images (Krizhevsky et al., 2012) ou la reconnaissance vocale (Palaz et al., 2015). Motivées par le succès des CNN, plusieurs études proposent d'utiliser cette architecture pour accomplir de la classification sur des séries temporelles (Cui et al., 2016; Le Guennec et al., 2016; Zhao et al., 2017).

Les systèmes acoustiques passifs développés pour acquérir les signaux acoustiques sous-marins sont souvent basés sur l'utilisation de plusieurs hydrophones connectés à une unité centrale (Fillinger et al., 2010; Guo et al., 2020). Le retard temporel entre les signaux reçus par les hydrophones peut alors être mesuré, ce qui permet l'estimation de la position angulaire de la source. Contrairement aux méthodes précédemment citées qui sont basées sur l'analyse fréquentielle ou temps-fréquence pour détecter la présence d'un bateau dans un environnement bruyant, nous proposons ici d'utiliser uniquement la mesure du retard entre deux hydrophones. Le problème de détection d'un bateau peut alors être vu comme un problème de classification de série temporelle.

Nos travaux s'inscrivent dans une démarche d'amélioration de la sécurité d'une marina en détectant automatiquement l'arrivée et le départ d'un bateau en utilisant un système acoustique intelligent et abordable en termes de coût. Par sécurité, nous faisons référence au risque d'intrusion dans la marina. Le système est encore en développement et depuis son installation à Port Brunelet, Nouvelle-Calédonie en juillet 2019, il a enregistré des milliers de signaux acoustiques qui sont analysés pour améliorer la justesse de détection. Dans ce papier, nous étudions la capacité d'un CNN à détecter en temps réel la présence d'un bateau dans un marina et son sens de navigation.

Le papier est organisé de la façon suivante. La section 2 introduit la méthodologie utilisée pour suivre la position angulaire d'un bateau et donne un aperçu du processus d'acquisition du système. La section 3 décrit la phase de traitement des signaux acoustiques enregistrés. Les sections 4 et 5 présentent l'architecture du CNN utilisé et les résultats de classification. Finalement, la section 5 donne les conclusions et perspectives.

2 Méthodologie

2.1 Retard temporel

Considérons pour cette analyse deux hydrophones H_1 et H_2 séparés par une distance L et notons $h_i(t)$ le signal perçu par l'hydrophone H_i. La position du bateau forme un angle $\alpha(t)$ avec la normale du segment reliant les hydrophones. En considérant que $D \gg L$ (champ lointain) et notant c la vitesse de propagation du son dans l'eau de mer (approx.1500 m/s), nous pouvons montrer que le front d'onde émis par le bateau atteint les hydrophones avec un décalage temporel $\Delta T(t)$ tel que :

$$\Delta T(t) = \frac{L}{c} sin\big(\alpha(t)\big) \tag{1}$$

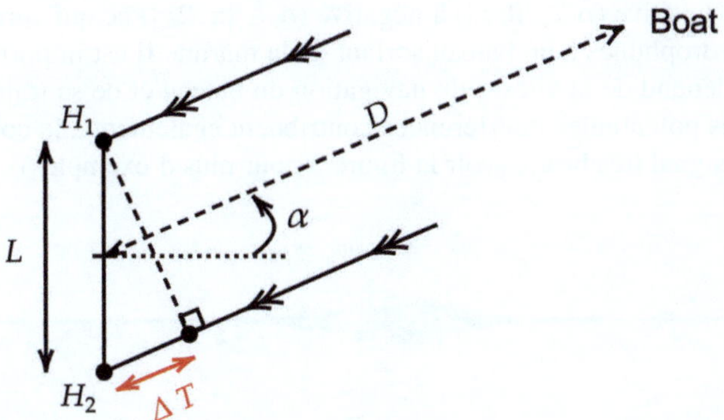

FIG. 1 – *Les signaux enregistrés par les hydrophones sont des versions décalées temporelle-ment du même signal.*

Le décalage temporel entre $h_1(t)$ et $h_2(t)$ dépend de la position angulaire du bateau et change lorsque la source se déplace (α étant fonction du temps t) . Ainsi, pour déterminer la direction de navigation du bateau, il est possible d'analyser uniquement la variation de ΔT dans le temps.

La corrélation croisée est une mesure de similarité entre deux signaux et peut être appliquée pour déterminer le retard temporel (déplacement) d'un signal par rapport à un autre. Pour deux fonctions continues $h_1(t)$ et $h_2(t)$, nous rappelons que la corrélation croisée est définie par :

$$XCorr(h_1, h_2)(\tau) = \int_{-\infty}^{+\infty} h_1^*(t) h_2(t + \tau) dt \tag{2}$$

où $*$ représente le conjugué complexe et τ le décalage temporel.

Si les signaux $h_1(t)$ et $h_2(t)$ sont décalés de ΔT, alors la corrélation croisée possède un maximum à $\tau = \Delta T = \frac{L}{c} sin(\alpha)$. Ainsi, pour suivre la trajectoire angulaire $\alpha(t)$ d'un bateau avec des signaux discrets, nous avons choisi de corréler les signaux h_1 et h_2 dans de courtes fenêtres de N points. L'argument du maximum de la corrélation dans chaque fenêtre est en-suite stocké pour former un signal discret $\Delta T[t_i]$ qui est fonction de la trajectoire du bateau.

Afin de gagner du temps de calcul et d'économiser des ressources hardware, il n'est pas né-cessaire de calculer la corrélation croisée $XCorr(\tau)$ pour tous les τ variant sur un intervalle égale à $2N - 1$. En effet, en ignorant les trajets multiples, le front d'onde issu du bateau atteint les hydrophones avec un décalage temporel maximum égale à $|\Delta T| \leq \frac{L}{c} = \tau_{max}$. Ainsi, le calcul de la corrélation croisée sur une fenêtre de taille N et la recherche du maximum peut être effectuée sur un intervalle $\tau \in [-\tau_{max}, \tau_{max}]$.

La figure 2 montre un exemple du processus décrit pour des signaux enregistrés d'un ba-teau naviguant dans une marina. Nous pouvons constater que le signal $\Delta T[t_i]$ construit par corrélation croisée possède bien une forme sinusoïdale, ce qui est cohérent avec l'équation 1.

De plus, le sens de navigation du bateau (entrant ou sortant de la marina) peut être déduit en fonction de la variation du signe de $\Delta T[t_i]$. Dans cet exemple, le signal passe progressivement d'une valeur positive ($\alpha \in [0, \pi]$) à négative ($\alpha \in [\pi, 2\pi]$) ce qui correspond pour notre configuration d'hydrophones à un bateau sortant de la marina. Il est important de noter que la forme de $\Delta T[t_i]$ dépend de la vitesse de navigation du bateau et de sa trajectoire. De plus, le bruit ambiant et les potentielles interférences contribuent également à la corrélation croisée et peuvent rendre le signal très bruité (voir la figure 5 pour plus d'exemples).

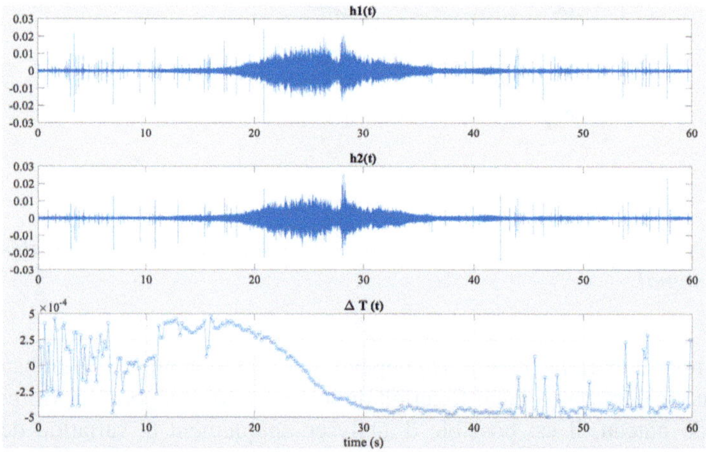

FIG. 2 – h_1, h_2 and le signal construit par corrélation croisée d'un bateau sortant de la marina.

2.2 Présentation du système autonome et l'acquisition des données

FIG. 3 – Système autonome développé pour la détection de bateaux dans la marina.

Dans le cadre de notre projet qui consiste à améliorer la sécurité d'une marina, nous avons développé un système autonome (figure 3) basé sur du matériel à prix abordable. L'objectif principal est de déterminer en temps réel l'arrivée et le départ des bateaux et de quantifier le trafic dans la marina. Depuis juillet 2019, le système est opérationnel et a sauvegardé des milliers de signaux qui ont été traités pour entraîner un CNN et améliorer la robustesse et la précision de détection du système.

Notre système acoustique passif utilise deux hydrophones omnidirectionnels (H1A, *Aquarian hydrophones*) lestés à deux mètres sous le niveau d'eau à l'entrée de la marina (figure 4). Les hydrophones sont séparés d'une distance $L = 0.8$ m et sont connectés à une carte audio à faible latence (*Bela*[1]) et un nano-ordinateur (*BeagleBone Black*[2]). Le système enregistre les signaux $h1$ et $h2$ perçus par les hydrophones à une fréquence d'échantillonnage de 44.1 kHz. Toutes les 186 ms, le corrélation croisée entre les signaux est calculée et l'argument du maximum est ajouté dans un fichier qui est enregistré sur une carte SD toutes les 10 minutes.
Le système est entièrement autonome et fonctionne avec une batterie rechargée par un panneau solaire. Afin d'économiser de l'énergie et parce qu'il n'y a pas de bateaux entrants ou sortants de la marina à la tombée de la nuit, le système s'éteint automatiquement à 18h et s'allume à 6h. Pendant la journée, le système sauvegarde, par heure, 6 fichiers contenant les résultats des corrélations croisées.

Pendant la première phase de développement du projet, un premier algorithme a été implémenté pour distinguer les bateaux du bruit ambiant. L'algorithme fonctionne de la manière suivante. Tout d'abord, pour chaque changement de signe dans le signal $\Delta T[t_i]$, une fenêtre de N points centrée sur le passage en zéro est appliquée. Puis, dans cette fenêtre, le nombre de points ayant le même signe avant et après le changement de signe est calculé. Finalement, si ce nombre de points est supérieur à un seuil prédéfini manuellement alors l'algorithme prédit qu'un bateau sort ou entre de la marina. La limite de cet algorithme est que le signal construit par corrélation croisée est souvent très bruité et dépend de la vitesse et de la trajectoire du bateau. Pour ces raisons, un seuil statique prédéfini ne permet pas détecter tous les passages de bateaux dans la marina et la justesse de algorithme initial a été évalué à 80%.
Pour améliorer la robustesse et le taux de prédiction de notre système, les signaux construits par corrélation croisée qui ont été sauvegardés entre juillet et novembre 2019 ont été traités pour entrainer un CNN.

3 Préparation des données

Pour chaque fichier enregistré, le signal construit par corrélation croisé est découpé en petites séries temporelles de 322 points (correspondant à un signal de 1 minute dans le domaine temporel). Afin d'éviter de couper brutalement une trajectoire, au début ou à la fin d'une séquence, un recouvrement de 50 points a été pris en compte. La longueur des séries temporelles a été choisie en prenant en compte plusieurs considérations. Tout d'abord, en fonction de sa vitesse, un bateau met entre 20 et 30 secondes pour entrer ou sortir de la marina, ce qui correspond à un signal de 100 à 160 points. Ainsi, un signal de 322 points est suffisamment long pour détecter le passage d'un bateau. De plus, l'inconvénient d'utiliser uniquement le signal construit par corrélation est qu'il est difficile de séparer la contribution de plusieurs bateaux

---

1. https://bela.io/products/
2. https://beagleboard.org/black

FIG. 4 – *Vue aérienne du Port Brunelet. Les points rouges représentent la position des hydrophones*

dans la corrélation (par exemple deux bateaux qui entrent dans la marina en même temps). Bien que les trajectoires de plusieurs bateaux puissent être séparées si leurs contributions dans la corrélation croisée ne se chevauchent pas (Fillinger et al., 2011), cette séparation doit être faite avant de sauvegarder le signal construit par corrélation croisée. Or dans la première phase de développement de notre projet, le système suivait en temps réel la trajectoire d'un seul bateau et n'a pas enregistré les signaux $h1$ et $h2$ perçus par les hydrophones. Ainsi, en présence de plusieurs bateaux, le signal construit par corrélation croisée "suit" le bateau le plus bruyant et "saute" d'un bateau à l'autre en fonction de leurs contributions dans la corrélation croisée. Ainsi, prendre un signal de 322 points permet de diminuer la probabilité d'avoir plusieurs bateaux qui entrent ou sortent de la marina pendant la période d'observation. Cependant, toutes les séries temporelles du jeu de données qui présentent plusieurs bateaux ont été supprimées de l'étude (approx. 50).

Approximativement 10 700 séries temporelles ont été labellisées manuellement en fonction de leur nature (bruit, bateau entrant ou bateau sortant). Par bruit, nous faisons référence au bruit de fond, aux bruits de nature biologique et aux différents bruits générés par les bateaux qui restent à l'intérieur ou à l'extérieur de la marina sans franchir la barrière acoustique. Pour augmenter le nombre de séries temporelles qui présentent un bateau entrant ou sortant (classes sous représentées dans le jeu de données), toutes les séries temporelles de ces classes ont été doublées en prenant le signe opposé de chaque série. En effet, la trajectoire angulaire d'un bateau entrant peut être vue comme l'opposé de celle d'un bateau sortant.

Après avoir effectué l'augmentation des données, le jeu de données comprend 19 844 séries temporelles représentant du bruit et 1 524 série temporelles représentant un passage de bateau (équitablement réparties entre les classes "bateau entrant" et "bateau sortant"). Finalement, toutes les séries temporelles ont été normalisées entre 0 et 1 en fonction de leurs maximum et minimum. Hormis la normalisation, aucun autre traitement ou transformation n'a été effectué sur les séries temporelles qui ont servi à entraîner le CNN.

4   Deep Learning

L'objectif principal est de distinguer un passage de bateau du bruit ambiant en utilisant uniquement le signal construit par corrélation croisée. Pour cela, nous avons considéré deux

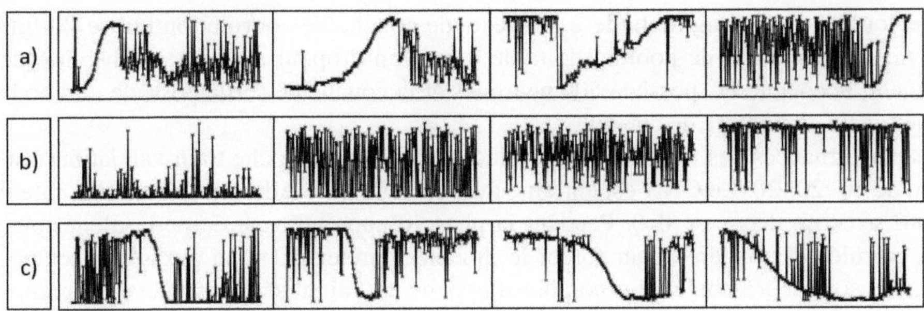

FIG. 5 – *Quatre exemples de séries temporelles par classes (a) bateau entrant, (b) bruit et (c) bateau sortant*

scénarios. Le premier consiste en une classification des séries temporelles en trois classes : *bateau entrant, bateau sortant* et *bruit*. Pour le second scénario, toutes les séries temporelles qui représentent un passage de bateau (indépendamment de leurs sens de navigation) sont regroupées dans une même classe notée *bateau* et le problème peut être vu comme une classification binaire (*bateau* vs *bruit*). Pour les deux scénarios, un CNN est construit et entrainé avec la librairie open source Keras[3] v2.2. et Tensorflow[4] v1.14 en back-end sous Python.

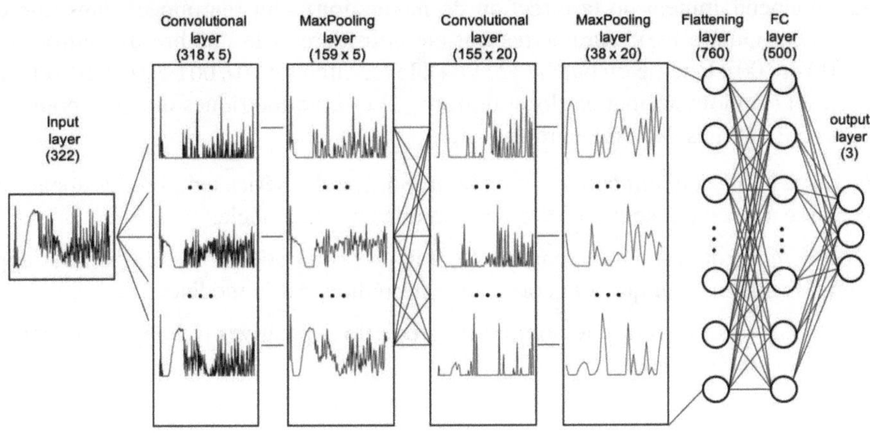

FIG. 6 – *Architecture du CNN.*

L'architecture des CNN utilisée pour les deux classifications est présentée sur la figure 6 et est basée sur t-LeNet (Le Guennec et al., 2016) qui est une version modifiée de LeNet (LeCun et al., 1989) pour la classification de séries temporelles. Notre modèle possède deux couches de convolution 1D qui sont suivies par une couche entièrement connectée (FC) et d'un classifieur softmax. Pour chaque convolution, la fonction d'activation ReLu est utilisée et la taille des kernels est de 5. La première couche de convolution utilise 5 filtres et est suivie

---

3. https://keras.io
4. https://www.tensorflow.org

par une couche de pooling de taille 2. La seconde couche de convolution utilise 20 filtres et est suivie d'une couche de pooling de taille 4 et d'un dropout avec une probabilité de 0,5. Finalement, la couche FC possède 500 neurones et la couche de sortie possède un nombre de neurones égale au nombre de classes.

Les performances des modèles sont évaluées grâce à l'approche train-validation-test avec un ratio de 60 :20 :20. Le CNN est entraîné avec l'optimiseur Adam et un learning rate initial de $0,001$ avec un decay de $0,9$. Pendant la phase d'apprentissage, la perte d'entropie croisée est calculée et pondérée pour forcer le modèle à prêter attention aux séries temporelles des classes sous-représentées. Le nombre d'epochs est initialisé à 500 mais l'apprentissage est arrêté lorsque la perte sur le jeu de validation n'a pas diminué pendant 10 epochs consécutifs. Pour chacun des scénarios, 40 CNNs sont entraînés avec différents hyperparamètres pour comparer leurs performances sur le jeu de validation et sélectionner le meilleur modèle. Finalement, les tableaux 1, 2 et 3 rapportent les résultats obtenus sur le jeu de test.

5   Résultats

5.1   Classification binaire

La figure 7 synthétise les résultats obtenus par les 10 meilleurs CNNs en fonction des différents hyperparamètres. Pour ce scénario, toutes les séries temporelles représentant un passage de bateau (indépendamment de la direction de navigation) sont regroupées dans une classe nommée *bateau*. Quatre hyperparamètres ont été considérés : le nombre de neurones (500, 400, 300, 200 et 100), la taille du batch (32 et 64), le learning rate ($0,001$ et $0,0001$) et l'initialiseur de kernel (random normal et glorot uniform). Les cinq métriques utilisées pour évaluer les modèles sont définies de la manière suivante :

1. *Le rappel* qui est défini comme étant la proportion des séries temporelles appartenant à la classe *bateau* qui sont correctement prédites par le modèle.

2. *La spécificité* qui est définie comme étant la proportion des séries temporelles appartenant à la classe *bruit* qui sont correctement prédites par le modèle.

3. *la précision* qui quantifie le nombre de prédictions positives qui appartiennent réellement à la classe *bateau*.

4. *le F1-score* qui combine la précision et le rappel ($F1 - score = 2 \times precision \times rappel/(precision + rappel)$).

5. *La justesse équilibrée* (notée Bal.acc) qui est définie comme étant la moyenne de la spécificité et du rappel.

Pour choisir le meilleur CNN, les performances du modèle sur le jeu de validation ont été triées en fonction du F1-score pour minimiser le nombre de faux négatifs et de faux positifs. Par conséquent, le meilleur modèle possède 200 neurones dans la couche FC, un learning rate de 0,001, un batch size de 32 et un initialiseur glorot uniform.

La table 1 présente la matrice de confusion obtenue sur le jeu de test. Pour 304 séries temporelles dans la classe *bateau*, 280 sont correctement prédites par le modèle et 24 sont confondues avec le bruit de fond. Pour la classe *bruit*, seulement 14 des 3972 séries temporelles sont confondues avec un passage de bateau. Finalement, ce modèle donne une justesse équilibrée de 0.96, un F1-score de 0.94, une précision de 0.95, un rappel de 0.93 et une spécificité de 0.99.

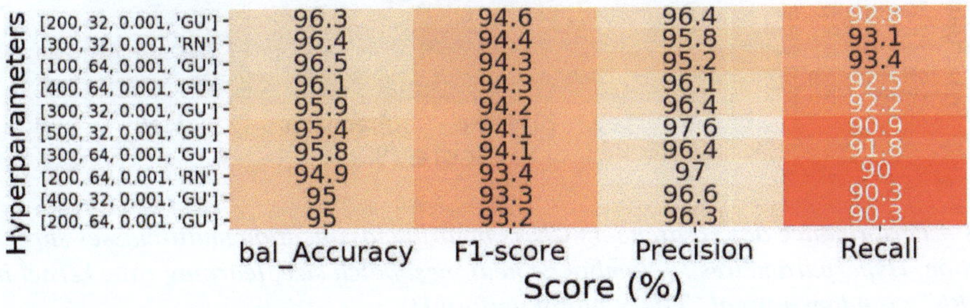

FIG. 7 – *Performance des 10 premiers CNNs pour la classification binaire sur le jeu de validation pour différents hyperparamètres [Nombre de neurones, batch size, learning rate, kernel initializers ('RN' : random normal, 'GU' : glorot uniform)]*

TAB. 1 – *Matrice de confusion de la classification binaire*

		Classe prédite	
		Bruit	Bateau
Classe réelle	Bruit	3956	14
	Bateau	24	280

5.2 Classification multi-classes

Pour ce scénario, les CNNs doivent effectuer une classification multi-classes afin de détecter un passage de bateau dans la marina et également son sens de navigation. Les trois classes sont nommées *bruit*, *sortant* et *entrant*. Comme précédemment, 40 CNNs ont été entraînés avec différents hyperpamètres et le meilleurs modèle a été sélectionné en fonction de son F1-score sur le jeu de validation (figure 8).

Le tableau 2 présente la matrice de confusion obtenue sur le jeu de test. Parmi les 304 séries temporelles qui appartiennent aux classes bateau *entrant* ou *sortant*, seulement 19 sont incorrectement prédites dans la classe *bruit* ce qui montre bien la capacité du CNN à identifier la présence d'un bateau. De plus, 12 séries temporelles sur 3972 qui appartiennent à la classe *bruit* sont confondues avec un passage de bateau. Par conséquent, ce modèle présente de meilleurs résultats que le CNN sélectionné pour faire une classification binaire. De plus, il est capable de prédire la direction des bateaux puisqu'il n'a confondu que 6 fois la direction des bateaux sur l'ensemble du jeu de test.

Pour mieux évaluer les performances du CNN, une transformation one-vs-rest est réalisée sur la matrice de confusion multi-classes. Ainsi, pour chaque classe i, une matrice de confusion binaire est calculée de telle sorte que la classe i est considérée comme la classe positive et les classes $j \neq i$ comme la classe négative. Finalement, les performances du CNN pour chaque classes sont présentées dans le tableau 3. Nous pouvons remarquer que les performances des

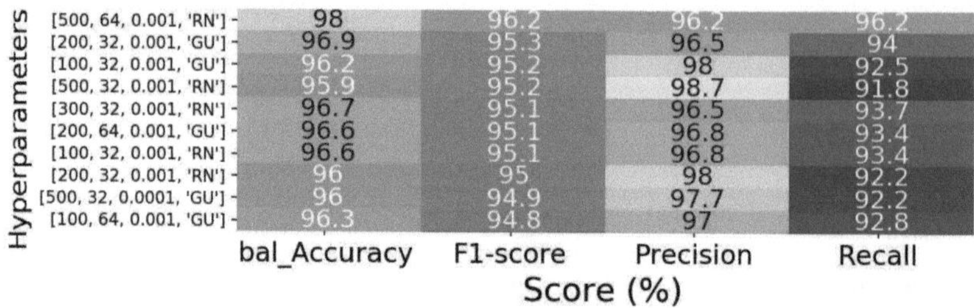

FIG. 8 – *Performance des 10 premiers CNNs pour la classification multi-classes sur le jeu de validation. Hyperparamètres : [Nombre de neurones, batch size, learning rate, kernel initializers ('RN' : random normal, 'GU' : glorot uniform)]*

CNNs sur les classes *entrant* et *sortant* sont sensiblement similaires et donnent les scores moyens suivants : une justesse équilibrée de 0.96, un rappel de 0.91, une précision de 0.94 et un F1-score de 0.93.

TAB. 2 – *Matrice de confusion - classification multi-classes*

		Classe prédite		
		Sortant	Bruit	Entrant
	Sortant	147	10	3
Classe réelle	Bruit	5	3960	7
	Entrant	3	9	132

TAB. 3 – *Performances de la classification multi-classes*

Classe	Justesse éq.	Rappel	Précision	F1-Score	spécificité
Sortant	0.958	0.919	0.948	0.933	0.998
Bruit	0.968	0.997	0.995	0.996	0.938
Entrant	0.958	0.917	0.930	0.923	0.998

5.3 Implémentation d'un CNN sur un nano ordinateur

Le CNN qui effectue la classification multi-classes a été choisi pour remplacer l'algorithme basé sur le traitement du signal initialement utilisé pendant le développement de notre système. Pour s'assurer que le CNN entraîné puisse fonctionner sur un nano ordinateur , il a été implémenté dans un Raspberry PI 3 modèle B + fonctionnant avec le système d'exploitation PI OS (anciennement appelé Raspbian). La carte équipe un SoC Broadcom BCM2837B0 qui dispose d'un cluster ARM Cortex-A53 quad-core, fonctionnant à 1,4 GHz. Pour mesurer le temps d'exécution, un seul coeur de processeur du Raspberry Pi a été utilisé par TensorFlow. Nous avons exécuté 10 000 fois une boucle de contrôle dans laquelle le CNN effectue la classification d'une série temporelle. Nous avons constaté que le temps d'exécution moyen pour prédire si un bateau entre ou sort de la marina est de 9,75 ms. Ce résultat montre que la prédiction peut être faite en temps réel. Des travaux supplémentaires seront néanmoins nécessaires pour implémenter le CNN dans notre logiciel développé (allocation mémoire, parallélisme des tâches, ...) mais la prédiction du CNN sera utilisée comme déclencheur pour enregistrer les signaux bruts des hydrophones lorsqu'un bateau est détecté.

6 Conclusion et perspectives

Dans cet article, nous avons présenté notre système autonome basé sur deux hydrophones connectés à une carte audio à deux entrées et un nano ordinateur. Nous avons décrit comment le système utilise les signaux des hydrophones pour construire une barrière acoustique passive capable de détecter la circulation des bateaux à l'intérieur d'une marina. Les signaux des hydrophones sont corrélés par notre système autonome pour trouver le retard et pour construire un signal qui dépend de la trajectoire du bateau. En examinant comment ce signal évolue au fil du temps, le système peut détecter un bateau et sa direction.

Pour améliorer la robustesse de notre système, nous avons traité les signaux enregistrés et les avons manuellement labellisés en fonction de leur nature (bruit de fond, entrée et sortie de bateau). En conséquence, le jeu de données se compose de 21 378 séries temporelles dont 19 844 bruits de fond et 1 534 bruits rayonnés par bateau. Un total de 80 CNNs ont été entrainés hors ligne avec différents hyperparamètres pour choisir le meilleur modèle qui a atteint une justesse de 0,96.

La prochaine étape du développement de notre système acoustique est l'implémentation du CNN entrainé. Le résultat de la classification effectuée par le CNN sera utilisé comme déclencheur pour sauvegarder automatiquement les signaux des hydrophones lorsqu'un bateau est détecté. L'objectif est d'acquérir suffisamment de données pour effectuer la classification des signatures acoustiques des bateaux et pour détecter d'éventuels intrus à l'intérieur de la marina. D'autres travaux seront nécessaires pour suivre simultanément plusieurs bateaux.

Références

Chung, K. W., A. Sutin, A. Sedunov, et M. Bruno (2011). DEMON acoustic ship signature measurements in an urban harbor. *Advances in Acoustics and Vibration 2011*(i).

Codarin, A., L. E. Wysocki, F. Ladich, et M. Picciulin (2009). Effects of ambient and boat noise on hearing and communication in three fish species living in a marine protected area (Miramare, Italy). *Marine Pollution Bulletin 58*(12), 1880–1887.

Cui, Z., W. Chen, et Y. Chen (2016). Multi-Scale Convolutional Neural Networks for Time Series Classification. *CoRR abs/1603.0*.

Das, A., A. Kumar, et R. Bahl (2013). Marine vessel classification based on passive sonar data : The cepstrum-based approach. *IET Radar, Sonar and Navigation 7*(1), 87–93.

Fillinger, L., P. De Theije, M. Zampolli, A. Sutin, H. Salloum, N. Sedunov, et A. Sedunov (2010). Towards a passive acoustic underwater system for protecting harbours against intruders. *2010 International Waterside Security Conference, WSS 2010*.

Fillinger, L., A. Sutin, et A. Sedunov (2009). Cross-correlation of ship noise for water traffic monitoring. *The Journal of the Acoustical Society of America 126*(4), 2251.

Fillinger, L., A. Sutin, et A. Sedunov (2011). Acoustic ship signature measurements by cross-correlation method. *The Journal of the Acoustical Society of America 129*(2), 774–778.

Guo, W., S. Piao, J. Guo, Y. Lei, et K. Iqbal (2020). Passive detection of ship-radiated acoustic signal using coherent integration of cross-power spectrum with doppler and time delay compensations. *Sensors (Switzerland) 20*(6).

Holles, S. H., S. D. Simpson, A. N. Radford, L. Berten, et D. Lecchini (2013). Boat noise disrupts orientation behaviour n a coral reef fish. *Marine Ecology Progress Series 485*, 295–300.

Krizhevsky, A., I. Sutskever, et G. E. Hinton (2012). Imagenet classification with deep convolutional neural networks. pp. 1097–1105.

Le Guennec, A., S. Malinowski, et R. Tavenard (2016). Data Augmentation for Time Series Classification using Convolutional Neural Networks. *ECML/PKDD Workshop on Advanced Analytics and Learning on Temporal Data.*

LeCun, Y., B. Boser, J. S. Denker, D. Henderson, R. E. Howard, W. Hubbard, et L. D. Jackel (1989). Backpropagation applied to digit recognition. *1*(4), 541–551.

Palaz, D., M. Magimai-Doss, et R. Collobert (2015). Analysis of cnn-based speech recognition system using raw speech as input. In *Proceedings of Interspeech*, pp. 11–15. ISCA.

Santos-Domínguez, D., S. Torres-Guijarro, A. Cardenal-López, et A. Pena-Gimenez (2016). ShipsEar : An underwater vessel noise database. *Applied Acoustics 113*, 64–69.

Zhao, B., H. Lu, S. Chen, J. Liu, et D. Wu (2017). Convolutional neural networks for time series classification. *Journal of Systems Engineering and Electronics 28*(1), 162–169.

Zwemer, M. H., R. G. Wijnhoven, et P. H. De With (2018). Ship detection in harbour surveillance based on large-Scale data and CNNs. *VISIGRAPP 2018 5*(Visigrapp), 153–160.

Summary

An autonomous acoustic system based on two bottom-moored hydrophones, a two-input audio board and a small single-board computer was installed at the entrance of a marina to detect entering/exiting boats. Windowed time lagged cross-correlations are calculated by the system to find the consecutive time delays between the hydrophone signals and to compute a signal which is a function of the boats' angular trajectories. Since its installation, the single-board computer performs online prediction with a signal processing-based algorithm which achieved an accuracy of 80%. To improve system performance, a convolutional neural network (CNN) is trained with the acquired data to perform real-time detection. Two classification tasks were considered (binary and multiclass) to both detect a boat and its direction of navigation. Finally, a trained CNN was implemented in a single-board computer to ensure that prediction can be performed in real time.

Exploration des mémoires à court et long terme pour la classification multi-labels en flux

Xihui Wang*,**, Pascale Kuntz**, Frank Meyer*

*Orange Labs, 2 Avenue Pierre Marzin, 22300 Lannion
prenom.nom@orange.com,
**Laboratoire des Sciences du Numérique de Nantes - Site Polytech - 44300 Nantes
prenom.nom@univ-nantes.fr

Résumé. La classification multi-labels, dans laquelle un texte, une image ou une cyber-attaque, par exemple, peuvent être associés à plusieurs labels simultanément devient de plus en plus nécessaire dans les applications récentes. Lorsque les besoins de réactivité sont eux-mêmes cruciaux, la classification de flux de données devient un enjeu important. Nous proposons dans cet article un nouvel algorithme, Online Memory k-means (OMk), pour traiter la problématique de la classification en flux. OMk est un modèle de type k-plus-proches-voisins qui utilise deux types de mémoire, l'une court-terme basée sur une fenêtre glissante FIFO, et l'autre long-terme, basée sur un échantillonnage en réservoir. Ces deux mémoires permettent de gérer les flux de données avec des dérives de concepts et de pouvoir résister au phénomène d'oubli catastrophique. En utilisant ces structures de données simples avec des tailles de mémoire relativement limitées et en considérant l'information portée par les corrélations entre labels, notre algorithme est compétitif avec les algorithmes actuels de l'état de l'art, EaHTps et MLSAMPKNN, à la fois en qualité de prédiction et en temps de réponse. La faible complexité d'OMk et les performances obtenues nous permettent d'envisager son extension à la classification multi-labels extrême de données en flux, qui est un problème encore peu exploré.

1 Introduction

Le paradigme de la classification multi-labels est une extension du problème mono-label à plusieurs labels qui sont extraits d'un ensemble prédéfini de possibilités : il s'agit d'associer un objet décrit par un vecteur de variables à un sous-ensemble restreint de concepts d'intérêt, appelés "labels". Pour illustration, en annotation de textes, on peut qualifier un texte à la fois de "drôle", "en français" et "consacré au cinéma". La classification multi-labels a connu un fort essor cette dernière décennie stimulée par de nombreuses applications : par exemple, en biologie pour la classification des fonctions des gènes et des protéines (Clare et King, 2001), en science de l'information pour la catégorisation de textes (Kong et Philip, 2011a) ou en multimédia pour la catégorisation et l'annotation d'images, de vidéos et de musiques (Madjarov et al., 2012). Depuis les travaux pionniers de Boutell et al. (2004), Tsoumakas et al. (2009)

et Zhang et Zhou (2007), de nombreux algorithmes ont été proposés. Ces recherches ont permis d'améliorer significativement la qualité des résultats sur des données de taille restreinte. Plus récemment, la croissance du volume des données recueillies a conduit à un changement d'échelle : on parle désormais de classification multi-labels extrême (XMLC - eXtreme Multi-Labels Classification) pour un ordre de grandeur des variables et des labels entre 10^4 et 10^7. Par exemple, dans un challenge de la communauté scientifique, la classification portait sur des articles de Wikipédia avec un corpus de 2.4 millions d'articles encodés par des sacs n-grams de 1.6 millions de variables où la cible des labels comportait 350 000 possibilités (Partalas et al., 2015). Ce problème s'étend aujourd'hui aux données en flux qui doivent être classifiées au fil de l'eau. Leur essor est porté à la fois par leur présence qui ne cesse de croître, par des contraintes de réactivité (ex : la détection de cyber-attaques décrites par des modalités multiples) et par les nouvelles volumétries de données qu'il est parfois plus efficace de traiter selon un modèle de flux à travers une seule passe d'apprentissage.

Au problème générique de classification multi-labels en flux qui consiste à apprendre à chaque instant t un nouveau modèle à partir du précédent, peuvent s'ajouter quatre propriétés (Bifet et Gavaldà, 2009) : (i) chaque instance arrive séquentiellement, (ii) il existe potentiellement une infinité d'exemples, (iii) la distribution statistique des exemples n'est pas nécessairement stationnaire et les ensembles de labels et d'attributs peuvent évoluer dans le temps, et (iv) après son traitement chaque exemple est supprimé ou archivé dans une mémoire de taille très limitée. Vue l'importance des enjeux, différents algorithmes de classification multi-labels de données en flux ont été proposés ces dernières années mais les résultats expérimentaux portent généralement sur des données de taille restreinte et, à notre connaissance, aucun d'eux ne satisfait les propriétés précédentes. Pour soulever ce défi, nous procédons en deux étapes successives : (1) développer un algorithme compétitif de faible complexité satisfaisant les objectifs sur les jeux de données de taille standard, puis (2) prochainement intégrer cet algorithme dans un processus récursif basé sur des forêts aléatoires pour changer d'échelle. Cet article se focalise sur la première étape : nous proposons un composant algorithmique (OMk - Online Memory kmeans) qui sera intégré à l'avenir récursivement via une structure arborescente dans un modèle visant à traiter des volumétries très grandes. Le composant OMk a été conçu pour tenter de surmonter deux problèmes difficiles de l'apprentissange en ligne : l'oubli catastrophique (French, 1999) et la dérive de concept (Gama et al., 2014). Notre stratégie consiste à combiner deux mémoires de temporalités différentes et de faible complexité : un échantillonnage en réservoir (Vitter, 1985) couplé à un apprentissage basé sur un K-means online et une fenêtre glissante. De plus, en s'inspirant d'un des meilleurs algorithmes de l'état de l'art en classification XMLC (Siblini et al., 2018), notre modèle considère conjointement les corrélations entre les labels et les relations entre les labels et les attributs.

Nous comparons OMk avec l'un des algorithmes actuels les plus performants pour les données multi-labels en flux MLSAMPKNN (Roseberry et al., 2019) et deux algorithmes basés sur un arbre de Hoeffding, ISOUPTree (Osojnik et al., 2017) et HTps (Read et al., 2012). Les résultats expérimentaux sur 11 jeux de données classiques comprenant entre $O(10)$ et $O(1000)$ attributs et entre $O(10)$ et $O(100)$ labels confirment que OMk permet d'obtenir des performances compétitives avec une mémoire restreinte et qu'il mérite donc d'être exploité dans des travaux futurs en XMLC que nous discutons.

2   Etat de l'art

Dans la suite, nous considérons un flux de données $D = \{(x_0, y_0), (x_1, y_1)..., (x_t, y_t), ...\}$ où (x_t, y_t) est un exemple arrivant au temps t. Plus précisément, chaque instance est notée $x_t = [x_{t,j}]_{j \in [1,M]} \in R^M$ où M est le nombre d'attributs, et chaque ensemble de labels associé à x_t est noté $y_t \subset \{\lambda_j\}_{j \in [1,L]}$ où L est le nombre de labels possibles. En pratique, les labels sont décrits par un vecteur binaire $y_t = [y_{t,j}]_{j \in [1,L]} \in \{1, 0\}^L$: si le label λ_j est lié à x_t, alors $y_{t,j} = 1$, sinon, $y_{t,j} = 0$. Le problème générique de classification multi-labels en flux consiste à calculer à chaque instant t un nouveau modèle $h_t(x)$, basé sur le modèle précédent $h_{t-1}(x)$ et le nouvel exemple (x_t, y_t) observé entre les temps t et $t + 1$, qui optimise une mesure de qualité de la prédiction.

De façon générale, les approches de la littérature pour ce problème peuvent se structurer en trois grandes familles issues des états de l'art initiaux de la classification multi-labels : (i) les approches d'apprentissage par transformation qui transforment le problème multi-labels en plusieurs problèmes mono-label, (ii) les approches d'apprentissage par adaptation qui adaptent les algorithmes en-ligne mono-label au traitement des données multi-labels, et (iii) les approches "ensemble" qui combinent par des techniques de "bagging" ou de "boosting" des résultats à partir d'un ensemble de modèles plus simples. Nous reprenons ici cette organisation pour présenter les algorithmes multi-labels en flux (tableau 1).

Par transformation	Par adaptation	Ensemble
DWA (Kong et Philip, 2011b)	HTps (Read et al., 2012)	DWM (Kolter et Maloof, 2007)
MINAS-BR (Júnior et al., 2019a)	ISOUPTree (Osojnik et al., 2017)	EaHTps (Read et al., 2012)
MINAS-PS (Júnior et al., 2019b)	ML-AMRules (Sousa et Gama, 2018)	SWMEC (Wang et al., 2017)
MuENL (Zhu et al., 2018)	OSML-ELM (Venkatesan et al., 2017)	EaISOUPTree (Osojnik et al., 2017)
ML-Bayesian (Nguyen et al., 2019)	MLSAMPKNN (Roseberry et al., 2019)	GOOWE-ML (Büyükçakir et al., 2018)

TAB. 1 – *Classification des algorithmes multi-labels en flux.*

Les approches par transformation s'appuient sur des stratégies variées : construire un classifieur binaire pour chaque label (Woloszynski et Kurzynski, 2011) et (Júnior et al., 2019a), construire une fonction de score pour chaque label avec un seuil commun puis minimiser une fonction de perte de classement (Zhu et al., 2018), construire k classifieurs pour prédire k-labels en chaîne de sorte que la prédiction du label courant dépende de l'entrée et des prédictions des précédents classifieurs (Nguyen et al., 2019), considérer chaque combinaison de labels comme une nouvelle classe puis résoudre le problème multi-labels comme un problème multi-classes (Júnior et al., 2019b). Certaines de ces méthodes de transformation sont simples à mettre en oeuvre mais leur faiblesse majeure est leur absence de prise en compte des corrélations entre les labels. A contrario ***les approches par adaptation*** construisent un modèle pour tous les labels en adaptant les algorithmes mono-label en-ligne existants. Ces méthodes combinent souvent différentes stratégies de transformation ; par exemple, une méthode basée sur un classifieur binaire peut être appliquée sur les feuilles des arbres de Hoeffding (Read et al., 2012). ***Les approches ensembles*** sont composées de plusieurs modèles "simples" pour tenter de former par agrégation un modèle avec des performances de prédiction plus élevées. Elles s'appuient notamment sur l'attribution de poids optimisés aux classifieurs pour améliorer la qualité des performances (Büyükçakir et al., 2018). Une adaptation rapide par réinitialisation du plus mauvais classifieur (Read et al., 2011) peut également être introduite pour surmonter le problème de dérive de concept. Ces méthodes peuvent être coûteuses en temps de calcul. Dans leur grande majorité, les approches que nous avons listées se focalisent généralement sur une contrainte particulière de la classification en flux multi labels. Dans cet article, au contraire, nous nous focalisons simultanément sur trois impératifs : (i) la prise en compte des corrélations entre labels, (ii) l'équilibre entre l'oubli (dérive de concept) et la mémoire (oubli catastrophique), et (iii) la rapidité de l'apprentissage sans détriment de sa qualité.

3   Module algorithmique "Online Memory k-means" (OMk)

Pour la gestion des données en flux sous la contrainte de mémoire limitée, le module OMk se compose de deux mémoires complémentaires : une mémoire "à long terme" associée à un échantillonnage en réservoir et une mémoire "à court terme" basée sur une fenêtre temporelle glissante de taille fixe. Ces deux composantes visent à affronter en synergie les problèmes d'oubli catastrophique et de dérive de concept bien connus en apprentissage de flux. Le réservoir permet de conserver à tout instant un échantillonnage uniforme sur le flux quelle que soit sa taille. Cependant, lorsque la taille T du flux augmente la fréquence de l'échantillonnage s'atténue, et l'apprentissage de nouvelles données devient moins efficace. Pour éviter l'écueil de la dérive de concept, nous introduisons une mémoire à court terme définie par une fenêtre temporelle glissante de type FIFO qui mémorise les N dernières instances au fil de l'eau.

Notation	Description
k	Nombre de réservoirs / Le nombre de séparateurs
S	Taille du réservoir d'échantillonnage
T_i	Nombre de données traitées par l'ième réservoir au temps t, $i \in [1, k]$
N	Taille de la fenêtre temporelle glissante FIFO
n	Nombre de plus proches voisins pour la prédiction
$N_initial$	Taille de l'initialisation d'OMk ($N_initial \geq \max(k, N)$)

Tab. 2 – Les paramètres d'OMk

Mémoire à long terme. Il s'agit d'une structure en arbre de profondeur 1 où la racine de l'arbre joue le rôle d'un k-séparateur lié à k feuilles. Chaque feuille représente un réservoir $R_i = \{(x_{i,j}, y_{i,j})\}_{j \in [1,S]}$ de taille S qui mémorise la T-ième instance considérée dans le flux selon une règle d'échantillonnage : avec une probabilité de 1 si $T \leq S$, et de S/T sinon. Une nouvelle instance mémorisée est stockée dans le réservoir à un index r tiré au hasard de manière uniforme dans $[1, ..., S]$; ce qui conduit à oublier l'instance précédemment stockée à l'index r (Vitter, 1985). Chaque séparateur $\{((c_i^{(x)}, c_i^{(y)})\}_{i \in [1,k]}$ est représenté par un couple de centroïdes des attributs et des labels des mémoires stockées dans le réservoir. Lorsqu'un changement est effectué dans un réservoir, les centroïdes du séparateur sont mis à jour.

Mémoire à court terme. Une fenêtre temporelle glissante FIFO de taille N restreinte $F_t = \{(x_{t-i}, y_{t-i})\}_{i \in [1,N]}$ qui supprime la donnée la plus ancienne, puis stocke la dernière donnée à chaque instant t.

Initialisation. Le module OMk collecte les $N_initial$ premières données du flux (noté $Initial_Stream$) pour initialiser ses deux mémoires. Pour la mémoire à long terme et ses centroïdes associés, l'initialisation procède comme suit : un premier clustering en k clusters est effectué, sur l'espace des labels, sur toutes les données (x_t, y_t) de $Initial_Stream$. Chaque donnée (x_t, y_t) est ensuite affectée à son cluster $c_i^{(y)}$ et est simultanément ajoutée à son réservoir d'échantillonnage R_i. Chaque cluster $c_i^{(x)}$ est ensuite calculé comme le barycentre sur l'espace des attributs de son réservoir associé R_i. Pour la mémoire à court terme, la fenêtre FIFO est simplement remplie avec les N dernières données de $Initial_Stream$.

Algorithme 1 : Apprentissage

Input : (x_t, y_t)
Result : $Modele_updated$
$p \leftarrow getNearestCentroidY(y_t, c_i^{(y)}{}_{i \in [1,k]})$; // l'index du centroide le
  plus proche - selon l'espace Y des labels
if $T_p < S$ **then**
    $R_p.add((x_t, y_t))$;
    $(c_p^{(x)}, c_p^{(y)})_{new} = \frac{(c_p^{(x)}, c_p^{(y)})_{old} * (T_p - 1) + (x_t, y_t)}{T_p}$;
else
    $r = randomInteger(1, T_p)$;
    if $r < S$ **then**
        $(x_r, y_r) = (x_{p,r}, y_{p,r})$;
        $(x_{p,r}, y_{p,r}) = (x_t, y_t)$;   // l'ancienne donnée à l'index r
        dans R_p est remplacée par la nouvelle donnée.
        $(c_p^{(x)}, c_p^{(y)})_{new} = \frac{(c_p^{(x)}, c_p^{(y)})_{old} * S + (x_t, y_t) - (x_r, y_r)}{S}$
    end
end
$F_t.removeOldest()$;
$F_t.add((x_t, y_t))$;

Après l'initialisation, OMk traite chaque exemple (x_t, y_t) arrivant selon les deux étapes suivantes :

Règles d'affectation des instances dans la phase d'apprentissage. Lorsqu'une nouvelle donnée (x_t, y_t) est considérée, elle est comparée aux k centroïdes des k réservoirs et affectée au réservoir R_p dont le centroïde est le plus proche selon le processus d'échantillonnage décrit ci-dessus. La comparaison de l'instance au centroïde se fait uniquement sur l'espace des labels et la métrique utilisée est la distance euclidienne usuelle. Puis R_p est mis à jour avec (x_t, y_t) selon une règle d'échantillonnage. Les centroïdes $(c_p^{(x)}), c_p^{(y)})$ sont re-calculés selon les nouvelles mémoires dans le réservoir et l'instance (x_t, y_t) est également mémorisée dans la fenêtre glissante.

Règles de prédiction. La donnée à prédire x_t est comparée aux k centroïdes des k réservoirs, sur l'espace des attributs. Après que le réservoir R_p le plus proche ait été identifié, les n plus proches voisins de la donnée x_t sont calculés sur l'espace des attributs -parmi l'union du réservoir R_p et de la fenêtre FIFO- et la prédiction renvoyée en résultat est définie par le vote majoritaire de leurs labels.

Algorithme 2 : Prediction

Input : x_t
Result : $prediction_t$
$p \leftarrow getNearestCentroid(x_t, c_i^{(x)}{}_{i \in [1,k]})$;   // l'index du centroide le
  plus proche -selon l'espace X
$\{I_i\}_{i \in [1,n]} \leftarrow getNearestIns(x_t, R_p.Attributs \cup F_t.Attributs)$; // Retourne
  les n index d'instance les plus proches du vecteur
  d'attributs x_t
$votes[] = \emptyset$;
for $Index \in \{I_i\}_{i \in [1,n]}$ **do**
  $\quad labels = (R_p \cup F_t).Labels[Index]$;
  $\quad votes.add(labels)$
end
$prdiction_t \leftarrow vote.majority(votes)$

La complexité du processus d'OMk sur un exemple. Considérons M le nombre d'attributs, L le nombre de labels et les notations dans le tableau 2. La complexité du temps d'apprentissage d'un exemple est en $O(k * L)$ et la complexité du temps de prédiction est en $O((S + N) * M)$.

4   Protocole expérimental

Nous comparons OMk à trois algorithmes de la littérature (Roseberry et al., 2019), (Osojnik et al., 2017) et (Read et al., 2012) en nous plaçant dans un scénario d'apprentissage supervisé dans lequel le véritable ensemble de labels devient disponible immédiatement après la prédiction.

La procédure d'évaluation expérimentale est ici basée sur une stratégie *Interleaved Test-Then-Train* qui est adaptée au flux de données : chaque exemple est utilisé pour tester le modèle avant de l'utiliser pour l'entraînement. Plus précisément, à chaque instant t l'exemple (x_t, y_t) arrivant est traité selon trois étapes dans l'ordre suivant :

1. **Prédiction :** le modèle en vigueur $h_{t-1}(x)$ effectue la prédiction $p_t = [p_{t,j}]_{j \in [1,L]} \in \{1,0\}^L$ pour x_t.

2. **Évaluation :** la performance du modèle est calculée en se basant sur une somme cumulée d'une fonction de perte entre la prédiction et le véritable ensemble de données $S_t = \frac{1}{t} \sum_{i=1}^{t} f(p_i, y_i)$

3. **Apprentissage :** le nouveau modèle $h_t(x)$ est construit à partir du modèle $h_{t-1}(x)$ et du nouvel exemple (x_t, y_t).

Afin de réduire l'impact des erreurs précoces et d'évaluer plus pertinemment la performance d'un modèle sur une période de temps pouvant être arbitrairement longue, nous avons utilisé un mécanisme de pondération temporelle (Gama et al., 2013).

Pour l'évaluation des performances, nous avons sélectionné trois mesures complémentaires de la littérature (Pereira et al., 2018) : $F1_{Exemple}$ basée sur les exemples, $F1_{Micro}$ basée sur les labels qui donne un poids uniforme à la performance sur chaque label, et $F1_{Macro}$ qui donne un poids égal à la performance sur chaque instance. Nous les complétons par les temps - mesurés en secondes - de calcul de la prédiction et de la mise à jour du modèle sur un jeu de données complet. Tous les algorithmes ont été implémentés sur la même plate-forme logicielle Massive Online Analysis (MOA[1]). Nos codes sources (algorithmes et expérimentations) sont disponibles au public[2] pour faciliter la reproductibilité des résultats.

Pour vérifier la capacité d'OMk à traiter efficacement les problèmes de dérive et d'oubli, nous l'avons comparé avec deux algorithmes de référence basés sur des arbres (ISOUPTree et HTps) et un algorithme basé sur les k plus proches voisins (MLSAMPKNN). Comme ISOUPTree et HTps ne peuvent gérer que les concepts stationnaires, nous les avons combinés avec la méthode adaptative ADWIN Bagging pour les adapter à la dérive de concept. L'algorithme MLSAMPKNN avec une fenêtre auto-ajustable qui mémorise des données passées vise, comme OMk, à s'adapter à la fois à un flux de données stationnaires et à un flux de données présentant des dérives de concepts.

Nos expérimentations portent sur 7 jeux de données issus d'applications réelles et variées (texte, image, vidéo) qui sont classiquement utilisées dans la littérature dans le contexte stationnaire et 4 jeux de données synthétiques. Nous avons utilisé deux générateurs disponibles sur la plateforme MOA (Read et al., 2011) pour générer des données artificielles présentant des propriétés spécifiques : le générateur d'arbres aléatoires (RTG) et la fonction de base radiale (RBF) qui permet de simuler des flux de données avec une dérive de concept. Ces deux générateurs nous ont permis de simuler deux cas différents de données avec (i) des changements de cardinalités des labels et (ii) des changements de dépendances de labels. Les détails des jeux de données expérimentales sont donnés dans le tableau 3.

5   Résultats expérimentaux

Cette section présente les résultats expérimentaux et compare les performances d'OMK avec celles obtenues par EaHTps, EaISOUPT et MLSAMPKNN pour des flux de données stationnaires et des flux de données avec une dérive de concepts. Tous les algorithmes ont été comparés sur la plateforme logicielle MOA version 2019.05, avec une JVM version 11.0.4, sur un PC Linux avec un processeur de Intel Core i7-670 3.40GHz, 8 coeurs et 15,5 Go Ram.

Les comparaisons des performances du module OMk et des trois algorithmes de référence sont présentées dans le tableau 4. Les paramètres choisis pour les expérimentations sont issus de l'analyse préalable présentée ci-dessus : la taille de la fenêtre FIFO, le nombre de centroïdes, la taille du réservoir et le nombre de plus proches voisins sont fixés respectivement à

---

1. MOA : https ://moa.cms.waikato.ac.nz/
2. Les codes sources OMk sont disponibles à l'adresse : https ://github.com/Cici-xihui/OMK

Jeu	Domaine	Nombre d'exemples	Nombre d'attributs	Nombre de labels	Cardinalité de labels
20NG	Text	19 300	1006	20	1.02
Bookmarks	Text	87 856	2150	208	2.03
Corel16k	Image	13 770	500	153	2.859
Enron	Text	1 702	1001	53	3.38
Mediamill	Video	43 907	120	101	4.38
Ohsumed	Text	13 930	1002	23	1.663
TMC2007	Text	28 596	500	22	2.22
RBF-drift1	Synthétique	100 000	10	10	$1.5 \rightarrow 3.5$
RTG-drift1	Synthétique	100 000	10	10	$1.8 \rightarrow 3.0$
RBF-drift2	Synthétique	100 000	10	10	2.8 (LD :$0.25 \rightarrow 1$)
RTG-drift2	Synthétique	100 000	10	10	1.6 (LD :$0.25 \rightarrow 1$)

TAB. 3 – *Jeux de données et leurs caractéristiques.*

10, 30, 100 et 3 par analyse préalable sur des données de tests internes. Le tableau 4 présente les valeurs des mesures $F1_{Exemple}$, $F1_{Micro}$ et $F1_{Macro}$ de chaque modèle sur les 11 jeux de données du tableau 3. Les meilleurs résultats sont indiqués en gras et les meilleurs seconds sont soulignés.

Ces résultats mettent en évidence trois grandes tendances. Notre nouvelle approche OMk obtient de très bonnes performances dans les deux types de flux de données, à dérive ou stationnaire, grâce à ses deux types de mémoires. Il produit le comportement le plus stable indépendamment de la nature des flux de données. L'algorithme EaHTps est performant pour les données avec une dérive de concept, alors que MLSAMPKNN se démarque davantage sur les données stationnaires. La stratégie avancée adaptative ADWIN Bagging permet à EaHTps de mieux s'adapter aux données de dérive, au prix d'un modèle complexe et conçu pour faire face à la dérive de concept. En contrepartie, les performances d'EaHTps s'effondrent sur plusieurs flux de données stationnaires non reconnus comme tels, et ses temps d'exécution sont en moyenne d'un ordre de grandeur plus lents que ceux de MLSAMPKNN et OMk.

Plus précisément, le tableau 4 montre qu'OMk domine largement pour la mesure $F1_{Macro}$ en étant en première position dans 6 cas sur 11 et en deuxième position dans les autres cas. Pour la mesure $F1_{Exemple}$, OMk est à égalité avec MLSAMPKNN, qui est l'un des meilleurs de l'état de l'art actuel. Pour la mesure $F1_{Micro}$, les meilleures performances sont obtenues par MLSAMPKNN et EaHTps pour des raisons qui, à ce stade, ne sont pas encore explicitées.

Ces résultats sont très prometteurs car nous nous sommes volontairement restreints dans la conception et dans le paramétrage (tailles des mémoires notamment) à un algorithme très simple. Le tableau 5 confirme que cette simplicité est associée à une rapidité d'exécution : OMk obtient dans 9 cas sur 11 les meilleurs temps d'exécution.

Jeu	F-Measure	EaHTps	EaISOUPT	MLSAMPKNN	OMk
20NG	$F1_{Exemple}$	0.411	0.318	<u>0.597</u>	**0.627**
	$F1_{Micro}$	0.409	0.315	<u>0.59</u>	**0.618**
	$F1_{Macro}$	0.185	0.136	<u>0.214</u>	**0.278**
Bookmarks	$F1_{Exemple}$	0.001	0.166	**0.374**	<u>0.222</u>
	$F1_{Micro}$	0.004	0.088	**0.277**	<u>0.184</u>
	$F1_{Macro}$	0	0.008	**0.163**	<u>0.093</u>
Corel16k	$F1_{Exemple}$	0	0.107	**0.199**	<u>0.178</u>
	$F1_{Micro}$	0	0.134	**0.217**	<u>0.205</u>
	$F1_{Macro}$	0	0.023	**0.092**	<u>0.087</u>
Enron	$F1_{Exemple}$	0.332	0.292	**0.401**	<u>0.388</u>
	$F1_{Micro}$	0.329	0.295	**0.416**	<u>0.4</u>
	$F1_{Macro}$	0.03	0.045	<u>0.142</u>	**0.154**
Mediamill	$F1_{Exemple}$	0.069	<u>0.512</u>	**0.547**	0.434
	$F1_{Micro}$	0.071	<u>0.482</u>	**0.539**	0.417
	$F1_{Macro}$	0.033	0.048	<u>0.158</u>	**0.173**
Ohsumed	$F1_{Exemple}$	<u>0.35</u>	0.298	0.094	**0.392**
	$F1_{Micro}$	<u>0.322</u>	0.275	0.097	**0.388**
	$F1_{Macro}$	<u>0.147</u>	0.143	0.051	**0.33**
TMC2007	$F1_{Exemple}$	<u>0.535</u>	**0.56**	0.368	0.335
	$F1_{Micro}$	<u>0.53</u>	**0.533**	0.333	0.364
	$F1_{Macro}$	0.032	0.03	<u>0.038</u>	**0.27**
RBF-drift1	$F1_{Exemple}$	**0.511**	0.248	0.332	<u>0.365</u>
	$F1_{Micro}$	**0.554**	0.256	0.341	<u>0.372</u>
	$F1_{Macro}$	**0.448**	0.111	0.231	<u>0.296</u>
RTG-drift1	$F1_{Exemple}$	**0.422**	0.327	<u>0.383</u>	0.376
	$F1_{Micro}$	**0.426**	0.348	0.389	<u>0.386</u>
	$F1_{Macro}$	**0.361**	0.216	0.275	<u>0.305</u>
RBF-drift2	$F1_{Exemple}$	**0.385**	0.088	0.256	<u>0.297</u>
	$F1_{Micro}$	**0.389**	0.089	0.258	<u>0.303</u>
	$F1_{Macro}$	<u>0.266</u>	0.067	0.219	**0.277**
RTG-drift2	$F1_{Exemple}$	**0.379**	0.175	0.266	<u>0.312</u>
	$F1_{Micro}$	**0.383**	0.174	0.268	<u>0.316</u>
	$F1_{Macro}$	**0.33**	0.126	0.237	<u>0.287</u>

TAB. 4 – *Comparaison des algorithmes avec les mesures $F1_{Exemple}$, $F1_{Micro}$ et $F1_{Macro}$ sur les 11 jeux de données.*

Jeu	EaHTps	EaISOUPT	MLSAMPKNN	OMk
20NG	519.85	40.64	<u>24.08</u>	**18.89**
Bookmarks	597.55	2788.38	<u>419.99</u>	**171.28**
Corel16k	137.98	67.81	<u>14.42</u>	**5.76**
Enron	20.26	8.74	<u>3.93</u>	**3.51**
Mediamill	206.37	112.26	<u>18.11</u>	**5.85**
Ohsumed	439.82	32.73	**4.88**	<u>12.91</u>
TMC2007	56.96	28.51	**6.46**	<u>12.41</u>
RBF-drift1	18.94	21.81	<u>2.33</u>	**2.06**
RTG-drift1	26.26	19,75	<u>2.13</u>	**2.09**
RBF-drift2	17,38	27.61	<u>2.64</u>	**1.97**
RTG-drift2	33.78	26.52	<u>2.01</u>	**1.57**

TAB. 5 – *Comparaison des temps de calculs des algorithmes sur les 11 jeux de données*

6   Conclusion et futurs travaux

Dans les travaux consacrés à la classification multi-labels en flux présentés dans cet article, nous avons proposé un nouveau modèle pour tenter d'améliorer conjointement deux problèmes bien connus : la dérive de concept et l'oubli catastrophique. Notre modèle combine deux mémoires spécifiques fonctionnant sur des temporalités différentes. Les premières expérimentations confirment la qualité des résultats obtenus eu égard aux algorithmes de la littérature pour des jeux de tailles restreintes. Différentes expérimentations complémentaires seront à faire à l'avenir pour argumenter les choix des centroïdes dans les réservoirs comme élément prototypique, du vote majoritaire pour la prédiction et de la sélection des paramètres.

Cependant, avec la qualité des résultats obtenus, la simplicité et l'efficacité en temps d'exécution d'OMk en font déjà un candidat très prometteur pour une intégration dans une structure arborescente profonde. L'objectif à terme serait de pouvoir traiter des problèmes de taille XMLC. Plus précisément, OMk pourrait devenir, en tant que k-séparateur, la brique de base d'un arbre de décision qui permettrait d'adapter les principes de l'algorithme CRAFTML (Siblini et al., 2018) basé sur des arbres pour les très grands flux de données. Pour illustrer cette idée, les instances pourraient être routées à chaque noeud d'un arbre dans l'un des k sous-noeuds fils. Lors de l'apprentissage, les informations portées par les instances dans un noeud seraient exploitées pour la création d'un k-séparateur qui permettrait ensuite de router récursivement les instances dans k noeuds fils. Enfin, pour la prédiction, une instance serait routée, sur la base de ses attributs explicatifs de noeud en noeud via leur k-séparateur jusqu'à une feuille finale qui contiendrait un modèle prédictif local. Cette approche permettrait de gérer une mémoire à long terme hiérarchisée de très grande capacité, en conservant une complexité de calcul super-linéaire, compatible avec le traitement online de très grand flux de données multi-labels.

Références

Bifet, A. et R. Gavaldà (2009). Adaptive learning from evolving data streams. In *International Symposium on Intelligent Data Analysis*, pp. 249–260. Springer.

Boutell, M. R., J. Luo, X. Shen, et C. M. Brown (2004). Learning multi-label scene classification. *Pattern recognition 37*(9), 1757–1771.

Büyükçakir, A., H. Bonab, et F. Can (2018). A novel online stacked ensemble for multi-label stream classification. In *Proceedings of the 27th ACM International Conference on Information and Knowledge Management*, pp. 1063–1072.

Clare, A. et R. D. King (2001). Knowledge discovery in multi-label phenotype data. In *european conference on principles of data mining and knowledge discovery*, pp. 42–53. Springer.

French, R. M. (1999). Catastrophic forgetting in connectionist networks. *Trends in cognitive sciences 3*(4), 128–135.

Gama, J., R. Sebastião, et P. P. Rodrigues (2013). On evaluating stream learning algorithms. *Machine learning 90*(3), 317–346.

Gama, J., I. Žliobaitė, A. Bifet, M. Pechenizkiy, et A. Bouchachia (2014). A survey on concept drift adaptation. *ACM computing surveys (CSUR) 46*(4), 1–37.

Júnior, J. C., E. Faria, J. Silva, J. Gama, et R. Cerri (2019a). Novelty detection for multi-label stream classification. In *2019 8th Brazilian Conference on Intelligent Systems (BRACIS)*, pp. 144–149. IEEE.

Júnior, J. D. C., E. R. Faria, J. A. Silva, J. Gama, et R. Cerri (2019b). Pruned sets for multi-label stream classification without true labels. In *2019 International Joint Conference on Neural Networks (IJCNN)*, pp. 1–8. IEEE.

Kolter, J. Z. et M. A. Maloof (2007). Dynamic weighted majority : An ensemble method for drifting concepts. *Journal of Machine Learning Research 8*(Dec), 2755–2790.

Kong, X. et S. Y. Philip (2011a). An ensemble-based approach to fast classification of multi-label data streams. In *7th International Conference on Collaborative Computing : Networking, Applications and Worksharing (CollaborateCom)*, pp. 95–104. IEEE.

Kong, X. et S. Y. Philip (2011b). An ensemble-based approach to fast classification of multi-label data streams. In *7th International Conference on Collaborative Computing : Networking, Applications and Worksharing (CollaborateCom)*, pp. 95–104. IEEE.

Madjarov, G., D. Kocev, D. Gjorgjevikj, et S. Džeroski (2012). An extensive experimental comparison of methods for multi-label learning. *Pattern recognition 45*(9), 3084–3104.

Nguyen, T. T., T. T. T. Nguyen, A. V. Luong, Q. V. H. Nguyen, A. W.-C. Liew, et B. Stantic (2019). Multi-label classification via label correlation and first order feature dependance in a data stream. *Pattern recognition 90*, 35–51.

Osojnik, A., P. Panov, et S. Džeroski (2017). Multi-label classification via multi-target regression on data streams. *Machine Learning 106*(6), 745–770.

Partalas, I., A. Kosmopoulos, N. Baskiotis, T. Artieres, G. Paliouras, E. Gaussier, I. Androutsopoulos, M.-R. Amini, et P. Galinari (2015). Lshtc : A benchmark for large-scale text classification. *arXiv preprint arXiv :1503.08581*.

Pereira, R. B., A. Plastino, B. Zadrozny, et L. H. Merschmann (2018). Correlation analysis of performance measures for multi-label classification. *Information Processing & Management 54*(3), 359–369.

Read, J., A. Bifet, G. Holmes, et B. Pfahringer (2011). Streaming multi-label classification. In *Proceedings of the Second Workshop on Applications of Pattern Analysis*, pp. 19–25.

Read, J., A. Bifet, G. Holmes, et B. Pfahringer (2012). Scalable and efficient multi-label classification for evolving data streams. *Machine Learning 88*(1-2), 243–272.

Roseberry, M., B. Krawczyk, et A. Cano (2019). Multi-label punitive knn with self-adjusting memory for drifting data streams. *ACM Transactions on Knowledge Discovery from Data (TKDD) 13*(6), 1–31.

Siblini, W., P. Kuntz, et F. Meyer (2018). Craftml, an efficient clustering-based random forest for extreme multi-label learning. In *ICML*, pp. 4671–4680.

Sousa, R. et J. Gama (2018). Multi-label classification from high-speed data streams with adaptive model rules and random rules. *Progress in Artificial Intelligence 7*(3), 177–187.

Tsoumakas, G., I. Katakis, et I. Vlahavas (2009). Mining multi-label data. In *Data mining and knowledge discovery handbook*, pp. 667–685. Springer.

Venkatesan, R., M. J. Er, M. Dave, M. Pratama, et S. Wu (2017). A novel online multi-label classifier for high-speed streaming data applications. *Evolving Systems 8*(4), 303–315.

Vitter, J. S. (1985). Random sampling with a reservoir. *ACM Transactions on Mathematical Software (TOMS) 11*(1), 37–57.

Wang, L., H. Shen, et H. Tian (2017). Weighted ensemble classification of multi-label data streams. In *Pacific-Asia Conference on Knowledge Discovery and Data Mining*, pp. 551–562. Springer.

Woloszynski, T. et M. Kurzynski (2011). A probabilistic model of classifier competence for dynamic ensemble selection. *Pattern Recognition 44*(10-11), 2656–2668.

Zhang, M.-L. et Z.-H. Zhou (2007). Multi-label learning by instance differentiation. In *AAAI*, Volume 7, pp. 669–674.

Zhu, Y., K. M. Ting, et Z.-H. Zhou (2018). Multi-label learning with emerging new labels. *IEEE Transactions on Knowledge and Data Engineering 30*(10), 1901–1914.

Summary

While Multi-label classification has been widely studied, few works considered the Multi-label streaming problem. To address this issue, we propose a new algorithm: Online Memory k-Means (OMk). OMk is based on a K-nearest neighbors' strategy which integrates two types of memories with limited size: a short-term and a long-term memory. The short-term memory is a FIFO window containing only the recent concept while the long-term memory, storing previous concepts, relies on a tree-structure using a reservoir sampling strategy. The designed memories allow us to manage streams with concept drifts and to resist to catastrophic forgetting. The experimental study compares the proposal to the current state-of-the-art algorithms using seven real-world and four artificial multi-label data streams on three multi-label metrics and evaluation time. OMk shows competitiveness and low time complexity, in both stationary and concept drift scenarios.

Classification de séries temporelles hétérogènes pour le suivi de l'état des cours d'eau

Agnès Braud*, Pierre Gançarski*, Corinne Grac**, Agnès Herrmann***, Florence Le Ber*, Harrison Vernier*

*ICube, Université de Strasbourg, CNRS, ENGEES, F 67000 Strasbourg
{agnes.braud, gancarski, florence.le-ber}@unistra.fr
**LIVE, Université de Strasbourg, CNRS & ENGEES, F 67000 Strasbourg
corinne.grac@engees.unistra.fr
***LHYGES, Université de Strasbourg, CNRS, ENGEES, F 67000 Strasbourg
agnes.herrmann@engees.unistra.fr

Résumé. Dans cet article, nous présentons le processus collaboratif mis en place entre des thématiciens hydroécologues et des informaticiens. Il s'agissait d'adapter une méthode de clustering à l'analyse de séquences temporelles constituées d'une suite de mesures physico-chimiques effectuées sur des cours d'eau. Les données sont caractérisées par la variabilité de l'échantillonnage et le grand nombre de paramètres diversement suivis, ce qui génère hétérogénéité et incomplétude. Une sélection a été opérée pour construire un jeu de données réduit, comportant environ 300 séquences, sur lesquelles nous avons appliqué une méthode de clustering spécifique aux données temporelles. Nous illustrons et commentons les résultats obtenus au travers de visualisations adaptées.

1 Introduction

Le projet ANR FRESQUEAU qui s'est déroulé de 2011 à 2015 a permis de construire une base de données hydrobiologiques importante sur deux grands bassins hydrographiques, correspondant aux districts Rhin-Meuse et Rhône-Méditerranée-Corse (Bimonte et al., 2015). Cette base contient en particulier des données collectées par les agences de l'eau dans le cadre du réseau de suivi créé pour évaluer l'état écologique de masses d'eau, en accord avec la directive cadre européenne sur l'eau (DCE) (The European Parliament and the Council, 2000). La DCE requiert le bon état (écologique et chimique) des masses d'eau à court (2021) et moyen terme (2027). Elle définit une masse d'eau comme *« un élément discret et significatif d'eau de surface tel que [...] un fleuve, une rivière ou un canal, un segment d'un fleuve, d'une rivière ou d'un canal [...] »* et l'état écologique comme l'expression de la qualité de la structure et du fonctionnement d'un écosystème aquatique continental (DCE, art. 2), dont la physico-chimie de l'eau est une des composantes majeure. Le principal objectif de FRESQUEAU était de proposer des méthodes permettant de rendre compte de cette qualité à partir des données de suivi des cours d'eau. Les méthodes proposées dans ce contexte, fondées principalement sur la recherche de motifs séquentiels (Fabrègue et al., 2014) et l'analyse relationnelle de concepts

(Dolques et al., 2016) permettent de traiter des données discrétisées ou catégorielles. Les résultats obtenus ont montré la validité et la pertinence de ces approches en apportant aux experts hydroécologues des informations utiles à la compréhension des phénomènes réels impliqués dans les variations de la qualité des eaux.

Suite à ce projet, la base FRESQUEAU a été complétée à l'échelle nationale pour la période 2007-2013 : elle contient les données issues de tous les sites d'échantillonnage (dénommés *stations* dans la suite) du réseau de contrôle et de surveillance (RCS) des cours d'eau français. Néanmoins, malgré les avancées méthodologiques et thématiques du projet FRESQUEAU, une question reste en suspens. Elle concerne les apports potentiels de méthodes traitant directement les données numériques originelles. En effet, ces données, formant des séries temporelles constituées chacune d'une suite de mesures physico-chimiques réalisées sur une station, représentent plusieurs millions de mesures, fortement hétérogènes tant en nature et qualité de la mesure qu'en fréquence d'acquisition. La forte évolution temporelle de ces données est connue mais complexe car liée à de multiples mécanismes à la fois naturels, tels que la pluie et les variations saisonnières, et anthropiques, tels que les pratiques agricoles. De plus ces mécanismes peuvent être modifiés par le changement climatique. Si cette évolution conditionne les recommandations de fréquence de suivis mensuels ou bimestriels des stations du RCS, elle n'est pas prise en compte dans l'exploitation de ces données, qui sont agrégées annuellement par paramètre, puis par groupe de paramètres, et enfin discrétisées en cinq niveaux de qualité (Ministère de la Transition Ecologique et Solidaire, 2019). Ainsi, après plusieurs simplifications, l'expert obtient les classes de stations similaires, mais ces classes ne tiennent pas compte des évolutions temporelles des paramètres considérés.

L'objectif du projet ADQEAU (2019-2021) est de proposer une méthode d'analyse de ces séries temporelles numériques qui permette de mettre en évidence les évolutions de la qualité des eaux en réponse à des pressions. Néanmoins, la classification de données complexes, qu'elle soit supervisée ou non, est un processus long. En effet, pour que les algorithmes de classification soient efficaces et rapides, il est indispensable que la phase de préparation de données soit menée avec rigueur et soin. Ainsi, dans une première phase, en plus du choix de la méthode de classification et de son paramétrage, un effort important dans ce projet a porté sur la sélection et la mise en forme des données. Afin de pallier le manque de formalisation opérable de la connaissance du domaine, une méthode de clustering a été proposée dans une deuxième phase permettant ainsi de valider une approche non supervisée. Enfin, dans une troisième phase, encore en cours, un mécanisme d'interaction avec l'experte sera mis en œuvre. Celle-ci peut piloter le processus non supervisé par l'introduction de ses connaissances au fur et à mesure des besoins de l'analyse. Ainsi l'effort, souvent chronophage, de traduction *a priori* de son expertise en connaissances opérables devrait être fortement allégé. Par ailleurs, la nature même de la science des données mise en œuvre dans le projet ADQEAU impose une collaboration forte entre les producteurs/consommateurs de données, ici les hydroécologues, experts du domaine d'application, et les informaticiens, spécialistes du traitement de données, afin de co-construire une méthodologie d'analyse et les outils associés, permettant de réduire fortement le fossé entre les données brutes, les clusters construits et les intuitions de l'expert, comme par exemple les classes thématiques potentielles.

L'article est organisé comme suit. La section 2 justifie la méthode de clustering choisie et le processus collaboratif mis en place entre hydroécologues et informaticiens. La section 3 décrit les données disponibles et la procédure de sélection et de prétraitement mise en œuvre. La section 4 présente les résultats obtenus pour deux groupes de paramètres aux caractéristiques différentes. Différentes visualisations sont exploitées pour faciliter l'analyse. Enfin, la section 5 conclut et dresse quelques perspectives méthodologiques et thématiques.

2 Cadre méthodologique

2.1 Problématique

L'analyse de données temporelles en hydrobiologie est actuellement un processus très souvent manuel nécessitant d'une part, un investissement important de l'expert et d'autre part, une connaissance approfondie des phénomènes sous-jacents à ces données. Cette analyse consiste en une étude de critères globaux établis par station. Ainsi, localement, les mesures de chaque paramètre sont agrégées annuellement en percentile, moyenne ou concentration maximale, puis synthétisées par groupe de paramètres cohérents, et enfin discrétisées en cinq niveaux de qualité de très bon à mauvais, notés de 1 à 5 (Ministère de la Transition Ecologique et Solidaire, 2019). Les regroupements de stations sont ensuite réalisés à partir de ces données doublement agrégées et discrétisées causant une perte de l'information temporelle. De fait, cette perte interdit une analyse fine de la dynamique pluriannuelle des stations pour mettre en évidence des particularités ou au contraire des similitudes dans les évolutions temporelles.

L'objectif de ce projet est donc de proposer aux experts une méthode d'analyse originale fondée sur l'extraction de groupes de stations permettant ainsi une analyse globale des évolutions internes à chaque groupe, mais aussi une étude comparative entre ces groupes. Dans ce contexte, l'utilisation de méthodes de clustering de séquences temporelles semble tout à fait pertinente et naturelle. Ces méthodes nécessitent néanmoins une interaction forte avec l'expert, permettant une sélection et une préparation pertinente des données en regard des résultats et de leur interprétation.

2.2 Classification non supervisée de séries temporelles

La volonté de détecter, analyser et classifier les améliorations ou dégradations – lentes ou abruptes – qui affectent la qualité des cours d'eau, nécessite le développement de méthodes innovantes d'analyse et d'interprétation en rupture avec les méthodes du domaine. En effet, les méthodes d'apprentissage supervisé classiques ou même récentes, telles que l'apprentissage profond, font l'hypothèse que les classes recherchées sont parfaitement connues et définies et que l'expert du domaine est capable de fournir un jeu de données d'apprentissage suffisant aussi bien en nombre d'exemples qu'en qualité de ceux-ci. De fait, les données d'apprentissage doivent décrire de manière suffisante et complète les classes auxquelles elles sont rattachées. Or, dans le cas des données de suivi des cours d'eau, cette hypothèse n'est pas réaliste. Les hydroécologues sont capables d'évaluer une station à une date donnée, selon un cadre prédéfini, tel que la grille SEQ-eau. Cependant ils n'ont pas de catégories permettant de qualifier l'évolution d'une station à partir des données temporelles disponibles. Pour contourner ce problème, des approches non supervisées, de type clustering, qui ne nécessitent que très peu d'information préalable, sont classiquement utilisées. Ainsi, des travaux antérieurs ont montré la capacité des méthodes de clustering basées sur DTW (Dynamic Time Warping) et DBA (Dynamic Barycentric Averaging) à extraire des regroupements de données (Petitjean et al., 2011).

Concrètement, dans nos expériences, nous avons développé, interfacé ou utilisé différents outils de clustering classiques (K-moyennes principalement) et de visualisation. Ainsi, le clustering a été réalisé par les méthodes propres à la plateforme FoDoMuST (Gançarski et al., 2020). La sélection des variables et l'affichage des données et résultats sont faits grâce à la bibliothèque Scikit-learn en Python qui a été interfacée avec la plateforme. La mesure de similarité utilisée est basée sur DTW, la moyenne associée étant DBA. Grâce à l'usage de DTW, le problème des données manquantes (séquences de longueurs différentes) est en grande partie résolu (voir section 3.3).

2.3   Le projet ADQEAU : un processus fortement collaboratif

Au vu des spécificités des données de suivi de l'état des cours d'eau et des besoins exprimés dans le projet ADQEAU, il est apparu rapidement que la plateforme FoDoMuST n'offrait pas suffisamment de fonctionnalités de visualisation et d'interaction, et nécessitait donc des adaptations. Nous avons alors mis en œuvre un processus de collaboration entre les hydroécologues, experts du domaine d'application, et les informaticiens, spécialistes du traitement de données, afin de réaliser ces adaptations. La figure 1 présente ce processus. L'extraction de jeux de données à partir de bases de données existantes (a) nécessite une connaissance forte sur leurs potentialités. De ce fait cette tâche (1) indispensable et cruciale est faite par les hydroécologues. Les jeux de données (b) extraits décrivent des caractéristiques physico-chimiques des cours d'eau et sont transmis (2) aux spécialistes de traitement de données. Ceux-ci étudient le problème en vue de modifier (3) les algorithmes existants ou d'en développer de nouveaux pour répondre à la demande. Les résultats (c) des traitements (4) sont retournés aux experts pour analyse thématique (5) et éventuelle modification du jeu de données ou énonciation de contraintes pour raffiner les résultats.

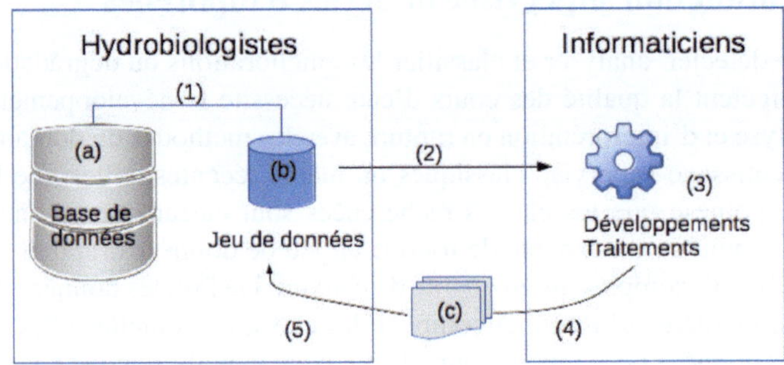

FIG. 1 – *Une collaboration entre informaticiens et hydroécologues*

Grâce à cette collaboration qui s'est avérée très fructueuse tant en développements méthodologiques et technologiques que par une compréhension mutuelle des problématiques de ces deux domaines, nous avons pu obtenir des résultats d'analyse prometteurs.

Station	Date	NITR (mg/L)	PEST (μ/L)			
		NO$_3^-$	Bifenox	Aclonifène	Pendiméthaline	Pendiméthaline
Station 1	17/01/07	28,8	0,1	0,05	0,05	0,1
	13/02/07	19,2	0,1	0,05	0,05	0,1
	05/03/07	12,7	0,1	0,05	0,05	0,1
	10/04/07	11,4	-	-	-	-
	11/05/07	11,5	-	-	-	-
	05/06/07	10,5	-	-	-	-
	10/07/07	11,5	-	-	-	-
Station 2	17/01/07	22,5	0,1	0,05	0,05	0,1
	13/02/07	14,3	0,1	0,05	0,05	0,1
	05/03/07	10,8	0,1	0,05	0,05	0,1
	10/04/07	7,9	-	-	-	-
	11/05/07	7,4	-	-	-	-
	05/06/07	6,4	-	-	-	-
	10/07/07	7	-	-	-	-
	22/08/07	13,3	-	-	-	-

TAB. 1 – *Exemple de mesures sur deux stations pour l'altération Nitrate (NITR), composée d'un paramètre, et pour 4 des 68 paramètres de l'altération Pesticide (PEST)*

3   Préparation des données

3.1   Les données de suivi de l'état des cours d'eau

Les données du réseau de suivi national qui ont été intégrées dans la base FRESQUEAU couvrent 1781 stations pour la période de 2007 à 2013. Elles représentent des mesures de paramètres physico-chimiques dont le nombre par paramètre est très variable. Chaque mesure est associée à une information temporelle (date du prélèvement) et une information géographique liée à la station (voir tableau 1). Chaque station est elle-même rattachée à un cours d'eau et à une hydro-écorégion, c'est-à-dire une zone homogène pour le contexte physique des cours d'eau (Wasson et al., 2004).

La base comprend plus de 23 millions de résultats pour 1201 paramètres physico-chimiques. Parmi eux, 2% sont des macro-paramètres (par exemple, pH, azote, matières en suspension) et 98% des micropolluants (par exemple, cuivre, atrazine, ou médicaments). Les analyses des macro-paramètres sont généralement effectuées 12 fois par an, et seulement 6 fois pour les micro-polluants. Toutefois, la complétude des données varie énormément (de 100% à moins de 1%) car, alors que les macro-paramètres sont suivis partout, les micro-polluants sont diversement suivis (voir tableau 1). Les données physico-chimiques sont également accompagnés d'un certain nombre d'informations, qui permettent de les interpréter : unité de mesure, fraction (eau, sédiments ...) sur laquelle la mesure a été réalisée et seuils de quantification et de détection de la mesure. Ces données sont nationales, contrôlées et validées et donc considérées comme fiables.

Finalement, l'analyse de ces mesures se fait habituellement via des grilles qui permettent d'une part de regrouper des paramètres cohérents dans des ensembles appelés "altérations" (par exemple, l'altération nitrates – NITR – est constituée du seul paramètre, nitrates (NO3), alors que l'altération pesticides – PEST – regroupe 68 molécules), d'autre part de les discrétiser au regard de seuils de qualité et enfin de les évaluer. La grille que nous utilisons dans ce projet est la grille SEQ-Eau [1] qui recouvre seulement 206 paramètres physico-chimiques.

---

1. http://rhin-meuse.eaufrance.fr/IMG/pdf/grilles-seq-eau-v2.pdf

	BDD initiale	Données sélectionnées
Période	2007-2013	2007-2013
Nombre d'HER	22	5
Nombre de stations	1 781	303
Intervalle de complétude	1-100%	29-100%
Nombre de paramètres	1201 (206 du SEQ-eau)	303 (150 du SEQ-eau)
Nombre d'enregistrements	23.10^6	$1,3.10^3$ (paramètres SEQ-eau)
Nombre d'altérations	16	33 (14 altérations SEQ-eau, PEST divisée en 15 groupes, MPOR divisée en 4 groupes)

TAB. 2 – *Caractéristiques des données de la BDD et de celles sélectionnées*

3.2   Sélection et prétraitement des données

Afin de garantir une explicabilité effective des liens entre les données et les clusters, nous avons sélectionné 303 stations de 5 hydroécorégions (HER) de l'est de la France, pour lesquelles l'expertise connue est suffisamment forte pour mener à bien cette analyse thématique. Une étude statistique des données de ces stations a ensuite été réalisée. L'ensemble des données est divisé en quatre quartiles selon le taux de remplissage de chaque paramètre physico-chimique, c'est-à-dire le pourcentage de couples (station, date) correspondant à une mesure du paramètre par rapport au nombre total de couples. Pour 75% des données, le taux de remplissage est inférieur à 29%, c'est-à-dire que 925 paramètres physico-chimiques sont très peu mesurés. Nous n'avons donc retenu que les 25% des paramètres dont le taux de remplissage est supérieur à ce taux. Du fait de ce seuil relativement bas, les données manquantes peuvent rester nombreuses pour certains des paramètres. Malgré cela, nous avons choisi de ne pas imputer ces données manquantes. En effet, les données physico-chimiques étudiées peuvent présenter des pics occasionnels de valeurs pour des raisons naturelles, comme les pluies, qui lessivent certains éléments (tels que matières en suspension, nitrates), ou liées aux activités humaines (telles que les épandages de pesticides opérés sur les cultures). De fait, forcer un paramètre à une valeur qui pourrait correspondre à un de ces pics ou à l'opposé, calculer une moyenne à partir de deux pics, induirait de l'avis de l'expert, plus de bruit que d'information utile.

Par ailleurs, pour réaliser l'analyse, les paramètres sont regroupés selon les altérations de la grille SEQ-eau. Or, parmi les 206 paramètres considérés dans cette grille, seuls 150 ont un taux de remplissage supérieur à 29%. De plus, deux des seize altérations du SEQ-eau ont un trop grand nombre de paramètres pour que les résultats obtenus soient analysables par l'expert : il s'agit des pesticides (PEST) et des micro-polluants organiques hors pesticides (MPOR), composées de respectivement 68 et 45 paramètres. Aussi avons-nous proposé une subdivision originale de ces paramètres (Ung, 2020) en 15 groupes de PEST, composés de 1 à 5 paramètres, et 4 groupes de MPOR, composés de 2 à 11 paramètres. Une synthèse des données de la BDD initiale et des données sélectionnées est présentée au tableau 2.

3.3   Structuration temporelle des données

Comme le montre le tableau 1, les données associées à une station peuvent être appréhendées de deux manières orthogonales :

— structuration horizontale (qualifiée ici de *multidimensionnelle*) : l'évolution d'une station est vue comme la suite d'états composés chacun d'un vecteur de paramètres (ici 4 pour l'altération PEST) à différentes dates (ici 3 dates)

— structuration verticale (qualifiée ici de *monodimensionnelle*) : l'évolution de la station est vue à travers l'évolution de chacun des paramètres, c'est-à-dire par un ensemble de séries temporelles à valeurs numériques pouvant présenter des longueurs différentes (de 3 dates pour chaque pesticide à 8 dates pour NO_3^- sur la station 2).

L'algorithme de clustering mis en œuvre utilise DTW pour évaluer la similarité des séquences temporelles. Or, si DTW est capable de prendre en compte des séquences de longueurs différentes (Tormene et al., 2009), il faut néanmoins pouvoir calculer la distance entre chaque paire d'éléments de deux séquences. Or dans le cas multidimensionnel, il se peut que certains vecteurs d'état soient très clairsemés mais surtout, ils peuvent ne pas se recouvrir (les paramètres renseignés dans un des vecteurs ne sont pas les mêmes que ceux renseignés dans l'autre : $v_1 = (a, _)$, $v_2 = (_, b)$) ce qui interdit le calcul d'une distance. Ce cas s'est avéré relativement fréquent bien que non représenté dans le tableau 1.

Par ailleurs, la solution consistant à imputer les valeurs manquantes n'a pas été retenue du fait de la grande variabilité des valeurs (un paramètre peut augmenter brutalement et décroître tout aussi vite, suite à une pluie par exemple). Pour contourner ce problème, il a donc été choisi de travailler sur des séquences monodimensionnelles. Ainsi la distance entre deux stations sera obtenue en moyennant les distances calculées attribut par attribut.

4   Résultats

La méthode utilisée est le clustering collaboratif, une extension du clustering par ensemble, appelé aussi clustering par consensus (Cornuejols et al., 2017). Cela consiste à faire travailler en parallèle plusieurs agents de clustering avec leur propre méthode puis, lorsque chaque agent a établi son résultat, une méthode d'unification combine l'ensemble pour former un nouveau résultat. Lors de cette phase, chaque résultat est remis en cause à partir des informations contenues dans les autres résultats. Plus précisément nous avons utilisé la méthode SAMARAH (Gançarski et Wemmert, 2007) qui présente une architecture originale et générique de collaboration entre des classifieurs (ou agents). Elle est basée sur le principe d'un raffinement mutuel et itératif de plusieurs résultats de clustering jusqu'à obtenir des résultats "similaires" et de qualité. Le système peut être décomposé en trois grandes étapes :

1. Génération des résultats initiaux ;

2. Raffinement collaboratif des différents résultats ;

3. Unification par combinaison, des résultats raffinés.

Dans nos expériences, cette méthode a été configurée avec trois agents Kmeans et les caractéristiques suivantes : *i)* séquences monodimensionnelles (cf. section 3.3) avec distance par moyennage des distances DTW inter-attributs ; *ii)* 12, 14 et 16 graines initialement ; *iii)* 30 itérations à chaque application de Kmeans (initialement et lors du raffinement) ; *iv)* 10 clusters dans le résultat final (choix empirique).

Nous présentons ici les résultats concernant deux de ces expériences : les nitrates (noté NITR dans la suite) et le groupe 1 des pesticides (noté PEST-1 dans la suite), qui regroupe les pesticides autorisés, solubles, toxiques à très toxiques, à savoir les 4 molécules bifénox, aclo-nifène, pendiméthaline et tébuconazole (voir le tableau 1). Ces deux altérations se distinguent d'une part, par leur constitution (1 paramètre *versus* 4) et d'autre part par leur complétude : le paramètre NO_3^- est très mesuré tandis que les pesticides le sont beaucoup moins.

Le tableau 3 présente les caractéristiques des classes obtenues pour l'altération NITR. Ces classes sont au nombre de 10. Leur taille varie de 5 à 55 stations avec une variation importante de l'inertie intra-classe, qui peut être forte même pour les petites classes (classe 3). La taille moyenne des séquences est plus homogène (de 39 à 65). Pour l'hydroécologue, il est intéres-sant de calculer aussi la valeur moyenne de l'altération pour chaque classe ainsi que les valeurs maximale et minimale, qui donnent l'enveloppe des séquences d'une classe.

Classes	Nombre Stations	Taille séquences	Moy* (CM)	Max* (VR)	Min* (VR)	Inertie intra pondérée**
1	29	65	5,90	15,30	1,00	213
2	28	48	4,36	12,00	0,50	117
3	13	52	7,38	66,10	0,50	109 167
4	5	46	1,12	5,00	0,50	24
5	46	53	15,53	53,00	0,50	21 361
6	9	41	3,71	33,40	0,50	4 386
7	48	46	11,87	42,20	0,50	1 614
8	23	50	25,09	59,00	2,60	228 786
9	55	53	8,04	26,80	0,40	883
10	47	39	2,87	9,00	0,60	9

TAB. 3 – *Caractéristiques des 10 classes obtenues par clustering de l'altération NITR (CM= courbe moyenne ; VR = valeurs réelles mesurées ; * moyenne, maximum et minimum exprimés en mg/L de nitrates ; ** pondération par le nombre de stations)*

4.1 Visualisation et interprétation thématique des résultats

Pour poursuivre l'analyse, l'expert peut évaluer la cohérence des classes en examinant leur dispersion interne. Pour faciliter sa tâche, nous proposons une visualisation *via* un positionne-ment multidimensionnel ou carte MDS (multidimensional scaling). Cette technique permet de représenter en deux ou trois dimensions les informations d'une matrice de distance (ou dissi-milarité) à l'aide de modèles de distances spatiales. Le principe est de préserver les proximités entre objets (les stations) et non leurs valeurs exactes ou relatives. A partir des valeurs p_{ij} de la matrice, on détermine des distances $f(p_{ij})$, la fonction f vérifiant une propriété de monoto-nie : si $p_{ij} < p_{i'j'}$ alors $f(p_{ij}) \leq f(p_{i'j'})$. Un extrait d'une telle carte est présenté en figure 2 pour l'altération NITR. On y voit toutes les stations de classes dont l'inertie intra est faible (classes 1, 2, 9, 10) tandis que les classes de forte inertie sont très dispersées (hors de l'extrait présenté) : c'est le cas de la classe 3, dont seulement 8 des 13 stations sont visibles sur la carte. L'intérêt de cette carte est aussi de visualiser les stations qui sont en limite de classes et partagent moins de caractéristiques avec les stations centrales.

Cette présentation est insuffisante pour l'hydroécologue qui s'intéresse au comportement commun des stations d'une classe. Nous avons alors proposé de représenter la séquence moyen-ne de chaque classe pour chaque paramètre. La figure 3 présente par exemple les courbes des

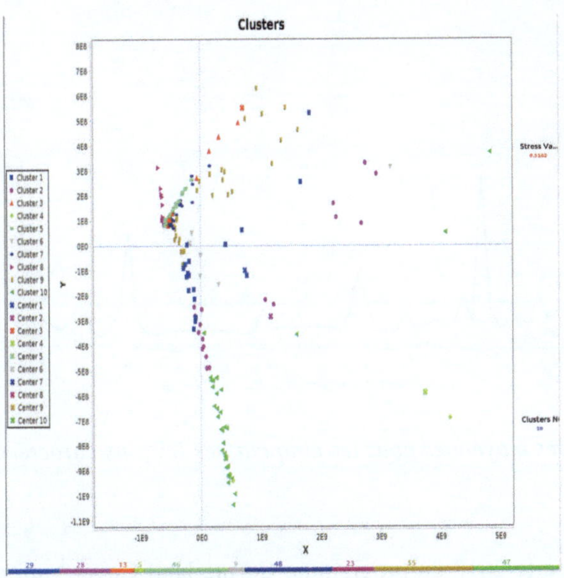

FIG. 2 – *Visualisation 2D de la distribution des classes pour l'altération NITR (extrait centré sur les classes de faible inertie-intra)*

5 classes les plus caractéristiques (au sens où elles ont des profils temporels très différenciés) parmi les 10 classes obtenues pour l'altération NITR. Pour faciliter l'interprétation sont aussi affichés les seuils de qualité du SEQ-eau, qui permettent de visualiser la position des classes en terme de qualité de l'eau. Ainsi la classe 4, en bleu, est toujours très bonne qualité (sous le seuil bleu). La classe 3, en noir, est la plupart du temps sous le seuil de bonne qualité (seuil vert) avec quelques pics dans la gamme de qualité moyenne (seuil jaune) et un pic dans la gamme de qualité médiocre. A l'inverse, la classe 8, en orange, se situe généralement dans la gamme de qualité moyenne et a des pics dans les gammes de qualité médiocre.

Ces courbes permettent également à l'expert de définir le type d'évolution du paramètre : stable (classes 4, en bleu, et 10, en vert), variable avec une certaine périodicité (classes 5, en jaune, et 8, en orange) à très variable parfois de façon erratique (classe 3 en noir). Les autres classes non représentées sur la figure 3 ont des évolutions proches de la classe 10, pour les classes 1 et 2, ou de la classe 5, pour les classes 6, 8 et 9, tout en ayant des valeurs de moins bonne qualité.

4.2 Cartographie

L'interprétation approfondie des classes nécessite une projection cartographique, qui permet de visualiser la localisation des classes par rapport aux informations contextuelles, telles que les hydroécorégions (HER), les cours d'eau, mais aussi l'occupation du sol : on utilise la

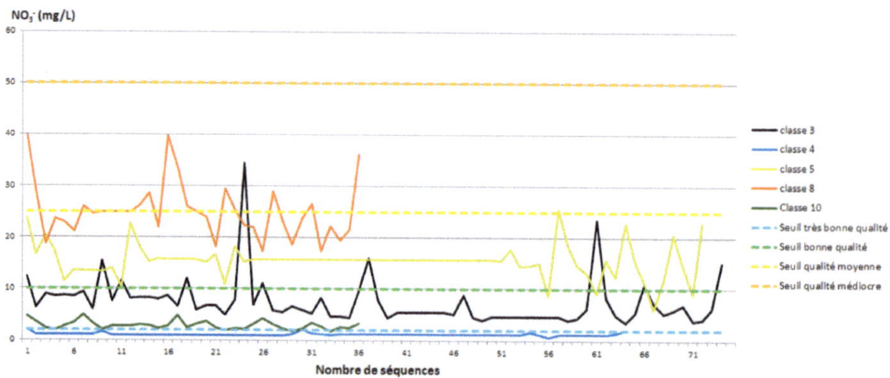

FIG. 3 – *Courbes moyennes pour les cinq classes les plus caractéristiques (NITR)*

BD Carthage [2] et la carte 2018 du programme Corine land Cover [3] qui permet de distinguer zones urbaines, zones agricoles et autres.

Ainsi la carte de la figure 4 (gauche) représente la localisation des stations des 5 classes caractéristiques de l'altération NITR. Elle permet de compléter l'interprétation de l'expert : les classes 4 et 10, où les concentrations moyennes de nitrates sont faibles et évoluent peu, sont localisées dans des zones de montagne (Alpes, Vosges) pas ou peu cultivées. Les stations des classes 5 et 8, où les concentrations sont moyennes à élevées, variables avec une certaine périodicité, sont situées dans des zones cultivées et sont alors affectées par des lessivages d'engrais sur terres agricoles, et/ou situées sur des cours inférieurs de rivières et sont alors affectées par des rejets cumulés de stations d'épuration, qui finissent par enrichir les eaux en nitrates malgré le respect des normes de rejets. La raison de l'existence de chaque classe est identifiable et interprétable par l'expert, mais le clustering lui permet de rapidement différencier les stations. La classe 3 est particulièrement intéressante : elle regroupe des stations globalement de bonne qualité, mais qui subissent des pics ponctuels de pollution aux nitrates, dont l'origine resterait à définir, en étudiant chaque station de cette classe plus précisément.

La carte 4 (droite) présente la localisation des classes de l'altération PEST-1. L'étude de cette carte combinée à celle des courbes moyennes permet à l'expert de comprendre que la majorité des stations ne présentent pas de pollutions avec ces molécules pour 6 des 10 classes obtenues (classes 1, 2, 3, 4, 5 et 10). La distinction entre ces classes apparaît liée à des techniques analytiques différentes (dans le temps et selon les opérateurs). En revanche, 4 classes regroupent des stations situées dans des zones agricoles et polluées par l'une ou l'autre de ces molécules qui sont liées au type de cultures en place. Les stations de la classe 6 sont polluées en tébuconazole, fongicide à large spectre, utilisé en viticulture, mais aussi par les céréaliers et les maraîchers. Les stations de la classe 7 sont polluées en aclonifène, herbicide utilisé sur les cultures de protéagineux. Les stations de la classe 8 sont polluées en aclonifène et tébuconazole. La classe 9 résulte d'un artefact, elle regroupe des stations qui ont été très peu mesurées.

---

2. `https://www.data.gouv.fr/fr/datasets/cours-deau-metropole-2016-bd-carthage/`
3. `https://www.data.gouv.fr/fr/datasets/corine-land-cover-occupation-des-sols-en-france`

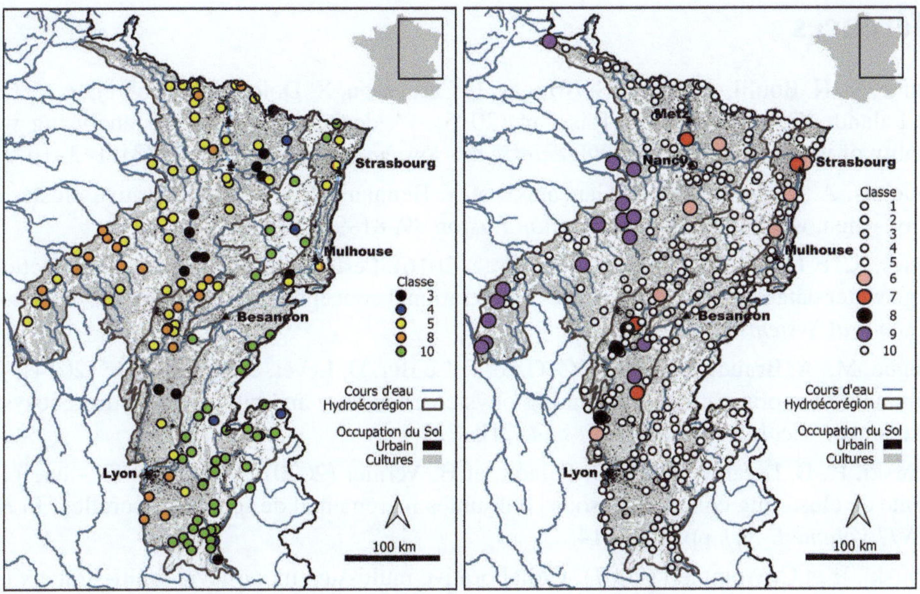

FIG. 4 – *Localisation géographique des classes pour l'altération NITR (à gauche) et PEST-1 (à droite)*

5 Conclusion et perspectives

Pour les hydroécologues impliqués dans la projet, l'intérêt premier est de réaliser l'analyse des données en s'extrayant des contraintes de discrétisation, utilisées habituellement dans le cadre de la grille SEQ-Eau. De plus la méthode permet d'exploiter de longues chroniques de données. La contrepartie est la limitation du nombre de paramètres pris en compte dans une classification. Grâce à cette collaboration, et par effet retour aux informaticiens, de nouveaux verrous scientifiques ont été levés et des outils génériques (sélections d'attributs, visualisation temporelle, ...) ont été développés et intégrés dans la plateforme FoDoMuST, montrant une nouvelle fois les bénéfices de l'interaction entre science des données et producteurs-analystes de données « réelles ».

La perspective immédiate concerne l'analyse de tous les paramètres physico-chimiques sélectionnés et leur mise en regard de l'état écologique en exploitant les suivis biologiques produits sur les mêmes stations. Ensuite nous mettrons en œuvre des méthodes de clustering sous contraintes qui permettront d'affiner les clusters afin de tendre vers des résultats plus proches des intuitions des experts (c'est-à-dire, des classes thématiques potentielles) et ainsi d'autoriser et simplifier la mise en évidence des types d'évolution de l'état des cours d'eau.

Remerciements.   Le projet ADQEAU est financé par le conseil scientifique de l'ENGEES. Plusieurs stagiaires y ont participé : Sylvain Zongo (M2 informatique, IFI Vietnam Nat. University & Université de la Rochelle), Pascal Ung et Gabriel Honda (3ème année ingénieur, ENGEES). Nous remercions Xavier Dolques (ENGEES) pour la préparation des données.

Références

Bimonte, S., K. Boulil, A. Braud, S. Bringay, F. Cernesson, X. Dolques, M. Fabrègue, C. Grac, N. Lalande, F. Le Ber, et M. Teisseire (2015). A decisional system for analysing water quality of watercourses. *RSTI - Ingénierie des Systèmes d'Information 20*(3), 143–167.

Cornuejols, A., C. Wemmert, P. Gançarski, et Y. Bennani (2017). Collaborative clustering : Why, when, what and how. *Information Fusion 39*, 81–95.

Dolques, X., F. Le Ber, M. Huchard, et C. Grac (2016). Performance-friendly rule extraction in large water data-sets with AOC posets and relational concept analysis. *International Journal of General Systems 45*(2), 187–210.

Fabrègue, M., A. Braud, S. Bringay, C. Grac, F. Le Ber, D. Levet, et M. Teisseire (2014). Discriminant temporal patterns for linking physico-chemistry and biology in hydro-ecosystem assessment. *Ecological Informatics 24*, 210–221.

Gançarski, P., B. Lafabregue, A.-D. Salaou, et H. Vernier (2020). FoDoMuST - une plate-forme de clustering collaboratif sous contraintes incrémental de séries temporelles. In *EGC (RNTI Volume E-36)*, pp. 507–514.

Gançarski, P. et C. Wemmert (2007). Collaborative multi-step mono-level multi-strategy classification. *MTAP 35*(1), 1–27.

Ministère de la Transition Ecologique et Solidaire (2019). Guide technique relatif à l'évaluation de l'état des eaux de surfaces continentales (cours d'eau, canaux, plans d'eau).

Petitjean, F., A. Ketterlin, et P. Gançarski (2011). A global averaging method for dynamic time warping, with applications to clustering. *Pattern Recognit 44*(3), 678–693.

The European Parliament and the Council (2000). Framework for Community action in the field of water policy. Directive 2000/60/EC.

Tormene, P., T. Giorgino, S. Quaglini, et M. Stefanelli (2009). Matching incomplete time series with dynamic time warping : an algorithm and an application to post-stroke rehabilitation. *Artificial Intelligence in Medicine 45*(1), 11–34.

Ung, P. (2020). Classification et analyse des stations de mesure en rivière à partir des séquences temporelles de certaines altérations physico-chimiques. Mémoire de fin d'étude AgroSup Dijon et ENGEES.

Wasson, J.-G., A. Chandesris, H. Pella, et L. Blanc (2004). Les hydro-écorégions : une approche fonctionnelle de la typologie des rivières pour le directive cadre européenne sur l'eau. *Ingénierie 40*, 3–10.

Summary

This article is about a collaborative process and tools we have built to adapt a clustering method for analysing temporal sequences of physico-chemical measurements done on river streams. These data are characterised by sampling variability and a great number of parameters, that are monitored in different ways. The dataset is thus heterogeneous and incomplete. A subset of about 300 sequences was selected and analysed with a specific clustering method for temporal data. Results are presented and commented, through adapted visualisations.

Contextual-RTM: un cadre général pour la modélisation de thématiques dans les réseaux de documents

Jean Dupuy***, Adrien Guille**, Julien Jacques**

*MeetSYS
**Université de Lyon, Lyon 2, ERIC EA3083

Résumé. Les longs parcours de bases de connaissance ou de grands corpus de documents en réseau peuvent parfois perdre le lecteur et lui faire manquer certains liens entre les documents qu'il consulte. Nous proposons ici un cadre de modélisation thématique pour les réseaux de documents, Contextual-RTM, qui généralise *Relational Topic Model* (RTM). Alors que RTM est agnostique à la position des liens dans les documents, Contextual-RTM les prend en compte, permettant une meilleure contextualisation. Nous définissons le contexte comme une fenêtre de taille ajustable centrée autour du lien et proposons 3 méthodes d'agrégation du contexte : uniforme, positionnelle et sémantique. Contextual-RTM se montre compétitif sur des tâches d'identification de mots à l'origine de liens entre documents. Nous intégrons ces méthodes dans un système d'aide à la lecture capable d'inférer localement des liens latents entre documents. Ainsi le lecteur garde une trace de ses précédentes lectures, et s'en voit recommandé de nouvelles.

1   Introduction

Nous nous intéressons à la prédiction de liens entre documents, avec comme objectif la mise au point d'un système de recommandation et d'aide à la lecture. Nous nous attachons plus particulièrement aux réseaux de documents où les liens entre les pages sont localisés dans le texte. C'est le cas par exemple des liens hypertextes dans les pages Wikipédia. C'est également le cas des citations dans les articles scientifiques.

Nous portons une attention particulière à la localisation des liens dans le texte, et aux mots qui les entourent (que nous appelons leur contexte) car nous pensons que cette information est porteuse de sens et permet de mieux expliquer l'existence d'un lien entre deux documents. Par exemple les liens qui se trouvent dans l'introduction d'un article scientifique sont généralement vers d'autres articles relativement généraux, ceux dans le corps de l'article plus spécialisés sur une tâche similaire à celle qui est traitée dans l'article, et ceux en conclusion vers des tâches spécifiques mais différentes.

Tandis que les système existants recommandent un ensemble de documents à lire, étant donné le dernier document consulté, nous souhaitons mettre au point un système guidant encore plus la lecture. Notre objectif est de positionner directement les recommandations à l'intérieur du document en cours de lecture. Un tel système ne peut-être mis en œuvre sur la base des méthodes de prédiction de liens existantes, qui modélisent un lien entre un document A et un document B.

Par conséquent, nous proposons dans cet article une nouvelle méthode de prédiction de lien, modélisant les liens entre une portion du document A (un mot ou groupe de quelques mots) et un document B. Celle-ci repose sur une généralisation d'un modèle thématique probabiliste : Relational Topic Model Chang et Blei (2009).

RTM modélise les liens par une fonction de score, dont le résultat est d'autant plus grand que les proportions de thématiques des deux documents liés sont plus similaires. Cependant RTM ne prend pas en compte le contexte d'apparition des liens car le score de lien est fonction de tous les mots de chacun des deux documents. Nous proposons avec CRTM trois variantes de cette fonction score de lien, qui diffèrent selon l'importance qui est donnée aux mots du contexte. Ces trois variantes (uniforme, positionnelle et sémantique) nous semblent couvrir les approches les plus générales permettant de prendre en compte le contexte d'apparition des liens. D'autres méthodes plus spécifiques peuvent bien entendu être envisagées.

Nous montrons d'abord que CRTM surpasse RTM sur une tâche de prédiction des mots à l'origine des liens, tant en terme de précision @k qu'en terme d'aire sous la courbe ROC. Pour ces évaluations RTM est entraîné avec la fonction de lien originale. Nous substituons celle-ci à une fonction de lien de CRTM lors de la prédiction, car la fonction de lien originale ne permet pas de répondre à la tâche évaluée. Nous montrons ainsi que la prise en compte du contexte lors de l'entraînement des modèles donne de meilleurs résultats que son exploitation uniquement lors de la prédiction. Nous illustrons ensuite sur des exemples comment elle permet de mieux positionner les documents recommandés, en les associant à des termes pertinents dans les documents en cours de lecture.

2   État de l'art

Les corpus de documents sont étudiés depuis longtemps. En particulier, beaucoup d'attention a été donnée à la représentations de ces documents, soit par des méthodes probabilistes, par exemple pour inférer une structure thématique latente comme dans *Latent Dirichlet Allocation* (LDA) de Blei et al. (2003), soit par des méthodes visant à apprendre des représentations denses en faible dimension comme Doc2Vec de Le et Mikolov (2014).

Très souvent ces corpus ne sont pas une simple collection de textes et s'avèrent être structurés en réseaux. On pense notamment à la littérature scientifique, les contenus encyclopédiques comme Wikipedia, les bases de connaissances ou plus généralement le Web. De nombreuses méthodes s'appuient sur cette information supplémentaire pour déterminer de meilleures représentations. Certaines méthodes se basent sur des modèles probabilistes pour représenter les thématiques latentes, comme NetPLSA (Zhang et al., 2016) ou RTM (Chang et Blei, 2009) et d'autres sur des méthodes d'apprentissage de plongements de document comme TADW (Yang et al., 2015), CANE (Tu et al., 2017),

GVNR (Brochier et al., 2019), RLE (Gourru et al., 2020) ou IDNE (Brochier et al., 2020).

Nous retenons l'approche fondée sur la modélisation de thématiques car elle fournit un cadre formel pour apprendre les représentations des documents et autorise une prise en compte simple du contexte. Pour toute ces raisons nous nous basons sur *Relational Topic Model*. Puisque RTM se base sur LDA, nous commençons par détailler ce dernier avant de présenter RTM.

2.1 LDA

Latent Dirichlet Allocation (Blei et al., 2003) est un modèle génératif probabiliste. En supposant qu'un document répond d'un mélange d'un petit nombre K de thématiques, il vise à en attribuer une à chaque mots observés.

Modèle : Soit un corpus de documents, dont chaque document $d \in [1, D]$ comporte N_d mots appartenant à un vocabulaire fixe V. Soit $\mathbf{w}$ tous les mots observés de touts les documents, on note $w_{d,n} \in V$ la valeur prise par le n-*ième* mot du document d. On considère plusieurs variable latentes pour expliquer $\mathbf{w}$: $\mathbf{z}$ et $\boldsymbol{\theta}$, avec $z_{d,n} \in \{1, \cdots, K\}$ l'affectation thématique de $w_{d,n}$ et θ_d le mélange de thématiques du document d. On introduit enfin $\alpha \in \mathbb{R}^K$ et $\beta \in \mathbb{R}^{K \times V}$, respectivement le paramètre de la distribution des thématiques des documents et l'a priori sur la distribution des mots par thématiques.

Processus génératif et estimation : Pour chaque document d on tire le mélange de K thématiques θ_d selon une distribution de Dirichlet de paramètre α. Ensuite, pour chaque mot $w_{d,n}$ de d on tire sa thématique latente $z_{d,n}$ à partir d'une distribution multinomiale de paramètre θ_d. Enfin on tire $w_{d,n}$ selon une distribution multinomiale de paramètre $\beta_{z_{d,n}}$. L'estimation des paramètres se fait en trouvant le maximum de vraisemblance. La vraisemblance étant impossible à calculer en pratique on utilise un algorithme Variational EM (Jordan et al., 1999) afin d'optimiser la ELBO (Bishop, 2006) alternativement vis à vis des paramètres variationnels et des paramètres du modèle.

2.2 RTM

Comme dit précédemment, *Relational Topic Model* (Chang et Blei, 2009) étend LDA en y incorporant une information sur les liens entre les documents.

Soit $\mathbf{y}$ la variable aléatoire binaire, indiquant l'observation ou non d'un lien entre deux document. On définit la fonction ψ comme étant une fonction de score de lien :

$$\psi_e(y = 1) = \exp\left(\boldsymbol{\eta}^{\mathrm{T}}\left(\overline{\mathbf{z}}_d \circ \overline{\mathbf{z}}_{d'}\right) + \nu\right) \tag{1}$$

où $\overline{\mathbf{z}}_d = \frac{1}{N_d}\sum_n z_{d,n}$ représente la répartition des thématiques latentes du document d, et ν et η des paramètres.

On remarque que le produit de Hadamard $\overline{\mathbf{z}}_d \circ \overline{\mathbf{z}}_{d'}$ amplifie les thématiques communes et tend à gommer les thématiques distinctes entre les deux documents. De plus, de part la nature linéaire de ces fonctions de score, on constate que le paramètre η,

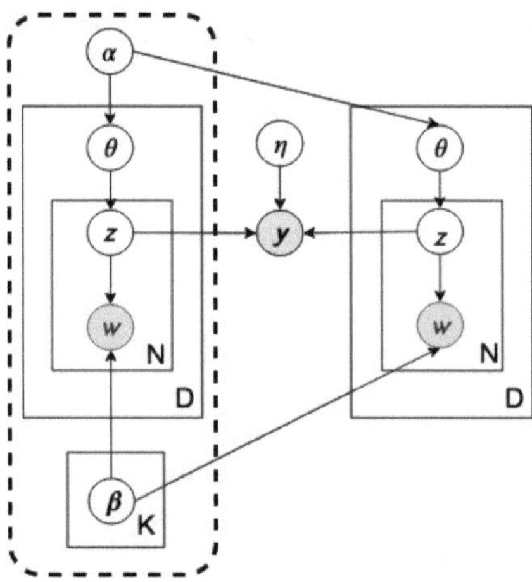

FIG. 1: Modèle graphique de *Relational Topic Model* (LDA entouré en pointillés)

qui est un vecteur de taille K, ne permet pas de modéliser un éventuel lien entre deux thématiques différentes. On peut donc raisonnablement penser qu'il permet principalement d'amoindrir l'importance de certaines thématiques ne présentant pas d'intérêts pour la modélisation des liens. L'estimation des paramètres β, η et ν s'effectue de la même façon que pour LDA. A noter également que les auteurs ne prennent en compte que les cas où $y = 1$, considérant qu'un lien non observé n'induit pas qu'il n'existe pas. Le processus génératif de RTM est résumé dans l'Algorithme 1 et la figure 1.

pour tous *document d de D* **faire**
    tirer la proportion de thématiques de d : $\theta_d|\alpha \sim Dirichlet\,(\alpha)$
    pour tous *mot $w_{d,n}$ de d* **faire**
        tirer l'assignation thématique : $z_{d,n}|\theta_d \sim Multinomiale\,(\theta_d)$
        tirer le mot : $w_{d,n}|z_{d,n} \sim Multinomiale\,\left(\beta_{z_{d,n}}\right)$

pour tous *paire de documents (d,d')* **faire**
    tirer l'indicateur de lien : $y_{d,n}\,|z_d, z_{d'} \sim \psi\,(\cdot|z_d, z_{d'})$

Algorithme 1 : Processus génératif de RTM

3   Généralisation de RTM : Contextual-RTM

Contextual-RTM généralise RTM, en proposant maintenant de prendre en compte la localisation et le contexte d'apparition d'un lien au sein du texte, permettant ainsi des usages différents et pouvant être adapté à des corpus de natures variées.

Là où RTM suppose qu'un lien entre deux documents d et d' est marqué par la similitude de $\overline{z}_d$ et $\overline{z}_{d'}$, nous modifions la manière de calculer $\overline{z}_d$ afin de prendre en compte les thématiques des mots du contexte d'apparition des liens. Nous proposons ici

3 variations de la fonction de lien présentée à l'Equation (1), permettant de prendre en compte ce contexte, de façon uniforme, positionnelle ou sémantique. Nous choisissons d'utiliser la version exponentielle de la fonction de lien car selon Chang et Blei (2009) c'est celle qui donne de meilleurs résultats lors de leurs évaluations.

3.1 Approche Uniforme

On peut considérer qu'un lien est déterminé à égale importance par tous les mots de son contexte immédiat, et les thématiques qui s'y rapportent. Ainsi dans l'Equation 2, nous remplaçons la moyenne $\overline{z}_d$ des assignations des thématiques dans l'ensemble du document de l'Equation 1 par celle des mots contenus dans une fenêtre de taille l autour du lien :

$$\psi_{uni}(y = 1) = \exp\left(\boldsymbol{\eta}^{\mathrm{T}}\left(\overline{\mathbf{z}}_{d,n}^{(u)} \circ \overline{\mathbf{z}}_{d'}\right) + \nu\right), \tag{2}$$

avec

$$\overline{\mathbf{z}}_{d,n}^{(u)} = \frac{1}{2l+1}\sum_{i=n-l}^{n+l} z_{d,i}.$$

Une fenêtre couvrant tout le document permettra de retrouver l'expression de RTM, et une fenêtre de taille nulle ne prendra en compte que le mot à l'origine du lien. On peut également ajuster la taille de cette fenêtre pour la faire coïncider avec une phrase ou un paragraphe.

3.2 Approche positionnelle

On peut également supposer que les mots influencent d'autant plus l'apparition d'un lien qu'ils en sont plus proches dans le texte. Pour modéliser cela nous proposons de lisser les assignations thématiques des mots présents dans une fenêtre de taille l au moyen d'une pondération de type gaussienne, centrée sur l'origine du lien, comme présenté dans l'Equation 3 :

$$\psi_{pos}(y = 1) = \exp\left(\boldsymbol{\eta}^{\mathrm{T}}\left(\overline{\mathbf{z}}_{d,n}^{(p)} \circ \overline{\mathbf{z}}_{d'}\right) + \nu\right), \tag{3}$$

avec :

$$\overline{\mathbf{z}}_{d,n}^{(p)} = \frac{1}{2l+1}\sum_{i=n-l}^{n+l} e^{-\frac{1}{2}\left(\frac{i-n}{\sigma}\right)^2} z_{d,i},$$

où σ est l'écart-type choisi.

3.3 Approche sémantique

La dernière approche suppose que tous les mots ne sont pas pertinents pour induire un lien, et que seuls les plus proches sémantiquement ont une véritable influence. Cette approche requiert d'incorporer dans notre modèle de la connaissance externe sur cette proximité sémantique, ce que nous proposons de faire en utilisant des plongements de mots pré-appris. Nous utilisons dans l'équation 4 le *Scaled-Dot Product* décrit dans Vaswani et al. (2017), variante normalisée de *Dot-Product Attention* des mêmes auteurs permettant que le softmax ne prenne des valeurs trop extrêmes, pour donner plus de poids aux thématiques latentes des mots qui sont les plus proches sémantiquement de ceux à l'origine du lien. On gommera ainsi facilement les mots vides ou non lexicaux présents dans la phrase tout en renforçant l'importance des mots similaires :

$$\psi_{sem}(y = 1) = \exp\left(\boldsymbol{\eta}^{\mathrm{T}}\left(\overline{\mathbf{z}}_{d,n}^{(s)} \circ \overline{\mathbf{z}}_{d'}\right) + \nu\right), \tag{4}$$

avec :

$$\overline{\mathbf{z}}_{d,n}^{(s)} = \mathrm{softmax}\left(\frac{e_n.E_l^T}{\sqrt{dim}}\right) z_{d,l}.$$

où :

— e_n est la représentation du mot à la source du lien,
— E_l est la matrice des représentations de tous les mots de la fenêtre,
— dim est la dimension de l'espace de représentation des mots,
— z_l est la matrice des assignations de thématique de tous les mots de la fenêtre.

Cette méthode permet tout autant d'utiliser des plongement de mots entraînés sur les données étudiées que des versions pré-entraînées sur un autre corpus.

4 Expériences

Nous évaluons l'intérêt de la contextualisation des liens en comparant Contextual-RTM à RTM sur leur capacité à retrouver les mots à l'origine d'un lien entre deux documents. Dans un premier temps nous présentons les corpus utilisés et comment ils ont été construits, puis les tâches et les métriques utilisées. Enfin nous commenterons les résultats quantitatifs et qualitatifs de CRTM par rapport à RTM.

4.1 Corpus

Les modèles sont évalués sur des jeux de données constitués des paragraphes introductifs d'articles Wikipedia appartenant à diverses catégories. En effet les corpus habituellement utilisés en prédiction de liens ne donnent pas la localisation des liens dans le texte. Ces corpus sont soit vectorisés (i.e. sac de mots) soit pré-traités (sans marquage des liens dans le texte).

Ils sont construits en parcourant récursivement la chaîne de citations en partant de la page principale d'une catégorie Wikipedia. A chaque itération on ajoute les documents non encore vus, jusqu'à ce que la profondeur désirée soit atteinte.

Deux raisons nous ont poussé à utiliser les paragraphes introductifs de Wikipedia. Premièrement ils sont relativement complets et comportent déjà un nombre important de liens, les rendant comparable à une fiche de base de connaissance en entreprise. Ensuite le format Wikitext, dérivé de Markdown, permet un pré-traitement simple des documents, en particulier la représentation des liens. Un lien dans une page Wikipedia prendra la forme suivante : `[[United_Kingdom|UK]]`. On retrouve à gauche de la barre verticale le titre de la page vers lequel pointe le lien, et à droite le mots qui portera l'hyperlien.

Le tableau 1 résume les propriétés de jeux de données utilisés dans nos évaluations. Celles-ci se feront en deux langues : Français et Anglais.

Catégories	*Physics*	*Arts*	*Society*	*Physique*	*Société*
Langue	Anglais	Anglais	Anglais	Français	Français
Nb de pages	12769	15007	16716	8281	14770
Nb de liens	119671	97774	108275	53738	88643
Nb moyen de mots	149	153	146	149	151
Nb moyen de phrases	7.84	7.74	7.70	4.71	4.65
Connectivité moyenne	9.37	6.52	6.47	6.49	6.00

TAB. 1: Description des jeux de données.

4.2   Tâches et métriques d'évaluation

Nous évaluons RTM et CRTM sur deux tâches : leur capacité à retrouver le mot à l'origine d'un lien donné entre deux documents en le plaçant parmi les mots les plus probables, et une évaluation qualitative pour juger de la cohérence des mots suggérés. Pour chaque corpus, nous cachons certains liens avant l'entraînement des modèles.

Précision à K et courbe ROC :   Pour tous les liens retirés avant l'entraînement des modèles on cherche à prédire quels mots en sont à l'origine et dans quelle proportion ils apparaissent dans le top-K des mots les plus probables. Nous présentons pour chaque corpus et chaque modèle la moyenne des précisions à K pour tous les liens cachés ainsi que l'aire sous la courbe ROC.

Évaluation qualitative :   Nous cherchons ici à montrer la capacité de Contextual-RTM à proposer un ensemble de mots cohérent liants des pages et mettant en lumière des liens non triviaux pouvant échapper au lecteur. Nous proposons pour cela de comparer pour deux documents les mots suggérés par RTM et Contextual-RTM les liants à un troisième.

4.3   Méthodes

Pour la première évaluation nous retirons aléatoirement 2000 liens de chaque corpus. Nous comparons RTM aux quatre variantes de Contextual-RTM que nous proposons :
— **RTM** : entraîné comme décrit par Chang et Blei (2009), c'est à dire avec pour fonction de lien Ψ_e (cf. Eq 1). Il est impossible avec cette fonction de lien de mesurer la probabilité que les mots soient à l'origine des liens (tous les mots d'un document ont la même probabilité d'être à l'origine du lien). En conséquence, lors de l'évaluation, nous substituons ψ_e par les fonctions de lien des variantes de CRTM que nous proposons.
— **Variantes de CRTM :**
   — CRTM-Uni-0 : une variante uniforme où le contexte se limite aux mots à l'origine du lien (taille de fenêtre nulle).

— CRTM-Uni-S : une variante uniforme où le contexte correspond à tous les mots de la phrase.

— CRTM-Pos-S : une variante positionnelle où le contexte correspond à tous les mots de la phrase.

— CRTM-Sem-S : une variante sémantique où le contexte corresponds à tous les mots de la phrase. Les représentations des mots utilisés ont été obtenues à partir de *Skip-gram* avec échantillonage négatif (Mikolov et al., 2013), entraîné sur les corpus étudiés, avec une fenêtre de 10 mots.

Tous les modèles sont entraînés avec 50 thématiques, qui conduit aux meilleurs résultats pour RTM et Contextuel-RTM.

Nous fixons l'hyperparamètre α à 5.0 pour tous les modèles (identique à la valeur choisie par Chang et Blei (2009) dans leurs évaluations), celui-ci ayant donné les meilleurs résultats individuellement pour chacun d'entre eux.

4.4 Résultats

4.4.1 Quantitatif

Nous étudions ici la précision moyenne à K pour différents corpus, reportée dans la Table 2. Nous présentons pour RTM le meilleur (RTM+) et le pire (RTM-) résultat obtenus avec les différentes fonctions de score utilisées. On constate que la prise en compte du contexte lors de l'entraînement des modèles offre de meilleures performances que RTM lorsqu'il s'agit de retrouver le mot à l'origine d'un lien dans les 10 mots jugés les plus probables. On note également que la version de Contextual-RTM uniforme au niveau de la phrase donne de meilleurs résultats en précision à 10 sur trois des cinq réseaux étudiés et la variante sémantique au niveau de la phrase (CRTM-Sem-S) sur deux, tout en étant la seule à se placer toujours devant RTM+. À noter que quelque soit le corpus, RTM obtient de meilleurs résultats en utilisant la fonction de lien ψ_{uni} avec une fenêtre de 0.

Corpus	RTM		CRTM			
	-	+	Uni-0	Uni-S	Pos-S	Sem-S
Physics	0.738	0.813	<u>0.840</u>	**0.842**	0.724	<u>0.829</u>
Arts	0.782	0.819	0.815	**0.833**	<u>0.830</u>	**0.833**
Society	0.787	0.818	<u>0.858</u>	**0.862**	<u>0.844</u>	0.822
Physique	0.796	0.820	<u>0.833</u>	<u>0.826</u>	<u>0.837</u>	**0.844**
Société	0.781	0.820	**0.833**	0.817	0.808	<u>0.830</u>

TAB. 2: Précision moyenne sur les 10 mots les plus probables inférés par les modèles (en gras le meilleur résultat par corpus et souligné les résultats supérieurs à RTM).

Ne pouvant pas reporter les résultats pour toutes les valeurs de K dans cet article nous présentons à la Figure 2 (a) l'évolution de la précision moyenne de CRTM-Uni-S et RTM+, qui utilise pour l'évaluation la fonction de lien ψ_{uni} avec une fenêtre de 0. On remarque que les modèles arrivent tous les deux à retrouver la très grande majorité de ces mots bien avant que le cinquantième mots soit atteint. Contextual-RTM semble néanmoins retrouver ces liens plus rapidement.

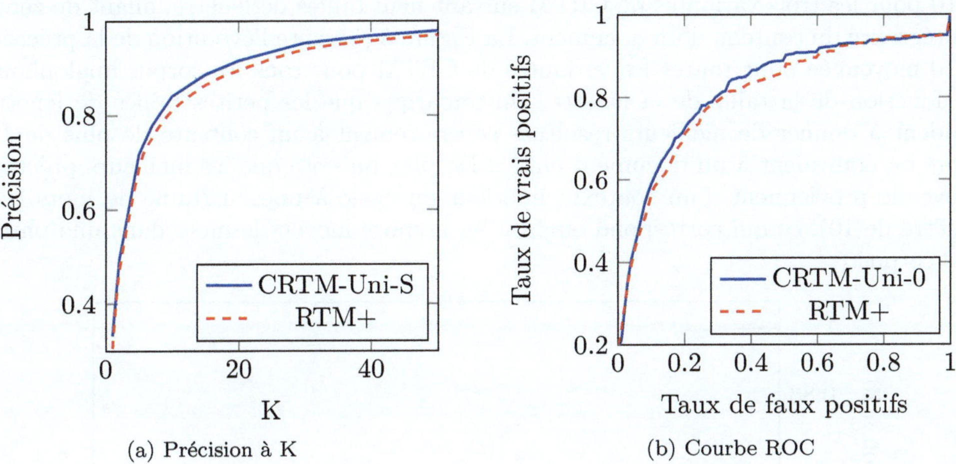

(a) Précision à K

(b) Courbe ROC

FIG. 2: (a) : Évolution des précisions moyennes à K en fonction de K entre CRTM-Uni-S et RTM sur le corpus Société. (b) : Courbes ROC moyennées entre CRTM-Uni-0 et RTM sur le corpus Society

On présente dans le tableau 3 les aires sous la courbe ROC moyennée de chaque modèles pour les jeux de données étudiés, et à la Figure 2 (b), à titre d'exemple, les courbes ROC moyennes de RTM+ et CRTM-Uni-S.

Corpus	RTM+	CRTM			
		Uni-0	Uni-S	Pos-S	Sem-S
Physics	0.865	**0.874**	0.868	0.862	0.873
Arts	0.829	0.829	0.826	0.830	**0.832**
Society	0.802	**0.820**	0.811	0.812	0.817
Physique	0.832	**0.852**	0.844	0.842	0.850
Société	0.811	0.814	0.812	0.812	**0.822**

TAB. 3: Aires sous les courbe ROC (en gras le meilleur résultat et souligné les résultats supérieurs à RTM).

On remarque que la prise en compte du contexte d'apparition des liens améliore systématiquement les performances sur la tâche. La version ne prenant en compte que les mots à l'origine des liens donne les meilleurs résultats sur trois des cinq corpus étudiés, et la version sémantique utilisant le produit scalaire normalisé sur les deux autres, tout en se plaçant seconde le reste du temps.

4.4.2 Influence de la taille de la fenêtre

Puisque Contextual-RTM comprend le contexte comme étant une fenêtre de l mots de part et d'autre du mot à l'origine d'un lien, nous étudions l'évolution de la précision à 10 pour les trois variantes de CRTM suivant neuf tailles de fenêtre, allant de zéro à l'intégralité du contenu d'un document. La Figure 3 présente l'évolution de la précision à 10 moyennée pour toutes les variantes de CRTM pour tous les corpus anglophones en fonction de la taille de la fenêtre. On remarque que les petites tailles de fenêtres tendent à donner de meilleurs résultats contrairement à un contexte de plus de 100 mots ou équivalent à un document entier. De plus on note que les meilleurs précision moyenne proviennent d'un contexte inférieur ou égale à une vingtaine de mots (une fenêtre de 10), ce qui correspond environ au nombre moyen de mots dans une phrase des corpus.

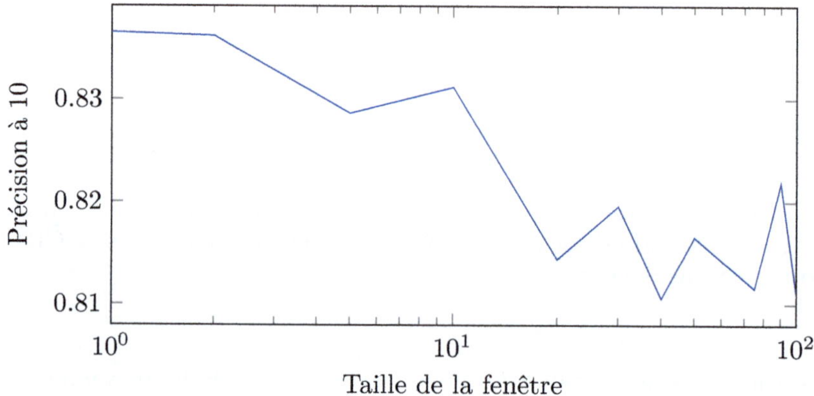

FIG. 3: Précision à 10 moyennée pour tous les corpus anglophones pour les trois variantes de CRTM en fonction de la taille de la fenêtre (de 0, à 100 mots)

4.4.3 Qualitatif

Au delà de l'évaluation permettant de juger de la performance de ces modèles à retrouver l'origine d'un lien, nous désirons également juger de la cohérence des autres mots suggérés par les modèles.

Pour illustrer cela nous présentons à la Table 4 un exemple de parcours de pages Wikipedia. Le premier document est le paragraphe d'introduction du philosophe et mathématicien britannique Bertrand Russel. Le deuxième est celui du philosophe français Jean-Paul Sartre et le troisième celui de la page décrivant le concept de rationalité. Pour chacun des deux derniers document nous inférons avec RTM (qui utilise la fonction de lien ψ_{uni} avec une fenêtre de 0, qui donne le meilleurs résultats) et CRTM-Sem-S, la variante sémantique de CRTM au niveau des phrases, quels mots contribuent le plus aux liens entre ces documents et le premier document.

Concernant l'introduction de la page de Sartre on remarque que les deux modèles les identifient comme des *philosophes* ayant marqué la vie *intellectuelle*. Cependant notre modèle met également en avant des liens plus ténus, comme des points de vues politiques similaires (*humanisme*) ou encore le fait qu'ils se soient vus tout deux proposer le prix Nobel de littérature, quand RTM propose des liens moins pertinents comme *prolifique* ou *idées*.

Dans le dernier document, parlant du concept de rationalité, on note une fois de plus que les deux modèles mettent en valeur la *philosophie* et le *rationalisme* comme lien entre les deux documents. RTM propose cependant d'autres termes moins pertinents comme *fonder* quand notre modèle retrouve des termes liés à Russel comme *science*, *logique*, ou *Descartes*.

Bertrand Arthur William Russell, né le 18 mai 1872 à Trellech (Monmouthshire, pays de Galles), et mort le 2 février 1970 près de Penrhyndeudraeth, au pays de Galles, est un mathématicien, logicien, philosophe, épistémologue, homme politique et moraliste britannique. [...]

Jean-Paul Sartre		Rationalité	
CRTM-pos- S	**RTM**	**CRTM-pos-S**	**RTM**
philosophe	philosophe	philosophie	philosophie
intellectuelle	Sartre	rationalisme	sociologie
existentialisme	intellectuelle	Descartes	humain
humanisme	philosophique	science	rationalisme
littéraire	prolifique	logique	fonder
Nobel	idées	connaissance	économique

TAB. 4: Mots proposés par CRTM-pos-S et RTM pour les pages wikipedia relatives à J-P Sartre et à la Rationalité, après lecture de celle sur Bertrand Russell.

5   Conclusion et perspectives

Nous avons présenté dans cet article Contextual-RTM, un cadre de modélisation probabiliste de thématiques latentes pour les réseaux de documents, généralisant *Relational Topic Model*, et permettant de prendre en compte le contexte d'apparition des liens de différentes façons. Nous avons montré que les trois méthodes introduites étaient compétitives dans une tache d'identification de mots à l'origine de liens. Nous avons également montré que les mots suggérés avaient tendance à être plus plausibles et cohérents. Nous prévoyons dans nos travaux futurs d'étudier l'intérêt d'adopter une forme linéaire pour la fonction ψ afin de capturer des motifs thématiques plus complexes susceptibles de mieux expliquer les liens entre les documents.

Références

Bishop, C. M. (2006). *Pattern Recognition and Machine Learning*. Springer.

Blei, D. M., A. Y. Ng, et M. I. Jordan (2003). Latent dirichlet allocation. *Journal of machine Learning research 3*(Jan), 993–1022.

Brochier, R., A. Guille, et J. Velcin (2019). Global vectors for node representations. In *The World Wide Web Conference*, pp. 2587–2593.

Brochier, R., A. Guille, et J. Velcin (2020). Inductive document network embedding with topic-word attention. In *European Conference on Information Retrieval*, pp. 326–340. Springer.

Chang, J. et D. Blei (2009). Relational topic models for document networks. In *Artificial Intelligence and Statistics*, pp. 81–88.

Gourru, A., A. Guille, J. Velcin, et J. Jacques (2020). Document network projection in pretrained word embedding space. In *European Conference on Information Retrieval*, pp. 150–157. Springer.

Jordan, M. I., Z. Ghahramani, T. S. Jaakkola, et L. K. Saul (1999). An introduction to variational methods for graphical models. *Machine learning 37*(2), 183–233.

Le, Q. et T. Mikolov (2014). Distributed representations of sentences and documents. In *International conference on machine learning*, pp. 1188–1196.

Mikolov, T., I. Sutskever, K. Chen, G. S. Corrado, et J. Dean (2013). Distributed representations of words and phrases and their compositionality. In *Advances in neural information processing systems*, pp. 3111–3119.

Tu, C., H. Liu, Z. Liu, et M. Sun (2017). Cane : Context-aware network embedding for relation modeling. In *Proceedings of the 55th Annual Meeting of the Association for Computational Linguistics (Volume 1 : Long Papers)*, pp. 1722–1731.

Vaswani, A., N. Shazeer, N. Parmar, J. Uszkoreit, L. Jones, A. N. Gomez, Ł. Kaiser, et I. Polosukhin (2017). Attention is all you need. In *Advances in neural information processing systems*, pp. 5998–6008.

Yang, C., Z. Liu, D. Zhao, M. Sun, et E. Y. Chang (2015). Network representation learning with rich text information. In *IJCAI*, Volume 2015, pp. 2111–2117.

Zhang, F., N. J. Yuan, D. Lian, X. Xie, et W.-Y. Ma (2016). Collaborative knowledge base embedding for recommender systems. In *Proceedings of the 22nd ACM SIGKDD international conference on knowledge discovery and data mining*, pp. 353–362.

Summary

In the context of documents networks, we propose Contextual-RTM for documents contents and links between documents, by generalizing the Relation Topic Model. The originality of our approach is to model the location of a link into a document, i.e. taking in account the context where a link to another document occurs. Contextual-RTM is competitive with state of the art in retrieving link location on large networks of web documents. Consequently Contextual-RTM could assist readers making connections between documents.

Expérimentations autour des architectures d'apprentissage par transfert pour l'extraction de relations biomédicales

Walid Hafiane*, Joël Legrand*, Yannick Toussaint*, Adrien Coulet*,**

*Loria, CNRS, Inria Nancy-Grand Est, Université de Lorraine,
Campus Scientifique, 615 Rue du Jardin-Botanique, 54506 Vandœuvre-lès-Nancy, France
**Inria Paris, Inserm U1138, Université de Paris,
15 rue de l'Ecole de Médecine, 75006 Paris, France
{prénom.nom} @loria.fr

Résumé. L'extraction de relations (ER) consiste à identifier et à structurer automatiquement des relations à partir de textes. Récemment, BERT a permis d'améliorer les performances de plusieurs tâches de TAL, dont l'ER. Cependant, la meilleure façon d'utiliser BERT, dans une architecture d'apprentissage automatique avec une stratégie par transfert reste une question ouverte, car elle dépend à la fois de la tâche et du domaine d'application. Dans ce travail, nous explorons diverses architectures d'ER qui s'appuient sur BERT et deux stratégies de transfert (*gel des poids* ou *réglage fin*) sur deux corpus biomédicaux. Parmi les architectures et stratégies de transfert testées, *BERT-segMCNN avec réglage fin atteint des performances supérieures à l'état de l'art sur les deux corpus (amélioration absolue de 1,73% et 32,77% sur ChemProt et PGxCorpus respectivement). Nos expériences illustrent l'intérêt attendu du réglage fin avec BERT, et de façon plus originale l'intérêt d'ajouter aux représentations de BERT une information structurelle en considérant la segmentation des phrases.

1   Introduction

Le volume de la littérature biomédicale augmente continuellement, ce qui rend les outils de traitement automatique des langues (TAL) attrayants, notamment pour tirer parti des connaissances de domaine qui y sont exprimées. Au sein du TAL, la tâche d'extraction de relations (ER) joue un rôle clé pour l'extraction de connaissances automatique, utiles à des applications telles que les systèmes de questions-réponses, de compréhension du langage naturel ou de résumé automatique de textes.

L'extraction de relations vise à identifier, dans un texte non structuré, toutes les instances d'un ensemble prédéfini de types de relations, entre des entités identifiées (Pawar et al., 2017). Les relations associent alors deux entités nommées, ou plus ; peuvent être typées, orientées et associées à des meta-données. La Figure 1 fournit un exemple de relation orientée, du type "influences", qui associe deux entités (de type Limited-Variation et Pharmacodynamic-phenotype). Nous considérons ici l'extraction de relations binaires et considérons cette extraction comme une tâche de classification qui associe un score à chaque type de relation considéré.

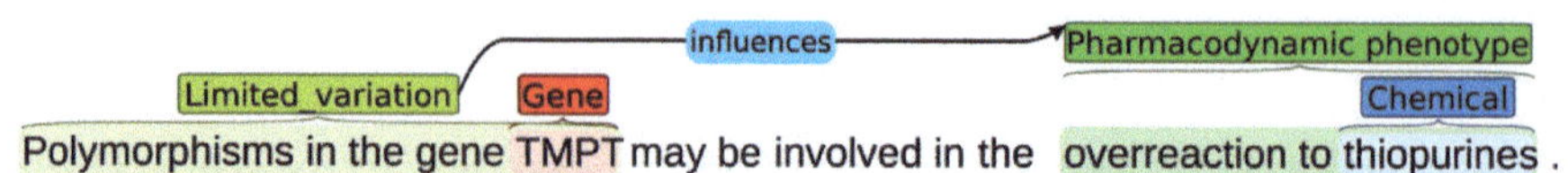

FIG. 1: Exemple de phrase avec quatre entités nommées et une relation entre deux d'entre elles. Cette relation est extraite de PGxCorpus (Legrand et al., 2020).

Dans cet article, nous explorons la tâche d'ER, appliquée au domaine biomédical et du point de vue de l'apprentissage profond.

Pour la plupart des tâches de TAL, les réseaux de neurones profonds ont permis d'améliorer les performances de l'état de l'art et l'ER ne fait pas exception (Collobert et al., 2011; Kumar, 2017). En particulier, les réseaux de neurones convolutifs et récurrents (CNN et RNN pour *Convoluational Neural Network* et *Recurrent Neural Network* en anglais) ont été utilisés avec succès pour les applications biomédicales de cette tâche. D'abord utilisé dans le domaine de la vision, les CNN multicanaux (ou MCNN pour *Multichannel CNN* en anglais) sont des exemples de CNN qui ont été adaptés au TAL pour l'ER (Quan et al., 2016). Les MCNN présente la caractéristique de pouvoir considérer à travers plusieurs canaux, des caractéristiques locales latentes à travers différents vecteurs de plongement lexicaux. BERT (*Bidirectional Encoder Representations from Transformers*) est une autre architecture qui permet de capturer des séquences de mots longues et bidirectionnelles. Pour cela, BERT combine un encodeur à un mécanisme d'attention, et permet d'améliorer les performances de nombreuses tâches de TAL, y compris l'ER (Devlin et al., 2018; Shi et Lin, 2019). Les modèles BERT s'avèrent particulièrement efficaces pour l'apprentissage de certaines caractéristiques du langage, notamment sémantiques. Cependant, ils sont moins performants quand il s'agit de saisir des informations structurelles. En effet, contrairement aux RNN, les modèles BERT ne considèrent par l'ordre dans les séquences d'entrée. Cette information est donc absente des vecteurs de représentation appris par les différentes couches, et la sous-couche d'attention. Cela conduit à une faible contribution des informations structurelles du texte dans les performances de ces modèles. L'unique source de ce type d'information est codé en entrée sous la forme de plongements de positions. Cependant, le signal présent en entrée de BERT se propage à travers les 12 couches dont est constitué BERT, ce qui atténue la représentation de cette information. Li et al. (2019) ont montré dans le cadre de l'ER et d'une architecture de type RNN, qu'un pré-traitement qui consiste à une segmentation des phrases en 5 portions (avant entité1, entité1, entre entités, entité2, après entité 2) renforce l'information structurelle et les performances d'ER. Chen et al. (2020) ont illustré de leur côté l'impact de ce type de pré-traitement avec une architecture de type CNN. A notre connaissance, l'utilisation de ce type de traitement pour l'ER n'a pas été exploré en combinaison avec une architecture de type BERT.

Nous explorons dans ce travail deux stratégies d'apprentissage par transfert pour améliorer les performances des variantes BERT (notées *BERT) sur deux tâches d'ER biomédicales. Nous avons expérimenté des architectures basées sur BERT avec deux stratégies d'apprentissage par transfert (*gel des poids* et *réglage fin*), dans l'hypothèse qu'il pourrait être bénéfique d'ajouter des caractéristiques pertinentes aux vecteurs de représentation de BERT. En particulier, nous explorons la possibilité d'enrichir les modèles BERT avec des informations structurelles en utilisant la segmentation de phrases en post-traitement, ce qui, à notre connaissance, n'a jamais été fait. Les expérimentations sont menées à partir de deux corpus biomédicaux de référence : ChemProt (Kringelum et al., 2016) et PGxCorpus (Legrand et al., 2020).

Cet article est organisé comme suit : la section 2 fournit des éléments de contexte relatifs à notre tâche d'apprentissage (c'est à dire l'ER biomédicales), sur l'architecture BERT et les stratégies d'apprentissage par transfert. La section 3 détaille les architectures basées sur BERT et les stratégies d'apprentissage par transfert mises en œuvre. La section 4 présente les expériences et résultats. La section 5 discute les résultats et conclue.

2 Contexte

2.1 Deux corpus de relations annotées

Nos expériences d'ER s'appuient sur deux corpus de textes biomédicaux en langue anglaise, annotés manuellement, au sein desquels des relations de types distincts sont annotées.

ChemProt contient 10 031 relations entre des protéines et des molécules chimiques, de 13 types différents (Kringelum et al., 2016). Le Tableau 1 présente la répartition par type des relations de l'ensemble d'entraînement. Cette répartition est déséquilibrée puisque le type de relation le plus fréquent représente 39,4% des relations, alors que le moins fréquent n'en représente que 0,1%. Ce dernier est le type "AGONIST INHIBITOR" qui n'est représenté que par 4 exemples. ChemProt est divisé en trois sous-ensembles : apprentissage, validation et test.

PGxCorpus contient 2 875 relations pharmacogénomiques entre facteurs génétiques, médicaments et réponses aux médicaments, de 7 types différents (Legrand et al., 2020). Le Tableau 2 présente la distribution des relations par type. Ici aussi, la répartition est déséquilibrée : le type le plus fréquent est "influences" (32,6%), et le moins fréquent est "causes" (5,8%).

Ces deux corpus ont été choisis pour des raisons distinctes. ChemProt est un corpus qui sert de référence dans de nombreux travaux d'ER et l'apprentissage par transfert, et pour cette raison, il nous permet de comparer nos performances avec l'état de l'art. PGxCorpus quant à lui, est un corpus récent (2020) dédié au domaine de la pharmacogénomique. Il offre la possibilité originale d'étudier l'extraction de relation n-aire et de relations imbriquées.

Intervalle	Type de relation	Taille
>1000	INHIBITOR	1642(39,4%)
>400	I.-DOWNREGULATOR / SUBSTRATE	487(11,7%) / 480(11,5%)
>300	I.-UPREGULATOR / ACTIVATOR	387(9,3%) / 323(7,7%)
>200	ANTAGONIST / PRODUCT-OF	235(5,6%) / 233(5,6%)
>100	AGONIST / DOWNREGULATOR	156(3,7%) / 131(3,1%)
>10	UPREGULATOR / SUBSTRATE-P.	67(1,6%) / 14(0,3%)
≤10	AGONIST-A. / AGONIST-I.	10(0,2%) / 4(0,1%)

TAB. 1: Répartition des relations annotées dans ChemProt, par type.

Intervalle	Type de relation	Taille
>400	Influences / IsAssociatedWith	937(32,6%) / 733(25,5%)
>250	IsEquivalentTo / Decreases	293(10,2%) / 263(9,1%)
>200	Increases / Treats	243(8,5%) / 238(8,3%)
≤200	Causes	168(5,8%)

TAB. 2: Répartition des relations annotées dans PGxCorpus, par type.

2.2 BERT

BERT est la première architecture encodeur qui considère le contexte à la fois en amont et en aval. L'encodeur BERT est constitué d'une pile de 12 couches identiques, où chacune est composée de deux sous-couches. La première est un mécanisme d'auto-attention à plusieurs têtes, et la seconde est de type réseau de neurones à propagation avant, entièrement connecté. Des connexions résiduelles sont utilisées autour de chacune des deux sous-couches, et sont suivies d'une normalisation par couches qui est appliquée après chaque sous-couche. BERT est pré-entraîné automatiquement sur deux tâches (la prédiction de mots masqués, la prédiction de la phrase suivante) sur deux corpus volumineux (Wikipédia, 2,5 milliards de mots ; Book-Corpus, 800 millions de mots). Ce pré-entraînement permet à BERT d'acquérir une certaine capacité de généralisation de la langue, avec l'idée de réutiliser cette capacité pour d'autres tâches (l'ER par exemple) et d'autres domaines (le domaine biomédical par exemple).

2.3 L'apprentissage par transfert

D'après Pan et Yang (2010), deux types d'apprentissage par transfert peuvent être distinguées : l'*inductif* et le *transductif*. Le transfert inductif consiste en un transfert d'information entre différentes tâches, généralement au sein d'un même domaine. Le transfert transductif consiste à transférer des informations d'un domaine à l'autre, pour une même tâche.

Suivant l'approche transductive, l'architecture de BERT a été utilisée pour entraîner des modèles adaptés à des domaines spécifiques, comme le domaine de la biomédecine. Cela a donné naissance à plusieurs variantes de BERT, c'est à dire des modèles BERT pré-entraînées sur des corpus différents. BioBERT, par exemple, initialise ses poids avec le modèle pré-entraîné de BERT et poursuit ensuite son entraînement sur un grand ensemble de textes bio-médicaux (environ 18 milliards de mots) (Lee et al., 2020). Les performances de BERT et de BioBERT ont été comparées pour la tâche d'ER sur le corpus ChemProt, et montrent la supériorité de BioBERT, illustrant l'intérêt d'affiner le modèle avec des données du domaine. SciBERT est une seconde variante de BERT qui suit la même approche, mais utilise 3,17 milliards de mots de textes scientifiques de domaines divers, dont 82 % relèvent du domaine biomédical (Beltagy et al., 2019). Pour tâche d'ER sur le corpus ChemProt, SciBERT atteint les meilleures performances de l'état de l'art.

Suivant l'approche inductive, les modèles BERT pré-entraînés, de par leur capacité à comprendre et à représenter le langage, sont couramment réutilisés et enrichis (par l'ajout de couches supplémentaires) pour différentes tâches telles que la reconnaissance d'entités nommées, ou l'ER. Dans ce contexte, nous explorons à la fois les stratégies de *gel des poids* et *de réglage fin*. La stratégie de *gel des poids* consiste à réutiliser les poids de certaines couches d'un modèle précédemment entraîné, et à les "geler", c'est-à-dire ne pas les mettre à jour lors des étapes ultérieures de l'entraînement. On ajoute de nouvelles couches à la suite des couches gelées, de sorte que celles-ci considèrent les sorties des couches gelées comme des entrées pour la tâche d'apprentissage finale. La stratégie de *réglage fin* quant à elle, réutilise également les couches d'un modèle précédemment entraîné, en y ajoutant des couches supplémentaires, mais permet de régler tous les paramètres du modèle relativement à un nouvel ensemble d'apprentissage. Dans le cas de la stratégie de gel des poids, le fait que la rétropropagation du gradient ne s'applique qu'aux neurones ajoutés présente un avantage en termes de temps de calcul. Le réglage fin est en revanche plus gourmand en calcul, mais permet d'obtenir généralement des performances supérieures, en adaptant les paramètres pré-entraînés au nouvel ensemble d'apprentissage.

Dans cette étude, nous explorons l'apprentissage par transfert transductif et inductif pour la tâche d'ER biomédicales. Nous expérimentons diverses variantes de BERT ainsi que les stratégies par transfert de gel des poids et de réglage fin.

3 Méthodes

3.1 Architectures pour l'extraction de relations

3.1.1 Les architectures de l'état de l'art

***BERT+BiLSTM** Pour la stratégie de gel des poids, notre modèle de référence est l'architecture d'ER rapportée dans l'article de SciBERT : un modèle BERT suivi d'un RNN (Beltagy et al., 2019). Par souci de simplicité, nous désignons l'ensemble des modèles BERT (c'est à dire BERT, BioBERT ou SciBERT) par la notation *BERT. Ici *BERT est utilisé comme un extracteur pré-entraîné de plongements de mots contextualisés. Le RNN utilisé est composé d'un BiLSTM à deux couches de taille 200, suivi d'un perceptron multicouche appliqué sur les premier et dernier vecteurs du BiLSTM concaténés. Ce RNN est conçu pour extraire les informations contextuelles de la séquence de plongements lexicaux, afin d'alimenter le classifieur. Nous désignons cette architecture par BERT+BiLSTM, BioBERT+BiLSTM et SciBERT+BiLSTM, ou généralement par *BERT+BiLSTM.

***BERT+MLP** Pour la stratégie de réglage fin, notre modèle de référence est l'architecture utilisée pour l'ER par BERT, BioBERT et SciBERT. Elle consiste en un simple ajout d'une couche linéaire entièrement connectée, en prolongement des modèles BERT pré-entraînés (Devlin et al., 2018; Lee et al., 2020; Beltagy et al., 2019). Nous désignons ces architectures par BERT+MLP, BioBERT+MLP et SciBERT+MLP. Dans l'article de SciBERT, l'ER est évaluée sur ChemProt avec les stratégies de gel des poids (SciBERT+BiLSTM) et de réglage fin (SciBERT+MLP). Nous avons reproduit leurs résultats en vue de les comparer avec d'autres architectures et d'autres corpus.

3.1.2 Architectures proposées

***BERT+MCNN** La première architecture proposée est une extension de BERT avec un MCNN, désignée par *BERT+MCNN. Nous expérimentons cette combinaison, en espérant

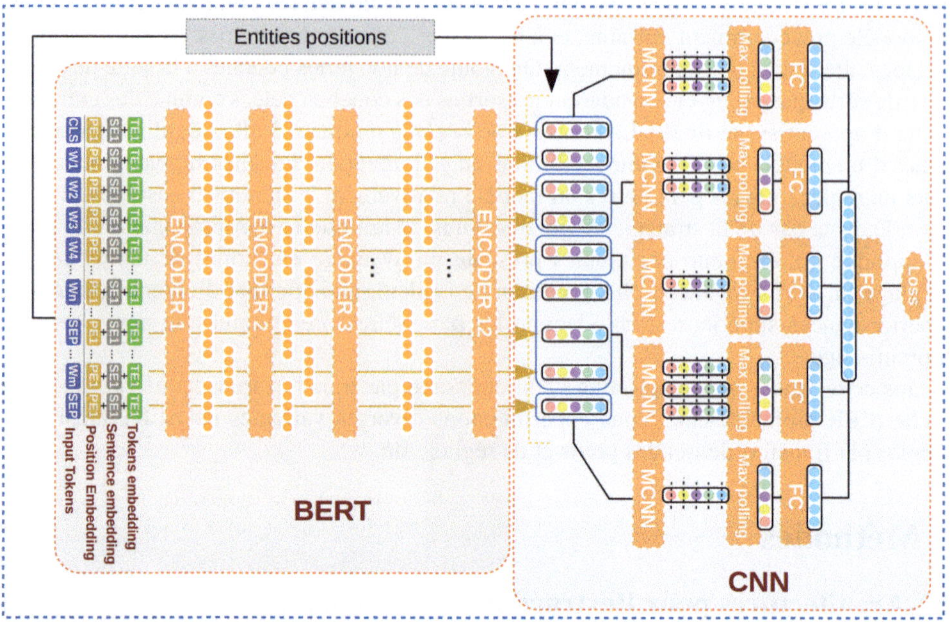

FIG. 2: Représentation schématique de notre architecture BERT-segMCNN.

que le MCNN extraie des informations locales à partir des vecteurs de représentation de BERT.
En effet, BERT a la capacité d'extraire des informations contextuelles à longue distance en utilisant un système d'attention, tandis que les informations contextuelles locales capturées par le
MCNN peuvent fournir des caractéristiques discriminantes supplémentaires. Le fait que l'ordre
entre les différentes dimensions ne soit pas explicite dans les vecteurs de représentation nous
amène à les considérer comme des caractéristiques indépendantes et à traiter chaque dimension comme un plongement différent. Par conséquent, chaque dimension représente un canal
du MCNN. Cette architecture est suivie d'un max-pooling, qui à son tour alimente un perceptron multicouche. Nous expérimentons cette architecture avec les deux stratégies de transfert.

***BERT+BiLSTM-MCNN** Le deuxième type d'architectures proposé complète BERT avec
un BiLSTM et un MCNN. L'exploration de cette architecture est motivée par le fait qu'un
BiLSTM peut capturer des caractéristiques sémantiques dans les vecteurs de représentation de
BERT alors qu'un MCNN peut capturer les informations locales à partir des mêmes vecteurs.
Pour explorer la manière dont ces caractéristiques peuvent être combinées, nous proposons
deux architectures : une linéaire (*BERT+BiLSTM-MCNN L.) où un BiLSTM produit les
entrées d'un MCNN, suivit d'un maxpooling, puis d'un perceptron multicouche pour la classification ; une parallèle (*BERT+BiLSTM-MCNN P.) où les entrées des MCNN et BLSTM
sont les vecteurs de représentation issus de BERT. Les sorties des MCNN et BiLSTM sont
concaténées pour alimenter le perceptron multicouche pour la classification. Ces architectures

ne sont testées que dans le cadre de la stratégie de gel des poids, en raison de la profondeur de BERT et de l'extension BiLSTM-MCNN, qui alourdissent les calculs et peuvent conduire à une disparition du gradient.

***BERT+segMCNN** La troisième architecture proposée étend BERT avec cinq MCNN, chacun d'eux prenant comme entrée une partition (ou un segment) différente des vecteurs de représentation issues de BERT. Nous proposons cette architecture pour palier le fait qu'aucun ordre n'est imposé dans les transformer entre les vecteurs de représentation, en particulier dans la couche d'attention. Par conséquent, l'information structurelle peut être limitée dans les vecteurs de représentation de sortie. Afin de renforcer l'architecture *BERT avec une information structurelle, nous avons utilisé cinq MCNN, en parallèle, comme l'illustre la figure 2. Les vecteurs de représentation sont segmentés suivant la partition suivante de la phrase : avant la première entité, la première entité, entre les deux entités, la deuxième entité, et après la deuxième entité. Afin d'effectuer ce post-traitement, les positions des entités sont reportées depuis l'entrée de l'architecture entière jusqu'à l'entrée du bloc segMCNN, comme le montre la figure 2. Une couche de *max pooling* et une couche entièrement connectée sont appliquées après chaque MCNN, les cinq vecteurs résultants sont concaténés, puis cette architecture se termine par un perceptron multicouche pour la classification.

3.2   Conditions Expérimentales

Nous avons définis 4 "fournées" d'expériences, chacune d'elle est associée à un des deux corpus cibles et une des deux stratégies de transfert. Pour chaque fournée nous testons à des fins comparatives les architectures de l'état de l'art à celles ici proposées.

3.2.1   Métriques pour l'évaluation

Selon les expériences, nous avons utilisé comme mesure d'évaluation la *mesure F moyenne macro* ou *micro* (notées F-macro et F-micro). Lorsque l'on souhaite une mesure F unique pour une classification multi-classes, il est possible : de considérer indépendamment chaque exemple, c'est-à-dire de moyenner sur tous les exemples, en les traitant équitablement quelle que soit leur classe (F-micro) ; par une simple moyenne arithmétique sur les classes de traiter toutes les classes équitablement quelle que soit leur taille (F-macro). La F-micro est préférée dans les situations déséquilibrées, et nous la préférons le cas de ChemProt qui comprend des types de relations rares. Nous notons que la F-micro est, sur le plan du calcul, équivalent à l'*accuracy* dans le cas des classes disjointes, ce qui est ici le cas.

3.2.2   Cadre expérimental

Les modèles sont entraînés afin de minimiser la fonction d'entropie croisée. Avec les corpus ChemProt, nos modèles sont entraînés sur l'ensemble d'entraînement, testés sur celui de test, et celui de validation sert à la sélection du modèle et au réglage des hyper-paramètres. Nous avons réutilisé les hyper-paramètres réglés sur ChemProt pour les expériences PGx-Corpus. Pour PGxCorpus, il n'y a pas d'ensemble d'entraînement, de validation ou de test prédéfinis. Nous avons donc adopté une stratégie de validation croisée à 10 plis. Les résultats du réglage des hyper-paramètres nous ont fourni divers réglages optimaux pour chaque paire d'architecture-stratégie de transfert. En conséquence, nous présentons ici les valeurs de paramètres que nous avons utilisés. Pour les CNN, les tailles des filtres de convolution sont de (3, 5, 7) et le nombre de filtres de (3, 6). Pour les BiLSTM, nous avons utilisé deux couches de taille 200, et pour MLP une couche cachée de taille (64, 100). Nous entraînons nos modèles avec une taille de lot de 32 et utilisons deux types de régularisation : un *dropout* de (0,1, 0,25, 0,5) et une régularisation L2 de (0, 0,01). Nous optimisons la fonction de perte en utilisant AdamWithDecay avec une décroissance de (0, 0,01) et un taux d'apprentissage initial de 0,001 pour la stratégie de transfert de gel des poids, et $(3.10^{-5}, 5.10^{-5}, 10^{-5})$ pour la stratégie de réglage fin. Les nombres d'époques utilisées sont (30, 65) pour la stratégie de gel des poids et (5, 8) pour la stratégie de réglage fin. Les poids sont initialisés par une distribution normale $(\mu = 0, \sigma = 0,02)$. La procédure d'apprentissage est initialisée avec différents poids aléatoires (environ 100 fois) et nous rapportons les performances moyennes. Nous indiquons l'écart-type pour analyser la stabilité des modèles.

Les expériences ont été développées en Python avec PyTorch et les versions BERT-base-uncased de BERT, v1.1 de BioBERT-uncased et SciBERT-SciVOCAB-uncased de SciBERT. Le code de nos expériences est disponible à : `https://github.com/hafianewalid/Transfer-Learning-Architectures-for-Biomedical-Relation-Extraction`.

4 Résultats expérimentaux

4.1 Stratégie de gel des poids

	Architecture	**F-micro**	σ
(Beltagy et al., 2019)	SciBERT+BiLSTM	75,03	–
BERT	+ BiLSTM	64,41	2,42
	+ MCNN	68,26	1,54
	+ BiLSTM-MCNN L.	75,35	1,02
	+ BiLSTM-MCNN P.	62,07	1,33
BioBERT	+ BiLSTM	72,86	1,36
	+ MCNN	77,57	0,70
	+ BiLSTM-MCNN L.	**80,08**	0,80
	+ BiLSTM-MCNN P.	74,85	0,96
SciBERT	+ BiLSTM (Reproduction SOTA)	75,10	1,00
	+ MCNN	77,85	**0,68**
	+ BiLSTM-MCNN L.	79,24	0,76
	+ BiLSTM-MCNN P.	70,45	1,18

TAB. 3: Évaluation des performances de diverses architectures d'apprentissage par transfert pour l'ER sur le corpus ChemProt, en utilisant la stratégie de gel des poids.

	Architecture	Précision	Rappel	F-macro	σ
(Legrand et al., 2020)	MCNN	–	–	45,67	4,51
BERT	+ BiLSTM	54,29	54,82	54,29	0,84
	+ MCNN	57,64	53,84	53,73	1,33
	+ BiLSTM-MCNN L.	71,85	70,47	70,63	1,38
	+ BiLSTM-MCNN P.	54,48	54,37	53,99	**0,28**
BioBERT	+ BiLSTM	57,16	57,32	56,93	0,89
	+ MCNN	69,52	66,25	67,02	2,43
	+ BiLSTM-MCNN L.	**73,05**	71,81	72,09	1,71
	+ BiLSTM-MCNN P.	67,46	64,64	65,39	0,57
SciBERT	+ BiLSTM	62,60	62,26	62,18	1,18
	+ MCNN	69,59	66,57	67,35	1,74
	+ BiLSTM-MCNN L.	72,65	**72,58**	**72,38**	1,04
	+ BiLSTM-MCNN P.	61,54	61,11	61,00	1,45

TAB. 4: Évaluation des performances de diverses architectures d'apprentissage par transfert pour l'ER sur le corpus PGxCorpus, en utilisant la stratégie de gel des poids.

Avec ChemProt Les résultats obtenus avec la stratégie de gel des poids sur le corpus ChemProt sont présentés dans le Tableau 3. La première ligne du tableau présente les résultats de Beltagy et al. (2019), que nous avons reproduits et présentés sur la ligne 10 du tableau (dénommée reproduction SOTA). Elle présente un écart de 0,07 % de F-micro (écart-type = 1) par rapport à la performance rapportée par Beltagy et al. (2019). Quelle que soit la variante de BERT que nous avons utilisée, *BERT+BiLSTM-MCNN L. produit les modèles les plus performants sur le corpus ChemProt. BioBERT+BiLSTM-MCNN obtient les meilleures performances avec 80,08 % de F-micro.

Avec PGXCorpus Les résultats obtenus avec la stratégie de gel des poids sur PGxCorpus sont présentés dans le Tableau 3. La première ligne présente les résultats de citeLegrand2020, obtenus avec un simple MCNN, sans modèle BERT pré-entraîné. Comme attendu, nous constatons que toutes nos architectures (toutes basées sur BERT) dépassent le modèle de référence tout en étant plus stables. En particulier, nous constatons qu'indépendamment de la variante de BERT utilisée, l'architecture *BERT-BiLSTM-MCNN L. produit les modèles les plus performants sur PGxCorpus, de manière similaire à ce que nous avons observé avec ChemProt. Nous notons également que, cette fois-ci, SciBERT+BiLST-M-MCNN L. dépasse légèrement la version BioBERT de la même architecture.

4.2 Stratégie de réglage fin

Avec ChemProt Les résultats obtenus avec la stratégie de réglage fin sur ChemProt sont présentés dans le Tableau 5. La première ligne du Tableau 5 indique les résultats de Beltagy et al. (2019), que nous avons reproduits et présentés sur la 8ème ligne du tableau (appelée reproduction SOTA). Elle présente un écart de 1,2% de F-micro (écart-type = 1,47) par rapport à la performance rapportée dans

	Architecture	F-micro	σ
(Beltagy et al., 2019)	SciBERT+MLP	83,64	–
BERT	+ MLP	79,28	1,21
	+ MCNN	72,18	1,73
	+ segMCNN	81,43	0,91
BioBERT	+ MLP	82,28	3,27
	+ MCNN	83,90	1,11
	+ segMCNN	**85,37**	**0,67**
SciBERT	+ MLP (Reproduction SOTA)	82,44	1,47
	+ MCNN	82,98	0,96
	+ segMCNN	84,77	**0,67**

TAB. 5: Évaluation des performances de diverses architectures d'apprentissage par transfert pour l'ER sur le corpus ChemProt, en utilisant la stratégie de réglage fin.

	Architecture	Précision	Rappel	F-macro	σ
(Legrand et al., 2020)	MCNN	–	–	45,67	4,51
BERT	+ MLP	70,80	69,70	69,88	4,03
	+ MCNN	71,73	73,39	72,22	**0,98**
	+ segMCNN	74,31	74,53	74,17	1,08
BioBERT	+ MLP	73,49	68,84	70,47	5,87
	+ MCNN	74,40	71,16	72,23	4,30
	+ segMCNN	77,38	77,24	77,00	2,56
SciBERT	+ MLP	75,61	75,44	75,32	2,11
	+ MCNN	75,88	76,08	75,70	1,04
	+ segMCNN	**78,15**	**79,17**	**78,44**	1,07

TAB. 6: Évaluation des performances de diverses architectures d'apprentissage par transfert pour l'ER sur le corpus PGxCorpus, en utilisant la stratégie de réglage fin.

Beltagy et al. (2019). On observe que pour chaque variante de BERT, les modèles obtenus avec l'architecture *BERT+segMCNN produisent les meilleurs performances. En particulier, nous constatons que *BERT+segMCNN nous a permis d'atteindre un niveau de performance légèrement supérieur au niveau de l'état de l'art (85,37%, amélioration absolue de 1,73% par rapport à Beltagy et al. (2019)). Nous observons également que l'ajout de notre approche de segmentation de phrase, associée aux 5 MCNN en parallèle (segMCNN) surpasse les résultats de l'état de l'art de BioBERT et SciBERT.

Avec PGxCorpus Les résultats obtenus avec la stratégie de réglage fin sur PGxCorpus sont présentés dans le Tableau 6. La première ligne présente les résultats de Legrand et al. (2020), obtenus avec un simple MCNN, sans modèle BERT pré-entraîné. Comme attendu, nous constatons que toutes nos architectures (toutes basées sur BERT) surpassent les modèles de référence et sont plus stables. On observe que quelque soit la variante de BERT considérée, le modèle *BERT+segMCNN produit les meilleurs performances. Nous notons en particulier qu'avec SciBERT+segMCNN nous établissont une nouvelle performance de référence pour l'état de l'art de l'ER pharmacogénomique avec PGxCorpus (78,44%, amélioration absolue de 32,77%). Il semble qu'une première amélioration est obtenue avec l'architecture *BERT+MCNN, qui est encore améliorée avec *BERT+segMCNN. On note également que, contrairement aux résultats obtenus sur ChemProt, la meilleure variante de BERT est SciBERT (*vs.* BioBERT sur ChemProt).

De façon générale les expériences avec les architectures *BERT+MCNN ont été réalisées à la fois avec les deux stratégies de transfert, gel des poids et réglage fin. Elles illustrent que cette dernière produit de bien meilleures performances, ce qui pouvait être attendu.

5   Discussion et Conclusion

Dans le cadre de l'ER, nous avons formulé l'hypothèse que les représentations de langage apprises avec BERT pourraient être enrichies avec des éléments d'information structurelle, notamment par la considération de la phrase sous forme de plusieurs segments, ainsi que par l'utilisation de l'information locale contenue dans ses vecteurs de représentation. Nos résultats illustrent tout d'abord le fait que la variante de BERT utilisée a une incidence sur les performances finales de la tâche d'ER. De plus, cet impact varie en fonction du corpus cible et du types spécifique de relations associées. Nous observons également, de façon attendue, que les stratégies de réglage fin, même si elles sont coûteuses en termes de calcul, produisent de meilleures performances.

Pour conclure, nous avons réalisé des expériences avec plusieurs architectures basées sur BERT et plusieurs stratégies de transfert pour la tâche d'ER, sur deux corpus biomédicaux. Notre choix d'architectures a été motivé par la volonté d'exploiter plusieurs caractéristiques du langage naturel : des caractéristiques locales extraites par le MCNN, des caractéristiques contextuelles grâce au BiLSTM, et des caractéristiques structurelles provenant d'une approche de segmentation de phrases. Nous avons proposé différentes architectures adaptées aux stratégies de gel des poids et de réglage fin (*BERT+BiLSTM-MCNN L. et *BERT+segMCNN, respectivement) conduisant à une amélioration des performances au niveau de l'état de l'art pour nos tâches spécifiques d'ER biomédical. Même si notre contribution empirique se limite à un sous-ensemble de variantes de BERT et à la tâche spécifique d'ER biomédical, nous pensons que nos architectures (en particulier *BERT+BiLSTM-MCNN L. et *BERT+segMCNN) peuvent convenir à d'autres variantes de BERT, ainsi qu'à d'autres tâches et domaines.

Références

Beltagy, I., K. Lo, et A. Cohan (2019). Scibert : A pretrained language model for scientific text. *EMNLP*.

Chen, Y., K. Wang, W. Yang, Y. Qin, R. Huang, et P. Chen (2020). A multi-channel deep neural network for relation extraction. *IEEE Access 8*, 13195–13203.

Collobert, R., J. Weston, L. Bottou, M. Karlen, K. Kavukcuoglu, et P. P. Kuksa (2011). Natural language processing (almost) from scratch. *J. Mach. Learn. Res. 12*, 2493–2537.

Devlin, J., M.-W. Chang, K. Lee, et K. Toutanova (2018). BERT : Pre-training of Deep Bidirectional Transformers for Language Understanding. *NAACL-HLT* (Mlm).

Kringelum, J., S. K. Kjærulff, S. Brunak, O. Lund, T. I. Oprea, et O. Taboureau (2016). Chemprot-3.0 : a global chemical biology diseases mapping. *Database J. Biol. Databases Curation 2016*.

Kumar, S. (2017). A survey of deep learning methods for relation extraction. *CoRR abs/1705.03645*.

Lee, J., W. Yoon, S. Kim, D. Kim, S. Kim, C. H. So, et J. Kang (2020). Biobert : a pre-trained biomedical language representation model for biomedical text mining. *Bioinform. 36*(4), 1234–1240.

Legrand, J., R. Gogdemir, C. Bousquet, K. Dalleau, M. D. Devignes, W. Digan, C. J. Lee, N. C. Ndiaye, N. Petitpain, P. Ringot, M. Smaïl-Tabbone, Y. Toussaint, et A. Coulet (2020). PGxCorpus, a manually annotated corpus for pharmacogenomics. *Scientific Data 7*(1), 1–13.

Li, Z., J. Yang, X. Gou, et X. Qi (2019). Recurrent neural networks with segment attention and entity description for relation extraction from clinical texts. *Artif. Intell. Medicine 97*, 9–18.

Pan, S. J. et Q. Yang (2010). A survey on transfer learning. *IEEE Trans. Knowl. Data Eng. 22*(10), 1345–1359.

Pawar, S., G. K. Palshikar, et P. Bhattacharyya (2017). Relation extraction : A survey. *CoRR abs/1712.05191*.

Quan, C., L. Hua, X. Sun, et W. Bai (2016). Multichannel convolutional neural network for biological relation extraction. *BioMed Research International*.

Shi, P. et J. Lin (2019). Simple bert models for relation extraction and semantic role labeling. *CoRR abs/1904.05255*.

Summary

Relation extraction (RE) consists in identifying and structuring automatically relations of interest from texts. Recently, BERT improved the top performances for several NLP tasks, including RE. However, the best way to use BERT, within a machine learning architecture, and within a transfer learning strategy is still an open question since it is highly dependent on each specific task and domain. Here, we explore various BERT-based architectures and transfer learning strategies (i.e., *frozen* or *fine-tuned*) for the task of biomedical RE on two corpora. Among tested architectures and strategies, our *BERT-segMCNN with fine-tuning reaches performances higher than the state-of-the-art on the two corpora (1.73 % and 32.77 % absolute improvement on ChemProt and PGxCorpus corpora respectively). More generally, our experiments illustrate the expected interest of fine-tuning with BERT, but also the unexplored advantage of using structural information (with sentence segmentation), in addition to the context classically leveraged by BERT.

Apprentissage d'embeddings de codes pour l'enseignement de la programmation : une approche fondée sur l'analyse des traces d'exécution

Guillaume Cleuziou[*,**], Frédéric Flouvat[*]

* ISEA, Université de la Nouvelle-Calédonie, BP R4, 98851 Nouméa, Nouvelle-Calédonie
prenom.nom@unc.nc
**Université d'Orléans, INSA Centre Val de Loire, LIFO EA 4022, Orléans, France
prenom.nom@univ-orleans.fr

Résumé. Améliorer l'efficacité pédagogique des plateformes d'entraînement à la programmation est une problématique en pleine effervescence qui nécessite de construire des représentations fines et exploitables des programmes d'apprenants. Cet article présente une nouvelle approche pour l'apprentissage d'embeddings de programmes. Partant de l'hypothèse que la fonctionnalité d'un programme, mais aussi son "style", peuvent être capturés par l'analyse des traces d'exécutions, la méthode *code2aes2vec* procède en deux étapes. Une première étape génère des séquences d'exécutions abstraites (AES) à partir de tests unitaires et des arbres syntaxiques abstraits (AST) des programmes soumis. La méthode *doc2vec* est ensuite utilisée pour apprendre des représentations vectorielles condensées (embeddings) des programmes à partir de ces AES. Cette contribution donne également lieu à l'exploitation et la mise à disposition de nouveaux jeux de données réelles. Une première évaluation réalisée sur ces données montre que les embeddings générés par *code2aes2vec* semblent capturer efficacement la fonctionnalité et le style des programmes.

1   Introduction

L'apprentissage de la programmation passe de plus en plus par l'utilisation de plates-formes d'entraînement en ligne. Classiquement, les apprenants y soumettent leur(s) code(s) et la plate-forme leur retourne les éventuelles erreurs syntaxiques ou fonctionnelles sur la base de cas de tests définis par l'enseignant. L'exploitation des données de ces plates-formes ouvre des perspectives excitantes en matière de suivi et d'aide à l'apprentissage de la programmation. Elles peuvent être utilisées par exemple pour identifier des étudiants en situation de décrochage, pour cibler des mauvaises pratiques ou pour propager des retours de l'enseignant. Ces fonctionnalités permettraient d'offrir à l'apprenant plus d'autonomie dans son apprentissage, et à l'enseignant d'être plus réactif et efficace dans ses interventions. Toutefois, cette exploitation nécessite une analyse fine des programmes soumis. Ces plates-formes d'entraînement doivent aller au-delà d'une simple analyse syntaxique du script, et permettre de considérer la sémantique associée.

La fouille de textes a suscité beaucoup d'intérêts ces dernières années. La représentation des textes sous forme de vecteurs de réels, encore appelés "embedding", a notamment été au coeur de nombreux travaux récemment. Ces représentations permettent de projeter (ou 'plonger') tout un vocabulaire dans un espace vectoriel de faible dimension. Par ailleurs, avoir une telle représentation des mots permet ensuite d'exploiter une grande diversité de méthodes existantes (réseaux de neurones, SVM, clustering, etc.). Un des défis à ce niveau est de pouvoir capturer dans ces représentations les relations sémantiques sous-jacentes (ex. similarités, analogies). Les travaux de Mikolov et al. (2013) basés sur l'utilisation de réseaux neuronaux ont notamment été précurseurs en la matière. Leur méthode *word2vec* est une des plus référencées dans le domaine. Son principe est de s'appuyer sur le lien entre un mot et son contexte (les mots apparaissant avant et après). Pour cela, ils proposent quelques architectures simples, efficaces et non-supervisées, pour apprendre des embeddings de mots à partir d'un corpus de textes. Par exemple, l'architecture *CBOW* apprend à prédire chaque mot à partir de son contexte. Les résultats obtenus ont notamment mis en avant la capacité de l'approche à extraire des relations sémantiques complexes à partir de simples opérations sur les projections $v()$: $v("king") - v("man") + v("woman") \approx v("queen")$, et $v("Paris") - v("France") + v("Italie") \approx v("Rome")$.

La transposition de ces approches aux codes informatiques n'est pas directe. Le code a certaines spécificités qu'il convient d'intégrer pour espérer avoir des représentations aussi riches (Allamanis et al., 2018). À la différence du texte, le code est exécutable, et une petite modification peut avoir un impact important sur son exécution. Un programme peut également appeler d'autres programmes pouvant eux-mêmes faire appel à d'autres programmes. Le contexte d'utilisation d'une instruction est aussi particulièrement important pour en déduire son rôle. Enfin, à la différence des textes, les arbres syntaxiques de programmes sont généralement plus profonds et composés de sous-structures de répétitions (boucles). Les approches existantes pour construire des embeddings de programmes n'intègrent que partiellement ces spécificités. Elles exploitent indépendemment les instructions (Azcona et al., 2019), les entrées/sorties (Piech et al., 2015), une partie des traces d'exécution (Wang et al., 2018) ou l'arbre syntaxique abstrait (AST) (Alon et al., 2019). Elles se focalisent plus sur la fonction du programme que sur son style. De plus, la majorité de ces approches sont supervisées et construisent des embeddings pour une tâche spécifique (ex. prédire les erreurs, prédire les fonctionnalités, etc.).

Face à ces limites, nous proposons la méthode *code2aes2vec*, exploitant instructions, structure du code et traces d'exécution, afin de construire des embeddings plus fins. La première étape de cette méthode consiste à générer des séquences d'exécutions abstraites (AES) à partir de cas de tests et des AST des programmes. La deuxième étape utilise la méthode *doc2vec*[1] (Le et Mikolov, 2014) pour apprendre des embeddings de programmes. Contrairement aux approches existantes, nous proposons donc une approche générique et non-supervisée qui apprend des embeddings de programmes en intégrant des éléments de fonctionnalités, de style et d'exécution. Cet aspect est primordial par rapport à notre application car il faut être capable de différencier des programmes répondant à un même exercice (i.e. implémentant les mêmes fonctionnalités) mais de façons différentes (en terme de stratégie ou d'efficacité). Notre approche est validée sur deux jeux de données réelles, contenant plusieurs milliers de programmes Python issus de plates-formes pédagogiques.

---

1. méthode dérivée de *word2vec* et permettant d'apprendre un embedding de document à partir des mots le composant.

Pour résumer, les principales contributions de ce travail sont :

1. la proposition d'une nouvelle représentation d'un programme, appelée séquence d'exécution abstraite (AES), permettant de capturer plus de sémantique,

2. l'exploitation de ces représentations avec *doc2vec* pour construire des embeddings de programmes de façon non-supervisée,

3. la mise à disposition de la communauté de deux jeux de données enrichis, issus de plates-formes d'entraînement à la programmation.

La section à venir détaille les travaux existants dans le domaine et précise l'originalité de notre approche par rapport à ceux-ci. La section 3 présente notre approche en deux étapes : la construction des séquences d'exécutions abstraites et l'apprentissage des embeddings à partir de celles-ci. La section 4 est consacrée aux évaluations qualitatives et quantitatives des représentations apprises avant de dresser les nombreuses perspectives de ce travail (section 5).

2   Travaux connexes

L'apprentissage de représentations à partir de programmes est au cœur de nombreux travaux dernièrement, dont les principales motivations applicatives concernent le développement logiciel (débogage, découverte d'API, etc.) et l'enseignement (apprentissage de la programmation). Deux types d'embeddings sont plus particulièrement étudiés : les embeddings des éléments composants un programme (mots, tokens, instructions, ou appels de fonctions) (Nguyen et al., 2017; DeFreez et al., 2018; Henkel et al., 2018) et les embeddings de programmes (Piech et al., 2015; Wang et al., 2018; Azcona et al., 2019). La suite de cette section se focalise sur ce deuxième type d'approches, une revue plus large des méthodes existantes pouvant être trouvée dans Allamanis et al. (2018).

Tout comme en fouille de textes, une première approche consiste à représenter un programme comme un sac de mots (Salton et al., 1975). Toutefois, comme présenté dans l'étude comparative de Azcona et al. (2019), cette approche ne donne pas de bons résultats, car elle capture mal la sémantique sous-jacente. Les approches basées sur des réseaux de neurones donnent en revanche de meilleurs résultats dans leurs expérimentations. Piech et al. (2015) proposent une méthode construisant des embeddings de programmes d'étudiants qu'ils utilisent notamment pour propager automatiquement les remarques des enseignants. L'espace d'embeddings est construit à partir d'un réseau de neurones entraîné pour prédire la sortie d'un programme en fonction de son entrée. Il capture ainsi l'aspect fonctionnel du code. Pour tenter d'appréhender le style du programme, les auteurs utilisent un réseau de neurones récursif basé sur l'AST de chaque programme. Contrairement aux autres approches, les embeddings générés sont des matrices, et non des vecteurs, ce qui limite leur exploitation comme entrées d'algorithmes d'apprentissage. Les auteurs n'intègrent pas aussi les variables définies par les apprenants. Les résultats obtenus montrent que ces représentations capturent relativement bien les aspects fonctionnels du code mais plus difficilement le style. Dans Wang et al. (2018), les auteurs mettent en avant la limite des approches basées sur la syntaxe pour capturer la sémantique d'un programme. Face à cela, ils proposent de considérer à la place la trace issue de l'exécution du code, et plus particulièrement les valeurs des variables. Différentes représentations sont proposées et utilisées pour entraîner un réseau de neurones récurrent dont l'objectif est de prédire les erreurs faites par des étudiants dans un cours de programmation. L'embedding des programmes est issu d'une des couches de ce réseau de neurones. Les auteurs mettent plus particulièrement en avant une représentation considérant la trace de chaque variable indépendamment et intégrant les dépendances entre variables dans la structure du réseau de neurones. En plus d'obtenir un embedding spécifique à cette tâche, cette solution nécessite donc de redéfinir l'architecture du réseau de neurones, et de refaire son entraînement, pour chaque exercice. Alon et al. (2019) proposent un réseau de neurones permettant de prédire le nom d'une méthode (i.e. sa fonction) à partir de son code. Pour cela, le programme est d'abord décomposé en une collection de chemins (d'une feuille à une autre) dans l'AST. Seuls les chemins les plus fréquents du jeu de données sont utilisés comme descripteurs. Les paramètres du réseau de neurones correspondent pour partie aux embeddings finaux et pour une autre partie à une pondération censée quantifier l'importance de chaque chemin (descripteur) pour la tâche de prédiction. Comme évoqué par les auteurs, cette approche nécessite une grande quantité de programmes en entrée. Par ailleurs, il n'est pas possible de prédire la fonction (et l'embedding) d'un programme dont les chemins n'apparaissent pas dans le jeu d'entraînement. Les embeddings produits capturent des informations et relations sémantiques sur la fonction du code, mais ignorent les différences de style.

3   Description de l'approche

Deux grandes stratégies d'apprentissage d'embeddings de programmes ressortent de l'étude bibliographique précédente : par l'observation des résultats de l'exécution du programme (Piech et al., 2015; Wang et al., 2018) ou alors par l'analyse du script (Azcona et al., 2019) et/ou de son AST (Alon et al., 2019). Notre approche se positionne à l'intersection de ces deux stratégies et vise ainsi à profiter conjointement des descriptions fonctionnelles et syntaxiques des programmes pour en induire des embeddings pertinents.

Nous proposons ainsi la méthode *code2aes2vec* qui procède en deux étapes :

1. l'étape *code2aes* représente le cœur de l'approche : elle consiste à traduire un programme sous forme d'une séquence d'exécution abstraite, ou AES (*Abstract Execution Sequence*), correspondant aux chemins de l'AST empruntés par le programme lors de son exécution sur des cas de tests prédéfinis ;

2. l'étape *aes2vec* exploite l'approche *doc2vec* de Le et Mikolov (2014) pour construire les embeddings des AES (et donc des programmes associés) en entraînant un réseau de neurones à prédire chaque "mot" d'une AES à partir de son contexte (fenêtre de quelques "mots" précédents/suivants) et du programme associé.

3.1   *code2aes* : construction de séquences d'exécutions abstraites

La traduction d'un programme en une AES nécessite de fournir, en complément du programme lui-même, une collection de cas de tests sur lesquels le programme sera exécuté afin d'en exploiter les traces. Pour le domaine d'application qui nous anime, à savoir l'éducation, des cas de tests sont généralement intégrés aux plates-formes d'entraînement pour évaluer les contributions soumises. A fortiori, le fait de laisser libre la construction des cas de tests offre à l'enseignant une possibilité d'introduire des choix de vérifications et ainsi d'orienter l'interprétation des programmes de ses apprenants en fonction de ses propres choix pédagogiques.

Par exemple, sur un exercice de recherche d'une valeur dans un tableau, un enseignant souhaitant mettre l'accent sur l'efficacité des algorithmes, peut choisir d'intégrer quelques cas de tests pour lesquels la valeur recherchée apparaît tôt lors du parcours. Ces cas de tests permettront ainsi de distinguer deux programmes (valides) par des AES plus ou moins longues selon que le programme stoppe ou non la boucle de parcours dès l'apparition de la valeur recherchée.

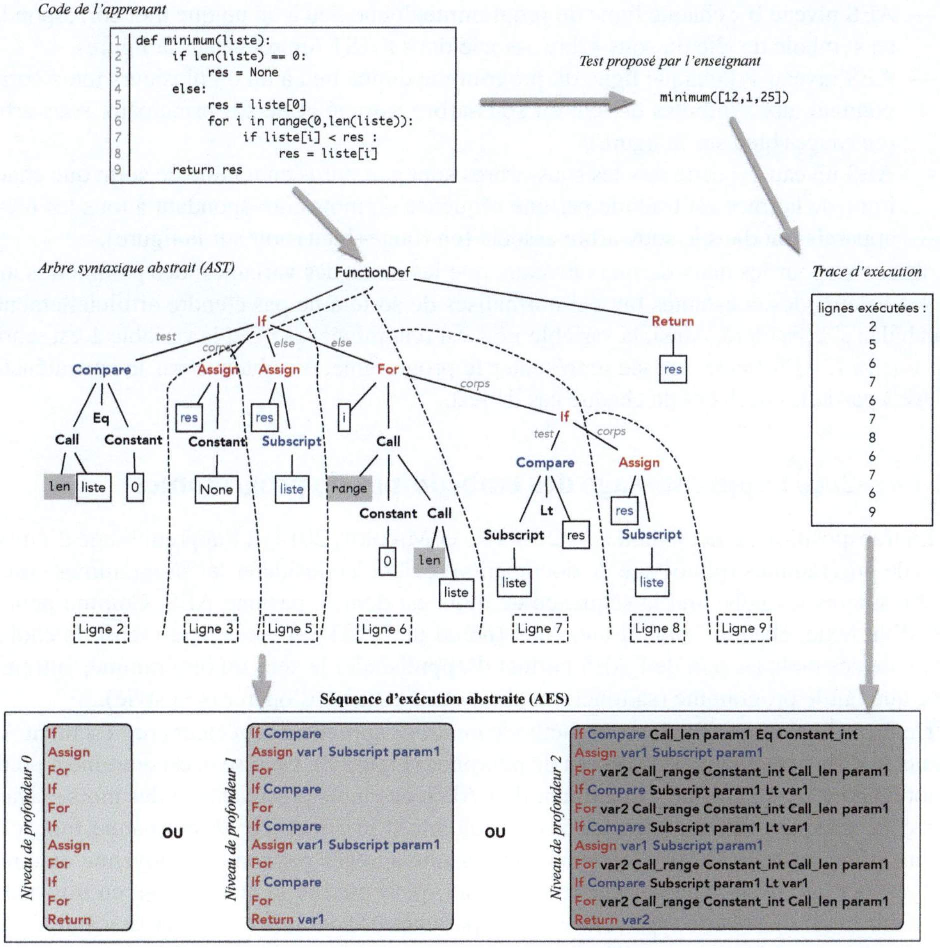

FIG. 1 – *Illustration du processus de construction des AES à partir d'un programme Python soumis en réponse à l'exercice 'rechercher le minimum dans une liste' et d'un cas de test.*

La Figure 1 illustre sur un exemple détaillé le processus de traduction d'un programme en une AES. Cet exemple considère en entrée le code soumis par un apprenant en réponse à l'exercice "*Écrire une fonction python qui retourne le minimum d'une liste passée en paramètre*". Ce programme donne lieu à un double traitement : d'une part l'AST est construit décrivant la structure syntaxique du programme en terme de structures de contrôle (`if-else`, `for`, `while`), appels de fonctions (`call`), affectations (`assign`), etc ; d'autre part le code est exécuté sur un exemple (ici l'entrée [12, 1, 25]) et la trace est conservée, indiquant les lignes du programme successivement exécutées. L'AES est finalement construite par la mise en correspondance de ces deux niveaux d'information : syntaxique et fonctionnel. La séquence issue de la trace est traduite en une séquence de "mots" extraits des nœuds de l'AST.

Trois niveaux d'abstraction sont proposés selon la profondeur considérée dans l'AST :

— AES niveau 0 : chaque ligne du programme donne lieu à un unique mot correspondant au symbole de tête du sous-arbre associé dans l'AST (en rouge sur la figure),

— AES niveau 1 : chaque ligne du programme donne lieu à un ou plusieurs mots correspondant aux symboles de tête du sous-arbre associé et de ses principaux sous-arbres (en rouge+bleu sur la figure),

— AES niveau 2 : cette fois les sous-arbres sont parcourus en totalité de sorte que chaque ligne de la trace est traduite par une séquence de mots correspondant à tous les nœuds apparaissant dans le sous-arbre associé (en rouge+bleu+noir sur la figure).

On observera pour les deux derniers niveaux que les noms des variables, des paramètres ainsi que les valeurs des constantes ont été normalisés de sorte à ne pas étendre artificiellement le "vocabulaire" considéré. Ainsi, la variable `res` est renommée `var1` et la variable `i` est renommée `var2`. L'AES finale, censée représenter le programme, est obtenue par la concaténation des AES partielles dérivées de chaque cas de test.

3.2 *aes2vec* : apprentissage des embeddings de programmes

La transposition de la méthode *doc2vec* (Le et Mikolov, 2014) à l'apprentissage d'embeddings de programmes (plutôt que de documents) revient à considérer les programmes comme des documents textuels dont la séquence de mots est donnée par une AES. Comme pour les mots d'un texte, chaque "mot" d'une AES (nœud de l'AST) est porteur de sens ; le choix et l'ordre de ces mots au sein de l'AES permet d'appréhender le sens du programme, autrement dit ce que fait le programme (sa fonctionnalité) et sa manière d'opérer (son style).

De façon analogue à *doc2vec*, la méthode *aes2vec* apprend des vecteurs représentant AES et mots par l'intermédiaire d'un réseau de neurones (Figure 2). Ce réseau est entraîné à prédire le mot courant w_i à partir de l'identifiant de l'AES, des mots précédents et des mots suivants. Pour cela, chaque AES est associée à une colonne d'une matrice D, et chaque mot à une colonne d'une matrice W. Ces vecteurs sont ensuite agrégés par somme, moyenne ou concaténation (il s'agit d'un hyperparamètre du réseau) pour prédire le mot courant en utilisant un classifieur multi-classes du type *softmax*. Les paramètres sont mis à jour par descente de gradient stochastique. Dans ce modèle d'apprentissage, chaque vecteur d'AES sera uniquement utilisé pour les prédictions des mots de cette AES, tandis que les vecteurs de mots sont communs à toutes les AES. La dimension des vecteurs (AES et mots) est fixée et correspond in fine à la dimension de l'espace de représentation (embeddings) souhaité. Une hypothèse forte de ce modèle est que l'AES elle-même contribue à la prédiction des mots qui la composent.

Une fois le modèle entraîné, la matrice D renfermera les embeddings des programmes utilisés pour cet entraînement (via leur AES). Le positionnement d'un nouveau programme dans cet espace d'embeddings consiste à inférer un nouveau vecteur colonne dans D à partir des mots de l'AES générée pour ce nouveau programme, les autres paramètres du modèle restant fixés (W ainsi que les paramètres du *softmax*).

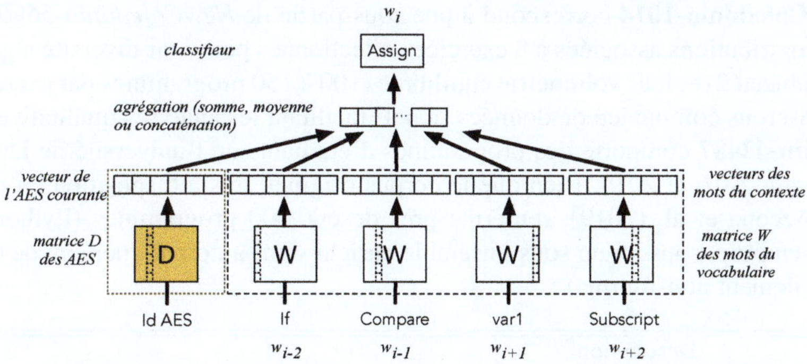

FIG. 2 – *Schéma du réseau de neurones* aes2vec *(adapté de* doc2vec*) utilisé pour prédire un mot* w_i *à partir de l'identifiant de son AES d'origine et de son contexte (deux mots précédents et deux mots suivants).*

4 Évaluation de la méthode

Pour nos expérimentations, nous avons construit plusieurs jeux de données réelles, dont les caractéristiques sont décrites dans le tableau 1. Ils sont constitués de programmes Python soumis par les étudiants sur deux plates-formes d'entraînement dans le cadre de cours d'introduction à la programmation. Outre les programmes (documentés) de construction d'AES (*code2aes*), nous mettons également à disposition[2] ces trois corpus de programmes Python, les cas de tests associés ainsi que les AES construites sur chaque programme. L'ensemble des résultats présentés dans la suite de cette section peuvent ainsi être intégralement et aisément reproduits.

Jeu de données	NewCal.-1014	NewCal.-5690	Dublin-42487
Nb. programmes	1,014	5,690	42,487
Nb. programmes corrects	189	1,304	19,961
Nb. exercices	8	66	65
Nb. 'mots' AES-0	113,223 (20)	761,726 (44)	7,4 M (38)
Nb. 'mots' AES-1	226,682 (42)	1,7 M (57)	15,2 M (83)
Nb. 'mots' AES-2	690,019 (71)	3,9 M (113)	40,4 M (209)

TAB. 1 – *Présentation synthétique de trois jeux de données de programmes Python récoltés sur des plates-formes d'entraînement à la programmation. Le 'Nb. mots' indiqué correspond à la taille des corpus d'AES ; le nombre entre parenthèses indique la taille du 'vocabulaire'.*

— **NewCaledonia-5690** comporte les programmes réalisés en 2020 par une soixantaine d'étudiants de l'université de Nouvelle-Calédonie, sur une plate-forme d'entraînement à la programmation[3].

---

2. https ://github.com/GCleuziou/code2aes2vec.git
3. Plateforme développée et mise à disposition par le département informatique de l'IUT d'Orléans.

— **NewCaledonia-1014** correspond à une sous-partie de *NewCaledonia-5690* composée des contributions associées à 8 exercices sélectionnés pour leur diversité algorithmique (cf. tableau 2) et leur volumétrie équilibrée (100 à 150 programmes par exercice). Nous l'utiliserons comme jeu de données 'jouet' facilitant les analyses qualitatives.

— **Dublin-42487** comporte des programmes d'étudiants de l'université de Dublin, réalisés entre 2016 et 2019. Bien que le corpus originel, mis à disposition en juillet 2020 par Azcona et al. (2019), renferme près de 600,000 programmes (Python et Bash), nous en proposons ici un sous-ensemble enrichi semi-automatiquement de cas de tests (initialement non-fournis).

Exercice	Description
permutation	permuter les éléments d'une liste
minimum	rechercher le minimum dans une liste
compareChaines	comparer deux chaînes de caractères
quatrePlus100	renvoyer les quatre premières valeurs supérieures à 100 d'une liste en entrée
indiceOccurrence	renvoyer l'indice de la première occurrence d'un élément dans une liste
compareDates	comparer deux dates à partir de leur jour, mois et année
polynôme	calculer les racines d'un polynôme de degré 2
joursNuit	afficher une information sur le moment de la journée étant donnée une heure

TAB. 2 – *Énoncés des exercices du jeu de données NewCaledonia-1014.*

De manière générale, les données issues de l'éducation sont complexes. Les programmes peuvent contenir des erreurs, être de petite taille, ne pas répondre totalement aux fonctions prévues et être relativement redondants. Ces données ont des caractéristiques très différentes des jeux de données utilisés en développement logiciel.

Dans les expérimentations qui suivent, chaque jeu de données a été découpé en trois sous parties : entraînement (90%), validation (5%) et test (5%) ; l'ensemble de validation servant à sélectionner le meilleur modèle parmi ceux appris lors des différentes itérations (*aes2vec*). Sauf mention contraire, l'algorithme *aes2vec* a été paramétré pour apprendre des embeddings de dimension 100, les fenêtres glissantes considèrent les 2 mots avant et les 2 mots après celui à prédire dans l'AES et l'apprentissage est réalisé sur 500 itérations.

Dans un premier temps, nous évaluons notre approche de manière qualitative sur le jeu de données *NewCaledonia-1014* constitué dans cet objectif. La Figure 3 (gauche) présente une visualisation des 912 programmes de l'ensemble d'entraînement, obtenue par projection non-linéaire via l'algorithme de réduction de dimensions t-SNE (LJPvd et Hinton, 2008). On observe que, bien que les embeddings soient appris de manière non-supervisée, la méthode *code2aes2vec* permet d'apprendre, à partir d'un nombre relativement limité de données d'entraînement, un espace de représentation dans lequel les zones identifient des fonctionnalités distinctes des programmes. Ainsi, les vecteurs de programmes s'organisent assez naturellement en 8 groupes très fortement corrélés aux 8 exercices d'origine. De plus, l'organisation topologique de ces groupes respecte une logique sur l'algorithme inhérent aux programmes associés. Les exercices 'permutation' et 'minimum' sont proches dans l'espace et correspondent aux deux seuls exercices dont la consigne suggère un parcours complet d'une liste donnée en argument. Les exercices 'compareChaines', 'quatrePlus100' et 'indiceOccurrence', dans la partie supérieure de l'espace, nécessitent quant à eux de parcourir partiellement une liste.

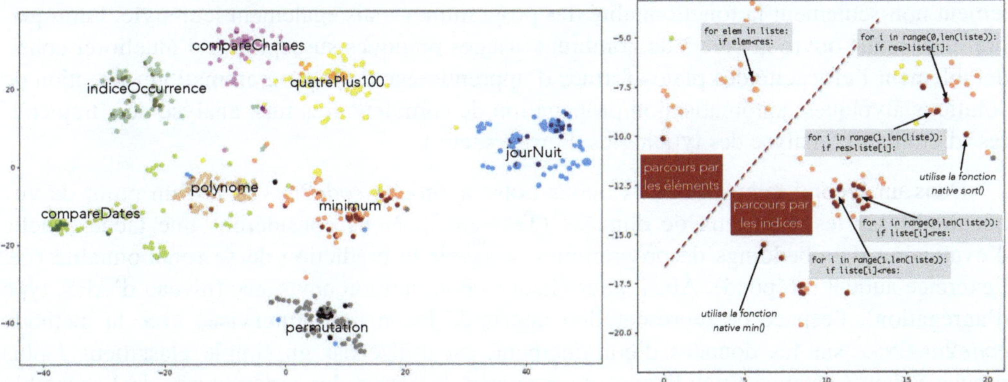

FIG. 3 – *Visualisation des embeddings de programmes obtenus par la méthode code2aes2vec pour les 8 exercices du jeu de données NewCal.-1014. Les couleurs identifient les exercices, avec en clair les programmes incorrects et en foncé ceux corrects. La figure de gauche représente tous les embeddings et celle de droite détaille la zone associée à l'exercice 'minimum'.*

Enfin, les trois derniers exercices ne nécessitent pas de boucles et reposent uniquement sur l'utilisation d'instructions conditionnelles. L'exercice 'jourNuit' se distingue par l'usage attendu d'une fonction d'affichage (`print`) tandis que tous les autres exercices demandent de renvoyer une information (`return`). Cette caractéristique peut expliquer l'"isolement' des programmes associés à cet exercice par rapport aux autres programmes.

La Figure 3 (droite) présente en détail l'espace des embeddings appris autour de l'exercice 'minimum'. Il est intéressant d'observer que dans cette projection, les styles de programmes sont clairement distingués, notamment les deux écritures d'une boucle `for` en Python (parcours d'une liste par ses indices vs. ses éléments). De façon très fine, les programmes sont également regroupés selon que leur boucle de parcours débute au premier élément de la liste (`range(0,...)`) où au deuxième (`range(1,...)`), après une initialisation du minimum au premier élément dans tous les cas. L'importance de l'ordre des mots pour la prédiction dans la méthode *aes2vec* se manifeste ici par une distinction forte entre programmes selon l'ordre d'écriture de l'expression conditionnelle (`if liste[i]<res` vs. `if res>liste[i]`). Cette distinction peut sembler artificielle puisque ces deux expressions sont strictement équivalentes du point de vue de leur évaluation. Bien que équivalentes, la première écriture apparaît toutefois plus 'naturelle' que l'autre. Cette distinction a donc un intérêt d'un point de vue cognitif et donc pédagogique [4]. Nous attirons enfin l'attention du lecteur sur la mise à l'écart de certains programmes valides. Notamment l'existence d'un programme utilisant la fonction Python native `min`, ou encore celui utilisant une fonction de tri `sort`. Cette mise à l'écart revêt un intérêt applicatif crucial puisqu'elle laisse entrevoir la possibilité d'identifier des programmes valides qu'un enseignant souhaiterait pourtant rejeter ou du moins modérer car il les jugerait déviants par rapport à son objectif pédagogique. Plus généralement, cette analyse semble confirmer que les espaces d'embeddings appris par la méthode *code2aes2vec* capturent correc-

---

4. Il serait aisé de 'gommer' ce phénomène en normalisant les expressions lors de l'étape *code2aes* ; cette option pouvant être laissée à la discrétion de l'enseignant.

tement non-seulement la fonctionnalité des programmes mais également leur style. Leur qualité intrinsèque ouvre la voie à de nombreux usages pratiques susceptibles d'améliorer considérablement l'efficacité des plates-formes d'apprentissage de la programmation (détection de solutions atypiques, automatisation/propagation de commentaires fins, analyse des 'trajectoires' d'étudiants, analyse des typologies d'erreurs, etc.).

Dans un second temps, nous évaluons notre approche *code2aes2vec* d'un point de vue quantitatif sur les trois jeux de données (Tableau 3). Nous considérons une tâche usuelle d'évaluation d'embeddings de programmes, à savoir la prédiction de sa fonctionnalité (i.e. l'exercice auquel il répond). Ainsi, pour chaque configuration envisagée (niveau d'AES, type d'agrégation), l'espace de représentation appris de façon **non-supervisée** avec la méthode *code2aes2vec* sur les données d'entraînement, est utilisé par un simple classifieur 1-plus proche voisin (distance Euclidienne) pour prédire la classe des programmes de l'ensemble de test. La ligne *classification aléatoire* du Tableau 3 rend compte de la difficulté de la tâche en fonction du jeu de données. Nous reportons également les résultats obtenus par l'approche **supervisée** *code2vec* (Alon et al., 2019)[5] exécutée avec les paramètres par défaut.

		NewCal.-1014	NewCal.-5690	Dublin-42487
classification aléatoire		*0.125*	*0.015*	*0.015*
code2vec (Alon et al., 2019)		0.230	0.098	0.048
code2aes2vec (somme)	AES-0	0.843	0.361	0.316
code2aes2vec (concat.)		0.980	0.505	0.460
code2aes2vec (somme)	AES-1	0.980	0.677	0.486
code2aes2vec (concat.)		0.980	0.712	0.595
code2aes2vec (somme)	AES-2	**1.0**	0.775	0.561
code2aes2vec (concat.)		**1.0**	**0.811**	**0.650**

TAB. 3 – *Évaluation quantitative et comparative des embeddings produits sur la tâche de reconnaissance de la fonctionnalité d'un programme (taux de bonne classification).*

On constate que le modèle *code2vec* proposé récemment par Alon et al. (2019) ne peut être entraîné de manière satisfaisante sur aucun des trois jeux de données. Cela est dû notamment au grand nombre de paramètres mais aussi et surtout à la nécessité de disposer traditionnellement d'une quantité importante d'exemples pour l'entraînement des réseaux de neurones. Contrairement à la méthode *code2aes2vec* qui s'appuie par exemple sur plusieurs millions d'entrées pour le corpus Dublin-42487 *via* l'usage des AES comme représentation intermédiaire, *code2vec* ne dispose que des programmes comme entrées (soient 42,487).

Les résultats comparatifs obtenus avec *code2aes2vec* pour différentes configurations confirment deux caractéristiques importantes de notre approche. D'une part une amélioration de la qualité des embeddings avec l'augmentation du niveau de détail des AES ; les AES de niveau 2 conduisant incontestablement aux meilleures représentations vectorielles de programmes. D'autre part, l'importance de préserver l'ordre des mots[6] du contexte dans la phase

---

5. Les autres méthodes présentées dans l'état de l'art n'ont pas pu être comparées faute d'implémentations opérationnelles disponibles.

6. Contrairement aux données textuelles, le vocabulaire des AES étant réduit, l'ordre d'apparition des mots est (au moins) aussi important que la nature même des mots.

d'agrégation de l'étape *aes2vec*; une agrégation par concaténation (concat.) conduisant systématiquement à de meilleurs modèles sur les tâches de prédiction non-triviales.

Enfin, d'autres comparaisons ont été réalisées, révélant des scores similaires dès que la dimension de l'espace dépasse 20, pour des fenêtres de mots évoluant de 1 à 10 (sous réserve d'une agrégation de type 'concaténation') ainsi qu'en augmentant la part de données de test. On observe également qu'il est possible d'améliorer encore ces scores en ayant recours à d'autres types de classifieurs (ex. SVM) comme alternatives au classifieur 1-plus proche voisin.

5   Conclusion et perspectives

Cet article étudie le problème de la construction de représentations vectorielles, ou embeddings, de programmes dans un contexte lié à l'éducation où la fonction est tout aussi importante que le style. Face à ce problème, nous proposons la méthode *code2aes2vec* transformant le code en séquences d'exécutions abstraites puis en embeddings. Cette approche s'appuie sur une adaptation de la méthode *doc2vec* aux programmes. Les évaluations menées valident la qualité des embeddings appris, capturant de manière fine la fonction et le style des programmes.

Les perspectives à ce travail sont nombreuses. Dans notre approche, tous les mots du programme ont le même poids dans la construction des embeddings. Ainsi, un programme correcte et un autre retournant une mauvaise valeur (ou déclenchant une erreur à la fin) pourront avoir des embeddings très proches, bien que fonctionnellement très différents. Cet aspect pourrait être intégré dans la construction de nos AES ou dans l'architecture du réseau de neurones utilisé pour générer des embeddings. Pour cela, il pourrait être aussi intéressant d'ajouter à nos AES les valeurs prises par les variables, à la manière de Wang et al. (2018) mais dans une approche multimodale générique. Une autre perspective serait de permettre à l'expert d'intégrer une partie de sa connaissance sur le langage. Comme discuté précédemment, certaines séquences d'instructions peuvent être équivalentes (p.ex. `if liste[i]<res:` vs. `if res>liste[i]:`). Des relations sémantiques entre mots peuvent aussi être connues (ex. la relation entre le `for` et le `while`). Ces connaissances permettraient de contraindre le réseau de neurones et de guider la construction des embeddings. L'implémentation actuellement disponible de notre approche permet de traiter des programmes en langage Python uniquement, ce qui limite les corpus exploitables. Il s'agirait alors d'étendre cette implémention pour traiter tout type de langage. Enfin, ces embeddings de programmes ouvrent un grand nombre de perspectives pour l'aide à l'enseignement. Par exemple, ils pourraient être utilisés pour identifier les typologies d'erreurs, les solutions alternatives, ou encore prédire les étudiants en situation de décrochage via l'analyse de leurs 'trajectoires'.

Références

Allamanis, M., E. T. Barr, P. Devanbu, et C. Sutton (2018). A survey of machine learning for big code and naturalness. *ACM Computing Surveys (CSUR) 51*(4), 1–37.

Alon, U., M. Zilberstein, O. Levy, et E. Yahav (2019). code2vec : Learning distributed representations of code. *Proceedings of the ACM on Programming Languages 3*(POPL), 1–29.

Azcona, D., P. Arora, I.-H. Hsiao, et A. Smeaton (2019). user2code2vec : Embeddings for profiling students based on distributional representations of source code. In *Proceedings of the 9th International Conference on Learning Analytics & Knowledge*, pp. 86–95.

DeFreez, D., A. V. Thakur, et C. Rubio-González (2018). Path-based function embedding and its application to error-handling specification mining. In *Proceedings of the 2018 26th ACM Joint Meeting on European Software Engineering Conference and Symposium on the Foundations of Software Engineering*, pp. 423–433.

Henkel, J., S. K. Lahiri, B. Liblit, et T. Reps (2018). Code vectors : understanding programs through embedded abstracted symbolic traces. In *Proceedings of the 2018 26th ACM Joint Meeting on European Software Engineering Conference and Symposium on the Foundations of Software Engineering*, pp. 163–174.

Le, Q. et T. Mikolov (2014). Distributed representations of sentences and documents. In *International conference on machine learning*, pp. 1188–1196.

LJPvd, M. et G. Hinton (2008). Visualizing high-dimensional data using t-sne. *J Mach Learn Res 9*, 2579–2605.

Mikolov, T., K. Chen, G. Corrado, et J. Dean (2013). Efficient estimation of word representations in vector space. *arXiv preprint arXiv :1301.3781*.

Nguyen, T. D., A. T. Nguyen, H. D. Phan, et T. N. Nguyen (2017). Exploring api embedding for api usages and applications. In *2017 IEEE/ACM 39th International Conference on Software Engineering (ICSE)*, pp. 438–449. IEEE.

Piech, C., J. Huang, A. Nguyen, M. Phulsuksombati, M. Sahami, et L. Guibas (2015). Learning program embeddings to propagate feedback on student code. In *Proceedings of the 32nd International Conference on Machine Learning*, ICML'15, pp. 1093–1102. JMLR.org.

Salton, G., A. Wong, et C.-S. Yang (1975). A vector space model for automatic indexing. *Communications of the ACM 18*(11), 613–620.

Wang, K., R. Singh, et Z. Su (2018). Dynamic neural program embeddings for program repair. In *International Conference on Learning Representations*.

Summary

Improving the pedagogical effectiveness of programming training platforms is a hot topic that requires the construction of fine and exploitable representations of learners' programs. This article presents a new approach for learning program embeddings. Starting from the hypothesis that the functionality of a program, but also its "style", can be captured by analyzing these traces of executions, the *code2aes2vec* method proceeds in two steps. A first step generates abstract execution sequences (AES) from running tests and abstract syntax trees (AST) of the submitted programs. The *doc2vec* method is then used to learn condensed vector representations (embeddings) of the programs from these AESs. This contribution also leads to the exploitation and diffusion of new real data sets. A first evaluation performed on these data sets shows that the embeddings generated by *code2aes2vec* seem to efficiently capture the semantics and even the style of the programs.

Concept de prétopologie temporelle pour l'analyse des évolutions structurelles

Nazha Selmaoui-Folcher*, Jannai Tokotoko*
Samuel Gorohouna**, Laisa Roi**

*ISEA - Université de la Nouvelle Calédonie
nazha.selmaoui@univ-nc.nc, tokotokojannai@yahoo.fr
**LARJE - Université de la Niouvelle Calédonie

Résumé. La prétopologie est un modéle mathématique développé par affaiblissement d'une axiomatique de la topologie. Elle a d'abord été utilisée dans les sciences économiques, sociales, physiques et biologiques, puis dans la reconnaissance de formes et l'analyse d'images. Elle permet de travailler dans un cadre mathématique aux propriétés faibles, et la non idempotence de l?opérateur d?adhérence permet d'implémenter des algorithmes itératifs. Il propose un formalisme généralisant les concepts de la théorie des graphes et modélise les problémes de maniére universelle. Dans cet article, nous étendrons ce modéle pour analyser des données complexes avec la dimension temporelle. Nous définissons la notion d'espace prétopologique temporel. Nous donnons un exemple basé sur une relation binaire appelé prétopologie temporelle des descendants d'ordre p. Nous présentons deux notions de sous-structures temporelles : k-stable et fermé élémentaire temporel. Nous proposons des algorithmes pour extraire ces sous-structures. Nous expérimentons notre proposition sur 4 jeux de données réelles.

1   Introduction

L'analyse structurelle est l'un des domaines qui a permis l'analyse des réseaux sociaux, l'économétrie sectorielle, etc (Largeron et Bonnevay, 2002). Les interactions entre les individus (sommets) sont importantes à étudier, elles sont de différentes natures et concernent des dépendances, des influences ou d'autres relations.
Des scientifiques comme (Auray et al., 1979; Duru, 1980; Emptoz, 1983) ont développé le concept d'espace prétopologique par affaiblissement d'une axiomatique de la topologie. Cela a permis d'étudier les structures topologiques faibles, en particulier les structures discrètes et finies, à l'aide de modèles construits pas à pas (phénomènes de propagation) tels que la diffusion d'informations dans des réseaux complexes. Contrairement à la topologie, la prétopologie est définie par une fonction appelée *adhérence* (pseudo-fermeture) qui n'est pas nécessairement idempotente.
La prétopologie a trouvé ses premières applications dans les sciences sociales et l'économétrie (Auray et al., 1979; Duru, 1980), les réseaux sociaux (Levorato, 2011; Basileu et al., 2012; Dalud-Vincent et al., 2001), la reconnaissance de formes (Emptoz, 1983), l'analyse d'images (Lamure, 1987; Arnaud et al., 1986; Selmaoui et al., 1993), entre autres. Ces dernières années,

les chercheurs ont repris les bases de la prétopologie pour l'appliquer dans de nombreux domaines tels que l'apprentissage machine (Le et al., 2007) ou l'exploration de textes (Cleuziou et al., 2011). Elle a montré son intérêt pour la construction de modèles mathématiques adaptés aux structures d'ensembles d'éléments afin de réaliser des analyses structurelles de données, d'extraire des tendances (clustering) ou de prédire des événements (classification supervisée). Elle propose un formalisme qui généralise les concepts de la théorie des graphes (Dalud-Vincent et al., 2001).

La prétopologie ayant été principalement utilisée pour les données statiques, notre contribution consiste à l'étendre à l'analyse des données spatio-temporelles. Nous établissons un nouveau formalisme du concept de prétopologie temporelle afin de construire un cadre théorique de l'évolution temporelle et structurelle. Nous donnons quelques exemples d'évolution à partir de la fonction d'adhérence (pseudo-fermeture) temporelle. Nous proposons une première étude appliquée à l'évolution des données économiques intersectorielles en formalisant cette dynamique par une séquence d'espaces prétopologiques. Dans la section 2, nous rappellerons les définitions de base du modéle prétopologique, la section 3 présente les premières définitions et formalismes du nouveau concept des espaces prétopologiques temporels. La section 3.1 présente le processus de construction d'un espace prétopologique. Dans la section 4, nous donnons deux exemples d'analyse de sous-structure présentant les évolutions dans le temps. Dans la section 5, nous présentons les résultats de notre modèle appliqué sur 4 jeux de données réelles avec deux ensembles de données économiques. La section 6 présente la conclusion et les perspectives.

2   Définitions de bases et formalisme

Notre approche consiste a intégrer une dimension temporelle dans un espace prétopologique. Afin de mieux présenter notre approche, nous rappelons brièvement les définitions et les concepts de base d'un modèle prétopologique. Pour plus de détails, le lecteur peut se référer à (Belmandt, 1993; Bui, 2018).

Considérons un ensemble de population non vide (individus, objets, etc.) E sur lequel nous définissons un processus d'extension a associé à un processus dual i. $\mathcal{P}(E)$ est l'ensemble des parties de E. Un tel espace est appelé espace prétopologique décrit par le triplet (E, i, a) oé a et i sont des opérateurs c-dual appelés *adhérence* (c'est-é-dire le processus d'extension) et *intérieur* (processus dual), respectivement.

Définition 2.1 (Espace prétopologique et adhérence) *(E, a, i) est un espace prétopologique si et seulement si i et a sont des opérateurs c-duaux de $\mathcal{P}(E)$ dans $\mathcal{P}(E)$:*
— *$\forall A \in \mathcal{P}(A)$, $i(A) = (a(A^c))^c$ oé A^c est le complémentaire de A*
— *$a(\emptyset) = \emptyset$*
— *$\forall A \in \mathcal{P}(A)$, $A \subset a(A)$*

L'adhérence (pseudo-fermeture) a n'est pas nécessairement idempotente comme pour un espace topologique $(a(a(A)) \neq a(A))$, c'est-é-dire nous avons : $A \subset a(A) \subset a[a(A)] \subset \dots$.
Cette propriété de non-idempotence permet de construire des opérateurs itératifs et donc des algorithmes itératifs. Les opérateurs étant duaux, souvent on ne définit que l'adhérence a.

Définition 2.2 (Sous-ensemble fermé) *$A \in \mathcal{P}(E)$ est un sous-ensemble fermé de E si et seulement si $a(A) = A$.*

Définition 2.3 (Fermeture) $A \in \mathcal{P}(E)$, *la fermeture de A dans (E, a) est le plus petit sous-ensemble fermé noté $F(A)$ tel que $A \subset F(A)$, et $\exists p \geq 1$ tel que $F(A) = a^{p+1}(A) = a^p(A)$.*

Définition 2.4 (Sous-ensemble fermé élémentaire) $\forall x \in E$, *un sous-ensemble fermé élémentaire de x noté $F(x)$ est le fermé de $\{x\}$, i.e. $\exists p \geq 1$, tel que $F(x) = a^{p+1}(\{x\}) = a^p(\{x\})$.*

Soit $x \in E$ et A est un sous-ensemble de E. $a(\{x\})$ représente l'ensemble des éléments liés à x. Dans ce cas $a(A)$ exprimera l'ensemble des éléments en relation avec les éléments de A. L'exemple simple qui est souvent utilisé est la relation de voisinage. Cela permet de donner un sens aux éléments voisins de x et d'étendre cette relation de voisinage à A. Cette notion généralise la notion de voisinage que l'on retrouve dans un espace topologique mais qui est affaiblie dans un espace prétopologique. Inversement, à partir d'une relation de voisinage ou en général d'une relation binaire définie sur E, on peut construire un espace prétopologique.

2.1 Types d'espaces prétopologiques

En fonction de la définition de la pseudo-fermeture, l'espace prétopologique peut vérifier certaines propriétés intéressantes qui le qualifient d'un type particulier. Dans cette section, nous présenterons les différents types d'espaces prétopologiques qui ont été définis (Auray et al., 1979; Belmandt, 1993).

Définition 2.5 (Espace prétopologique de type $\mathcal{V}$) *Un espace de prétopologie (E, a) est appelé espace prétopologique de type $\mathcal{V}$ si et seulement si*

$$\forall A, B \in \mathcal{P}(E), (A \subset B) \implies (a(A) \subset a(B)) \tag{1}$$

Soit (E, a) un espace prétopologique de type $\mathcal{V}$, nous avons les propriétés suivantes.

Proposition 2.6 $\forall F_1, F_2$ *sous-ensemble fermé dans E alors $F_1 \cup F_2$ est fermé.*

Proposition 2.7 $\forall x, y \in E, x \neq y$, *deux cas possibles :*
 — $F(x) \cap F(y) = \emptyset$
 — $\forall z \in F(x) \cap F(y)$ *alors* $F(z) \subset F(x) \cap F(y)$

Définition 2.8 (Espace prétopologique de type $\mathcal{V}_D$) *Un espace de prétopologie (E, a) est appelé espace prétopologique de type $\mathcal{V}_D$ si et seulement si :*

$$\forall A, B \in \mathcal{P}(E), (A \cup B) = a(A) \cup a(B) \tag{2}$$

Il est très simple de montrer que si $a(A \cup B) = a(A) \cup a(B)$ alors $(A \subset B) \implies (a(A) \subset a(B))$.

Proposition 2.9 *Tout espace prétoplogique de $\mathcal{V}_D$ est un espace prétopologique de type $\mathcal{V}$.*

Ce dernier type d'espace prétopologique permet de calculer la pseudo-fermeture d'un sous-ensemble fini A à partir de la pseudo-fermeture de ces éléments, c'est-é-dire :

$$\forall A \in E, a(A) = \cup_{x \in A} a(\{x\}) \tag{3}$$

La notion de continuité connue de la topologie a également été définie dans un espace prétopologique.

Définition 2.10 (Continuité) *soient (E, a_E) et (F, a_F) deux espaces prétopologiques. Soit h une application de (E, a_E) vers (F, a_F). h est dite (m,n) continue sur E si et seulement si :*

$$\forall A \in \mathcal{P}(A), h(a_E^m(A)) \subset a_F^n(h(A)) \tag{4}$$

Si $m = n = 1$, on dit que h est continue sur E.

2.2 Construction d'une prétopologie à partir d'une relation binaire

Soit $\Re$ une relation binaire définie sur E. On note $\Re(x) = \{y \in E/x\Re y\}$, et on définit $\Re^o(x) = \{x\}$, $\Re^1(x) = \Re(x)$ et $\forall p \geq 1$, $\Re^p(x) = \Re[\Re^{p-1}(x)]$. De la méme maniére, on note $\Re^{-1}(x) = \{y \in E/y\Re x\}$ et $\forall p \geq 1$, $\Re^{-p}(x) = \Re[\Re^{-p+1}(x)]$. Nous avons donc, $\forall A \subset E$, $\Re(A) = \cup_{x \in A}\Re(x)$. é partir de la relation binaire $\Re$ nous pouvons définir trois espaces prétopologiques (Emptoz, 1983; Belmandt, 1993). On distingue 3 exemples d'espaces prétopologiques :

Prétopologie des ascendants d'ordre p Désigne la structure prétopologique sur E avec la pseudo-fermeture ad^p définie comme suit :

$$\forall A \in E, \ ad^p(A) = \{x \in E/\exists i, 0 \leq i \leq p, \Re^{-i}(x) \cap A \neq \emptyset\} \tag{5}$$

Prétopologie des descendants d'ordre q Désigne la structure prétopologique sur E avec la pseudo-fermeture ad^q définie comme suit :

$$\forall A \in E, \ ad^q(A) = \{x \in E/\exists j, 0 \leq i \leq q, \Re^i(x) \cap A \neq \emptyset\} \tag{6}$$

Prétopologie des ascendants-descendants d'ordre (p,q) Désigne la structure prétopologique sur E avec la pseudo-fermeture ad^{pq} définie comme suit :$\forall A \in E$,

$$ad^{pq}(A) = \{x \in E/\exists (i,j), 0 \leq i \leq p, 0 \leq j \leq q, \Re^{-i}(x) \cap A \neq \emptyset \text{ and } \Re^j(x) \cap A \neq \emptyset\} \tag{7}$$

Proposition 2.11 *Les espaces prétopologiques des ascendants d'ordre p, des descendants d'ordre q et des ascendants-descendants d'ordre (p, q) sont des espaces de type $\mathcal{V}_\mathcal{D}$.*

3 Modèle prétopologique temporel : nouveau concept

La fonction de continuité permet d'établir un transport des structures prétopologiques d'un ensemble E vers un ensemble F. Ce transport peut être défini pour étudier des sous-ensembles de structures évoluant dans le temps.

Dans cette section, nous introduirons une nouvelle notion d'espace prétopologique temporel pour étudier des sous-structures et la relation entre les éléments de ses sous-structures qui évoluent dans une dimension temporelle $T = \{1, \ldots, n\}$. Cette notion nous permettra d'établir un formalisme générique. Nous présenterons un exemple de prétopologie temporelle construite à partir d'une relation binaire. Nous donnerons deux exemples intéressants de sous-structures évoluant dans le temps. L'ensemble E d'éléments reste le même mais la pseudo-fermeture a_t peut évoluer. Ce formalisme est basé sur la définition d'une fonction temporelle f_t qui doit respecter la contrainte de continuité entre les espaces (E, a_t) et (E, a_{t+1}).

Définition 3.1 (Fonction temporelle) *f_t est une fonction temporelle entre les estampilles temporelles t et $t+1$ définie sur $\mathcal{P}(E)$ si f_t respecte la condition de continuité entre (E, a_t) et (E, a_{t+1}). i.e. $\forall A \in \mathcal{P}(A)$, f_t vérifie $f_t(a_t(A)) \subset a_{t+1}(f_t(A))$.*

Définition 3.2 (Espace Prétopologique temporel) *Un espace prétopologique temporel dans une estampille temporelle $T = \{1, \ldots, n\}$ est une séquence d'espaces prétopologiques $<$ $(E_1, a_1), \ldots, (E_n, a_n) >$ avec une fonction temporelle f_t entre E_t et E_{t+1}.*

3.1 Construction d'une prétopologie temporelle

Soit G un espace prétopologique temporel (c'est-é-dire une séquence de prétopologies) $G = \{G_1, G_2, ..., G_n\}$ oé $G_i = (E, a_i)$. Nous pouvons alors construire une prétopologie temporelle des descendants d'ordre p à partir d'une séquence de prétopologies (E, a_i), $\forall i \in \{1, .., n\}$.

Définition 3.3 (Fonction temporelle des descendants) *Nous appelons fonction temporelle des descendants $\Re_t$ définie par :*

$$\forall x \in E, \ \Re_t(\{x\}) = \{y \in E / y \in a_{t+1}(x)\} \tag{8}$$

On désigne par $\Re_t^o(x) = \{x\}$, $\Re_t^1(x) = \Re_t(x)$, et $\forall p \geq 1$, $\Re_t^p(x) = \Re_t[\Re_t^{p-1}(x)]$. Nous généralisons cette fonction à : $\forall A \subset E, \Re_t(A) = \cup_{x \in A} \Re_t(x)$.

Définition 3.4 *L'espace prétopologique temporel des descendants d'ordre p est (E, ad_t^p) dont la pseudo-fermeture est définie par :*

$$\forall A \in E, \ ad_t^p(A) = \{x \in E / \exists i, 0 \leq i \leq p, \Re_t^i(x) \cap A \neq \emptyset\}. \tag{9}$$

ad_t^p est appelé pseudo-fermeture temporelle des descendants d'ordre p.

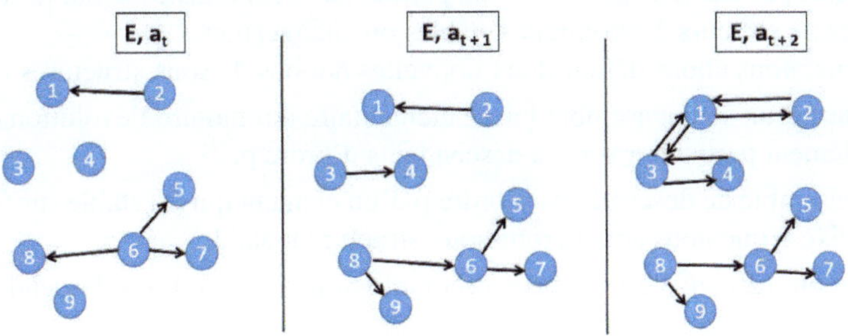

FIG. 1 – *Exemple de prétopologie temporelle*

La figure 1 présente un exemple d'espace prétopologique temporel $G_1 = (E, a_1)$, $G_2 = (E, a_2)$, $G_3 = (E, a_3)$ oé $E = \{1, 2, 3, 4, 5, 6, 7\}$. Dans cette figure, les individus sont les nœuds, un arc $u \to v$ veut dire que $v \in ad(\{u\})$. La table 1 fournit la fonction temporelle des descendants $\Re_t$ et $\Re_{t+1}$ entre $t, t+1$ et $t+1, t+2$. La figure 2 montre l'application successive de $\Re_t$ sur E entre $t, t+1$ et $t+2$ pour les éléments 2 et 6. Le but de la fonction temporelle est de permettre à la pseudo-fermeture de s'étendre temporellement jusqu'é sa fermeture tout en gardant les propriétés de la structure prétopologique.

TAB. 1 – *Fonction temporelle $\Re_t$ entre t et $t+1$*

x	1	2	3	4	5	6	7	8	9
$\Re_t^1(x)$	$\{1\}$	$\{1,2\}$	$\{3,4\}$	$\{4\}$	$\{5\}$	$\{5,6,7\}$	$\{7\}$	$\{8,6,9\}$	$\{9\}$
$\Re_{t+1}^1(x)$	$\{1,2,3\}$	$\{1,2\}$	$\{1,3,4\}$	$\{3,4\}$	$\{5\}$	$\{5,6,7\}$	$\{7\}$	$\{8,6,9\}$	$\{9\}$

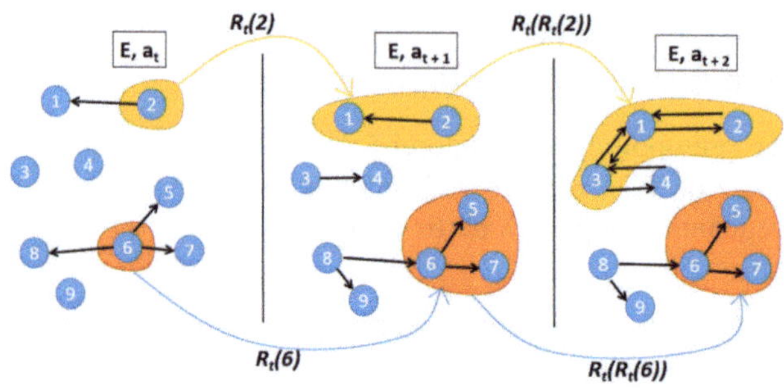

FIG. 2 – *Pseudo-fermeture temporelle des descendants d'ordre $p = 1, 2$*

4 Définition de nouvelles sous-structures évoluant dans le temps

Dans certains domaines d'application, comme en économie, il est intéressant d'analyser les dépendances intersectorielles comme les influences sectorielles qui évoluent dans le temps ou qui restent stables pendant une période. Cela permet aux économistes d'établir des prédictions de dépendances de secteurs économiques stables ou changeantes.

Dans cette partie, nous allons définir deux nouvelles notions de sous-structures temporelles :

1. Séquence d'un sous-ensemble fermé élémentaire qui montre l'évolution de l'influence d'un élément particulier sur ses descendants d'ordre p.

2. Sous-ensemble de descendants d'ordre p d'un élément qui est stable sur une période de temps fixe k que nous appellerons sous-structure k-stable.

Dans cette section, (E, ad_t^p) est l'espace prétopologique temporel des descendants d'ordre p oé $t \in T = \{1, \ldots, n\}$.

4.1 évolution d'une sous-structure fermé élémentaire

Dans le cadre de l'analyse structurelle, des sous-ensembles fermés ont souvent été étudiés dans un espace ayant une structure prétopologique. De plus, ils ont été utilisés pour construire des clusters ou des modèles de classification supervisée. Nous allons étendre la définition de fermé temporel attaché à un élément de l'ensemble étudié et nous donnerons un algorithme pour rechercher ces sous-ensembles.

Définition 4.1 (évolution temporelle d'une sous-structure fermée élémentaire) $\forall x \in E$, *nous définissons l'évolution temporelle d'une sous-structure fermé élémentaire de x comme*

une séquence de la sous-structure fermé élémentaire de x évoluant dans le temps, c'est-é-dire
$(F_1(x), \ldots, F_{t_n}(x))$.

F_t est construit itérativement à chaque temps t en appliquant une pseudo-fermeture temporelle. La figure 3 montre la construction d'une séquence d'un sous-ensemble fermé élémentaire de $x = 8$ par l'algorithme 1.

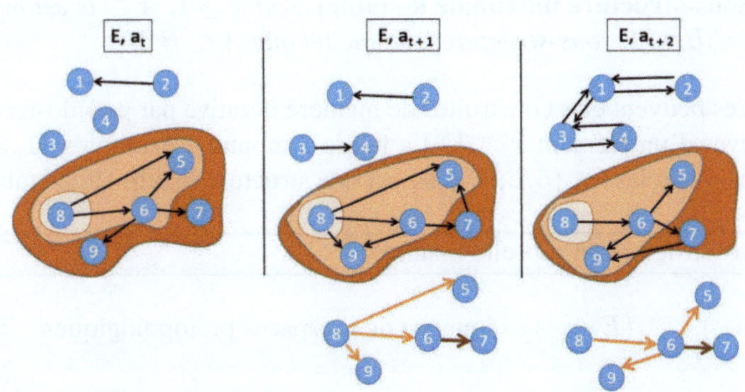

FIG. 3 – *Exemple de séquence de fermés élémentaires temporels de $x = 8$*

Algorithm 1 Sous-ensemble fermé élémentaire temporelle

Input :
- $\{(E, a_{t_1}), (E, a_{t_2}), \ldots, (E, a_{t_n})\}$ séquence de n espaces prétopologiques
- x an element

  1: $G^p = [\ ]$
  2: i = 0
  3: **for** chaque espace prétopologique **do**
  4:     **if** premier espace **then**
  5:         Closure = $\Re^p_{t_i}(x) \cap a^p_{t_i}(x)$
  6:     **else**
  7:         **for** j : 1 to p-1 **do**
  8:             Closure = $\Re^p_{t_i}(x) \cap a^j_{t_i}(x)$
  9:         **end for**
10:     **end if**
11:     i = i+1
12: **end for**
13: **return** G^p

4.2 Sous-structure k-stable

Une sous-structure k-stable peut être construite successivement à partir de la sous-structure 2-stable.

Définition 4.2 (Sous-structure 2-stable) *On dit que $A \subset E$ est une sous-structure 2-stable entre deux temps t et $t + 1$ si et seulement si $\exists B \subset E$, tel que $A = ad_t(B) = f_t(B)$*

Définition 4.3 (Sous-structure k-stable) *Soit $k \geq 1$, $A \subset E$ est k-stable si $\exists t \in T$, tel que, A est 2-stable entre t et $t + 1$, $t + 1$ et $t + 2$, ..., $t + k - 1$ et $t + k$.*

Définition 4.4 (Sous-structure maximale k-stable) *Soit $k \geq 1$, $A \subset E$ est maximal k-stable si et seulement si $\nexists B \subset E$ sous-structure k-stable tel que $A \subset B$.*

Ces sous-structures peuvent être construites de manière itérative par pseudo-fermeture et intersections successives d'un élément $x \in E$. La figure 2 montre 2 exemples $\{1, 2\}$ and $\{5, 6, 7\}$ de sous-structures 3-stables ; et $\{5, 6, 7, 8, 9\}$ est une structure maximale 2-stable.

Algorithm 2 Sous-structure temporelle k-stable

Input :
- $\{(E, a_{t_1}), (E, a_{t_2}), \ldots, (E, a_{t_n})\}$ séquence de n espaces prétopologiques
- x un élément

1: $G^p = [\ ]$
2: $i = 0$
3: **for** chaque espace pretopologique V **do**
4:     **if** premier espace **then**
5:         $G^p(i)= \Re^p_{t_i}(x) \cap a^p_{t_i}(x)//$ recherche de sous-ensembles 2-stables entre E, a_{ti} et E, a_{ti+1}
6:     **else**
7:         $G^p(i)=$Find 2-stable subset between $G^p(i - 1)$ and E, a_{t_i}
8:     **end if**
9:     $i = i+1$
10: **end for**
11: **return** G^p

---

5 Résultats expérimentaux

Les expérimentations ont été menées sur plusieurs ensembles de données : 2 jeux de données provenant de la plate-forme d'analyse du réseau de Stanford [1] (SNAP) et 2 jeux de données réelles traitant de l'influence intersectorielle en économie de Nouvelle Calédonie (jeu de données 1) et de France (jeu de données 2). Le tableau 2 donne une bréve description des ensembles de données.

COLLEGEMSG [2] jeu de données constitué de messages privés envoyés sur un réseau social en ligne de l'université de Californie. Un arc $u \to v$ signifie que l'utilisateur u a envoyé un message privé à l'utilisateur v.

---

1. https ://snap.stanford.edu/snap/
2. https ://snap.stanford.edu/data/CollegeMsg.html

TAB. 2 – *Description des Données*

	Nb instances	Temporalité	Nb estampilles
Données économique 1	204	année	17
Données économique 2	1139	année	67
College message	1899	mois	9
Email-UE	986	jours	12

EMAIL-EU[3] est un ensemble de courriers électroniques entre les membres d'une institution de recherche européenne. Un arc $(u \rightarrow v)$ signifie que la personne u a envoyé un courriel à v. La figure 4 montre l'évolution temporelle à partir d'un individu pour les deux ensembles de données. L'algorithme met en évidence l'évolution des interactions entre un groupe de personnes. Nous pouvons voir que la personne 3 de l'ensemble de données COLLEGEMSG interagit indirectement avec la personne 155 et plus directement dans les temps d'après. De même pour l'individu 194 avec l'individu 311 de l'ensemble de données EMAIL-EU.

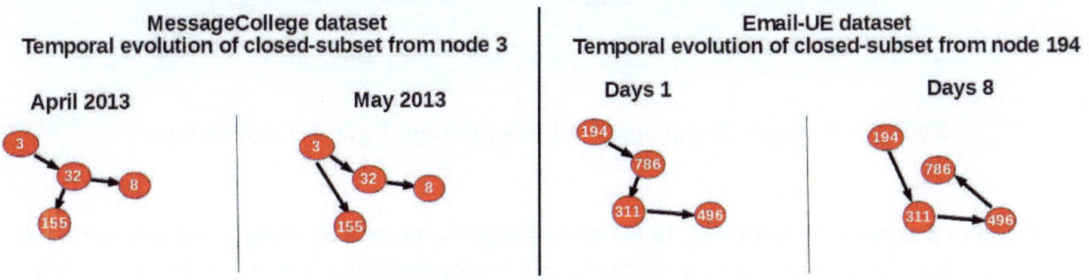

FIG. 4 – *Exemples de fermés élémentaires temporels*

Résultats de l'activité économique L'activité économique d'un pays est schématisée par différents flux monétaires qui se réalisent sur une période annuelle. Les pays européens, afin de représenter l'état de leurs comptes nationaux, utilisent des tableaux entrées-sorties (I-O) présentant ces flux monétaires. L'analyse des entrées-sorties (I-O) est utilisée pour modéliser l'interdépendance sectorielle. Les entrées et les sorties sont les produits consommés et vendus, en valeur monétaire, par secteurs. Une industrie utilise fréquemment des intrants qui sont produits par d'autres industries. De même, les produits de cette industrie peuvent servir d'"intrants" à d'autres industries de l'économie. Un exemple particulièrement simple, donné par (Leontief, 1986), explique comment construire un tableau I/O.

La prétopologie a été utilisée pour la première fois en économie pour analyser les dépendances intersectorielles (Auray et al., 1979; Belmandt, 1993). L'analyse structurelle a été réalisée à l'aide du tableau d'entrées-sorties $T(n, n)$. Un problème important en économie est de mesurer les impacts de la variation de la production d'un secteur k directement sur d'autres secteurs, ou indirectement. La prétopologie des descendants a permis de modéliser ces liens

---

3. https ://snap.stanford.edu/data/email-Eu-core.html

que l'on peut représenter par un graphe orienté oé les arcs représentent l'influence d'un secteur sur un autre (cf. figure 5). L'influence est retenue si les dépenses intermédiaires d'un secteur sur un autre est supérieure à un seuil donné. L'étude a été réalisée sur les *Données économiques 1* associé aux années 1999 à 2015 et sur les *Données économiques 2* de 1949 à 2016.

Le tableau $T(n,n)$ d'éléments x_{jk} représente le montant des ventes de produits du secteur j au secteur k en valeur monétaire. A partir de T, on construit le tableau $A(n,n)$ de terme générale $a_{jk} = \frac{x_{jk}}{X_k}$ avec $X_k = \Sigma_{j=1}^{n} x_{jk}$ la somme des ventes d'un secteur k sur l'ensemble des secteurs. Dans ce travail, nous utiliserons l'influence dite directe dont le seuil d'influence s sera défini par secteur avec $s_k = \frac{\Sigma_{j=1}^{n} a_{jk}}{n}$ la valeur moyenne des influences que chaque secteur subit de la part des autres secteurs. Ainsi à partir de la matrice $A(n,n)$, un seuil par secteur est créé et permet de définir la valeur au-delà de laquelle le secteur j succède au secteur k si $a_{jk} > s_k$; cela signifie que j est influencé par k (cf. figure 5). Différents seuils d'influence ont été testés, par manque de place, nous présenterons les résultats interprétés par un expert pour ce seuil moyen.

	1	2	3	4
1	800,71	4189,92	23333,34	194,46
2	1482,37	2000,86	100,69	129,94
3	47,66	55,09	4000,65	42333,91
4	1268,00	2301,97	500,70	14969,40
SUM	3598,732	8547,842	27935,383	57627,701

	1	2	3	4
1	0,222	*0,490*	*0,835*	0,003
2	*0,382*	0,168	0,006	0,008
3	0,012	0,005	0,226	*2,693*
4	0,327	0,193	0,028	0,952
MEAN	0,236	0,214	0,274	0,914

FIG. 5 – *Exemple de tableau T, A et sa prétopologie des descendants*

Selon nos experts économistes, la méthode proposée permet de mettre en évidence l'évolution des données économiques 1 marquée par le développement d'une industrie de transformation locale au cours des deux dernières décennies. La figure 6 montre des exemples de sous-structures k-stables maximales à partir de 3 secteurs différents. Le secteur 2 (Industries agro-alimentaires) a une influence sur les secteurs 11 (Services rendus principalement aux ménages),12 (administration), 10 (Services rendus principalement aux entreprises) et 4 (Industries diverses) de 1999 à 2015. Il y a une influence stable de certains secteurs sur d'autres. On remarque également que le secteur 4 est influencé indirectement par les 3 secteurs de l'exemple de la figure 6. La figure 7 montre, à partir du jeu de données économiques 2, l'évolution struc-

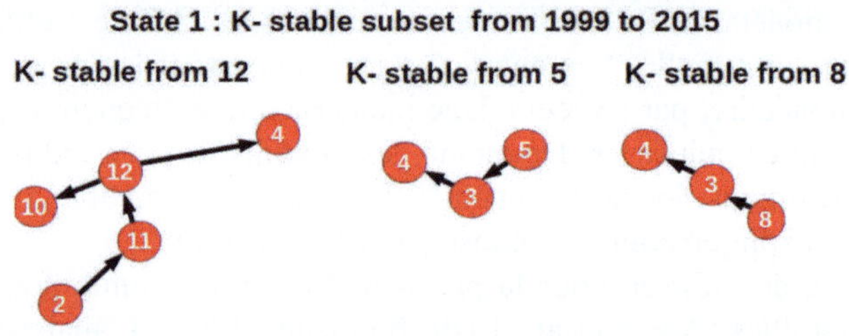

FIG. 6 – *Exemples de k-stable maximaux*

turelle des interdépendances. A partir du secteur 2, nous obtenons, des secteurs influencés directement par ce dernier ou indirectement. La structure évolue, les influences changent dans le temps. Cette sous-structure met en évidence le changement d'impact direct ou indirect du secteur 2 sur le secteur 9.

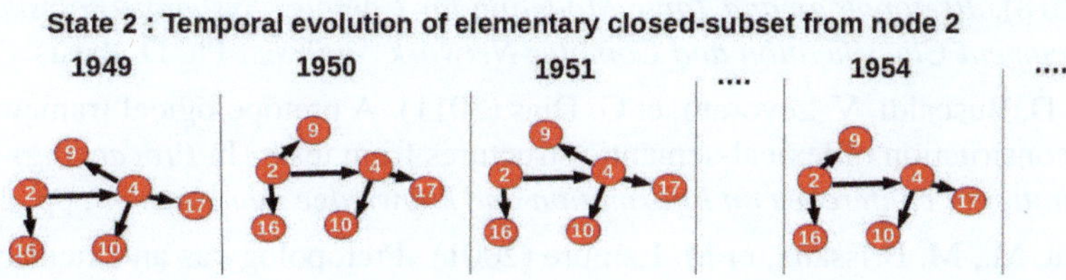

FIG. 7 – *Exemple de fermé élémentaire temporel du secteur* 2

6 Conclusion and perspectives

Nous avons établi une première formulation de la notion d'espace prétopologique temporel. A partir d'un exemple de relation temporelle, nous avons défini l'espace temporel prétopologique des descendants d'ordre p. Nous avons donné deux nouvelles notions de sous-structures temporelles, construites par pseudo-fermeture temporelle, qui peuvent être extraites pour analyser les données d'un point de vue structurel.

Ce travail présente de nombreuses perspectives. La première consiste à optimiser les deux algorithmes. Il serait également intéressant d'étudier les propriétés de ces espaces prétopologiques. Enfin, le but est de combiner l'analyse structurelle au niveau des influences des individus étudiés et les caractéristiques décrivant ces individus qui peuvent également changer dans le temps. Une exploration des sous-structures combinée à l'extraction des motifs (notamment les itemsets) amènerait à une analyse croisée. Dans l'exemple des données économiques, un point important pour les économistes est l'impact du seuil d'influences entre secteurs. Il serait intéressant de définir des structures prétopologiques temporelles avec des influences pondérées au lieu de ne garder que les influences importantes (au delà d'un seuil).

Dans cette étude, la prétopologie temporelle est appréhendée avec un exemple de relation binaire. Une autre perspective intéressante serait de définir d'autres critères permettant de rechercher des sous-structures dans des données issues d'une famille de relations binaires.

Références

Arnaud, G., M. Lamure, M. Terrenoire, et D. Tounissoux (1986). Analysis of the connectivity of an object in a binary image : a pretopological approach. In *Proc. of the 8th IAPR Conference*.

Auray, J.-P., G. Duru, et M. Mougeot (1979). A pre-topological analysis of the input-output model. *Economics Letters 2*(4), 343–347.

Basileu, C., S. B. Amor, M. Bui, et M. Lamure (2012). Prétopologie stochastique et réseaux complexes. *Stud. Inform. Univ. 10*(2), 73–138.

Belmandt, Z. (1993). *Manuel de prétopologie et ses applications : sciences humaines et sociales, réseaux, jeux, reconnaissance des formes, processus et modèles, classification, imagerie, mathématiques.* Interdisciplinarité et nouveaux outils. Hermès.

Bui, Q. V. (2018). *Pretopology and Topic Modeling for Complex Systems Analysis : Application on Document Classification and Complex Network Analysis.* Ph. D. thesis.

Cleuziou, G., D. Buscaldi, V. Levorato, et G. Dias (2011). A pretopological framework for the automatic construction of lexical-semantic structures from texts. In *Proceedings of the 20th ACM international conference on Information and knowledge management*, pp. 2453–2456.

Dalud-Vincent, M., M. Brissaud, et M. Lamure (2001). Pretopology as an extension of graph theory : the case of strong connectivity. *Journal of Apllied Mathematics 5*(4), 455–472.

Duru, G. (1980). *Contribution à l'étude des structures des systèmes complexes dans les sciences humaines.* Ph. D. thesis.

Emptoz, H. (1983). *Modèle prétopologique pour la reconnaissance des formes application en neurophysiologie.* Ph. D. thesis, INSA DE LYON.

Lamure, M. (1987). *Espaces abstraits et reconnaissance de formes. Application au traitement des images digitales.* Ph. D. thesis, Univ. Claude Bernard Lyon 1.

Largeron, C. et S. Bonnevay (2002). A pretopological approach for structural analysis. *Information Sciences 144*(1-4), 169–185.

Le, T., N. Kabachi, et M. Lamure (2007). A clustering method associated pretopological concepts and k-means algorithm. In *Recent advances in stochastic modeling and data analysis*, pp. 529–536. World Scientific.

Leontief, W. (1986). *Input-output economics.* Oxford University Press.

Levorato, V. (2011). Modeling groups in social networks.

Selmaoui, N., C. Leschi, et H. Emptoz (1993). Crest lines detection in grey level images : Studies of different approaches and proposition of a new one. In *CAIP'93*, Volume LNCS 719, pp. 157–164.

Summary

Pretopology is a mathematical model developed from a weakening of the topological axiomatics. It was initially used in economic, social, physical and biological sciences, and next in pattern recognition and image analysis. It allows to work in a mathematical framework with weak properties, and its non idempotent operators called pseudo-closure permit to implement iterative algorithms. It proposes a formalism that generalizes graph theory concepts and models problems universally. In this paper, we will extend this model to analyze complex data with spatio-temporal dimensions. We define the notion of a temporal pretopological space based on a temporal function. We give an example of temporal function based on binary relationship and we construct a temporal pretopological space called p-order descendants. We present a two new notions of temporal sub-structures which present the sub-structure evolution over time. We propose algorithms to search this sub-structures. We experiment our proposition on 4 real datasets.

Interaction retardée dans l'encodeur du Transformer pour répondre efficacement aux questions dans un domaine ouvert

Wissam Siblini*, Mohamed Challal*
Charlotte Pasqual*

*Worldline Lyon
wissam.siblini@worldline.com

Résumé. La tâche de question-réponse sur un large corpus de documents (par exemple Wikipedia) est un défi majeur en informatique. Bien que les modèles de langage basés sur le Transformer tels que Bert aient montré une capacité à surpasser les humains pour extraire des réponses dans des petits passages de texte pré-sélectionnés, ils souffrent de leur grande complexité si l'espace de recherche est beaucoup plus grand. La façon la plus répandue de faire face à ce problème consiste à ajouter une étape préliminaire de recherche d'information pour filtrer fortement le corpus et ne conserver que les passages pertinents. Dans cet article, nous proposons une solution plus directe et complémentaire qui consiste à modifier l'architecture des modèles à base de Transformer pour permettre une gestion plus efficace des calculs. Les modèles qui en résultent sont compétitifs avec ceux d'origine et permettent, en domaine ouvert, une accélération significative des prédictions et parfois même une amélioration de la qualité de réponse.

1 Introduction

Depuis la parution du papier *Attention is all you need* de Vaswani et al. (2017), le modèle du Transformer n'a cessé de gagner en popularité dans le domaine du traitement automatique du langage naturel (TALN). Il est entraîné en deux étapes, une première de pré-entraînement coûteuse en temps et en données permettant de construire une représentation contextualisée des mots d'un vocabulaire, puis une seconde d'affinage moins onéreuse qui le spécialise dans une tâche de TALN bien précise. C'est de cette façon que Bert (Devlin et al., 2019), partie encodeur de l'architecture du Transformer, a montré une performance impressionnante sur de nombreuses tâches difficiles de compréhension du langage et a séduit un très large public par sa polyvalence et sa facilité d'utilisation. Des récentes variantes comme Albert (Lan et al., 2019) vont jusqu'à produire des réponses de meilleure qualité que l'humain.

Nous nous intéressons dans ce papier à la tâche de recherche d'une réponse à une question utilisateur dans un grand ensemble de documents textuels (par exemple, dans les millions de pages de l'encyclopédie Wikipedia). Les modèles de langage comme Bert sont efficaces sur une sous-tâche appelée Extractive Question Answering (eQA) dont le jeu de données de référence est SQuAD (Rajpurkar et al., 2016) : étant donnée une paire question-document, le but est de localiser la réponse dans le document. Mais sur notre tâche cible, appelée Open Domain

Question Answering (ODQA), le problème est plus complexe car pour chaque question l'espace de recherche est beaucoup plus grand. Les modèles basés sur le Transformer nécessitant un temps non négligeable pour traiter une seule paire question-paragraphe, ils ne peuvent évidemment pas en gérer des millions en temps réel. La solution la plus courante consiste alors à combiner le Transformer avec des techniques de recherche d'information (RI ou IR en anglais) (Manning et al., 2008) pour pré-sélectionner un sous ensemble de p documents pertinents et ainsi réduire les calculs. Une telle combinaison a fait ses preuves dans BertSerini (Yang et al., 2019) où le très répandu moteur d'indexation Lucene (reposant sur BM25) (Robertson et al., 1995) pour la partie IR a été combiné avec Bert pour la partie eQA. Nous proposons ici d'aborder la question de la complexité sous un angle plus direct et complémentaire qui consiste à modifier l'architecture du modèle d'eQA afin que de nombreux calculs puissent être effectués plus efficacement. Plus précisément, nous considérons un mécanisme d'interaction retardée dans les couches du Transformer, consistant à appliquer certaines opérations uniquement dans les derniers blocs. Nous implémentons ce mécanisme pour Bert et Albert, pour obtenir des variantes que nous appellerons DilBert (*Delaying Interaction Layers in Bert*) et DilAlbert. Nous étudions leur comportement d'abord pour la sous-tâche d'eQA (SQuAD) et montrons qu'ils sont compétitifs par rapport aux modèles de base. Ensuite, pour la tâche cible d'Open Domain Question Answering, nous montrons théoriquement la réduction de complexité induite par la proposition et confirmons empiriquement une accélération des calculs d'un ordre de grandeur sur GPU ou CPU. Enfin, nous évaluons les modèles sur le jeu de données d'ODQA de référence (OpenSQuAD, Chen et al. (2017)) en les combinant avec Lucene pour la partie IR comme Yang et al. (2019). Bien que DilBert (resp. DilAlbert) se comporte légèrement moins bien que Bert (resp. Albert) face à un unique paragraphe pertinent (SQuAD), il peut le surpasser dans le cadre ODQA (OpenSQuAD) lorsqu'il doit sélectionner la bonne réponse sur plusieurs paragraphes. Le code pour reproduire l'intégralité des expériences du papier, ainsi qu'un module intéractif de question-réponse avec Wikipédia, est fourni [1].

2   Travaux connexes

La tâche de question-réponse intéresse le monde de la recherche depuis très longtemps (Woods et WA, 1977) avec l'objectif de créer des moteurs de recherche intelligents pour parcourir des bases de documents non structurés à très grande échelle comme Wikipedia (Chen et al., 2017; Yang et al., 2019; Lee et al., 2018). Ce type de système est souvent conçu avec plusieurs couches qui sélectionnent successivement une portion de texte de plus en plus petite et précise. Cela commence généralement par une étape de **recherche d'information ad-hoc** avec un modèle *retriever* qui identifie les documents pertinents pour la question considérée. Ensuite, un algorithme conçu pour l'**extractive Question Answering**, appelé *reader*, identifie la portion de texte contenant la réponse dans les passages pré-sélectionnés.

La **recherche d'information ad-hoc** consiste généralement à : (i) appliquer un modèle d'encodage à tous les documents, (ii) encoder la question également, (iii) appliquer un modèle de scoring qui évalue la pertinence de chaque paire question-document à partir de leur encodage, et enfin (iv) trier les documents en conséquence (Manning et al., 2008). Pour l'encodage, les propositions vont de stratégies basées sur le vocabulaire et la fréquence telles que le sac-de-

---

1. https://github.com/wissam-sib/dilbert

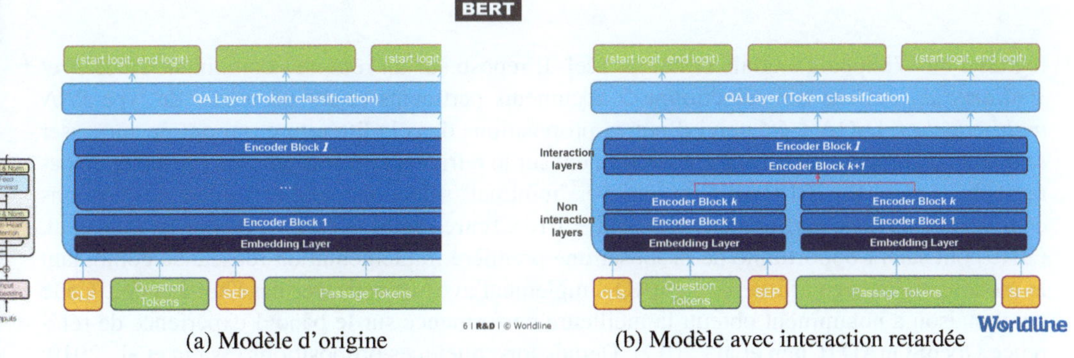

FIG. 1: Architecture générale, avec l blocs, des modèles de langage basés sur le Transformer (gauche) pour la tâche d'eQA et proposition avec interaction retardée (droite). Dans le deuxième cas, les k premiers blocs sans interaction sont appliqués indépendamment à la question et au paragraphe et les $l - k$ dernières couches d'interaction sont appliquées à l'ensemble. Le terme *start logit* (resp. *end logit*) fait référence à un score prédit par le modèle indiquant à quel point il est envisageable pour chaque token d'être le début (resp. la fin) de la réponse.

mots ou TF-IDF, aux plongements simple comme word2vec ou fortement contextualisés avec Bert (Devlin et al., 2019; MacAvaney et al., 2019). Pour le scoring, le choix le plus populaire est une mesure fixe de distance (cosinus ou euclidienne) mais d'autres stratégies comme les réseaux siamois ont été testées. Dans la littérature récente, MacAvaney et al. (2019) ont testé plusieurs combinaisons entre des techniques d'encodage contextualisé (Elmo et Bert) et des modèles de scoring (DRMM, KNRM, PACRR). En affinant Bert et en exploitant son encodage d'une façon originale, les auteurs ont obtenu les meilleurs résultats sur plusieurs jeux de données de référence. A côté de cela, il existe une méthode de base mais éprouvée appelée BM25 (Robertson et al., 1995), reposant sur un calcul de similarité pondérée par les statistiques de TF-IDF, qui reste jusqu'à aujourd'hui très compétitive avec les méthodes neuronales (Lin, 2019); elle est extrêmement rapide et bénéficie de décennies d'ingénierie fine, mise en œuvre par exemple dans l'implémentation de Lucene (Yang et al., 2018).

Pour la tâche d'**extractive Question Answering**, les algorithmes à l'état de l'art aujourd'hui sont basés sur la partie encodeur du Transformer tels que Bert (Devlin et al., 2019) ou Albert (Lan et al., 2019). Ces derniers ont progressivement remplacé l'usage des RNN (réseaux de neurones récurrents) dans la discipline en corrigeant deux problèmes, la disparition du gradient et la difficulté de paralléliser les calculs. Ils sont composés d'une couche de plongement en entrée, suivie d'une succession de l blocs d'encodeurs (qui implémentent un mécanisme d'auto-attention) et enfin d'une couche de sortie. Pour l'eQA, ils prennent en entrée une séquence de texte correspondant à la concaténation de la question et du passage de texte associé. La séquence entière est tokenisée et un caractère spécial [CLS] (resp. [SEP]) est ajouté au début (resp. entre la question et le passage et à la fin). Ensuite, les variables associées (identifiants de token, de segment, de position) sont fournies au modèle qui prédit deux probabilités pour chaque token du passage d'être le début et la fin de la plage de réponse (Figure 1a).

Les algorithmes pour **question-réponse en domaine ouvert** combinent **recherche d'information** et **eQA**. Un exemple emblématique est DrQA (Chen et al., 2017), un chatbot développé par Facebook capable de répondre aux questions en effectuant une recherche sur l'intégralité du Wikipedia anglais en temps réel. Il repose sur un retriever combinant *TF-IDF* et *similarité du cosinus* qui sélectionne 5 documents pertinents et sur un reader de type *RNN multi-couches*. DrQA a été suivi d'autres propositions dans la littérature qui ont pu surpasser sa qualité de réponse en travaillant notamment sur le retriever : utilisation d'un re-ranker de paragraphe (Lee et al., 2018) où d'un retriever "minimal" sélectionnant directement des portions de texte petites mais pertinentes (Min et al., 2018). Entre-temps, Bert a vu le jour et Yang et al. (2019) ont saisi l'opportunité de proposer une première implémentation réussie en combinant le modèle de langage affiné sur SQuAD simplement avec un retriever basé sur Lucene. Cette combinaison a notamment obtenu la meilleure performance sur le banc d'expérience de référence OpenSQuAD (Chen et al., 2017). Depuis lors, quelques propositions (Wang et al., 2019; Xie et al., 2020) se sont concentrées sur une sélection plus efficace des passages et une mise en commun des réponses pour améliorer encore la performance. Dans toutes ces approches, la question du passage à l'échelle est toujours abordée du point de vue du retriever. Pourtant, le cadre de l'ODQA offre de nombreuses opportunités d'accélérer le reader (e.g. Bert), ce qui est la principale motivation derrière ce travail.

3   Retarder les couches d'interaction

Dans l'ODQA, l'ensemble des documents est quasi-statique. Si q questions sont posées et qu'il y a p documents[2] dans lesquels faire la recherche, un reader basé sur le Transformer effectuera des prédictions sur toutes les paires possibles ($q \times p$). Non seulement cela est très coûteux, mais les calculs doivent être effectués de manière interactive. Plus précisément, dans les couches d'encodeur, le mécanisme d'attention rend la représentation des éléments (tokens) des documents dépendant de la question, empêchant alors de pré-calculer des représentations intermédiaires pour les documents avant de connaître la question. Nous avons donc envisagé une modification structurelle des modèles existants pour à la fois réduire le nombre de calculs et rendre possible certains pré-traitements. L'idée clé est de "retarder" l'interaction entre la question et le document. Aussi, nous nous limitons à (i) des changements qui ne sont pas spécifiques à un modèle en particulier afin que la proposition puisse être appliquée à un maximum de modèles de langage basés sur l'architecture du Transformer et (ii) à ne pas introduire de nouveaux poids dans les modèles pour pouvoir bénéficier des poids pré-entraînés existants.

Le principe de l'approche proposée est schématisé sur la Figure 1b. Nous considérons une entrée fractionnée entre les deux segments (après le premier séparateur [SEP]) . Notons $s_q \in \mathbb{R}^{n_q \times d_e}$ (resp $s_p \in \mathbb{R}^{n_p \times d_e}$) le segment question (resp. paragraphe) en sortie de la couche de plongement (bloc "Embedding layer" sur la Figure), avec n_q la taille de la séquence qui correspond à la question comprenant le token [CLS] et le premier token [SEP], n_p la taille du passage comprenant le dernier token [SEP], et d_e la dimension de l'espace de plongement (512 en général). Notons E_j le j-ième bloc d'encodeur, paramétré par un ensemble de poids θ_j. Nous appliquons les k premiers blocs d'encodeur indépendamment sur les deux segments pour obtenir $s'_q = E_k \circ ... \circ E_1(s_q)$ et $s'_p = E_k \circ ... \circ E_1(s_p)$, que nous concatenons $s' = \text{concat}(s'_q, s'_p)$ avant d'appliquer les $l - k$ derniers blocs d'encodeur pour obtenir $s'' = E_l \circ ... \circ E_{k+1}(s')$ qui passera finalement dans la couche de sortie ("QA Layer"). Nous appellerons les k premiers blocs les couches sans interaction et les $l - k$ derniers blocs les couches d'interaction.

---

2. Dans la suite, on utilisera soit le terme document, soit le terme paragraphe, soit le terme passage.

L'impact de l'hyperparamètre k est étudié dans la section expérimentale. Notons que les poids $\theta_k, ..., \theta_1$ impliqués dans le calcul de s'_q sont les même que ceux impliqués dans le calcul de s'_p ou encore pour calculer $E_k \circ ... \circ E_1(\text{concat}(s_q, s_p))$ dans le modèle d'origine. On les initialise avec les mêmes valeurs au départ (avec les poids du modèle pré-entraîné) mais on peut soit les faire évoluer de façon indépendante, soit les partager entre la partie question et la partie paragraphe. On choisira la deuxième option car elle n'entraîne pas d'augmentation du nombre de poids par rapport au modèle d'origine. Notre proposition est codée en Python et basée sur les implémentions de la bibliothèque *transformers*, version 2.7.0 (Wolf et al., 2019).

L'interaction retardée réduit la complexité des k premiers blocs. Plus précisément, le mécanisme d'auto-attention dans le modèle d'origine nécessite un nombre de calculs proportionnel à n_s^2 où $n_s = n_q + n_p$ est la longueur de la séquence en entrée. Par conséquent, la proposition réduit la complexité de $O(n_q^2 + n_p^2 + 2n_p \times n_q)$ à $O(n_q^2 + n_p^2)$. Cette réduction peut toutefois paraître négligeable en pratique, parce que le paragraphe est beaucoup plus long que la question, et que les opérations intra-bloc sont parallélisables. Le gain majeur en complexité prend place dans le cadre de l'ODQA. Notons $C \times n_s^2$ la complexité d'un seul bloc d'encodeur. Dans ce cas, l'encodeur complet a une complexité de $l \times C \times n_s^2$ pour une prédiction, et donc $l \times C \times q \times p \times n_s^2$ pour traiter un ensemble de q questions et p paragraphes (pour simplifier, nous supposons ici que les paragraphes sont découpés de sorte que les paires question-paragraphe correspondent à la longueur n_s). Avec l'interaction retardée, les calculs pour chaque question (resp. paragraphe) dans les k premiers blocs n'ont pas besoin d'être reproduits pour chaque paragraphe (resp. question). Par conséquent, la complexité devient $k \times C \times (q \times n_q^2 + p \times n_p^2) + (l - k) \times C \times q \times p \times n_s^2$. Même si p et q sont seulement de l'ordre de 10^2, le terme quadratique avec $p \times q$ domine et la diminution de complexité tend vers le rapport $\frac{l-k}{l}$ entre le nombre de couches d'interaction dans la variante proposée et le nombre total de couches dans le modèle d'origine. Notons que puisque la base de document est statique, on peut ignorer le temps de traitement des paragraphes dans le régime permanent (terme $k \times C \times p \times n_p^2$), qui pourra être effectué lors d'une étape d'initialisation au départ.

4 Étude expérimentale

Nous effectuons ici des expériences sur le challenge de référence pour la tâche de question-réponse en domaine ouvert : OpenSQuAD. Nous commençons par la partie extractive Question Answering associée, basée sur SQuAD v1.1 (Rajpurkar et al., 2016) qui contient 100 000 paires question-paragraphe (environ 10% sont dans l'ensemble de développement). Nous considérons deux modèles comme base. Le premier est Bert car c'est le plus utilisé aujourd'hui et également celui avec le plus grand choix de poids pré-entraînés[3]. Et, pour tester notre framework dans une situation challengeante, le second est Albert car il a la spécificité d'utiliser les mêmes poids dans ses l blocs d'encodeurs (les poids θ_j sont les mêmes pour tout j, $j \in [[1, k]]$ **et** $j \in [[k + 1, l]]$) et cela pourrait avoir un impact inattendu sur le mécanisme que nous explorons. Nous appelons notre variante DilBert (resp. DilAlbert) qui signifie "Delaying Interaction Layers in Bert" (resp. Albert). Nous commençons par évaluer l'impact de l'interaction retardée, en fonction de l'hyperparamètre k, pour la sous-tâche d'eQA. Ensuite, nous analysons l'accélération GPU/CPU puis la qualité de réponse dans un cadre d'ODQA.

---

3. `https://huggingface.co/models`

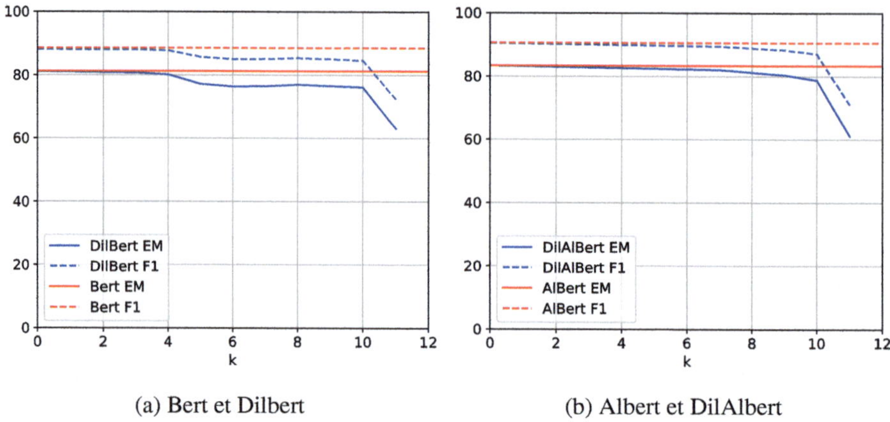

(a) Bert et Dilbert   (b) Albert et DilAlbert

FIG. 2: Evolution de la correspondance exacte (EM) et du score F1 (F1) des variantes Dil sur l'ensemble de développement de SQuAD v1.1 par rapport au nombre de couches sans interaction k. Les lignes horizontales représentent la performance du modèle d'origine.

Qualité de réponse pour l'extractive Question Answering Pour la tâche d'eQA, nous affinons Bert, DilBert, Albert et DilAlbert sur l'ensemble d'entraînement de SQuAD v1.1. Nous considérons la version base de chacun de ses modèles (12 blocs d'encodeurs) et comme point de départ, les poids pré-entraînés anglais : *bert-based-uncased* pour Bert et DilBert et *albert-base-v2* pour Albert et DilAlbert. L'entraînement est effectué avec le script *run_squad.py* de la librairie *transformers* en utilisant les hyperparamètres par défaut : 2 epochs, une longueur de séquence d'entrée n_s de 384, une taille de batch de 12 et un pas d'apprentissage de 3e-5. Les modèles sont évalués sur l'ensemble de développement (dev) de SQuAD v1.1 avec les deux métriques officielles de la compétition (la correspondance exacte EM et le score F1). Pour DilBert et DilAlbert, nous faisons varier l'hyperparamètre k de 0 à $l - 1$ et analysons l'impact sur les performances (Figure 2). Nous pouvons d'abord observer que sans interaction retardée ($k = 0$), notre implémentation de DilBert (resp. DilAlbert) fournit bien les mêmes résultats que Bert (resp. Albert). Ensuite, à mesure que k augmente, la performance reste très compétitive et ne diminue significativement que pour $k = 11 = l - 1$. Pour $k = l$, il n'y a plus d'interaction, donc les *start logits* et *end logits* associés aux tokens du paragraphe ne dépendent pas de la question et la performance chute alors considérablement (EM $\approx$ 13, non rapporté sur la figure). A titre d'information, les résultats des variantes Dil avec k couches sans interaction sont nettement supérieurs à une variante du modèle d'origine auquel on aurait complètement supprimé k blocs : par exemple, un Bert dans lequel on ne conserve que 2 couches, entraîné selon le même protocole, obtient une correspondance exacte de seulement 26,4 et un score F1 de 36,2. Notons que l'expérience est réalisée ici sur SQuAD v1.1 car OpenSQuAD en est dérivé. Néanmoins, les variantes proposées s'appliquent également à SQuAD v2.0. Par exemple, Albert, DilAlbert$_{k=6}$ et DilAlbert$_{k=10}$ obtiennent respectivement un F1-Score de 81,4, 80,3 et 72,4 sur ce dernier. Il y a une légère différence entre le comportement de DilBert et DilAlbert. Alors que le second semble avoir une évolution régulière par rapport à k, le premier a deux plateaux pour k dans $[0, 4]$ et dans $[5, 10]$ et une diminution plus notable entre les deux. En nous inspirant des travaux de Clark et al. (2019), notre hypothèse est que, puisque chaque bloc

		Bert	DilBert$_{k=10}$	DilBert$_{k=11}$	AlBert	DilAlBert$_{k=10}$	DilAlBert$_{k=11}$
	NI Q		1.0 (1e-3)	0.9 (8.2e-4)		1.2 (1.2e-3)	1.4 (1.3e-3)
GPU	NI P		0.8 (8e-4)	1.1 (1e-3)		1.0 (1.0e-3)	1.1 (1.0e-3)
	I Q-P	117.9 (9.8e-4)	17.0 (8.5e-4)	9.9 (9.9e-4)	142.2 (1.2e-3)	22.4 (1.1e-3)	13.1 (1.3e-3)
	Total	117.9	18.8	11.9	142.2	24.6	15.6
	Accélération	x1	x6.3	x9.9	x1	x5.8	x9.1
	NI Q		3.5 (3.5e-3)	3.9 (3.6e-3)		4.1 (4.1e-3)	4.8 (4.3e-3)
CPU	NI P		12.0 (1.2e-2)	13.34 (1.2e-2)		16.7 (1.7e-2)	17.6 (1.6e-2)
10-threads	I Q-P	2602.6 (2.2e-2)	258.7 (1.3e-2)	126.7 (1.3e-2)	2597.6 (2.2e-2)	346.8 (1.7e-2)	176.3 (1.7e-2)
	Total	2602.6	274.2	144.0	2597.6	367.7	198.7
	Accélération	x1	x9.5	x18.1	x1	x7,1	x13.1

TAB. 1: Temps nécessaire (s) pour rechercher la réponse à 100 questions dans 100 passages avec Bert, Albert, DilBert et DilAlbert. «NI Q» (resp. «NI P») mesure le temps pour traiter les q questions (resp. les p passages) dans les couches sans interaction, et «I QP» pour traiter les $p \times q$ paires dans les couches d'interaction. Nous rapportons entre parenthèses un temps normalisé par rapport au nombre de blocs (l, k ou $l - k$) et d'entrées à traiter (p, q ou $p \times q$).

de Bert a ses propres poids par opposition à Albert, les têtes d'attention pré-entraînées dans la sixième couche pourraient avoir une composante utile pour la tâche d'eQA ciblée.

Accélération des calculs en domaine ouvert   Pour analyser l'accélération induite par l'interaction retardée, nous considérons un cadre simple de question-réponse en domaine ouvert où $q = 100$ questions sont posées et le reader (par exemple Bert) recherche les réponses dans une base de $p = 100$ passages sélectionnés. Nous mesurons le temps total nécessaire à Bert, Albert, DilBert et DilAlbert pour traiter toutes les paires question-paragraphe (Tableau 1). Pour les variantes Dil, nous détaillons le temps de traitement indépendant des questions et des paragraphes dans les couches sans interaction et de traitement dépendant des paires question-paragraphe dans les couches d'interaction. Nous considérons deux valeurs de k : 10 car cela permet de préserver une majeure partie de la performance eQA (Figure 2) et $l - 1 = 11$, la plus grande valeur possible. Les expériences sont menées sur un serveur bull avec un GPU Nvidia Tesla V100 et un processeur Intel Xeon Gold 6132 (2,6-3,7 GHz) à 5 cœurs / 10 threads.

Les résultats empiriques confirment les intuitions de l'analyse de complexité. Premièrement, comme les calculs intra-blocs sont parallélisables et qu'un GPU a une grande puissance de parallélisation, on peut observer sur GPU que le temps de traitement par bloc et par séquence d'entrée est approximativement toujours le même (environ 1e-3) alors qu'il dépend davantage de la longueur de la séquence sur CPU (environ 4e-3 pour la question d'une longueur de $n_q \approx 16$ et 1,3e-2 pour la concaténation question-paragraphe d'une longueur de $n_s = 384$). Deuxièmement, dans le cadre de l'ODQA, où les réponses à plusieurs questions (q) sont recherchées dans plusieurs paragraphes (p), les calculs sur des couples question-passage prennent la majeure partie du temps car ils sont proportionnels au nombre de paires $p \times q$, largement supérieur à p et q. Étant donné que les modèles d'origine ont $l = 12$ couches d'interaction et que les variantes Dil n'ont que $l - k$ couches d'interaction (1 ou 2), il en résulte que le facteur d'accélération dans l'encodeur qui implémente l'interaction retardée est de l'ordre de $\frac{l}{l-k}$ pour un grand nombre de questions et de passages. On observe donc empiriquement une accélération d'environ un ordre de grandeur pour les variantes Dil.

Qualité des réponses en domaine ouvert Outre l'accélération, nous vérifions ici si l'interaction retardée a un impact sur la qualité des réponses sur le challenge OpenSQuAD (Chen et al., 2017). L'objectif et de répondre aux 10570 questions de l'ensemble de développement de SQuAD v1.1, mais sans connaître le paragraphe associé contenant la réponse. Les algorithmes doivent alors effectuer la recherche dans l'ensemble de 5 075 182 articles du Wikipédia anglais. Puisque notre papier se concentre spécifiquement sur la partie reader d'un pipeline d'ODQA classique (retriever + reader), nous analysons principalement l'impact de celui-ci sur les performances globales. Nous choisirons donc une approche éprouvée de la littérature s'appuyant sur un reader avec une architecture de Transformer, en remplaçant ce dernier par notre variante. La baseline BertSerini (Yang et al., 2019) semble une candidate parfaite pour notre expérience, avec une performance très compétitive et l'emploi de Bert comme reader. Son implémentation n'étant pas disponible publiquement, nous détaillons la nôtre ci-dessous.

Nous appliquons d'abord un prétraitement pour indexer correctement Wikipedia avec Lucene en utilisant la librairie python pyserini, version 0.9.4.0 (Yang et al., 2018). Comme les documents sont parfois longs et couvrent plusieurs sous-sujets, ils sont difficiles à traiter en tant que tels pour le retriever et le reader (Yang et al., 2019; Lee et al., 2018). Nous commençons par les diviser en paragraphes selon deux stratégies : (1) en utilisant le double saut de ligne comme délimiteur. Cela conduit à un nombre de paragraphes final d'environ 29,1 millions comme Yang et al. (2019) et (2) d'une longueur fixe de 100 mots avec fenêtre glissante de 50 mots comme Wang et al. (2019). Nous obtenons des résultats finaux relativement identiques avec les deux techniques mais conservons la deuxième qui se démarque légèrement en résultats absolus. Les paragraphes divisés sont ensuite traités avec le script *index* de pyserini qui construit les index inversés nécessaires au retriever. On instancie ensuite un retriever SimpleSearcher de pyserini qui utilise BM25 avec les index pré-calculés pour renvoyer, pour chaque question, les p paragraphes avec le meilleur score s_{bm25}. On considérera les valeurs $p = 29$ et $p = 100$ comme dans BertSerini. Cette étape de pré-sélection prend moins de 0,15s sur CPU avec la configuration matérielle décrite dans la section précédente. Ensuite, le reader est appliqué à chaque paragraphe et produit un *start logit* s_s et un *end logit* s_e pour chaque token. Pour agréger les résultats et obtenir une prédiction finale, nous étudions deux variante : une première qui exclut le score du retriever et sélectionne la plage de texte avec le score de reader $s_r = \frac{s_s + s_e}{2}$ le plus élevé parmi tous les paragraphes, et une seconde qui l'inclut en remplaçant s_r par $\mu s_r + (1 - \mu) s_{bm25}$. Une validation croisée sur un sous-ensemble de la partie apprentissage de SQuAD v1.1 montre que, pour des valeurs allant 0,1 à 0,9 par pas de 0,1, la valeur $\mu = 0,5$ conduit à une performance finale optimale, pour les readers considérés (Bert, DilBert$_{k=10}$, Albert et DilAlbert$_{k=10}$ affinés sur SQuAD v1.1). Nous ajoutons la version multilingue de Bert (mBert) pour ouvrir des perspectives dans d'autres langues. Nous évaluons le pipeline d'ODQA avec la correspondance exacte (EM) et le score F1 (F1) entre le texte prédit à partir du dump de Wikipedia et la réponse attendue.

Évidemment, la tâche ici est plus difficile que l'eQA puisque le paragraphe contenant la réponse n'est pas fourni. La partie retriever sélectionnera p paragraphes qui pourraient ne pas contenir la réponse et d'autres difficultés relatives à l'évaluation apparaissent (voir section Discussion). Pour donner une idée de l'impact de la partie retriever, nous calculons le pourcentage de questions pour lesquelles la réponse attendue apparaît au moins une fois dans les p paragraphes sélectionnés (colonne R du tableau 2). Comme la méthodologie de pré-découpage de paragraphes et la version de pyserini n'ont pas été détaillées par Yang et al. (2019), nous avons pu obtenir les mêmes performances de retriever R que Bertserini pour $p = 29$ mais des performances inférieures pour $p = 100$.

Modèle	EM		F1		R
	sans	avec	sans	avec	
DrQA (Chen et al., 2017)	27.1	-	-	-	77.8
Par. R. (Lee et al., 2018)	-	28.5	-	-	83.1
MINIMAL (Min et al., 2018)	-	34.7	-	42.5	64.0
Yang et al. (2019) :					
Bertserini ($p = 29$)	-	36.6	-	44.0	75.0
Bertserini ($p = 100$)	-	38.6	-	46.1	85.8
Nos résultats :					
Bert ($p = 29$)	37.4	43.5	44.1	50.9	74.6
DilBert ($p = 29$)	38.8	42.0	46.7	50.4	74.6
Bert ($p = 100$)	31.8	44.3	38.0	51.8	82.4
DilBert ($p = 100$)	36.5	43.2	43.8	51.6	82.4
mBert ($p = 29$)	34.4	41.9	40.6	49.1	74.6
DilmBert ($p = 29$)	38.5	42.8	45.8	50.5	74.6
mBert ($p = 100$)	28.3	42.3	34.1	49.3	82.4
DilmBert ($p = 100$)	34.7	43.8	41.7	51.6	82.4
Albert ($p = 29$)	40.6	44.1	47.0	51.3	74.6
DilAlbert ($p = 29$)	39.7	43.6	47.7	51.8	74.6
Albert ($p = 100$)	36.2	44.9	42.1	52.1	82.4
DilAlbert ($p = 100$)	36.8	44.8	43.8	52.9	82.4

TAB. 2: Performance de notre pipeline ODQA sur OpenSQuAD. Les résultats sans utilisation du score du retriever (sans) et avec (avec) sont indiqués.

Les résultats finaux présentent des propriétés intéressantes (Tableau 2). Bien que légèrement moins bonnes pour l'eQA (Figure 2), les variantes avec interaction retardée surpassent presque toujours les modèles d'origine pour l'ODQA lorsque le score du retriever n'est pas utilisé, et parfois avec une marge importante (pour un nombre élevé p de paragraphes candidats). Lorsqu'on utilise le score du retriever, les conclusions sont plus mitigées. En fait, les modèles d'origine (Bert, mBert, Albert) ont tendances à produire des prédictions bruitées avec des scores élevés pour des passages peu pertinents (avec un faible score s_{bm25}) (Yang et al., 2019; Xie et al., 2020). L'interaction retardée agit comme une régularisation similaire au dropout, dans le sens où l'architecture résultante est la même que celle d'origine, sauf que certaines connexions sont supprimées dans les k premiers blocs. Par conséquent, les variantes proposées sont plus sujettes à la généralisation. Lorsqu'on utilise le score du retriever en complément des prédictions du reader, tous les modèles sont capables de se concentrer sur les passages les plus pertinents, ce qui contribue à améliorer la performance globale. Dans ce cas, les modèles d'origine parviennent à rattraper les variantes avec interaction retardée. Les résultats avec les poids multilingues sont légèrement moins bons qu'avec les poids anglais, mais surtout pour le modèle d'origine. La variante DilmBert est toujours meilleure que mBert. Quant aux résultats avec Albert, ils sont proches de ceux de Bert mais un peu meilleurs en général. La meilleure performance (EM : 44,3, F1 : 51,8) obtenue dans cette étude avec un Bert base-english-uncased, simplement affinée pour la tâche d'eQA sur SQuAD v1.1 et combiné avec BM25, est nettement meilleure que celle de Bertserini alors que ce dernier utilise les mêmes blocs de base et a un score IR (R) plus élevé. Cette amélioration est principalement due à de l'ingénierie (découpage des documents, version de Lucene), et est cohérente avec des observations faites dans la littérature. Par exemple Xie et al. (2020) rapportent également des résultats plus élevés pour BertSerini (EM : 41.8, F1 : 49.5 , R : 86,3).

5 Discussion

En abordant le problème de question-réponse en domaine ouvert sous l'angle du reader, nous sommes parvenus à réduire fortement les calculs. La complexité des algorithmes est un enjeu industriel et sociétal majeur car elle contrôle l'efficacité des systèmes en production mais aussi leur empreinte carbone. Les variantes proposées, avec $k = 10$ permettent de diminuer le nombre de blocs d'interaction de 12 à 2 (voire 1) dans les modèles Bert et Albert très utilisés

Question	Réponse attendue	Réponse prédite	EM	F1
When did Zwilling and Karistadt become active at Wittenberg ?	June 1521	mid-1521	0	0
The Los Angeles Angels of Anaheim are from which sport ?	MLB	Major League Baseball	0	0
How many fumbles did Von Miller force in Super Bowl 50 ?	2	two	0	0
What is the AFC short for ?	American Football Conference	Asian Football Confederation	0	0.33
How many graduate students does Harvard have ?	14000	15000	0	0
What position did Newton play during Super Bowl 50 ?	quarterback	QB	0	0

TAB. 3: Exemples de questions, réponses attendues et réponses prédites par la pipeline ODQA sur OpenSQuAD. Les réponses sont ici toutes correctes mais l'évaluation ne le reflète pas.

aujourd'hui, réduisant le coût de 85% (voire 92%). Pour donner un point de comparaison par rapport à l'existant, la célèbre variante de Bert connue sous le nom de DistilBert (Sanh et al., 2019) permet de réduire le coût de 50% (essentiellement en passant de 12 couches à 6 couches). Sur SQuAD v1, DistilBert obtient environ les mêmes EM/F1/vitesse que notre approche DilBert avec $k = 6$. Mais DilBert permet d'aller plus loin (EM/F1 pour $k = 10$ aussi bon que pour $k = 6$ mais beaucoup plus rapide). De plus, notre approche est générique aux architectures basées sur le Transformer et permet de bénéficier des poids de modèles déjà disponibles, évitant alors la nécessité d'un pré-entraînement préalable consommateur de ressources. On peut par exemple l'appliquer à Albert. Et DilAlbert avec $k = 10$ obtient non seulement un meilleur EM/F1 que DistilBert, mais a aussi environ 4x moins de paramètres et est environ 3x plus rapide en domaine ouvert. Enfin, rien n'empêcherai d'appliquer le mécanisme Dil à Distilbert. Et rien n'empêcherai aussi d'exploiter le mécanisme dans la partie retriever également. En effet, dans un pipeline ODQA retriever + reader, nous avons considéré que le reader était basé sur un Transformer car c'est le cas pour la grande majorité des approches d'ODQA publiées actuellement. Dans certaines, le retriever (ou un reranker) est également basé sur un transformer (Wang et al., 2019) que nous pourrions également optimiser avec l'interaction retardée.

En plus d'avoir atteint notre objectif initial d'accélération, les variantes proposées se sont finalement avérées compétitives en termes de qualité de réponse bout-en-bout. En particulier, en surpassant les modèles originaux dans la recherche de réponse dans une grande variété de passages, grâce à une meilleure capacité de généralisation. SQuAD v1.1 étant basé sur quelques centaines d'articles Wikipédia, les modèles de langage en résultant peuvent afficher une bonne performance d'eQA en partie due à une surspécialisation sur certains sujets (Xie et al., 2020). La régularisation induite par notre proposition réduit certes les performances pour le passage le plus pertinent (Figure 2) mais également les comportements inattendus sur les passages non pertinents (Table 2). D'autres solutions plus explicites pour améliorer la généralisation et la gestion multi-passages ont été récemment explorées (Wang et al., 2019; Xie et al., 2020). Elles consistent à utiliser la normalisation globale du score ou des stratégies de "distant supervision" avec des passages non pertinents pendant l'entraînement pour rendre le modèle plus robuste. Ces idées intéressantes n'excluent pas la possibilité d'utiliser DilBert à la place de Bert. Notons au passage que DilmBert obtient une performance comparable à celle de Bert, ce qui permettrait donc sans doute de généraliser le pipeline d'ODQA actuel au français sans données supplémentaires (Siblini et al., 2019).

Un dernier point important à discuter est l'état actuel des meilleurs résultats obtenus sur OpenSQuAD. Bien qu'ils semblent faibles (en particulier par rapport à l'eQA), ils s'expliquent par la complexité supplémentaire de la tâche mais également par des biais dans les métriques associées. Outre le goulot d'étranglement du retriever qui entraîne une perte inévitable de 15%

- 18% pour le reader, il y a des questions dans l'ensemble de développement de SQuAD v1.1 pour lesquelles l'évaluation n'est plus adaptée en domaine ouvert (voir Tableau 3).

6   Conclusion

L'interaction retardée permet une accélération d'environ un ordre de grandeur sur le très célèbre Transformer. L'approche est plutôt générique et peut bénéficier de ressources existantes (architectures, poids pré-entraînés). *A posteriori*, on peut établir un lien avec des propositions récentes comme *Big Bird* (Zaheer et al., 2020) et généraliser à l'idée d'un mécanisme d'attention parcimonieux, qui semble se développer actuellement. Notre étude permet de montrer l'efficacité d'une attention partielle avec un design avantageux pour l'ODQA mais il reste de nombreuses pistes à explorer. L'une d'elles consiste à améliorer l'apprentissage en (i) introduisant des couches sans interaction dès la phase de pré-entraînement et (ii) en suivant les idées de Xie et al. (2020); Wang et al. (2019) pour un affinage supplémentaire orienté multi-passages. Une autre direction est celle de la gestion mémoire dans le cadre de l'ODQA. Plus précisément, stocker des représentations pré-calculées de documents peut devenir coûteux pour les bases de données à grande échelle. Il est donc intéressant d'explorer l'impact de leur compression par quantification, par exemple avec un encodage binaire (Tissier et al., 2019).

Références

Chen, D., A. Fisch, J. Weston, et A. Bordes (2017). Reading wikipedia to answer open-domain questions. In *Proceedings of the 55th Annual Meeting of the Association for Computational Linguistics (Volume 1 : Long Papers)*, pp. 1870–1879.

Clark, K., U. Khandelwal, O. Levy, et C. D. Manning (2019). What does bert look at ? an analysis of bert's attention. In *Proceedings of the 2019 ACL Workshop BlackboxNLP : Analyzing and Interpreting Neural Networks for NLP*, pp. 276–286.

Devlin, J., M.-W. Chang, K. Lee, et K. Toutanova (2019). Bert : Pre-training of deep bidirectional transformers for language understanding. In *Proceedings of the 2019 Conference of the North American Chapter of the Association for Computational Linguistics : Human Language Technologies, Volume 1 (Long and Short Papers)*, pp. 4171–4186.

Lan, Z., M. Chen, S. Goodman, K. Gimpel, P. Sharma, et R. Soricut (2019). Albert : A lite bert for self-supervised learning of language representations. *arXiv preprint arXiv :1909.11942*.

Lee, J., S. Yun, H. Kim, M. Ko, et J. Kang (2018). Ranking paragraphs for improving answer recall in open-domain question answering. *arXiv preprint arXiv :1810.00494*.

Lin, J. (2019). The neural hype and comparisons against weak baselines. In *ACM SIGIR Forum*, Volume 52, pp. 40–51. ACM New York, NY, USA.

MacAvaney, S., A. Yates, A. Cohan, et N. Goharian (2019). Cedr : Contextualized embeddings for document ranking. In *Proceedings of the 42nd International ACM SIGIR Conference on Research and Development in Information Retrieval*, pp. 1101–1104.

Manning, C. D., H. Schütze, et P. Raghavan (2008). *Introduction to information retrieval*. Cambridge university press.

Min, S., V. Zhong, R. Socher, et C. Xiong (2018). Efficient and robust question answering from minimal context over documents. In *Proceedings of the 56th Annual Meeting of the Association for Computational Linguistics (Volume 1 : Long Papers)*, pp. 1725–1735.

Rajpurkar, P., J. Zhang, K. Lopyrev, et P. Liang (2016). Squad : 100,000+ questions for machine comprehension of text. In *Proceedings of the 2016 Conference on Empirical Methods in Natural Language Processing*, pp. 2383–2392.

Robertson, S. E., S. Walker, S. Jones, M. M. Hancock-Beaulieu, M. Gatford, et al. (1995). Okapi at trec-3. *Nist Special Publication Sp 109*, 109.

Sanh, V., L. Debut, J. Chaumond, et T. Wolf (2019). Distilbert, a distilled version of bert : smaller, faster, cheaper and lighter. *arXiv preprint arXiv :1910.01108*.

Siblini, W., C. Pasqual, A. Lavielle, et C. Cauchois (2019). Multilingual question answering from formatted text applied to conversational agents. *arXiv preprint arXiv :1910.04659*.

Tissier, J., C. Gravier, et A. Habrard (2019). Near-lossless binarization of word embeddings. In *Proceedings of the AAAI Conference on Artificial Intelligence*, Volume 33, pp. 7104–7111.

Vaswani, A., N. Shazeer, N. Parmar, J. Uszkoreit, L. Jones, A. N. Gomez, Ł. Kaiser, et I. Polosukhin (2017). Attention is all you need. In *Advances in neural information processing systems*, pp. 5998–6008.

Wang, Z., P. Ng, X. Ma, R. Nallapati, et B. Xiang (2019). Multi-passage bert : A globally normalized bert model for open-domain question answering. *arXiv preprint arXiv :1908.08167*.

Wolf, T., L. Debut, V. Sanh, J. Chaumond, C. Delangue, A. Moi, P. Cistac, T. Rault, R. Louf, M. Funtowicz, J. Davison, S. Shleifer, P. von Platen, C. Ma, Y. Jernite, J. Plu, C. Xu, T. L. Scao, S. Gugger, M. Drame, Q. Lhoest, et A. M. Rush (2019). Huggingface's transformers : State-of-the-art natural language processing.

Woods, W. A. et W. WA (1977). Lunar rocks in natural english : Explorations in natural language question answering.

Xie, Y., W. Yang, L. Tan, K. Xiong, N. J. Yuan, B. Huai, M. Li, et J. Lin (2020). Distant supervision for multi-stage fine-tuning in retrieval-based question answering. In *Proceedings of The Web Conference 2020*, pp. 2934–2940.

Yang, P., H. Fang, et J. Lin (2018). Anserini : Reproducible ranking baselines using lucene. *Journal of Data and Information Quality (JDIQ) 10*(4), 1–20.

Yang, W., Y. Xie, A. Lin, X. Li, L. Tan, K. Xiong, M. Li, et J. Lin (2019). End-to-end open-domain question answering with bertserini. *arXiv preprint arXiv :1902.01718*.

Zaheer, M., G. Guruganesh, A. Dubey, J. Ainslie, C. Alberti, S. Ontanon, P. Pham, A. Ravula, Q. Wang, L. Yang, et al. (2020). Big bird : Transformers for longer sequences. *arXiv preprint arXiv :2007.14062*.

Summary

Transformer-based language models such as Bert suffer from a high complexity in open domain question answering. In this paper, we change their architecture to allow a more efficient management of computations. The resulting variants are competitive with original models and allow a significant speedup in both GPU and CPU.

Traitement du signal sur les complexes simpliciaux

Feng Ji*, Giacomo Kahn*,**, Wee Peng Tay*

*Laboratoire INFINITUS, Nanyang Technological University, Singapour
jifeng@ntu.edu.sg et wptay@ntu.edu.sg
**Laboratoire DISP, Université Lumière Lyon 2
giacomo.kahn@univ-lyon2.fr

Résumé. Le traitement du signal sur les graphes (GSP) est une méthode récente ayant attiré une attention conséquente, aussi bien du côté théorique qu'appliqué, et qui se développe rapidement du fait de son utilisation en apprentissage profond. Les graphes sont souvent utilisés pour modéliser des relations simples, mais ils échouent à modéliser complètement des relations n-aires. Dans cet article, nous cherchons à dépasser cette limitation et présentons un cadre pour le traitement du signal sur des structures plus générales, les complexes simpliciaux, et à travers eux le cas général des hypergraphes. Nous expérimentons notre méthode en utilisant des exemples et sur des données réelles.

1 Introduction

De nombreux jeux de données sont générés *via* des réseaux de capteurs. Les capteurs sont placés dans un environnement et leur relevé à un instant donné constitue les données. En modélisant un tel réseau de capteurs par un graphe, deux capteurs sont reliés par une arête lorsqu'ils sont suffisamment *proches*, une condition qui s'appuie généralement sur des contraintes matérielles. Pour traiter les données générées par un tel réseau, il est alors important de prendre en compte la topographie de l'environnement. Une des méthodes incorporant des propriétés topologiques dans l'analyse de données est l'utilisation du traitement du signal sur les graphes (*graph signal processing*, GSP (Shuman et al. (2013); Sandryhaila et Moura (2013, 2014))). À partir de données récupérées sur des réseaux, par exemple des réseaux de capteurs ou des réseaux sociaux, GSP utilise des représentations de graphes et leurs spectres pour effectuer des tâches de traitement telles que la compression du signal, son échantillonnage ou le filtrage de certaines fréquences. Récemment, c'est *via* ses applications en apprentissage profond que le GSP a reçu beaucoup d'attention (Defferrard et al. (2016); Egilmez et al. (2017); Li et al. (2018)).

GSP, bien qu'étant un outil extrêmement efficace, a tout de même des limitations. Les données à traiter sont variées, et l'information topologique peut également être enrichie d'autres informations ou de connaissance. On peut également rencontrer des données ne pouvant pas être exprimées sous forme de graphes, tels des nuages de points ayant des propriétés géométriques en haute dimension (voir Figure 1) ou des réseaux complexes (Klamt et al. (2009); Flamm et al. (2015)). Il est nécessaire d'aller au delà des graphes pour modéliser ces interactions complexes.

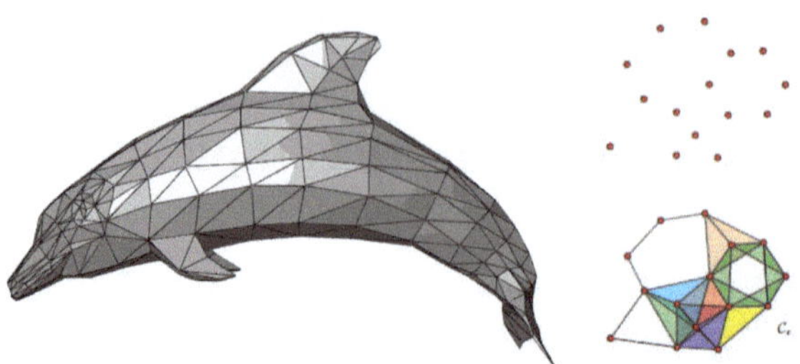

FIG. 1 – *À gauche une surface de dauphin approximée par un 2-complexe (de Wikimedia Commons), à droite un nuage de points (haut) et un complexe simplicial le couvrant (bas).*

Pour cela, nous nous intéressons aux complexes simpliciaux, une classe d'hypergraphes constituée de sommets, d'arêtes, de triangles, tétraèdres, et, en général, d-simplexes. Bien que le sujet soit relativement récent, plusieurs propositions ont été faites. Dans (Barbarossa et Tsitsvero (2016); Barbarossa et Sardellitti (2019)) les auteurs proposent une approche de traitement du signal sur des complexes simpliciaux de chaînes. Leur approche nécessite que chaque simplexe, y compris les arêtes, triangles, etc, soient munis d'un signal, et non uniquement les sommets. Dans (Puschel (2019); Wendler et Püschel (2019)), Puschël et Wendler proposent une approche de traitement du signal sur des semitreillis, en utilisant les opérations de *meet* et *join* pour décaler le signal. Ici aussi, chaque élément du treillis doit porter un signal, et pas uniquement les atomes ou co-atomes. Finalement, dans (Zhang et al. (2019)), les auteurs proposent une approche de traitement du signal plus générale, sur les hypergraphes. Comme pour notre approche, seuls les sommets portent un signal. Les hypergraphes sont représentés sous forme de tenseurs, et le signal est modifié pour avoir cette forme également. Leur méthode s'appuie ensuite sur de l'algèbre tensorielle. Nous avons fait le choix d'une modélisation plus simple des hypergraphes en introduisant la notion de *Laplacien généralisé*, et n'utilisons que de l'algèbre linéaire.

Notre approche utilise la structure géométrique du complexe en utilisant un *Laplacien généralisé*, et généralise le GSP classique lorsqu'elle est limitée aux graphes. Elle peut également être appliquée directement aux cas général des hypergraphes en considérant un complexe simplicial contenant l'hypergraphe.

Cet article est organisé de manière classique : nous introduisons d'abord les fondamentaux nécessaires à la manipulation des complexes simpliciaux dans la Section 2. Ensuite, nous introduisons des notions de GSP en Section 3. Notre contributions commencent en Section 4 avec la définition du Laplacien généralisé. Nous étudions le cas spécial des 2-complexes dans la Section 5. Finalement, nous présentons des résultats expérimentaux en Section 6.

2   Complexes simpliciaux

Dans cette section, nous introduisons brièvement les notions de topologie algébrique qui nous seront utiles dans la compréhension de ce papier. Un lecteur curieux peut se référer à (Spanier (1989); Hatcher (2002)) pour de plus amples informations.

Définition 1 *Le simplexe standard de dimension n (ou n-simplexe standard), dénoté Δ_n, est l'ensemble $\{x \in \mathbb{R}^{n+1}_+ \mid x_0 + x_1 + \cdots + x_n = 1\}$.*

Un simplexe est la généralisation d'un triangle à une dimension arbitraire. Tout espace topologique homéomorphe à un n-simplexe standard est appelé un n-simplexe. Nous donnons les exemples des simplexes des dimensions 0 à 3 en Figure 2. Dans Δ_n, si nous forçons k coordonnées à être nulles, obtenons un $(n-k)$-simplexe, appelé une *face* de Δ_n.

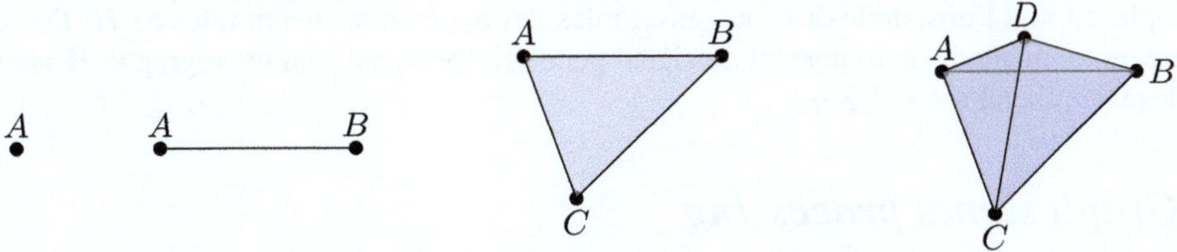

FIG. 2 – *De gauche à droite un 0-simplexe (un point), un 1-simplexe (un segment), un 2-simplexe (un triangle) et un 3-simplexe (un tetrahedron).*

Un *complexe simplicial X* (voir Figure 3) est un ensemble de simplexes tel que toute face d'un simplexe de X est aussi dans X, et l'intersection de deux simplexes σ_1 et σ_2 de X est aussi dans X. Un simplexe est *maximal* s'il n'est la face d'aucun autre simplexe. Nous ne nous intéressons qu'à des complexes simpliciaux finis, c'est-à-dire des ensembles finis de simplexes. Un d-complexe est un complexe dont la dimension – la plus haute dimension parmi ses simplexes – est d. Pour un entier positif m, la restriction d'un complexe simplicial X à ses simplexes de dimensions au plus m est le m-squelette du complexe et est notée X^m.

Pour notre utilisation dans cet article nous préférons une description combinatoire d'un n-simplexe sous la forme d'un ensemble de $n+1$ labels. De cette manière, les *faces* d'un n-simplexe $\{0,\dots,n\}$ sont simplement les sous-ensembles de $\{0,\dots,n\}$. Un complexe simplicial X est alors la famille d'ensembles obtenue en prenant tous les sous-ensembles des simplexes maximaux de X. Il est toujours possible de créer un objet géométrique pour les complexes simpliciaux définis de cette manière. La *réalisation géométrique* d'un complexe simplicial X est l'espace topologique obtenu en collant les simplexes ayant des faces en commun.

Dans cet article, un complexe simplicial est pondéré si son 1-squelette est un graphe pondéré. S'il ne l'est pas, on considère que ses 1-simplexes (ses arêtes) ont un poids de 1.

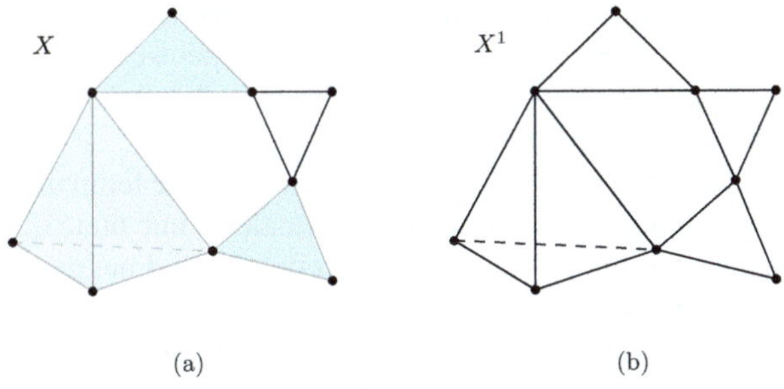

FIG. 3 – *(a) X est la réalisation géométrique d'un 3-complexe avec un 3-simplexe maximal, deux 2-simplexes maximaux et trois 1-simplexes maximaux. (b) X^1 est un graphe à 9 sommets et 15 arêtes.*

Les complexes simpliciaux sont une étape entre les graphes et les hypergraphes. Un hypergraphe $H = (V, E)$ est une paire où V est un ensemble de sommets et E un ensemble de sous-ensembles non vides de V, appelés hyperarêtes. Un complexe simplicial X peut être considéré comme un hypergraphe (X^0, E) où chaque simplexe de dimension supérieure à 0 est une hyperarête. On peut associer à tout hypergraphe H un complexe simplicial X_H dont les simplexes sont l'ensemble des sous-ensembles des hyperarêtes maximales de H. De cette manière, notre méthode de traitement du signal peut être appliquée à un hypergraphe H *via* son complexe simplicial associé X_H.

3   *Graph signal processing*

Nous invitons un lecteur intéressé à consulter (Stankovic et al. (2019)) pour une introduction en profondeur de GSP.

Soit $G = (V, E)$ un graphe non-dirigé à n sommets, muni d'une fonction de poids $w : E \mapsto \mathbb{R}_+$. Sa matrice d'adjacence, A, est une matrice carrée $n \times n$ ayant $w(u, v)$ en position u, v si (u, v) est une arête de E et 0 sinon. La matrice des degrés D de G est une matrice $n \times n$ où l'entrée (u, u) est égale au degré du sommet u (la somme des poids des arêtes qui lui sont adjacentes) et les autres entrées sont nulles. Finalement, la matrice Laplacienne L d'un graphe est donnée par $L = D - A$. Un graphe et ses matrices d'adjacence et Laplacienne sont donnés en Figure 4. Pour un graphe non-dirigé, ces matrices sont symétriques.

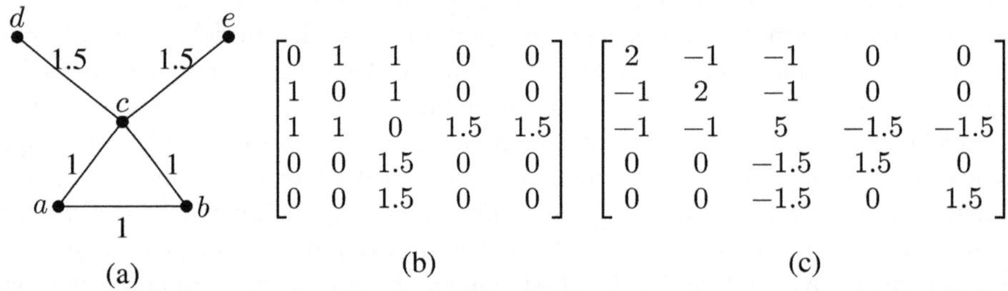

(a)   (b)   (c)

FIG. 4 – *(a) Un graphe pondéré, (b) sa matrice d'adjacence et (c) sa matrice Laplacienne.*

Un signal sur un graphe à n sommets est obtenu en associant une valeur $x(v)$ à chaque sommet, comme illustré en Figure 5 (à gauche). Ce signal peut-être arrangé sous forme d'un vecteur colonne $\mathbf{x} = [x(0), x(1), \dots, x(n-1)]^T$, ici $[0.7, 0.4, 0.2, -0.5, -0.8]^T$. Le graphe est alors considéré comme le domaine du signal. [1]

Là où l'échantillonnage ou le décalage d'un signal sur un axe temporel discret trouvent une solution immédiate (prendre une valeur sur deux, ou décaler d'une unité de temps), ce n'est pas le cas dans les graphes. La notion de "un sommet sur deux" n'admet pas toujours une réponse évidente dans le cas général. Il est cependant nécessaire pour les méthodes de traitement du signal sur les graphes de définir un opérateur de décalage ou de *shift*. Dans les faits, on utilise souvent la matrice d'adjacence ou la matrice Laplacienne. La Figure 5 donne un exemple de décalage du signal basé sur la matrice d'adjacence. Le signal est alors porté d'un sommet à ses

---

1. À noter qu'un signal sur un domaine temporel discrétisé est alors un signal sur un graphe de type chemin ou cycle.

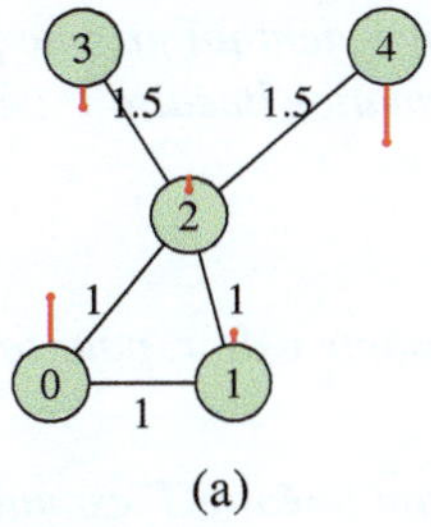
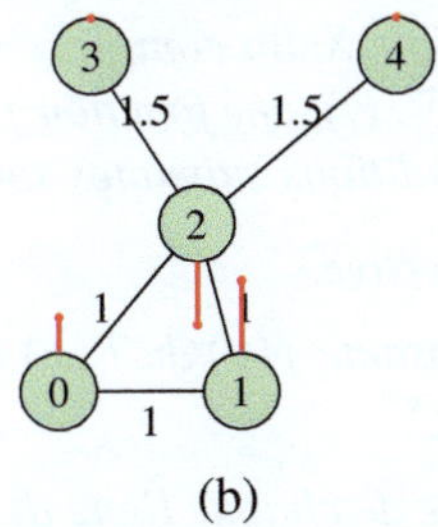

(a)   (b)

FIG. 5 – *En utilisant la matrice d'adjacence comme opérateur de décalage, un signal est envoyé vers les sommets voisins. Un sommet reçoit donc la somme des signaux de ses voisins, pondéré par le poids des arêtes.*

sommets adjacents. Pour un signal $\mathbf{x}$, le signal décalé selon l'opérateur A (matrice d'adjacence) est alors $A\mathbf{x}$, ici $[0.6, 0.9, -0.85, 0.3, 0.3]^T$.

3.1 Transformée de Fourier sur un graphe

Certaines méthodes d'analyse de données utilisent une estimation du signal utilisant le domaine spectral. Dans cette section, nous montrons que l'on peut porter ces notions à un signal indexé par un graphe en utilisant le spectre de la matrice d'adjacence ou de la matrice Laplacienne. Dans cet article, nous privilégions la matrice Laplacienne pour les définitions et les applications.

Définition 2 *La* transformée de Fourier sur un graphe *d'un signal* $\mathbf{x}$ *est*

$$\mathbf{X} = \mathbf{U}^{-1}\mathbf{x}$$

où $\mathbf{X}$ *est un vecteur contenant les coefficients de la transformée de Fourier et* $\mathbf{U}$ *est la matrice dont les colonnes sont les vecteurs propres de la matrice Laplacienne.*

Les éléments de $\mathbf{X}$ sont notés $X(k)$, pour k dans $\{0, \ldots, n-1\}$. La matrice Laplacienne étant une matrice symétrique, $\mathbf{U}^{-1} = \mathbf{U}^T$. Chacun des éléments $X(k)$ de la transformée est une projection du signal sur le vecteur propre u_k. La transformée de Fourier sur un graphe est alors un ensemble de projections sur l'ensemble des vecteurs propres $\mathbf{u}_0, \mathbf{u}_1, \ldots, \mathbf{u}_{n-1}$, qui servent de vecteurs orthonormés d'une base. La transformée de Fourier inverse est donnée par $x = \mathbf{U}\mathbf{X}$.

Grâce à ces deux opérations permettant de basculer du domaine du signal au domaine spectral (fréquentiel), nous pouvons effectuer diverses opérations : filtration des hautes fréquences en ne gardant que les fréquences associées aux valeurs propres les plus petites, compression du signal en ne gardant que certaines fréquences, évaluation de la régularité (*smoothness*) du signal, lissage du signal, etc.

4 Laplacien généralisé

Nous souhaitons généraliser le GSP, mais retrouver le GSP classique lorsque on utilise un graphe. Pour cela, nous introduisons la notion de Laplacien généralisé.

Définition 3 *Soit X un complexe simplicial fini de taille n. Soient un graphe pondéré, non-dirigé $G_X = (V, E)$, une fonction $f : X^0 \mapsto V$, une transformation linéaire $T : \mathbb{R}^{|X^0|} \mapsto \mathbb{R}^{|V|}$, tels que les conditions suivantes sont satisfaites :*

(a) f est injective,

(b) la composante $f(v)$ de $T(x)$ est la même que la composante v de x, pour tous les $v \in X^0$ et $x \in \mathbb{R}^{X^0}$,

(c) la somme de chaque ligne de la matrice de l'application linéaire T est une constante.

Soit L_{G_X} la matrice Laplacienne du graphe G_X. Le Laplacien généralisé *associé avec (G_X, f, T) est*

$$L_{(G_X, f, T)} = T' \circ L_{G_X} \circ T : \mathbb{R}^{|X^0|} \mapsto \mathbb{R}^{|X^0|},$$

avec T' la matrice adjointe de T. Nous notons L_X pour $L_{(G_X, f, T)}$ si le contexte n'induit pas de confusion.

La condition sur l'injectivité de f nous assure que f "plonge" X dans G_X, de manière à ce que l'on puisse appliquer l'opérateur de *shift* directement sur G_X. Les conditions (b) et (c) sur T permettent qu'un signal sur $v \in X^0$ soit préservé par son image $f(v)$ dans G_X, tandis que les signaux dans $V \setminus f(X)$ seront formés par les valeurs moyennes.

Lemme 4   *1. L_X est symétrique,*

2. L_X est semi-définie positive,

3. les signaux constants sont dans l'espace propre associé à la valeur propre 0 de L_X. Ce 0-eigenspace est de dimension 1 si et seulement si G_X est connecté.

Preuve La preuve est disponible dans la version longue sur ArXiv (Ji et al. (2020)).

Ce lemme montre que L_X possède certaines propriétés que nous recherchons pour un opérateur de *shift*. Tout d'abord, sa symétrie nous assure que ses vecteurs propres sont une base orthonormée. Nous pouvons donc créer une théorie de Fourier analogue au GSP classique. Le fait que les vecteurs constants soient dans le 0-eigenspace nous permet également de faire un parallèle avec le GSP classique, car les signaux constants sont les plus lisses.

Le Lemme 4 nous assure que L_X est similaire au Laplacien d'un graphe. Cette approche ne serait pas utile si L_X était toujours le Laplacien d'un graphe. Ce n'est pas le cas : il arrive que L_X contienne des valeurs positives en dehors de sa diagonale (cf. Section 5).

4.1 Construction explicite

Dans cette section, nous donnons une construction de L_X en choisissant (G_X, f, T) pour un complexe simplicial. Un prérequis implicite est que nous souhaitons retrouver la matrice Laplacienne traditionnelle quand le complexe étudié est en fait un graphe.

Commençons par le cas le plus simple, c'est-à-dire quand $X \cong \Delta_n$ est un n-simplexe pondéré (i.e., dont le 1-squelette est un graphe pondéré). Soit $d(\cdot, \cdot)$ la fonction de distance dans X. Les sommets de X sont notés $v_1, \ldots, v_{n+1}$. Le graphe $G_X = (V, E)$ est construit de la manière suivante (illustrée en Figure 6) : $V = \{v_1, \ldots, v_{n+1}, u\}$ est l'ensemble des sommets du simplexe avec un unique sommet additionnel u, que nous considérons comme le barycentre

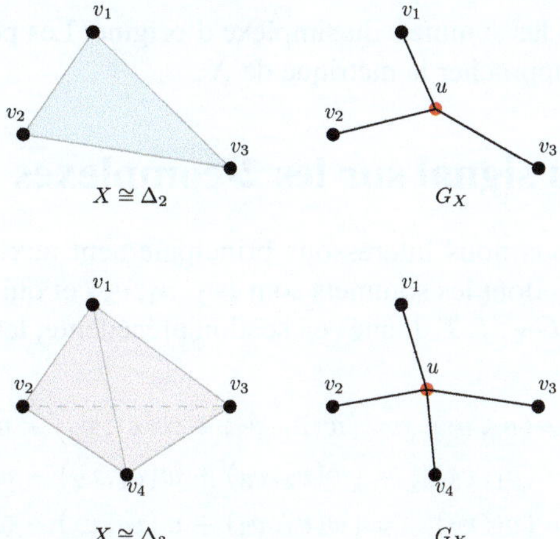

FIG. 6 – *Illustration de la forme de G_X lorsque $X \cong \Delta_2$ (haut) et $X \cong \Delta_3$ (bas).*

de X. Il n'y a pas d'arêtes entre les sommets v_i et v_j, pour i et j dans $\{1, \ldots, n+1\}$. En revanche, (v_i, u) est une arête pour tous les i dans $\{1, \ldots, n+1\}$.

Le poids $w(v_i, u)$ associé à l'arête (v_i, u) dans G_X est calculé de la manière suivante :

$$w(v_i, u) = \binom{n}{2}^{-1} \left(\sum_{v_i \neq v_j \neq v_k \neq v_i} (v_j, v_k)_{v_i} \right)$$

où $(v_j, v_k)_{v_i} = (d_X(v_i, v_j) + d_X(v_i, v_k) - d_X(v_j, v_k))/2$ est le produit de Gromov de v_j et v_k à v_x (Kapovich et Benakli (2002); Ji et al. (2019)). Quand $n = 1$, le poids à donner aux nouvelles arêtes est une version modifiée du produit de Gromov, qui donne $w(v_1, u) = (v_2, v_2)_{v_1} = d(v_1, v_2)$, ce qui nous permet de retrouver le Laplacien classique.

Cette construction mène à un choix canonique pour f, où chaque sommet est envoyé vers lui-même, c'est-à-dire $f(v_i) = v_i$. De plus, T est l'identité sur chaque composant v_i et la moyenne des signaux de $\{v_1, \ldots, v_{n+1}\}$ est associée à u. De cette manière, (G_X, f, T) satisfait les conditions de la définition 3 et donne lieu à un Laplacien généralisé L_x.

Dans un complexe simplicial X, nous pouvons obtenir une décomposition X^{max} de X comme étant l'ensemble des simplexes maximaux de X. De cette manière, le Laplacien généralisé d'un complexe simplicial X est

$$L_X = \sum_{\sigma \in X^{max}} L_\sigma,$$

où la somme est sur les simplexes maximaux, en respectant les labels des sommets de σ dans X.

Une intuition de cette construction vient du fait qu'un simplexe $X \cong \Delta_n$ est homotopiquement équivalent à un point. Par conséquent, si on veut approcher X par un graphe G_X qui conserve cette propriété, il faut que G_X soit un arbre. De plus, si on ne veut pas casser la symétrie des sommets du graphe, il est naturel de considérer un sommet additionnel comme un barycentre connecté à tous les sommets du simplexe d'origine. Les poids sur les arêtes de G_X sont choisis de manière à approcher la métrique de X.

5 Traitement du signal sur les 2-complexes

Dans cette section, nous nous intéressons principalement aux 2-complexes. Soit un 2-simplexe pondéré $X \cong \Delta_2$ dont les sommets sont $\{v_1, v_2, v_3\}$ et qui a pour fonction de poids $w(\cdot, \cdot)$. Selon les choix de G_X, f, T donnés en section précédente, les poids de G_x sont donc :

$$a = d(v_1, u) = (v_2, v_3)_{v_1} = (w(v_1, v_3) + w(v_1, v_2) - w(v_2, v_3))/2,$$
$$b = d(v_2, u) = (v_1, v_3)_{v_2} = (w(v_2, v_3) + w(v_1, v_2) - w(v_1, v_3))/2,$$
$$c = d(v_3, u) = (v_1, v_2)_{v_3} = (w(v_1, v_3) + w(v_2, v_3) - w(v_1, v_2))/2.$$

et le Laplacien généralisé associé

$$\frac{1}{9} \begin{bmatrix} b+c+4a & c-2a-2b & b-2a-2c \\ c-2a-2b & a+c+4b & a-2b-2c \\ b-2a-2c & a-2b-2c & a+b+4c \end{bmatrix}.$$

On note donc que pour certains X, L_X ne peut pas être le Laplacien d'un graphe : par exemple, si $c > 2a + 2b$, il y aura certaines entrées non-négatives en dehors de la diagonale.

5.1 Inférence d'un 2-complexe

Dans le cas général, le complexe simplicial peut ne pas être connu. Nous décrivons une approche, illustrée en Figure 7, qui permet d'approximer une structure de 2-complexe en utilisant le signal sur les sommets. Si X^1 n'est pas pondéré, les arêtes reçoivent un poids de 1.

Notre but étant de transformer certains triplés de sommets en 2-complexes, nous commençons par identifier les candidats potentiels. Si X^1 est connu, l'ensemble des candidats est l'ensemble des triplés de sommets reliés deux à deux dans X^1. Sinon, tous les triplés de sommets sont candidats.

On ordonne dans une file Q les triplés de candidats, de sorte à considérer en premier les triangles les plus petits, c'est-à-dire les triplés de sommets tels que leurs distances deux à deux sont les plus petites. On considère que ce sont ces triplés qui ont le plus de chance d'être, conceptuellement, des 2-simplexes. Si tous les poids sont égaux, Q permet de distribuer uniformément les triplés choisis sur la structure. On partitionne Q en p sous-ensembles $Q_i, i \in \{1, \ldots, p\}$ de taille uniforme.

Soit $X_0 = X^0 \cup X^1$. Pour chaque $1 \leq i \leq p$, on construit un 2-complexe X_i en ajoutant les simplexes de Q_i à X_{i-1}. On crée les Laplacien généralisés associés L_{X_i}. Ainsi, par exemple, si l'on fixe p à 10, X_0 sera le graphe de départ, X_1 verra les 10% de triangles les plus petits transformés en 2-simplexes, X_2 les 20%, et ainsi de suite.

On peut alors utiliser un des L_i pour approcher le "vrai" Laplacien. Cette étape, ainsi que la notion de "vrai" Laplacien, dépend beaucoup du contexte et du signal, et peut passer par la résolution d'un problème d'optimisation, comme explicité dans la section suivante.

Une fois qu'une structure est approchée et qu'un Laplacien est construit, on définit une théorie de Fourier de manière analogue au GSP classique.

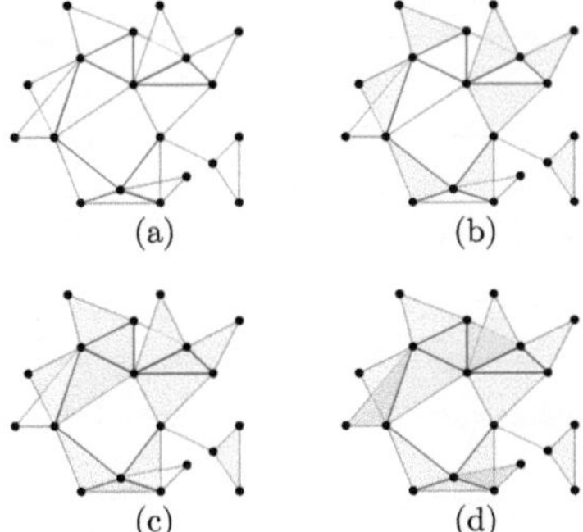

FIG. 7 – *Dans cet exemple, (a) montre un graphe, auquel on ajoute d'abord les 2-simplexes bleus (b), puis les 2-simplexes roses (c), et finalement les 2-simplexes verts dans (d), en suivant une file imaginaire Q.*

6   Résultats expérimentaux

6.1   Les graphes sont-ils toujours la meilleure structure ?

Soit G un graphe issu d'un réseau social (Klimt et Yang (2004)[2]) à 500 sommets et possédant 6815 triplés de sommets connectés deux à deux (triangles). Nous construisons un 2-complexe X en ajoutant aléatoirement des 2-simplexes pour certains triangles. De cette manière, le graphe $G = X^1$ est connu, mais pas X. Soit $B = \{f_1, \ldots, f_n\}$ une base propre de L_X ordonnée selon l'ordre croissant des valeurs propres associées. On génère aléatoirement un ensemble S_1 de signaux depuis le sous-espace vectoriel engendré par les $r_1\%$ premiers vecteurs de la base.

Pour inférer X depuis S_1, nous construisons des X_i et leurs Laplacien généralisés L_{X_i} comme décrit dans la section précédente, pour $i \in \{0, \ldots, 20\}$, avec $X_0 = X^1 = G$. Nous créons la matrice $V_{r_1,i}$ dont les colonnes sont les $r_1\%$ premières valeurs propres de L_{X_i}. Pour choisir le complexe simplicial X_b et son Laplacien généralisé, il faut alors résoudre le problème d'optimisation suivant :

$$b = \underset{i \in \{0,\ldots,20\}}{\arg\min} \sum_{f \in S_1} ||V_{r_1,i} V'_{r_1,i} f - f||_2^2.$$

Soit S_2 un ensemble de signaux créés à partir des $r_2\% \leq r_1\%$ premiers vecteurs de B, considérés comme un ensemble de signaux *compressibles*. Nous évaluons l'erreur err de compression du signal pour un Laplacien L_{X_b} comme étant $err = \sum_{f \in S_2} ||V_{r_2,b} V'_{r_2,b} f - f||_2$. Nous utilisons $L_{X_0} = L_G$ comme point de comparaison. En moyenne, l'erreur de compression est réduite de 33.2% pour $r_1 = r_2 = 30\%$ et 40.6% pour $r_1 = r_2 = 50\%$ par rapport à L_{X_0}.

Finalement, soit S_3 un signal créé de la même manière que S_2, mais pour lequel on va ajouter une anomalie à un sommet aléatoirement. La Figure 8 montre le spectre de L_{X_0} et d'une des L_{X_i} pour les hautes fréquences. En regardant le spectre des L_{X_b}, on voit plus facilement les variations dans les hautes fréquence lorsqu'une anomalie est introduite. Nous nous penchons plus en détail sur ce problème dans la section suivante.

---

2. https://snap.stanford.edu/data/email-Enron.html

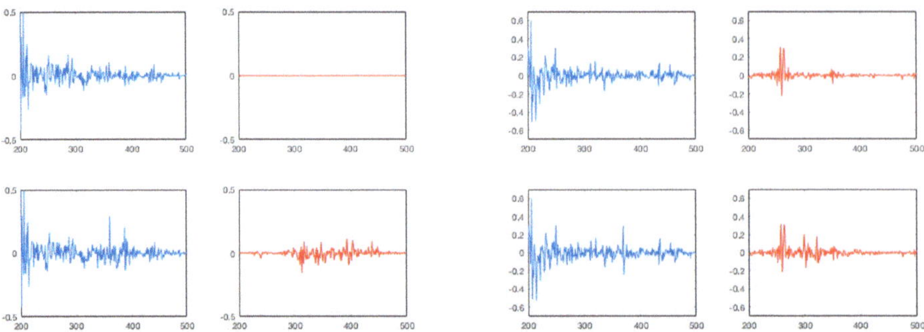

FIG. 8 – *La ligne du haut représente les hautes fréquences des signaux normaux pour L_{X_0} en bleu (notre point de comparaison avec l'existant sous la forme du GSP classique) et L_{X_b} en rouge. Sur la ligne du bas, on a introduit une anomalie dans le signal. Les spectres associés aux complexes montrent cette anomalie plus clairement que ceux associés au graphe.*

6.2   Détection d'anomalies

Le graphe utilisé dans cette section est construit à partir de stations météorologiques [3]. Le jeu de données identifie les positions des stations aux États-Unis d'Amérique, et nous en extrayons un graphe à 197 sommets, chaque station étant alors reliée à ses k voisins les plus proches. Ce graphe a 495 arêtes et 395 triangles. Comme précédemment, nous construisons les X_i et leur Laplacien généralisé pour $i \in \{0, \ldots, 20\}$ à partir de ce graphe.

Les signaux sont des relevés quotidiens de température de l'année 2013 [4]. Soit x un signal choisi parmi les signaux de l'année 2013, nous introduisons une anomalie en perturbant la valeur de x à un unique sommet (d'une quantité variable, servant de paramètre en Figure 9). Le signal résultant est noté x_a, x muni d'une anomalie. Nous souhaitons regarder les composants de haute fréquence de la transformée de Fourier de x_a, pour chacune des matrices L_{X_i}, $i \in \{0, \ldots, 20\}$. Notre protocole est le suivant : pour chaque instance, choisissons une date, et perturbons le signal pour obtenir x_a. À partir des signaux des trois jours précédents, nous obtenons un seuil pour les composants en hautes fréquences du signal. Nous déclarons que x_a est anormal si ses composants en hautes fréquence dépassent ce seuil.

Nous étudions les performances pour la détection d'une anomalie dans les cas suivants : (S1) en utilisant $L = L_{X_0}$, le Laplacien du graphe, (S2) la meilleure performance parmi les L_{X_i}, (S3) $L = L_{X_b}$ le Laplacien avec la meilleure performance en général ($b = 2$ dans notre cas), (S4) une anomalie est déclarée quand au moins $1/3$ des L_{X_i} la détectent.

Les résultats de ce protocole sont résumés en Figure 9. On peut voir qu'en général, on bénéficie de l'usage d'un complexe simplicial plutôt qu'un simple graphe. La meilleure structure dans notre cas est X_2, où environ 10% des triangles les plus "petits" sont ajoutés en tant que 2-complexes.

---

3. https://www.ncdc.noaa.gov/data-access/land-based-station-data/
station-metadata

4. ftp://ftp.ncdc.noaa.gov/pub/data/gsod

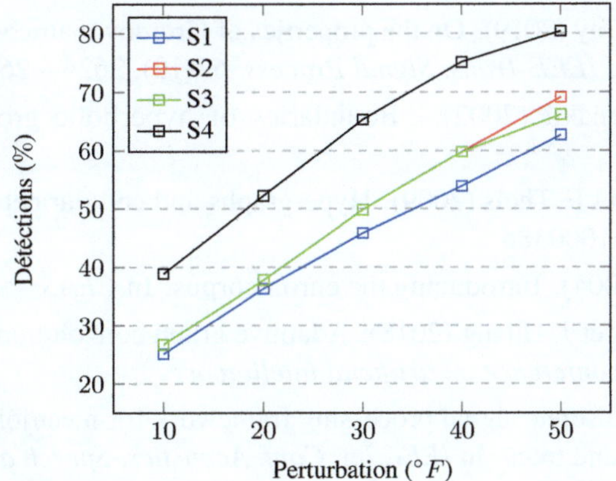

FIG. 9 – *Performances de la détection d'une anomalie sur le réseau de stations météorologiques aux USA.*

7   Conclusion

Nous donnons une méthode de construction d'un Laplacien généralisé sur un espace qui n'est pas forcément un graphe. De là, le traitement d'un signal découle d'une manière similaire à celle de GSP. En testant notre approche sur des données synthétiques et réelles, nous observons qu'il y a un avantage à travailler sur des structures en hautes dimensions plutôt que de simples graphes.

Références

Barbarossa, S. et S. Sardellitti (2019). Topological signal processing over simplicial complexes. *arXiv preprint arXiv :1907.11577.*

Barbarossa, S. et M. Tsitsvero (2016). An introduction to hypergraph signal processing. In *EEE Int. Conf. Acoustics, Speech and Signal Process.*, pp. 6425–6429.

Defferrard, M., X. Bresson, et P. Vandergheynst (2016). Convolutional neural networks on graphs with fast localized spectral filtering. In *Advances in Neural Inform. Process. Syst.*, USA, pp. 3844–3852.

Egilmez, H. E., E. Pavez, et A. Ortega (2017). Graph learning from data under laplacian and structural constraints. *IEEE Journal of Selected Topics in Signal Processing 11*(6), 825–841.

Flamm, C., B. M. Stadler, et P. F. Stadler (2015). Generalized topologies : hypergraphs, chemical reactions, and biological evolution. In *Advances in Mathematical Chemistry and Applications*, pp. 300–328. Elsevier.

Hatcher, A. (2002). *Algebraic Topology*. Cambridge University Press.

Ji, F., G. Kahn, et W. P. Tay (2020). Signal processing on simplicial complexes. *arXiv preprint arXiv :2004.02392.*

Ji, F., W. Tang, et W. P. Tay (2019). On the properties of Gromov matrices and their applications in network inference. *IEEE Trans. Signal Process. 67*(10), 2624 – 2638.

Kapovich, I. et N. Benakli (2002). Boundaries of hyperbolic groups. *arXiv preprint math/0202286.*

Klamt, S., U.-U. Haus, et F. Theis (2009). Hypergraphs and cellular networks. *PLoS computational biology 5*(5), e1000385.

Klimt, B. et Y. Yang (2004). Introducing the enron corpus. In *CEAS.*

Li, R., S. Wang, F. Zhu, et J. Huang (2018). Adaptive graph convolutional neural networks. In *Thirty-second AAAI conference on artificial intelligence.*

Puschel, M. (2019). A discrete signal processing framework for meet/join lattices with applications to hypergraphs and trees. In *IEEE Int. Conf. Acoustics, Speech and Signal Process.*, pp. 5371–5375.

Sandryhaila, A. et J. M. F. Moura (2013). Discrete signal processing on graphs. *IEEE Trans. Signal Process. 61*(7), 1644–1656.

Sandryhaila, A. et J. M. F. Moura (2014). Big data analysis with signal processing on graphs : Representation and processing of massive data sets with irregular structure. *IEEE Signal Process. Mag. 31*(5), 80–90.

Shuman, D. I., S. K. Narang, P. Frossard, A. Ortega, et P. Vandergheynst (2013). The emerging field of signal processing on graphs : Extending high-dimensional data analysis to networks and other irregular domains. *IEEE Signal Process. Mag. 30*(3), 83–98.

Spanier, E. H. (1989). *Algebraic topology.* Springer Science & Business Media.

Stankovic, L., D. Mandic, M. Dakovic, M. Brajovic, B. Scalzo, et T. Constantinides (2019). Graph signal processing–part I : Graphs, graph spectra, and spectral clustering. *arXiv preprint arXiv :1907.03467.*

Wendler, C. et M. Püschel (2019). Sampling signals on meet/join lattices. In *Proc. Global Conference on Signal and Information Processing (GlobalSIP).*

Zhang, S., Z. Ding, et S. Cui (2019). Introducing hypergraph signal processing : theoretical foundation and practical applications. *arXiv preprint arXiv :1907.09203.*

Summary

Theoretical development and applications of graph signal processing (GSP) have attracted much attention. In classical GSP, the underlying structures are restricted in terms of dimensionality. A graph is a combinatorial object that models binary relations, and it does not directly model complex n-ary relations. A possible high-dimensional generalisaiton of graphs are simplicial complexes. They are a step between the constrained case of graphs and the general case of hypergraphs. In this paper, we develop a signal processing framework on simplicial complexes, such that we recover the traditional GSP theory when restricted to signals on graphs. We show some possible applications of our framework with high dimensional sensor networks.

Conception itérative et semi-supervisée d'assistants conversationnels par regroupement interactif des questions

Erwan Schild[*,**], Gautier Durantin[*],
Jean-Charles Lamirel[**], Florian Miconi[*]

* Euro-Information Développements, Groupe Crédit-Mutuel
4 Rue Frédéric-Guillaume Raiffeisen 67000 Strasbourg,
prenoms.nom@e-i.com, https://www.e-i.com/
** LORIA, Université de Lorraine
615 Rue du Jardin-Botanique, 54506 Vandoeuvre-lès-Nancy,
prenoms.nom@loria.fr, https://www.loria.fr/

Résumé. La création d'un jeu de données pour l'entrainement d'un chatbot repose sur un a priori de connaissance du domaine. En conséquence, cette étape est le plus souvent manuelle, fastidieuse et soumise aux biais. Pour garantir l'efficacité et l'objectivité de l'annotation, nous proposons une méthodologie d'apprentissage actif par annotation de contraintes. Il s'agit d'une approche itérative, reposant sur un algorithme de *clustering* pour segmenter les données et tirant parti de la connaissance de l'annotateur pour guider le regroupement des questions en une structure d'intentions. Dans cet article, nous étudions les paramètres optimaux de modélisation pour réaliser une segmentation exploitable en un minimum d'annotations, et montrons que cette approche permet d'aboutir à une structure cohérente pour l'entrainement d'un assistant conversationnel.

1   Introduction

L'utilisation d'assistants conversationnels (« *chatbots* ») est de plus en plus courante, que ce soit pour l'automatisation de demandes ou l'accès à des bases documentaires complexes (Goasduff, 2019; Costello, 2019). Ces derniers sont très appréciés car ils permettent l'accès à l'information en langage naturel, tout en offrant un gain de performance, de temps et de disponibilité dans le traitement des demandes.

La plupart des environnements de conception d'assistants sont basés sur une approche symbolique (Hoyt et al., 2016; Bocklisch et al., 2017; Alexa Internet, 2018), reposant sur la définition formelle de l'ensemble des intentions exprimées dans les demandes, éventuellement augmentées par la présence d'entités[1]. Cet ensemble d'intentions est en général bien défini dans un cas d'usage considéré (exemples : assistant de réservation, assistance bancaire, ...) De plus, cette approche permet en général une implémentation rapide et un bon contrôle des réponses, ce qui explique sa popularité.

---

1. Par exemple, « *Joue-moi du jazz !* » peut être modélisé par l'intention "*jouer de la musique*" et l'entité "*jazz*".

Pour la mise en oeuvre de ces assistants, la reconnaissance des intentions peut se faire au moyen d'une classification supervisée (les classes représentent alors les intentions).

Cependant, la littérature scientifique offre peu de choix de techniques pour concevoir un jeu de données fiable nécessaire à l'entrainement d'un assistant. En effet, cette phase de conception et d'annotation résulte le plus souvent d'un travail manuel, et cette approche empirique possède plusieurs défauts importants :

— avant de commencer le travail d'annotation, il faut entreprendre la définition d'un modèle de catégorisation des données en intentions : cette tâche est longue et complexe car elle suppose d'avoir une bonne connaissance du périmètre ;

— la modélisation de l'agencement des intentions obtenue est souvent théorique et éloignée de l'agencement réel à cause des a priori de conception ;

— l'étiquetage des données en fonction du modèle établi est difficile à réaliser sans introduire de confusion : en effet, deux annotateurs peuvent avoir une interprétation différente de l'agencement des intentions, et ainsi attribuer une étiquette différente pour certaines données ambigües à annoter [2] ;

— une évolution du périmètre de l'assistant (exemple : ajout de nouvelles fonctionnalités) implique une redéfinition de l'ensemble des intentions : cette approche n'est donc pas robuste car toute mise à jour nécessite un surcoût équivalent au coût initial.

En conséquence, cette approche manuelle est coûteuse, d'une part financièrement (intervention d'experts du domaine), d'autre part en temps humain (temps de modélisation des intentions et d'annotation et données).

Pour assister l'humain dans cette tâche d'annotation, une solution possible est l'introduction d'initiatives de la machine. Cela peut être mis en oeuvre par l'utilisation d'une classification non supervisée (*clustering*), où l'algorithme regroupe les données en fonction de leurs similarités intrinsèques. Mais malgré ses capacités d'exploration des données, les résultats du *clustering* manquent souvent de fiabilité. Parmi ses limites connues, on compte sa sensibilité aux données bruitées, sa difficulté à manipuler des espaces à grandes dimensions et son incapacité à exploiter des modèles de distribution et des métriques adaptés au problème qu'il traite. En outre, un de ses inconvénients majeurs réside en son manque de pertinence métier dans ses résultats, car les algorithmes de *clustering* n'arrivent pas à extraire seul les connaissances spécifiques au périmètre qui sont présentes dans les données (Xu et Tian, 2015). Tous ces problèmes sont caractéristiques du domaine du traitement du langage naturel, ce qui réduit l'utilité du *clustering* dans ce domaine.

Pour pallier ces problèmes, il existe des approches prometteuses basées sur la combinaison entre l'apprentissage actif et le *clustering* sous contraintes : l'apprentissage actif (*active learning*) permet d'optimiser les interactions entre l'homme et la machine au cours du processus d'apprentissage, tandis que le *clustering* sous-contraintes permet quant à lui d'optimiser les résultats de la phase d'apprentissage non supervisée. Nous faisons référence en particulier à la notion de *clustering* interactif proposé par Gançarski et Wemmert (2007) et Lampert et al. (2019) pour la détection d'objets dans une image et qui suit ce modèle.

---

2. Cette situation est d'autant plus forte pour le traitement du langage naturel où l'attribution d'une intention à une requête donnée peut avoir un caractère subjectif. Par exemple : est-ce que la question « *Que faire si j'ai perdu ma carte bancaire ?* » relève de l'intention "*déclaration de perte*", de l'intention "*commande de carte*" ou bien des deux ?

Toutefois, dans le domaine du traitement du langage naturel, la littérature scientifique offre peu de recul sur les choix de mises en oeuvre d'une méthode de *clustering* interactif. En particulier, il reste à identifier les facteurs significatifs influençant la performance de cette approche.

Dans cet article, nous proposons une adaptation de la méthode du *clustering* interactif pour le traitement du langage naturel afin d'assister la création d'un assistant conversationnel. Cette adaptation est accompagnée d'une expérience d'initialisation de chatbot dans laquelle nous manipulons quatre paramètres[3] d'implémentation du *clustering* interactif, et nous mesurons leur effet sur l'effort d'annotation à fournir pour obtenir une structure de référence issue de données réelles. L'objectif de notre expérience est de : (1) vérifier la pertinence des implémentations du *clustering* interactif pour converger vers la vérité terrain établie, et (2) identifier les paramètres ayant une influence sur cette convergence ainsi que leur(s) valeur(s) optimale(s).

2 Contexte de l'approche

2.1 L'annotation par contraintes

Cette approche consiste à décrire la similarité entre les données par un ensemble de liens élémentaires plutôt que d'attribuer explicitement un label à chaque donnée. Dans la littérature, deux types de liens sont souvent exploités (Wagstaff et Cardie, 2000) : *MUST-LINK* (les données sont similaires) et *CANNOT-LINK* (les données ne sont pas similaires). Couplés avec un algorithme d'optimisation de contraintes, ces contraintes permettent de faire émerger naturellement la structure d'intentions. Parmi les avantages de cette méthode, on dénote une grande facilité et flexibilité à l'étiquetage des données car il n'est pas nécessaire de connaître précisément le périmètre des intentions. D'autre part, le travail investi peut être facilement réutilisé en cas de changement de périmètre puisque toute mise à jour peut être effectuée par l'ajout de nouvelles contraintes dans le problème d'optimisation.

2.2 Le clustering sous contraintes

Le *clustering* sous contraintes est une variante semi-supervisée des méthodes de clustering usuelles. Cette alternative consiste à influencer le fonctionnement du *clustering* en spécifiant des liens a priori entre les données, par des annotations ou par l'utilisation d'heuristiques, dans le but de corriger certaines de ses limites. On peut citer quelques exemples issus de la littérature (Lampert et al., 2018).

L'algorithme COP K-Means (Wagstaff et al., 2001). L'algorithme K-means (MacQueen, 1967) est une méthode de *clustering* usuelle qui repose sur la minimisation de l'inertie intra-classe. Dans la version sous contraintes, on s'assure en plus que l'affectation d'une donnée au cluster le plus proche ne viole aucune des contraintes imposées. La mise en oeuvre de cette version est simple, mais son exécution peut mener à des contradictions sans solution.

Le clustering hiérarchique sous contraintes (Davidson et Ravi, 2005). L'algorithme de *clustering* hiérarchique (Murtagh et Contreras, 2012) est une méthode itérative de fusion des

---

3. Le prétraitement, la vectorisation, la sélection des données à annoter, l'algorithme de *clustering* sous contraintes.

clusters les plus similaires. Cette stratégie de fusion peut être définie en s'appuyant sur plusieurs types de liens de similarité [4]. Dans la version sous contraintes, la stratégie de fusion vise à agglomérer en priorité les clusters ayant des liens *MUST-LINK* et à empêcher la fusion si deux clusters ont un lien *CANNOT-LINK*. Adapter cette méthode aux contraintes est trivial car cela revient simplement à modifier le calcul des liens de similarité entre clusters.

Le clustering spectral sous contraintes (Kamvar et al., 2003). Le *clustering* spectral (Ng et al., 2002) consiste à modéliser la matrice de similarité entre les données par ses vecteurs propres, et à regrouper ces derniers avec un algorithme de type K-Means. Cette approche permet de trouver des clusters ayant des formes complexes. Dans la version sous contraintes, on modifie la matrice de similarité en forçant sa valeur à 0 (respectivement à 1) si les deux données sont reliées par un lien *MUST-LINK* (respectivement *CANNOT-LINK*). L'adaptation nécessite donc peu d'effort, mais l'ajout d'une contrainte peut cependant entrainer dans certains cas un changement radical du fonctionnement de l'algorithme.

2.3   L'apprentissage actif

Le principe essentiel de l'apprentissage actif est de tirer le meilleur parti des connaissances de l'homme et des capacités de la machine. Dans ce processus itératif, l'humain corrige le résultat proposé par la machine, et la machine exploite ensuite ces corrections pour améliorer ses itérations ultérieures. Pour optimiser la pertinence des corrections apportées par l'humain, le processus d'apprentissage actif fait en général appel à un oracle qui est garant de la stratégie d'amélioration avec pour but d'obtenir un maximum d'efficacité. Diverses stratégies d'amélioration peuvent être proposées via cet oracle, comme par exemple la vérification d'une incertitude ou d'une certitude du système, la correction d'une erreur estimée du résultat obtenu ou encore l'exploration d'une partie inconnue des données (Settles, 2010). L'intérêt de suivre cette stratégie est de ne plus se limiter uniquement à un processus manuel (annotation) ou aveugle (*clustering*), mais de demander à l'humain d'introduire la dose suffisante de connaissance pour que la machine puisse bénéficier d'une efficacité maximale.

3   Clustering interactif

3.1   Principe général

La méthode que nous proposons repose sur l'alternance successive entre :

1. une phase d'annotation de contraintes (cf. section 2.1) : un oracle suggère des liens à annoter entre les données, permettant ainsi à l'annotateur de corriger le résultat du *clustering* de l'itération précédente ;

2. une phase de clustering de contraintes (cf. section 2.2) : le *clustering* exploite ces nouvelles annotations pour suggérer un nouveau partitionnement plus pertinent.

---

4. Lien simple (*single*) : fusion des deux clusters ayant les frontières les plus proches ; Lien complet (*complete*) : fusion des deux clusters ayant les frontières opposées les plus proches ; Lien moyen (*average*) : fusion des deux clusters ayant les centres de clusters les plus proches ; Lien de *Ward* : fusion des deux clusters donnant lieu à un nouveau cluster le plus compact possible.

L'objectif recherché par la combinaison de ces deux phases est la création d'un cercle vertueux pour améliorer itérativement la qualité du jeu de données obtenu.

3.2   Première itération - Initialisation

Nous disposons d'un jeu de questions (brut, non annoté) et de la définition du périmètre de l'assistant conversationnel à créer (i.e. on sait si l'assistant pourra répondre ou non à une question donnée). Dans cette étape, nous réalisons un premier *clustering* simple (non contraint) afin d'obtenir un regroupement initial des données.

3.3   Itération N - Phase d'annotation

Nous possédons un ensemble de clusters respectant les contraintes déjà à disposition. L'objectif est de soumettre des contraintes supplémentaires pour corriger le *clustering* courant.

Afin d'améliorer efficacement le *clustering* et limiter les biais introduits par l'annotation, un oracle (cf. section 2.3) est utilisé pour sélectionner les couples de questions à annoter. Ici, nous proposerons quatre stratégies pour cet oracle :

1. sélection des questions *de manière purement aléatoire* (stratégie témoin) ;

2. sélection de questions *aléatoires issues d'un même cluster* (stratégie visant à vérifier aléatoirement l'homogénéité d'un cluster) ;

3. sélection des questions *les plus éloignées issues d'un même cluster* (stratégie visant à s'assurer qu'un cluster ne phagocyte pas les intentions à ses frontières) ;

4. sélection des questions *les plus proches issues de deux clusters différents* (stratégie visant à valider la position des frontières entre les clusters).

Pour rester objectif dans l'attribution d'une contrainte, l'annotation ne se fait pas sur la similarité des questions, mais sur la similarité de la réponse apportée à ces dernières. En pratique, cela revient à s'interroger de la manière suivante : "*La réponse à apporter à ces questions est-elle la même ?*". Si c'est le cas, alors la contrainte est de type *MUST-LINK*, sinon elle est de type *CANNOT-LINK*.

3.4   Itération N - Phase de *clustering* sous contraintes

Après la phase d'annotation, nous disposons d'un lot de contraintes plus étoffé qu'à l'itération précédente. L'objectif est de proposer un nouveau partitionnement des données respectant toutes les contraintes disponibles. Plusieurs algorithmes de *clustering* sous contraintes peuvent être employés pour réaliser cette tâche. Le choix de l'algorithme peut être déterminé en fonction du cas d'usage et de la topologie des clusters à identifier.

4   Expérience

4.1   Jeu de données

Comme vérité terrain de cette expérience, nous utilisons un jeu de données inspiré d'un assistant conversationnel du domaine bancaire et dont le périmètre couvre les actions relatives à la gestion des cartes de paiements. Ce jeu de données comporte 6 intentions de 25 questions chacune et la taille totale du vocabulaire est de 215 tokens [5]. Les intentions présentes ont été créés par un expert du domaine en amont de l'expérience, de telle sorte que toutes les questions présentes dans une même intention possèdent la même réponse. Le tableau 1 donne un bref aperçu du jeu de données.

INTENTION	EXEMPLE
carte avalée	*« Ma carte a été avalée par un distributeur ! »*
commande de carte	*« Est-ce que je peux avoir une carte sans frais ? »*
consultation du solde	*« Comment savoir si je suis à découvert ? »*
déblocage de carte	*« Débloquer sa carte après trois mauvais codes »*
gestion du plafond	*« Augmenter mon plafond de paiement à l'étranger »*
gestion du sans contact	*« Activer l'option NFC sur ma Mastercard »*

TAB. 1 – *Exemple de questions pour chaque intention du jeu de données utilisé.*

4.2 Protocole expérimental

Pour valider nos hypothèses sur le *clustering* interactif, nous essayons de créer un *clustering* pertinent en appliquant des itérations successives de la méthodologie décrite en section 3 sur les données non annotées. Nous supposons que le nombre de clusters est connu et qu'il correspond au nombre d'intentions établies. La taille de chaque lot d'annotation est fixée à 25 couples de questions, et l'annotateur humain sera quant à lui représenté symboliquement par une annotation automatique des contraintes sur la base de la comparaison des labels de vérité terrain. Comme l'annotation se base sur la vérité terrain, il n'est pas possible d'obtenir de contradictions dans notre graphe de contraintes. Toutefois, ce problème sera étudié ultérieurement afin de valider la méthode pour l'application en situation réelle.

Dans cette expérience, nous étudions les paramètres d'implémentation [6] suivants :

1. deux types de **prétraitements** : un prétraitement simple (suppression des accents et de la ponctuation) et un prétraitement avancé (ajout d'une lemmatisation [7] et de la suppression des mots vides) ;

2. deux types de **vectorisation** : des vecteurs basés sur la fréquence des termes (*TF-IDF* [8]) et des vecteurs à base d'*embeddings* [9] ;

3. trois implémentations de **clustering sous contraintes** [10] basées sur les descriptions de la section 2.2 (la méthode hiérarchique utilisant quatre types de distances différentes) ;

4. quatre implémentations de **sélection de contraintes** issues de la section 3.3.

Il y a au total 96 combinaisons de paramètres pour 4 facteurs d'analyse, chaque combinaison faisant l'objet de 20 observations, soit 1920 observations en tout.

---

5. Tokenisation réalisée avec la librairie *spacy* (Honnibal et Montani, 2017).

6. Implémentation réalisée en *Python 3.6* (Van Rossum et Drake, 2009).

7. Lemmatisation avec la librairie *spacy* (Honnibal et Montani, 2017).

8. Vectorisation réalisé avec la librairie *sklearn* (Pedregosa et al., 2011).

9. Vecteurs entraînés sur un corpus bancaire à l'aide de la librairie *FastText* (Bojanowski et al., 2016).

10. Le *clustering* initial repose sur le même algorithme, mais exécuté sans contrainte sur les données.

Pour quantifier la performance du *clustering* sous contraintes, nous calculons pour chaque itération les mesures de qualités usuelles (homogénéité, complétude et V-mesure)[11] entre le résultat du *clustering* et la vérité terrain. Ensuite, nous nous intéressons au nombre moyen d'annotations nécessaires pour atteindre un seuil de performance (en terme de V-mesure) au cours des itérations[12]. Dans cette étude, nous nous intéressons aux seuils suivant :

— un seuil de 80% de V-mesure, représentant une annotation partielle et correspondant à un *clustering* conforme à 80% à la vérité terrain ;

— un seuil de 99% de V-mesure, représentant une annotation exhaustive ;

— l'annotation d'un nombre suffisamment de contraintes pour pouvoir déduire la vérité terrain par transitivité, représentant ainsi une annotation complète.

L'analyse statistique de l'effet des paramètres de la modélisation sur le nombre d'annotations requis est réalisée à l'aide du logiciel R (R Core Team, 2017), par une ANOVA à mesures répétées. Le Tukey HSD est utilisé pour les comparaisons post-hoc.

5 Résultats

On constate que les observations convergent vers la vérité terrain au cours des itérations :

— à l'initialisation, pour un *clustering* sans contraintes, la V-mesure moyenne obtenue est de 30% ($min = 9\%$, $max = 60\%$, $\sigma = 15\%$) ;

— pour une annotation partielle à 80% de V-mesure, il faut en moyenne 16.7 itérations ($min = 4$, $max = 61$, $\sigma = 8.1$) soit 418 annotations ; le minimum d'annotation est de 101 dont 51 contraintes de type *MUST-LINK* ;

— pour une annotation exhaustive à 99% de V-mesure, il faut en moyenne 22.0 itérations ($min = 9$, $max = 66$, $\sigma = 8.0$), soit 550 annotations ; le minimum d'annotation est de 255 dont 108 contraintes de type *MUST-LINK* ;

— pour fournir une annotation complète de tous les liens possibles, il faut en moyenne 23.8 itérations ($min = 11$, $max = 74$, $\sigma = 8.8$), soit 595 annotations.

Les tableaux 2 et 3 retranscrivent les influences de chacun des paramètres sur le nombre d'itérations nécessaires à la convergence vers la structure de référence. Les analyses de variance mettent en relief l'effet significatif sur cette convergence à 99% de V-mesure de la vectorisation ($\eta^2 = 0.885$, $p < 10^{-3}$), de l'algorithme de clustering utilisé ($\eta^2 = 0.977$, $p < 10^{-3}$) et de la méthode de sélection des contraintes ($\eta^2 = 0.996$, $p < 10^{-3}$). L'analyse post-hoc de ces effets indique que le meilleur paramétrage moyen repose sur la vectorisation *TF-IDF*, le *clustering* hiérarchique (lien moyen) et la sélection de données semi-aléatoire ou basée sur les voisins les plus proches sur la frontière des clusters. La moyenne du nombre d'itération requis pour ce paramétrage est de 12.9 ($\sigma = 2.6$).

Pour la convergence à 80% de V-mesure, l'ANOVA montre un effet significatif des quatre paramètres considérés. L'analyse post-hoc indique que le meilleur paramétrage moyen serait composé d'un prétraitement simple, de la vectorisation *FastText*, du *clustering* hiérarchique (lien simple) et d'une sélection de données basée sur les voisins les plus proches sur la frontière des clusters. Ainsi, la moyenne du nombre d'itération requis est de 10.2 ($\sigma = 0.9$).

---

11. Mesures réalisées à l'aide du module *metrics* de la librairie *scikit-learn* (Pedregosa et al., 2011).

12. L'effort humain et le temps de calcul ne sont pas estimés ici, mais pourront être traité ultérieurement sur un cas pratique.

Facteur	Niveau	STATISTIQUES DESCRIPTIVES		MESURE DES TAILLES D'EFFET	
		Moyenne	SE	η^2	p-valeur
prétraitement	**simple**	16.5 (1)	0.05	0.347	$4.99e^{-3}$
	avancé	16.8 (2)			**
vectorisation	**fasttext**	16.3 (1)	0.05	0.679	$4.34e^{-6}$
	tfidf	17.0 (2)			***
algorithme de *clustering*	**hier. simple**	11.6 (1)	0.09	0.993	$< 2e^{-16}$
	hier. moyen	12.3 (2)			***
	cop-kmeans	15.0 (3)			
	hier. complet	18.4 (4)			
	hier. ward	19.1 (5)			
	spectral	23.5 (6)			
sélection de contraintes	**plus proches**	9.4 (1)	0.07	0.997	$< 2e^{-16}$
	semi-aléatoire	14.1 (2)			***
	aléatoire	20.1 (3)			
	plus éloignées	22.1 (4)			

TAB. 2 – *ANOVA du nombre d'itérations nécessaires pour l'obtention de 80% de V-mesure. Les (*) dénotent le niveau de significativité ($\alpha = 0.05$). Pour les effets significatifs, les chiffres précisés entre parenthèses dans la colonne Moyenne indiquent le classement des niveaux selon les analyses post-hoc.*

Facteur	Niveau	STATISTIQUES DESCRIPTIVES		MESURE DES TAILLES D'EFFET	
		Moyenne	SE	η^2	p-valeur
prétraitement	simple	21.9	0.06	0.162	0.0703
	avancé	22.1			.
vectorisation	**tfidf**	21.4 (1)	0.06	0.885	$2.29e^{-10}$
	fasttext	22.7 (2)			***
algorithme de *clustering*	**hier. moyen**	19.6 (1)	0.11	0.977	$< 2e^{-16}$
	cop-kmeans	20.1 (2)			***
	hier. simple	20.6 (3)			
	hier. complet	22.3 (4)			
	hier. ward	22.8 (5)			
	spectral	26.9 (6)			
sélection des contraintes	**plus proches**	17.5 (1)	0.09	0.996	$< 2e^{-16}$
	semi-aléatoire	17.5 (1)			***
	aléatoire	26.5 (3)			
	plus éloignées	26.7 (3)			

TAB. 3 – *ANOVA du nombre d'itérations nécessaires pour l'obtention de 99% de V-mesure. Les (*) dénotent le niveau de significativité ($\alpha = 0.05$). Pour les effets significatifs, les chiffres précisés entre parenthèses dans la colonne Moyenne indiquent le classement des niveaux selon les analyses post-hoc.*

La figure 1 représente une comparaison de l'évolution des performances moyennes pour chacun des meilleurs paramétrages moyens pour 80% et 99% de V-mesure.

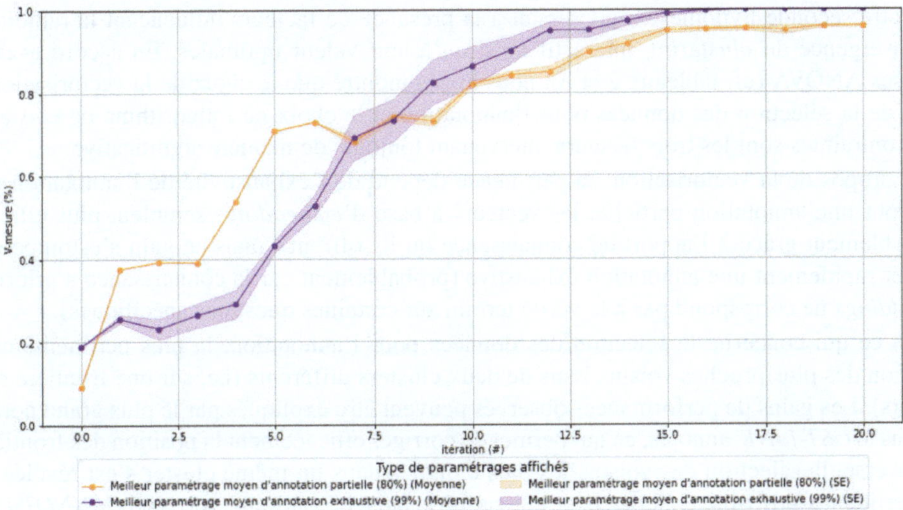

FIG. 1 – *Comparaison de l'évolution de la V-mesure moyenne au cours des itérations entre les meilleurs paramétrages pour les indicateurs d'annotation partielle (80%) et d'annotation exhaustive (99%). Les barres d'erreurs représentent l'erreur standard de la moyenne.*

6   Discussions et conclusions

Dans cette expérience, nous proposions d'étudier une implémentation du *clustering* interactif pour l'annotation de données textuelles.

Notre première hypothèse concernait l'analyse de la pertinence de cette implémentation. Nous confirmons tout d'abord l'insuffisance du *clustering* utilisé seul pour fournir une structure d'intentions utilisable. En effet, la première itération de l'expérience ne mène en moyenne qu'à une V-mesure de 30%. Le rôle de l'humain est donc bien à conserver. Ensuite, avec à la mise en place du *clustering* interactif, toutes les observations convergent bien, au cours des itérations, vers la structure de référence (avec une marge d'erreur de 1%). Une annotation exhaustive mène bien à la vérité terrain établie. Notre expérience montre donc que la méthode permet de créer itérativement la structure d'intentions à l'aide d'annotation par contraintes.

Ce constat implique plusieurs gains pour la phase d'annotation. D'une part, il n'est plus nécessaire de définir au préalable la modélisation en intentions des données pour les annoter : celle-ci émerge naturellement de l'annotation. Ceci est un gain de temps pour l'initialisation d'un assistant conversationnel. D'autre part, l'annotation est à caractère binaire, ce qui n'impose plus à l'annotateur d'avoir une connaissance globale de la structure d'intentions. Cette annotation est par conséquent simplifiée. Enfin, la tâche est ici partagée entre l'humain et la machine : l'humain annote ce que lui suggère la machine via l'oracle, et la machine trie les données suivant les contraintes que lui donne l'annotateur.

Toutefois, il reste un prérequis essentiel à cette méthode pour que l'étiquetage des données reste fiable : l'annotateur doit rester un expert du domaine capable de distinguer si deux questions possèdent ou non la même réponse.

Notre seconde hypothèse s'intéressait à la présence de facteurs influençant la rapidité de la convergence du *clustering* interactif ainsi qu'à leur valeur optimales. En accord avec les analyses ANOVA (cf. tableaux 2 et 3), nous avons montré que le choix de la vectorisation, le choix de la sélection des données pour l'annotation et le choix de l'algorithme de *clustering* sous contraintes sont les trois facteurs intervenant toujours de manière significative.

À propos de la vectorisation, sa pertinence dépend de l'exhaustivité de l'annotation voulue. Pour une annotation partielle, les vecteurs à base d'*embeddings* semblent plus efficaces (probablement grâce à l'apport de connaissance qu'ils offrent), mais ce gain s'estompe pour réaliser rapidement une annotation exhaustive (probablement car la connaissance a priori des *embeddings* ne correspond pas à la vérité terrain sur certaines questions spécifiques).

En ce qui concerne la sélection des données pour l'annotation, la plus pertinente est la sélection des plus proches voisins issus de deux clusters différents (i.e. sur une frontière entre clusters). Les gains de performances observés peuvent être expliqués par le plus grand nombre de liens *MUST-LINK* annotés, ce qui permet de corriger efficacement la position des frontières. À l'inverse, la sélection des voisins les plus éloignés dans un même cluster s'est révélée très peu pertinente, probablement parce qu'elle propose plus de contraintes de type *CANNOT-LINK* qui donnent peu d'information sur la manière de corriger les clusters.

Au sujet de l'algorithme de *clustering* sous contraintes, le *clustering* hiérarchique (plus particulièrement les implémentations des liens simple et moyen) s'est révélé le plus prometteur. Cela peut s'expliquer par sa relative stabilité lors de l'ajout d'une nouvelle contrainte, ce qui se traduit par une performance globalement croissante au cours des annotations. À l'inverse, le *clustering* spectral peut voir son résultat radicalement changer suite à l'ajout d'une seule contrainte, ce qui le rend relativement instable et donc moins performant.

Quant aux prétraitements, ils n'ont qu'une faible importance malgré leur significativité (gain inférieur à une itération).

De manière générale, le meilleur paramétrage moyen significatif dépend du choix de la sélection des contraintes (sélection des voisins les plus proches issus de deux clusters différents) et de l'algorithme de *clustering* sous contraintes (algorithme hiérarchique, avec lien simple pour une annotation partielle et avec lien moyen pour une annotation exhaustive).

En conclusion, le paramétrage que nous proposons permet, au regard de l'expérience réalisée, d'obtenir une première implémentation fonctionnelle et viable de la méthode du *clustering interactif* pour annoter des données textuelles. Cela montre bien qu'il est possible d'introduire des initiatives de la machine, telles que le *clustering* interactif, pour accélérer la création d'un assistant conversationnel.

Il reste cependant plusieurs pistes à explorer et à valider :
— dans cette étude, la taille du jeu de données est volontairement faible pour faciliter la découverte d'un paramétrage supposé optimal : la prochaine étape sera d'implémenter un assistant de bout en bout pour appliquer la méthode dans un cas pratique ;
— d'autres facteurs ou valeurs de paramétrages peuvent être étudiés pour parfaire l'implémentation de la méthodologie proposée : par exemple, la taille du lot d'annotation peut avoir un impact sur la convergence, et l'utilisation d'un *clustering* collaboratif permettrait traiter le choix du le nombre de clusters optimal en le déduisant itérativement ;

— les contradictions entre les annotations peuvent être révélatrices d'ambiguïtés, et ces informations non exploitées ici seront à traiter pour prévenir des dérives potentielles de l'annotation;

— si l'obtention d'une structure identique à celle de référence semble complexe à mettre en oeuvre car elle requiert un nombre d'annotations supérieur au nombre de données (au minimum 255 dans notre expérience), l'obtention d'un haut niveau de conformité (80% de V-mesure) avec le jeu de référence est possible moyennant un nombre d'annotations inférieur (au minimum 101 dans notre expérience). Compte tenu de la subjectivité présente dans le jeu de données de références, il serait légitime de se demander si ce jeu de données intermédiaire permettrait l'implémentation d'un assistant performant.

Toutefois, si l'exploration de ces pistes permettait de clarifier d'avantage la manière de mettre en oeuvre le *clustering* interactif, notre approche confirmerait encore plus clairement un moyen de remettre en cause l'annotation par labels (longue, coûteuse et basée sur la connaissance à priori des intentions) par une annotation semi-supervisée implémentée par le *clustering* interactif (plus rapide, plus simple, basée sur la réponse). Cette technique serait alors un réel soutien pour l'assistance à la création de nouveaux assistants conversationnels.

Références

Alexa Internet (2018).   Keyword Research, Competitor Analysis, and Website Ranking : Alexa.

Bocklisch, T., J. Faulkner, N. Pawlowski, et A. Nichol (2017).   Rasa: Open Source Language Understanding and Dialogue Management. *arXiv:1712.05181*.

Bojanowski, P., E. Grave, A. Joulin, et T. Mikolov (2016).   Enriching Word Vectors with Subword Information. *arXiv preprint arXiv:1607.04606*.

Costello, K. (2019).   Gartner Top Technologies and Trends Driving the Digital Workplace. *Gartner, Inc.*

Davidson, I. et S. S. Ravi (2005).   Agglomerative Hierarchical Clustering with Constraints : Theoretical and Empirical Results. *Springer, Berlin, Heidelberg 3721*, 12.

Gançarski, P. et C. Wemmert (2007).   Collaborative multi-step mono-level multi-strategy classification. *Multimedia Tools and Applications 35*(1), 1–27.

Goasduff, L. (2019). Chatbots Will Appeal to Modern Workers. *Gartner, Inc.*

Honnibal, M. et I. Montani (2017).   spaCy 2 : Natural language understanding with Bloom embeddings, convolutional neural networks and incremental parsing.

Hoyt, R. E., D. Snider, C. Thompson, et S. Mantravadi (2016).   IBM Watson Analytics : Automating Visualization, Descriptive, and Predictive Statistics. *JMIR Public Health Surveill 2*(2).

Kamvar, S. D., D. Klein, et C. D. Manning (2003).   Spectral Learning. *Proceedings of the international joint conference on artificial intelligence*, 561–566.

Lampert, T., T.-B.-H. Dao, B. Lafabregue, N. Serrette, G. Forestier, B. Cremilleux, C. Vrain, et P. Gancarski (2018).   Constrained distance based clustering for time-series : a comparative and experimental study. *Data Mining and Knowledge Discovery 32*(6), 1663–1707.

Lampert, T., B. Lafabregue, et P. Gançarski (2019). Constrained Distance based K-Means Clustering for Satellite Image Time-Series. In *IGARSS 2019 - 2019 IEEE International Geoscience and Remote Sensing Symposium*, pp. 2419–2422. IEEE.

MacQueen, J. (1967). Some methods for classification and analysis of multivariate observations. *Proceedings of the fifth Berkeley symposium on mathematical statistics and probability 1*(14), 281–297.

Murtagh, F. et P. Contreras (2012). Algorithms for hierarchical clustering : An overview. *Wiley Interdisc. Rew.: Data Mining and Knowledge Discovery 2*, 86–97.

Ng, A. Y., M. I. Jordan, et Y. Weiss (2002). On Spectral Clustering: Analysis and an algorithm. In T. G. Dietterich, S. Becker, et Z. Ghahramani (Eds.), *Advances in Neural Information Processing Systems 14*. MIT Press.

Pedregosa, F., G. Varoquaux, A. Gramfort, V. Michel, B. Thirion, O. Grisel, M. Blondel, P. Prettenhofer, R. Weiss, V. Dubourg, J. Vanderplas, A. Passos, D. Cournapeau, M. Brucher, M. Perrot, et E. Duchesnay (2011). Scikit-learn : Machine Learning in Python. *Journal of Machine Learning Research 12*, 2825–2830.

R Core Team (2017). *R: A Language and Environment for Statistical Computing*. Vienna, Austria: R Foundation for Statistical Computing.

Settles, B. (2010). Active Learning Literature survey.

Van Rossum, G. et F. L. Drake (2009). *Python 3 Reference Manual* (CreateSpace ed.). Scotts Valley, CA.

Wagstaff, K. et C. Cardie (2000). Clustering with Instance-level Constraints. *Proceedings of the Seventeenth International Conference on Machine Learning*, 1103–1110.

Wagstaff, K., C. Cardie, S. Rogers, et S. Schroedl (2001). Constrained K-means Clustering with Background Knowledge. *International Conference on Machine Learning*.

Xu, D. et Y. Tian (2015). A Comprehensive Survey of Clustering Algorithms. *Annals of Data Science 2*, 165–193.

Summary

The design of a dataset needed to train a chatbot is most often the result of manual and tedious step. To guarantee the efficiency and objectivity of the annotation, we propose an active learning method based on constraints annotation. It's an iterative approach, relying on a clustering algorithm to segment data and using annotator knowledge to lead clustering from unlabeled question to relevant intents structure. In this paper, we study the optimal modeling parameters to get an exploitable dataset with a minimum of annotations, and show that this approach allows to make a coherent structure for the training of a chatbot.

EBBE-Text : Visualisation de la frontière de décision des réseaux de neurones en classification automatique de textes

Alexis Delaforge* Jérôme Azé* Arnaud Sallaberry*,**
Maximilien Servajean*,** Sandra Bringay*,** Caroline Mollevi***,****

*LIRMM, Université de Montpellier, CNRS
CC477 - 161 rue Ada, 4095 Montpellier Cedex 5, France
prenom.nom@lirmm.fr
http://www.lirmm.fr/
**Groupe AMIS, Université Paul-Valéry Montpellier 3
Route de Mende, 34199 Montpellier Cedex 5, France
***Institut du Cancer Montpellier (ICM)
208 Avenue des Apothicaires, Parc Euromédecine, 34298 Montpellier Cedex 5, France
caroline.mollevi@icm.unicancer.fr,
https://www.icm.unicancer.fr/fr
****Institut Desbrest d'Epidémiologie et de Santé Publique,
UMR Inserm - Université de Montpellier, Montpellier, France

Résumé. En classification automatique de textes, de nombreux travaux récents portent sur l'interprétation des réseaux de neurones par la production d'explications des prédictions. L'approche originale présentée dans cet article consiste à visualiser la frontière de décision et le positionnement des données vis-à-vis de celle-ci offrant ainsi une nouvelle approche de l'explication. Notre méthode calcule tout d'abord un espace de représentation des phrases, puis en exploite la structure linéaire afin de visualiser la répartition et le regroupement des données autour de la frontière de décision. Le principal apport de notre méthode est le processus de visualisation de la frontière de décision, permettant d'explorer la distance à la frontière de décision (et donc la certitude d'un réseau en ses prédictions) mais aussi les chemins menant à celle-ci ou encore la proximité entre phrases.

1   Introduction

Récemment, les réseaux de neurones ont connu du succès dans les tâches de Traitement Automatique du Langage (TAL) (Young et al., 2018) comme la traduction (Cho et al., 2014; Bahdanau et al., 2015), la reconnaissance d'entités nommées (Collobert et al., 2011) ou encore l'analyse de sentiments (Socher et al., 2013). L'utilisation des techniques d'apprentissage profond soulève des questions sur l'interprétabilité, l'explicabilité, la confiance et la transparence de ces réseaux (Lipton, 2018). Il est, d'ailleurs, primordial de s'intéresser à ceux-ci, d'autant plus que le parlement européen (Goodman et Flaxman, 2016) a fixé des règles parmi les plus strictes au monde concernant l'interprétabilité de ces réseaux de neurones.

D'après Lipton (2018), nous notons deux concepts qui constituent la définition de l'interprétabilité : la **transparence** et les **explications post-hoc**. La **transparence** se définit comme la facilité par laquelle un humain peut comprendre et reproduire le fonctionnement d'un modèle indépendamment d'une prédiction. La transparence d'un modèle peut se diviser en trois parties : une relevant de la compréhension globale du fonctionnement du modèle, une traitant d'une compréhension des différentes parties du modèle, enfin une dernière traitant de la compréhension des mécanismes d'apprentissage et donc de leur convergence vers une solution optimale. En apprentissage profond, la décision d'un réseau de neurones passe par l'activation ou non de milliers de neurones. Il est donc impossible pour un humain de tout analyser. Des informations supplémentaires à la simple prédiction sont donc nécessaires et nous amènent à la construction d'explications post-hoc.

L'explication pour une prédiction donnée (ou **l'explication post-hoc**) est faite lorsque l'on se sert de différents indicateurs issus ou non du fonctionnement d'un modèle pour expliquer le choix qui a été fait. L'explicabilité d'une prédiction peut servir à rendre plus interprétable les modèles lorsque qu'une méthode post-hoc est construite de manière à identifier ce qui, dans le fonctionnement du modèle, a le plus influencé la décision. Si une explication associée à une prédiction sert légèrement à l'interprétabilité d'un réseau, ce n'est que la multiplication des explications qui peut réellement donner des intuitions aux utilisateurs quant au fonctionnement du modèle employé. Lipton (2018) classe les explications post-hoc en quatre catégories :

1. Les explications verbales ou écrites des prédictions qui justifient celles-ci.

2. Les techniques de visualisation qui permettent d'explorer l'espace de représentation des données ou d'afficher des indications sur ce qui, dans les données d'entrée, a participé à la prédiction.

3. Les explications locales qui peuvent donner accès à des explications plus simples concernant seulement une sous-partie de l'espace des données (Ribeiro et al., 2016).

4. Les explications qui présentent les comportements pour des exemples similaires.

Les explications données aux prédictions doivent être d'une complexité modérée. Des techniques en visualisation permettent de visualiser l'intégralité de la structure des réseaux, les interpréter, les expliquer, les déboguer (Hohman et al., 2019). Dans ce contexte, nous proposons une visualisation de **la frontière de décision** d'un réseau de neurones dans le cas de la classification dichotomique. Cette visualisation de la frontière de décision et de la distance des données à celle-ci permet une meilleure identification des données correctement classées ou non et de la certitude avec laquelle le réseau les a classées. Dans nos travaux, les explications se font chacune localement. Nous identifions donc différentes localités dans l'espace de représentation et à l'échelle de la localité nous explorons nos données plus finement. L'exploration des données contenues dans ces localités permet donc d'identifier le voisinage des données. Nous nous plaçons donc, dans les catégories d'explication post-hoc suivantes : visualisation, explication locale et exemples similaires. Ce type d'approche manque actuellement aux méthodes d'explication disponibles en classification automatique de textes dans lesquelles la distance à la frontière de décision et la frontière de décision elle-même n'est pas visualisée.

Dans cet article, nous présentons les travaux menés en interprétabilité en section 2 puis nous développons nos travaux en section 3 [1] avant de proposer un cas d'étude sur des données réelles en section 4. Enfin, nous concluons et proposons des perspectives en section 5.

---

1. http://advanse.lirmm.fr/template_container.php?template=AD/EBBE.php

2 Travaux existants

En classification de textes, différentes techniques d'explication des prédictions sont utilisables pour mettre en lumière les mots ayant le plus participé à la prédiction. Ces techniques s'appuient notamment sur le gradient (Springenberg et al., 2015; Selvaraju et al., 2020; Smilkov et al., 2017; Dimopoulos et al., 1995), sur les portes ("gates unit") que l'on retrouve notamment dans les réseaux récurrents (Karpathy et al., 2015) ou sur la suppression de certaines dimensions des représentations apprises par les réseaux (Li et al., 2016). Le point commun de ces techniques est qu'elles identifient les mots ayant le plus participé à la prédiction, le plus souvent à l'aide de cartes de chaleur. Les mécanismes d'attention (Bahdanau et al., 2015; Vaswani et al., 2017; Raganato et Tiedemann, 2018; Zenkel et al., 2019; Xu et al., 2018) présents dès la construction des réseaux de neurones peuvent, selon leur rôle, expliquer les prédictions. L'attention met en évidence les mots utiles à la prédiction comme le font les méthodes basées sur le gradient avec les mêmes mécanismes de visualisation (cartes de chaleur). Lors de l'utilisation d'espaces de grande dimension construits par l'encodage de mots ou de phrases (Mikolov et al., 2013a; Pennington et al., 2014; Devlin et al., 2019), il est possible d'utiliser les techniques de visualisation de données et de réduction de dimensions pour explorer ces espaces (Mikolov et al., 2013b; Smilkov et al., 2016; Xu et al., 2018). Ces techniques, PCA (Pearson, 1901) / t-SNE (Hinton et Roweis, 2002; van der Maaten et Hinton, 2008) / UMAP (McInnes et Healy, 2018), deviennent essentielles lorsque l'on cherche à trouver des similitudes ou des proximités entre les données. Elles peuvent servir d'explications post-hoc des exemples similaires. Elles participent donc à l'interprétabilité.

Il ressort de ces recherches récentes qu'il est compliqué d'interpréter un réseau de neurones autrement qu'en s'intéressant à des exemples précis. Même s'il existe des techniques pour explorer l'espace entier des données, peu de propositions permettent de l'explorer tout en s'intéressant à certaines localités. Or, les explications locales, parfois distinctes des mécanismes mis en jeu, ne permettent l'interprétation du réseau de neurones que si elles sont nombreuses et se complètent. Une méthode d'exploration globale et locale de l'espace de représentation et du comportement du réseau de neurones dans cet espace est donc une piste prometteuse pour une meilleure interprétation des réseaux de neurones.

3 Méthode

La figure 1 montre une vue d'ensemble de notre approche. Nous en détaillons les étapes dans les sections suivantes.

3.1 Le réseau et l'entraînement

Pour le plongement lexical, nous utilisons word2vec de Mikolov et al. (2013a). Le réseau que nous entraînons est un réseau auto-encodeur qui encode les phrases dans un espace de plus petite dimension (Hinton et Salakhutdinov, 2006). Il est constitué de **deux** couches d'unités de portes récurrentes ("Gated Recurrent Unit") (Cho et al., 2014). Chaque couche possède des états cachés ("hidden states") de dimension **512**, ce qui fait que la représentation de la phrase est encodée à l'aide de **1 024** valeurs réelles. Cette réduction de dimension conserve le maximum d'informations possible car la tâche de décodage consiste à reconstruire la phrase

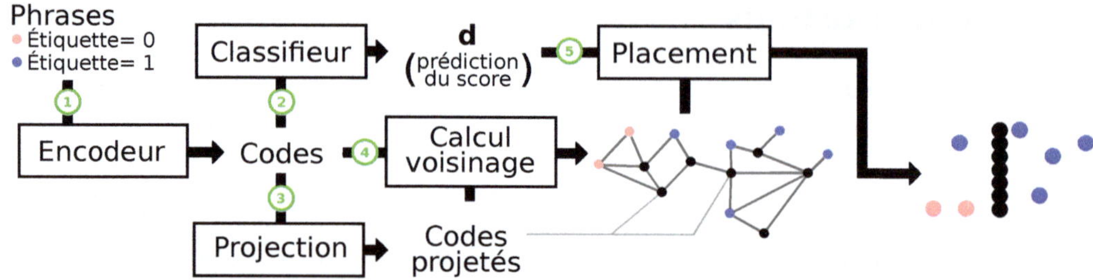

FIG. 1 – *Intégralité de la méthode de visualisation de la frontière de décision d'un réseau de neurones en classification automatique de textes. Les étapes s'appliquent selon l'ordre suivant : ①, ②, ③, ④, ⑤, ⑥. Nous décrivons les étapes d'encodage (①) et de classification (②) en section 3.1 puis la projection (③) en section 3.2. Une description du calcul du voisinage (④) est donnée en section 3.3. Le placement (⑤) est décrit en sections 3.4 et 3.5.*

telle que le réseau l'a reçue. Le calcul de la fonction de coût se fait à l'aide d'une fonction d'entropie croisée ("cross entropy function"). Dans nos cas d'étude (voir section 4), le pas d'apprentissage évolue de 0,05 à 0,0084 au cours de l'apprentissage (neuf epochs).

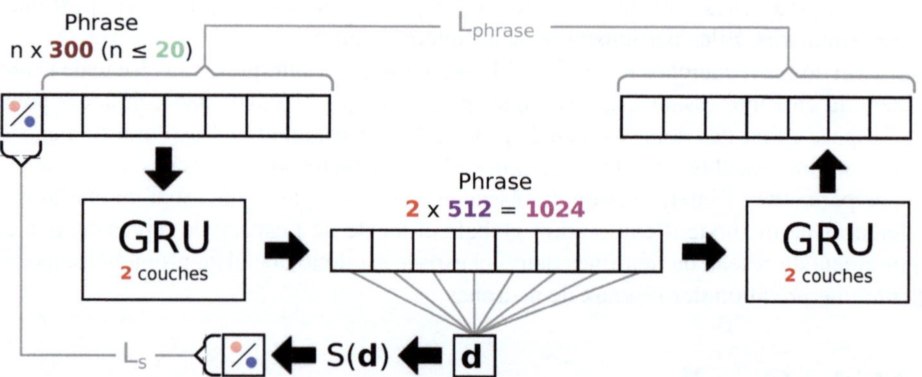

FIG. 2 – *Réseau d'auto-encodage des phrases et procédure de classification de la variable **étiquette**. Une fois la classification effectuée, la variable **d** produite est négative si la classe prédite est 0 et positive si la classe prédite est 1. La valeur absolue de cette variable représente la distance à la frontière de décision de notre classification. Cette variable est ramenée dans l'intervalle [0,1] pour le calcul de la fonction de coût à l'aide de la fonction sigmoïde (S(x)).*

À la suite de l'encodage, une fois que le réseau affiche de bonnes performances (dans nos cas d'étude, une perplexité à 2,01), nous injectons le code produit dans une régression linéaire multiple ("fully-connected layer") qui, suivie d'une *sigmoïde*, prédit la variable dichotomique **étiquette**. On ré-entraîne alors notre réseau. Le calcul de la fonction de coût de la classification est réalisé avec une fonction d'entropie croisée binaire ("binary cross entropy"). Au final L_{phrase}, L_s représentent respectivement les calculs des fonctions de coût pour la reconstruction de la phrase et la prédiction de la variable **étiquette**. Notre fonction de coût finale est de la forme $L_{finale} = (1 - \alpha) \times L_{phrase} + \alpha \times L_s$, avec $\alpha = 0{,}9$. Dans nos cas d'étude (voir section 4), la perplexité de la tâche d'encodage est de 1,33, et le coefficient de corrélation de Matthews (1975) (MCC) de la tâche de classification est de 0,71 (le MCC, compris en -1 et 1, est égal à 1 lorsqu'une corrélation parfaite existe entre les prédictions et les **étiquettes**, et -1 quand une corrélation négative parfaite existe entre les prédictions et les **étiquettes**).

3.2 Projection des points sur la frontière de décision

Une fois toutes les données encodées, nous construisons les données se trouvant sur la frontière de décision. La frontière de décision dans l'espace de représentation est dessinée par un hyperplan, qui coupe l'espace de représentation en deux. L'orientation de cet hyperplan est contrôlée par un vecteur normal β (i.e. orthogonal à l'hyperplan). Chaque vecteur de représentation z peut se décomposer comme la somme d'un vecteur u qui appartient à l'hyperplan (i.e. $\langle \beta, u \rangle = 0$) et d'un vecteur v co-linéaire à β ou nul. Nous calculons les vecteurs de représentation des données projetées (sur la frontière de décision) en projetant orthogonalement sur l'hyperplan l'ensemble des vecteurs de représentation de nos données : $u = \text{proj}_\beta(z) = z - \langle \beta, z \rangle \beta / \|\beta\|_2^2$. Les représentations de la frontière de décision ainsi créées seront donc aussi nombreuses que le jeu de données d'entrée.

3.3 Calcul du voisinage des données

Dans l'ensemble de représentation des données et de leurs projections sur la frontière, nous calculons l'ensemble simplicial flou associé aux données. Cette méthode proposée par Zadeh (1965) est utilisée dans l'algorithme de réduction de dimension UMAP (McInnes et Healy, 2018)[2]. Pour ce faire, Nous créons un ensemble flou simplicial pour chaque donnée. Chacune de ces données aura un référentiel de distance propre à elle-même fixé en fonction de la proximité avec ses voisins. Ce référentiel, étant flou, construit des probabilités de voisinage entre les données. On combine ensuite tous les ensembles flous simpliciaux locaux en un ensemble grâce à une union floue. Cette union nous donne des liens de voisinage entre les points, ce qui nous permet de construire un graphe (voir figure 3a-c). Cette union donne aux couples de données deux probabilités différentes d'être voisins, l'une résultant du référentiel de distance de la première donnée et l'autre résultant du référentiel de distance de la seconde donnée. La distance finale entre les deux données est la probabilité d'existence d'au moins une des probabilités de voisinage ($a + b - a \cdot b$, with a, b des probabilités). Une distance non nulle construit donc un lien entre deux données dans le graphe de proximité produit.

3.4 Séparation des composantes connexes de trop grande taille

Dans le graphe obtenu, nous divisons les plus grandes composantes de la façon suivante (voir figure 3d). Nous commençons par définir deux valeurs maximum pour le nombre de sommets et le nombre d'arêtes par composante connexe. Pour chaque composante connexe dépassant le nombre de sommets ou d'arêtes maximum, un algorithme calculant la centralité intermédiaire des arêtes ("betweeness centrality") est exécuté (Brandes, 2001 ; Newman et

---

2. Une description détaillée du fonctionnement de UMAP disponible ici : `https://umap-learn.`
`readthedocs.io/en/latest/how_umap_works.html`

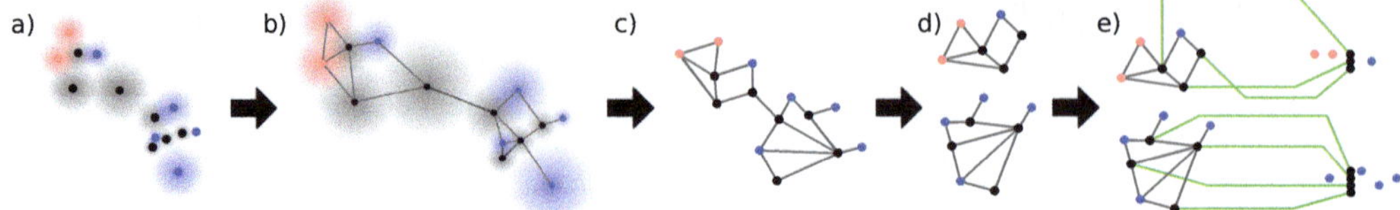

FIG. 3 – *Création de graphe et placement des données (représentées par • ou • selon si leur **étiquette** est 0 ou 1) et des données projetées (représentées par •). En a) sont représentés les ensembles flous simpliciels (cercles fondus) de toutes les données. Le graphe en b) est produit par l'union des distances entre deux données dans leurs ensembles flous respectifs. Le graphe en c) est le graphe final de toute nos données. Le graphe en d) est produit à la suite de la séparation des composantes. Le graphe en e) est issu du placement des données projetées sur la frontière et du placement des données. Les données à gauche de la frontière de décision sont donc prédites à 0, celles à droite à 1. Les traits **verts** montrent le placement d'un point de frontière dans la visualisation finale.*

Girvan, 2004). Ensuite, l'arête avec la plus grande centralité est supprimée pour diviser la composante en deux. On ré-exécute cette procédure tant que les composantes obtenues dépassent les seuils fixés.

3.5 Arrangement linéaire de la frontière de décision et positionnement des données pour une composante

Notre objectif est de représenter les points projetés sur la frontière de décision sur une ligne et les données autour en fonction de leur distance à la frontière. Afin d'ordonner les points de la frontière, nous dérivons de celle-ci un graphe dont les sommets sont ces points et les liens représentent leur proximité, l'objectif étant de trouver l'ordre des sommets minimisant la somme de la longueur des liens. Ce problème est connu sous le nom d'arrangement linéaire minimum et est NP-complet. Dans notre contexte, nous utilisons l'heuristique de Mcallister (1999) couplé avec la stratégie de permutation des sommets de Rodriguez-Tello et al. (2008) pour en trouver une solution approchée.

À la suite du placement de la frontière de décision, pour chacune des composantes, nous plaçons les données (voir figure 3e) selon la procédure itérative suivante : nous ordonnons nos données, n'étant pas des points projetés, de la plus proche à la plus éloignée de la frontière de décision. Cela détermine pour chaque donnée sa position en abscisse. Puis, pour déterminer leur position en ordonnée, nous calculons la médiane de la position de ces différents voisins déjà placés et nous répétons cette procédure jusqu'à avoir itéré sur toutes les données d'une composante. Les données qui n'auraient pas pu être placées durant la première procédure sont placées selon la même procédure au cours des itérations suivantes. Les données se trouvant dans des composantes sans point de frontière ne sont pas affichée. Dans nos cas d'étude (voir section 4), 0,1% des données ne sont pas affichées.

4 Cas d'étude

Cette section présente deux cas d'étude illustrant les bénéfices que l'on peut avoir en terme d'interprétabilité grâce à notre méthode. Dans la prochaine section, nous présentons les données utilisées. Nous décrivons les cas d'étude dans les deux sections suivantes.

4.1 Données et localité

Le jeu de données AmazonReview[3] (He et McAuley, 2016) comprend des avis anglophones sur différents produits vendus sur Amazon. Ce jeu contient une **étiquette** qui représente la note donnée par les utilisateurs (entre 1 et 5). Nous filtrons les **étiquettes** pour ne garder que celles égales à 1 ou 5 afin d'obtenir une variable binaire (0 et 1). Nous ne conservons que les avis comportant au plus 20 mots. Finalement, le jeu de données d'entraînement pour la classification comporte 1,3 million d'entrées. Pour ces travaux de visualisation, nous travaillons avec un échantillon de 50 000 phrases. En amont, nous avons construit un jeu de données d'entraînement pour l'encodage des phrases de 2,5 millions d'entrées à l'aide d'une concaténation de deux jeux de données : un de Botha et al. (2018)[4] et l'autre de Bowman et al. (2015)[5]. Ce sont des phrases anglaises de tous types. La première partie des données a été utilisée pour entraîner des réseaux de neurones à découper des phrases en deux parties et à reformuler chacune de ces parties. La deuxième partie des données a été utilisée pour entraîner des réseaux de neurones à inférer si une phrase est en accord, désaccord ou est neutre vis à vis d'une autre.

Les cas d'étude présentés ici sont choisis sur la plus grande localité construite par notre méthode. Elle est composée de 662 données (projetées ou non). Les données non projetées se répartissent comme indiqué dans la table 1. Cette localité comporte en proportion 91% de données en plus dans la classe négative que dans le jeu de données complet et par conséquent 21% de moins dans la classe positive que dans le jeu de données complet. Pareillement, notre prédiction tend à prédire la classe négative 77% plus souvent et la classe positive 26% moins souvent que dans le jeu de données complet. Cette composante a un coefficient de corrélation de Matthews de 0,75. Notre réseau de neurones est donc légèrement plus efficace dans cette localité que dans les autres. Enfin, lorsque l'on est confronté à différentes localités de l'espace de représentation des phrases, il est important de comprendre ce qui fait la particularité de chacune de ces localités. Ainsi, pour compléter la frontière de décision, un classement des mots les plus pertinents (Sievert et Shirley, 2014) est établi par localité, de manière à identifier ce qu'on peut y trouver. Ce classement qui permet de trouver les phrases qui, dans la visualisation de la frontière de décision, contiennent ces mots, est présenté en figure 4.

Prédiction | Étiquette	Négatif	Positif	$\sum$
Négatif	112 (0,34)	36 (0,11)	148 (0,45)
Positif	6 (0,02)	177 (0,53)	183 (0,55)
$\sum$	118 (0,36)	213 (0,64)	331

TAB. 1 – *Répartition des classifications et des données sur une localité produite.*

---

3. http://jmcauley.ucsd.edu/data/amazon/index_2014.html
4. https://github.com/google-research-datasets/wiki-split
5. https://nlp.stanford.edu/projects/snli/

4.2 Voisin classés différemment et abords de la frontière

Dans ce cas d'étude, nous observons une phrase et ses trois phrases voisines directes dans la localité. Comme présentés en figure 5), cette phrase et tous ses voisins sont classés différemment. On peut observer que la proximité de ces phrases est due soit à l'utilisation d'un début de phrase similaire (ici, "je pense") soit au sujet (mots "livre" ou "lire" présent). La phrase sélectionnée et mal classée avec beaucoup de certitude est la suivante : "Je [pensais] que ce ne serait pas une bonne idée d'économiser en achetant un exemplaire d'occasion de ce livre.". Ici le réseau n'a pas capturé le fait qu'une affirmation commençant ainsi se termine souvent par dire que l'on se trompait en pensant cela. Cela explique cette très mauvaise prédiction.

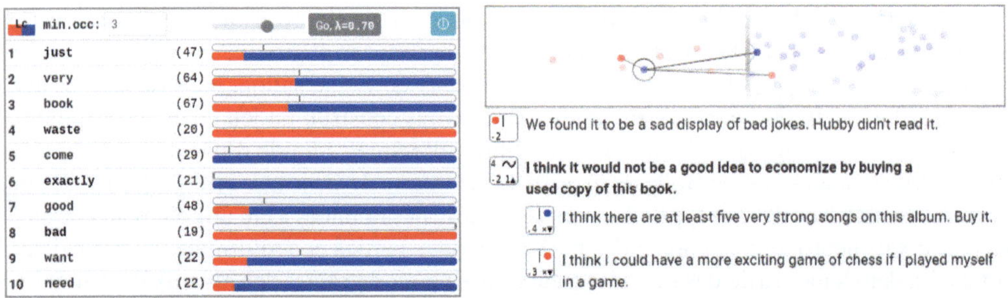

FIG. 4 – *Mots les plus pertinents.*   FIG. 5 – *Phrases proches.*

4.3 Cohérence de la classification pour les phrases similaires

Nous allons maintenant nous pencher sur une phrase ayant de nombreux voisins. Dans la figure 6, les traductions des phrases encadrées sont les suivantes :

— Le livre est arrivé en peu de temps, et était en très bon état. (encadré **rose**)
— Le livre est arrivé au bout de quelques jours seulement et il était en très bon état. (encadré **cyan**)
— Le livre est arrivé dans l'état qui était indiqué et je l'ai reçu en quelques jours. (encadré **marron**)

Ces phrases parlent toutes d'un livre, dans un état donné, arrivé rapidement. Comme on peut le voir dans l'espace à deux dimensions issu de la réduction de dimension par l'algorithme UMAP (McInnes et Healy, 2018), elles se trouvent proches les unes des autres dans l'espace de représentation. Néanmoins les nuances dans chacune amènent des disparités de classification visibles dans notre visualisation. La première phrase est la plus éloignée de la frontière, alors que la dernière est la plus proche. Les incertitudes sont faibles (d'ordre 10^{-2} ou moins). Lorsque l'on s'intéresse au contenu de ces phrases, être arrivé en peu de temps semble mieux qu'être arrivé en quelques jours. De même, être en très bon état semble mieux qu'être dans l'état indiqué. Ces observations peuvent induire que la compréhension des nuances faite par le réseau de neurones semble correcte et l'amène à classer ces phrases avec certitude et cohérence.

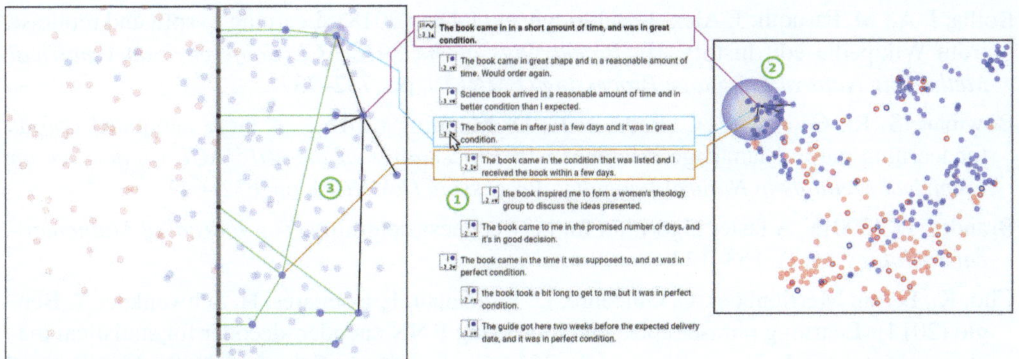

FIG. 6 – *Visualisation des classifications de phrases similaires. Ici, en ① se trouvent les phrases et les chemins possibles d'une phrase jusqu'à la frontière de décision. En ②, se trouve une visualisation de l'espace de représentation produit par l'algorithme UMAP (McInnes et Healy, 2018). On peut observer que les phrases étudiées sont en effet très proches dans l'espace de représentation. En ③, se trouvent les données et la frontière, on peut ainsi inspecter les distances à la frontière de décision pour ces phrases proches et observer des disparités.*

5   Conclusion

Dans cet article, nous avons proposé une nouvelle méthode pour expliquer globalement le fonctionnement des réseaux de neurones pour une tâche de classification automatique de texte basée sur la visualisation de la frontière de décision. Les méthodes actuelles n'offrent pas l'opportunité de visualiser facilement à quel point un réseau de neurones peut être certain de sa prédiction. Notre méthode offre, face à ce constat, une aide à l'interprétabilité des réseaux de neurones. La visualisation de la frontière de décision permet la visualisation d'espaces de grande dimension, aussi, c'est une méthode d'exploration innovante qui doit ensuite amener à des traitements plus fins des parties des espaces de représentation. Nos futurs travaux porteront sur l'amélioration des associations entre les informations produites par la visualisation de la frontière de décision et d'autres métriques pouvant aider à l'interprétabilité notamment le caractère justifiable des explications justifiable (Laugel et al., 2019).

6   Remerciements

Ce travail a été soutenu et subventionné par la Région Occitanie [Programme "Allocation Doctorale 2019"] et le SIRIC Montpellier Cancer [Grant INCa_Inserm_DGOS_12553].

Références

Bahdanau, D., K. Cho, et Y. Bengio (2015). Neural machine translation by jointly learning to align and translate. *Computing Research Repository (CoRR) abs/1409.0473.*

Botha, J. A., M. Faruqui, J. Alex, J. Baldridge, et D. Das (2018). Learning to split and rephrase from Wikipedia edit history. In *Proceedings of the 2018 ACL Conference on Empirical Methods in Natural Language Processing (EMNLP)*, pp. 732–737.

Bowman, S. R., G. Angeli, C. Potts, et C. D. Manning (2015). A large annotated corpus for learning natural language inference. In *Proceedings of the 2015 ACL Conference on Empirical Methods in Natural Language Processing (EMNLP)*, pp. 632–642.

Brandes, U. (2001). A faster algorithm for betweenness centrality. *The Journal of Mathematical Sociology 25*(2), 163–177.

Cho, K., B. van Merriënboer, C. Gulcehre, D. Bahdanau, F. Bougares, H. Schwenk, et Y. Bengio (2014). Learning phrase representations using RNN encoder–decoder for statistical machine translation. In *Proceedings of the 2014 Conference on Empirical Methods in Natural Language Processing (EMNLP)*, Doha, Qatar, pp. 1724–1734. Association for Computational Linguistics.

Collobert, R., J. Weston, L. Bottou, M. Karlen, K. Kavukcuoglu, et P. Kuksa (2011). Natural language processing (almost) from scratch. *J. Mach. Learn. Res. 999888*, 2493–2537.

Devlin, J., M.-W. Chang, K. Lee, et K. Toutanova (2019). BERT : Pre-training of deep bidirectional transformers for language understanding. In *Proceedings of the 2019 Conference of the North American Chapter of the Association for Computational Linguistics : Human Language Technologies, Volume 1 (Long and Short Papers)*, Minneapolis, Minnesota, pp. 4171–4186. Association for Computational Linguistics.

Dimopoulos, Y., P. Bourret, et S. Lek (1995). Use of some sensitivity criteria for choosing networks with good generalization ability. *Neural Processing Letters 2*(6), 1–4.

Goodman, B. et S. Flaxman (2016). Eu regulations on algorithmic decision-making and a "right to explanation". *AI Magazine 38*, 50–57.

He, R. et J. McAuley (2016). Ups and downs : Modeling the visual evolution of fashion trends with one-class collaborative filtering. In *Proceedings of the 25th International Conference on World Wide Web (WWW)*, pp. 507–517.

Hinton, G. et S. Roweis (2002). Stochastic neighbor embedding. In *Proceedings of the 15th International Conference on Neural Information Processing Systems*, NIPS'02, Cambridge, MA, USA, pp. 857–864. MIT Press.

Hinton, G. E. et R. R. Salakhutdinov (2006). Reducing the dimensionality of data with neural networks. *science 313*(5786), 504–507.

Hohman, F., M. Kahng, R. Pienta, et D. H. Chau (2019). Visual analytics in deep learning : An interrogative survey for the next frontiers. *IEEE Transactions on Visualization and Computer Graphics (TVCG) 25*(8), 2674–2693.

Karpathy, A., J. Johnson, et L. Fei-Fei (2015). Visualizing and understanding recurrent networks. *ArXiv abs/1506.02078*.

Laugel, T., M.-J. Lesot, C. Marsala, X. Renard, et M. Detyniecki (2019). The dangers of post-hoc interpretability : Unjustified counterfactual explanations. In *Proceedings of the Twenty-Eighth International Joint Conference on Artificial Intelligence (IJCAI)*, pp. 2801–2807.

Li, J., W. Monroe, et D. Jurafsky (2016). Understanding neural networks through representation erasure. *ArXiv abs/1612.08220*.

Lipton, Z. C. (2018). The mythos of model interpretability : In machine learning, the concept of interpretability is both important and slippery. *Queue 16*(3), 31–57.

Matthews, B. (1975). Comparison of the predicted and observed secondary structure of t4 phage lysozyme. *Biochimica et Biophysica Acta (BBA) - Protein Structure 405*(2), 442 – 451.

Mcallister, A. J. (1999). A new heuristic algorithm for the linear arrangement problem. Technical report, Faculty of Computer Science, University of New Brunswick.

McInnes, L. et J. Healy (2018). Umap : Uniform manifold approximation and projection for dimension reduction. *ArXiv abs/1802.03426*.

Mikolov, T., K. Chen, G. S. Corrado, et J. Dean (2013a). Efficient estimation of word representations in vector space. *Computing Research Repository (CoRR) abs/1301.3781*.

Mikolov, T., I. Sutskever, K. Chen, G. S. Corrado, et J. Dean (2013b). Distributed representations of words and phrases and their compositionality. In *Advances in Neural Information Processing Systems (NIPS)*, Volume 26, pp. 3111–3119. Curran Associates, Inc.

Newman, M. E. J. et M. Girvan (2004). Finding and evaluating community structure in networks. *Phys. Rev. E 69*, 026113.

Pearson, K. (1901). Liii. on lines and planes of closest fit to systems of points in space. *The London, Edinburgh, and Dublin Philosophical Magazine and Journal of Science 2*(11), 559–572.

Pennington, J., R. Socher, et C. D. Manning (2014). Glove : Global vectors for word representation. In *Proceedings of the 2014 conference on empirical methods in natural language processing (EMNLP)*, pp. 1532–1543.

Raganato, A. et J. Tiedemann (2018). An analysis of encoder representations in transformer-based machine translation. In *Proceedings of the 2018 ACL Empirical Methods in Natural Language Processing (EMNLP) - Workshop BlackboxNLP : Analyzing and Interpreting Neural Networks for NLP*, pp. 287–297.

Ribeiro, M. T., S. Singh, et C. Guestrin (2016). "why should i trust you ?" explaining the predictions of any classifier. In *Proceedings of the 22nd ACM International Conference on Knowledge Discovery & Data Mining (SIGKDD)*, pp. 1135–1144.

Rodriguez-Tello, E., J.-K. Hao, et J. Torres-Jimenez (2008). An effective two-stage simulated annealing algorithm for the minimum linear arrangement problem. *Computers & Operations Research 35*(10), 3331 – 3346. Part Special Issue : Search-based Software Engineering.

Selvaraju, R. R., M. Cogswell, A. Das, R. Vedantam, D. Parikh, et D. Batra (2020). Grad-cam : Visual explanations from deep networks via gradient-based localization. *International Journal of Computer Vision (IJCV) 128*(2), 336–359.

Sievert, C. et K. Shirley (2014). LDAvis : A method for visualizing and interpreting topics. In *Proceedings of the ACL Workshop on Interactive Language Learning, Visualization, and Interfaces*, pp. 63–70.

Smilkov, D., N. Thorat, B. Kim, F. Viégas, et M. Wattenberg (2017). Smoothgrad : removing noise by adding noise. *ArXiv abs/1706.03825*.

Smilkov, D., N. Thorat, C. Nicholson, E. Reif, F. Viégas, et M. Wattenberg (2016). Embedding projector : Interactive visualization and interpretation of embeddings. *ArXiv abs/1611.05469.*

Socher, R., A. Perelygin, J. Wu, J. Chuang, C. D. Manning, A. Y. Ng, et C. Potts (2013). Recursive deep models for semantic compositionality over a sentiment treebank. In *Proceedings of the 2013 conference on empirical methods in natural language processing*, pp. 1631–1642.

Springenberg, J. T., A. Dosovitskiy, T. Brox, et M. A. Riedmiller (2015). Striving for simplicity : The all convolutional net. *Computing Research Repository (CoRR) abs/1412.6806.*

van der Maaten, L. et G. Hinton (2008). Visualizing data using t-sne. *Journal of Machine Learning Research (JMLR) 9*(86), 2579–2605.

Vaswani, A., N. Shazeer, N. Parmar, J. Uszkoreit, L. Jones, A. N. Gomez, L. u. Kaiser, et I. Polosukhin (2017). Attention is all you need. In *Advances in Neural Information Processing Systems (NIPS)*, Volume 30, pp. 5998–6008. Curran Associates, Inc.

Xu, Y., S. Biswal, S. R. Deshpande, K. O. Maher, et J. Sun (2018). Raim : Recurrent attentive and intensive model of multimodal patient monitoring data. In *Proceedings of the 24th ACM International Conference on Knowledge Discovery & Data Mining (SIGKDD)*, pp. 2565–2573.

Young, T., D. Hazarika, S. Poria, et E. Cambria (2018). Recent trends in deep learning based natural language processing. *ieee Computational intelligenCe magazine 13*(3), 55–75.

Zadeh, L. (1965). Fuzzy sets. *Information and Control 8*(3), 338 – 353.

Zenkel, T., J. Wuebker, et J. DeNero (2019). Adding interpretable attention to neural translation models improves word alignment. *ArXiv abs/1901.11359.*

Summary

In text classification, many recent works deal with the interpretation of neural networks by producing explanations of predictions. The original approach presented in this paper consists in visualizing the decision boundary and the positioning of our data with respect to it, thus offering a new approach to explanation. Our method first computes a sentence representation space and then exploits its linear structure in order to visualize the distribution and clustering of data around the decision boundary. The main contribution of our method is the decision boundary visualization process, allowing to explore the distance to the decision boundary (and thus the certainty of a network in its predictions) but also the paths leading to it or the proximity between sentences.

Classification de questions en langage naturel par le type sémantique des réponses attendues

Théo Oriol*, Mathieu Dodard*, Kévin Cousot*, Melissa Mekaoui*, Hani Guenoune*,**,
Jean Bort*, Antoine Nguyen*, Thibaud Sanchez*, Philippe Garnier*, Cédric Lopez*

*Emvista, Cap Oméga, Rond-point Benjamin Franklin, Montpellier
prenom.nom@emvista.com,
https://www.emvista.com/
**LIRMM, 161 rue Ada, Montpellier
hani.guenoune@lirmm.fr
http://www.lirmm.fr/

Résumé. Les systèmes de question-réponse (QA, *Question Answering*) sont traditionnellement constitués des trois tâches suivantes : 1) analyse de la question, 2) analyse de l'ensemble documentaire contenant les réponses, 3) recherche et extraction des réponses. Dans cette dernière décennie, les systèmes de QA à base d'apprentissage prennent la forme d'un modèle *end-to-end*. Par conséquent, les trois étapes ne sont plus explicitement représentées. Il en résulte que les systèmes de QA à base d'apprentissage les plus récents commettent de nombreuses erreurs dès lors que la réponse n'est pas dans le texte ou qu'un raisonnement est nécessaire. En particulier, le type sémantique de la réponse attendue (TSA) peut être incohérent avec le type sémantique de la réponse retournée. Dans cet article, nous nous focalisons sur la tâche d'identification du TSA. Dans un premier temps, nous proposons une taxonomie pour représenter les TSA. Dans un second temps, nous expérimentons des modèles avec CamemBERT développés à partir du corpus de questions-réponses français FQUAD. L'évaluation est réalisée sur le corpus de questions-réponses français PIAF.

1   Introduction

Les systèmes de question-réponse (QA) ont pour objectif de retourner automatiquement les réponses aux questions posées par les humains. Les systèmes de QA sont indispensables pour faciliter l'accès à une information précise noyée dans un grand volume documentaire. Les systèmes actuels sont fondés sur l'hypothèse que la réponse se trouve dans le texte. Il en découle que, dans le cas contraire, les modèles les plus avancés demeurent confrontés à un problème d'incohérence sémantique de la réponse retournée vis-à-vis de la question posée. Par exemple, la question "Quel animal mange des céréales ?" posée sur le texte "La société Gradle fournit des céréales." retourne "Gradle" avec le modèle le plus récent traitant le français, CamembertQA [1] (Martin et al., 2020). L'incohérence sémantique entre la réponse attendue de

---

1. https ://fquad-demo.illuin.tech/

type "animal" et la réponse retournée de type "organisation" témoigne d'une des limites des systèmes actuels.

Depuis la création du track QA à Text Retrieval Conference (TREC) (Voorhees et Tice, 1999), trois modules composent traditionnellement un système de QA : 1) un module d'analyse de la question 2) un module d'analyse de l'ensemble documentaire contenant les réponses 3) un module de recherche et d'extraction des réponses. Depuis la fin des années 90, de nombreux systèmes ont été expérimentés, à base de règles, à base d'apprentissage ou hybrides. Les systèmes de question-réponse ont connu cette dernière décennie de grandes avancées grâce notamment aux nouvelles techniques d'apprentissage. Les systèmes les plus récents sont des modèles dits "end-to-end", *i.e.* un système d'apprentissage complexe représenté par un seul modèle. Il en résulte que l'étape de classification de la question n'est plus explicite.

Cette étape largement étudiée jusqu'en 2010 a généralement été traitée de façon surfacique (utilisation de patrons morphosyntaxiques, peu de types sémantiques traités, ...) alors que la tâche peut s'avérer complexe. Par exemple, deux questions telles que "Quel est le prix du concours ?" et "Quel est le prix de l'inscription ?" sont lexicalement et syntaxiquement proches mais le type sémantique de la réponse attendue est différent (une récompense *vs.* une mesure).

Dans cet article, nous revenons sur l'existence d'un module indépendant de classification des questions par le type sémantique des réponses attendues, noté TSA dans la suite. En s'appuyant sur les taxonomies existantes, nous proposons une nouvelle taxonomie pour annoter deux récents jeux de données constitués de questions en français, FQUAD (Martin et al., 2020) et PIAF[2] (*cf.* section 3.1). Nous définissons le protocole d'annotation et nous décrivons les jeux de données annotés en section 3.2. Ensuite, nous décrivons les systèmes développés sur la base des jeux de données annotés (*cf.* section 3.3) avant de les évaluer (*cf.* section 4).

2   Travaux antérieurs

La classification des questions selon leur TSA a été largement étudiée au début des années 2000 (Loni, 2011). La majorité des travaux définit la tâche comme une tâche de classification mono-label et reposent donc sur l'hypothèse qu'une question ne peut pas être ambiguë. Or, une question telle que "Comment se nomme le glacier ?" suffit à montrer la non validité de cette hypothèse : au moins deux TSA sont possibles (le nom de l'humain qui vend des glaces *vs.* la masse de glace). Ce problème d'ambiguïté peut être levé par l'utilisation d'une taxonomie à plusieurs niveaux de classes telle que celle que nous proposons dans cet article. En effet, dans l'exemple donné, quel que soit le type sémantique attendu, il est une chose concrète (classe *Concrete*, *cf.* section 1). Quelques rares travaux considèrent la tâche comme une tâche de classification multi-label (Li et Roth, 2002).

Les systèmes symboliques utilisent généralement des lexiques et des patrons morphosyntaxiques. Des heuristiques simples sont la plupart du temps mises en place (par exemple, si la question commence par "Qui" alors le TSA est *Human*) (Cabrio et al., 2012) (Ben Abacha, 2012). De telles heuristiques s'avèrent inefficaces lorsqu'il s'agit de traiter une question telle que "Qui est Robert Rubin" qui attend comme réponse "Secrétaire d'Etat au Trésor américain", *i.e.* une fonction. Monceaux et Robba (2002) analyse la question avec un parser syntaxique de façon à repérer le gouverneur du premier groupe nominal. Ainsi pour la question "Quel métal

---

2. https://piaf.etalab.studio/dataset/

a le point de fusion le plus élevé ?" le terme "métal" est retourné (mais pas la classe sémantique correspondante). Néanmoins, l'utilisation de la syntaxe peut se révéler inefficace ; par exemple, les questions "Quel est le prix du concours ?" et "Quel est le prix de l'inscription ?" sont lexicalement et syntaxiquement proches mais le TSA est différent (une récompense *vs.* une mesure). Les ressources lexicales doivent donc être très couvrantes au risque que le système ne soit pas en mesure d'identifier certains TSA.

Les systèmes à base d'apprentissage s'emparent également de la problématique, en particulier suite à la publication du jeu de données UIUC (Li et Roth, 2002) et de son utilisation récurrente à la conférence Text REtrieval Conference. Ce jeu de données propose 6 000 questions annotées avec le TSA (5 500 pour l'entraînement et 500 pour l'évaluation). Les types sont organisés dans une taxonomie en deux couches, la première assez générale (humain, lieu), la seconde plus spécifique (groupe/individu, ville/pays). Les solutions proposées sont principalement des modèles d'apprentissage supervisé. Celles-ci visent à attribuer à une question la classe la plus vraisemblable en exploitant des traits relevant du lexique, de la syntaxe ou bien encore de la sémantique. Des systèmes hybrides sont également proposés (par exemple Silva et al. (2011)). D'abord un système de patrons est appliqué à la question et, si la reconnaissance fonctionne la question est directement classifiée. En cas d'échec, l'objet de la question, ses hyperonymes et d'autres traits sont extraits et présentés à un SVM. En guise d'exemple, l'approche développée par Silva et al. (2011) atteint $90,8\%$ d'accuracy sur les classes générales et $95,0\%$ sur les spécifiques. D'autres travaux se distinguent en abordant la tâche comme une classification multi-label hiérarchique (Li et Roth, 2002). La classification s'effectue en deux temps. Un premier classifieur calcule la probabilité conditionnelle d'appartenance de la question aux classes de la première couche puis, fort de ce résultat, un second classifieur fait de même pour la couche fine. Enfin, plus récemment, des architectures de type transformers atteignent un taux d'erreur de $1,93\%$ (Cer et al., 2018) sur la taxonomie de TREC-6 (six classes).

3 Description des travaux

Dans un premier temps, nous décrivons la taxonomie utilisée (*cf.* section 3.1) pour annoter les jeux de données (*cf.* section 3.2). Ensuite, nous décrivons les modèles expérimentés et discutons des résultats (*cf.* section 4).

3.1 Taxonomie

L'utilisation d'une taxonomie des TSA, *i.e.* une classification hiérarchisée, est pertinente dès lors que l'on souhaite inférer de nouvelles classes à partir d'une classe retournée par un système. Par exemple, dans le cas où un système identifierait qu'une question attend une réponse de type "Equipe de sport", un raisonneur déduirait que cette réponse est également du type "Organisation"[3].

La représentation de la sémantique des réponses attendues ne fait pas l'unanimité. La tâche de classification des questions selon leur TSA nécessite une taxonomie qui soit en mesure de représenter la sémantique de tout type de mention dans un texte. Il s'agit donc d'être en

---

3. Par exemple, l'application d'un raisonnement avec un algorithme tel que Fact++ serait tout à fait approprié.

mesure de représenter les termes du vocabulaire ainsi que les entités nommées. Concernant les termes du vocabulaire, la communauté travaillant sur la tâche de *Word Sense Disambigui-sation* (WSD) a largement adopté la taxonomie proposée dans le cadre de VerbNet (Schuler, 2005). Cette taxonomie "WSD" a été reprise ici avec quelques modifications apportées empi-riquement suite à la confrontation avec des données réelles (par exemple, dans notre taxono-mie, "time" est une sous-classe de "abstract", pas dans la taxonomie de VerbNet). Une telle taxonomie ne couvre pas les entités nommées ; par exemple, un nom de produit n'est pas explicitement représenté. La tâche de reconnaissance d'entités nommées a de son côté pro-posé de nombreuses taxonomies contenant de quelques dizaines (Rizzo et Troncy, 2012) à quelques centaines de types (Sekine et al., 2002). Nous nous sommes appropriés l'ontologie NERD de Rizzo et Troncy (2012) en plaçant chacun de ses types sous l'un des types de la taxonomie "WSD". Par exemple, la classe NERD "Product" a été séparée en deux classes : une classe *Abstract>Product* pour représenter les produits abstraits (*e.g.* une chanson) et une classe *Concrete>Product* pour représenter les produits concrets (*e.g.* une voiture).

Par ailleurs, les typologies traditionnellement utilisées pour le développement de systèmes de questions-réponses représentent si la réponse attendue est une définition, un terme, une réponse binaire, ou encore une alternative (par exemple une traduction) (Laurent et Séguéla, 2005) (Ben Abacha, 2012). Les classes correspondantes ont été ajoutées dans la classe *Textua-lElement*.

Ainsi, la taxonomie que nous proposons peut être vue comme une jointure d'une taxonomie de WSD pour la partie "haute" (*i.e.* proche de la racine), d'une taxonomie d'entités nommées pour la partie "basse" (*i.e.* proche des feuilles) et d'une partie spécifique à la tâche de classifi-cation de questions par le TSA. Un aperçu de la taxonomie utilisée dans le cadre de cet article est donné en Figure 1. Celle-ci est constituée de 52 classes [4] : deux classes de niveau 1 (*Abs-tract* et *Concrete*), vingt-et-une de niveau 2, seize de niveau 3, dix de niveau 4, trois de niveau 5. Cette taxonomie se distingue notamment des autres taxonomies utilisées dans le cadre de la classification de questions qui sont généralement limitées à deux niveaux y compris dans TREC (Loni, 2011).

3.2 Annotation des jeux de données

Deux jeux de données ont été utilisés dans le cadre de nos expérimentations : FQUAD (Martin et al., 2020) et PIAF [5]. Chaque jeu de données est issu d'une initiative différente mais s'est inspiré de son équivalent anglais SQUAD (Rajpurkar et al., 2016). Ainsi, les deux jeux de données sont formatés de la même manière ce qui facilite leur interopérabilité.

Dans le cadre de notre expérience, une équipe de dix annotateurs a été formée pour annoter la totalité des corpus : 20 729 questions pour FQUAD et 7 569 pour PIAF. Les annotateurs ont tous un niveau Bac+5 à Bac+8 spécialisés dans le domaine du traitement automatique des langues.

Une première étape a consisté à demander à chaque membre de l'équipe d'annoter ma-nuellement 50 questions sans se concerter (chaque membre a reçu les mêmes questions que les autres). Les 500 annotations récoltées ont été utilisées pour calculer l'accord inter-annotateurs

---

4. La taxonomie est consultable ici : `https://www.emvista.com/publications/qa-taxonomy.owl`

5. `https://piaf.etalab.studio/dataset/`

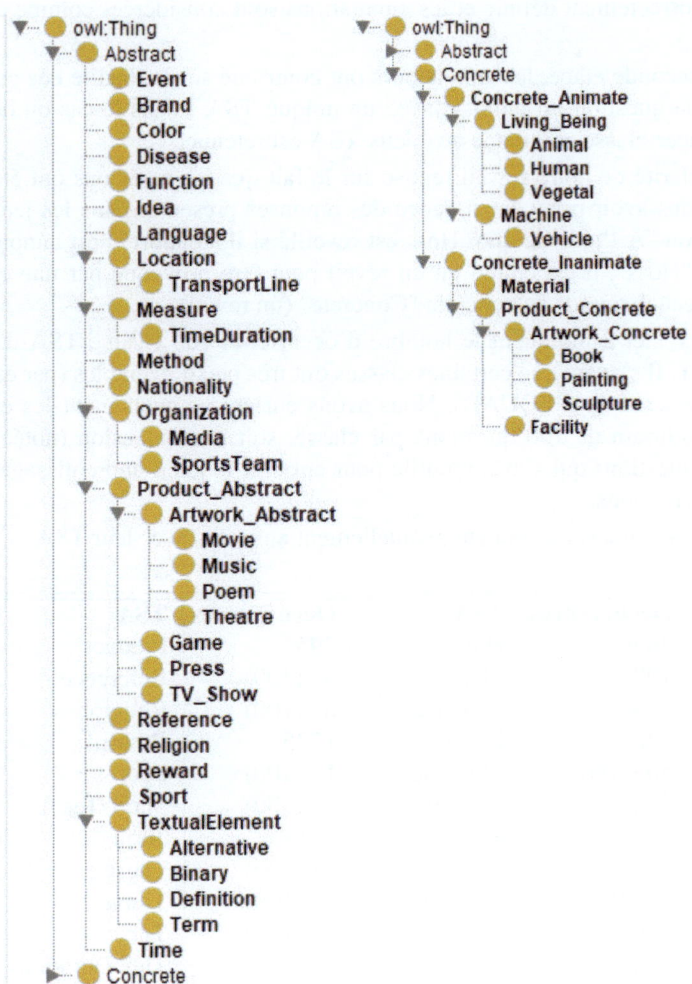

FIG. 1 – *Aperçu de la taxonomie des types sémantiques des réponses attendues (TSA)*

en utilisant les deux métriques suivantes : 1) le Kappa de Cohen, qui mesure le degré de concordance entre deux annotateurs, 2) le Kappa de Fleiss qui mesure le degré de concordance pour un nombre d'annotateurs qui peut être supérieur à deux. Le Kappa de Cohen calculé pour chaque couple d'annotateurs est situé entre 0,56 et 0,80 ce qui est généralement interprété comme un accord fort. Le Kappa de Fleiss calculé pour l'ensemble des annotateurs est de 0,62 ce qui désigne une concordance importante. À ce stade, la tâche d'annotation est donc considérée comme correctement définie et les annotations sont considérées comme étant de bonne qualité.

Lors de la seconde étape, les annotateurs ont contribué sur la totalité des corpus FQUAD et PIAF. Chaque question est annotée avec un unique TSA : dans le cas où deux TSA sont envisagés, la super-classe commune aux deux TSA est retenue.

Une particularité de notre travail repose sur le fait que les questions ont été annotées selon leur TSA sans avoir pris connaissance des réponses présentes dans les jeux de données. Ainsi, la question "A l'aide de quoi Höss est réveillé si il s'endort ?" est annoté "Thing" car, sans connaître "Höss", il est connu qu'un réveil peut être provoqué par une chose abstraite "Abstract" (un cauchemard) ou concrète "Concrete" (un réveil).

Les tableaux 1 et 2 indiquent le nombre d'occurrences de chaque TSA dans les corpus FQUAD et PIAF. Il s'avère que certaines classes ont très peu d'exemples (par exemple 9 TSA "Poem" sont présents dans FQUAD). Nous avons enrichi manuellement les classes jusqu'à atteindre un minimum de 100 questions par classe, soit une extension (notée EXT dans la suite) de 1560 questions qui s'avèrera utile pour enrichir le jeu d'apprentissage dans le cadre de nos expérimentations.

Au total, 29 858 questions ont été manuellement annotées avec leur TSA.

TSA	Occurrences	TSA	Occurrences	TSA	Occurrences
Abstract	3659	Human	3957	Product	142
Alternative	198	Idea	62 (100)	Reference	53 (100)
Animal	204	Language	36 (100)	Religion	24 (100)
Artwork	140	Location	1735	Reward	50 (100)
Binary	50 (100)	Machine	13 (100)	Sport	14 (100)
Book	122	Material	55 (100)	SportsTeam	142
Brand	37 (100)	Measure	2038	Term	65 (100)
Color	72 (100)	Media	12 (100)	Theatre	22 (100)
Concrete	92 (100)	Method	60 (100)	Thing	3134
Definition	199	Movie	69 (100)	Time	2428
Disease	20 (100)	Music	66 (100)	TimeDuration	177
Event	397	Nationality	104	TransportLine	40 (100)
Facility	167	Organization	448	TV_Show	3 (100)
Function	212	Poem	9 (100)	Vegetal	19 (100)
Game	17 (100)	Press	51 (100)	Vehicle	112

TAB. 1 – *Nombre d'occurrences de chaque type sémantique attendu (TSA) dans le jeu de données FQUAD ; entre parenthèses, le nombre d'occurrences incluant EXT.*

TSA	Occurrences	TSA	Occurrences	TSA	Occurrences
Abstract	671	Human	1326	Product	78
Alternative	71	Idea	10	Reference	4
Animal	27	Language	45	Religion	15
Artwork	35	Location	712	Reward	10
Binary	248	Machine	4	Sport	13
Book	33	Material	15	SportsTeam	46
Brand	7	Measure	654	Term	66
Color	19	Media	12	Theatre	2
Concrete	77	Method	27	Thing	1635
Definition	149	Movie	3	Time	839
Disease	8	Music	23	TimeDuration	69
Event	164	Nationality	51	TransportLine	5
Facility	38	Organization	201	TV_Show	5
Function	104	Poem	2	Vegetal	7
Game	3	Press	12	Vehicle	23

TAB. 2 – *Nombre d'occurrences de chaque type sémantique attendu (TSA) dans le jeu de données PIAF*

3.3 Description des modèles

L'objectif des modèles développés est de classifier chaque question selon le type sémantique de la réponse attendue. Les modèles doivent faire face au fait qu'une question peut être formulée avec une forte variation lexicale et syntaxique (Loni, 2011). Par exemple, les types attendus pour les questions "Quel est le prix du concours de Valve et The National?" et "Quel est le prix du ticket rechargeable?" sont respectivement *Reward* et *Measure*. Par ailleurs, les modèles doivent être en mesure de s'abstraire des formulations non standards "**Combientième** Johnny Herbert a-t-il finit?", des problèmes de typographie, "Quel **joueurmarque** le plus de points sur la saison?", ou encore des questions difficilement compréhensibles telles que "Pour les soins reçus par les chevaux sont-ils controversés?".

Dans le cadre de nos expériences, quatre modèles ont été entraînés à partir du modèle de langue CamemBERT (Martin et al., 2020), une version française de BERT (Devlin et al., 2018) :

— "CamemBERT A/C", entraîné uniquement sur les classes Abstract et Concrete qui constituent le premier niveau de la taxonomie. Dans les jeux de données, ces classes contiennent également les exemples des sous-classes respectives.

— "CamemBERT A/I", entraîné uniquement sur les classes Animate et Inanimate, deuxième niveau de la taxonomie. Ces classes contiennent également les exemples des sous-classes respectives.

— "CamemBERT 7C" a été entraîné sur sept classes de niveau intermédiaire : *Artwork, Human, Location, Measure, Organization, Time* et *TextualElement*.

— "CamemBERT 52C" est entraîné sur les 52 classes de la taxonomie, sans prise en compte de la relation de subsomption.

3.4 Inférences

Le moteur d'inférences utilise la taxonomie décrite en section 3.1 et le TSA retourné par le système. Par exemple, pour la question "A quel autre roman lie-t-il cet ouvrage ?", le système retourne le TSA *Book* ; le moteur d'inférences infère les classes *Artwork_Concrete*, *Product_Concrete*, *Concrete_Inanimate*, *Concrete*, *Thing*. De telles inférences peuvent être pertinentes lorsqu'il s'agit de trouver une réponse de type "produit" *Product* alors que le texte mentionne la réponse sous la forme d'un titre de livre *Book*.

4 Evaluation

L'objectif de l'expérimentation est d'évaluer les performances des modèles en fonction du nombre de classes. Les modèles ont appris sur le jeu de données FQUAD et EXT puis évalués sur le jeu de données PIAF. La précision a été calculée pour chaque modèle. Les modèles ayant donné lieu aux résultats présentés dans la suite sont entrainés sur cinq épochs avec un learning rate de 2e-5 et pour optimizer adamW. Ces modèles sont entrainés avec une taille de batch de 32. Pour chaque classe de la taxonomie, l'apprentissage a été réalisé sur les exemples de ladite classe et de ses sous-classes.

Le modèle "CamemBERT A/C" obtient une précision de 92.2% et 89.4% respectivement sur les classes Abstract et Concrete. La prise en compte de EXT dans l'apprentissage permet d'obtenir 94.3% et 88.0% de précision. Parmi les erreurs commises, certaines sont acceptables ; par exemple le modèle prédit Abstract pour "Que trouve-t-on en face de l'abbaye Saint Victor", au lieu de Concrete tel qu'annoté par l'humain. En revanche, le modèle prédit Abstract pour la question "Quel artiste inspira particulièrement Doris Day ?" alors que la réponse ne peut être que Human, donc Concrete. Au global, la macro precision du modèle est de 87.6% avec un apprentissage sur FQUAD et de 91.1% avec FQUAD+EXT.

Le modèle "CamemBERT A/I" permet de comparer deux classes d'un niveau de granularité inférieur au précédent : Concrete_Animate vs. Concrete_Inanimate. Le modèle obtient une précision de 99.1% et 58.1%. Il existe de nombreuses questions telles que "Quels livres Pascal a-t-il écrit ?" qui reçoivent par erreur une prédiction de type Animate. Au contraire, quasiment toutes les prédictions de type Animate sont correctes. Au global, la macro precision est de 78.6% avec un apprentissage sur FQUAD et de 82.1% avec FQUAD+EXT.

Le modèle "CamemBERT 7C" obtient de très bons résultats pour les classes Human (95.3%), Time (94.4%), Measure (93.4%) ou encore Location (86.1%). Au contraire, la classe Artwork obtient uniquement 5.7% probablement à cause d'un nombre d'exemples trop faible (140 exemples) ; Organization obtient une précision de 49.8%. La principale confusion (*cf.* Fig. 3) existe entre les classes Organization et Human, par exemple pour les questions suivantes : "Entre qui éclatent maintes guerres ?" ou "Contre qui l'Inter a perdu ?" ou encore "Quelle association joue un rôle important dans l'exploitation des fossiles ?". Au global, la macro precision est de 69.5% avec un apprentissage sur FQUAD et de 71.8% avec FQUAD+EXT.

Le modèle "CamemBERT 52C" obtient une macro précision de 39.7% avec un apprentissage sur FQUAD et de 52.5% avec FQUAD+EXT. La matrice de confusion du modèle "CamemBERT 52C" est présentée en Fig. 4. La confusion la plus forte existe entre les classes Disease et Theatre (50%) ce qui est difficilement explicable si ce n'est par le faible nombre d'exemples dans Disease, alors qu'une confusion importante existe également entre Trans-

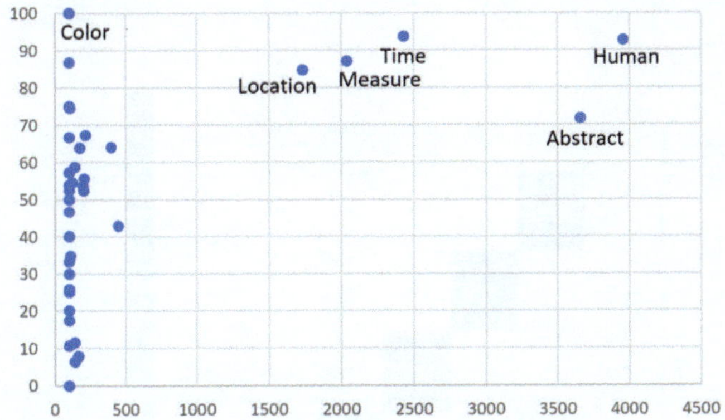

FIG. 2 – *Corrélation entre le nombre d'exemples dans les classes d'apprentissage (abscisses) et la précision obtenue (ordonnées).*

portLine et Location, ce qui est recevable, TransportLine étant une sous-classe de Location. Les scores atteints par ce modèle témoignent de la difficulté de cette tâche de classification lorsqu'un nombre élevé de classes existe.

La figure 2 met en évidence les corrélations qui existent entre le nombre d'exemples dans les classes d'apprentissage (FQUAD + EXT) et la précision obtenue par le modèle "Camem-BERT 52C". Il est par exemple intéressant de mettre en évidence que la classe Human obtient un résultat plus faible que la classe Time alors que Human contient 40% d'exemples en plus par rapport à Time. La classe Abstract est aussi largement au-dessous (21%) des résultats de Human avec un nombre d'exemples pourtant proche. Ces résultats illustrent probablement la difficulté pour un tel modèle à prédire certaines classes à cause de la quantité importante de façons d'exprimer des questions pour un TSA donné. Au contraire, certaines classes comme Color nécessitent un nombre moins important de questions pour obtenir une précision parfaite (100%) ; en effet, les questions attendant une réponse de type Color s'expriment presque toujours avec le terme "couleur" et avec des syntaxes proches.

5   Conclusion

Dans cet article, nous avons décrit une expérience concernant le développement de modèles utilisant CamemBERT pour la tâche de classification de questions selon le type sémantique de la réponse attendue. Après avoir annoté les deux récents corpus français FQUAD et PIAF avec une taxonomie permettant de prendre en compte les aspects sémantiques de haut niveau (*i.e.* choses abstraites, choses concrètes) et de bas niveau (*i.e.* métiers, maladies), plusieurs modèles ont été développés. Les résultats indiquent que des classes telles que Abstract ou Human sont plus difficiles à prédire que d'autres, ce qui est probablement lié à une variété lexicale et syntaxique plus prononcée pour certaines classes que pour d'autres. Ces observations donnent une indication pour la poursuite des travaux, notamment sur l'enrichissement du jeu d'apprentissage. En effet, l'extension à FQUAD créée de toute pièce par les annotateurs avec seulement 100 questions maximum par classe a permis d'améliorer les résultats entre 2% et 13% selon

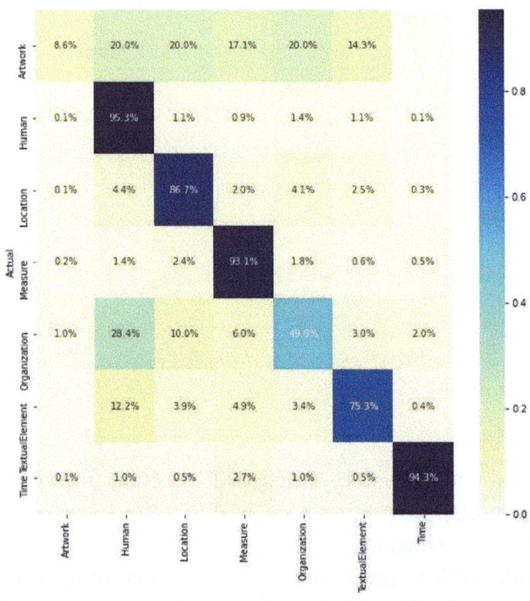

FIG. 3 – *Matrice de confusion de CamemBERT 7C.*

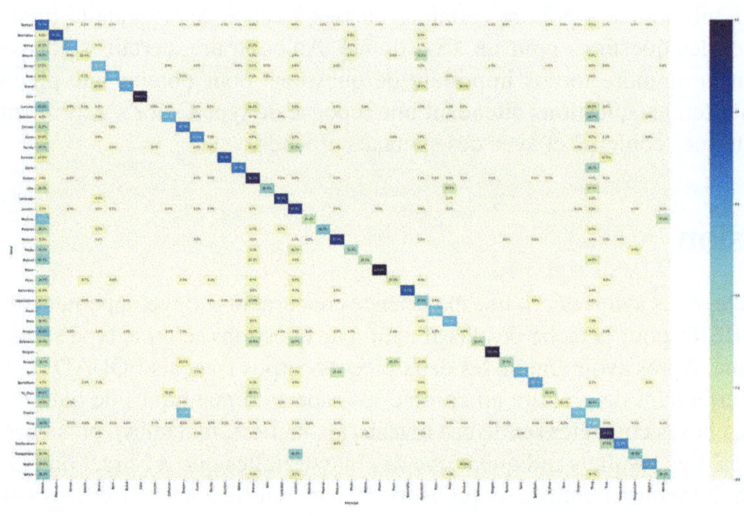

FIG. 4 – *Matrice de confusion de CamemBERT 52C.*

TSA	Précision	TSA	Précision	TSA	Précision
Abstract	68.5 (71.7)	Human	93.4 (92.7)	Press	50.0 (75.0)
Alternative	47.9 (53.5)	Idea	0 (20)	Product	5.1 (6.4)
Animal	48.1 (55.6)	Language	71.1 (86.7)	Reference	0 (25.0)
Artwork	5.7 (11.4)	Location	85.0 (84.8)	Reward	10.0 (30.0)
Binary	1.6 (52.4)	Machine	0 (25)	Sport	0 (53.8)
Book	54.5 (54.5)	Material	40.0 (46.7)	SportsTeam	60.9 (58.7)
Brand	57.1 (57.1)	Measure	85.6 (87.0)	Term	1.5 (10.6)
Concrete	0 (0)	Media	0 (33.3)	Theatre	50.0 (50.0)
Definition	44.3 (52.3)	Method	11.1 (25.9)	Thing	49.1 (48.8)
Disease	62.5 (75.0)	Movie	100 (100.0)	Time	94.2 (93.7)
Event	65.2 (64.0)	Music	17.4 (17.4)	TimeDuration	62.3 (63.8)
Facility	13.2 (7.9)	Nationality	68.6 (74.5)	TransportLine	40.0 (40.0)
Function	68.3 (67.3)	Organization	43.8 (42.8)	TV_Show	0 (40.0)
Game	0 (66.7)	Poem	0 (50.0)	Vegetal	0 (57.1)
				Vehicle	30.4 (34.8)

TAB. 3 – *Précision de chaque type sémantique attendu (TSA) avec le modèle CamemBERT 52C. Les valeurs entre parenthèses sont les résultats obtenus par le modèle ayant appris sur FQUAD et EXT.*

le modèle. Des travaux doivent également être menés pour étendre la taxonomie, de sorte à représenter la cardinalité des réponses attendues, les rôles sémantiques attendus (Agent, Patient, Source, Destination, ...) ou encore l'exclusion de réponses candidates déjà inclues dans la question (par exemple "Hormis le pavillon de Cruzcampo, quel autre pavillon echappe à la démolition ?").

Références

Ben Abacha, A. (2012). *Recherche de réponses précises à des questions médicales : le système de questions-réponses MEANS.* Theses, Université Paris Sud - Paris XI.

Cabrio, E., J. Cojan, A. Palmero Aprosio, B. Magnini, A. Lavelli, et F. Gandon (2012). QA-KiS : an Open Domain QA System based on Relational Patterns. International Semantic Web Conference, ISWC 2012. Poster.

Cer, D., Y. Yang, S.-y. Kong, N. Hua, N. Limtiaco, R. St. John, N. Constant, M. Guajardo-Cespedes, S. Yuan, C. Tar, B. Strope, et R. Kurzweil (2018). Universal Sentence Encoder for English. In *Proceedings of the 2018 Conference on Empirical Methods in Natural Language Processing : System Demonstrations*, pp. 169–174. Association for Computational Linguistics.

Devlin, J., M. Chang, K. Lee, et K. Toutanova (2018). BERT : pre-training of deep bidirectional transformers for language understanding. *CoRR*.

Laurent, D. et P. Séguéla (2005). Qristal, système de questions-réponses. In *Actes de la 12ème conférence sur le Traitement Automatique des Langues Naturelles*, pp. 53–62. Association pour le Traitement Automatique des Langues.

Li, X. et D. Roth (2002). Learning question classifiers. In *Proceedings of the 19th International Conference on Computational Linguistics - Volume 1*, COLING '02, pp. 1–7. Association for Computational Linguistics.

Loni, B. (2011). A survey of state-of-the-art methods on question classification.

Martin, d., V. Maxime, B. Wacim, et B. Tom (2020). FQuAD : French Question Answering Dataset. *arXiv e-prints*, arXiv :2002.06071.

Martin, L., B. Muller, P. J. Ortiz Suárez, Y. Dupont, L. Romary, É. de la Clergerie, D. Seddah, et B. Sagot (2020). CamemBERT : a tasty French language model. In *Proceedings of the 58th Annual Meeting of the Association for Computational Linguistics*, pp. 7203–7219. Association for Computational Linguistics.

Monceaux, L. et I. Robba (2002). Les analyseurs syntaxiques : atouts pour une analyse des questions dans un système de question-réponse. *Actes de TALN 2003*, 195–204.

Rajpurkar, P., J. Zhang, K. Lopyrev, et P. Liang (2016). Squad : 100, 000+ questions for machine comprehension of text. *CoRR*.

Rizzo, G. et R. Troncy (2012). Nerd : a framework for unifying named entity recognition and disambiguation extraction tools. In *Proceedings of the Demonstrations at the 13th Conference of the European Chapter of the Association for Computational Linguistics*, pp. 73–76.

Schuler, K. K. (2005). *Verbnet : A Broad-Coverage, Comprehensive Verb Lexicon*. Ph. D. thesis.

Sekine, S., K. Sudo, et C. Nobata (2002). Extended named entity hierarchy. In *LREC*.

Silva, J., L. Coheur, A. C. Mendes, et A. Wichert (2011). From symbolic to sub-symbolic information in question classification. *Artificial Intelligence Review* (2).

Voorhees, E. M. et D. M. Tice (1999). The TREC-8 question answering track report. In *Proceedings of the 8th Text Retrieval Conference*, pp. 77–82.

Summary

Question answering systems (QA) are traditionally made up of the following three tasks: 1) Analysis of the question, 2) Analysis of the textual set containing the answers, and 3) Search and extraction of the answers. In the last decade, learning-based QA systems have taken the form of an end-to-end model. Therefore, the three stages are no longer explicitly represented. As a result, the most recent QA systems make many mistakes when the answer is not in the text or when reasoning is required. In particular, the semantic type of the expected answer (TSA) may be inconsistent with the semantic type of the returned answer. In this article, we focus on the task of identifying TSA. First, we propose a taxonomy to represent TSAs. Secondly, we experiment models developed with CamemBERT from FQUAD, a French dataset consisting of questions and related answers. The evaluation is carried out on PIAF, another French dataset consisting of questions and related answers.

Augmentation de données des agents conversationnels pour une application ressources humaines

asma.trabelsi@al-enterprise.com*, vincent.bailleau@al-enterprise.com*
olivier.kreet@al-enterprise.com*,
andrey.leontiev@al-enterprise.com *

*Alcatel-Lucent Enterprise, ALE International, 32, avenue Kléber 92700 Colombes, Paris
https://www.al-enterprise.com/fr-fr

Résumé. Les chatbots sont des agents conversationnels conçus afin d'engager des conversations textuelles avec des utilisateurs finaux. Ils ont fait l'objet de plusieurs recherches scientifiques et expérimentales dans les universités ainsi que dans l'industrie depuis l'émergence des techniques de l'intelligence artificielle et de traitement automatique du langage naturel. L'obtention des données d'apprentissage est cruciale pour la création des agents conversationnels. La majorité des chatbots nécessite la collecte des intentions ainsi que l'ensemble des expressions en langage humain, etc. Il s'agit généralement d'un processus manuel et fastidieux nécessitant des outils automatiques de génération de données d'apprentissage permettant de construire des chatbots robustes. L'une des solutions pour optimiser ce processus est l'augmentation de données. Cet article vise à étudier l'impact de l'augmentation de données sur la performance des chatbots construits sous Rasa, un outil open source pour générer les agents conversationnels. Des expérimentations ont été menées sur des données réelles. Il s'agit des données de ressources humaines permettant de construire un chatbot générique au sein de l'entreprise Alcatel-Lucent Enterprise (ALE).

1   Introduction

L'intelligence artificielle a pris ces dernières années une importance non négligeable dans la vie de tous les jours, que ce soit au travers des agents vocaux (Google Home, Alexa, …), de l'aide à la conduite (Tesla) (Hengstler et al., 2016; Shadrin et al., 2017), ou encore des agents conversationnels (Hill et al., 2015; Luo et al., 2019). Les agents conversationnels ont connu un essor important dans plusieurs domaines : académiques (Ranoliya et al., 2017; Dibitonto et al., 2018), industriels (Okuda et Shoda, 2018; Siblini et al., 2020) et grand public afin d'automatiser nombreuses tâches dites répétitives. Le traitement de la conversation (partiellement ou intégralement) apparaît l'un des leviers libérateurs et créateurs de temps donc de richesse pour enfin recentrer la valeur du travail sur l'essentiel.

L'émergence des chatbots dans le grand public, capable d'aller plus loin dans une conversation qu'un simple échange, ainsi que l'avènement de méthode de traitement enrichie par l'apprentissage profond, permet aux entreprises d'entrevoir une application chatbot orientée business.

Des nombreuses solutions sur le marché sont disponibles pour concevoir les chatbots telles que Dialogflow, Wit.ai, IBM Watson, Sikim, DuDy et RasaX (Bocklisch et al., 2017; Biswas, 2018; Singh et al., 2019). Alcatel-Lucent Entreprise, de son coté, développe des solutions de communication unifiée depuis de nombreuses années et propose depuis 5 ans sa plateforme Rainbow qui permet de réaliser aussi bien des communications textes, audio et/ou vidéos à destination du grand public, des entreprises et des universités. Dans ce contexte, nous avons étudié l'intégration de l'usage de chatbot dans nos produits en se basant sur l'outil de conception Rasa qui est la brique Open Source de RasaX.

Nous nous sommes focalisés sur la qualité de traitement des conversations qui est l'un des aspects les plus importants pour répondre aux contraintes des entreprises. La précision de l'interprétation du langage naturel dans ce contexte est primordiale. Ce besoin de précision est d'autant plus important qu'il peut avoir un impact sur la suite à donner à une conversation.

Bien que focalisée sur un domaine ou un secteur spécifique, la création de chatbot nécessite une phase d'apprentissage avec suffisamment de contexte et de vocabulaire, constituées à la fois des intentions et des expressions possibles, afin de s'adapter et répondre au mieux à l'usager (Cheramy et François, 2019). Une même intention peut s'exprimer de différentes manières, et il est impossible pour le concepteur du chatbot de penser à toutes les options disponibles. Cette complexité va de-facto limiter et réduire la qualité d'interprétation de la machine.

La capacité d'un chatbot à être pertinent repose principalement sur la variété, la qualité et la quantité de données utilisées pour la création de l'agent intelligent (Gardent et Barahona, 2013; Wen et al., 2016). Des nombreuses solutions permettent d'atteindre cet objectif : la collecte des expressions au travers d'un panel d'utilisateur via un questionnaire récoltant une liste des questions ouvertes vis-à-vis d'une intention donnée, extraction d'un historique des mails, etc. Ces solutions nécessitent beaucoup d'intervention humaine et du temps. Une solution alternative est d'opter vers une solution d'augmentation de données. C'est un sujet qui a intéressé plusieurs chercheurs dans le domaine de traitement automatique de langage naturel afin d'enrichir d'une manière automatique la taille des données qui serviront à l'apprentissage. En effet, le choix méthodologique de recherche s'oriente vers une amélioration du corpus d'entraînement que celle de l'architecture neuronale (Xu et al., 2016; Wei et Zou, 2019; Rizos et al., 2019; Ding et al., 2020).

Dans notre papier, nous avons fait le choix d'utiliser les techniques d'augmentation sur les chatbots en utilisant le framework RASA, qui à notre connaissance une association non encore étudiée en recherche. Notre travail vise à améliorer ce framework dans un contexte d'application avec peu de données. Cette augmentation des données est basée sur des bruits appliqués pour tous les mots utilisés dans les expressions d'apprentissage ou des synonymes sémantiques ou contextuels. Le but de ce papier est d'étudier l'impact de l'augmentation de données sur la performance du chatbot, ceci en fonction du taux d'augmentation appliqué à chaque expression. Des expérimentations ont été réalisées sur une base de données questions-réponses issue des échanges quotidiens sur des questions génériques d'un service de ressources humaines, habituellement traitées manuellement et chronophage pour ces équipes.

Le reste de cet article est structuré comme suit : nous présentons dans la section 2 l'outil

Rasa (Bocklisch et al., 2017) permettant la construction des agents conversationnels et nous introduisons les approches d'augmentation de données textuelles existantes. La section 3 est dédiée à la description du processus de construction des chatbots en se basant sur Rasa tout en appliquant l'augmentation de données textuelles. Dans la section 4, nous présentons nos expérimentations afin de montrer l'impact de l'augmentation de données sur la performance des chatbots. La section 5 conclut le travail effectué.

2 Agents conversationnels et techniques d'augmentation de données

Dans cette section, nous soulignons l'historique des chatbots dès leurs apparitions jusqu'au aujourd'hui. Nous présentons par la suite l'outil Rasa (Bocklisch et al., 2017) qui permet de construire des agents conversationnels ainsi que les différentes techniques d'augmentation de données textuelles existantes.

2.1 Historique des agents conversationnels industriels

TURING (1950) a décrit ce qui est appelé le test de Turing et a introduit la notion d'agent conversationnel capable, s'il est doué d'intelligence, de tromper la personne qui échange avec lui. Même si le but initial de l'exercice était de valider si une machine est intelligente ou non, il permet d'introduire la notion d'agent conversationnel ou chatbot. A partir de 1966, des chatbots comme ELIZA (Weizenbaum, 1966) ont commencé à échanger avec leur interlocuteur avec des techniques similaires à des psychothérapies principalement en rephrasant ce que l'humain a écrit. Depuis 1990, des concours organisés chaque année cherchent à valider et se rapprocher le plus possible du test de Turing comme le Prix Loebner. C'est à cette occasion que naît ALICE, l'un des premiers chatbots à obtenir le statut d'ordinateur le plus humain en 2000, basé sur du AIML (Artificial intelligence Markup Language).

L'avènement de l'apprentissage profond popularisé grâce à des plateformes tel que Tensorflow (2015) a permis d'appliquer ses bénéfices au traitement automatique du langage naturel. Parmi les outils principaux qui permettent la réalisation de chatbot, nous pouvons citer :
— **Wit.AI** (2013), propriété de Facebook, permet de créer des chatbots simples.
— **Dialogflow**(2014), propriété de Google, permet le développement et l'intégration d'interaction texte et voix pour une intégration dans des outils tiers.
— **Amazon Lex** (2017), service AWS, nécessite un minimum d'effort de codage et de connaissance pour la création de chatbot fonctionnel.
— **IBM Watson Assistant**(2017), similaire à Dialogflow, considéré comme leader sur le marché de l'IA, orienté processus métier, permet de manière simple la création d'entité, intentions et dialogue pour la réalisation d'interfaces conversationnelles de tous types.

Il y a aussi une plateforme de développement de chatbot, qui s'appelle RASA (Bocklisch et al., 2017). Elle est gratuite et open-source et elle est similaire à Dialogflow et IBM Watson Assistant. Nous avons choisi de l'utiliser pour sa capacité d'exécution sur nos instances privées, sa flexibilité, ainsi que son ouverture.

2.2 L'outil RASA pour construire des agents conversationnels

Rasa, développé par Bocklisch et al. (2017), est un outil open-source permettant de construire des agents conversationnels. Il propose deux composantes principales : Rasa NLU (Natural Language Understanding) et Rasa Core. Rasa NLU a pour objectif de prédire les intentions derrière un message utilisateur et d'extraire les entités (noms propres, emails, noms de villes ou aussi des entités personnalisées). En se basant sur les techniques de l'intelligence artificielle et d'apprentissage automatique, le NLU doit être entraîné grâce à un pipeline [1] prenant en entrée des données d'apprentissage contenant la liste des intentions, leurs formulations possibles (les expressions), les entités ainsi que les synonymes. Une fois que le modèle est construit, il est utilisé pour déterminer la probabilité d'appartenance d'un message utilisateur à une intention et identifier les différentes entités. Le Rasa Core permet quant à lui de construire des flows de conversation en se basant sur les intentions et les entités qui sont récupérées par RASA NLU. Son rôle principal est de répondre aux messages utilisateurs par une réponse texte, un bouton ou par une action personnalisée comme par exemple l'appel à des sources de données externes ou l'appel à des APIs.

2.3 Techniques d'augmentation de données

L'augmentation des données est l'une des approches utilisées pour générer des données synthétiques supplémentaires en partant de données d'origine. Les méthodes d'augmentation sont souvent utilisées dans le contexte des applications de vision par ordinateur, appelé en anglais computer vision (Fawzi et al., 2016; Perez et Wang, 2017; Sallami et al., 2019). Ces techniques sont aussi performantes dans le cadre du traitement automatique de langage naturel (Kobayashi, 2018; Wei et Zou, 2019; Bari et al., 2020). Contrairement aux techniques d'augmentation pour les applications de vision par ordinateur, l'augmentation des données textuelles doit être traitée avec prudence en raison de la structure grammaticale et la complexité du texte (Coulombe, 2018). Dans ce qui suit, nous détaillons les différentes techniques d'augmentation textuelles existantes.

2.3.1 Différentes techniques NLP pour l'augmentation de données

Ma (2019) a mis en évidence trois types d'augmentation de données textuelles :

1. **Augmentation par caractère :** elle consiste à ajouter du bruit à un mot par l'insertion aléatoire d'un nouveau caractère, la substitution d'un caractère par un autre, l'inversion des caractères dans un mot et aussi par la suppression d'un caractère dans un mot.

2. **Augmentation par mot :** Elle a aussi pour but de rajouter du bruit dans un mot donné. Il existe plusieurs approches. Parmi ses approches, nous citons la division d'un mot en plusieurs sous-mots d'une manière aléatoire, l'inversion des mots ou la suppression d'un ou plusieurs mots dans un texte, etc. Il existe d'autres approches qui permet de remplacer un mot par un autre.

---

1. Un pipeline constitue les différents composants permettant à la fois l'entraînement du modèle NLU et le traitement de message utilisateur de manière séquentielle à fin de trouver l'intention associée et d'extraire les entités. Rasa pipeline se compose essentiellement des composants suivants : construction du dictionnaire des mots, représentation de chaque mot par un vecteur, extraction des entités et classifications des intentions

— Remplacer un mot par son synonyme tout en s'appuyant sur des bases de données open-source comme Wordnet (Miller, 1995) et PPDB (Ganitkevitch et al., 2013).

— Remplacer un mot par un mot similaire d'une manière sémantique ou contextuelle en utilisant les techniques de plongement de mots (word embedding en anglais) (Giridhara et al., 2019). Parmi les techniques de word embedding les plus connues, nous citons TF-IDF, word2vec (Church, 2017), glove (Pennington et al., 2014), FastText (Joulin et al., 2016), Bert (Devlin et al., 2018), distilbert (Sanh et al., 2019), Roberta (Liu et al., 2019), XLNet (Yang et al., 2019), etc.

3. **Par phrase** : Remplacer une phrase par une autre en se basant soit sur les techniques de plongement de mots contextuelles comme GPT2 (Radford et al., 2019) ou XLNet (Yang et al., 2019) ou aussi de remplacer une phrase par une autre en utilisant sur les approches de résumé abstractif (Briel, 2019).

2.3.2 Technique d'augmentation Chatette pour RASA

Rasa fournit un outil d'augmentation par mot permettant aussi de remplacer un mot par son synonyme. Cet outil implémente un langage DSL (appelé en anglais Domain Specific Language) afin de définir des templates et de générer un grand nombre de phrases. Il a été utilisé pour augmenter les données pour RASA NLU (Cheramy et François, 2019). En effet, il prend en entrée des blocs de texte et les entités définis à l'avance par le gestionnaire du bot pour reconstituer des phrases similaires. Cette approche nécessite donc l'intervention humaine dans la création des syntagmes et des jeux d'entités à utiliser.

3 Augmentation de données pour les chatbots

Nous avons conçu une plateforme permettant de développer des agents intelligents afin de transformer certaines fonctions de notre entreprise et d'améliorer notre produit Rainbow avec des briques d'intelligence artificielle. Nous nous appuyons essentiellement sur l'outil RASA (Bocklisch et al., 2017). Nous présentons dans ce qui suit l'architecture globale proposée aujourd'hui par ALE. Nous présentons aussi notre approche d'augmentation des données NLU afin d'améliorer la performance de chatbot.

3.1 Architecture globale adoptée

L'architecture globale de notre solution est représentée dans la Figure 1 où deux scénarios ont été identifiés. Un scénario concerne l'utilisateur final (le testeur du chatbot) et un scénario concerne le gestionnaire de l'application Web permettant la gestion et la création des bots d'une manière simple, efficace et rapide. Il s'agit d'alimenter les données concernant les deux composants à savoir le composant NLU (Intentions, Entités, Synonymes, REGEX, etc.) et le composant Core (Stories, les réponses d'intentions, les actions personnalisées). Les données sont stockées dans des serveurs de base de données. Le gestionnaire du bot peut aussi entamer la procédure d'entraînement de chatbot. Une fois que celui-ci est entraîné et déployé, un utilisateur peut commencer à communiquer avec le chatbot en passant par un connecteur. Chaque requête utilisateur sera émise vers le serveur Rasa où le modèle NLU va prédire l'intention derrière et le modèle Core examinera ensuite la nature de la réponse à fournir qui est une réponse de type texte ou une action personnalisée. S'il s'agit d'une action personnalisée, un serveur d'action est dédié pour traiter cette demande.

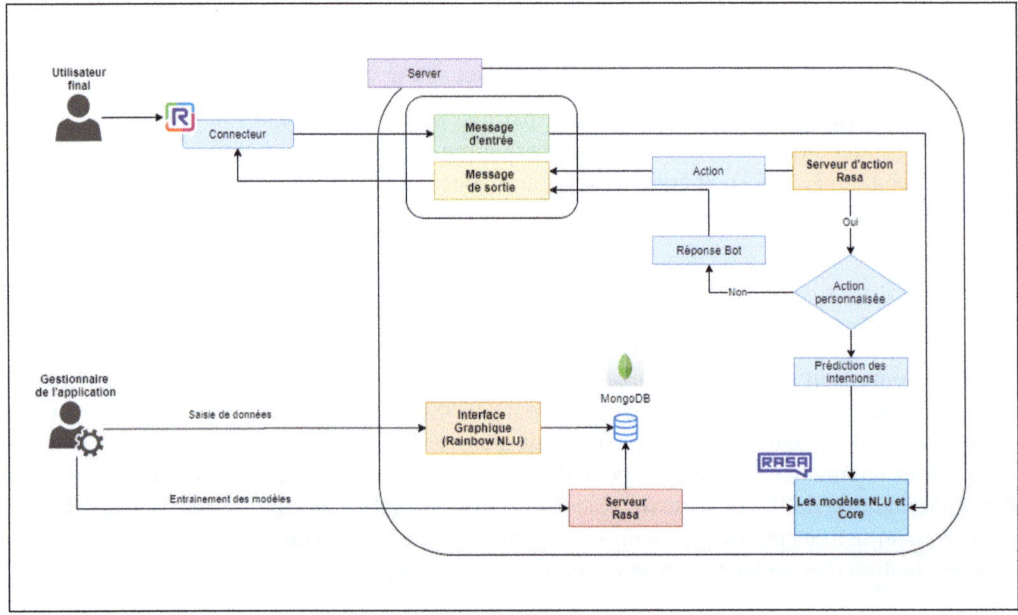

FIG. 1 – L'architecture globale proposée

3.2   L'augmentation de données d'apprentissage pour les chatbots

Il est important de souligner que la performance du chatbot dépend de la qualité et de la quantité de données dont nous disposons. La collecte de données pour les chatbots est une étape qui est coûteuse en terme de temps et des ressources humaines et elle présente certaines limites. En effet, il est presque impossible de couvrir toutes les expressions et les scénarios possibles. L'idée de ce papier est d'appliquer une augmentation de données servant à l'entraînement du modèle NLU afin d'améliorer la performance du chatbot. La section suivante présente notre étude expérimentale menée afin de montrer l'impact de l'augmentation de données textuelles sur la performance de chatbot et de trouver expérimentalement le meilleur compromis entre le taux d'augmentation et la performance du chatbot.

4   Expérimentations et résultats

Dans cette section, nous présentons notre démarche expérimentale ainsi que les résultats obtenus.

4.1 Paramètres d'expérimentation

Plusieurs champs d'application ont été identifiés grâce à des besoins remontés du terrain (interne ou client). Nous avons décidé de mettre en place un bot pour les Ressources Humaines (RH). Il s'agit d'un assistant virtuel qui est capable de communiquer avec les employés d'ALE par le biais de messages instantanés. En effet, les chabots permettent à l'équipe des ressources humaines de fournir des réponses instantanées et précises pour les requêtes génériques des employés. Pour construire ce bot, une responsable RH a collecté des données réelles issues des conversations téléphoniques et des échanges par mail entre la direction RH et les salariés de notre entreprise. Les données récoltées forment un ensemble d'intentions, une réponse pour chaque intention, les expressions possibles pour chaque intention, les entités ainsi que le synonyme pour chaque entité. Le Tableau 1 décrit les détails de données RH en termes de nombre d'intentions, d'expressions, d'entités et de synonymes.

TAB. 1 – *Données RH récoltées afin de construire le chatbot*

Intentions	Expressions	Entités	Synonymes
78	652	162	479

Il est à noter que la collecte de données est une étape primordiale pour construire un chatbot mais chronophage. La collecte de données a pris environ une année pour ce contexte RH. Malgré le temps passé à collecter les données, le nombre d'expressions reste faible. Admettons que la qualité et la quantité des données impactent la performance d'un chatbot, nous avons décidé d'avoir recours à des techniques d'augmentation. Dans ce papier, deux types d'augmentation de données textuelles sont appliqués : une augmentation par Chatette et une augmentation par une technique de plongement des mots. Le premier permet de générer des ensembles de données d'entraînement pour les fichiers modèles donnés par Rasa NLU en se basant sur les entités et les synonymes. Il consiste à remplacer les mots-clés identifiés dans les expressions par leurs synonymes saisis par le gestionnaire du bot. La deuxième technique permet de trouver d'une manière automatique et sans intervention humaine les synonymes de chaque mot dans une expression mère afin de générer plusieurs expressions filles. Nous utilisons FastText car il permet de remplacer un mot par d'autres mots qui lui sont sémantiquement similaires. Afin d'appliquer l'augmentation, nous avons divisé notre base de données RH en deux parties de taille similaire : une partie pour l'apprentissage (331 expressions) et une partie pour le test (321 expressions). Nous appliquons les techniques d'augmentation sur la base d'apprentissage uniquement pour évaluer l'impact de l'augmentation sur la performance du chatbot. A notre connaissance aucun papier ne traite l'augmentation de données pour le framework RASA. Dans ce travail, nous avons privilégié de comparer différentes configurations d'approches d'augmentation en utilisant ce Framework.

4.2 Résultats

Nous montrons dans un premier temps l'impact de l'augmentation sur le volume de données. La Figure 2 présente le nombre d'expressions après chaque type d'augmentation. Sur cette figure, le terme "Avec FastText-X" désigne une augmentation de chaque expression par au plus X expressions sémantiquement équivalentes. Nous avons appliqué les techniques d'augmentation FastText-3, Chatette, une combinaison de Chattete et FastText-3, une combinaison de Chatette et FastText-5, une combinaison de Chatette et FastText-7 et une combinaison de Chatette et FastText-9. Nous avons obtenu respectivement 739, 3543, 7664, 9045, 9919 et 10887 expressions. Les résultats obtenus prouvent l'importance des techniques d'augmentation textuelles sur le volume de données. L'étape suivante consiste à étudier l'influence de cette augmentation sur la performance du chatbot. Pour ce faire, nous avons mené des expérimentations comparatives mettant en évidence la robustesse du chatbot avec les différentes techniques d'augmentation mentionnées. Les résultats empiriques sont décrits dans la Figure 3. Trois critères d'évaluation ont été utilisés, notamment le taux de classification correcte, la précision et la F-mesure. La Figure 3 présente les résultats expérimentaux de performance.

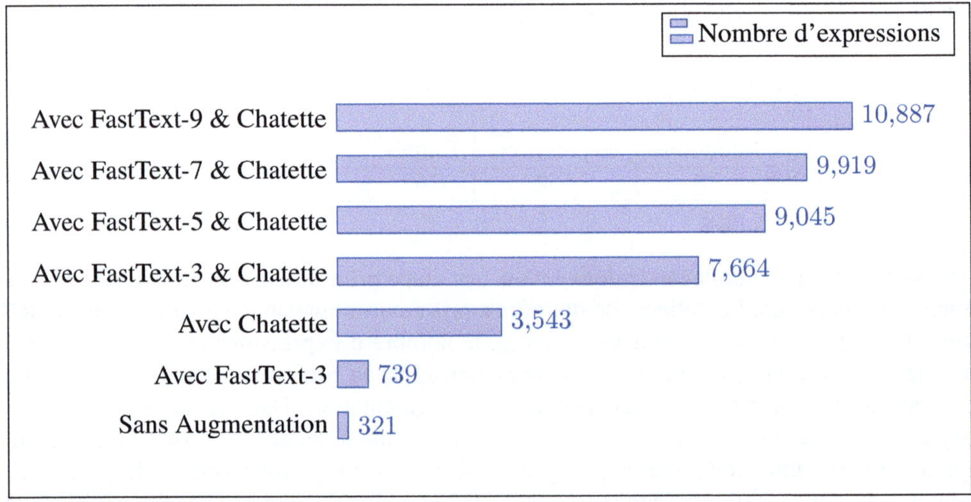

FIG. 2 – *L'impact de l'augmentation de données sur le nombre des expressions*

Comme indiqué dans la Figure 3, l'augmentation de données a amélioré le taux de classification correcte, la précision et la F-mesure. Plus précisément, le taux de classification correcte sans augmentation de données est égal à 51,57 % (c'est-à-dire 165 expressions parmi 321 ont été correctement classées) et il est égal à 56,6 % en appliquant la technique d'augmentation FastText-5 & Chatette (c'est-à-dire 182 expressions parmi 321 ont été correctement classées). Nous constatons la même amélioration pour la précision et la F-mesure. Nous pouvons remarquer aussi qu'une sur-augmentation de données peut réduire la performance de chatbot. Dans notre cas, nous avons obtenu un taux de classification correcte égal à 56,6%, une précision de 65,49% et une F-mesure de 55.09% pour l'augmentation avec FastText-5 & Chatette et nous avons obtenu un taux de classification correcte égal à 55,03%, une précision de 63,62% et une F-mesure de 54.49% pour l'augmentation Avec FastText-9 & Chatette. Par rapport aux résultats obtenus, il est important de souligner que dans le domaine de la reconnaissance de l'intention et de l'augmentation de données, les taux d'amélioration restent résiduels (Wei et Zou, 2019). Notre amélioration est en moyenne de 5% dans un contexte de reconnaissance de 78 intentions (l'amélioration reste prometteur). La meilleure performance est obtenu avec une combinaison de FastText-5 et de Chatette. Il est donc nécessaire de déterminer le nombre

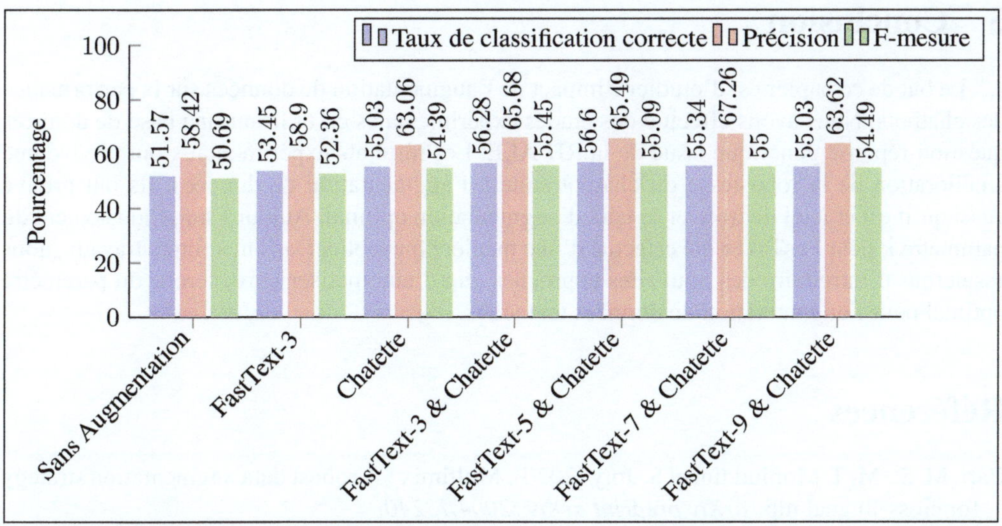

FIG. 3 – *Résultats en fonction de taux de classification correcte, Précision et F-mesure*

optimal de données à augmenter pour avoir les meilleures performances.

Pour le calcul, nous avions à notre disposition une machine dotée d'un processeur Intel(R) Xeon(R) E-2274G CPU @ 4.00GHz avec 64 Go de RAM afin d'effectuer l'augmentation de données et nous avons utilisé une machine avec un processeur Intel(R) Xeon(R) CPU E3-1270 v6 @ 3.80GHz sous kubernetes pour l'entraînement des modèles. Le temps de calcul nécessaire pour l'augmentation de données et pour l'apprentissage est donné dans le tableau ci-dessous.

TAB. 2 – *Temps de calcul*

Types d'augmentation	Avec FastText-3	Avec Chatette	Avec FastText-3 & Chatette	Avec FastText-5 & Chatette	Avec FastText-7 & Chatette	Avec FastText-9 & Chatette
Temps d'augmentation de données (min)	14	2	15	25	37	48
Temps d'apprentissage de données (min)	8	14	32	37	45	69
Total (min)	22	16	47	62	82	117

Comme indiqué dans le Tableau 2, le temps de calcul augmente avec la quantité de données. Un modèle construit avec Fast-Text-7 et Chattete nécessite 1h et 22 min du calcul sur une machine dotée d'un CPU. Il est donc important d'opter vers des machines avec des GPUs afin de réduire le temps de calcul.

5   Conclusion

Le but de ce papier est d'étudier l'impact de l'augmentation de données sur la performance des chatbots. Nous avons effectué des études expérimentales en utilisant une base de données question-réponse générique issue de la RH ALE. Les résultats expérimentaux ont prouvé une amélioration de la robustesse du chatbot suite à l'augmentation de données. Ils ont prouvé aussi qu'il est crucial de trouver le taux d'augmentation optimal. Aujourd'hui, l'ajustement du paramètre k pour FasText a été effectué d'une manière manuelle. Dans nos futurs travaux, nous essaierons d'introduire des nouvelles approches afin d'automatiser la recherche du paramètre optimal pour l'augmentation de données textuelles.

Références

Bari, M. S., M. T. Mohiuddin, et S. Joty (2020). Multimix : A robust data augmentation strategy for cross-lingual nlp. *arXiv preprint arXiv :2004.13240*.

Biswas, M. (2018). Wit. ai and dialogflow. In *Beginning AI Bot Frameworks*, pp. 67–100. Springer.

Bocklisch, T., J. Faulkner, N. Pawlowski, et A. Nichol (2017). Rasa : Open source language understanding and dialogue management. *arXiv preprint arXiv :1712.05181*.

Briel, A. (2019). Abstractive summarization for data augmentation, https ://towardsdatascience.com/abstractive-summarization-for-data-augmentation-1423d8ec079e.

Cheramy, J. et T. François (2019). La génération de paraphrases de données d'entrainement pour une meilleure classification des intents d'un chatbot créé avec rasa, https ://dial.uclouvain.be/memoire/ucl/fr/object/thesis

Church, K. W. (2017). Word2vec. *Natural Language Engineering 23*(1), 155–162.

Coulombe, C. (2018). Text data augmentation made simple by leveraging nlp cloud apis. *arXiv preprint arXiv :1812.04718*.

Devlin, J., M.-W. Chang, K. Lee, et K. Toutanova (2018). Bert : Pre-training of deep bidirectional transformers for language understanding. *arXiv preprint arXiv :1810.04805*.

Dibitonto, M., K. Leszczynska, F. Tazzi, et C. M. Medaglia (2018). Chatbot in a campus environment : design of lisa, a virtual assistant to help students in their university life. In *International Conference on Human-Computer Interaction*, pp. 103–116. Springer.

Ding, B., L. Liu, L. Bing, C. Kruengkrai, T. H. Nguyen, S. Joty, L. Si, et C. Miao (2020). An effective data augmentation method for low-resource tagging tasks. In *Proceedings of the 2020 Conference on Empirical Methods in Natural Language Processing (EMNLP)*, pp. 6045–6057.

Fawzi, A., H. Samulowitz, D. Turaga, et P. Frossard (2016). Adaptive data augmentation for image classification. In *2016 IEEE International Conference on Image Processing (ICIP)*, pp. 3688–3692. Ieee.

Ganitkevitch, J., B. Van Durme, et C. Callison-Burch (2013). Ppdb : The paraphrase database. In *Proceedings of the 2013 Conference of the North American Chapter of the Association for Computational Linguistics : Human Language Technologies*, pp. 758–764.

Gardent, C. et L. M. R. Barahona (2013). Using paraphrases and lexical semantics to improve the accuracy and the robustness of supervised models in situated dialogue systems. In *Proceedings of the 2013 Conference on Empirical Methods in Natural Language Processing*, pp. 808–813.

Giridhara, P. K. B., C. Mishra, R. K. M. Venkataramana, S. S. Bukhari, et A. Dengel (2019). A study of various text augmentation techniques for relation classification in free text. *IC-PRAM 3*, 5.

Hengstler, M., E. Enkel, et S. Duelli (2016). Applied artificial intelligence and trust—the case of autonomous vehicles and medical assistance devices. *Technological Forecasting and Social Change 105*, 105–120.

Hill, J., W. R. Ford, et I. G. Farreras (2015). Real conversations with artificial intelligence : A comparison between human–human online conversations and human–chatbot conversations. *Computers in human behavior 49*, 245–250.

Joulin, A., E. Grave, P. Bojanowski, M. Douze, H. Jégou, et T. Mikolov (2016). Fasttext. zip : Compressing text classification models. *arXiv preprint arXiv :1612.03651*.

Kobayashi, S. (2018). Contextual augmentation : Data augmentation by words with paradigmatic relations. *arXiv preprint arXiv :1805.06201*.

Liu, Y., M. Ott, N. Goyal, J. Du, M. Joshi, D. Chen, O. Levy, M. Lewis, L. Zettlemoyer, et V. Stoyanov (2019). Roberta : A robustly optimized bert pretraining approach. *arXiv preprint arXiv :1907.11692*.

Luo, X., S. Tong, Z. Fang, et Z. Qu (2019). Frontiers : Machines vs. humans : The impact of artificial intelligence chatbot disclosure on customer purchases. *Marketing Science 38*(6), 937–947.

Ma, E. (2019). Nlpaug, https ://github.com/makcedward/nlpaug.

Miller, G. A. (1995). Wordnet : a lexical database for english. *Communications of the ACM 38*(11), 39–41.

Okuda, T. et S. Shoda (2018). Ai-based chatbot service for financial industry. *Fujitsu Scientific and Technical Journal 54*(2), 4–8.

Pennington, J., R. Socher, et C. D. Manning (2014). Glove : Global vectors for word representation. In *Proceedings of the 2014 conference on empirical methods in natural language processing (EMNLP)*, pp. 1532–1543.

Perez, L. et J. Wang (2017). The effectiveness of data augmentation in image classification using deep learning. *arXiv preprint arXiv :1712.04621*.

Radford, A., J. Wu, R. Child, D. Luan, D. Amodei, et I. Sutskever (2019). Language models are unsupervised multitask learners. *OpenAI Blog 1*(8), 9.

Ranoliya, B. R., N. Raghuwanshi, et S. Singh (2017). Chatbot for university related faqs. In *2017 International Conference on Advances in Computing, Communications and Informatics (ICACCI)*, pp. 1525–1530. IEEE.

Rizos, G., K. Hemker, et B. Schuller (2019). Augment to prevent : short-text data augmentation in deep learning for hate-speech classification. In *Proceedings of the 28th ACM International*

Conference on Information and Knowledge Management, pp. 991–1000.

Sallami, M. M., M. I. Khedher, A. Trabelsi, S. Kerboua-Benlarbi, et D. Bettebghor (2019). Safety and robustness of deep neural networks object recognition under generic attacks. In *International Conference on Neural Information Processing*, pp. 274–286. Springer.

Sanh, V., L. Debut, J. Chaumond, et T. Wolf (2019). Distilbert, a distilled version of bert : smaller, faster, cheaper and lighter. *arXiv preprint arXiv :1910.01108*.

Shadrin, S. S., O. O. Varlamov, et A. M. Ivanov (2017). Experimental autonomous road vehicle with logical artificial intelligence. *Journal of advanced transportation 2017*.

Siblini, W., C. Pasqual, A. Lavielle, et C. Cauchois (2020). Système de question-réponse multilingue appliqué aux agents conversationnels. In *EGC*, pp. 333–340.

Singh, A., K. Ramasubramanian, et S. Shivam (2019). Introduction to microsoft bot, rasa, and google dialogflow. In *Building an Enterprise Chatbot*, pp. 281–302. Springer.

TURING, A. M. (1950). I.—COMPUTING MACHINERY AND INTELLIGENCE. *Mind LIX*(236), 433–460.

Wei, J. et K. Zou (2019). Eda : Easy data augmentation techniques for boosting performance on text classification tasks. *arXiv preprint arXiv :1901.11196*.

Weizenbaum, J. (1966). Eliza—a computer program for the study of natural language communication between man and machine. *Commun. ACM 9*(1), 36–45.

Wen, T.-H., D. Vandyke, N. Mrksic, M. Gasic, L. M. Rojas-Barahona, P.-H. Su, S. Ultes, et S. Young (2016). A network-based end-to-end trainable task-oriented dialogue system. *arXiv preprint arXiv :1604.04562*.

Xu, Y., R. Jia, L. Mou, G. Li, Y. Chen, Y. Lu, et Z. Jin (2016). Improved relation classification by deep recurrent neural networks with data augmentation. *arXiv preprint arXiv :1601.03651*.

Yang, Z., Z. Dai, Y. Yang, J. Carbonell, R. R. Salakhutdinov, et Q. V. Le (2019). Xlnet : Generalized autoregressive pretraining for language understanding. In *Advances in neural information processing systems*, pp. 5753–5763.

Summary

Chatbots are conversational agents designed to engage in text-based conversations with end-users. They have been the subject of several scientific and experimental researches in universities as well as in the industry since the emergence of artificial intelligence techniques and natural language processing. Obtaining the right example of training data is crucial for the creation of chatbots. Most chatbots require the collection of intentions as well as expressions in human language. This is generally a manual and tedious process and hence the need for automatic learning data volume generation tools to build robust chatbots. One of the solutions that exists is the increase of data in natural language. This article aims to study the impact of increased data on chatbot performance. To do this, we carried out experiments on real data. This is the human resources data used to build a generic chatbot within our company Alcatel-Lucent Enterprise (ALE).

LKSA : un algorithme de sélection de clés de liage dans des données RDF guidée par des paires de classes

Nacira Abbas*, Jérôme David**
Amedeo Napoli*

* Université de Lorraine, CNRS, Inria, Loria
Nancy, F-54000, France
nacira.abbas@inria.fr,
amedeo.napoli@loria.fr
** Université de Grenoble Alpes, Inria, CNRS, Grenoble INP, LIG
Grenoble, F-38000, France
jerome.david@inria.fr

Résumé. Dans cet article, nous nous intéressons à la sélection de clés de liage dans des jeux de données RDF. Une clé de liage permet d'établir des liens d'identité entre deux entités dans le web des données. Le couple d'entités liées détermine à son tour un couple de classes qui peut guider la recherche et la sélection de clés de liage de meilleure qualité. Pour ce faire, nous proposons un algorithme de sélection de clés de liage s'appuyant sur des mesures de qualité adaptées. Une série d'expérimentations sur des jeux de données RDF diversifiés montre le potentiel et l'efficacité de l'approche.

1 Introduction

Nous nous intéressons à la découverte de liens d'identité entre les ressources de deux jeux de données RDF (Resource Description Framework). Cette tâche est cruciale pour le web des données car les liens d'identité autorisent une meilleure interopérabilité entre différentes applications ainsi que l'amélioration de la qualité les données (recherche de "doublons"). Plusieurs approches existent pour trouver les liens d'identité parmi lesquelles l'approche "logique" qui s'appuie sur des axiomes exprimant des conditions suffisantes pour que deux ressources soient identiques (Saïs et al., 2007; Al-Bakri et al., 2015, 2016). Suivant cette ligne, cet article se concentre sur les *clés de liage* qui généralisent la notion de clé sur deux jeux de données (Atencia et al., 2014a). Un exemple de clé de liage est :

$$k = (\{\langle \texttt{designation,titre} \rangle\}, \{\langle \texttt{designation,titre} \rangle, \langle \texttt{author,auteur} \rangle\}, \langle \texttt{Book,Livre} \rangle)$$

qui signifie que si une instance a_1 de la classe `Book` et une instance b_1 de la classe `Livre`, possèdent les mêmes valeurs pour la propriété `designation` et pour la propriété `titre`, et que a_1 et b_1 partagent au moins une valeur pour les propriétés `author` et `auteur`, alors a_1 et b_1 désignent la même entité. En particulier la clé de liage k instancie la paire de classes $\langle \texttt{Book,Livre} \rangle$ et génère un lien d'identité ("same-as") entre a_1 et b_1.

Les clés de liage ne sont généralement pas fournies avec les jeux de données. De fait, un algorithme de découverte de clés de liage dites "candidates" est proposé dans (Atencia et al., 2014a). Le problème de la découverte de clés de liage candidates peut se formuler de façon formelle dans le cadre de l'Analyse Formelle de Concepts (AFC) (Ganter et Wille, 1999) car une clé de liage candidate s'avère être un "fermé" pour un opérateur de fermeture spécifique. Afin d'exploiter le cadre formel bien défini de l'AFC ainsi que les algorithmes d'extraction de fermés offerts par ce formalisme, (Atencia et al., 2014b, 2020) proposent une méthode qui s'appuie sur l'AFC pour extraire des clés de liage candidates. Les algorithmes proposés dans (Atencia et al., 2014a, 2020) peuvent être appliqués avec ou sans alignement des classes et des propriétés issues des jeux de donnés en entrée. En l'absence d'un alignement des classes, les clés de liage candidates découvertes sont dites *clés candidates générales* dans le sens où elles s'appliquent sur tout le jeu de données sans être spécifiques à une paire de classes particulière.

Dans (Abbas et al., 2020), les auteurs partent de l'hypothèse que les clés candidates générales, même les meilleures, peuvent générer des liens d'identité pour une paire de classes particulière et ne générer aucun lien pour les autres paires de classes. Il faut donc distinguer les paires de classes. En s'appuyant sur le formalisme des "pattern structures" (Ganter et Kuznetsov, 2001), une extension de l'AFC pour traiter des données complexes, les auteurs proposent un algorithme appelé SLKPS qui extrait des clés de liage candidates instanciant des paires de classes spécifiques. L'algorithme SLKPS ne nécessite pas d'alignement de classes en entrée.

Des mesures de qualité ont été proposées dans (Atencia et al., 2014a) pour évaluer les clés de liage candidates et sélectionner celles qui seront utilisées pour générer les liens d'identité. Les meilleures clés de liage candidates selon ces mesures ne permettent pas toujours de générer tous les liens d'identité possibles. De plus elles peuvent générer des liens erronés c.-à-d. des liens entre des instances qui ne sont pas identiques. L'objectif de ce travail de recherche est de proposer un algorithme qui sélectionne un ensemble de clés de liage candidates qui génèrent à la fois le maximum de liens d'identité corrects (rappel) et le minimum de liens erronés (précision). Cet algorithme s'appuie sur une sélection guidée par les paires de classes instanciées par les clés de liage candidates.

Dans suite de cet article, nous commençons par un état de l'art des approches de liage de données (Section 2). Ensuite nous présentons les notations et les définitions nécessaires (Section 3). Puis nous détaillons un algorithme qui sélectionne un ensemble de clés de liage candidates qui maximisent le nombre de liens d'identité corrects et qui minimisent le nombre de liens erronés (Section 4). Enfin, nous évaluons l'efficacité de l'algorithme à l'aide d'expérimentations sur différents jeux de données (Section 5).

2 État de l'art

Le liage de données est la tâche qui consiste à trouver, entre deux jeux de données RDF différents, des couples d'IRI (Internationalized Resource Identifier) représentant la même entité. Le résultat est un ensemble de liens d'identité entre ces IRIs. Pour effectuer cette tâche, des systèmes de liage de données, tels que LIMES (Ngomo et Auer, 2011) et SILK (Volz et al., 2009), s'appuient sur des *spécifications de liens* qui peuvent être numériques ou logiques, indiquant les conditions pour lesquelles deux IRI sont considérées comme identiques. Une spécification logique est un axiome dont les liens d'identité sont des conséquences logiques. Ces spécifications, contrairement aux spécifications numériques, peuvent être combinées avec des éléments de connaissances provenant d'ontologies ou d'alignements entre ontologies, pour déduire des liens en utilisant un raisonneur.

Les spécifications à base de `clés` entrent dans cette dernière catégorie. Les clés ne sont généralement pas fournies avec les jeux de données, et pour cette raison, plusieurs algorithmes ont été proposés pour les découvrir automatiquement (Assi et al., 2020). Les clés sont utilisées pour trouver les instances identiques entre deux jeux de données, mais cela nécessite un alignement de propriétés et de classes ou un vocabulaire commun aux jeux de données en question. Ces clés sont découvertes pour chaque jeu de données indépendamment, ce qui implique qu'un ensemble de propriétés peut constituer une clé sur un jeu de données mais pas sur l'autre. Dans ce cas, les clés peuvent ne pas générer des liens d'identité. Partant de ce constat, deux solutions ont été étudiées : (i) utiliser des algorithmes et des mesures de sélection de clés adaptées au liage de données (Achichi et al., 2016; Farah et al., 2017), (ii) généraliser la notion clé par celle de *clé de liage* (Atencia et al., 2014a). Cette seconde solution est celle qui nous intéresse directement et c'est dans cette direction que cet article apporte une contribution.

3   Préliminaires et notations

3.1   Clé de liage

Un jeu de données RDF est un ensemble de triplets $\langle$`sujet,propriété,objet`$\rangle \in (U \cup B) \times U \times (U \cup B \cup L)$, où U est un ensemble d'IRI, B un ensemble de noeuds vides représentant des ressources anonymes, L un ensemble de littéraux pouvant être du type chaîne de caractères, entier, etc.

$$D_1$$

Newspaper

s	designation	pubCity	fYear
a_1	Le Monde	Paris	1944
a_2	Est R	Nancy	
a_3	The NYT	New York	1851
a_4	The WP	Washington	1877
a_5	USA T	McLean	1982
a_6	USA T	McLean	1982

Person

s	firstName	name	birthY
a_7	Nancy	Reagan	1921
a_8	Jane	Austen	
a_9	Albert	Camus	
a_{10}	Victor	Hugo	
a_{11}	Emily	Brontë	

$$D_2$$

Journal

s	désign	villeEdit	dateF
b_1	Le Monde	Paris	1944
b_2	Est R	Nancy	
b_3	The NYT	New York	1851
b_4	The WP	Washington	1877
b_5	USA T	McLean	1982

Personne

s	prénom	nom	annéeN
b_7	Nancy	Reagan	1921
b_8	Jane	Austen	
b_9	Albert	Camus	
b_{10}	Paris	Hilton	
b_{11}	Assia	Djebar	

FIG. 1: Exemple de deux jeux de données D_1 et D_2

Soit un jeu de données D, les ensembles $S = \{s | \langle s, p, o \rangle \in D\}$ et $P = \{p | \langle s, p, o \rangle \in D\}$ dénotent respectivement l'ensemble des sujets et l'ensemble des propriétés du jeu de données D. On dit que c est une classe atomique sur D si $\exists s \in S$ tel que $\langle s, rdf\!:\!type, c \rangle \in D$. La propriété `rdf:type` est utilisée pour indiquer qu'un sujet appartient à une classe. Par exemple, le triplet $\langle b_1, $`rdf:type`$, $`Journal`$\rangle$ déclare que b_1 est une instance de la classe `Journal`. L'ensemble des instances d'une classe atomique c dans D est dénotée $I_c = \{s \mid \langle s, $`rdf:type`$, c \rangle \in D\}$.

Une expression de classes C sur D est une disjonction de conjonction de classes atomiques. Par exemple $c_1 \sqcup (c_2 \sqcap c_3)$ est une expression de classes sur D où c_1, c_2 et c_3 sont des classes atomiques sur D, et où $\sqcup$ et $\sqcap$ sont les opérateurs de disjonction et de conjonction dans les logiques de descriptions (Baader et al., 2003). L'ensemble des instances de l'expression de classes $C \equiv \bigsqcup_{i=1}^{n}(\bigsqcap_{j=1}^{m} c_{ij})$ est $I_C = \bigcup_{i=1}^{n}(\bigcap_{j=1}^{m} I_{c_{ij}})$. L'ensemble des expressions de classes sur D est dénoté par Cl.

Sur la Figure 1, le triplet $\langle b_1, \texttt{villeEdit}, \texttt{"Paris"} \rangle$ établit le fait que le sujet b_1 possède la valeur $\texttt{"Paris"}$ pour la propriété $\texttt{villeEdit}$. Contrairement au modèle relationnel, un sujet peut avoir zéro ou plusieurs valeurs pour une même propriété. L'ensemble des valeurs du sujet s pour la propriété p est dénoté $p(s)$ tel que $p(s) = \{o | \langle s, p, o \rangle \in D\}$. Par exemple, $\texttt{désign}(b_1) = \{\texttt{"Le Monde"}\}$.

Un lien d'identité est exprimé via la propriété $\texttt{owl:sameAs}$. Par exemple, le triplet qui exprime l'égalité des ressources a_1 et b_1 est $\langle a_1, \texttt{owl:sameAs}, b_1 \rangle$. Cela signifie que a_1 et b_1 représentent la même entité qui est, dans notre exemple, le journal Le Monde. Pour simplifier, nous dénotons ce lien d'identité par la paire $\langle a_1, b_1 \rangle$. Les clés de liage sont utilisées pour trouver ces liens d'identité.

Une clé de liage k entre deux jeux de donnés D_1 et D_2 est une expression de la forme :

$$k = (Eq, In, \langle C_1, C_2 \rangle)$$

où Eq et In sont des ensembles de paires de propriétés dans $P_1 \times P_2$, $Eq \subseteq In \neq \emptyset$, C_1 (resp. C_2) est une classe atomique ou une expression de classes dans Cl_1 (resp. Cl_2). La clé de liage $k = (Eq, In, \langle C_1, C_2 \rangle)$ instancie la paire de classes $\langle C_1, C_2 \rangle$. On dit que k est *une clé de liage générale* si elle instancie la paire de classes $\langle \texttt{owl:Thing}, \texttt{owl:Thing} \rangle$. Rappelons que la classe $\texttt{owl:Thing}$ (Smith et al., 2004) contient toutes les instances du jeu de données.

L'ensemble des liens d'identité générés par k est dénoté par $L(k)$ et vérifie :

$$L(k) = \{\langle s_1, s_2 \rangle | s_1 \in I_{C_1}, s_2 \in I_{C_2},$$
$$\forall \langle p_1, p_2 \rangle \in Eq, p_1(s_1) = p_2(s_2),$$
$$\forall \langle p_1, p_2 \rangle \in In, p_1(s_1) \cap p_2(s_2) \neq \emptyset\}$$

Par exemple la clé de liage k,

$$k = (\langle \texttt{designation}, \texttt{désign} \rangle, \langle \texttt{pubCity}, \texttt{villeEdit} \rangle$$
$$\langle \texttt{designation}, \texttt{désign} \rangle, \langle \texttt{pubCity}, \texttt{villeEdit} \rangle,$$
$$\langle \texttt{Newspaper}, \texttt{Journal} \rangle)$$

génère l'ensemble de liens $L(k) = \{\langle a_1, b_1 \rangle, \langle a_2, b_2 \rangle, \langle a_3, b_3 \rangle, \langle a_4, b_4 \rangle, \langle a_5, b_5 \rangle, \langle a_6, b_5 \rangle\}$.

Dans la suite, pour faciliter la lecture et sans nuire à la généralité de la démarche, nous ne considérons que l'ensemble In dans une clé de liage qui s'écrit alors $k = (In, \langle C_1, C_2 \rangle)$, sachant que nous avons toujours $Eq \subseteq In$. De plus, le terme "classe" désigne aussi bien une classe atomique qu'une expression de classes.

Une clé de liage est "candidate" si elle génère au moins un lien et si elle est maximale [1] sur l'ensemble de liens qu'elle génère.

---

1. La définition de maximalité d'une clé de liage candidate est donnée dans (Atencia et al., 2020; Abbas et al., 2020).

Par exemple, soit l'ensemble de clés de liage $K = \{k_1, k_2, k_3\}$ qui génèrent le même ensemble de liens $L(k_1) = L(k_2) = L(k_3) = \{\langle a_1, b_1 \rangle, \langle a_2, b_2 \rangle, \langle a_3, b_3 \rangle, \langle a_4, b_4 \rangle, \langle a_5, b_5 \rangle, \langle a_6, b_5 \rangle\}$ tels que :

$k_1 = (\{\langle \texttt{designation}, \texttt{désign} \rangle, \langle \texttt{pubCity}, \texttt{villeEdit} \rangle\}, \langle \texttt{Newspaper}, \texttt{Journal} \rangle)$

$k_2 = (\{\langle \texttt{designation}, \texttt{désign} \rangle\}, \langle \texttt{Newspaper}, \texttt{Journal} \rangle)$

$k_3 = (\{\langle \texttt{pubCity}, \texttt{villeEdit} \rangle\}, \langle \texttt{Newspaper}, \texttt{Journal} \rangle)$

La clé de liage k_1 génère au moins un lien et elle est maximale sur K. Ainsi k_1 est une clé de liage candidate tandis que k_2 et k_3 ne le sont pas.

Une clé de liage peut générer des liens qui peuvent être corrects ou erronés selon l'avis d'un expert du domaine. De fait, les algorithmes de découverte de clés de liage recherchent des clés de liage candidates puis sélectionnent celles qui permettent de maximiser le nombre de liens corrects et de minimiser le nombre de liens erronés. Dans ce qui suit, nous discutons de la qualité des clés de liage retournées.

3.2 Évaluation des clés de liage candidates

La qualité d'une clé de liage dépend du nombre de liens corrects et du nombre de liens erronés qu'elle génère. Ainsi plus une clé de liage candidate génère de liens corrects et moins elle génère de liens erronés, plus elle est considérée de meilleure qualité pour le liage de données.

Cependant, lorsqu'un expert n'est pas présent – et c'est souvent le cas – pour vérifier qu'un lien est correct ou pas, la qualité d'une clé de liage candidate peut être évaluée en utilisant les mesures de couverture et de discriminabilité qui sont introduites dans (Atencia et al., 2014a).

La *couverture* d'une clé de liage $k = (In, \langle C_1, C_2 \rangle)$, notée $cov(k)$, mesure le degré de généralité d'une clé de liage candidate. Plus la couverture d'une clé de liage candidate est élevée, plus grande est la probabilité que celle ci génère des liens corrects. La couverture de k se définit comme suit. Soit $L \subseteq (I_{C_1} \times I_{C_2})$ et $\pi_1(L) = \{s_1 \in I_{C_1} | \langle s_1, s_2 \rangle \in L\}$, $\pi_2(L) = \{s_2 \in I_{C_2} | \langle s_1, s_2 \rangle \in L\}$. $\pi_1(L)$ est l'ensemble des instances de C_1 apparaissant dans L et $\pi_2(L)$ est l'ensemble des instances de C_2 apparaissant dans L.

$$cov(k) = \frac{|\pi_1(L(k)) \cup \pi_2(L(k))|}{|I_{C_1} \cup I_{C_2}|}$$

Lorsque $cov(k)$ est égal à 1, cela signifie que toutes les instances de C_1 et de C_2 sont identifiées par k.

La mesure de *discriminabilité* évalue la capacité d'une clé de liage candidate à discriminer les instances. La discriminabilité fait l'hypothèse que les instances ayant des IRIs différentes au sein d'un même jeu de données sont distinctes (Unique Name Assumption UNA). Ainsi, si cette hypothèse est respectée, il ne devrait pas y avoir plus d'un lien impliquant une instance. Plus une clé de liage est discriminante, plus grande est la probabilité que les liens qu'elle génère soient corrects.

La discriminabilité d'une clé de liage candidate k se définit comme suit :

$$dis(k) = \frac{min(|\pi_1(L(k))|, |\pi_2(L(k))|)}{|L(k)|}$$

La couverture et la discriminabilité peuvent être agrégées par la *moyenne harmonique*, notée $hm_{cd}(k)$, qui est définie ci-après :

candidate	cov	$disc$	hm_{cd}
k_1	1	0.83	0.90
k_2	0.81	0.80	0.80
k_3	0.36	1	0.53
k_4	0.20	1	0.33
k_5	0.60	1	0.75
k_6	0.20	1	0.33

TAB. 1: Évaluation des clés de liage candidates de l'exemple

$$hm_{cd}(k) = \frac{2 \times cov(k) \times dis(k)}{cov(k) + dis(k)}$$

La clé de liage candidate qui possède la meilleure moyenne harmonique hm_{cd} est considérée comme étant celle de meilleure qualité. Cependant une seule clé de liage candidate, même la meilleure, ne permet pas toujours d'identifier tous les liens d'identité. Pour cette raison plusieurs clés de liage candidates peuvent être sélectionnées pour le liage de données. Les questions qui se posent alors sont "comment sélectionner ces clés de liage ?" et "comment détecter les clés qui sont les meilleures ?".

Le problème de sélection d'un sous-ensemble de clés de liage candidates peut s'énoncer comme suit. Soient D_1, D_2 deux jeux de données RDF et $K = \{k | k = (In, \langle C_1, C_2 \rangle)\}$ l'ensemble de clés de liage candidates entre D_1 et D_2. Il faut alors sélectionner un ensemble de clés de liage $KV \subseteq K$ – où V signifie "valide" – qui génèrent le maximum de liens corrects et le minimum de liens erronés entre D_1 et D_2.

Par exemple, soit $K = \{k_1, k_2, k_3, k_4, k_5, k_6\}$ l'ensemble des clés de liage candidates entre les jeux de données D_1 et D_2 de la Figure 1.

```
k₁ =({⟨designation,désign⟩,⟨pubCity,villeEdit⟩},⟨Newspaper,Journal⟩)
k₂ =({⟨designation,désign⟩,⟨pubCity,villeEdit⟩,⟨fYear,dateF⟩},
     ⟨Newspaper,Journal⟩)
k₃ =({⟨pubCity,prénom⟩},⟨Newspaper,Personne⟩)
k₄ =({⟨firstName,villeEdit⟩},⟨Person,Journal⟩)
k₅ =({⟨name,nom⟩,⟨firstName,prénom⟩},⟨Person,Personne⟩)
k₆ =({⟨name,nom⟩,⟨firstName,prénom⟩,⟨anneeN,birthY⟩},⟨Person,Personne⟩)
```

Comment alors sélectionner un ensemble de clés de liage qui génèrent tous les liens d'identité corrects entre D_1 et D_2 ? Une première proposition est de sélectionner les "Top M" clés de liage de K, c.-à-d. un sous-ensemble de clés de liage candidates composé des M meilleures candidates en termes de hm_{cd}. Néanmoins, ce sous-ensemble ne parvient pas toujours à maximiser le nombre de liens corrects.

Dans l'exemple, nous calculons hm_{cd} pour chaque clé de liage candidate (voir la Table 1). Nous sélectionnons par exemple les Top 2 de K c.-à-d. k_1 et k_2 qui sont les deux meilleures clés de liage selon hm_{cd}. Cependant, ces clés de liage ne génèrent pas tous les liens d'identité entre les jeux de données D_1 et D_2. Cela s'explique par le fait que k_1 et k_2 n'instancient pas la paire de classes $\langle$Person,Personne$\rangle$. Par conséquent, les liens d'identité entre ces deux classes ne sont pas générés. Une solution intuitive consiste à sélectionner la meilleure clé de liage pour chaque paire de classes, c.-à-d. k_1, k_3, k_4 et k_5. Néanmoins, ces clés de liage génèrent des liens erronés. En effet, les instances `Le Monde` et `Paris Hilton` sont jugées identiques, ce qui n'est pas acceptable. Cela s'explique par le fait que k_3 instancie la paire de classes $\langle$`Newspaper`, `Personne`$\rangle$ dont les classes sont "incompatibles", ce qui signifie qu'aucune entité ne peut être représentée par ces deux classes en même temps.

En nous appuyant sur ces constats, nous proposons ci-après un algorithme de sélection d'un sous-ensemble de clés de liage candidates, où la sélection, guidée par les paires de classes, maximise le nombre de liens corrects et minimise le nombre de liens erronés.

4 Sélection de clés de liage guidée par les classes

Les algorithmes ci-dessous s'appuient sur la méthode SLKPS détaillée dans (Abbas et al., 2020) pour extraire les clés de liage candidates. Contrairement aux algorithmes qui retournent des clés de liage candidates générales, la méthode SLKPS a la particularité de retourner des clés de liage candidates en spécifiant les paires de classes qui sont instanciées. En outre, SLKPS peut générer des clés de liage candidates qui instancient des paires d'expressions de classes.

L'algorithme LKSA sélectionne un sous-ensemble de clés de liage KV qui maximise le nombre de liens corrects et minimise le nombre de liens erronés. LKSA s'appuie sur deux opérations principales, TopLkClass et RelevantClassForLk, qui sont détaillées juste après.

Algorithm 1 Sélection des clés de liage candidates

Input

K : ensemble de clés de liage candidates retournées par *SLKPS* pour D_1 et D_2

N : entier, nombre de meilleures clés de liage par paire de classes à sélectionner

Output

KV : ensemble de clés de liage sélectionnées pour le liage de données entre D_1 et D_2.

1: **function** LKSA(K, N)
2:     $pcc(K) \leftarrow$ ensemble de paires de classes candidates
3:     $KTop \leftarrow$ TOPLKCLASS($K, pcc(K), N$)
4:     $KV \leftarrow$ RELEVANTCLASSFORLK($KTop, pcc(K)$)
5:     **return** KV
6: **end function**

Algorithm 2 Sélection des N meilleures clés de liage par paire de classes candidate

---

Input $k, pcc(K), N$

Output $KTop$: les N meilleures clés de liage par paire de classes en terme de hm_{cd}

1: **function** TOPLKCLASS($K, pcc(K), N$)
2:     $KTop \leftarrow \emptyset$
3:     **for each** $\langle C_1, C_2 \rangle \in pcc(K)$ **do**
4:        $KTop[\langle C_1, C_2 \rangle] \leftarrow N \operatorname{argmax}_k hm_{cd}(k)$ tel que $k = (In, \langle C_1, C_2 \rangle) \in K$
5:     **end for**
6:     **return** $KTop$
7: **end function**

TopLkClass : cette fonction sélectionne un sous-ensemble de clés de liage candidates $KTop$ qui vise à maximiser le nombre de liens corrects générés.

Algorithm 3 Sélection des clés de liage instanciant les paires de classes pertinentes pour le liage

---

Input $KTop$, $pcc(K)$
Output KV

1: **function** RELEVANTCLASSFORLK($KTop$,$pcc(K)$)
2:      $Class1 \leftarrow \{C_1 | \langle C_1, C_2 \rangle \in pcc(K)\}$
3:      $Class2 \leftarrow \emptyset; KV \leftarrow \emptyset$
4:      **for each** $C_1 \in Class1$ **do**
5:          $bestC2 \leftarrow \mathrm{argmax}_{C_2} \; hm_{cd}(KTop[\langle C_1, C_2 \rangle])$
6:          $Class2 \leftarrow Class2 \cup \{bestC2\}$
7:      **end for**
8:      **for each** $C_2 \in Class2$ **do**
9:          $bestC1 \leftarrow \mathrm{argmax}_{C_1} \; hm_{cd}(KTop[\langle C_1, C_2 \rangle])$
10:          $KV \leftarrow KV \cup KTop[\langle bestC1, C_2 \rangle]$
11:      **end for**
12:      **return** KV
13: **end function**

L'ensemble des paires de classes qui sont instanciées par les clés de liage candidates de K est dénoté $pcc(K) = \{\langle C_1, C_2 \rangle | \exists k \in K$ tel que $k = (In, \langle C_1, C_2 \rangle)\}$. La fonction `TopLkClass` part d'un ensemble de clés de liage candidates K et sélectionne pour chaque paire de classes candidates $\langle C_1, C_2 \rangle \in pcc(K)$ les N meilleures clés de liage candidates en terme de hm_{cd}, où N est un nombre fixé à l'avance par l'utilisateur.

Sur l'exemple en cours, l'ensemble des paires de classes candidates est :
$pcc(K) = \{\langle$Newspaper, Journal$\rangle, \langle$Newspaper, Personne$\rangle, \langle$Person, Journal$\rangle,$
$\langle$Person, Personne$\rangle\}$. Nous appliquons `TopLkClass` avec $N = 1$. Pour chaque paire de classes de $pcc(K)$ est sélectionnée la meilleure clé de liage candidate qui l'instancie. Ainsi, la paire $\langle$Newspaper, Journal$\rangle$ est instanciée par les clés de liage candidates k_1 et k_2, et k_1 est sélectionnée car $hm_{cd}(k_1) > hm_{cd}(k_2)$. La procédure est itérée pour chacune des paires de classes de $pcc(K)$ et le calcul de $KTop$ retourne l'ensemble de clés de liage $\{k_1, k_3, k_4, k_5\}$. Cet ensemble $KTop$ permet d'identifier tous les liens d'identité corrects entre les jeux de données D_1 et D_2 de l'exemple. Cependant, certaines clés de liage de $KTop$ génèrent aussi des liens erronés. En effet, les instances Le Monde et Paris Hilton sont toujours jugées identiques par k_3 qui instancie $\langle$Newspaper, Personne$\rangle$.

Dans la suite, nous dirons qu'une paire de classes est "pertinente pour le liage (de données)" s'il existe au moins un lien d'identité correct entre ces deux classes. Par exemple, la paire de classes $\langle$Newspaper, Journal$\rangle$ est pertinente pour le liage tandis que la paire $\langle$Newspaper, Personne$\rangle$ ne l'est pas.

Nous avons vu au dessus que $KTop$ génère des liens erronés parce que certaines clés de liage instancient des paires de classes non pertinentes pour le liage de données. La fonction `RelevantClassForLk` est justement conçue pour sélectionner un ensemble $KV \subseteq KTop$ comportant des clés qui instancient uniquement des paires de classes qui ont plus de chances d'être pertinentes pour le liage de données.

RelevantClassForLk : cette fonction vise à minimiser le nombre de liens erronés générés par $KTop$. Lorsqu'il n'y a pas d'expert pour juger de la validité des liens générés, la fonction `RelevantClassForLk` retourne un sous-ensemble de paires de classes qui ont le plus de chances d'être pertinentes pour le liage de données.

Nous faisons l'hypothèse que plus le nombre d'entités partagées par deux classes est élevé, plus grande est la probabilité que cette paire de classes soit pertinente pour le liage de données. Pour cela, nous calculons le degré de recouvrement de chaque paire de classes instanciées par les clés de liage de $KTop$.

Le recouvrement d'une paire de classes $\langle C_1, C_2 \rangle$ instanciées par l'ensemble des clés de liage $KTop[\langle C_1, C_2 \rangle] = \{k | k = (In, \langle C_1, C_2 \rangle)\}$ peut se mesurer par $hm_{cd}(KTop[\langle C_1, C_2 \rangle])$.

Lorsque $hm_{cd}(KTop[\langle C_1, C_2 \rangle]) = 1$ cela signifie que $KTop[\langle C_1, C_2 \rangle]$ identifie toutes les entités de C_1 et toutes les entités de C_2, tout en garantissant que chaque entité est représentée par une seule instance dans C_1 et un seule instance dans C_2. Plus le recouvrement d'une paire de classes est élevé, plus grande est la probabilité que les classes soient pertinentes pour le liage de données.

La fonction `RelevantClassForLk` permet de sélectionner dans $KTop$ les clés de liage candidates qui instancient les paires de classes qui ont plus de chances d'être pertinentes pour le liage. Ainsi dans l'algorithme 3, pour chaque classe C_1 de $Class1 = \{C_1 | \langle C_1, C_2 \rangle \in pcc(K)\}$, `RelevantClassForLk` sélectionne la classe C_2 qui donne le meilleur recouvrement pour C_1. Cette classe C_2 est alors ajoutée à l'ensemble $Class2$. Ensuite, pour chaque classe $C_2 \in Class2$, l'algorithme sélectionne la classe C_1 qui donne le meilleur recouvrement pour C_2. L'ensemble des clés de liage $KTop[\langle C_1, C_2 \rangle]$ est alors ajouté à KV.

Dans l'exemple, $Class1 = \{$`Newspaper`, `Person`$\}$ et la classe `Newspaper` possède un meilleur recouvrement avec la classe `Journal` que la classe `Personne` car $hm_{cd}(\{k_1\})$ qui instancie la paire $\langle$`Newspaper`, `Journal`$\rangle$ est supérieure à $hm_{cd}(\{k_3\})$ qui instancie la paire $\langle$`Newspaper`, `Personne`$\rangle$. La procédure est réitérée pour la classe `Person` et c'est la classe `Personne` qui est sélectionnée, et $Class2 = \{$`Journal`, `Personne`$\}$. Le processus est réitéré avec les classes de $Class2$. Pour la classe `Journal`, la classe `Newspaper` qui donne le meilleur recouvrement est sélectionnée et $\{k_1\}$ est ajouté à KV. Pour la classe `Personne`, la classe `Person` est sélectionnée et $\{k_5\}$ est ajouté à KV. Ainsi, la sortie de l'algorithme est l'ensemble $KV = \{k_1, k_5\}$ qui identifie tous les liens d'identité corrects et uniquement ceux-là entre les jeux de données D_1 et D_2, c.-à-d. l'ensemble des liens $\{\langle a_1, b_1 \rangle, \langle a_2, b_2 \rangle, \langle a_3, b_3 \rangle, \langle a_4, b_4 \rangle, \langle a_5, b_5 \rangle, \langle a_6, b_5 \rangle, \langle a_7, b_7 \rangle, \langle a_8, b_8 \rangle, \langle a_9, b_9 \rangle\}$.

Dans la suite, nous testons les hypothèses avancées, les algorithmes présentés ainsi que leur efficacité.

5 Expérimentations

L'objectif de ces expérimentations est de vérifier empiriquement l'efficacité de l'algorithme `LKSA` pour sélectionner un sous-ensemble de clés de liage candidates qui maximise le nombre de liens corrects et minimise le nombre de liens erronés. Toutes nos expérimentations[2] ont été réalisées en utilisant un MacBook Pro Intel Core i7, 2,6 GHz avec 16 Go de RAM alloués à la machine virtuelle Java.

---

2. Les détails des expérimentations sont donnés dans https ://gitlab.inria.fr/nabbas/lksa.

5.1 Jeux de données et protocole expérimental

Nous avons considéré les jeux de données décrits dans la Table 2.

— Pour les jeux de données *Restaurants* et *Person1* de l'OAEI 2010[3], des liens d'identité ont été fournis entre :

  — Les instances de la classe `Restaurant` pour les jeux de données *Restaurant1* et *Restaurant2*.

  — Les instances de la classe `Person` pour les jeux de données *Person11* et *Person12*. Comme notre travail porte sur les clés de liage instanciant différentes paires de classes, nous avons également considéré la découverte de liens d'identité entre les instances de la classe `Adress` présentes dans ces jeux de données. De plus nous avons considéré les jeux de données *pr1* qui est la fusion de *Restaurant1* et de *Person1*, et *pr2* qui est la fusion de *Restaurant2* et *Person2*.

— Pour les jeux de données *Abox1* et *Abox2* de *SPIMBench Sandbox* de l'OAEI 2018[4], nous avons considéré les classes `Programme`, `BlogPost` et `NewsItem`.

— Le jeu de données *Db-Yago*[5], est composé de 10 classes de DBpedia et de 10 classes de Yago qui sont : `Actor`, `Album`, `Book`, `City`, `Film`, `Montain`, `Organisation`, `Scientist`, `Museum` et `University`.

Tâche	Jeux de données	#class.	#inst.	#prop.	#triples	#lk
Restaurants[1]	Restaurant1	3	339	6	1 130	6
	Restaurant2	3	2 256	6	7 520	
Person1[1]	Person11	4	2000	13	9 000	80
	Person12	2	1000	12	7000	
pr	pr1	7	2 339	19	10 130	90
	pr2	5	3 256	18	14 520	
SPIMBench[2]	Abox1	10	1 126	46	10 001	7 401
	Abox2	17	1 130	66	10 022	
Db-Yago[3]	Db	10	442 403	47	8 618 591	16 299
	Yago	10	1 064 548	49	10 988 374	

TAB. 2: Description des jeux de données utilisés dans les expérimentations

Pour chaque jeu de données, nous avons généré les clés de liage candidates avec la méthode `SLKPS`. Nous avons ensuite sélectionné un sous-ensemble de clés de liage candidates KV avec l'algorithme `LKSA`. Les résultats de `LKSA` sont comparés avec les M meilleures clés de liage générales (`Top` M) en termes de hm_{cd} en s'assurant que $M = |KV|$. La performance des deux méthodes est calculée en terme de *précision*, *rappel* et *F-mesure*.

5.2 Résultats et discussion

Les résultats de ces expérimentations sont donnés dans la Table 3. Nous remarquons que dans tous les cas, nous obtenons avec `LKSA` une *F-mesure* supérieure ou égale à celle des M meilleures clés de liage candidates. `LKSA` obtient une meilleure *F-mesure* que `Top` M pour les jeux de données *Person1*, *pr*, *SPIMBench* et *Db-Yago*. Le rappel est amélioré pour *Person1* et *pr*. La précision est améliorée pour *pr*, *SPIMBench* et *Db-Yago*.

---

3. http ://oaei.ontologymatching.org/2010/im/index.html
4. http ://oaei.ontologymatching.org/2018/spimbench.html
5. https ://github.com/lgalarra/vickey

Tâche	sélection	#lk	rap.	F-mesure	prec.	temps
Restaurants	Top M	2	0.634	0.719	0.83	
	LKSA, $N = 1$	2	0.634	0.719	0.83	$< 1''$
Person1	Top M	2	0.649	0.787	1	
	LKSA, $N = 1$	2	0.954	**0.866**	0.793	$< 1''$
pr	Top M	4	0.772	0.681	0.61	
	LKSA, $N = 1$	4	0.882	**0.838**	0.799	$< 1''$
SPIMBench	Top M	7	0.772	0.788	0.804	
	LKSA, $N = 1$	7	0.772	**0.792**	0.813	$< 8''$
Db-Yago	Top M	22	0.736	0.089	0.047	$< 17''$
	LKSA, $N = 1$	22	0.630	**0.504**	0.420	$< 4min$

TAB. 3: Les résultats de la sélection

La *F-mesure* n'est pas modifiée pour le jeu données *Restaurants* car les M meilleures clés de liage correspondent exactement aux clés de liage sélectionnées par LKSA.

Pour les jeux de données *Person1* et *pr*, les M meilleures clés de liage n'instancient pas toutes les paires de classes possibles, ce qui explique un rappel inférieur. L'algorithme LKSA quant à lui donne un meilleur rappel car il sélectionne les clés de liage qui instancient plus de paires de classes que les M meilleures clés de liage.

Pour les jeux de données *Db-Yago* et *SPIMBench*, nous améliorons la précision car LKSA sélectionne plus de clés de liage instanciant des paires de classes pertinentes comparant à Top M, d'où la génération de moins de liens erronés.

Nous avons démontré le potentiel de l'algorithme LKSA en expérimentant sur plusieurs jeux de données. Ici, nous constatons l'importance de distinguer les paires de classes qui sont instanciées par les clés de liage, ce qui est justement l'objectif de la méthode SLKPS (Abbas et al., 2020).

6 Conclusion

Dans ce travail, nous avons traité le problème de la sélection de clés de liage candidates en exploitant les paires de classes qu'elles instancient. Nous avons proposé l'algorithme LKSA qui repose à la fois sur la sélection des meilleures clés de liage pour chaque paire de classes ainsi que sur la sélection des paires de classes dites pertinentes. Les résultats expérimentaux montrent que l'algorithme LKSA obtient de meilleurs résultats qu'une sélection uniquement basée sur les mesures de discriminabilité et couverture (Atencia et al., 2014a).

Par la suite, nous comptons adapter l'algorithme LKSA pour sélectionner des clés de liage interdépendantes, comme celles qui sont introduites dans (Atencia et al., 2020).

Références

Abbas, N., J. David, et A. Napoli (2020). Discovery of link keys in RDF data based on pattern structures : Preliminary steps. In *Proceedings of CLA*, pp. 235–246.

Achichi, M., M. B. Ellefi, D. Symeonidou, et K. Todorov (2016). Automatic key selection for data linking. In *EKAW*, pp. 3–18. Springer.

Al-Bakri, M., M. Atencia, J. David, S. Lalande, et M.-C. Rousset (2016). Uncertainty-sensitive reasoning for inferring same as facts in linked data. In *Proceedings of ECAI*, pp. 698–706. IOS press.

Al-Bakri, M., M. Atencia, S. Lalande, et M.-C. Rousset (2015). Inferring same-as facts from linked data : an iterative import-by-query approach. In *Twenty-Ninth AAAI Conference on Artificial Intelligence*.

Assi, A., H. Mcheick, et W. Dhifli (2020). Data linking over rdf knowledge graphs : A survey. *Concurrency and Computation : Practice and Experience*, e5746.

Atencia, M., J. David, et J. Euzenat (2014a). Data interlinking through robust linkkey extraction. In *ECAI*, pp. 15–20.

Atencia, M., J. David, et J. Euzenat (2014b). What can fca do for database linkkey extraction ? In *3rd ECAI workshop on What can FCA do for Artificial Intelligence ?(FCA4AI)*, pp. 85–92.

Atencia, M., J. David, J. Euzenat, A. Napoli, et J. Vizzini (2020). Link key candidate extraction with relational concept analysis. *Discrete applied mathematics 273*, 2–20.

Baader, F., D. Calvanese, D. McGuinness, P. Patel-Schneider, D. Nardi, et al. (2003). *The description logic handbook : Theory, implementation and applications*. Cambridge university press.

Farah, H., D. Symeonidou, et K. Todorov (2017). Keyranker : Automatic rdf key ranking for data linking. In *Proceedings of K-CAP*, pp. 1–8.

Ganter, B. et S. O. Kuznetsov (2001). Pattern structures and their projections. In *ICCS*, pp. 129–142. Springer.

Ganter, B. et R. Wille (1999). *Formal concept analysis : mathematical foundations*. Springer.

Ngomo, A.-C. N. et S. Auer (2011). Limes—a time-efficient approach for large-scale link discovery on the web of data. In *IJCAI*.

Saïs, F., N. Pernelle, et M.-C. Rousset (2007). L2r : A logical method for reference reconciliation. In *Proceedings of AAAI*, pp. 329–334.

Smith, M. K., C. Welty, et D. L. McGuinness (2004). OWL web ontology language guide. Recommendation, W3C. https://www.w3.org/TR/owl-guide/.

Volz, J., C. Bizer, M. Gaedke, et G. Kobilarov (2009). Silk-a link discovery framework for the web of data. *LDOW 538*.

Summary

In this paper we are interested in link key selection in RDF datasets. A link key is used to find identity links between two entities in the web of data. Such pair of entities determines a pair of classes which in turn can guide the selection link key of better quality. For this purpose, we propose an algorithm for selecting link keys based on adapted quality measures. Finally, experiments on different data sets show the potential and the effectiveness of the algorithm.

Détection de précurseurs d'évènements basés sur les motifs dans les réseaux sociaux

Hiba Abou Jamra*, Marinette Savonnet*, Éric Leclercq*

*Laboratoire d'Informatique de Bourgogne - EA 7534
Univ. Bourgogne Franche-Comté
9, Avenue Alain Savary, F-21078 Dijon - France
Hiba_Abou-Jamra@etu.u-bourgogne.fr
Marinette.Savonnet@u-bourgogne.fr
Eric.Leclercq@u-bourgogne.fr

Résumé. Les données issues des réseaux sociaux suscitent l'intérêt des chercheurs qui développent des algorithmes et des modèles d'apprentissage automatique pour analyser les interactions et les comportements des utilisateurs. Ces méthodes s'appuient sur la topologie du réseau pour représenter les changements structurels et pour détecter des précurseurs remarquables précédant généralement des évènements majeurs. L'étude présentée dans cet article vise à étudier si certains graphlets (motifs spécifiques) peuvent être considérés comme des précurseurs d'évènements. Nous expérimentons la méthode proposée sur trois ensembles de données de réseaux sociaux. Nous étudions également le rôle joué dans les graphlets (orbites) par les nœuds ayant une position centrale dans le graphe global. Après analyse des résultats, nous montrons que les graphlets constituent des précurseurs d'évènements à considérer.

1 Introduction

Les réseaux sociaux jouent un rôle important dans la vie quotidienne des particuliers et des entreprises. En raison des interactions sociales entre les individus à travers ces réseaux, les chercheurs ont la possibilité d'observer et d'analyser de grandes quantités de données afin d'extraire des connaissances.

Développer des méthodes pour détecter des évènements survenant dans les réseaux sociaux le plus tôt possible, les comprendre et les expliquer, est un défi de recherche important. L'identification des précurseurs d'évènements permet de déclencher des mesures préventives pour contrôler une épidémie ou pour étudier un phénomène. Ces méthodes peuvent être utilisées dans de nombreux domaines tels que l'économie, la finance, le marketing, les sciences de la terre, l'épidémiologie, le contrôle des « fake news », etc. Les précurseurs d'évènements sont également appelés signaux faibles en sciences sociales où la première définition a été élaborée dans le contexte de l'étude des processus de gestion stratégiques (Ansoff, 1975), mais aussi en économie et psychologie (Schoemaker et Day, 2009; Harrysson et al., 2014). Ces termes introduisent une notion d'émergence, signifiant que les précurseurs ou les signaux faibles ont une relation causale avec les évènements.

Les propriétés topologiques du réseau telles que la densité, l'assortativité et le degré de centralité servent à comprendre la structure globale du réseau, mais la détection de patterns significatifs est une autre étape pour comprendre la dynamique du réseau et identifier ou prévoir des situations problématiques. Nous formulons le problème d'identification des précurseurs d'évènements en utilisant le concept de graphlets. Nos principales contributions sont : 1) l'identification de graphlets comme précurseurs d'évènements ; 2) l'évaluation des graphlets identifiés et l'étude de leur émergence causale ; 3) la définition, la réalisation et l'interprétation d'expériences sur plusieurs réseaux temporels, dont un issu du projet COCKTAIL[1], et deux autres utilisés comme benchmark (Leskovec et Krevl, 2014).

Le reste de cet article est organisé comme suit : la section 2 présente le contexte général sur les précurseurs d'évènements et les signaux faibles, et décrit également des travaux similaires. Dans la section 3, après un rappel rapide du concept de graphlet et des algorithmes d'énumération des graphlets, nous expliquons et nous illustrons la méthode proposée à partir d'un graphe temporel jusqu'à la modélisation des graphlets, ensuite nous étudions la corrélation entre les différents indicateurs calculés. La section 4 introduit la partie expérimentale : elle décrit les propriétés topologiques des ensembles de données utilisés. Une étude de cas sur un évènement réel ainsi que des expériences sur deux réseaux benchmark pour confirmer les résultats obtenus sont présentées dans la section 5. Enfin, les conclusions et perspectives futures sont présentées dans la section 6.

2   Travaux connexes

Les précurseurs d'évènements et les signaux faibles sont deux concepts proches qui ont émergé de domaines différents. De manière générale, un précurseur est le facteur causal lié à un évènement important. Il s'agit de tout comportement, toute situation ou groupe d'évènements qui est un indicateur d'incidents futurs ou d'évènements consécutifs[2]. La détection des signaux faibles est un enjeu important puisqu'elle permet d'anticiper des prises de décision en matière de politique industrielle et commerciale et de stratégie de communication tout en projetant des scénarios sur l'avenir. Les signaux faibles peuvent être les précurseurs d'évènements futurs. La première théorisation des signaux faibles a été proposée par Ansoff (1975) où il définit les signaux faibles comme les premiers symptômes de discontinuités stratégiques qui agissent comme une information d'alerte précoce, de faible intensité, pouvant être annonciatrice d'une tendance ou d'un évènement important. Par conséquent, l'identification des signaux faibles dans les données massives nécessite des méthodes d'analyse quantitative, souvent appelées « smart data », pour anticiper certains évènements. Lesca et Blanco (2002) ont proposé les caractéristiques suivantes pour identifier un signal faible : fragmentaire, peu visible, peu fréquent, utilité et fiabilité faibles. Néanmoins, ces caractéristiques sont difficiles à quantifier, nous préférons donc nous appuyer sur la notion de précurseurs d'évènements pour obtenir une définition plus précise, en considérant un évènement comme un pic d'activité et un précurseur comme un signal moins important ou moins intense, ayant une relation causale avec l'évènement.

---

1. Ce travail est soutenu par le programme "Investissements d'Avenir", projet ISITE-BFC (contrat ANR 15-IDEX-0003), `https://projet-cocktail.fr/`
2. `https://www.nap.edu/read/11061/chapter/6\#80`

Dans ce qui suit, nous présentons plusieurs études liées à nos travaux. Nous pouvons classer ces études en trois catégories : 1) Le « text mining » et le traitement du langage naturel (NLP) ; 2) L'apprentissage automatique (*Machine Learning ML*) ; et 3) les motifs ou patterns. Plusieurs approches de « text mining » et de NLP ont été proposées, dans lesquelles les documents Web sont étudiés à travers une analyse quantitative de mots-clés. Yoon (2012) a proposé deux indicateurs – le degré de visibilité basé sur la fréquence des mots-clés et le degré de diffusion basé sur la fréquence des documents – et a tenu compte de leurs taux d'augmentation dans le temps. Un mot clé ayant une faible visibilité et un faible niveau de diffusion est considéré comme un signal faible.

Ning et al. (2016) ont développé un algorithme d'apprentissage à instances multiples (*Multiple Instance Learning MIL*), basé sur des techniques d'apprentissage supervisé, afin de formuler le problème d'identification et de prévision des précurseurs. Le modèle consiste à attribuer une probabilité à des articles de presse traitant d'évènements à venir comme une manifestation. Une probabilité élevée est attribuée à un article si celui-ci est considéré comme un précurseur, contenant des informations sur les causes de cet évènement. Les auteurs ont montré, à travers trois jeux de données, que leur méthode était capable de prédire des manifestations. Une autre étude d'Ackley et al. (2020) a adopté des techniques d'apprentissage supervisé similaires dans le domaine de l'aviation, afin d'analyser et de suivre les paramètres critiques menant à des évènements de sécurité dans les phases d'approche et d'atterrissage des avions.

Certains chercheurs se sont intéressés aussi à l'identification de patterns spécifiques dans les réseaux, appelés motifs, qui pourraient être considérés comme des précurseurs d'évènements. Baiesi (2006) a présenté une méthode qui étudie les corrélations entre des graphes issus des tremblements de terre, en utilisant des outils sur la théorie des réseaux. Il a mesuré la distance entre les nœuds du réseau ainsi que leur coefficient de clustering. Après avoir appliqué des outils statistiques sur la topologie du réseau, il a constaté que des motifs simples tels que les triangles, constituent un type intéressant de précurseurs d'évènements majeurs car ils sont retrouvés dans les trois tremblements de terre étudiés. D'autres approches ont étudié l'identification et le rôle des motifs dans des évènements critiques tels que l'analyse de crimes (Davies et Marchione, 2015) et la détection d'attaques dans un réseau de télécommunication (Juszczyszyn et Kołaczek, 2011). Ces derniers travaux confortent l'hypothèse selon laquelle les graphlets, qui sont des motifs particuliers, peuvent être des précurseurs d'évènements.

3 Étude des graphlets comme précurseurs d'évènements

Les méthodes conventionnelles basées sur des techniques statistiques simples ne permettent pas d'identifier les précurseurs d'évènements dans les réseaux sociaux, elles sont plutôt utiles pour identifier des évènements tels que la famille des algorithmes ARIMA, EDM, HDC (Ray et al., 2018). Notre hypothèse est alors que la topologie du réseau joue un rôle important dans la propagation de l'information et nous choisissons d'explorer une approche basée sur la notion de graphlets. Les graphlets sont des types de motifs particuliers dans un réseau, ayant des tailles petites allant de 2 jusqu'à 5 nœuds. Grâce à leurs tailles et à leurs formes prédéfinies (30 types de graphlets), ils sont faciles à interpréter par des experts du domaine. Nous développons l'hypothèse que certains graphlets sont des précurseurs d'évènement potentiels tout comme les cliques le sont pour les communautés. Une fois les précurseurs potentiels révélés, il faut encore valider le fait qu'il s'agit de signaux faibles, déterminer leur lien avec l'évènement étudié pour ensuite comprendre leur rôle.

Dans cette section, nous examinons les questions suivantes : Les graphlets peuvent-ils être utilisés pour identifier des précurseurs d'évènements ? Les mêmes types de graphlets peuvent-ils être observés avant les évènements ? Avant de rentrer dans les détails, nous présentons la notion de graphlets et nous détaillons les étapes de notre méthode.

3.1 Les graphlets, en quelques mots

Les graphlets ont été introduits pour la première fois par Pržulj et al. (2004). Un graphlet est un sous-graphe (2 à 5 nœuds) non isomorphe induit connecté choisi parmi les nœuds d'un grand graphe. Il existe 30 graphlets de G_0 à G_{29} jusqu'à 5 nœuds : le graphlet G_0 •—• de taille 2, deux graphlets de taille 3 qui sont G_1 •—•—• et G_2 △, 6 graphlets de taille 4 et 21 graphlets de taille 5.

Les orbites, ou positions, représentent les classes d'équivalence des graphlets (Pržulj, 2007). Les nœuds appartenant à une même orbite sont interchangeables. Le degré des nœuds est généralisé ici à un vecteur de 73 coordonnées représentant les orbites des 30 types de graphlets.

Par exemple, le graphlet G_4 qui est en forme d'étoile ⋏, possède deux positions, la première est centrale (orbite 7) occupée par un sommet, et la deuxième est périphérique (orbite 6) et partagée par les trois autres sommets.

Il existe plusieurs algorithmes qui énumèrent les graphlets et les orbites d'un graphe tels que RAGE, FANMOD, GraphCrunch et Orca (Ribeiro et al., 2019). Certains d'entre eux sont limités aux graphlets à 4 nœuds (par exemple RAGE), mais sont très efficaces pour les grands graphes. Nous nous appuyons sur l'algorithme Orca proposé par Hočevar et Demšar (2014), car il énumère les graphlets jusqu'à 5 nœuds tout en étant performant sur de grands graphes.

3.2 Méthodologie

L'identification de précurseurs d'évènements demande une série temporelle dans laquelle un évènement est vu comme un pic d'activité, et un précurseur est un signal d'intensité plus faible ayant une relation causale avec l'évènement.

Nous présentons dans la suite notre méthodologie constituée de six étapes, résumée en figure 1.

0. La première étape consiste à construire une série temporelle à partir de données issues des réseaux sociaux. Une méthode[3] pour supprimer la saisonnalité de la série temporelle est ensuite appliquée. Une fois les données brutes collectées pour un intervalle de temps étudié, par exemple des tweets au format JSON, certaines interactions sont sélectionnées (comme retweet, citation, mention). Des tuples à 4 composantes représentant les interactions entre les entités à une date donnée sont générés, par exemple (utilisateur1, utilisateur2, retweet, 124354432).

   Une série temporelle X est construite à partir du nombre d'interactions sélectionnées entre toutes les paires de nœuds : $X = [x_1, x_2, \ldots, x_n]$. Lorsqu'un pic d'activité est identifié, la série temporelle est divisée avant et pendant l'évènement en clichés S^t, par

---

3. https://otexts.com/fpp2/x11.html

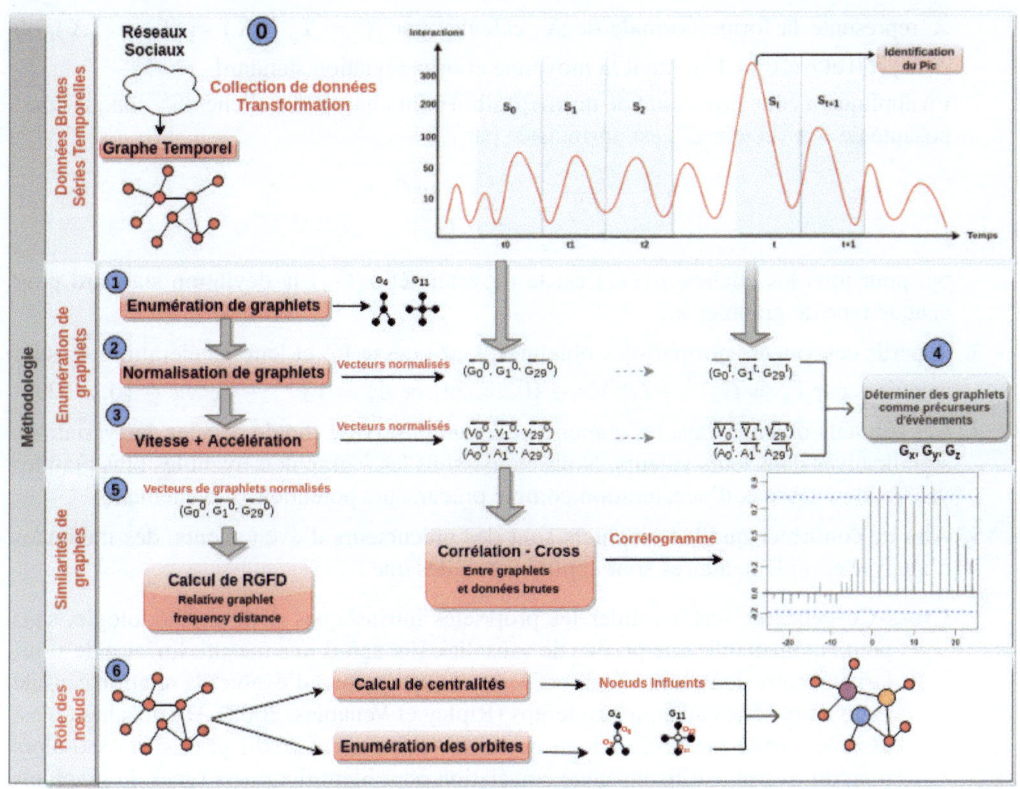

FIG. 1: Aperçu de la méthodologie

pas d'un jour, de 12 heures, de 6 heures, d'une heure, de façon à obtenir des sous-séries temporelles de la série d'origine : $S^t = [x_t, \ldots, x_{t+1}[$ avec $S^t \subset X$.

1. Pour déterminer une signature topologique avant et pendant l'évènement, les graphlets de 2 à 5 nœuds sont énumérés pour chaque cliché[4]. Le temps de calcul prend au maximum quelques secondes. Chaque cliché S^t est représenté par un vecteur numérique $(G_0^t, G_1^t, \ldots, G_{29}^t)$ où G_x^t est le nombre de graphlets de type x apparaissant dans le cliché S^t, pour x allant de 0 à 29.

2. Une procédure de normalisation est ensuite appliquée sur ces vecteurs afin de redimensionner leurs valeurs à une grandeur particulière, pour pouvoir appliquer des mesures et des calculs supplémentaires. Cette étape est d'une importance majeure car elle ne doit pas masquer les signaux faibles, mais plutôt les rendre comparables à d'autres. La procédure choisie est celle proposée par Goldin et Kanellakis (1995) dans laquelle ils étudient la similarité entre deux requêtes portant sur une base de données temporelles. Une requête renvoie une séquence X de nombres réels $(x_1, \ldots, x_n)$. Deux réels a, b définissent une transformation $T_{a,b}$ sur X en mettant en relation chaque x_i avec $a * x_i + b$.

---

4. https://rdrr.io/github/alan-turing-institute/network-comparison/src/R/
orca_interface.R

$\overline{X}$ représente la forme normale de X, calculée par $\overline{X} = T_{\sigma,\mu}^{-1}(X) = T_{\frac{1}{\sigma},-\frac{\mu}{\sigma}}(X)$, où $\mu(\overline{X}) = 0$ et $\sigma(\overline{X}) = 1$, μ étant la moyenne et σ la déviation standard.

En appliquant cette procédure de normalisation pour chacun des clichés S^t, chaque composante de son vecteur G_x^t est normalisée par :

$$\overline{G_x^t} = \frac{(G_x^t) - \mu(G_x)}{\sigma(G_x)}$$

où, pour tous les clichés, $\mu(G_x)$ est la moyenne et $\sigma(G_x)$ la déviation standard pour chaque type de graphlet x.

3. À partir des valeurs normalisées obtenues, leur vitesse $\overline{V_x^t}$ et leur accélération $\overline{A_x^t}$ sont calculées par $\overline{V_x^t} = \overline{G_x^{t+1}} - \overline{G_x^t} \; \forall x \in \{0, \dots 29\}$ et $\overline{A_x^t} = \overline{V_x^{t+1}} - \overline{V_x^t} \; \forall x \in \{0, \dots 29\}$

4. Les résultats obtenus dans les étapes 2 et 3 sont observés, afin de déceler des variations significatives dans leurs valeurs. Nous choisissons les k graphlets ayant les plus grandes valeurs de vitesse et d'accélération comme précurseurs potentiels d'évènements.

5. Afin de confirmer que les graphlets sont des précurseurs d'évènements, des méthodes d'analyse complémentaires sont appliquées, telles que :

Cross-Correlation sert à valider les propriétés intrinsèques de la méthodologie, sans pour autant établir une preuve de causalité. Il s'agit d'une mesure linéaire de similarités[5] entre deux séries temporelles x et y qui permet d'évaluer la relation causale entre deux séries au cours du temps (Ripley et Venables, 2002). Un décalage h est associé à cette mesure, sachant que si $h < 0$ alors x prédit y, et si $h > 0$ alors y prédit x. Nous utilisons cette corrélation pour identifier quels types de graphlets influencent ou prédisent la série temporelle d'origine calculée à l'étape 0.

Relative Graphlet Frequency Distance (RGFD) est une mesure de similarité de la structure locale entre deux graphes proposée par Pržulj et al. (2004). Dans notre cas, une distance élevée indique une différence importante entre deux clichés S^t et S^{t+1}, confirmant la survenue d'un évènement remarquable. Soit $T(G^t) = \sum_{x=1}^{29}(G_x^t)$ le nombre total de graphlets apparaissant dans le cliché S^t, la fréquence relative des graphlets $F_x(G^t)$ dans un cliché S^t pour un type de graphlet x est calculé par $F_x(G^t) = -\log((G_x^t)/T(G^t))$[6]. La distance de la fréquence relative entre deux clichés consécutifs S^t et S^{t+1} est ensuite définie par :

$$D(S^t, S^{t+1}) = \sum_{x=1}^{29} |F_x(G^t) - F_x(G^{t+1})|$$

6. Une étape complémentaire est réalisée pour contextualiser les résultats par l'étude du rôle des nœuds influents dans la survenue de l'évènement. Tout d'abord, les nœuds influents sont identifiés dans le graphe d'origine, à l'aide d'algorithmes de centralité comme Page Rank, k-core ou le degré de centralité. Parallèlement, une étude plus fine est effectuée pour analyser les positions (orbites) de tous les nœuds dans les graphlets.

---

5. implantée dans le package *tseries* de R : `https://www.rdocumentation.org/packages/tseries/versions/0.1-2/topics/ccf`
6. Le logarithme est utilisé pour lisser les proportions de graphlets.

Nous comptons, tous clichés confondus, le nombre de fois où chaque nœud apparaît dans les 73 orbites des 30 types de graphlets étudiés. Les résultats sont analysés afin de déterminer si les nœuds influents participent fortement dans les graphlets précurseurs d'évènements et à quelle position. Cette analyse donne une idée du rôle des nœuds influents dans l'émergence de l'évènement. Par exemple, si un nœud u se trouve majoritairement dans la position centrale du graphlet G_4 il peut être considéré comme diffuseur d'information, s'il se trouve dans la position centrale du graphlet G_{27} il peut être à l'origine d'une communauté émergente.

4 Description des données

Dans cette section, nous décrivons les ensembles de données utilisés pour nos expériences. Le premier ensemble de données étudie un évènement réel et les deux autres ensembles [7] sont des réseaux sociaux benchmark utilisés pour confirmer nos résultats d'analyse.

Le **réseau Twitter (Incendie Lubrizol)** comporte des tweets publiés à la suite de l'incendie à l'usine Lubrizol à Rouen, France. Nous choisissons de travailler par pas de une heure afin de découvrir des motifs cachés ou non remarquables dans le graphe, qui pourraient être invisibles si de grands intervalles de temps étaient utilisés. L'évènement sélectionné est la visite du Président de la République à Rouen le 30 octobre 2019 à 18 heures. Le corpus est constitué des tweets publiés entre le 28 Octobre 2019 minuit et le 30 Octobre 2019 minuit, il contient 18 914 tweets, 2 028 de ces tweets sont des tweets originaux et 2 724 incluent des mentions qui est le type d'interaction choisi.

Le **réseau MathOverflow** contient des interactions temporelles extraites du site Stack-Exchange "Math-Overflow", consistant en trois types d'interactions (répondre, commenter une question, commenter une réponse). L'ensemble des données utilisé est extrait de l'échantillon original et se compose de 1 400 relations du 27 octobre 2010 au 30 octobre 2010.

Le **réseau Facebook**, représente un ensemble de publications sur le mur d'autres utilisateurs sur Facebook. L'échantillon de données a été collecté entre octobre 2004 et janvier 2009, pour l'expérience nous réduisons l'ensemble entre le 5 janvier 2009 et le 7 janvier 2009, soit 8 790 interactions entre utilisateurs.

5 Expérimentations et discussion

Dans nos expériences, nous nous intéressons particulièrement à la validation de la méthodologie.

5.1 Expérience sur les données du réseau Twitter - Incendie Lubrizol

Dans cet ensemble de données, nous choisissons comme période d'étude les deux jours (28 et 29 octobre) précédant la visite du Président Macron à Rouen, ainsi que le jour de sa visite (30 octobre) et de travailler sur des clichés d'une heure. À l'étape 4 nous constatons une augmentation du nombre de certains graphlets le 30 octobre à partir de 16 heures (la visite

---

7. `https://snap.stanford.edu/data/\#socnets`

du Président était inattendue et a eu lieu vers 18 heures), comme G_2 △, G_5 ⬚, G_8 △, G_{27} ⧖, G_{28} ◈ . À partir de 18 heures le nombre d'autres types de graphlets commence à augmenter comme G_{11} ✛, G_{14} ✕ et G_{22} ◈ . Après 21 heures les nombres commencent à diminuer jusqu'à ce qu'ils deviennent négatifs à la fin de la journée. Le calcul de la vitesse et de l'accélération des graphlets met également en évidence la prédominance des types de graphlets ci-dessus, puisque les valeurs correspondantes sont supérieures aux valeurs obtenues pour les autres types de graphlets, pour les clichés avant l'évènement. Le tableau 1 compare la variation du nombre, de la vitesse et de l'accélération des graphlets entre quelques types de graphlets significatifs, qui ont évolué à 16 heures avant le pic, et d'autres graphlets qui n'ont pas montré de variations remarquables pour les mêmes clichés. Les valeurs les plus élevées sont surlignées en vert, bleu et rouge. Nous constatons également que les nombres des graphlets G_2 et G_5 augmentent considérablement par rapport aux autres types de graphlets, le 28 octobre entre 9 h et 13 h, ce qui indique un changement remarquable dans la structure du graphe.

Graphlet	S^t : 30/10 15h			S^{t+1} : 30/10 16h			S^{t+2} : 30/10 17h		
	$\overline{G_x^t}$	$\overline{V_x^t}$	$\overline{A_x^t}$	$\overline{G_x^t}$	$\overline{V_x^t}$	$\overline{A_x^t}$	$\overline{G_x^t}$	$\overline{V_x^t}$	$\overline{A_x^t}$
G2 △	-0,1592	0,1869	0,3738	3,0657	3,2248	3,0379	3,4863	0,4206	-2,8042
G5 ⬚	-0,1881	0,1417	0,1102	2,9505	3,1387	2,9970	3,7116	0,7610	-2,3776
G11 ✛	-0,1907	0,0005	0,0023	-0,1347	0,0066	0,0554	7,6527	7,3927	7,3861
G27 ⧖	-0,2364	0	0	5,2868	5,5233	5,5233	4,3715	-0,9152	-6,4385
G17 ◇	-0,1817	0	0,0012	0,0212	0,2030	0,2030	0,5591	0,5379	0,3348
G22 ◈	-0,1623	0	0,0006	0,0355	0,1979	0,1979	0,1083	0,0727	-0,1252

TAB. 1: Comparaison du nombre normalisé, de la vitesse et de l'accélération des graphlets, trois heures avant l'évènement (Seuls quelques graphlets sont présentés).

Le tableau 2 représente le résultat du calcul de la *relative graphlet frequency distance* (RGFD) pour certains clichés de l'après-midi du 30 octobre, jour de l'évènement. Nous notons une croissance significative de la distance à partir de 15 heures, pour atteindre la valeur maximale à 18 heures (heure de l'évènement) et ensuite une décroissance, montrant que la topologie du réseau a évolué de manière significative.

Clichés du 30/10	14h	15h	16h	17h	18h	19h	20h
$D(S^t, S^{t+1})$	13,9398	45,5913	80,4377	101,4438	119,9910	117,3054	99,8948

TAB. 2: RGFD calculée pour des clichés du 30 octobre

Les résultats obtenus à partir du calcul de la RGFD vont dans le sens de la capacité d'une telle mesure à représenter l'évolution de l'occurrence des graphlets en utilisant une seule valeur.

Après avoir appliqué la méthode de cross-corrélation, nous trouvons majoritairement les mêmes types de graphlets cités précédemment, positivement corrélés avec la série temporelle brute des mentions, c'est-à-dire que ces graphlets influent la relation mention. Par exemple, G_6 est corrélé avec la série des mentions par un décalage d'une heure, avec une valeur de 0,81. Ainsi que pour G_8, G_{11}, G_{14} et G_{27}, les corrélations ont un décalage positif d'une heure avec des valeurs comprises entre 0,75 et 0,85. Pour des types de graphlets n'ayant pas été identifiés comme précurseurs, nous ne trouvons pas de corrélations avec la série temporelle brute, et le décalage est dans ce cas négatif d'une ou de deux heures, comme pour G_3 et G_{12}.

Nous avons répété la méthodologie, en découpant la période de l'étude en clichés de 30 minutes, puis de 15 minutes, pour rechercher tous les précurseurs possibles et supplémentaires dans un intervalle de temps plus précis. Après cette expérimentation, nous trouvons de nouveau les graphlets G_2, G_5 et G_{27} émergeant à 16 heures et à 16h30, et des graphlets tels que G_{11} et G_{22} apparaissant à partir de 17h30.

Ensuite, nous contextualisons les résultats en passant à une expérience de granularité plus fine, en comptant le nombre d'orbites pour chaque nœud du graphe d'origine, pour chaque cliché d'une heure. En parallèle, les algorithmes de centralité font sortir les nœuds les plus centraux / influents du graphe. Nous analysons ensuite la position de ces nœuds dans chaque type de graphlet. Nous trouvons des utilisateurs comme `manon_leterq` un journaliste, `76actu` le site des informations local et `OTT_44380` qui ont le plus grand nombre d'orbites sur les périphéries (O_{22} et O_{32}) des graphlets G_{11} et G_{14}, en plus des utilisateurs `BFMTV` et `paris_normandie` avec un nombre remarquable d'orbites dans le même intervalle de temps.

Par exemple un nœud avec une position centrale dans le graphlet G_{11} est directement connecté à 4 autres nœuds qui sont déconnectés les uns des autres. La position périphérique de ces nœuds trouvés et leur rôle dans la vie réelle, montrent qu'ils sont de bons candidats pour diffuser de l'information, alors qu'une position centrale indique que le nœud est un initiateur de l'évènement. Ces utilisateurs se retrouvent ainsi parmi les premiers utilisateurs identifiés par les algorithmes de centralités. Le tableau 3 présente une comparaison entre les nombres d'orbites pour les nœuds les plus influents obtenus à partir du Page Rank. Les nœuds les plus influents apparaissent principalement dans des graphlets identifiés comme précurseurs d'évènements.

		G11		G14		
Utilisateur	**Page Rank**	O22	O23	O31	O32	O33
paris_normandie	1	112 663	74	3 445	15 189	24
BFMTV	2	99 173	80	3 119	10 617	30
OTT_44380	3	96 791	280	2 661	13 821	129
76actu	4	84 413	165	1 364	25 710	192
Manon_Leterq	5	69 101	470	1 198	36 128	135

TAB. 3: Page Rank et nombre de fois où un nœud (utilisateur) apparaît dans un orbite, pour tous les clichés (Extrait).

5.2   Expérience sur les réseaux Benchmark

La même méthodologie est appliquée sur les deux réseaux benchmark. Nous travaillons également par clichés d'une heure. Les résultats observés dans MathOverFlow montrent des variations significatives de certains nombres de graphlets le 29 octobre à partir de 22 heures.

Nous trouvons les graphlets G_3, G_4, G_9 et G_{10} augmentant d'abord, puis G_2 à 23 heures, heure du pic de l'activité. Ensuite, les nombres commencent à diminuer. Une autre montée significative intervient le 28 octobre à 1 heure du matin, pour les graphlets G_6, G_7, G_{12}, G_{13}, G_{17} et G_{19}. Cette augmentation met en évidence un changement important dans la structure du graphe à ce moment. Après application de la méthode cross-corrélation, nous trouvons une corrélation positive avec un décalage de 5 heures, et des valeurs moyennes entre +(-)0.3 et 0.5 maximum, pour les graphlets cités. D'autre part, nous comptons le nombre d'orbites pour tous les nœuds du graphe d'origine, et extrayons en parallèle les nœuds les plus influents à l'aide des algorithmes de centralités. Nous constatons que la plupart des nœuds étant parmi ceux classés en premier, se trouvent dans des positions centrales, les nœuds restants se trouvent dans des positions périphériques.

L'ensemble de données du réseau Facebook a aussi été étudié par clichés d'une heure, le pic d'activité dans cet ensemble correspond à un évènement survenu le 7 janvier 2009 à partir de 6 heures. La même méthodologie est appliquée à ce corpus, d'où la montée du nombre des graphlets G_3 et G_9 en même temps que le pic du 07 janvier à 6 heures du matin. Nous remarquons également une augmentation notable du nombre de graphlet G_2 durant la soirée avant le pic à 18 heures. Ces types de graphlets représentent des communautés grâce à leur forme triangulaire. De plus, l'énumération des orbites indique que les utilisateurs classés en premier avec les algorithmes de centralités, ont les valeurs les plus élevées en orbites, correspondant à des positions centrales plutôt qu'à des positions périphériques ou foliaires.

Le tableau 4 présente une comparaison du nombre des nœuds dans les trois réseaux, pour les orbites de certains graphlets que nous considérons comme précurseurs d'évènements. Dans les trois réseaux nous remarquons que la plupart des nœuds ont tendance à avoir des positions périphériques dans G_6, G_9 et G_{11}, occupant respectivement les orbites O_{10}, O_{15} et O_{22}, plutôt que des positions centrales comme les orbites O_{11}, O_{17} et O_{23}.

Graphlets	G6			G9			G11	
Orbites	O9	O10	O11	O15	O16	O17	O22	O23
Twitter - Incendie Lubrizol	31 360	63 352	32 330	582 418	589 732	290 375	297 989 445	76 354 106
MathOverFlow	22	44	22	1050	1050	525	1712	428
Facebook	2	4	2	74	74	37	3 352	838

TAB. 4: Résultats de l'énumération des orbites dans les trois graphes, pour les graphlets G_6, G_9 et G_{11}.

Nous avons effectué des analyses quantitatives et qualitatives à l'aide de plusieurs algorithmes d'énumération et de similarité de graphes. Les résultats expérimentaux obtenus permettent de confirmer notre hypothèse qui considère que les graphlets sont des précurseurs d'évènements et qu'ils peuvent être vus comme des signaux faibles.[8]

---

8. Les données et les programmes des expérimentations sont disponibles (`https://github.com/hibaaboujamra/EventPrecursorsGraphlets`).

6   Conclusion et perspectives

Plusieurs études ont analysé la propagation du signal dans de grands réseaux complexes, mais la plupart de ces études ne prennent pas en compte la structure locale du réseau. Nous avons étudié dans cet article le rôle de la structure locale dans la détection des signaux faibles dans les données des réseaux sociaux, en utilisant plusieurs ensembles de données. Nous avons posé comme postulat que les graphlets sont des précurseurs d'évènements, et nous utilisons des méthodes algorithmiques diverses pour évaluer et confirmer cette hypothèse. Les résultats ont mis en évidence certaines singularités avant les évènements étudiés, et des corrélations entre plusieurs types de graphlets et la série temporelle brute étudiée. Nous avons analysé également le rôle des nœuds dans la production de tels évènements.

Du point de vue expérimental, nous avons pu détecter des motifs spécifiques avant l'apparition d'évènements à partir des séries temporelles étudiées. Nous avons remarqué une présence significative de différents types de graphlets tels que G_2, G_6, G_9, G_{10} et G_{11}, dans les trois réseaux étudiés. Nous avons constaté également à partir de ces expériences, et sur une période assez longue avant l'évènement, que le nombre de graphlets ne variait pas beaucoup. Une corrélation est aussi trouvée entre les précurseurs d'évènements détectés et l'évènement lui même, et nous avons remarqué que certains graphlets dans les données de Lubrizol permettent une anticipation d'une heure. Nous nous attachons actuellement à établir une preuve plus formelle de la causalité en utilisant par exemple la causalité de Granger.

Dans les travaux futurs, nous souhaitons appliquer notre méthodologie sur des graphes orientés, à partir des travaux d'Aparício et al. (2019), dans lesquels ils mesurent la dominance directe et indirecte des nœuds. Nous souhaitons également tester la méthode dans un processus itératif consistant à éliminer les nœuds en continu des graphes, afin de diminuer la dominance de certains graphlets. Cela permettra d'obtenir une décomposition hiérarchique en graphlets, et de découvrir l'ensemble des graphlets qui apparaissent toujours comme précurseurs d'évènements quelque soit le réseau ou l'évènement.

Références

Ackley, J. L., T. G. Puranik, et D. Mavris (2020). A supervised learning approach for safety event precursor identification in commercial aviation. In *AIAA Aviation Forum*, pp. 2880.

Ansoff, H. I. (1975). Managing strategic surprise by response to weak signals. *California management review 18*(2), 21–33.

Aparício, D., P. Ribeiro, F. Silva, et J. Silva (2019). Finding dominant nodes using graphlets. In *International Conference on Complex Networks and Their Applications*, pp. 77–89. Springer.

Baiesi, M. (2006). Scaling and precursor motifs in earthquake networks. *Physica A : statistical mechanics and its applications 360*(2), 534–542.

Davies, T. et E. Marchione (2015). Event networks and the identification of crime pattern motifs. *PloS one 10*(11), e0143638.

Goldin, D. Q. et P. C. Kanellakis (1995). On similarity queries for time-series data : constraint specification and implementation. In *International Conference on Principles and Practice of Constraint Programming*, pp. 137–153. Springer.

Harrysson, M., E. Métayer, et H. Sarrazin (2014). The strength of weak signals. *McKinsey Quarterly 1*, 14–17.

Hočevar, T. et J. Demšar (2014). A combinatorial approach to graphlet counting. *Bioinformatics 30*(4), 559–565.

Juszczyszyn, K. et G. Kołaczek (2011). Motif-based attack detection in network communication graphs. In *IFIP International Conference on Communications and Multimedia Security*, pp. 206–213. Springer.

Lesca, H. et S. Blanco (2002). Contribution à la capacité d'anticipation des entreprises par la sensibilisation aux signaux faibles. *CIFEPME, HEC-Montréal-Québec*.

Leskovec, J. et A. Krevl (2014). SNAP Datasets : Stanford large network dataset collection. `http://snap.stanford.edu/data`.

Ning, Y., S. Muthiah, H. Rangwala, et N. Ramakrishnan (2016). Modeling precursors for event forecasting via nested multi-instance learning. In *ACM SIGKDD International Conference on Knowledge Discovery and Data Mining*, pp. 1095–1104.

Pržulj, N. (2007). Biological network comparison using graphlet degree distribution. *Bioinformatics 23*(2), e177–e183.

Pržulj, N., D. G. Corneil, et I. Jurisica (2004). Modeling interactome : scale-free or geometric ? *Bioinform. 20*(18), 3508–3515.

Ray, S., D. S. McEvoy, S. Aaron, T.-T. Hickman, et A. Wright (2018). Using statistical anomaly detection models to find clinical decision support malfunctions. *Journal of the American Medical Informatics Association 25*(7), 862–871.

Ribeiro, P., P. Paredes, M. E. Silva, D. Aparicio, et F. Silva (2019). A survey on subgraph counting : concepts, algorithms and applications to network motifs and graphlets. *arXiv preprint :1910.13011*.

Ripley, B. D. et W. Venables (2002). *Modern applied statistics with S.* springer.

Schoemaker, P. et G. S. Day (2009). How to make sense of weak signals. *Leading Organizations : Perspectives for a New Era 37*.

Yoon, J. (2012). Detecting weak signals for long-term business opportunities using text mining of web news. *Expert Systems with Applications 39*(16), 12543–12550.

Summary

The availability of social networks data seeks researchers' interest to develop algorithms and machine learning models to analyze user interactions and behaviors. These algorithms rely on network topology to represent structural changes and to detect remarkable precursors generally preceding major events. The approach presented in this article aims to study whether certain graphlets (specific patterns) can be considered as precursors of an event. We experiment the proposed method on three different sets of social networks data. We also study the role (position) of influential nodes in the graphlets, which have a central position in the global graph. After analyzing the results, we show that graphlets are considerable precursors of events.

Opposition politique et polarisation de groupe dans la discussion des traitements de la Covid-19 sur Twitter

Liana Ermakova*, Diana Nurbakova**
Irina Ovchinnikova***

*Université de Bretagne Occidentale, HCTI - EA 4249, Brest, France
liana.ermakova@univ-brest.fr
**LIRIS UMR 5205 CNRS, INSA de Lyon, Villeurbanne, France
***Institute of Linguistics and Intercultural Communication,
Sechenov University, Moscow, Russia

Résumé. Durant la pandémie de Covid-19, de nombreux utilisateurs ont considéré Twitter comme une source fiable d'information médicale. Toutefois, cette information est souvent altérée lorsqu'elle est partagée. A travers l'étude qualitative de tweets portant sur la controverse des traitements de la Covid-19, nous montrons que malgré la qualité de l'information dans le tweet initial, les flux de personnes publiques créent des cascades de désinformation via leurs abonnés. Nous clarifions le mécanisme de distorsion de l'information médicale en cascade, découvrons les principaux acteurs de la discussion sur les traitements controversés, et montrons l'effet de polarisation du groupe pendant la discussion. L'information médicale est souvent altérée accidentellement et inconsciemment en raison d'une mauvaise compréhension, qui provoque une substitution des avis relatifs aux prescriptions controversées par un positionnement politique.

1   Introduction

Les opinions des personnes publiques (PP) sont très demandées dans tous les médias sociaux et affectent l'idéologie des citoyens, leurs préférences et attitudes sur des sujets différents. Les citoyens adoptent les regards des PP surtout en période d'instabilité sociale comme la pandémie actuelle. La motivation pour partager l'information dépend des caractéristiques démographiques et sociales des utilisateurs (Majmundar et al., 2018). Le retweet est donc un acte de validation et d'engagement avec les autres (Boyd et al., 2010). Le nombre de retweets dépend de la personnalité de l'auteur du tweet initial, sa longueur et sa difficulté linguistique (Kupavskii et al., 2012). Pendant la pandémie de la Covid-19, de nombreux utilisateurs considèrent Twitter comme une source fiable d'information médicale (Bavel, 2020). Ils cherchent des actualités dans les fils des PP et partagent des preuves anecdotiques de leurs guérisons. Contrairement aux rumeurs (Zubiaga et al., 2016), la désinformation médicale est souvent propagée inconsciemment comme une infection lors d'une épidémie. La désinformation est souvent disséminée en *cascades d'information* (Jasser, 2019) quand les utilisateurs partagent un tweet en le citant ou en le retweetant successivement (Galuba et al., 2010). La désinformation apparaît dans les paraphrases ou les commentaires du tweet d'origine quand l'information est partagée (Ribeiro et al., 2019).

Les cascades se distinguent selon leur structure (Leskovec et al., 2007) : les cascades larges se produisent quand le tweet d'origine est retweeté en même temps par plusieurs utilisateurs, les cascades profondes apparaissent via les citations et les commentaires successifs des messages (Zang et al., 2017). *Les cascades superficielles ne modifient pas l'information d'origine (e.g. retweets, reposts) mais le terme n'est appliqué qu'à la propagation de l'information, tandis que les cascades profondes amènent de nouvelles informations éventuellement altérées (citations, replies).* La structure dépend des auteurs, du sujet et du contenu ; les politiciens et les sujets politiques provoquent des cascades profondes et virales tandis que les célébrités sont à l'origine des cascades larges et superficielles (Zang et al., 2017). Donc, dans les cascades provoquées par les politiciens, il y a un risque que l'information médicale soit altérée dans les citations et les commentaires (Ribeiro et al., 2019). Le raccourcissement ou la paraphrase du tweet d'origine dans les commentaires, la substitution de la terminologie médicale par les non-médecins diminuent la fiabilité de l'information médicale sensible à toutes sortes de modifications de la terminologie et de la structure du texte faites par des non-spécialistes (Nye et al., 2018; Wilce, 2009). Même la communauté scientifique produit des opinions controversées sur le traitement de la Covid-19 à cause du manque de données vérifiées. Actuellement, il n'existe pas de système automatique de détection de l'information médicale altérée, car le domaine est très sensible à la substitution de la terminologie et aux paraphrases, et la compréhension de l'information médicale demande une acculturation scientifique très solide. Les systèmes de ce type peuvent être conçus à la base des ontologies ou des ressources de données ; mais les outils comme InfoPath (Gomez Rodriguez et al., 2013) ne sont pas en mesure de reconnaître cette altération.

Souvent les citoyens regardent les postes des PP qu'ils suivent et partagent tous les messages liés à la pandémie sans hésiter. L'information vérifiée publiée par un PP peut être altérée en cascade par ses followers. Les données et les faits d'origine sont parfois évalués à travers le prisme de l'attitude de l'utilisateur envers la source de l'information au détriment de la compréhension de la science ou de la logique. Vu que les PP attirent beaucoup de followers, leur influence directe ou indirecte sur la désinformation est un facteur majeur à étudier. Ainsi les objectifs de notre recherche sont : (1) **identifier les personnes publiques** les plus impliquées dans la discussion de l'information médicale sur Twitter, (2) **examiner** les transformations du contenu de leurs tweets d'origine qui amènent à **l'altération de l'information**, et (3) **tracer la dynamique des attitudes** en cascades d'information. Les recherches sont conduites dans le domaine de la diffusion d'information et de la prédiction de la véracité du contenu (cascades superficielles) sans altération (e.g. reposts, retweets) (Kong et al., 2020; Li et al., 2017; Lamprier, 2019; Kupavskii et al., 2012). Cependant elles ne considèrent pas comment la désinformation apparaît en cascade malgré la qualité du tweet d'origine. Le travail le plus proche est celui de Huyghues-Despointes et al. (2019) où la similarité cosinus TF-IDF entre les éléments d'une chaîne de documents est calculée en se basant sur deux corpus (1) une collection des résumés de papiers scientifiques issue de Citation Network Dataset V1 AMINER5 et (2) un ensemble d'articles de Huffington Post. Contrairement aux travaux précédents sur la désinformation pendant les sinistres et ceux de la pandémie en cours (Pennycook et al., 2020; Pennycook et Rand, 2018), nous explorons les mécanismes de l'altération de l'information médicale en lien avec des caractéristiques socio-démographiques de l'initiateur de la cascade. Ceci est fait grâce à une profonde analyse linguistique. Une attention particulière est portée sur les politiciens et les soignants. Derrière la discussion des traitements de la Covid-19, nous avons découvert une opposition politique des utilisateurs et leur confiance dans les décisions gouvernementales. À notre connaissance, c'est la première analyse des types d'altération de l'information médicale sur les traitements de la Covid-19 qui montre le changement d'attitude en cascades, même quand le tweet d'origine est neutre.

2 Méthodologie

Jeu de données : Nous avons utilisé l'API de Twitter pour collecter $10M$ de tweets en anglais sur les traitements controversés de la Covid-19 publiés entre 30/03/20 et 13/07/20. La requête était construite par les termes [*"chloroquine"*, *"hydroxychloroquine"*, *"Raoult"*, *"remdesivir"*, *"tocilizumab"*, *"favipiravir"*, *"Avigan"*, *"azithromicyn"*, *"HCQ"*, *"Axemal"*, *"Dolquine"*, *"Quensyl"*, *"Hydroxychloroquinum"*, *"Montagnier"*, *"Hydroquin"*, *"Quinoric"*] parmi d' autres. La liste a été modifiée selon les actualités pendant la pandémie [1] (Noel et al., 2020). La plupart des tweets collectés sont des retweets (cf. Tab. 1). À noter qu'un retweet ne modifie pas le contenu du tweet d'origine. Ainsi, nous n'avons sélectionné que des tweets qui incluent le contenu original généré par les utilisateurs (141,866 tweets). Pour rechercher les tweets qui forment des cascades, d'abord, nous avons choisi 1,000 tweets les plus retweetés et 1,000 tweets les plus cités, en total 1,356 IDs de tweets avec des textes différents. Ces tweets représentent des *tweets initiaux (ou tweets d'origine) des cascades*. Après, nous avons recherché des *paliers des cascades correspondantes* comme suit. Nous avons sélectionné tous les tweets si un des champs retweeted_status.id, quoted_status.id ou in_reply_to_status_id était présent dans l'ensemble des IDs des tweets initiaux. Ces tweets ont été ajoutés aux tweets initiaux. Alors, nous avons obtenu des cascades de profondeur maximale 9. Pour l'analyse, nous avons utilisé les champs text ou extended_tweet.full_text s'ils étaient présents dans les tweets des cascades.

TAB. 1: Exemples de tweets de PPs les plus partagés (6 avril et 19 mai 2020)

	Utilisateur	Texte	#RTs	#quotes	#replies
6 avril 2020	HillaryClinton	Please do not take medical advice from a man who looked directly at a solar eclipse.	422,447	57,326	78,621
	realDonaldTrump	Be prepared, there is a small chance that our horrendous leadership could unknowingly lead us into World War III.	219,116	87,035	16,789
	realDonaldTrump	HYDROXYCHLOROQUINE & AZITHROMYCIN, taken together, have a real chance to be one of the biggest game changers in the history of medicine. The FDA has moved mountains - Thank You ! Hopefully they will BOTH (H works better with A, International Journal of Antimicrobial Agents).....	103,609	30,058	70,802
19 mai 2020	realDonaldTrump	REOPEN OUR COUNTRY !	100,162	23,078	58,082
	RossFairchild	A NY Doctor shared with Hannity his Hydroxy Chloroquine/Azithromycin results. 200mg 2x daily Hydroxy Chloroquine 500mg 1x daily Azithromycin 220mg 1x daily Zinc sulfate 350 patients *Breathing restored 3-4 hours *Zero deaths *Zero hospitalizations *Zero intubations	40,552	4,074	1,879

Tout d'abord, nous avons identifié et catégorisé les auteurs des tweets qui ont initié les cascades, s'agissant souvent de PP. Ensuite, nous avons fait l'analyse sémantique des textes dans les cascades. Nous avons examiné le changement d'attitude des participants des cascades.

---

1. Nous ne réclamons pas l'exhaustivité de cette liste, mais ces termes correspondent aux études lancées par l'OMS fin mars 2020 (cf. https://bit.ly/3jouj01, https://bit.ly/37KS2pd) (remdesivir, HCQ, lopinavir/ritonavir et interferon). Le 17 mars, le microbiologiste français D. Raoult a annoncé que selon l'étude sur 24 patients HCQ a montré son efficacité dans le traitement de la Covid-19 (cf. https://bit.ly/3ji3hqZ). Le 4 juillet, l'OMS a décidé d'arrêter les études de HCQ et lopinavir/ritonavir car ils n'ont montré aucun avantage clinique dans le traitement de la Covid-19 (cf. https://bit.ly/3kq6iam). Notre analyse s'arrête 10 jours plus tard.

Identification des personnes publiques les plus impliquées :   Nous avons identifié les PP qui ont beaucoup contribué à la discussion de l'information médicale et qui ont initié les cascades. Nous avons généré une liste de fréquence des mots des tweets les plus retweetés et cités ($2,5M$ mots). Nous avons analysé les mots avec une fréquence supérieure à 100 pour un million de mots et nous avons vérifié la présence de nos mots-clés et des noms propres (user_screen_name, user_name). Nous avons également considéré la fréquence des mentions des PP dans les hashtags (e.g. #Trump, #donaldtrump, #drfauci, #billgates) comme un indicateur de l'importance de ces personnes dans la discussion de la Covid-19 sur Twitter. La liste de PP utilisée dans l'analyse des cascades contenait les noms les plus fréquents dans le jeu de données. Notez que les PP ont beaucoup de followers, leurs messages sont partagés plus souvent que les messages des citoyens. Mais ce sont des citoyens qui, en citant les tweets des PP, provoquent la désinformation dans les commentaires du message d'origine. Ainsi, nous analysons l'altération de l'information médicale générée par les citoyens car notre étude est focalisée sur la circulation de l'information altérée involontairement en cascades évoquées par les tweets initiaux des PP. Parmi les personnes qui ont plus de 150 mentions, nous avons identifié 36 PP (cf. Tab. 2). La majorité d'entre elles sont issues du domaine '*Politique*'. Les politiciens sont chargés d'informer les gens, d'organiser la prévention et de contrôler la propagation de la Covid-19, en fournissant des possibilités de traitement et en régulant la vie quotidienne pendant la pandémie en cours.

TAB. 2: Les PPs les plus mentionnées dans les tweets cités

Catégorie	#membres	Effectif	La PP la plus mentionnée dans la catégorie	#entries	#hashtags
Politique	17	41,974	Donald Trump, president of the U.S.A.	33,821	1,218
Santé	7	12,327	Dr. A. Fauci, US National Institute of Allergy and Infectious Diseases chief	7,196	484
Journalisme	9	2,565	Nail Cavuto, business journalist for Fox News	1,051	26
Business	3	2,201	Bill Gates, business magnate	1,896	100

Analyse d'altération de l'information :   Notre expert (PR en linguistique à l'Université de médecine Setchenov de Moscou) a conduit une analyse sémantique du contenu de tweets en cascades pour identifier les types d'altération de l'information. L'analyse se basait sur la distribution des termes clés en cascades, l'étude de leurs contextes dans les tweets et la vérification de la relation logique entre les termes médicaux. L'analyse distributive permet de reconnaître les substitutions des termes et des mots du tweet d'origine. L'analyse distributive permet de détecter l'information altérée associée avec les tweets d'origine des PP.

Changement d'attitude :   Nous avons conduit l'analyse de sentiment sur tous les tweets en cascades pour déterminer les émotions et les attitudes de leurs auteurs. Ainsi, nous avons attribué une polarité à chaque tweet dans notre jeu de données en utilisant la bibliothèque TextBlob. Cette polarité des tweets de la cascade a été utilisée pour définir l'état du palier i comme $state_i = sgn(polarity_i)$. Nous définissons la changement d'attitude qui se produit dans chaque palier de la cascade, dénoté Δ, comme $\Delta_i = state_i - state_{i-1}$.

3   Résultats

Nous discutons l'altération de l'information médicale observée en cascades initiées par les tweets de PP et rapportons les résultats de l'analyse du changement de l'attitude.

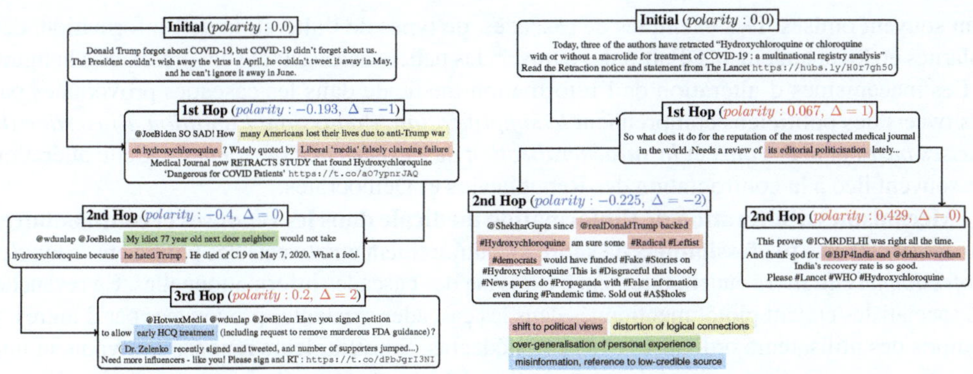

FIG. 1: Exemples de cascades et altération de l'information dans celles-ci

Altération de l'information dans les cascades évoquées par les PP : La liste des mots les plus fréquents dans les tweets cités commence par *Hydroxychloroquine* (HCQ) (62,521 occurrences), tandis que le hashtag le plus fréquent est #Hydroxychloroquine (7,144 occurrences). Donc, l'effet de HCQ pour le traitement de la Covid-19 attire l'attention des utilisateurs de Twitter et il est devenu un sujet important en cascades d'information générées par des commentaires sur les tweets des PP.

Étude de cas de deux cascades profondes liées du point de vue de changement de sujet et altération de l'information : Un tweet de Donald Trump en Avril, 2020 sur l'effet de HQC a provoqué 103,637 retweets et a généré une cascade profonde (4 paliers). Cette dernière contenait des messages de soutien ainsi que de partage d'expérience de prévention et traitement de la Covid-19 à HCQ et des clarifications des professionnels de santé sur les effets du médicament. Les professionnels de santé essayaient de réparer les dégâts causés par le tweet initial et les supporters du président qui exagéraient l'efficacité de HCQ. Cependant, de nombreux politiciens et personnes des médias critiquaient l'efficacité de HCQ et ridiculisaient le conseil de D.Trump (2M retweets en avril-mai). Le tweet le plus partagé appartient à la membre du Congrès, Hillary Clinton. Il a provoqué une autre cascade, changeant le sujet des débats du traitement à la politique. Ainsi, les discussions contenaient l'information altérée et révélaient l'opposition Républicains *vs.* Démocrates. Le sujet sur l'effet de HCQ était évoqué dans presque toutes les cascades quand un politicien postait un tweet sur la gestion de la pandémie par D.Trump. Les cascades provoquées par les politiciens contenaient l'information médicale altérée indépendamment du sujet de la discussion ; leurs participants utilisaient l'effet de HCQ (positif ou négatif) comme argument dans *les luttes politiques entre libéraux et conservateurs.*

Mécanismes d'altération de l'information médicale dans les cascades provoquées par des tweets des politiciens : L'information médicale était altérée dans les cascades provoquées par les tweets des politiciens par le biais de la vision simplifiée des procédures de traitement de la maladie. Ainsi, la prescription de HCQ était considérée comme une étape importante du processus de guérison. Son retard lié aux procédures bureaucratiques, approvisionnement insuffisant ou délai de livraison était donc présenté comme une violation des droits de l'Homme et/ou une manifestation de la théorie du complot de Big Pharma. L'exagération de l'impact du médicament sur le traitement de la Covid-19 mène à l'altération de l'information, car les corrélations compliquées entre les médicaments et les résultats du traitement de cas différents sont souvent omises. Des exemples de cascades, de types de l'altération de l'information, des polarités et des changements d'attitudes à travers les paliers de cascades sont présentés à la figure 1. Les mécanismes d'altération de l'information médicale dans les cascades provoquées par des tweets des politiciens comprennent *la simplification, l'omission, l'addition, l'insertion de fausses bases et pré-requis* et *la surgénéralisation de l'expérience personnelle*. Cette altération est souvent liée à la confrontation des Républicains et Démocrates.

Mécanismes d'altération de l'information médicale dans les réponses et commentaires sur les tweets des professionnels de santé : Contrairement aux tweets des politiciens, ceux *des professionnels de santé* étaient rarement à l'origine des cascades informationnelles. En revanche, les spécialistes étaient plutôt mentionnés dans les cascades existantes provoquées par d'autres, y compris des utilisateurs ordinaires et autres médecins. Souvent, leurs réponses provoquent une mauvaise interprétation, et les présentations des résultats de leurs études sont erronées. Notons que les tweets des professionnels de santé ont réussi à désamorcer une cascade informationnelle. Les présentations erronées apparaissaient principalement dans les commentaires sur les tweets quand les utilisateurs *comprenaient mal la terminologie médicale* et *remplaçaient les concepts médicaux*, e.g. : le fait que la plupart des personnes qui contractent la Covid-19 en guérissent s'est transformé à '*not such a deadly virus*', la Chloroquine était souvent remplacée par sa dérivée HCQ. En outre, l'altération de l'information médicale apparaît via le changement de sujet de discussion des résultats des études à *l'encouragement des expériences non-vérifiées de certains praticiens* (e.g. Dr. Vladimir Zelenko) par des utilisateurs ordinaires.

Changement d'attitude : L'analyse de sentiment a montré que les tweets d'origine sont neutres en moyenne, cependant le changement d'attitude apparaît entre les paliers des cascades (voir Fig. 2). Le premier palier est souvent peu différent du tweet d'origine tandis qu'à partir du deuxième palier nous remarquons la polarisation d'attitudes (alternance de colonnes rouges et bleues). Ce phénomène peut être expliqué par la polarisation de groupe, i.e. l'attitude du groupe vis-à-vis de la situation change en intensifiant les attitudes initiales des individus après la discussion, ce qui est cohérent avec la confrontation politique.

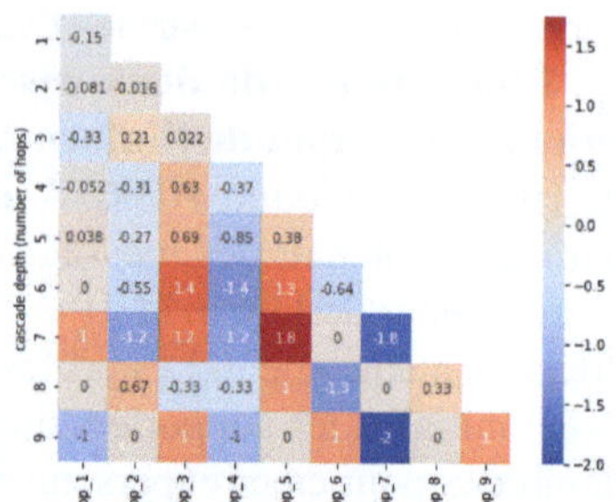

FIG. 2: Changement moyen d'attitude dans les cascades

4 Conclusion

Nous avons présenté une étude qualitative de la circulation de la désinformation médicale sur les médias sociaux pendant la pandémie de la Covid-19. Contrairement aux travaux précédents sur la diffusion de l'information et la prédiction de la véracité du contenu (Kong et al., 2020; Gomez Rodriguez et al., 2013; Li et al., 2017; Lamprier, 2019; Kupavskii et al., 2012), nous avons analysé les cascades profondes où l'information peut être altérée par rapport au message d'origine. Les recherches précédentes sont plutôt focalisées sur la propagation de fake news initiales (Ahmed et al., 2020), tandis que nous avons clarifié le mécanisme d'altération de l'information médicale en cascades, évoqué les acteurs principaux de la discussion des traitements controversés et découvert la substitution de la discussion du traitement de la Covid-19 par l'opposition politique. À notre connaissance, nous sommes les premiers à montrer la polarisation de groupe sur Twitter pendant la pandémie en conduisant une analyse automatique du changement d'attitude en cascades, même si le tweet d'origine est neutre. L'impact des tweets de PP sur la circulation de la désinformation est révélé dans l'altération du contenu de leurs tweets d'origine en cascades. Les followers des politiciens se comportent comme des partisans en soutenant les différents médicaments contre la Covid-19. La discussion de la pandémie correspond à la confrontation Républicains-Démocrates. L'altération de l'information médicale apparaît à cause de la spécificité du domaine qui exige une analyse des actualités basée sur les connaissances profondes dans les domaines de la santé et la science. Les citoyens simplifient l'information sur la Covid-19, omettent des détails essentiels et des connexions logiques en commentant ou citant les tweets des PP. L'analyse future des cascades d'information peut aider à développer des méthodes pour la classification automatique des altérations d'information.

Références

Ahmed, W., J. Vidal-Alaball, J. Downing, et F. Segui (2020). COVID-19 and the 5G Conspiracy Theory : Social Network Analysis of Twitter Data. *Journ. of Medical Internet Research 22(5)*.

Bavel, J. V. e. a. (2020). Using social and behavioural science to support COVID-19 pandemic response. *Nature Human Behaviour 4(5)*, 460–471.

Boyd, D., S. Golder, et G. Lotan (2010). Tweet, Tweet, Retweet : Conversational Aspects of Retweeting on Twitter. In *2010 43rd Hawaii International Conference on System Sciences*, pp. 1–10. ISSN : 1530-1605.

Galuba, W., K. Aberer, D. Chakraborty, Z. Despotovic, et W. Kellerer (2010). Outtweeting the twitterers - predicting information cascades in microblogs. In *Proceedings of the 3rd Wonference on Online social networks*, WOSN'10, USA, pp. 3. USENIX Association.

Gomez Rodriguez, M., J. Leskovec, et B. Schölkopf (2013). Structure and dynamics of information pathways in online media. In *Proc. of the sixth ACM international conference on Web search and data mining*, WSDM '13, New York, NY, USA, pp. 23–32. ACM.

Huyghues-Despointes, C., L. Khouas, J. Velcin, et S. Loudcher (2019). Weaving information propagation : Modeling the way information spreads in document collections. In *Proc. of 32nd Canadian Conference on AI, 2019*, Volume 11489 of *LNCS*, pp. 394–399. Springer.

Jasser, J. (2019). Dynamics of misinformation cascades. In *Companion Proc. of The 2019 World Wide Web Conference*, WWW'19, New York, NY, USA, pp. 33–36. ACM.

Kong, Q., M.-A. Rizoiu, et L. Xie (2020). Modeling Information Cascades with Self-exciting Processes via Generalized Epidemic Models. In *Proc. of the 13th International Conference on Web Search and Data Mining*, WSDM '20, New York, NY, USA, pp. 286–294. ACM.

Kupavskii, A., L. Ostroumova, A. Umnov, S. Usachev, P. Serdyukov, G. Gusev, et A. Kustarev (2012). Prediction of retweet cascade size over time. In *21st ACM International Conference on Information and Knowledge Management, CIKM'12, Maui, HI, USA*, pp. 2335–2338.

Lamprier, S. (2019). A Recurrent Neural Cascade-based Model for Continuous-Time Diffusion. In *International Conference on Machine Learning*, pp. 3632–3641. PMLR.

Leskovec, J., M. McGlohon, C. Faloutsos, N. Glance, et M. Hurst (2007). Patterns of Cascading Behavior in Large Blog Graphs. In *Proc. of the 2007 SIAM International Conference on*

Data Mining, Proceedings, pp. 551–556. Society for Industrial and Applied Mathematics.

Li, C., J. Ma, X. Guo, et Q. Mei (2017). DeepCas : An End-to-end Predictor of Information Cascades. In *Proc. of the 26th International Conference on World Wide Web*, WWW '17, Republic and Canton of Geneva, CHE, pp. 577–586.

Majmundar, A., J.-P. Allem, T. Boley Cruz, et J. B. Unger (2018). The why we retweet scale. *PLOS ONE 13*(10), 1–12.

Noel, M., L. Ermakova, P. Rammaciotti, A. Perrier, et B. Benbouzid (2020). Controverse scientifique.

Nye, B., J. Li, R. Patel, Y. Yang, I. Marshall, A. Nenkova, et B. Wallace (2018). A Corpus with Multi-Level Annotations of Patients, Interventions and Outcomes to Support Language Processing for Medical Literature. In *Proc. of the 56th Annual Meeting of the Association for Computational Linguistics (Vol. 1 : Long Papers)*, Melbourne, Australia, pp. 197–207. ACL.

Pennycook, G., J. McPhetres, Y. Zhang, J. Lu, et D. Rand (2020). Fighting COVID-19 Misinformation on Social Media : Experimental Evidence for a Scalable Accuracy-Nudge Intervention. *Psychological Science 31*(7), 770–780. Publisher : SAGE Publications Inc.

Pennycook, G. et D. Rand (2018). Lazy, Not Biased : Susceptibility to Partisan Fake News Is Better Explained by Lack of Reasoning Than by Motivated Reasoning.

Ribeiro, M., K. Gligorić, et R. West (2019). Message distortion in information cascades. *Proc. of the 2019 World Wide Web Conference (WWW '19). ACM*, 12 pages.

Wilce, J. (2009). Medical Discourse. *Annual Review of Anthropology 38*(1), 199–215. :eprint : https ://doi.org/10.1146/annurev-anthro-091908-164450.

Zang, C., P. Cui, C. Song, C. Faloutsos, et W. Zhu (2017). Quantifying Structural Patterns of Information Cascades. In *Proc. of the 26th International Conference on World Wide Web Companion - WWW '17 Companion*, Perth, Australia, pp. 867–868. ACM Press.

Zubiaga, A., M. Liakata, R. Procter, G. Wong Sak Hoi, et P. Tolmie (2016). Analysing how people orient to and spread rumours in social media by looking at conversational threads. *PLOS ONE 11*(3), 1–29.

Summary

During the Covid-19 pandemic, many users consider Twitter as a reliable source of medical information, which is often distorted unintentionally while shared. Through the qualitative study of 10^6 tweets about controversial treatments, we show that despite the information quality in the initial tweet, the public figures' feeds evoke cascades contributing to misinformation circulation. We clarified the mechanism of the medical information distortion within cascades, discovered the main actors in the discussion on the controversial medical treatment, and showed group polarisation effect. Oversimplification of the medical issue allows lay users to conform controversial and unclear prescriptions of different doctors to the very clear political opposition.

GPoID : Extraction de Motifs Graduels pour les Bases de Données Imprécises

Michael Chirmeni Boujike*, Jerry Lonlac**
Norbert Tsopze*, Engelbert Mephu Nguifo***

*Département d'informatique - Université de Yaoundé 1
Sorbonne University, IRD, UMMISCO, F-93143, Bondy, France
michael.chirmeni@facsciences-uy1.cm, norbert.tsopze@facsciences-uy1.cm
** IMT Lille Douai, IMT, Univ. Lille, Center for Digital Systems, F-59000 Lille, France
jerry.lonlac@imt-lille-douai.fr
***LIMOS CNRS UMR 6158 - Univ. Clermont-Auvergne, F-63000 Clermont-FD
engelbert.mephu_nguifo@uca.fr

Résumé. Ces dernières années, les motifs graduels ont attiré l'attention de la communauté de la science des données et plusieurs algorithmes ont été conçus pour extraire ces motifs à partir de différents modèles de données. Sur certaines données, comme les données imprécises, l'un des biais dans les algorithmes traditionnels est le fait qu'ils définissent la gradualité comme une augmentation/diminution de valeur. Par conséquent, certains motifs extraits ne sont qu'un effet de bruit dans les données. Pour remédier à ce problème, nous proposons dans cet article, une méthode qui introduit dans le processus de fouille, un seuil graduel à partir duquel considérer une gradualité. Les expérimentations sur différentes bases de données montrent que notre proposition réduit les temps de calcul et le nombre de motifs générés en focalisant sur les motifs d'intérêt. De plus, elle extrait les motifs graduels dans certains cas où les approches traditionnelles échouent.

1 Introduction

Le raisonnement humain est le plus souvent basé sur les données imprécises ou incomplètes ; en effet, il est facile pour un humain de déterminer si une personne est de petite ou de grande taille sans pour autant connaitre sa taille exacte ; ce qui n'est pas le cas pour un ordinateur car ce dernier traite les données exactes. Transmettre les facultés du raisonnement humain à un ordinateur a été initié par (Zadeh et al., 1996) dont le but était de faire traiter les données imprécises par un ordinateur. Ainsi, des travaux basés sur la logique floue (Zadeh et al., 1996) et la logique classique (Agrawal et Srikant, 1994) ont été réalisés pour l'extraction des connaissances dans les bases de données catégorielles mais rencontrent de nombreuses difficultés dans les bases de données numériques. Récemment, un mouveau type de motif a émergé (motifs graduels) pour l'extraction de connaissance dans ces bases de données numériques et plusieurs algorithmes efficaces furent proposés pour extraire automatiquement ces motifs à partir de différents modèles de données (données temporelles (Lonlac et al., 2018), données incomplètes (Shah et al., 2020), données incertaines (Flores et al., 2012), etc...). Sur certaines données, comme les données imprécises, l'un des biais dans ces algorithmes est le fait qu'ils définissent la gradualité comme une augmentation/diminution de valeur. Par conséquent, certaines gradualités extraites ne sont qu'un effet de bruit dans les données. En médecine par exemple, la température corporelle normale est d'environ 37°C et les professionnels considèrent comme signe de fièvre la température supérieure à 38°C. Cela signifie qu'ils ne peuvent prendre aucune décision sur la base d'une variation de température entre 37°C et 38°C.

Afin d'éviter les motifs graduels inintéressants et de réduire par conséquent le nombre de motifs graduels à analyser par l'utilisateur, nous proposons une approche d'extraction de motifs graduels qui tient compte de la distribution (échelle des valeurs) de chaque attribut de la base de données pour intégrer au processus de fouille un seuil de variation à partir duquel considérer une gradualité (augmentation ou diminution). Intégrée aux sémantiques de gradualités proposées par (Lonlac et al., 2018) ou par (Négrevergne et al., 2014), ou encore par (Di-Jorio et al., 2009), cette approche permet de réduire considérablement le nombre de motifs générés et focaliser la recherche sur les motifs d'intérêt.

Le reste de cet article est organisé comme suit : nous présentons quelques travaux sur les différentes approches traitant des motifs graduels dans la section 2. Dans la section 3, nous décrivons notre approche d'extraction des motifs graduels sous contrainte sur la variation des valeurs d'attributs. Avant de conclure, nous présentons et discutons des résultats expérimentaux dans la section 4.

2   Etat de l'art

La notion *de motif graduel*, ainsi que *d'extension* (liste ordonnée de tuples respectant le motif graduel) et de *support* associé à un motif graduel ont été largement étudiées dans (Di-Jorio et al., 2009; Laurent et al., 2009; Négrevergne et al., 2014; Lonlac et al., 2018). La plupart des méthodes d'extraction de motifs graduels proposées diffèrent généralement dans leur application en fonction du type de données (données temporelles, séquences de données temporelles, flux de données, données multirelationnelles, données graphe, etc.) à partir duquel l'extraction du motif a été effectuée. Dans ce qui suit, nous donnons une brève description de quelques méthodes efficaces d'extraction de motifs graduels en fonction du modèle de données considéré, tout en soulignant leurs avantages et leurs limites.

2.1   Sur la fouille des motifs graduels

Approche basée sur les graphes de précédence : pour faire face à l'inconvénient révélé dans l'approche (Di-Jorio et al., 2008), (Di-Jorio et al., 2009) propose une approche plus complète nommée GRITE (GRadual ITemset Extraction). Les auteurs considèrent la même définition du support proposée dans (Di-Jorio et al., 2008) et proposent une nouvelle méthode basée sur des graphes de précédence. Dans cette méthode, les données sont représentées par un graphe dont les nœuds sont définis par les objets et les liens représentent la relation de précédence dérivée des items pris en compte. Les auteurs adoptent une représentation binaire du graphe par une matrice. Le support (Di-Jorio et al., 2009) du motif graduel considéré est défini comme la longueur du chemin le plus long dans le graphe. Cette approche permet de générer efficacement les motifs graduels de taille $n + 1$ à partir des motifs graduels de taille n.

Approche basée sur les correlations de rang : dans (Laurent et al., 2009), les auteurs extraient les gradualités comme des corrélations de rang entre variables. Ils exploitent le coefficient de corrélation de Kendall pour calculer le support d'un motif graduel comme le nombre de couples d'objets ordonnables (concordantes) ou non (discordantes) dans la base de données pour être en accord avec le motif graduel considéré. Cette approche permet de prendre en compte dans une base de données l'amplitude de la discordance des données qui ne satisfont pas les motifs graduels.

2.2 Sur la fouille des motifs graduels sous contraintes

La plupart des algorithmes présentés dans la section 2.1, utilisent des techniques de data mining pour extraire les motifs graduels. Cependant, ils ne sont pas efficaces pour l'extraction de motifs graduels dans certains domaines d'application où les données numériques présentent des formes particulières (par exemple, des données temporelles, de flux, relationnelles ou bruitées). Ainsi, certains travaux récents se sont plutôt focalisés sur l'extraction de variantes de motifs graduels sur les données numériques fournies avec des contraintes spécifiques pour exprimer un autre type de connaissance.

Extraction de motifs graduels à partir de données bruitées : les motifs graduels flous sont revisités dans (Ayouni et al., 2010) pour les données bruitées où il est souvent difficile de comparer les valeurs d'attribut, soit parce que les valeurs sont prises à partir de données bruitées, soit parce qu'il est difficile de considérer qu'une petite différence entre deux valeurs est significative. Un exemple de motif graduel flou pourrait être exprimé comme suit : "plus l'âge d'un employé est proche de 46 ans, plus son revenu est élevé".

Extraction des motifs graduels à partir des bases de données temporelles : récemment, dans (Lonlac et al., 2018; Lonlac et Nguifo, 2020), les auteurs ont proposé une approche pour l'extraction des motifs graduels dans des bases de données temporelles avec une application sur des données paléoécologiques pour appréhender des regroupements fonctionnels de co-évolution d'indicateurs paléoécologiques qui modélisent l'évolution de la biodiversité dans le temps. (Owuor et al., 2019) ont proposé une approche d'extraction de motifs graduels temporels flous pour intégrer le fait qu'un décalage temporel peut exister entre les changements de certains attributs et leur impact sur d'autres. Ces motifs graduels temporels flous permettent de détecter les cas de corrélations pertinentes entre les attributs d'une base de données dont les changements dans la valeur d'un attribut provoquent un effet d'entraînement sur d'autres attributs par rapport au temps.

3 Fouille de motifs graduels sous contrainte du seuil graduel

Nous debutons cette section par un rappel de la définition de motifs graduels.

Definition 1 (Item graduel). Un item graduel est defini sous la fomre i^* à partir d'un attribut i et d'un sens de variation $* \in \{\leq, \geq\}$ (ascendant ou descendant). Il est linguistiquement exprimé comme "plus la valeur de i augmente" pour $i^{\geq}$ et "plus la valeur de i diminue" pour $i^{\leq}$.

Un motif graduel $(i_1^{*1}, \ldots, i_k^{*k})$ est un ensemble non vide d'items graduels.

La gradualité ou le seuil graduel est très lié à la connaissance du domaine. A partir de cette observation, nous définissons la gradualité comme suite :

Définition 2 (Seuil graduel) : Soit Δ une base de données définie sur un ensemble d'attributs à valeurs numériques I, un seuil graduel est une valeur $\sigma_i (i \in I)$ définie par l'utilisateur ou à partir de la distribution des données de telle sorte que la variation de i entre deux tuples t_1 et t_2 de Δ est considérée si et seulement si $|t_1.i - t_2.i| \geq \sigma_i$, $t.i$ est la valeur de i sur le tuple t.

Nous proposons de calculer $\sigma_i (i \in I)$, à partir de la distribution des valeurs de i.

1. Soit $sd(i)$ l'écart type des valeurs de l'attribut i. σ_i défini à partir de la distribution des valeurs de i est appelé seuil graduel de i. Il est déterminé comme suit :

$$\sigma_i = k_1 \times sd(i) + k_2 \tag{1}$$

2. Soit $cv(i)$ le coefficient de variation (l'écart type relatif) des valeurs de l'attribut i. σ_i déterminé à partir de la distribution des valeurs de i est appelé seuil graduel de i et est défini comme suit :

$$\sigma_i = k_1 \times cv(i) + k_2 \tag{2}$$

3. Soit la composante de i (les valeurs de i sur chaque objet) trié dans l'ordre croissant, σ_i peut également être déterminé comme l'écart type des différents écarts entre deux valeurs consécutives de i. Donc σ_i est calculé comme suit :

$$\sigma_i = k_1 \times st(\Delta_{i_p}) + k_2, \ \Delta_{i_p} = t_{p+1}.i - t_p.i \tag{3}$$

k_1 et k_2 sont deux nombres réels. Lorsque $k_1 = k_2 = 0$, la gradualité est considérée en terme d'augmentation et de diminution des valeurs d'attributs, ce qui ramène au cas des approches de l'état de l'art (Lonlac et al., 2018; Négrevergne et al., 2014; Di-Jorio et al., 2009).

3.1 Algorithme

L'algorithme 1 présente les différentes étapes de notre approche proposée. Nous décrivons ces étapes dans cette section.

Algorithme 1 : GPoID

Input : Δ : base de données numériques, $minSupp$: seuil de support.
Output : M : motifs graduels fréquents
1 $F \leftarrow SetThreshold(\Delta)$;
2 $\Delta' \leftarrow Num2Cat(\Delta, F)$;
3 $M \leftarrow MiningAlgo(\Delta', minSupp)$
4 $Return\ M$;

Initialisation du seuil graduel : *SetThreshold*. En fonction de la connaissance du domaine, l'expert peut le définir. Dans ce travail, nous proposons les formules (1), (2), (3) pour le calcul de *SetThreshold*.

Transformation de la base de données numériques en une base de données catégorielles : *Num2Cat*. Pour les algorithmes *GRITE* (Di-Jorio et al., 2009) et *T-GPatterns* (Lonlac et al., 2018), qui transforment d'abord la base de données numériques en une base de données catégorielles, le seuil graduel est appliqué lors de la transformation comme suit :

1. Cas de l'approche *T-GPatterns* présentée dans (Lonlac et al., 2018).

   La base de données $\Delta' = \mathcal{T}' \times \mathcal{I}'$ ($|T'| = n - 1$ et $|I'| = |I|$) résultant de l'application de la fonction $Num2Cat$ sur la base de données numérique $\Delta = \mathcal{T} \times \mathcal{I}$, est calculée comme suit :

   — $\forall t'_j \in T', t'_j.i_k = " + " \iff t_{j+1}.i_k > t_j.i_k + \sigma_{i_k}$
   — $\forall t'_j \in T', t'_j.i_k = " - " \iff t_{j+1}.i_k < t_j.i_k - \sigma_{i_k}$
   — $t'_j.i_k = "o"$ Sinon

   Cette fonction permet de générer plus de symboles "o" que la fonction **Num2Cat** de l'approche (Lonlac et al., 2018) parce que la gradualité est considérée si et seulement si la différence de valeur d'attribut dépasse le seuil graduel.

2. Cas de l'algorithme GRITE présentée dans (Di-Jorio et al., 2009).

   L'étape "binary matrices generation" de GRITE est modifiée par l'introduction du seuil graduel. Soit t_1 et t_2 deux tuples et i un attribut. Les matrices binaires sont calculées comme suit :

   — La matrice M_1 de $i^{\geq}$: $M_{t_1,t_2} = 1 \iff t_2.i - t_1.i \geq \sigma_i$ et 0 sinon.
   — La matrice M_2 de $i^{\leq}$: $M_{t_1,t_2} = 1 \iff t_2.i - t_1.i \leq \sigma_i$ et 0 sinon.

   Comme dans le premier cas, les matrices résultantes seront moins denses que les matrices obtenues avec l'algorithme GRITE.

Fouille des motifs graduels : *MiningAlgo* Pour l'algorithme *T-GPatterns*, l'étape restante est la procédure $searchCoevolution(Apriori(\Delta', minSupp))$. Dans notre proposition, cette étape est effectuée exactement comme proposé par les auteurs. L'introduction des contraintes de seuil dans l'algorithme GRITE ou Paraminer consiste à changer l'étape de traitement où la matrice binaire associée à chaque attribut est calculée. Toutes les autres étapes (*initialisation, jointure avec l'opérateur AND et suppression des tuples*) ne sont pas modifiées.

3.2 Propriétés de l'algorithme *GPoID*

Exactitude : comme l'algorithme *GPoID* est basé sur les algorithmes existants qui se révèlent être corrects, l'étape d'introduction du seuil permet de rendre moins dense la matrice transformée, paramètre d'entrée de l'algorithme de fouille de motifs graduels fréquents (de type Apriori). Comme ces algorithmes s'avèrent corrects, *GPoID* l'est également ;

Complétude : Les algorithmes sur lesquels est basé l'algorithme *GPoID* sont complets, l'étape d'introduction du seuil graduel ne modifie pas cette propriété pour l'algorithme obtenu. La principale conséquence est la réduction des motifs graduels fréquents ;

Complexité : si le seuil des différents attributs est fixé par l'utilisateur, la complexité théorique reste celle de l'algorithme choisi (*GRITE, T-GPatterns, ...*). Mais si ces seuils sont calculés par les formules (1), (2), ou (3), la complexité en temps est augmentée du facteur $n \times m$ où n est le nombre d'objets et m le nombre d'attributs de la base de données. Mais comme ces algorithmes sont basés sur *Apriori*, cette complexité théorique reste exponentielle (2^m), identique à celle obtenue lorsque $k_1 = k_2 = 0$.

3.3 Impact du seuil graduel

L'application d'un seuil graduel affecte les résultats du processus de fouille tant au niveau de la quantité des motifs extraits que sur le support de ces derniers.

Proposition 1. *Soit Δ une base de données numériques, N_1 l'ensemble des motifs graduels fréquents extraits à partir de l'algorithme T-GPatterns ou GRITE, et N_2 l'ensemble des motifs graduels extraits à partir de notre approche, on aura toujours $N_2 \subseteq N_1$.*

Il est clair qu'après l'application du seuil de gradualité, le support de certains motifs graduels diminue. Ainsi, ceci doit être pris en compte au cours de l'exploration.

Propriété 1. *Soit Δ une base de données numériques et i un attribut de Δ. Soit $minSupp$ un seuil de support minimum et σ un seuil de gradualité. L'algorithme T-GPatterns vérifie la relation suivante : si $\sum_{k=1}^{n-1} |t_{k+1}.i - t_k.i| < \sigma \times minSupp$ alors i^* ($* \in \{\leq, \geq\}$) ainsi que tous ses sur-ensembles ne sont pas fréquents dans Δ.*

Preuve. Supposons que $\sum_{k=1}^{n-1} |t_{k+1}.i - t_k.i| < \sigma \times minSupp$, i^* ($* \in \{\leq, \geq\}$). Supposons également que i^* est un item graduel fréquent, selon la définition du motif graduel proposée dans (Lonlac et al., 2018), cela signifie qu'il existe une liste de séquence d'objets consécutifs $s = \langle s_1, \ldots, s_m \rangle$ tel que $|t_{k+1}.i - t_k.i| \geq \sigma$, pour $t_k, t_{k+1} \in s_j (1 \leq j \leq m)$ et $\sum_{j=1}^{m} |s_j| \geq minSupp$. Donc $\sum_{j=1}^{m} \sum_{k=1}^{|s_j|-1} |t_{k+1}.i - t_k.i| \geq \sigma \times minSupp$. Donc, $\sum_{k=1}^{n-1} |t_{k+1}.i - t_k.i| \geq \sigma \times minSupp$, ce qui contredit l'hypothèse initiale.

4 Expérimentations

Cette section présente une étude expérimentale du temps d'exécution et du nombre de motifs graduels extraits à l'aide de *GPoID*. Nous évaluons également les performances en termes de consommation mémoire. Nous avons utilisé deux jeux de données pour des soucis d'espace. Le premier jeu de données nommé *Paleo* contient 87 attributs et 111 objets est issu de (Lonlac et al., 2018) et le deuxième nommé *ParaMiner-Data* est constitué de 4413 attributs et 109 objets issu de (Négrevergne et al., 2014). Toutes les expériences sont menées sur un ordinateur de 8Go de RAM, de processeur Intel(R) Core(TM) i5-8250U. Nous comparons d'une part l'implémentation R de *GPoID* avec l'implémentation R originale de *T-Gpatterns*, et d'autre part l'implémentation C++ de *GPoID* (*GPoID-ParaMiner*) avec l'implémentation C++ originale de *ParaMiner*.

Le code source de notre algorithme proposé *GPoID* (respectivement *GPoID-ParaMiner*) peut être obtenu à partir de `https://github.com/chirmike/GPoID` (respectivement `https://github.com/Chirmeni/GPoID-Paraminer`).

Les résultats sont présentés en deux étapes : nous présentons premièrement les résultats obtenus sur des données non temporelles (figures 1), ensuite, ceux obtenus sur des données temporelles (figures 2). Nous avons fait varier le seuil de support dans l'intervalle $[0.1, 0.5]$ avec un pas de 0.1. Tout au long de nos expériences, nous avons fixé k_1 à 1 et k_2 à 0.

Quel que soit le type de données, nous observons des figures 1 et 2 que le nombre de motifs graduels fréquents extraits avec *GPoID-ParaMiner* (resp. *GPoID*) est considérablement réduit par rapport au nombre de motifs extraits avec *ParaMiner* (resp. *T-GPatterns*) sur des données non temporelles (resp. temporelles). Par exemple, sur la figure 2 pour une valeur de seuil de support égale à 0.1, *GPoID* extrait 72 motifs graduels fréquents lorsque le seuil graduel est défini par l'équation 2, alors que *T-GPatterns* extrait 41867. Ceci est un avantage considérable pour l'expert car il est facile d'analyser 72 motifs par rapport à 41867. De plus, les motifs

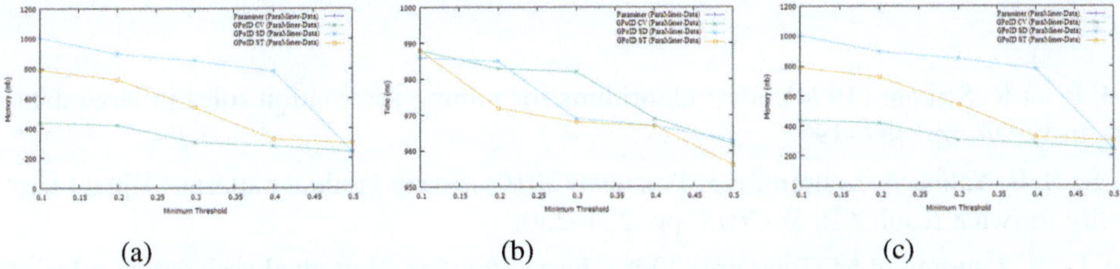

FIG. 1: Etude comparative en nombre de motifs graduels fréquents (a), en temps (b) et en usage mémoire (c) de quatre algorithmes sur les données ParaMiner-Data.

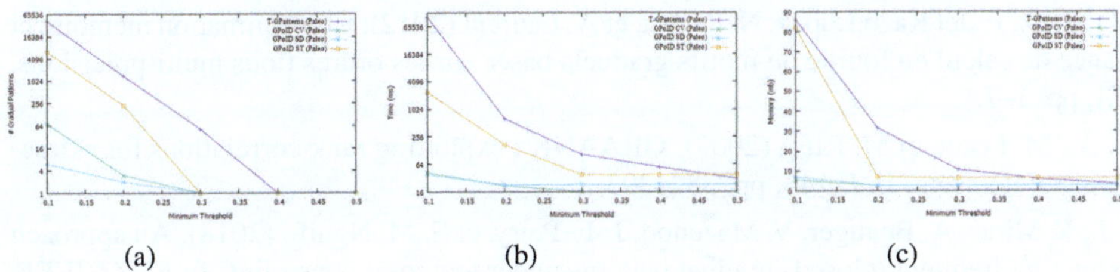

FIG. 2: Etude comparative en nombre de motifs graduels fréquents (a), en temps (b) et en usage mémoire (c) de quatre algorithmes sur la base de données paléoécologique.

graduels fréquents extraits avec *GPoID* ont des informations supplémentaires : ce sont des motifs avec des gradualités supérieures à un seuil. Sur les temps d'exécution, l'introduction du seuil graduel rend *GPoID-ParaMiner* (resp. *GPoID*) plus rapide que *Paraminer* (resp. *T-GPatterns*) sur les deux jeux de données utilisés. De plus, *GPoID* est évolutif car il arrive à extraire les motifs graduels dans les bases de données (cas paramMiner-Data) où Paraminer échoue (c'est la raison pour laquelle sur la figure 1 nous observons uniquement trois courbes). *GPoID* reste meilleur en consommation mémoire par rapport à *ParaMiner* (resp. *T-GPatterns*).

5   Conclusion

Cet article propose une approche pour extraire les motifs graduels à partir des données imprécises. Elle prend en compte les préférences utilisateurs sur la distribution des données et les introduit dans le processus de fouille. Cette préférence est un seuil graduel à partir duquel considérer une gradualité. L'impact de la prise en compte du seuil graduel sur l'exploitation des résultats de fouille par l'utilisateur a été aussi étudié. Les résultats expériementaux montrent que l'introduction du seuil graduel dans le processus de fouille permet non seulement de capturer l'imprécision dans les données lors de la génération des motifs à partir de données numériques imprécises, mais également de réduire considérablement la quantité de motifs extraits, le temps d'extraction, et la quantité de mémoire consommée. En outre, l'introduction du seuil graduel supprime les motifs graduels bruités. Néanmoins, il serait intéressant d'étudier l'impact de l'introduction du seuil graduel sur la qualité des motifs extraits, ainsi que sur le choix du seuil de support.

Références

Agrawal, R. et R. Srikant (1994). Fast algorithms for mining association rules in large databases. In *VLDB*, pp. 487–499.

Ayouni, S., S. B. Yahia, A. Laurent, et P. Poncelet (2010). Fuzzy gradual patterns : What fuzzy modality for what result ? In *SoCPaR*, pp. 224–230.

Di-Jorio, L., A. Laurent, et M. Teisseire (2008). Fast extraction of gradual association rules : a heuristic based method. In *CSTST*, pp. 205–210.

Di-Jorio, L., A. Laurent, et M. Teisseire (2009). Mining frequent gradual itemsets from large databases. In *IDA*, pp. 297–308.

Flores, P. M. Q., F. del Razo Lopez, N. Sicard, et A. Laurent (2012). Consommation mémoire et puissance de calcul en fouille de motifs graduels basée sur les ordres flous multi-précisions. In *LFA*, pp. 1–7.

Laurent, A., M. Lesot, et M. Rifqi (2009). GRAANK : exploiting rank correlations for extracting gradual itemsets. In *FQAS*, pp. 382–393.

Lonlac, J., Y. Miras, A. Beauger, V. Mazenod, J.-L. Peiry, et E. M. Nguifo (2018). An approach for extracting frequent (closed) gradual patterns under temporal constraint. In *FUZZ-IEEE*, pp. 878–885.

Lonlac, J. et E. M. Nguifo (2020). A novel algorithm for searching frequent gradual patterns from an ordered data set. *Intell. Data Anal. 24*(5), 1029–1042.

Négrevergne, B., A. Termier, M. C. Rousset, et J. F. Méhaut (2014). Para miner : a generic pattern mining algorithm for multi-core architectures. *DMKD 28*(3), 593–633.

Owuor, D., A. Laurent, et J. Orero (2019). Mining fuzzy-temporal gradual patterns. In *FUZZ-IEEE*, pp. 1–6.

Shah, F., A. Castelltort, et A. Laurent (2020). Handling missing values for mining gradual patterns from nosql graph databases. *Future Gener. Comput. Syst. 111*, 523–538.

Zadeh, L. A., G. J. Klir, et B. Yuan (1996). *Fuzzy sets, fuzzy logic, and fuzzy systems : selected papers*, Volume 6. World Scientific.

Summary

In recent years, gradual patterns have gained the attention of the data science community and several algorithms have been designed to extract these patterns from different data models. On some data, like imprecise data, one of the biases in traditional algorithms is that they define graduality as an increase/decrease in value. Therefore, some of the graduations extracted are just a noise effect in the data. To remedy this problem, this paper proposes a method which introduces into the mining process, a gradual threshold from which to consider a graduality. Experiments on different databases show that our proposal reduces computation times and the number of patterns generated by focusing on patterns of interest. Additionally, she extracts gradual patterns in some cases where traditional approaches fail.

Parallélisation de l'échantillonnage de motifs séquentiels

Lamine Diop*, Cheikh Ba**

*Université de Tours, France, lamine.diop@univ-tours.fr
**Université Gaston Berger de Saint-Louis, Sénégal, cheikh2.ba@ugb.edu.sn

Résumé. Durant ces 10 dernières années, le domaine de la fouille de données a connu d'importants travaux sur la découverte de motifs par échantillonnage en sortie. Très récemment, ces méthodes d'échantillonnage ont été appliquées sur des données séquentielles qui sont d'une nature complexe. La complexité de ces données réside sur leur structure qui a un impact notoire sur la rapidité du calcul et notamment sur le pré-traitement. A cela s'ajoute la taille des bases de données qui, de nos jours, deviennent très volumineuses. Dans ce papier, nous avons montré comment bénéficier du modèle de programmation BSP (Bulk Synchronous Parallel) pour améliorer l'efficacité des méthodes d'échantillonnage en sortie sur les données séquentielles. En effet, nous proposons un algorithme distribué et parallèle qui s'opère sur des bases de données séquentielles sciemment distribuées afin d'accélérer le temps de calcul. Les analyses que nous avons faites montrent l'impact positif du framework sur le temps d'exécution de la méthode.

1   Introduction

La découverte de motifs séquentiels (Agrawal et Srikant, 1995) est une tâche très étudiée dans de nombreux domaines de la vie réelle telles que la médecine, la biologie, l'exploration Web, etc. Au début, l'objectif principal était de trouver de manière exhaustive tous les motifs séquentiels qui ont une fréquence supérieure à un seuil donné. Les méthodes d'extraction exhaustive de motifs fréquents rencontrent deux problèmes majeurs. 1) Il n'est pas du tout facile de régler le seuil minimal de fréquence. S'il est trop élevé, la sortie risque d'être vide et s'il est très petit, l'ensemble des motifs renvoyés devient trop grand et alors difficile à analyser. 2) Le temps de calcul devient très élevé si la base de données est très volumineuse. Par conséquent, des méthodes de fouille de motifs dites optimales (Fournier Viger et al., 2017) ont été proposées pour supprimer le seuil tout en étant très rapides. Cependant, ces dernières rencontrent un problème sur la diversité des motifs produits. Par exemple, l'ensemble vide qui est le plus fréquent dans une base de données n'est pas souvent intéressant pour l'utilisateur.

Dans ce contexte, les méthodes d'échantillonnage en sortie (Al Hasan et Zaki, 2009; Boley et al., 2011; Diop et al., 2018) ont été proposées pour trouver des motifs très rapidement. Le but de ces méthodes est d'obtenir un échantillon de motifs où chaque motif est tiré avec une probabilité proportionnelle à une mesure d'intérêt choisie par l'utilisateur. Dans le cas des données séquentielles, l'algorithme CSSAMPLING (Diop et al., 2018) qui tire des motifs en fonction de la fréquence et sous des contraintes de normes minimales et maximales pour éviter la malédiction longue traîne a été étendu à un algorithme plus générique appelé NUSSAMPLING

(Diop et al., 2019). Ce dernier est générique dans le sens où il prend en compte toute mesure d'intérêt qui s'écrit sous le produit de la fréquence et d'une fonction d'utilité fondée sur la norme (aire, décroissance exponentielle $\alpha \in\,]0, 1]$, etc.). Cependant, si la phase de tirage d'un motif séquentiel est très rapide, la phase de prétraitement peut être très coûteuse en fonction des caractéristiques de la base de données séquentielles. Même si elle est réalisée en une seule fois, elle est refaite à chaque fois que la contrainte de norme maximale augmente.

Pour résoudre ce problème, cet article propose une version distribuée et parallélisée de l'algorithme NUSSAMPLING utilisant le framework Pregel (Malewicz et al., 2010). En effet, lorsque des données sont trop volumineuses ou complexes pour être traitées en temps raisonnable, une solution courante nécessite l'utilisation d'un grand nombre de machines pour un stockage distribué et un traitement parallèle. Récemment, Google avait proposé sa plateforme Hadoop, rapidement devenu de facto un standard, et son paradigme MapReduce (Dean et Ghemawat, 2008) comme un modèle de programmation parallèle. Cependant, il a été reconnu que ce paradigme ne convient pas aux algorithmes itératifs, dû à des entrée/sorties excessives avec HDFS (*Hadoop distributed file system*), le système de fichiers distribué de Hadoop, et le *shuffling* de données à chaque itération. C'est la raison pour laquelle plusieurs solutions de calcul distribué en mémoire ont été proposées, notamment Pregel (Malewicz et al., 2010), Spark/GraphX (Gonzalez et al., 2014) et PowerGraph (Gonzalez et al., 2012), pour accélérer l'exécution d'algorithmes itératifs. La plupart de ces plateformes suivent un modèle de programmation centré sommet (ou nœud de graphe). Par exemple, dans Pregel, basé sur le modèle BSP (Valiant, 1990), dans chaque itération, chaque nœud (ou sommet) peut recevoir des messages de ses voisins entrants, met à jour son état et peut envoyer des messages à ses voisins sortants. Certains travaux, à l'exemple de (Ba et Gueye, 2020), ont montré l'intérêt d'utiliser ces plateformes en ce qui concerne l'efficacité des solutions proposées.

Ainsi, l'algorithme NUSSAMPLING-Pregel vise à paralléliser l'échantillon de motifs à partir d'une base de données séquentielles sciemment fragmentée pour accélérer le calcul. Il est important de noter que, contrairement à DDSAMPLING (Diop et al., 2020), un algorithme centralisé qui opère sur des données nativement distribuées comme celles des triplestores, notre méthode est distribuée sur les différents sites du réseau sous Pregel et peut ensuite être exécuté en parallèle par les noeuds. À notre connaissance, c'est le premier algorithme parallèle et distribué d'échantillonnage de motifs en sortie.

2 Préliminaires

2.1 Définitions

Soit $\mathcal{E}$ un ensemble fini de littéraux appelés *items*. Un *itemset* Y est un sous-ensemble de $\mathcal{E}$, $Y \subseteq \mathcal{E}$. Une *séquence* $\gamma = \langle Y_1 \ldots Y_n \rangle$ définie sur $\mathcal{E}$ est une liste ordonnée d'itemsets non vides $Y_i \subseteq \mathcal{E}$ ($1 \leq i \leq n$, $n \in \mathbb{N}$). La *taille* d'une séquence γ notée par $|\gamma|$ est le nombre d'itemsets qui forment γ, $|\gamma| = n$. La somme des cardinalités de tous les itemsets de la séquence γ est égale à sa *norme*, notée par $\|s\|$, i.e. $\|s\| = \sum_{i=1}^{n} |Y_i|$. Dans la suite de ce papier, nous convenons que γ^l représente le préfixe $\langle Y_1 Y_2 \ldots Y_l \rangle$ de γ ($0 \leq l \leq n$, $l \in \mathbb{N}$), γ^0 étant la séquence vide (représentée par $\langle \rangle$) et $\gamma[j] = X_j$ est le j-ème itemset de la séquence γ ($1 \leq j \leq n$, $j \in \mathbb{N}$). Nous notons $\mathcal{L}_S$ le langage des motifs séquentiels, et une base de données séquentiel $\mathcal{S}$ sur $\mathcal{E}$ est un mutlti-ensemble de séquences définies sur $\mathcal{E}$.

Une séquence $\gamma' = \langle X_1' \ldots X_{n'}' \rangle$ est une sous-séquence d'une séquence $\gamma = \langle X_1 \ldots X_n \rangle$, dénoté par $\gamma' \sqsubseteq \gamma$, s'il existe une séquence d'indices $1 \leq i_1 < i_2 < \cdots < i_{n'} \leq n$ telle que pour tout $j \in [1..n']$, on a $X_j' \subseteq X_{i_j}$. Nous notons par $\phi(\gamma)$ l'ensemble des sous-séquences de la séquence γ, i.e. $\phi(\gamma) = \{\gamma' \in \mathcal{L}_S : \gamma' \sqsubseteq \gamma\}$, et $\Phi(\gamma)$ sa cardinalité, i.e. $\Phi(\gamma) = |\phi(\gamma)|$.

Il est évident de noter que, dans le domaine des motifs séquentiels, une sous-séquence $\gamma' = \langle Y_1' \ldots Y_m' \rangle$ peut apparaître plusieurs fois dans une séquence $\gamma = \langle Y_1 \ldots Y_n \rangle$ s'il existe plusieurs séquences d'indices $1 \leq i_1 < i_2 < \cdots < i_m \leq n$ telles que pour tout $j \in [1..m]$, on a $Y_j' \subseteq Y_{i_j}$. Dans ce cas, il existe multiples *occurrences* de la sous-séquences γ' dans la séquence γ. Les auteurs dans (Diop et al., 2019) expliquent comment chaque occurrence est représentée en utilisant une forme canonique :

Définition 1 (Occurrence) *Etant donné une séquence $\gamma = \langle X_1 \ldots X_n \rangle$, une liste ordonnée d'itemsets $o = \langle Z_1 \ldots Z_n \rangle$ de même taille que γ est une occurrence d'une sous-séquence $\gamma' = \langle X_1' \ldots X_{n'}' \rangle$ de γ s'il existe une séquence d'indices $1 \leq i_1 < \cdots < i_{n'} \leq n$ telle que pour tout $j \in \{i_1, \ldots, i_{n'}\}$, on ait $Z_{i_j} = X_j'$, et tout $j \in \{1, \ldots, n\} \setminus \{i_1, \ldots, i_{n'}\}$, on ait $Z_j = \emptyset$. Cette séquence d'indices, appelée signature de o, est unique par définition.*

Exemple 1 *Pour la séquence $\gamma_2 = \langle (ab)c(ac) \rangle$, $o_1 = \langle (a)(c)\emptyset \rangle$ et $o_2 = \langle (a)\emptyset(c) \rangle$ sont deux occurrences de la sous-séquence $\gamma_2' = \langle (a)(c) \rangle$.*

2.2 NUSSAMPLING **algorithme d'échantillonnage de motifs séquentiels**

NUSSAMPLING est une méthode d'échantillonnage de motifs en deux étapes qui vise à tirer au hasard un motif séquentiel X à partir d'un langage $\mathcal{L}_S$ proportionnellement à la fréquence pondérée par une mesure d'utilité fondée sur la norme.

Définition 2 *La fréquence d'une sous-séquence $X \in \mathcal{L}_S$ dans la base de données séquentielles $\mathcal{S}$, notée par $freq(X, \mathcal{S})$, est définie par : $freq(X, \mathcal{S}) = |\{X' \in \mathcal{S} : X \sqsubseteq X'\}|$. Une mesure d'utilité u est dite fondée sur la norme si et seulement s'il existe une fonction $f_u : \mathbb{N} \to \mathbb{R}$ tel que pour tout motif $X \in \mathcal{L}_S$, on a $u(X) = f_u(\|X\|)$.*

Dans la suite de ce papier, $X \sim \mathbf{P}(\mathcal{L})$ dénote un motif où $\mathbf{P}(.)$ est une distribution de probabilité sur $\mathcal{L}_S$ définie par $\mathbf{P}(X) = \frac{freq(X,\mathcal{S}) \times u(X)}{\sum_{X' \in \mathcal{L}_S} freq(X',\mathcal{S}) \times u(X')}$.

D'abord, NUSSAMPLING commence par un prétraitement de la base de données correspondant à la pondération des séquences. La complexité du prétraitement est en $O(|\mathcal{S}| \cdot L \cdot M^2 \cdot 2^P \cdot T)$ où L est la longueur maximale d'une séquence , M est la contrainte de norme maximale, P est la taille maximale des ensembles de positions $L(\gamma^{i-1}, s[i])$ et T est la taille maximale d'un itemset dans une séquence. Ensuite, il débute la phase d'échantillonnage par le tirage d'une séquence proportionnellement à la somme des utilités des sous-séquences qu'elle contient en $O(\log(|\mathcal{S}|))$. Enfin, une sous-séquence de la séquence précédemment tirée est retournée aléatoirement avec une probabilité proportionnelle à son utilité. Pour réaliser ce dernier tirage, il utilise une méthode d'échantillonnage par rejet et considère la première occurrence de chaque sous-séquence dans la séquence afin d'éviter de biaiser le tirage.

En pratique, si le temps de tirage reste efficace (en millisecondes) malgré la méthode de rejet, même avec des jeux de données volumineux, la phase de prétraitement, quant à elle, peut être très coûteuse. En effet, le temps de prétraitement augmente proportionnellement à la taille de la base de données. Cela peut être un réel problème pour les grands ensembles de données réels, comme l'ont montré les expériences (Diop et al., 2019). Pour faire face à cette difficulté, nous proposons dans la section 3 un algorithme distribué et parallèle de NUSSAMPLING.

2.3   Le modèle BSP de programmation parallèle

Le modèle BSP (*Bulk Synchronous Parallel, Valiant (1990)*) est un modèle de programmation parallèle, avec une communication par passage de messages, développé pour la parallélisation de tâches sur plusieurs nœuds en vue d'une meilleure scalabilité. Il offre un haut degré d'abstraction et est défini par la combinaison des trois éléments suivants : (*i*) un ensemble d'unités (ou composantes ou paires processeur-mémoires) de calcul pour l'exécution des tâches, (*ii*) un système de communication permettant l'échange de messages entre ces unités de calcul et (*iii*) des *supersteps* pour synchroniser les tâches effectuées par les unités de calcul. Pendant un *superstep*, chaque composante exécute une tâche consistant en un traitement local et des réceptions et envois de messages. Une fois qu'un *superstep* est terminé pour toutes les composantes, ces dernières passent au *superstep* suivant (barrière de synchronisation). Un processus BSP consiste en une séquences de tels *supersteps*.

Pregel (Malewicz et al., 2010) est l'une des premières implémentations de BSP. Il offre une bibliothèque pour la programmation d'algorithmes de graphes, tout en rendant transparents les détails des communications sous-jacentes. Son paradigme de programmation peut être caractérisé par le concept "penser comme un nœud" (*think like a vertex*). Les traitements sur les graphes sont en effet définis en termes de ce que chaque nœud doit faire ; et les arcs des graphes sont les canaux de communication pour la transmission de données d'un nœud à un autre. Dans chaque *superstep*, un nœud peut exécuter une fonction définie par l'utilisateur (appelée `compute()`), envoyer ou recevoir des messages, et changer son état du statut actif à inactif. La barrière de synchronisation garantira qu'un message envoyé pendant un *superstep* S parviendra aux nœuds destinataires lors du *superstep* suivant $S+1$. Un nœud peut demander à être inactif (s'il appelle la primitive `voteToHalt()`), mais il sera réveillé (actif) lorsqu'il recevra un message. Un programme Pregel s'arrête une fois que tous les nœuds seront inactifs.

3   Parallélisation de l'échantillonnage de motifs séquentiels

Etant donné un ensemble de données séquentielles, l'algorithme 1 donne la fonction `compute()` de notre proposition concernant un échantillonnage distribué avec Pregel. Nous rappelons que cette fonction sera exécutée par chaque nœud actif durant le fonctionnement du système. Dans la mesure où nous nous intéressons à une structure de graphe, les nœuds et les arcs de Pregel correspondent respectivement aux données et canaux de communication. Un nœud peut être primaire (PN) ou secondaire (SN). Les nœuds secondaires contiennent toutes les données en entrée, c'est à dire les données séquentielles. Ils ont aussi le rôle de stocker les résultats de l'échantillonnage de motifs. Par conséquent, chaque SN représente une partition de données. Les SNs sont aussi dotés d'une fonction d'utilité fondée sur la norme u. L'unique nœud primaire PN contient le nombre N de motifs souhaités et il est par ailleurs responsable de coordonner la découverte de motifs. De ce fait, il y a un arc bidirectionnel entre le PN et chaque SN. L'algorithme 1 consiste en seulement trois *supersteps*. Dans le *superstep* 0, le PN et tous les SNs sont actifs, mais seuls les SNs vont exécuter un code avant de demander à être

---

Algorithm 1 $compute(vertex, messages)$

// vertex représente un nœud primaire (PN) ou un nœud secondaire (SN)

$$-- \text{SUPERSTEP } 0 --$$

1: **if** $(vertex.isSecondaryNode())$ **then**
2:    $w \leftarrow \sum_i \left(\sum_\ell \Phi_{[\ell..\ell]}(vertex.Data[i]) \times f_u(\ell) \right)$ $\triangleright$ Pondération de séquences
3:    $sendMessage(PN.\text{id}, \langle vertex.getID(), w \rangle)$

$$-- \text{SUPERSTEP } 1 --$$

// Seul PN est actif

4: $w_i \leftarrow messages.getWeight(SN_i)$
5: $Z \leftarrow \sum w_i$
6: $N \leftarrow vertex.getSampleSize()$
7: **for** $k = 1$ to N **do**
8:    $x \leftarrow random() \times Z$
9:    Trouver j tel que : $\sum_{i=1}^{j-1} w_i < x \leq \sum_{i=1}^{j} w_i$
10:    $sendMessage(SN_j.\text{id}, x - \sum_{i=1}^{j-1} w_i)$

$$-- \text{SUPERSTEP } 2 --$$

11: **if** $(vertex.isSecondaryNode())$ **then**
12:    **for** x in $messages$ **do**
13:       Trouver j tel que : $\sum_{i=1}^{j-1} w(vertex.Data[i]) < x \leq \sum_{i=1}^{j} w(vertex.Data[i])$
14:       $\gamma_j = vertex.Data[j]$
15:       $X \leftarrow randomPattern(\gamma_j, u)$
16:       $vertex.Sample.add(X)$
17: $vertex.voteToHalt();$ $\triangleright$ Fin de la fonction compute()

18: Function $randomPattern(\gamma, u)$:
19:    Calcule le poids défini par $w^\ell(\gamma) \leftarrow \Phi_{[\ell..\ell]}(\gamma) \times f_u(\ell)$ pour tout $\ell \in [0..\|\ell\|]$
20:    Tire un entier ℓ proportionnellement à $w^\ell(\gamma)$
21:    $X \sim unif(\{X \sqsubseteq \gamma : \|X\| = \ell\})$
22:    return X

---

inactifs (lignes 1 à 3). Chaque SN procède à une pondération de séquences et envoie au PN son poids total ainsi que son identifiant (ID). Dans le *superstep* suivant (*superstep* 1), seul le PN est actif dans la mesure où les SNs lui ont envoyé des messages pendant le précédent *superstep*. Pour chacun des N motifs souhaités (ligne 7), le PN choisit un poids au hasard (ligne 8), en déduit le SN_j correspondant (ligne 9) et envoie (ligne 10) une valeur appropriée de telle sorte que, pendant le *superstep* suivante, SN_j sera capable de générer un motif correspondant au poids aléatoire. Dans le dernier *superstep* (*superstep* 2), seuls certains SNs sont actifs. Il s'agit de ceux qui ont reçu des messages de PN envoyés lors du précédent *superstep*. De ce fait, pour chaque message, un SN va générer un échantillon avec la routine prédéfinie (*"randomPattern()"*) qui utilise la séquence γ_j correspondante et la fonction d'utilité u. Le *superstep* suivant ne sert qu'à se rendre compte qu'il n'y a plus de nœud actif et donc va permettre au système entier de s'arrêter. Les N motifs stockés sur les SNs seront écrits sur HDFS.

Exemple 2 *Considérons les quatre données séquentielles dans la Figure 1. Nous décrivons les trois supersteps d'un échantillonage avec un objectif de 10 motifs. Nous supposons que nous avons deux SNs (SN_1 et SN_2) et un PN, et la partition des données est telle que les séquences 1 et 2 sont stockées dans SN_1 et le reste dans SN_2. Dans le superstep 0, SN_1 et SN_2 font des*

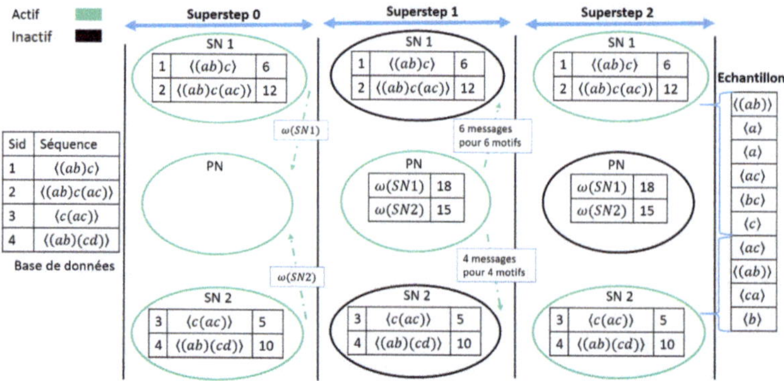

FIG. 1 – *Exemple du processus d'échantillonage*

pondérations et envoient leurs poids totaux au PN. Ces messages seront reçus par le PN au superstep 1 durant lequel il est le seul nœud actif. Ensuite, dans notre exemple, le PN envoie les informations appropriés pour tirer 10 motifs : 6 messages à SN_1 et 4 à SN_2. Dans le superstep suivant, chaque SN trouve et stocke autant de motifs que de messages qu'il a reçu de PN. Notons que certains motifs peuvent bien être identiques.

4   Analyse

La propriété 1 montre que l'algorithme 1 retourne un échantillon exact de motifs.

Propriété 1 (Correction) *Soient S une base de données séquentielles fragmentée et répartie sur k noeuds secondaires et u une mesure d'utilité fondée sur la norme. L'algorithme 1 tire un motif du langage $\mathcal{L}_S$ proportionnellement à sa fréquence dans S multipliée par son utilité.*

Preuve 1 *Soit Z une constante de normalisation définie par $Z = \sum_{\gamma \in S} w(\gamma) = \sum_{j=1}^{k} w_j$ où $w_j = \sum_i (\sum_\ell \Phi_{[\ell..\ell]}(SN_j.Data[i]) \times f_u(\ell))$ est le poids d'un noeud secondaire qui est la somme des poids des séquences qu'il contient. Soit X une sous-séquence dans $\mathcal{L}_S$ et $\mathbf{P}(X)$ la probabilité de tirer le motif X avec l'algorithme 1. D'après les lignes 4 à 10, on a $\mathbf{P}(X) = \sum_j^k \frac{w_j}{Z} \times \mathbf{P}(X/SN_j)$. On sait que $\mathbf{P}(X/SN_j) = \sum_{i, X \sqsubseteq SN_j.Data[i]} \mathbf{P}(SN_j.Data[i]) \times \mathbf{P}(X/SN_j.Data[i])$. Si $\|X\| = m$, alors d'après la ligne 18, nous avons $\mathbf{P}(X/SN_j) = \sum_{i, X \sqsubseteq SN_j.Data[i]} \frac{\sum_\ell \Phi_{[\ell..\ell]}(SN_j.Data[i])}{w_j} \times \mathbf{P}(m/SN_j.Data[i]) \times \mathbf{P}(X/m, SN_j.Data[i])$. En faisant une simplification, nous avons $\mathbf{P}(X/SN_j) = \sum_{i, X \sqsubseteq SN_j.Data[i]} \frac{f_u(m)}{w_j} = \frac{freq(X, SN_j) \times f_u(m)}{w_j}$. Il en résulte que $\mathbf{P}(X) = \sum_j^k \frac{w_j}{Z} \times \frac{freq(X, SN_j) \times f_u(m)}{w_j} = \sum_j^k \frac{freq(X, SN_j) \times f_u(m)}{Z}$. Or $\sum_j^k freq(X, SN_j) = freq(X, S)$, donc $\mathbf{P}(X) = \frac{freq(X, S) \times f_u(m)}{Z}$. D'où le résultat.*

Dans la suite de cette section, nous donnons la complexité de notre solution, c'est à dire le nombre d'itérations et d'échanges de messages entre unités de calcul ou composantes. En général, le coût d'une solution basée sur BSP est le nombre de *supersteps* nécessaires multiplié par le coût d'un *superstep*. Par contre, dans ce cas présent, notre solution consiste en seulement trois *supersteps* hétérogènes, et le coût global est par conséquent la somme des coûts respectifs.

Le coût d'un *superstep* est déterminé par la somme de trois termes ; le coût de la plus longue exécution locale, le coût du maximum de communication entre unités de calcul et le coût de la barrière de synchronisation à la fin des *supersteps*. Les coûts sont calculés en termes de paramètres abstraits modélisant le nombre d'unités de calcul ou processeurs p, le coût de la barrière de synchronisation l, le coût de l'exécution locale e_i, le nombre h_i de messages envoyés et reçus par le processeur p_i, et l'aptitude g qu'a le réseaux de communication à transmettre les données, définie de telle sorte qu'il faudra $h_i g$ unités de temps au processeur p_i pour transmettre h_i messages. Ainsi, le coût est $max_{i=1}^{p}(e_i) + max_{i=1}^{p}(h_i g) + l$. Cette expression est plus couramment notée par $e + hg + l$, e et h étant les maximums.

En ce qui concerne notre travail, nous supposons que les n séquences en entrée sont uniformément distribuées sur les k SNs (nœuds secondaires). Ainsi, chaque SN comportera n/k séquences. Les coûts respectifs des *supersteps* sont définis comme suit.

Superstep 0 : Le PN et les tous les SNs sont actifs, mais seuls ces derniers vont exécuter du code pour des pondérations de séquences et des envois de messages au PN. Il est clair que la complexité du prétraitement de NUSSAMPLING est divisée par le nombre de noeuds secondaires car la base de données initiale est fragmentée horizontalement et uniformément sur lesdits noeuds. Ainsi, e et h sont respectivement $O(\frac{|\mathcal{S}|}{k} \cdot L \cdot M^2 \cdot 2^P \cdot T)$ et $O(1)$ puisque chaque SN enverra un message contenant son poids.

Superstep 1 : Seul le PN est actif, comme cela a été décrit dans la section précédente. D'abord, il commence par construire une matrice de pondérations des noeuds secondaires en $O(k)$. Ensuite, pour le tirage d'un motif, le PN tire au hasard un SN proportionnellement à son poids en $O(\log(k))$. Enfin, de la valeur précédemment tiré, on en déduit celle qui correspond à la séquence dans PN où on va tirer le motif au *superstep* suivant. Au final, les valeurs de e et h sont respectivement $O(k + N \times \log(k))$ et $O(N)$, N étant le nombre souhaité de motifs.

Superstep 2 : Seuls certains SNs sont actifs, c'est à dire ceux qui ont reçu des messages du PN lors du précédent *superstep*. La complexité du tirage d'un motif par un noeud peut être scindée en deux étapes : (i) le tirage d'une séquence qui se fait en $O(\log(\frac{|\mathcal{S}|}{k}))$, (ii) la complexité du tirage d'un motif séquentiel qui n'est pas théoriquement estimable car le tirage se base sur du rejet. Dans (Diop et al., 2019) les auteurs ont montré l'efficacité de leur méthode par rejet en calculant le nombre moyen de tirages, noté $\mu_{[m..M]}(\mathcal{S})$, pour obtenir une première occurrence d'une sous-séquence de norme comprise entre m et M. La complexité de tirage d'une occurrence de motif de norme comprise entre m et M étant en $O(M^2)$, donc le coût d'exécution local e est $O(N \times (\log(\frac{|\mathcal{S}|}{k}) + M^2 \times \mu_{[m..M]}(\mathcal{S})))$ vu que les N motifs souhaités peuvent concerner un unique SN au pire des cas. Toutefois, aucun message ne sera envoyé pendant ce dernier *superstep* ($h = 0$).

5   Conclusion

Cet article propose une version parallélisée de l'algorithme NUSSAMPLING pour l'échantillonnage de motifs séquentiels selon une mesure d'utilité fondée sur la norme, et distribuée sur différents sites ou unités de calcul. Par conséquent, plus nous en avons, plus notre solution est rapide. Nous avons démontré qu'elle est exacte et estimé son efficacité en fonction du nombre d'unités de traitement utilisés. Notre approche montre que la méthode de programmation BSP est très efficace pour la parallélisation des traitements. En effet, elle est très parcimonieuse en coût de nombre de *supersteps* qui est égale à 3 indépendamment de tout jeu de données.

En perspective, nous voudrions appliquer notre méthode sur l'échantillonnage d'HUI (High Utility Itemset) où la phase de prétraitement ainsi que la phase de tirage d'un motif risquent d'être très coûteuses sur les grosses bases de données transactionnelles.

Références

Agrawal, R. et R. Srikant (1995). Mining sequential patterns. In *Proc. of ICDE 95*, pp. 3–14.

Al Hasan, M. et M. J. Zaki (2009). Output space sampling for graph patterns. *Proc. of the VLDB Endowment 2*(1), 730–741.

Ba, C. et A. Gueye (2020). A BSP based approach for nfas intersection. In *Algorithms and Architectures for Parallel Processing - 20th International Conference, ICA3PP 2020, New York City, NY, USA*.

Boley, M., C. Lucchese, D. Paurat, et T. Gärtner (2011). Direct local pattern sampling by efficient two-step random procedures. In *Proc. of KDD*, pp. 582–590.

Dean, J. et S. Ghemawat (2008). Mapreduce : Simplified data processing on large clusters. *Commun. ACM 51*(1), 107–113.

Diop, L., C. T. Diop, A. Giacometti, D. L. Haoyuan, et A. Soulet (2018). Sequential pattern sampling with norm constraints. In *Proc. of ICDM 2018*.

Diop, L., C. T. Diop, A. Giacometti, D. Li, et A. Soulet (2019). Sequential pattern sampling with norm-based utility. *Knowledge and Information Systems 62*, 2029–2065.

Diop, L., C. T. Diop, A. Giacometti, et A. Soulet (2020). Pattern sampling in distributed databases. In *Advances in Databases and Information Systems*, Cham, pp. 60–74. Springer International Publishing.

Fournier Viger, P., C.-W. Lin, U. Rage, Y. S. Koh, et R. Thomas (2017). A survey of sequential pattern mining. *Data Science and Pattern Recognition 1*, 54–77.

Gonzalez, J. E., Y. Low, H. Gu, D. Bickson, et C. Guestrin (2012). Powergraph : Distributed graph-parallel computation on natural graphs. In *OSDI 2012, Hollywood, CA, USA, October 8-10*, pp. 17–30.

Gonzalez, J. E., R. S. Xin, A. Dave, D. Crankshaw, M. J. Franklin, et I. Stoica (2014). Graphx : Graph processing in a distributed dataflow framework. In *OSDI '14, Broomfield, CO, USA, October 6-8*.

Malewicz, G., M. H. Austern, A. J. C. Bik, J. C. Dehnert, I. Horn, N. Leiser, et G. Czajkowski (2010). Pregel : a system for large-scale graph processing. In *Proceedings of the ACM SIGMOD International Conference on Management of Data, Indianapolis, Indiana, USA, June 6-10*, pp. 135–146.

Valiant, L. G. (1990). A bridging model for parallel computation. *Commun. ACM 33*(8), 103–111.

Summary

In recent years, the field of data mining has seen significant works on pattern discovery by output sampling. Very recently, these sampling methods have been applied to sequential data which is of a complex nature. The complexity of these data lies in their structure which has a notorious impact on the speed of computation and in particular on the preprocessing. In this paper, we have shown how to take advantage of the BSP (Bulk Synchronous Parallel) programming model to improve the efficiency of output sampling methods on sequential data.

Modélisations de séquences spatialisées dans les réseaux d'ordre supérieur

Lysa Corcuff*
François Queyroi*

*LS2N, UMR CNRS 6004, Université de Nantes
nom.prenom@univ-nantes.fr,
https://www.ls2n.fr/equipe/duke/

Résumé. L'analyse des mobilités requiert souvent une représentation des flux en modèle markovien d'ordre 1. De nombreux travaux envisagent l'utilisation d'ordres supérieurs afin de construire des réseaux fournissant des meilleures représentations des séquences de déplacement observées. Nous proposons ici l'analyse et la comparaison des qualités prédictives et de la taille de tels modèles sur différents jeux de données géographiques. Nous allons également nous intéresser à la prise en compte de variables exogènes telles que la position ou des catégories de lieux visités qui offre des pistes de recherche intéressantes. Nos expériences indiquent notamment que le modèle HON (Xu et al. (2016)) permet d'obtenir des modèles parcimonieux qui conservent une bonne qualité prédictive même si certains résultats n'ont pu être reproduits. En particulier, aucune stratégie analysée ici ne permet d'obtenir des meilleures prédictions que le modèle d'ordre fixe (Rosvall et al. (2014)).

1   Introduction et Contexte

L'analyse des mobilités se base sur l'étude de séquences de déplacements entre lieux effectués par des personnes ou des véhicules. Dans ce cadre, la représentation par un réseau origine-destination est une approche courante qui peut être fouillée pour obtenir de l'information sur le système sous-jacent (Ducruet et Berli (2018)). Si les données en entrée correspondent à un ensemble de suites de lieux $s_1 s_2 s_3 \ldots$ alors ce réseau correspondra généralement à un graphe dont le poids d'une arête (s_1, s_2) est le nombre de transitions observées entre les lieux s_1 et s_2. Les paires $s_1 s_2$ et $s_2 s_3$ sont ainsi considérées comme des mouvements indépendants. Cette représentation correspond aussi à un modèle prédictif. En effet, des marches aléatoires sur ce graphe peuvent être utilisées pour répondre à la question : quel sera le lieu visité après s_2 ? En utilisant pour probabilités de transition les fréquences relatives, on aboutit à un modèle de Markov d'ordre 1 ou «sans-mémoire» dans lequel seule la dernière position du marcheur importe. Une question légitime est de savoir si ce modèle représente bien les séquences observées en réalité. En effet, de nombreux algorithmes de fouille de graphes se basent sur la notion de marche aléatoire (*e.g. PageRank*). Des travaux récents (Rosvall et al. (2014)) ont remis en cause la pertinence de ces modèles sans mémoire et proposent de construire des réseaux permettant de tenir compte des états antérieurs d'un marcheur et ainsi de capturer les dépendances indirectes entre les lieux. Ces réseaux correspondraient alors à des réseaux d'«ordre supérieur» dans lesquels les dépendances indirectes sont représentées par des «noeuds-mémoires» encodant des séquences de déplacements (Xu et al. (2016)).

Pour des séquences de déplacements données, la représentation de réseau d'ordre 1 n'est pas unique car on peut définir de plusieurs façons les probabilités de transition (Queyroi (2019)). C'est également le cas pour les modèles d'ordre supérieur. Un premier enjeu de ce travail est ainsi de comparer différentes définitions de ces probabilités de transitions. En plus des modèles existants de la littérature basés sur les fréquences relatives, on va utiliser des mécanismes issus de la compression de textes et aussi définir un modèle basé sur les positions géographiques. Un autre enjeu est ici la taille des modèles et *a fortiori* des réseaux créés (du fait de l'introduction des «noeuds-mémoires»). En effet, la prise en compte des lieux précédents mène à une explosion combinatoire du nombre de cas à considérer. On peut dans ce contexte se demander si l'utilisation de variables exogènes ou d'hypothèses géographiques ne peut pas permettre d'obtenir des modèles «plus simples» qui capturent pourtant la complexité des trajectoires observées. Ces deux aspects de la modélisation auront un impact sur la qualité de prédiction. Nous allons comparer les différents modèles sur trois jeux de données géographiques précédemment utilisés dans la littérature.

La prédiction de trajectoires spatiales est un domaine de recherche très développé. Beaucoup d'études portent par exemple sur les traces GPS des véhicules (Froehlich et Krumm (2008)). L'objectif pour les réseaux d'ordre supérieur n'est pas de fournir le meilleur modèle prédictif des mobilités mais plutôt une représentation agrégée fidèle et analysable de celles-ci. On a ainsi pour contrainte de représenter les trajectoires par une suite d'événements discrets sans dimension temporelle. D'autres plateformes permettent la fouille de trajectoires incluant cette dimension (Giannotti et al. (2007)). Dans le domaine de l'analyse de réseaux, Xu et al. (2016) ont certes discuté le lien entre leur représentation (modèle HON détaillé ci-dessous) et un modèle notamment utilisé en bioinformatique proche de la compression textuelle. Toutefois seul le modèle d'ordre fixe (modèle FO détaillé plus bas) est empiriquement utilisé pour les comparaisons. Les auteurs indiquent que leur modèle permet d'éviter un sur-apprentissage inhérent au modèle à ordre fixe ; cependant les tests n'ont été faits que pour un unique jeu de données réel à notre connaissance.

2   Modèles de prédiction utilisés

Pour étudier les différents modèles liés aux réseaux d'ordres supérieurs, il n'est pas nécessaire de construire ces réseaux mais seulement de définir les probabilités de transitions. Ce sont des estimations de la probabilité $P(\sigma|s)$ où $\sigma \in A$ est un symbole (ou *lieu*) et s est appelé le *contexte* (séquences d'éléments de A). L'ensemble A peut être considéré comme un *alphabet* de tous les symboles (lieux) possibles. Dans le cadre des réseaux origine-destination, A sera l'ensemble des sommets du graphe. Les modèles décrits ici se basent sur la quantité $N(s\sigma)$ qui représente le nombre de fois où la séquence s suivie de σ a été observée durant l'apprentissage du modèle. Cette quantité peut être facilement évaluée en utilisant un arbre des suffixes (Begleiter et al. (2004)).

Ordre fixe (FO). Le modèle à ordre fixe (Rosvall et al. (2014)) est le plus direct et une base pour les autres étudiés ici. L'idée est d'énumérer l'ensemble des sous-séquences d'une longueur donnée k pour déterminer la probabilité du lieu suivant. Formellement, étant donné un contexte s, on utilise la fréquence relative de transition vers σ à la suite de la séquence s :

$$P_{fo}(\sigma|s) = \frac{N(s\sigma)}{\sum_{\sigma' \in A} N(s\sigma')} \tag{1}$$

Pour ce modèle et les suivants, l'estimation pour un contexte s tel que $|s| > k$ ou qui n'est pas observé durant l'apprentissage (dénominateur de l'Eq. 1 nul) se fera avec $P_{fo}(\sigma|s')$ où s' est le suffixe de longueur au plus k de s rencontré dans la base. La taille de ce modèle est de $\mathcal{O}(|A|^{k+1})$. Comme pour les réseaux origine-destination «classiques» (d'ordre 1) on observe une densité bien plus faible en pratique ; de nombreuses transitions ayant une probabilité nulle.

Modèle *Higher-Order Network* (HON) introduit dans Xu et al. (2016) et Saebi et al. (2020). Il a pour objectif de réduire la taille du modèle FO sans pour autant perdre en qualité de prédiction. L'intérêt pour les auteurs est de créer un graphe de taille raisonnable où des sommets sont dupliqués pour encoder les sous-séquences menant à des ensembles de sommets différents. Le modèle consiste à retirer du modèle FO les sous-séquences abc si la distribution $P(.|abc)$ est proche de $P(.|bc)$ pour obtenir un modèle plus parcimonieux et d'ordre variable. Pour un contexte $s_1^k = s_1 s_2 \ldots s_k$, le modèle probabiliste correspondant aux constructions des auteurs peut s'écrire :

$$P_{ho}(\sigma|s_1^k) = \begin{cases} P_{ho}(\sigma|s_2^k) & \text{, si } KL(P_{fo}(.|s_1^k), P_{fo}(.|s_2^k)) \leq \frac{k}{\log_2 N(s_1^k)} \\ P_{fo}(\sigma|s_1^k) & \text{, sinon} \end{cases} \tag{2}$$

où $KL(P_a, P_b)$ est la divergence de Kullback-Leibler entre les distributions P_a et P_b. Ce filtrage des contextes peu pertinents peut avoir deux effets : a) éviter un sur-apprentissage du modèle b) rendre le modèle moins précis. Il nous faut vérifier expérimentalement l'impact de ces deux effets. C'est également vrai pour la taille du modèle ; théoriquement l'ordre de grandeur est toujours $\mathcal{O}(|A|^{k+1})$ et la réduction effective de la taille va dépendre du jeu de données utilisé pour la construction.

Prédiction par reconnaissance partielle (PPM). Le problème de prédiction des lieux peut être vu comme un problème de compression de symbole. Les modèles utilisent dans ce cadre des mécanismes permettant de gérer les fréquences nulles (Begleiter et al. (2004)). Cela peut permettre d'éviter un éventuel sur-apprentissage dans notre cas. On va utiliser le modèle PPM : pour un contexte $s_1^k = s_1 s_2 \ldots s_k$, on pose

$$P_{ppm}(\sigma|s_1^k) = \begin{cases} \dfrac{N(s_1^k\sigma)}{|A_{s_1^k}| + \sum_{\sigma' \in A} N(s_1^k\sigma')} & \text{, si } N(s_1^k\sigma) > 0 \\ \dfrac{|A_{s_1^k}|}{|A_{s_1^k}| + \sum_{\sigma' \in A} N(s_1^k\sigma')} P_{ppm}(\sigma|s_2^k) & \text{, sinon} \end{cases} \tag{3}$$

où $A_s = \{x : N(sx) > 0\}$ *i.e.* les différents symboles observés après s. Lorsque $N(s_1^k\sigma) = 0$, une probabilité non nulle est attribuée à cette séquence. Elle dépend du nombre de symboles différents rencontrés et de la probabilité du suffixe $s_2^k \sigma$. La séquence $s_1^k \sigma$ aura ainsi une probabilité plus importante si s_1^k est rarement apparu et que le nombre de possibilités pour le symbole suivant est important. Ainsi, moins un contexte donné est apparu, plus importante sera la probabilité donnée à n'importe quel autre symbole. Toutefois, cela va directement attribuer une probabilité plus faible aux séquences effectivement présentes dans la base d'apprentissage.

Modèle géographique (Geo). Ce modèle est, à l'instar de PPM, une redéfinition des probabilités de transition qui va intégrer la localisation des lieux. Une hypothèse est que les lieux ont plus de chances d'être visités si les lieux d'arrivée correspondant aux mêmes contextes sont proches. Cette stratégie peut sembler raisonnable lorsque les lieux sont issus de discrétisation de traces GPS (voir exemple des taxis ci-dessous). La probabilité dans ce modèle va correspondre à un mélange gaussien dont les densités sont centrées sur les points $\{x \in A\}$ avec des poids $\{N(sx)\}_{x \in A}$ et une dispersion notée $\gamma > 0$ (paramètre fixe). Les probabilités sont normalisées pour seulement tenir compte des positions possibles *i.e.* qui correspondent à un lieu de A. On a ainsi, pour un contexte s de longueur k

$$P_{geo}(\sigma|s) = \frac{\sum_{x \in A} N(sx) K_\gamma(\sigma, x)}{\sum_{x \in A} N(sx) \sum_{a \in A} K_\gamma(a, x)} \tag{4}$$

avec $d(a, b)$ la distance et $K_\gamma(a, b) = \exp\left(-\gamma^{-1} d(s, x)^2\right) \in [0, 1]$ le noyau RBF donnant la proximité entre a et b. Notons que si $\gamma \to \infty$ alors tous les lieux sont équiprobables $P_{geo}(\sigma|s) = \frac{1}{|A|}$. En revanche, si $\gamma \to 0$ alors $P_{geo}(\sigma|s) = P_{fo}(\sigma|s)$ si $d(a, b) > 0$ pour $a \neq b \in A$.

Modèle Aller-Retour (TB). Ce modèle n'utilise pas d'informations exogènes mais se base sur l'hypothèse suivante : les séquences de déplacements peuvent être représentées par des allers-retours entre deux lieux. Un exemple peut être les trajets en avion qui consistent souvent en des allers-retours. Xu et al. (2016) note en effet la prévalence des allers-retours dans les réseaux d'ordre 2 construits expérimentalement. L'idée est donc de combiner un modèle sans mémoire (*i.e.* P_{fo} pour $k = 1$) avec le calcul d'une probabilité, pour chaque lieu, de revenir au lieu visité précédemment. Formellement, on dispose d'un contexte $s_1 s_2$. Si la position suivante $\sigma = s_1$ alors ce mouvement correspond soit à un retour dont la probabilité est donnée par la fréquence de retours observés en s_2 soit à un transit pour lequel la probabilité de visiter s_1 est la même que pour FO avec $k = 1$. En combinant ces deux cas, on obtient la probabilité

$$P_{tb}(\sigma|s_1 s_2) = (1 - r(s_2)) P_{fo}(\sigma|s_2) + \frac{\sum_{x \in A} N(xs_2 x)}{\sum_{x \in A} \sum_{y \in A} N(xs_2 y)} \mathbb{1}(s_1 = \sigma) \tag{5}$$

avec $\mathbb{1}(a = b) = 1$ si $a = b$ et 0 sinon. Ce modèle a une taille équivalente à P_{fo} pour $k = 1$ auquel il faut ajouter les $\mathcal{O}(|A|)$ valeurs des probabilités d'aller-retour (opérande droite de l'Eq. 5). Si ce modèle obtient des résultats comparables aux modèles avec mémoire ($k > 1$) alors les trajectoires peuvent être résumées par un mécanisme plus parcimonieux d'allers-retours.

Modèles avec catégories. L'objectif est ici de construire un modèle parcimonieux des séquences de déplacements en réduisant, à l'instar de HON, le nombre de sous-séquences considérées. Pour cela, on peut faire l'hypothèse que certains lieux peuvent être associés à des mêmes motifs. Par exemple, on peut supposer que les navires provenant de Chine et passant par le port de Singapour auront une distribution proche en terme de prochain port visité. Si c'est le cas, on peut définir une seule distribution au lieu d'en faire une pour chaque port chinois. Formellement, on considère que chaque lieu s appartient à une catégorie $C(s) \in \mathcal{C}$. Une séquence $s = s_1 \ldots s_k$ sur l'alphabet A correspond alors à la séquence $C(s_1) \ldots C(s_k)$ sur l'alphabet $\mathcal{C}$. En combinant les deux alphabets, on définit $N(C(s)\sigma) : \mathcal{C}^k \times A \to \mathbb{N}$ comme le nombre de fois où les catégories $C(s) = C(s_1) \ldots C(s_k)$ suivies du symbole σ sont apparues durant l'apprentissage. Le modèle peut alors s'écrire

$$P_{\mathcal{C},0}(\sigma|s) = \frac{N(C(s)\sigma)}{\sum_{\sigma' \in A} N(C(s)\sigma')} \tag{6}$$

pour une séquence $C(s)$ de longueur maximum k présente dans la base. Une variation de ce modèle correspondant à l'exemple donné plus haut va également être étudiée. Il faut pour cela représenter le fait que les lieux appartenant à la même catégorie peuvent correspondre à des comportements différents. On va ainsi utiliser les catégories des seuls $k-1$ premiers lieux. On obtient le modèle $P_{\mathcal{C},1}(\sigma|s_1^k)$ qui se traduit par

$$P_{\mathcal{C},1}(\sigma|s_1^k) = \frac{N(C(s_1^{k-1})s_k\sigma)}{\sum_{\sigma' \in A} N(C(s_1^{k-1})s_k\sigma')} \tag{7}$$

En supposant que le nombre de catégories est très inférieur au nombre de lieux, la taille de ces modèles sera significativement inférieure au modèle à ordre fixe avec des tailles de $\mathcal{O}(|A||\mathcal{C}|^k)$ et $\mathcal{O}(|A|^2|\mathcal{C}|^{k-1})$ respectivement.

3   Protocole expérimental

Le tableau 1 contient un récapitulatif des jeux de données utilisés. Nous n'utilisons qu'une seule variable catégorielle pour tester les modèles $P_{\mathcal{C},0}$ et $P_{\mathcal{C},1}$. Une implémentation des modèles et des tests réalisés est disponible à l'adresse `https://github.com/fqueyroi/` `GeoSeqPredModels`.

— **Maritime.** Ces séquences sont extraites de la base *Lloyd's List Intelligence*. Elles correspondent aux déplacements des navires de transports de marchandises entre le 1er Avril et le 31 Juillet 2009 (Ducruet et Berli (2018)). Une séquence correspond ainsi à un unique navire et chaque élément aux ports où ce navire a fait escale sur la période. Une autre partie de cette base a été utilisée dans Xu et al. (2016) pour démontrer la pertinence du modèle HON. Les catégories utilisées sont les pays des ports visités par les navires.

— **Taxis.** Ce jeu de données fait partie du challenge ECML/PKDD 2015.Les séquences correspondent aux relevés à intervalle régulier des positions GPS de 442 taxis de la ville de Porto sur les trois premières journées de Juillet 2013. Pour discrétiser la base, les coordonnées Latitude/Longitude sont associées au point d'intérêt (POI) le plus proche (commerces, arrêt de bus, *etc.*). Ces points d'intérêts sont obtenus en utilisant une extraction de base *Open Street Map*. Les catégories utilisées sont les 41 postes de police de la ville de Porto. Ces points découpent la ville en zones reflétant la densité de population. À l'inverse, Saebi et al. (2020)) ont utilisé les postes de police comme alphabet de base. Nous voulons en revanche comparer les modèles sur des alphabets de tailles conséquentes.

— **Aéroports.** Ces séquences sont tirées de la base Origine-Destination (*RITA TransStat* 2014) qui regroupe les itinéraires de vols de passagers aux États-Unis durant le 1er trimestre de 2011. Chaque séquence correspond à la suite d'aéroports dans lesquels les voyageurs ont fait escale, commencé ou terminé leur voyage. Ces données furent notamment utilisées dans Rosvall et al. (2014). Les catégories correspondent aux états américains dans lesquels les aéroports sont situés.

Nom	Lieu / Catégories	Nb Seq	$|A|$	$|\mathcal{C}|$	Taille Moy.
Maritime	Port / Pays	4 298	910	227	28.83
Taxis	POI / Quartiers	8 816	2 453	41	49.11
Aéroports	Aéroport / États	2 751 486	446	52	3.98

TAB. 1 – *Description des jeux de données utilisés. Nous ne conservons que les séquences de longueur supérieure à trois après avoir retiré les répétitions. «POI» : point d'intérêt.*

Une mesure classique dans la prédiction de séquence est la *log-loss* moyenne d'un modèle $\hat{P}$. Elle correspond au logarithme de la vraisemblance d'une séquence de test s_i^k. Cette mesure ne pourra donc pas être directement utilisée car nous utilisons des modèles qui peuvent donner une probabilité nulle à certaines séquences. Le score que nous utilisons correspond à la probabilité moyenne de détecter le bon symbole *i.e.*

$$score(\hat{P}, s_1 \ldots s_n) = \frac{1}{n} \sum_{i=1}^{n} \hat{P}(s_i | s_1 \ldots s_{i-1}) \tag{8}$$

Pour chacun des jeux de données, nous utilisons 10% des séquences comme jeu de tests et nous calculons la moyenne de l'Eq. 8 sur ces séquences comme score du modèle. On exprimera ce dernier en pourcentage moyen dans la section suivante. On s'intéresse également ici à la parcimonie des modèles obtenus. Nous allons simplement définir la taille comme le nombre total d'entrées dans les structures de données nécessaires aux estimations pour chaque modèle. Ainsi, pour le modèle fixe d'ordre 1 ($P_{fo}(1)$), cette taille correspond aux nombres d'arêtes dans le graphe pondéré des flux entre lieux. Notons que cette approche est surtout pertinente pour évaluer les modèles FO, HON et par catégories. Dans le cas de Geo et PPM, le nombre de transitions non-nulles seront très probablement supérieures aux valeurs rapportées par la suite.

4 Résultats et Prespectives

Les résultats de nos expérimentations sont disponibles dans le tableau 2. Notons que le modèle $P_{fo}(1)$ correspond à la précision obtenue en utilisant un réseau origine-destination construit à partir des sous-séquences de longueur 2. C'est donc une base importante de comparaison pour les autres modèles. Ainsi, la différence de précision entre $P_{fo}(1)$ et $P_{fo}(3)$ est révélatrice de l'intérêt de modéliser ces systèmes comme des réseaux d'ordre supérieur.

Modèles	Maritime		Taxis		Aéroports	
	score	taille	score	taille	score	taille
$P_{fo}(1)$	13.08	9K	27.69	16K	4.65	12K
$P_{fo}(2)$	31.08	29K	41.31	46K	11.08	242K
$P_{fo}(3)$	44.80	58K	43.60	95K	12.90	962K
$P_{ppm}(2)$	26.23	29K	37.40	46K	10.77	242K
$P_{ppm}(3)$	36.41	58K	37.75	95K	11.73	962K
$P_{hon}(2)$	30.50	27K	40.11	34K	11.07	240K
$P_{hon}(3)$	40.70	36K	40.81	38K	11.71	697K
P_{tb}	14.05	9K	27.09	17K	7.66	13K
$P_{C,0}(1)$	7.53	5K	1.69	6K	3.06	6K
$P_{C,0}(2)$	15.87	17K	3.41	12K	7.08	89K
$P_{C,0}(3)$	26.01	37K	4.87	21K	8.46	419K
$P_{C,1}(2)$	24.62	24K	30.47	31K	8.69	131K
$P_{C,1}(3)$	35.72	48K	33.02	48K	10.04	558K
$P_{geo}(1, 10^{-6})$	10.64	10K	19.74	18K	3.77	13K
$P_{geo}(2, 10^{-6})$	25.42	30K	30.84	48K	8.69	243K
$P_{geo}(3, 10^{-6})$	36.83	59K	32.71	97K	10.19	963K
$P_{geo}(3, 10^{-8})$	44.46		43.25		12.89	
$P_{geo}(3, 10^{-10})$	44.79		43.60		12.90	

TAB. 2 – *Résultats obtenus sur les jeux de données pour les différents modèles. La ligne $P_X(k)$ correspond au modèle X avec un contexte de longueur k (si nécessaire). Le second paramètre pour P_{geo} correspond à la valeur de γ utilisée. Le score est la moyenne (en %) de la formule 8 pour les séquences de tests. La taille correspond au nombre d'entrées total (arrondi au milliers) dans les différentes structures de données nécessaires.*

Le modèle Aller-Retour obtient des résultats globalement très faibles comparé aux autres modèles ayant un ordre maximal de 2 (légèrement meilleurs pour le réseau aérien). Cela suggère qu'un tel mécanisme n'est probablement pas suffisant pour représenter les relations indirectes entre lieux.

Les modèles PPM et Geo engendrent une importante baisse de la précision si on le compare à P_{fo}. Les tests pour Geo ont été effectués pour des valeurs de $\gamma = \{10^{-i}, i = 6 \ldots 10\}$ et la précision augmente systématiquement avec γ *i.e.* lorsque le modèle tend vers P_{fo}. C'est également vrai dans le cas des données taxis pour lesquelles on pouvait s'attendre à une amélioration vu l'imprécision de la discrétisation spatiale. L'utilisation de fréquences relatives pour définir les probabilités de transitions entre lieux semble ainsi plus pertinente que les stratégies PPM et Geo. Toutefois notre prise en compte des coordonnées n'est pas l'unique façon de procéder et d'autres solutions pourraient être envisagées.

Le modèle HON produit généralement des plus mauvaises prédictions qu'avec un ordre fixe. Ceci est en contradiction avec les résultats de Xu et al. (2016) : le filtrage de ce modèle ne semble pas éviter un sur-apprentissage. Néanmoins, la perte de précision est très inférieure au gain en terme de taille. C'est particulièrement le cas pour les taxis, où la précision n'est inférieure que de trois points pour une taille deux fois moins importante. Ce constat ne se retrouve pas avec les modèles utilisant des catégories. Bien que ces derniers soient de taille relativement faible, les pertes en terme de précision sont importantes. HON produit parfois des modèles de plus petite taille et avec une meilleure précision. Un problème intéressant serait de trouver une classification en un nombre donné de groupes aboutissant au meilleur score pour le modèle $P_{C,1}(k)$ pour $k > 1$. Dans le cas de $P_{C,0}(1)$, cette classification correspondrait à une partition des sommets du graphe origine-destination en groupe de sommets ayant des ensembles proches de voisins.

Références

Begleiter, R., R. El-Yaniv, et G. Yona (2004). On prediction using variable order markov models. *Journal of Artificial Intelligence Research 22*, 385–421.

Ducruet, C. et J. Berli (2018). Mapping the globe. the patterns of mega-ships. *Port Technology International 77*, 94–96.

Froehlich, J. et J. Krumm (2008). Route prediction from trip observations. In *SAE Technical Paper*. SAE International.

Giannotti, F., M. Nanni, F. Pinelli, et D. Pedreschi (2007). Trajectory pattern mining. In *Proceedings of the 13th ACM SIGKDD International Conference on Knowledge Discovery and Data Mining*, KDD '07, New York, NY, USA, pp. 330–339. ACM.

Queyroi, F. (2019). Comparing Static and Dynamic Graphs built from Mobility Traces. In *MARAMI 2019*, Actes Marami 2019, Dijon, France.

Rosvall, M., A. V. Esquivel, A. Lancichinetti, J. D. West, et R. Lambiotte (2014). Memory in network flows and its effects on spreading dynamics and community detection. *Nature communications 5*(1), 1–13.

Saebi, M., J. Xu, L. M. Kaplan, B. Ribeiro, et N. V. Chawla (2020). Efficient modeling of higher-order dependencies in networks : from algorithm to application for anomaly detection. *EPJ Data Science 9*(1), 15.

Xu, J., T. L. Wickramarathne, et N. V. Chawla (2016). Representing higher-order dependencies in networks. *Science advances 2*(5), e1600028.

Summary

Transport Network analysis often requires to model transitions as order 1 markovian models. Previous works suggest the use of higher order models in order to build networks that can more accurately predict observed sequences. In this work, we compare these models' prediction capabilities and size using different real world trajectories datasets. Beside generic models, we introduce models that include exogenous variables such as the location or the categories of the visited places. They provide further research opportunities. Our experimental results suggest that the HON model (Xu et al. (2016)) offers a good compromise between predictive capabilities and parsimony. However, some claimed properties of this model could not be reproduced. Indeed, none of the strategies used here results in better predictions than the fix-order model (Rosvall et al. (2014)).

Apprentissage multi-vues pour la recommandation dans le domaine du pneumatique

Thomas Ranvier*, Khalid Benabdeslem*, Kilian Bourhis**, Bruno Canitia**

*Université Lyon 1, 43 Boulevard du 11 novembre 1918, Villeurbanne cedex 69622
ranvier.thomas.pro@gmail.com,
khalid.benabdeslem@univ-lyon1.fr
**Lizeo IT, 42 Quai Rambaud, 69002 Lyon
kilian.bourhis,bruno.canitia@lizeo-group.com,

Résumé. Nous utilisons constamment des systèmes de recommandation, souvent sans même nous en apercevoir. Ils construisent un profil nous correspondant afin de nous recommander le contenu le plus susceptible de nous intéresser. Les données représentant les utilisateurs, leurs interactions avec le système ou encore les produits peuvent provenir de sources différentes et être de natures diverses. Notre objectif est d'appliquer les approches d'apprentissage multi-vues pour améliorer notre système de recommandation dans le domaine du pneumatique et lui permettre de gérer au mieux des données organisées en de multiples vues. Nous présentons une étude comparative entre plusieurs modèles multi-vues de l'état de l'art appliqués à nos données industrielles. Celle-ci nous a permis de démontrer la pertinence de l'utilisation de l'apprentissage multi-vues au sein de systèmes de recommandation.

1 Introduction

L'objectif d'un système de recommandation est d'estimer les produits les plus susceptibles d'intéresser un utilisateur (Betru et al. (2017)). Il existe deux principales tâches de recommandation : la prédiction d'une note et l'établissement d'un classement. La prédiction d'une note vise à estimer la note que l'utilisateur pourrait donner à un produit et s'appuie généralement sur les notes attribuées à d'autres produits par ce même utilisateur. L'établissement d'un classement vise à fournir une liste classée de n produits dans l'ordre estimé de préférence de l'utilisateur, généralement appelé un "top-n" (Zhang et al. (2019)). Il existe trois principales catégories de systèmes de recommandations (Adomavicius et Tuzhilin (2005)). Les *Content-based recommendations*, où l'utilisateur se voit recommander des produits similaires à ceux qu'il a déjà consultés et appréciés. Le *Collaborative Filtering*, où l'utilisateur se voit recommandé des produits que des personnes avec des goûts similaires ont apprécié. Les *hybrid approaches*, qui combinent les deux méthodes décrites précédemment. Une quatrième catégorie moins courante sont les systèmes de recommandations basés sur les sessions des utilisateurs. Les recommandations se font alors sur les similarités entre les habitudes de navigation des utilisateurs et leurs relations aux produits consultés.

Beaucoup de données sont collectées depuis des sources distinctes, exploiter intelligemment ces différentes vues peut permettre d'améliorer les performances d'un système de classification. Pour que l'apprentissage multi-vues soit efficace il est nécessaire que les vues respectent certains principes, sans quoi l'utilisation de plusieurs vues pourrait entraîner une dégradation des performances. Les deux grands principes de l'apprentissage multi-vues sont le principe du consensus et celui de la complémentarité (Xu et al. (2013)). Dans le cadre d'un apprentissage supervisé, le principe du consensus définit qu'en minimisant les désaccords entre chaque vue, le taux d'erreur sur chaque vue en sera également minimisé. C'est-à-dire qu'un système capable de faire corréler les résultats obtenus à partir de différentes vues minimisera par la même occasion les erreurs de classification sur chacune de ces vues. Le principe de complémentarité définit que si chaque vue contient des connaissances que les autres ne possèdent pas, alors ces multiples vues peuvent être exploitées ensemble pour décrire les données de manière compréhensive et précise et mener à de meilleures performances d'apprentissage..

Un système de recommandation peut bénéficier de l'apprentissage multi-vues à la condition que les données exploitées permettent l'application des principes du consensus et de la complémentarité. Les applications concrètes de l'approche multi-vues dans le domaine de la recommandation utilisent généralement des modèles composites issus de l'apprentissage profond. (Elkahky et al. (2015)) introduisent un modèle multi-vues profond, par la suite (Song et al. (2016)) enrichissent ce modèle en y intégrant un sous-modèle permettant la gestion d'une ou plusieurs vue(s) temporelle(s). Plus tard le concept de mécanismes d'attention a été introduit dans ce domaine avec le modèle de (Liang et al. (2020)).

Au sein de cet article, nous décrirons dans un premier temps les modèles issus de l'état de l'art qui seront évalués sur nos données industrielles par une étude comparative. Nous détaillerons ensuite les données utilisées ainsi que le protocole expérimental utilisé pour l'étude. Enfin, nous présenterons les résultats obtenus par notre étude comparative.

2 Apprentissage multi-vues pour la recommandation

2.1 Vues disponibles

Rezulteo est un comparateur en ligne au sein duquel se trouve un système de recommandation, ce système répond à des contraintes telles que le problème du "cold-start" (Schein et al. (2002)), des interactions implicites entre l'utilisateur et les produits et aucune confirmation d'achat après recommandation (redirection vers sites revendeurs). Cette section présente les cinq vues disponibles pour le projet Rezulteo et leur évaluation individuelle.

1. **Données de session des utilisateurs :** Ces données séquentielles sont issues des historiques de sessions des utilisateurs. Elles réunissent les actions faites par les utilisateurs dans l'ordre chronologique, la dimension temporelle y est donc primordiale.

2. **Données expertes sur les produits :** Ce sont des données métiers récoltées auprès des manufacturiers et qui caractérisent chaque produit de Rezulteo, elles sont statiques et associent une représentation unique et abstraite à chaque produit.

3. **Vecteurs latents des utilisateurs :** Les vecteurs latents des utilisateurs sont générés par une factorisation de matrices sur les interactions des utilisateurs via le modèle eALS : Element-wise Alternating Least Square (He et al. (2016)). Le but est de réutiliser l'une des deux composantes (matrice utilisateur) nécessaire à la reconstruction de

la matrice d'interaction implicite pour générer une représentation unique et abstraite pour chaque utilisateur (Kenaan et al. (2020)).

4. **Vue de comparabilité :** Cette vue statique est obtenue à partir de coefficients de similarité qui sont calculés entre chaque paire de produits. Ces derniers sont déterminés par un système expert qui se base sur des indicateurs métiers (âge du produit, volume de vente et sa présence sur les différentes parts de marché, etc.).

5. **Vue de compatibilité :** Cette vue statique liste tous les produits qui sont compatibles avec les sessions des utilisateurs, chaque session étant associée à une requête qui détermine cette compatibilité. Chaque véhicule n'étant compatible qu'avec un ensemble limité de pneumatiques, cette vue représente simplement la liste des produits compatibles avec la session de l'utilisateur. Elle se présente sous la forme d'un simple vecteur de valeurs booléennes de dimension n, avec n le nombre total de produits.

Les métriques utilisées pour évaluer les modèles sont les mêmes que celles utilisées au sein des travaux précédents (Bourhis et al. (2019); Kenaan et al. (2020)). Il s'agit du **HR (Hit Rank)**, qui mesure la capacité du système à donner toutes les solutions pertinentes et du **NDCG (Normalized Discounted Cumulative Gain)**, qui mesure la qualité du classement de la recommandation. Toutes deux varient de 0 à 100%.

La table 1 présente la qualité de chacune des vues disponibles pour ce projet en comparaison avec une vue composée de données aléatoires. Chaque valeur est obtenue par la moyenne de 10 expériences de 20 epochs chacune. Les vues statiques sont évaluées par un modèle de neurones à propagation avant. La vue séquentielle des données de sessions est évaluée avec un 3D-CNN (3D Convolutional Neural Network), un modèle à convolutions capable de gérer des données temporelles grâce à des convolutions tridimensionnelles (Tuan et Phuong (2017)). L'intervalle de confiance utilisé est l'écart-type.

Vue évaluée	HR@100	NDCG@100
Aléatoire	66.33 ± 0.08	19.83 ± 0.04
Sessions	82.01 ± 0.30	32.42 ± 0.36
Données expertes	83.58 ± 0.10	34.16 ± 0.13
Vue de comparabilité	83.83 ± 0.13	31.82 ± 0.13
Vue de compatibilité	85.37 ± 0.17	33.89 ± 0.18
Vecteurs des utilisateurs	89.56 ± 0.10	37.21 ± 0.18

TAB. 1 – *Évaluation des vues disponibles en comparaison avec une vue aléatoire.*

L'évaluation se faisant sur un top 100 la vue aléatoire obtient un HR et un NDCG pouvant paraître élevé, nous pouvons tout de même constater des résultats nettement supérieurs pour les autres vues. L'évaluation de la qualité des vues montre donc que toutes les vues disponibles offrent des informations utiles pour la recommandation.

2.2 Modèles évalués

Notre objectif est d'étudier les performances de l'apprentissage multi-vues appliqué au domaine de la recommandation sur des données industrielles. Notre choix s'est porté sur trois modèles que nous comparons à notre Baseline issue des travaux précédemment réalisés sur le projet (Bourhis et al. (2019); Kenaan et al. (2020)).

Baseline (Kenaan et al. (2020)). Ce modèle est un 3D-CNN, directement issu des travaux précédents. Les données de sessions, données expertes et vecteurs latents des utilisateurs sont concaténées de sorte à conserver la dimension temporelle et servent d'entrée à ce modèle.

MV-DNN : Multi-View Deep Neural Network (Elkahky et al. (2015)). Ce modèle est composé d'autant de branches en parallèle que de vues différentes utilisées, chaque branche construit une représentation abstraite d'une vue. Le MV-DNN possède une vue pivot et vise à maximiser la somme des similarités entre le pivot et les autres vues en utilisant une fonction de similarité. Dans un souci de généralisation et d'adaptation à notre cas de figure, la version de ce modèle implémentée n'utilise ni vue pivot, ni fonction de similarité. Dans notre cas les résultats de toutes les branches sont concaténés pour servir d'entrée à un réseau de neurones final. Celui-ci permet d'obtenir un vecteur associant un poids de recommandation à chaque produit de Rezulteo. Toutes les branches du modèle sont constituées de réseaux de neurones à propagation avant ayant la même architecture, chaque branche est donc en mesure de gérer une vue statique. La vue séquentielle des sessions ne peut pas être exploitée par ce modèle.

TDSSM : Temporal Deep Semantic Similarity Model (Song et al. (2016)). Le TDSSM étend l'architecture d'un MV-DNN en intégrant un ou plusieurs modèles temporels (récurent, 3D-CNN, etc.) au sein de ses branches. L'architecture du modèle développé est générique et peut gérer autant de vues statiques et séquentielles que nécessaire.

MV-AFM : Multi-View Attentional Factorization Machines (Liang et al. (2020)). Le modèle MV-AFM introduit deux nouveaux concepts aux architectures multi-vues, le concept d'attention hiérarchique et celui d'interactions par paires entre les vues. L'utilisation de mécanismes d'attention permet de pondérer chaque vue selon son importance et ainsi de mieux gérer l'aspect multi-vues. La combinaison des vues par paires permet de corréler des informations entre les vues et ainsi permettre l'apparition de connaissances utiles. Au sein du papier initial (Liang et al. (2020)), le modèle est mis en application sur des jeux de données issus de Google Play et de l'Apple App Store. L'architecture du modèle a été légèrement modifiée pour être adaptée à nos données, elle est présentée sur la figure 1. Le modèle possède une branche par vue, chaque branche commence par un modèle capable de gérer la nature de la vue attribuée (statique ou séquentielle), permettant d'obtenir un vecteur de taille fixe. Ce vecteur passe par une couche "d'embedding" générant x vecteurs de taille y grâce à x couches linéaires de y neurones chacune. Ces x vecteurs passent par un mécanisme d'attention (Feature-level attention), celui-ci génère un vecteur de contexte composé des informations les plus importantes pour chaque vue. La couche suivante (Pair-wise views interactions) opère un produit Hadamard entre chaque paire de vecteurs de contexte, permettant de modéliser les interactions entre toutes les paires de vues. Le mécanisme d'attention suivant (View-level attention) permet de générer un vecteur de contexte global pondérant l'importance des vues et de leurs interactions. Toutes les branches sont ainsi réunies en une seule et la sortie finale du modèle est obtenue à travers deux dernières couches linéaires.

Les différents mécanismes d'attention peuvent tous être modélisés par l'équation 1. La matrice F est composée des x vecteurs d'entrée à cette couche, tous de taille y, α est le vecteur d'alignement de taille x et c le vecteur de contexte généré de taille y. Les variables q, W et b sont des poids et des biais qui sont appris lors de l'entraînement global du modèle.

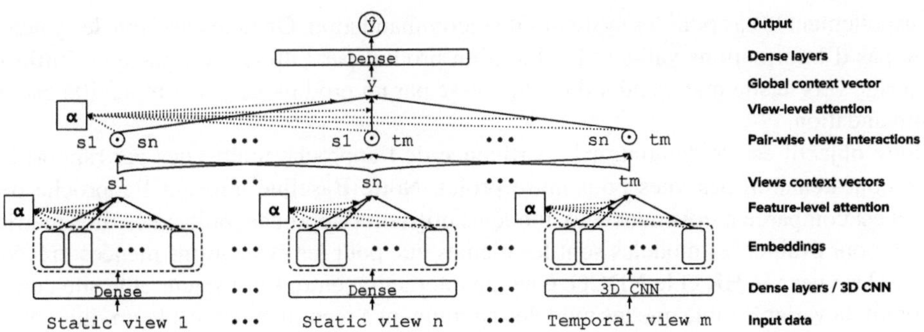

FIG. 1 – *Architecture de la version du MV-AFM implémentée.*

$$e_i = q \cdot tanh(W \cdot F_i + b) \qquad \alpha = \frac{exp(e_i)}{\sum_{k=1}^{x} exp(e_k)} \qquad c = \sum_{i=1}^{x} \alpha_i \cdot F_i \qquad (1)$$

La couche modélisant les interactions par paires entre les vues (Pair-wise views interactions) prend en entrée les vecteurs de contexte obtenus avec les mécanismes d'attention précédents (Feature-level attention). Le nombre de vues résultantes est de $m + \frac{m \cdot (m-1)}{2}$, avec m le nombre de vues initiales. Chaque nouvelle vue est générée par la somme du produit Hadamard entre deux vecteurs de contexte. La sortie de cette couche est composée des m vecteurs d'entrée et des $\frac{m \cdot (m-1)}{2}$ vecteurs générées, sur la figure 1 ne figurent pas les m vecteurs d'entrée à ce niveau dans un souci de clarté.

3 Données industrielles et protocole expérimental

Nous avons mené nos expérimentations sur des données réelles provenant d'un comparateur en ligne de pneumatique. Nous avons deux jeux de données à notre disposition. Le premier, noté D1, comporte quatre vues (sessions, vecteurs utilisateurs, données expertes et vue de comparabilité), seule la vue de compatibilité y est manquante. Le second, noté D2, est un sous-ensemble du précédent de plus petite taille qui comporte les cinq vues disponibles. Nous avons construit la vue de compatibilité de D2 en ré-exécutant les requêtes des utilisateurs pour définir la liste des produits compatibles avec la requête.

Le jeu D1 est constitué de 114 359 sessions pour 102 613 utilisateurs et 7 726 produit, le jeu D2 contient 50 241 sessions pour 46 148 utilisateurs et 3 268 produits. La volumétrie des données montre environ une session par utilisateur, ce qui signifie que les utilisateurs n'utilisent généralement le système de recommandation qu'une fois, il est donc impossible de créer un profil d'utilisateur. Sans profils d'utilisateurs, notre système de recommandation doit faire face au problème du "cold-start", c'est-à-dire que le système doit recommander des produits à un utilisateur pour lequel il n'a aucune information antérieure. De plus, les données récoltées durant l'utilisation du système sont des interactions implicites entre l'utilisateur et le site, il n'est donc pas possible de se baser sur des notes ou des retours explicites d'utilisateurs comme c'est usuellement le cas pour les systèmes de recommandation. On note aussi que le système ne récolte pas d'informations validant l'achat d'un produit par l'utilisateur, puisque l'utilisateur est redirigé vers le site marchand s'il est intéressé par un produit, ce qui complexifie encore la recommandation.

Notre objectif est de démontrer la pertinence de l'approche multi-vues par rapport à une simple concaténation des vues pour notre projet. Notre Baseline utilisant l'approche précédente et est comparée à trois nouveaux modèles utilisant l'approche multi-vues. Les métriques utilisées pour évaluer les modèles sont les mêmes que pour les évaluations menées précédemment sur les vues : le HR et le NDCG. Chaque interaction entre l'utilisateur et le site concerne un produit, la variable cible que les modèles apprennent à recommander est le produit concerné par l'interaction suivante de l'utilisateur. La taille du classement à recommander pour les deux jeux de données est équilibrée en fonction du nombre de produits de chaque jeu de données.

4 Étude comparative

Le tableau 2 présentent les performances des modèles évalués sur les jeux de données D1 et D2. Les valeurs en gras correspondent aux valeurs les plus élevées pour chaque métrique. Chaque valeur est obtenue par la moyenne de 20 expériences pour lesquelles nous avons fait varier la graine de la descente de gradient stochastique. Chaque expérience est effectuée sur 50 epochs pour la Baseline et sur 10 epochs pour tous les autres modèles. En effet, les modèles multi-vues convergent plus rapidement que la Baseline, le temps d'entraînement de ces modèles est donc plus court.

Jeu	Métrique	Baseline	MV-DNN	TDSSM	MV-AFM
D1	HR@236	92.12 ± 0.13	93.45 ± 0.14	93.39 ± 0.16	$\mathbf{93.47 \pm 0.21}$
	HR@12	49.04 ± 0.40	51.36 ± 1.50	$\mathbf{52.02 \pm 1.02}$	51.11 ± 0.65
	NDCG@236	34.64 ± 0.21	$\mathbf{35.12 \pm 0.97}$	35.06 ± 0.76	34.55 ± 0.36
	NDCG@12	26.36 ± 0.26	26.97 ± 1.23	$\mathbf{26.98 \pm 0.96}$	26.29 ± 0.43
D2	HR@100	88.51 ± 0.15	91.79 ± 0.17	91.82 ± 0.12	$\mathbf{91.91 \pm 0.22}$
	HR@5	33.18 ± 0.28	40.13 ± 0.26	40.22 ± 0.38	$\mathbf{40.33 \pm 0.54}$
	NDCG@100	35.30 ± 0.17	39.84 ± 0.16	$\mathbf{39.87 \pm 0.17}$	39.57 ± 0.38
	NDCG@5	21.93 ± 0.22	27.09 ± 0.22	$\mathbf{27.13 \pm 0.31}$	26.78 ± 0.49

TAB. 2 – *Évaluation des modèles avec les deux jeux de données.*

De ces résultats nous pouvons observer que les trois modèles exploitant l'approche multi-vues obtiennent des résultats supérieurs à ceux de la Baseline. Cela montre que l'approche multi-vues pour ce projet est pertinente et efficace. Nous remarquons que le MV-AFM obtient des résultats légèrement supérieurs pour la métrique du Hit Rate et que le TDSSM obtient de meilleurs résultats pour le NDCG. Il pourra donc éventuellement être pertinent d'utiliser le MV-AFM si l'on souhaite maximiser les chances de recommander le produit le plus cohérent et d'utiliser le TDSSM si l'on vise à obtenir un ordre de recommandation plus pertinent. Toutefois l'écart entre les performances des trois modèles multi-vues étant très serré, il n'est pas possible d'affirmer que l'un de ces modèles soit supérieur aux autres en tout point.

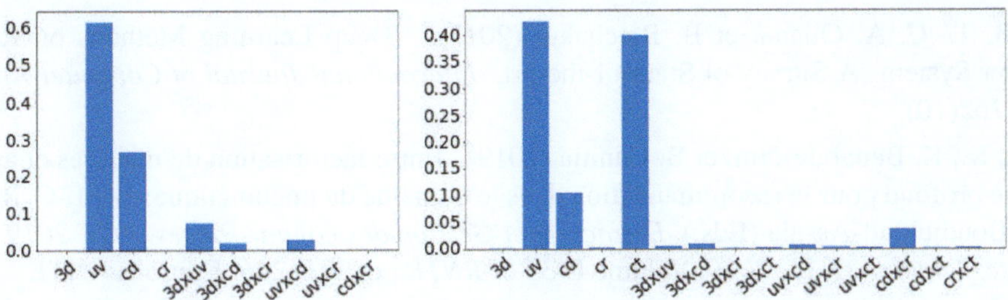

FIG. 2 – *Niveaux d'attention moyens sur les jeux de données D1 (gauche) et D2 (droite).*

La figure 2 présente les niveaux d'attention sur chaque vue et interaction de vues au sein du modèle MV-AFM en moyenne sur 1000 prédictions. Les ordonnées représentent le pourcentage d'attention portée et en abscisse figurent les vues et leurs interactions. On peut noter que, dans les deux cas, l'attention est majoritairement portée aux vecteurs latents des utilisateurs (uv), ce qui concorde avec l'évaluation des vues précédemment menée qui avait atteint les meilleurs résultats avec cette vue. Dans le cas de D1 les données expertes (cd) sont également largement exploitées et la vue temporelle des sessions des utilisateurs (3d) semble présenter un intérêt lorsqu'elle est corrélée avec les vecteurs des utilisateurs (3dxuv) et les données expertes (3dxcd). Dans le cas de D2 on retrouve un schéma similaire avec l'ajout de la vue de compatibilité (ct) qui a logiquement une importance capitale pour déterminer des recommandations cohérentes avec la requête de l'utilisateur.

5   Conclusion

Dans ce papier, nous présentons trois modèles exploitant l'approche d'apprentissage multi-vues appliquée à la recommandation dans le domaine du pneumatique. Nous présentons les résultats d'une étude comparative de ces trois modèles et de notre Baseline en application sur des données réelles. Nous observons que les modèles exploitant l'approche multi-vues obtiennent des résultats supérieurs à la Baseline, démontrant ainsi la pertinence de l'approche multi-vues dans le cadre de la recommandation. Le TDSSM montre les meilleurs résultats pour la métrique du NDCG, ce qui montre sa capacité à générer un classement de recommandation pertinent, tandis que le MV-AFM, utilisant des mécanismes d'attention, obtient les meilleurs résultats pour la métrique du HR montrant une plus haute précision pour recommander le produit cible. Les modèles comparés parviennent à obtenir une qualité de recommandation remarquable au vu des contraintes auxquelles le système doit faire face (problème du "cold-start", interactions implicites et aucune confirmation d'achat).

Références

Adomavicius, G. et A. Tuzhilin (2005). Toward the next generation of recommender systems: a survey of the state-of-the-art and possible extensions. *IEEE Transactions on Knowledge and Data Engineering 17*(6), 734–749.

Betru, B. T., C. A. Onana, et B. Batchakui (2017). Deep Learning Methods on Recommender System: A Survey of State-of-the-art. *International Journal of Computer Applications 162*(10).

Bourhis, K., K. Benabdeslem, et B. Canitia (2019). Entre factorisation de matrices et apprentissage profond pour la recommandation dans le domaine du pneumatique. In M.-C. Rousset et L. Boudjeloud-Assala (Eds.), *Extraction et Gestion des connaissances, EGC 2019, Metz, France, January 21-25, 2019*, Volume E-35 of *RNTI*, pp. 291–296. Éditions RNTI.

Elkahky, A. M., Y. Song, et X. He (2015). A Multi-View Deep Learning Approach for Cross Domain User Modeling in Recommendation Systems. In *Proceedings of the 24th International Conference on World Wide Web - WWW '15*, Italy, pp. 278–288. ACM Press.

He, X., H. Zhang, M.-Y. Kan, et T.-S. Chua (2016). Fast Matrix Factorization for Online Recommendation with Implicit Feedback. pp. 549–558. ACM Press.

Kenaan, A., K. Benabdeslem, K. Bourhis, et B. Canitia (2020). Approches hybrides pour la recommandation dans le domaine du pneumatique. In A. Cornuéjols et E. Cuvelier (Eds.), *Extraction et Gestion des Connaissances, EGC 2020, Brussels, Belgium, January 27-31, 2020*, Volume E-36 of *RNTI*, pp. 133–144. Éditions RNTI.

Liang, T., L. Zheng, L. Chen, Y. Wan, P. S. Yu, et J. Wu (2020). Multi-view factorization machines for mobile app recommendation based on hierarchical attention. *Knowledge-Based Systems 187*, 104821.

Schein, A. I., A. Popescul, L. H. Ungar, et D. M. Pennock (2002). Methods and metrics for cold-start recommendations. In *Proceedings of the 25th annual international ACM SIGIR conference on Research and development in information retrieval - SIGIR '02*, Tampere, Finland, pp. 253. ACM Press.

Song, Y., A. M. Elkahky, et X. He (2016). Multi-Rate Deep Learning for Temporal Recommendation. pp. 909–912. SIGIR '16: Proceedings of the 39th International ACM SIGIR conference on Research and Development in Information Retrieval.

Tuan, T. X. et T. M. Phuong (2017). 3D Convolutional Networks for Session-based Recommendation with Content Features. pp. 138–146. ACM Press.

Xu, C., D. Tao, et C. Xu (2013). A Survey on Multi-view Learning. *arXiv:1304.5634*.

Zhang, S., L. Yao, A. Sun, et Y. Tay (2019). Deep Learning based Recommender System: A Survey and New Perspectives. *ACM Computing Surveys 52*(1), 1–38. arXiv: 1707.07435.

Summary

We are constantly using recommender systems, often without even noticing. They build a profile of our person in order to recommend the content we will most likely be interested in. The data representing the users, their interactions with the system or the products may come from different sources and be of a various natures. Our goal is to use multi-view learning approaches to improve our recommender system and improve its capacity to manage multi-view data. We propose a comparative study between several state of the art multi-view models applied to our industrial data. Our study demonstrates the relevance of using multi-view learning within recommender systems.

Elastic Net avec gestion des interactions et débiaisage

Florent Bascou*, Sophie Lèbre**
Joseph Salmon***

*IMAG, Univ. Montpellier, CNRS Montpellier, France
florent.bascou@umontpellier.fr,
**IMAG, Univ. Montpellier, CNRS Montpellier, France
Univ. Paul-Valéry-Montpellier 3, Montpellier, France
sophie.lebre@umontpellier.fr
***IMAG, Univ. Montpellier, CNRS Montpellier, France
joseph.salmon@umontpellier.fr

Résumé. Nous présentons quelques résultats statistiques pour un modèle de régression pénalisée et dé-biaisée pour ajuster, en grande dimension, un modèle linéaire parcimonieux avec interactions. L'analyse statistique s'intéresse à l'approche proposée par Bascou et al. (2020), notamment afin d'illustrer le fonctionnement du débiaisage. De plus, on montre qu'il permet de sélectionner moins de variables que le modèle sans débiaisage sur données simulées et réelles.

1 Introduction

Grâce à leur interprétabilité, les modèles linéaires sont populaires, néanmoins, le nombre de variables explicatives est souvent supérieur au nombre d'observations, de sorte qu'une régularisation est nécessaire. Des techniques de régularisation exploitant la norme ℓ_1 ont conduit à la création de nombreux estimateurs, dont les plus connus sont le Lasso (Tibshirani, 1996) et l'Elastic Net (Zou et Hastie, 2005). Pour traiter les interactions entre variables, la parcimonie est cruciale, car même limité aux d'ordre deux, le nombre de variables grandit déjà de manière quadratique. Nous estimons les coefficients à l'aide de l'estimateur Elastic Net qui permet de réduire le nombre de variables grâce à la pénalité ℓ_1, tout en tenant compte des fortes corrélations entre variables grâce à la pénalité ℓ_2 (Tikhonov, 1943; Hoerl et Kennard, 1970). Dans Bascou et al. (2020), nous avons adapté un algorithme de descente de coordonnées (popularisé par `glmnet` (Friedman et al., 2007, 2010)) pour que la matrice d'interaction n'ait pas besoin d'être stockée en mémoire. Par ailleurs, sachant que l'Elastic Net contracte les grands coefficients vers zéro, dans Bascou et al. (2020) nous suggérions de calculer une version non dé-biaisée des coefficients (Deledalle et al., 2017) afin de proposer un algorithme approchant le LS Elastic Net (Elastic Net suivi des moindres carrés sur le support). Dans ce travail, nous comparons l'Elastic Net et sa version débiaisée sur données simulées avec différents scénarios d'hérédité pour montrer que le débiaisage améliore la sélection de variables. Nous terminons par une étude sur données réelles, pour confirmer ce comportement.

2   Elastic Net pour interactions et débiaisage

On note n le nombre d'observations, p le nombre de variables, et $q = p\,(p+1)/2$ (ou $q = p\,(p-1)/2$ si l'on exclut les effets quadratiques [1]) le nombre de variables d'interactions d'ordre 2. On note $y \in \mathbb{R}^n$ le vecteur réponse, $X = [x_1, \ldots, x_p] \in \mathbb{R}^{n \times p}$ la matrice de design, et $Z = [z_1, \ldots, z_q] \in \mathbb{R}^{n \times q}$ celle des interactions. L'estimateur Elastic Net est alors :

$$(\widehat{\beta}, \widehat{\Theta}) \in \operatorname*{arg\,min}_{\substack{\beta \in \mathbb{R}^p \\ \Theta \in \mathbb{R}^q}} \frac{1}{2n} \|y - X\beta - Z\Theta\|^2 + \alpha_{1,1}\|\beta\|_1 + \alpha_{1,2}\|\Theta\|_1 + \alpha_{2,1}\frac{\|\beta\|^2}{2} + \alpha_{2,2}\frac{\|\Theta\|^2}{2} \ . \quad (1)$$

où $\alpha_{1,1} > 0, \alpha_{1,2} > 0, \alpha_{2,1} > 0$ et $\alpha_{2,2} > 0$ sont des paramètres à ajuster, par exemple par validation croisée. L'adaptation d'un algorithme de descente par coordonnées pour la minimisation du problème (1) permet d'éviter de stocker la matrice des interactions, et repose sur les mises à jours suivantes (voir détails dans Bascou et al. (2020)) :

Proposition 2.1. *Soient $\widehat{\beta}^k$ et $\widehat{\Theta}^k$ les coefficients calculés par l'algorithme de descente par coordonnées à la k^e passe sur les données, et notons $r^k = y - X\widehat{\beta}^k - Z\widehat{\Theta}^k$ les résidus associés. Les mises à jour des $j_0{}^e$ et $jj_0{}^e$ coordonnées sont données par :*

$$\widehat{\beta}_{j_0}^{k+1} = \frac{1}{\|x_{j_0}\|^2 + n\alpha_{2,1}} \operatorname{ST}\left(x_{j_0}^\top\left(r^k + \widehat{\beta}_{j_0}^k x_{j_0}\right), n\alpha_{1,1}\right) \ , \quad (2)$$

$$\widehat{\Theta}_{jj_0}^{k+1} = \frac{1}{\|z_{jj_0}\|^2 + n\alpha_{2,2}} \operatorname{ST}\left(z_{jj_0}^\top\left(r^k + \widehat{\Theta}_{jj_0}^k z_{jj_0}\right), n\alpha_{1,2}\right) \ , \quad (3)$$

où ST *représente la fonction définie pour tout $x \in \mathbb{R}$ par :* $\operatorname{ST}(x, \alpha) = (|x| - \alpha)_+ \operatorname{sign}(x)$.

Preuve. Voir par exemple (Friedman et al., 2007). $\qquad\qquad\qquad\qquad\qquad\square$

Les coefficients estimés par l'Elastic Net sont biaisés Salmon (2017), et l'on peut faire une étape de moindres carrés sur les coefficients non-nuls obtenus (Naive-LSEnet, Bascou et al. (2020)) pour contrecarrer cet effet. Néanmoins, cette approche est limitée car elle nécessite de nouveau la construction de la matrice des interactions sur le support obtenu, ce qui peut poser le même problème de mémoire qu'évoqué précédemment. Pour palier à ces limitations, nous avons adapté CLEAR (Covariant LEAst-square Refitting Deledalle et al. (2017)) - une méthode reposant sur une correction de premier ordre de l'estimateur initial (voir aussi Tukey (1977) ou Osher et al. (2005)) - à l'estimateur Elastic Net dans (Bascou et al., 2020).

Définition 2.1. *L'estimateur CLEAR associé à un estimateur différentiable presque partout $\mathbb{R}^n \ni y \to \widehat{\beta}(y) \in \mathbb{R}^p$ est, pour tout $y \in \mathbb{R}^n$, donné par :*

$$\mathcal{R}_{\widehat{\beta}}(y) := \widehat{\beta}(y) + \rho J \cdot (y - X\widehat{\beta}(y)) \ \textit{avec} \ \rho := \begin{cases} \dfrac{\langle XJ\delta | \delta\rangle}{\|XJ\delta\|^2} & , \ \textit{si } XJ\delta \neq 0, \\[2ex] 1 & , \ \textit{sinon}, \end{cases} \quad (4)$$

où $\delta = y - X\widehat{\beta}(y)$ et $J = J_{\widehat{\beta}}(y) \in \mathbb{R}^{p \times n}$ est la matrice Jacobienne de $\widehat{\beta}$ au point y.

Nous calculons la matrice Jacobienne avec un schéma de différentiation automatique, menant à la proposition suivante et à l'Algorithme 2 de Bascou et al. (2020).

---

1. $q = 0$ si l'on ne tient pas compte des interactions

Proposition 2.2. *Supposons que les coefficients $\widehat{\beta}^k$ et $\widehat{\Theta}^k$ soient itérativement mis-à-jour par les Équations (2) et (3). On définit la Jacobienne de $\widehat{\beta}^k$ (resp. $\widehat{\Theta}^k$) appliquée aux résidus par $J_{\widehat{\beta}^{k+1}} r^k$ (resp. $J_{\widehat{\Theta}^{k+1}} r^k$) où e_j (resp. e_{jj}) est la base canonique de $\mathbb{R}^p$ (resp. $\mathbb{R}^q$) :*

$$
(J_{\widehat{\beta}^{k+1}} r^{k+1})_j = \frac{x_j^\top \left((x_j e_j^\top - X) J_{\widehat{\beta}^k} + (\mathrm{Id}_n - Z J_{\widehat{\Theta}^k}) \right) r^k}{\|x_j\|^2 + n\alpha_{2,1}} \mathbb{1}_{\left\{ |x_j^\top (r^k + \widehat{\beta}_j^k x_j)| \geq n\alpha_{1,1} \right\}} \tag{5}
$$

$$
(J_{\widehat{\Theta}^{k+1}} r^{k+1})_{jj} = \frac{z_{jj}^\top \left((z_{jj} e_{jj}^\top - Z) J_{\widehat{\Theta}^k} + (\mathrm{Id}_n - X J_{\widehat{\beta}^k}) \right) r^k}{\|z_{jj}\|^2 + n\alpha_{2,2}} \mathbb{1}_{\left\{ |z_{jj}^\top (r^k + \widehat{\Theta}_{jj}^k z_{jj})| \geq n\alpha_{1,2} \right\}} ,
$$

$$
\tag{6}
$$

et $\rho^{k+1} = \dfrac{\left\langle [X,Z][J_{\widehat{\beta}^{k+1}} r^{k+1},\, J_{\widehat{\Theta}^{k+1}} r^{k+1}]^\top ; r^{k+1} \right\rangle}{\left\| [X,Z][J_{\widehat{\beta}^{k+1}} r^{k+1},\, J_{\widehat{\Theta}^{k+1}} r^{k+1}]^\top \right\|^2}$. En considérant l'Équation (1), l'estimateur CLEAR associé s'écrit :

$$
\widetilde{\beta}^{k+1} = \widehat{\beta}^{k+1} + \rho^{k+1} J_{\widehat{\beta}^{k+1}} r^{k+1} \quad et \quad \widetilde{\Theta}^{k+1} = \widehat{\Theta}^{k+1} + \rho^{k+1} J_{\widehat{\Theta}^{k+1}} r^{k+1} . \tag{7}
$$

Preuve : Notons : $t_j = x_j^\top \left(r^k + \widehat{\beta}_j^k x_j \right)$ et rappelons que $\left(J_{\widehat{\beta}^{k+1}} \right)_j = \dfrac{\partial \widehat{\beta}_j^{k+1}}{\partial y}$, alors :

$$
\frac{\partial \widehat{\beta}_j^{k+1}}{\partial y} = \frac{1}{\|x_j\|^2 + n\alpha_{2,1}} \frac{\partial \mathrm{ST}(t_j, n\alpha_{1,1})}{\partial y}
$$

$$
= \frac{1}{\|x_j\|^2 + n\alpha_{2,1}} \left(\frac{\partial \mathrm{ST}(t_j, n\alpha_{1,1})}{\partial \beta} \frac{\partial \widehat{\beta}^k}{\partial y} + \frac{\partial \mathrm{ST}(t_j, n\alpha_{1,1})}{\partial \Theta} \frac{\partial \widehat{\Theta}^k}{\partial y} + \frac{\partial \mathrm{ST}(t_j, n\alpha_{1,1})}{\partial y} \right)
$$

$$
= \frac{1}{\|x_j\|^2 + n\alpha_{2,1}} \left(\frac{\partial \mathrm{ST}(t_j, n\alpha_{1,1})}{\partial \beta} J_{\widehat{\beta}^k} + \frac{\partial \mathrm{ST}(t_j, n\alpha_{1,1})}{\partial \Theta} J_{\widehat{\Theta}^k} + \frac{\partial \mathrm{ST}(t_j, n\alpha_{1,1})}{\partial y} \right)
$$

$$
= \frac{1}{\|x_j\|^2 + n\alpha_{2,1}} \left(\left(e_j \|x_j\|^2 - x_j^\top X \right)^\top J_{\widehat{\beta}^k} - x_j^\top Z^\top J_{\widehat{\Theta}^k} + x_j^\top \right) \mathbb{1}_{\{ |t_j| \geq n\alpha_{1,1} \}}
$$

Finalement, en factorisant par $x_j^\top$ à gauche et en appliquant à r^k de l'autre :

$$
\left(J_{\widehat{\beta}^{k+1}} r^{k+1} \right)_j = \frac{x_j^\top \left((x_j e_j^\top - X) J_{\widehat{\beta}^k} + (\mathrm{Id}_n - Z J_{\widehat{\Theta}^k}) \right) r^k}{\|x_j\|^2 + n\alpha_{2,1}} \mathbb{1}_{\left\{ |x_j^\top (r^k + \widehat{\beta}_j^k x_j)| \geq n\alpha_{1,1} \right\}} .
$$

Le résultat concernant les interactions s'établit de manière similaire. $\qquad\square$

3   Expérimentations numériques

On se limitera ici au cas $\alpha_{1,1} = \alpha_{1,2}$ et $\alpha_{2,1} = \alpha_{2,2}$: on ne différencie pas les pénalités des effets simples et des interactions, et ces coefficients encodé par ratio noté `l1_ratio`, afin de déterminer un compromis entre les normes ℓ_1 et ℓ_2, comme dans le module `sklearn` (Pedregosa et al., 2011).

3.1   Étude sur données simulées

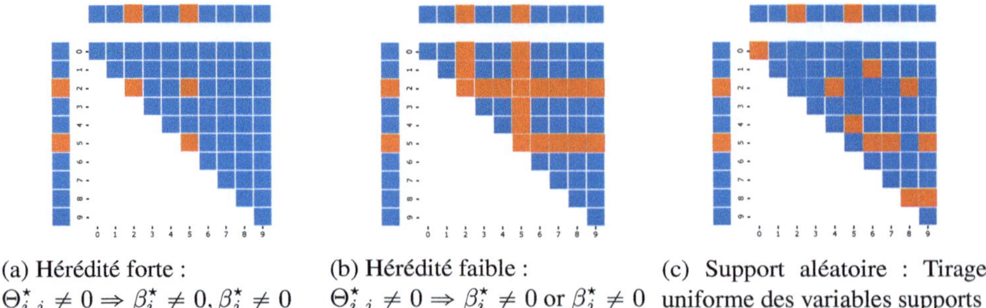

(a) Hérédité forte :
$\Theta^\star_{i,j} \neq 0 \Rightarrow \beta^\star_i \neq 0, \beta^\star_j \neq 0$

(b) Hérédité faible :
$\Theta^\star_{i,j} \neq 0 \Rightarrow \beta^\star_i \neq 0$ or $\beta^\star_j \neq 0$

(c) Support aléatoire : Tirage uniforme des variables supports

FIG. 1: Comparaison des scénarios d'hérédité où seuls $\beta^\star_3$ et $\beta^\star_6$ sont des coefficients actifs (orange). À gauche, on illustre trois indices pour les coefficients d'interactions actifs $\Theta^\star_{3,6}$, $\Theta^\star_{3,3}$ et $\Theta^\star_{6,6}$. Au centre, on observe l'ensemble des possibilités de coefficients actifs pour l'hérédité faible et à droite le cas aléatoire, sans lien entre les variables actives de $\beta^\star$ et de $\Theta^\star$.

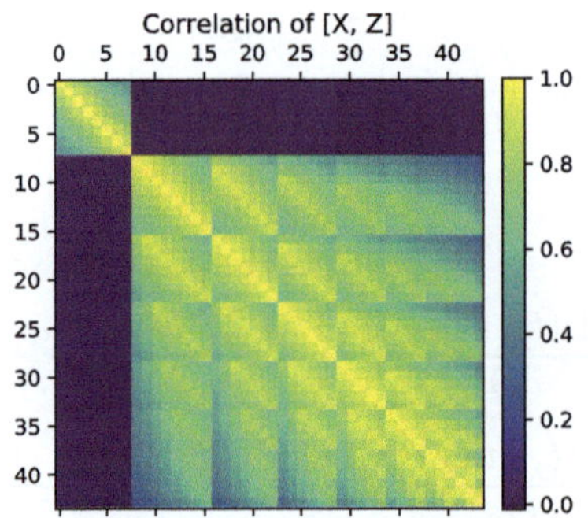

FIG. 2: Structure de la corrélation de [X, Z], selon la corrélation Toeplitz de X : $\mathrm{corr}(x_i, x_j) = 0.9^{|i-j|}$, avec $p = 8$ et $q = 36$. La partie correspondant à X peut-être observée en haut à gauche, celle concernant Z en bas à droite.

Plan d'expérience : pour comparer Elastic Net with Interaction avec sa version débiaisée, on étudie plusieurs scénarios d'hérédités entre les effets simples et les interactions : forte, faible ou aléatoire (Figure 1), en s'inspirant de Bien et al. (2013). Nous générons X comme une matrice de taille $n \times p$ issue du tirage d'une loi normale multivariée centrée mais dont la variance induit une corrélation Toeplitz (Figure 2). Les vecteurs des coefficients des effets simples et des interactions $\beta^\star$ et $\Theta^\star$ sont artificiels : les coefficients non nuls sont choisis aléatoirement (selon les contraintes liées à l'hérédité) parmi $\beta^\star$ (resp. $\Theta^\star$) $= \pm 1$. Enfin, la variable du bruit ε, est simulée selon $\mathcal{N}(0, \sigma^2 \mathrm{Id}_n)$, où σ contrôle le niveau de bruit en fonction du rapport signal sur bruit SNR fixé à 2, qu'on définit Équation (8) d'après Bühlmann et Mandozzi (2013) :

$$\mathrm{SNR} = \frac{\sqrt{\beta^{\star\top} X^\top X \beta^\star + \Theta^{\star\top} Z^\top Z \Theta^\star}}{\sqrt{n}\sigma} \iff \sigma = \frac{\sqrt{\beta^{\star\top} X^\top X \beta^\star + \Theta^{\star\top} Z^\top Z \Theta^\star}}{\sqrt{n}\,\mathrm{SNR}} . \quad (8)$$

La réponse est obtenue par $y = X\beta^\star + Z\Theta^\star + \varepsilon$, avec $n = 100$ observations, $p = 50$ variables simples ($q = 1275$ interactions). Nos résultats sont moyennés sur 100 répétitions aléatoires de validations croisées 5-blocs (`l1_ratio` $\in \{1, 0.99, 0.95, 0.9\}$) avec X et Z standardisées à la volée pour chaque estimateur. La tolérance du saut de dualité est fixée à 10^{-4}, la grille d'alpha est telle que $\alpha_{\min} = \frac{\alpha_{\max}}{100}$ (en gardant la convention de grille de `sklearn`.

Critère de comparaison : on veut montrer que le débiaisage améliore la sélection de variables. Dans notre cas, les vrais positifs VP (resp. négatifs TN) sont les coefficients qui sont

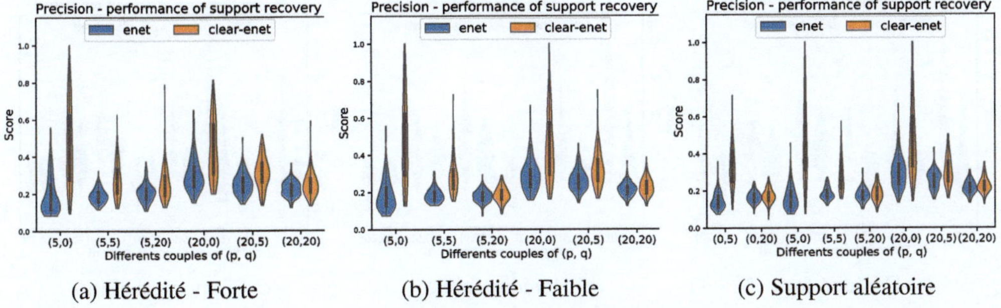

(a) Hérédité - Forte (b) Hérédité - Faible (c) Support aléatoire

FIG. 3: Précision : résultats moyennés sur 100 répétitions aléatoires de validations croisées 5-blocs (`l1_ratio` $\in \{1, 0.99, 0.95, 0.9\}$). CLEAR Elastic Net with Interaction obtient de meilleur résultats surtout quand le support est réduit, et inclut moins de faux positifs.

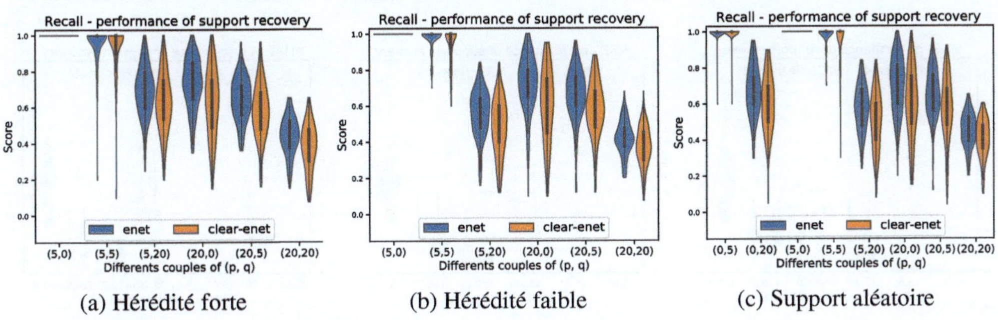

(a) Hérédité forte (b) Hérédité faible (c) Support aléatoire

FIG. 4: Rappel : résultats moyennés sur 100 répétitions aléatoires de validations croisées 5-blocs (`l1_ratio` $\in \{1, 0.99, 0.95, 0.9\}$). Les deux méthodes ont des résultats du même ordre, mais l'estimateur debiaisé a manqué de vrais positifs par rapport à la version original et a donc de moins bons résultats.

non-nuls (resp. nuls) pour l'estimation et les vrais coefficients. Les faux négatifs FN (resp. positifs FP) sont les coefficients estimés nuls (resp. non-nuls) mais en réalité non-nuls (resp. nuls). On a la précision $\frac{\text{VP}}{\text{VP+FP}}$ (resp. rappel $\frac{\text{VP}}{\text{VP+FN}}$) qui mesure à quel point un modèle inclut (resp. oublie) de faux (resp. vrais) positifs. Enfin, le F score : $2 \times \frac{\text{précision} \times \text{rappel}}{\text{précision} + \text{rappel}}$: mesure un équilibre entre les scores précédent et prend en compte le grand nombre de vrais négatifs.

Résultats : on voit Figure 3 que peu importe le scénario, CLEAR Elastic Net with Interaction obtient une précision plus élevée que la version originale. Mais Figure 4, on constate que la version originale a des scores de rappel meilleures que la version débiaisée, cette dernière oubliant quelques vraies variables trouvées par la version originale. Enfin, Figure 5 on résume les figures précédentes : dans la majorité des cas, le F score de la version débiaisée est légèrement meilleur que celui de Elastic Net with Interaction. Aussi, Figure 6 on compare l'erreur quadratique moyenne : elles sont du même ordre, même si celle de la version débiaisée est légèrement plus élevée. On conclut que CLEAR Elastic Net with Interaction sélectionne moins de variables que la version originale : il inclura moins de faux positifs (Figure 3) mais

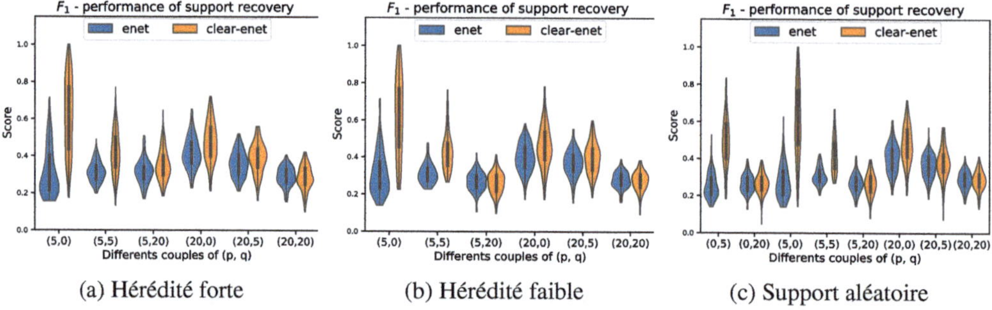

(a) Hérédité forte (b) Hérédité faible (c) Support aléatoire

FIG. 5: F_1 : résultats moyennés sur 100 répétitions aléatoires de validations croisées 5-blocs (`ll_ratio` $\in \{1, 0.99, 0.95, 0.9\}$) avec X et Z standardisées à la volée pour chaque méthode. On voit que CLEAR-Enet a en général des scores plus élevés que l'estimateur original, ainsi le débiaisage améliore la sélection de variable, notamment quand la taille de $(\beta^\star, \Theta^\star)$ est faible.

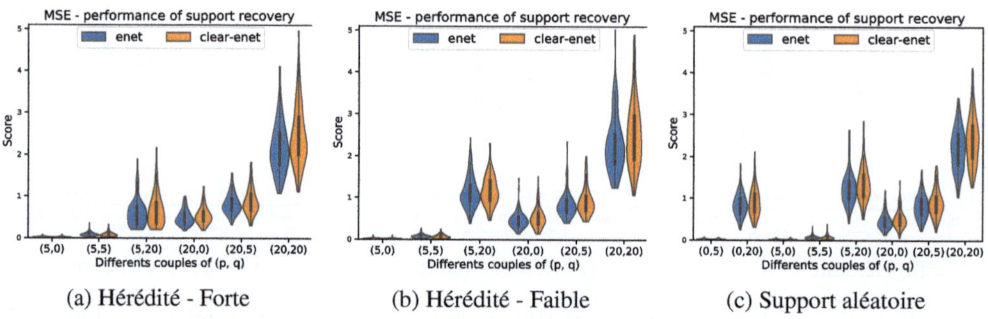

(a) Hérédité - Forte (b) Hérédité - Faible (c) Support aléatoire

FIG. 6: Erreur quadratique moyenne : résultats moyennés sur 100 répétitions aléatoires de validations croisées 5-blocs (`ll_ratio` $\in \{1, 0.99, 0.95, 0.9\}$). Les méthodes ont une erreur du même ordre, même si celle de CLEAR Elastic Net with Interaction est un peu plus élevée.

manquera certains coefficients non nuls (Figure 4). Néanmoins, le compromis illustré Figure 5 montre que CLEAR Elastic Net with Interaction est en général plus efficace en sélection de variables, pour une erreur quadratique moyenne du même ordre.

3.2 Étude sur données réelles : données génomiques

Présentation du jeu de données : on s'intéresse à des données génomiques où les vecteurs réponses sont des mesures d'expressions génétiques (RNA-seq) pour des patients atteints de cancers. Ils partagent la même matrice de design où chaque ligne représente un unique gène de l'ADN et où les colonnes correspondent à différentes mesures de l'ADN (détaillées dans(Bessière et al., 2018)). Nous gardons uniquement $p = 530$ variables pour $n = 19393$ observations et utilisons comme vecteur réponse y la première colonne de la matrice des 241 réponses. Notre objectif sur ces données est de construire un modèle de régression linéaire prenant en compte les interactions. Mais, dû au temps de calcul, on s'intéresse dans ce travail à l'effet du débiaisage sur les effets principaux, la prise en compte des interactions étant lente.

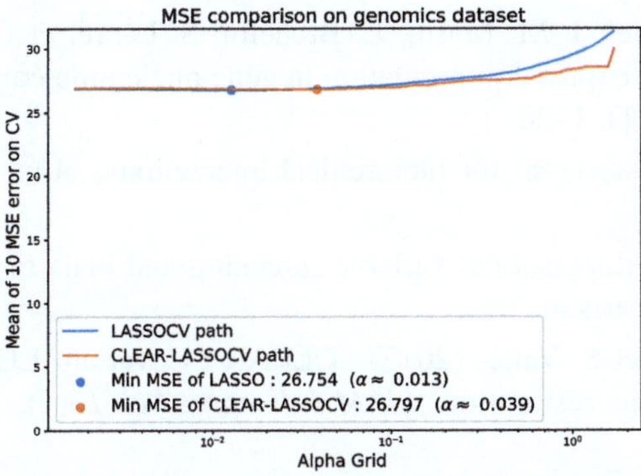

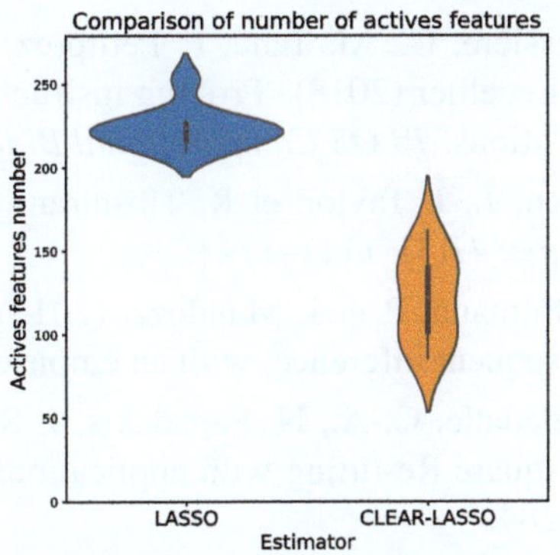

(a) Erreur quadratique moyenne en fonction de α.

(b) Nombre de variables sélectionnées.

FIG. 7: Comparaison de CLEAR LASSO et de l'estimateur original sans interaction sur données génomiques ($n = 19393$, $p = 530$, $q = 0$). Résultats moyennés sur 10 répétitions aléatoires de validations croisées 5-blocs. À gauche, on observe que l'erreur minimum mesurée pour la version débiaisée est pour un α plus grand que pour la version originale. À droite, on voit que le nombre de variables sélectionnées par la version débiaisée est plus faible.

Méthodologie et Resultats : pour avoir des résultats stables, on effectue 10 validations croisées 5-blocs sur des données mélangées aléatoirement. Les paramètres de l'expérience sont : la tolérance du saut de dualité est 10^{-4}, la grille d'alpha est telle que $\alpha_{\min} = \frac{\alpha_{\max}}{1000}$, enfin le `l1_ratio` est fixé à un, c'est à dire que le cas étudié est un LASSO. On observe Figure 7a que le minimum de CLEAR Elastic Net with Interaction est pour une valeur d'alpha plus élevée que pour Elastic Net with Interaction, ce qui se traduit par un nombre de coefficients actifs estimés plus faible que la version biaisée ce qu'on observe Figure 7b. Enfin, l'erreur quadratique moyenne est du même ordre sans et avec débiaisage (plus élevée de l'ordre de 0.1%).

4   Conclusion

Nous avons présenté les résultats statistiques de notre estimateur CLEAR Elastic Net with Interaction. Il apparaît sur données simulées et réelles que le débiaisage permet d'obtenir un nombre de variables actives plus faible pour une erreur quadratique moyenne du même ordre, rendant le modèle débiaisé meilleur en sélection de variables. Les prochains travaux porteront sur des données de tailles plus importantes, l'objectif étant d'inclure les interactions dans notre analyse des données réelles. Le temps de calcul étant une limite pour ces cas, l'adaptation d'une méthode d'ensemble actif est à considérer, en partant par exemple de Massias et al. (2018).

Références

Bascou, F., S. Lèbre, et J. Salmon (2020). Debiasing the elastic net for models with interactions. In *Journées de Statistique*.

Bessière, C., M. Taha, F. Petitprez, J. Vandel, J.-M. Marin, L. Bréhélin, S. Lèbre, et C.-H. Lecellier (2018). Probing instructions for expression regulation in gene nucleotide compositions. *PLOS Computational Biology 14*(1), 1–28.

Bien, J., J. Taylor, et R. Tibshirani (2013). A lasso for hierarchical interactions. *Ann. Statist. 41*(3), 1111–1141.

Bühlmann, P. et J. Mandozzi (2013). High-dimensional variable screening and biais in subsequent inference, with an empirical comparison.

Deledalle, C.-A., N. Papadakis, J. Salmon, et S. Vaiter (2017). CLEAR : Covariant LEAst-square Re-fitting with applications to image restoration. *SIAM J. Imaging Sci. 10*(1), 243–284.

Friedman, J., T. J. Hastie, H. Höfling, et R. Tibshirani (2007). Pathwise coordinate optimization. *Ann. Appl. Stat. 1*(2), 302–332.

Friedman, J., T. J. Hastie, et R. Tibshirani (2010). Regularization paths for generalized linear models via coordinate descent. *J. Stat. Softw. 33*(1), 1–22.

Hoerl, A. E. et R. W. Kennard (1970). Ridge regression : Biased estimation for nonorthogonal problems. *Technometrics 12*(1), 55–67.

Massias, M., A. Gramfort, et J. Salmon (2018). Celer : a Fast Solver for the Lasso with Dual Extrapolation. In *ICML*.

Osher, S., M. Burger, D. Goldfarb, J. Xu, et W. Yin (2005). An iterative regularization method for total variation-based image restoration. *Multiscale Model. Simul. 4*(2), 460–489.

Pedregosa, F., G. Varoquaux, A. Gramfort, V. Michel, B. Thirion, O. Grisel, M. Blondel, P. Prettenhofer, R. Weiss, V. Dubourg, J. Vanderplas, A. Passos, D. Cournapeau, M. Brucher, M. Perrot, et E. Duchesnay (2011). Scikit-learn : Machine learning in Python. *J. Mach. Learn. Res. 12*, 2825–2830.

Salmon, J. (2017). *On high dimensional regression : computational and statistical perspectives*. Habilitation à diriger des recherches, ENS Paris-Saclay.

Tibshirani, R. (1996). Regression shrinkage and selection via the lasso. *J. R. Stat. Soc. Ser. B Stat. Methodol. 58*(1), 267–288.

Tikhonov, A. N. (1943). On the stability of inverse problems. *Dokl. Akad. Nauk SSSR 39*, 176–179.

Tukey, J. W. (1977). *Exploratory data analysis*. Addison-Wesley Publishing Company.

Zou, H. et T. J. Hastie (2005). Regularization and variable selection via the elastic net. *J. R. Stat. Soc. Ser. B Stat. Methodol. 67*(2), 301–320.

Summary

We present some statisticals results for a penalized and de-biased regression estimator, to handle in high dimension interactions and sparsity. The statistical analysis focuses on the approach proposed in (Bascou et al., 2020), in particular to illustrate the functioning of debiasing. Moreover, it is shown that it allows the selection of fewer variables than the model without debiaising on simulated and real data.

Optimisation d'architecture de lacs de données basée sur les chaînes d'approvisionnement

Marzieh Derakhshannia, Anne Laurent, Dickson Owuor

LIRMM, Université de Montpellier, CNRS, Montpellier, France
{prenom.nom}@umontpellier.fr
http://www.lirmm.fr/

Résumé. Les lacs de données constituent une nouvelle génération de dépôts de données. Dans cet article, nous nous appuyons sur une modélisation mathématique de problèmes joints de "location-allocation" utilisés dans la conception de réseau de chaîne d'approvisionnement afin d'améliorer l'architecture des lacs de données et leur performance. Un lac de données est alors considéré comme étant une chaîne d'approvisionnement et les données du lac sont considérées comme des produits avec une durée de vie déterminée. Nous faisons l'hypothèse d'un lac géré avec la paradigme MapReduce et nous résolvons le modèle mathématique à l'aide d'algorithmes gloutons pour déterminer les optimaux de tâches à exécuter pour optimiser les performances tout en minimisant les coûts totaux.

1   Introduction

Au cours de la dernière décennie, de nombreuses organisations ont décidé d'améliorer leurs plates-formes de stockage de données afin de traiter le volume important de données (organisationnelles, de capteurs, ...) produites de manière continue Llave (2018). Les défis principaux sont liés à la préparation d'environnements efficaces pour recueillir et maintenir les données pertinentes à un haut niveau de qualité. La problématique du stockage de données n'est pas nouvelle, et les entrepôts avaient émergé dans les années 1990 pour répondre en partie. Cependant, ils supposent la définition a priori des informations et connaissances à extraire des données, ce qui n'est pas toujours le cas. On parle de *lacs de données* qui sont vus comme une nouvelle génération de systèmes de stockage de données évolutifs pour répondre à l'exigence des plates-formes de stockage de données flexibles et agiles pour les organisations Giudice et al. (2019); Fang (2015). Ils constituent une nouvelle manière de charger, stocker, traiter et visualiser les données Pasupuleti et Purra (2015).

Le lac de données contient d'énormes données structurées et non-structurées dans leurs formats natifs, non pas pour une utilisation immédiate, mais pour de futures interrogations Gorelik (2019). Les architectures de lacs de données sont créées de manière différente de celles des entrepôts de données traditionnels, et tirent parti des outils et des structures pour réduire ou éliminer les processus de préparation de données inefficaces et ingérables Loshin (2013); LaPlante et Sharma (2016); Giebler et al. (2019). Par exemple, Inmon (2016) a défini un lac de données sous la forme d'une structure constituée de différentes sous-structures (appelés bassins). LaPlante et Sharma (2016) ont décrit l'architecture de référence de Zaloni Sharma et Safari (2018) qui est basée sur l'architecture de zone.

Dans notre travail, nous faisons l'hypothÃ¨se qu'un lac de données peut être vu comme une chaîne d'approvisionnement dans laquelle de nombreux composants sont mobilisés pour fournir des données de haute qualité à l'utilisateur final de manière systématique et optimale Derakhshannia et al. (2020).Une chaîne d'approvisionnement est un réseau intégré de divers acteurs tels que les fournisseurs, les producteurs, les distributeurs et les détaillants pour fournir les produits ou services spécifiques aux clients finaux de manière systématique Beamon (1998); Min et Zhou (2002); Daskin (2011).

Afin d'atteindre une chaîne d'approvisionnement intégrée, les gestionnaires doivent prendre des décisions en fonction des trois principaux niveaux : le niveau stratégique, le niveau tactique et le niveau pratique Chopra et Meindl (2007); Munoz et al. (2012); Beamon (1998); Zhang et al. (2014); Min et Zhou (2002). Pour cette raison, des problèmes hybrides de prise de décision multi-critères sont considérés afin de concevoir un réseau de chaîne d'approvisionnement optimisé Ahmadi Javid et Azad (2010); Zhang et al. (2014) abordant tous les niveaux en même temps Contreras et al. (2012).

Dans cet article, nous nous appuyons sur les similitudes entre lac de données et chaîne d'approvisionnement et utilisons des problèmes hybrides comme les problèmes de "location-allocation" qui sont généralement utilisés pour gérer le réseau de chaîne d'approvisionnement, afin de prendre les décisions stratégiques, tactiques et pratiques pour un lac de données.

Nous fournissons un modèle mathématique afin de minimiser les coûts totaux de conception de l'architecture de lac de données. Par conséquent, des algorithmes méta-heuristiques sont utilisés pour résoudre un problème NP-difficile comme l'algorithme glouton.

Différentes technologies et plateformes sont proposées pour implanter les architectures de lacs de données. Apache Hadoop et Spark sont les principales White (2009); Priya (2017) avec l'utilisation de MapReduce comme paradigme afin de répondre aux requêtes White (2009); Husain et al. (2011). Nous nous appuyons sur cet environnement.

2   Description et formulation du problème

Dans cette étude, nous proposons une architecture de lacs de données basée sur la structure de chaîne d'approvisionnement. La donnée est alors vue comme le produit, la zone d'ingestion de données comme le fournisseur, la zone de stockage de données comme les fabricants ou les entrepôts, la zone de traitement des données comme le distributeur et les *data scientists* comme les clients Derakhshannia et al. (2020). Nous considérons un problème de "location-allocation" afin de proposer le modèle mathématique pour l'optimisation du lac de données.

Nous considérons une architecture Apache Hadoop/Spark avc le paradigme MapReduce tel que proposé par Husain et al. (2011) afin de satisfaire les requêtes SPARQL.

Il s'agit alors de définir le nombre minimal de jobs Mapreduce et les coûts liés aux exécutions de jobs pour répondre aux requêtes (SPARQL dans leur cas).

Le job MapReduce est créé dès que le client soumet la requête White (2009).

Un flux de jobs doit alors être exécuté avec les deux fonctions Map et Reduce.

Selon les principes de problémes de "location-allocation", il faut déterminer le nombre optimal et la meilleure location d'établissements (par exemple établissements de distributeurs) pour couvrir toutes les demandes de clients dans la chaîne d'approvisionnement, la plus rapide

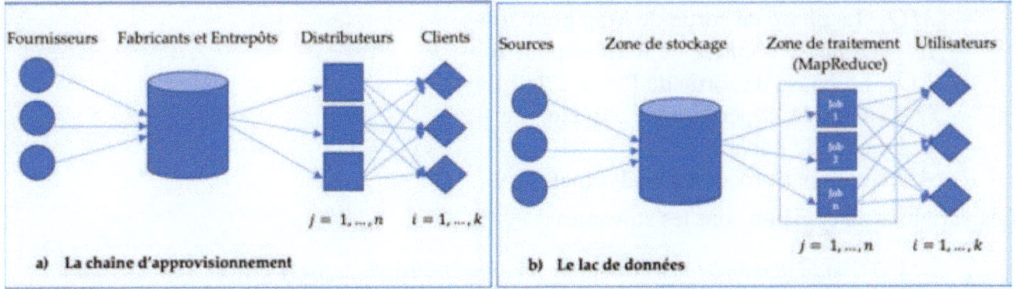

FIG. 1: Analogie entre lac de données et chaîne d'approvisionnement

et en moins de temps possible tout en minimisant les coûts totaux Melo et al. (2008); Tancrez et al. (2012).

Ce sont les jobs attribués aux requêtes des utilisateurs qui préparent les données et les mettent à disposition. La Figure 1 montre notre architecture et l'analogie entre lac de données et chaîne d'approvisionnement.

2.1   Modélisation mathématique

Dans cette section, la formulation de la programmation mathématique du problème de "location-allocation" pour le lac de données est présentée. Puisque l'un des objectifs les plus importants de l'émergence de lac de données à époque des données massives est de réduire le coût total de stockage et de traitement de données, le rôle du modèle est de minimiser le coût global de déploiement de lac de données qui est entraîné par le réseau. Les hypothèses et les variables de décisions du modèle sont expliquées ci-dessous.

Nous formulons les hypothèses suivantes.
— Les coûts de lancement d'un lac de données sont fixes.
— Le lac de données contient des jobs de MapReduce qui sont exécutés pour répondre aux requêtes.
— Le volume de données est augmenté régulièrement.
— Toutes les demandes des utilisateurs doivent être couvertes.
— La qualité des données est garantie par la gouvernance des données.
— La capacité du lac de données pour répondre aux requêtes des utilisateurs est limitée.

Nous considérons les indices I et J avec :
I L'ensemble des utilisateurs
J L'ensemble des jobs candidats de MapReduce

Les paramètres du système et les notations associées sont listées ci-dessous.
— Ca La capacité d'accès des utilisateurs
— D_i La quantité de la demande de l'utilisateur i $(\forall i \in I)$
— E Le coût du processus de extraction, chargement, et transformation de données (ELT)
— M Le coût du logiciel de métadonnées
— S Le coût du stockage des données
— MI_j La phase d'entrée de Map pour Job j

- MO_j La phase de sortie de Map pour Job j
- RI_j La phase d'entrée de Reduce pour Job j
- RO_j La phase de sortie de Reduce de Job j
- Q Le coût de l'opération de requête
- L Le coût de latence
- A Le coût par processus analytique

Les variables de décision sont les suivantes.

$$X_{ij} = \begin{cases} 1 & si\ la\ demande\ de\ l'utilisateur\ i\ est\ couverte\ par\ le\ job\ j \\ 0 & sinon\ (\forall j \in J, \forall i \in I) \end{cases}$$

$$Y_j = \begin{cases} 1 & si\ le\ job\ j\ est\ actif \\ 0 & sinon\ (\forall j \in J) \end{cases}$$

Comme nous l'avons indiqué, nous souhaitons optimiser l'architecture de lac de données à travers une fonction objectif qui minimise les coûts du lac de données. En fait, la fonction objectif intègre les coûts des phases d'entrée et de sortie de MapReduce, des coûts de la satisfaction de la demande, et des coûts des jobs actifs. En nous basant sur la fonction objectif, les hypothèses, et les contraintes potentielles pour ce modèle, la modélisation mathématique se formalise de la manière suivante :

$$Min : \sum_{i \in I} \sum_{j \in J} X_{i,j} D_i (A + Q + E + M + S) +$$
$$\sum_{j \in J} Y_j (MI_j + MO_j + RI_j + RO_j) + Y_j L \tag{1}$$

$Subject\ to$:

$$\sum_{i \in I} X_{i,j} = 1 \qquad \forall j \in J \tag{2}$$

$$\sum_{j \in J} X_{i,j} D_i \leq Ca \qquad \forall i \in I \tag{3}$$

$$X_{i,j} \leq y_j \qquad \forall j \in J\ i \in I \tag{4}$$

$$X_{i,j} \geq 0 \qquad \forall j \in J\ i \in I \tag{5}$$

$$y_j \in 0,1 \qquad \forall j \in J \tag{6}$$

L'équation (1) minimise les coûts totaux du lac de données. L'équation (2) garantit que chaque demande d'utilisateur est entièrement assignée par le job actif. L'équation (3) représente la limitation de capacité du lac de données. L'équation (4) indique que la demande de l'utilisateur ne peut être attribuée à un job sauf si ce job est actif. Finalement, les équations (5) et (6) énoncent le type des variables de décision.

3 Méthode de résolution

Dans cette section, nous proposons une méthode méta-heuristique pour résoudre le problème d'optimisation pour lac de données. Comme nous avons mentionné, les problèmes de "location-allocation" appartiennent à la classe des problèmes NP-difficiles. Pour cette raison, nous développons un algorithme glouton pour obtenir le montant optimal des variables de décision définis. Notre modèle détermine *"les jobs actifs j les moins chers et les plus rapides pour satisfaire la demande de l'utilisateur i"*. On suppose que la demande de l'utilisateur (i) se produit de manière aléatoire entre un intervalle de temps $(t, t+1)$ et qu'il est automatiquement associé à une *aptitude de job* $(X_{i,j})$.

Soit $\tau_j(t)$ la vitesse chronologique associée au job j au temps t et, chaque agent au temps t choisit le job qui sera au temps $t+1$. Nous définissons pour tous les choix créés par q l'aptitude des agents dans l'intervalle $(t, t+1)$ par une itération unique de notre algorithme heuristique. Par conséquent, chaque n itération de l'algorithme, chaque agent achève son choix et chaque job démarre instantanément et, à ce stade, la vitesse chronologique de job est mise à jour selon l'équation ((7)).

$$\tau_j(t+n) = \tau_j(t) + \varrho \tag{7}$$

où ϱ est un facteur dérivé du rapport entre le temps nécessaire pour terminer le job et le temps entre l'intervalle $(t, t+n)$:

$$\varrho = \frac{\Delta t_j}{\Delta(t, t+n)} \tag{8}$$

Afin de définir la probabilité de $p_{i,j}^k$ que le $k$ème agent choisisse le job j pour la demande d'utilisateur i, nous définissons *overhead* $\eta_j = 1/c_j$ où c_j est le le coût requis pour exécuter le job j). Par conséquent, $p_{i,j}^k(t)$ est décrit dans l'Equation (9).

$$p_{i,j}^k(t) = \begin{cases} \frac{\tau_j(t) \cdot \eta_j}{\sum_{k \in allowed_k} \tau_k(t) \cdot \eta_k} & \text{if } j \in allowed_k \\ 0 & otherwise \end{cases} \tag{9}$$

où $allowed_k$ est l'ensemble de jobs *'actifs'* dont $Y_j = 1$

La probabilité de $p_{i,j}^k(t)$ est un compromis entre *overhead* η_j (qui indique que le job le moins cher doit être sélectionné avec la probabilité la plus élevée) et la vitesse chronologique au temps t $\tau_j(t)$ (qui indique que le job le plus rapide jusqu'à temps t doit être choisi avec la probabilité la plus élevée).

4 Résultats d'expérimentation

Nous avons implémenté notre méthode heuristique en `Python`[1] avec un échantillon des 4 jobs choisis de manière aléatoire. L'efficacité est définie comme étant la vitesse du job actif pour répondre à la requête. La Figure 2 représente le résultat de ces expérimentations (mesures de coût et d'efficacité) .

Nous comparons l'allocation de demande à un job en utilisant un modèle équitable et en utilisant le modèle heuristique proposé, comme les Figures 3(a) et 3(b) le montrent. Le modèle heuristique alloue plus de demandes aux jobs à haute efficacité et à des coûts relativement bas, comme le montre la Figure 3(b).

---

1. `https://github.com/owuordickson/dl_opt`

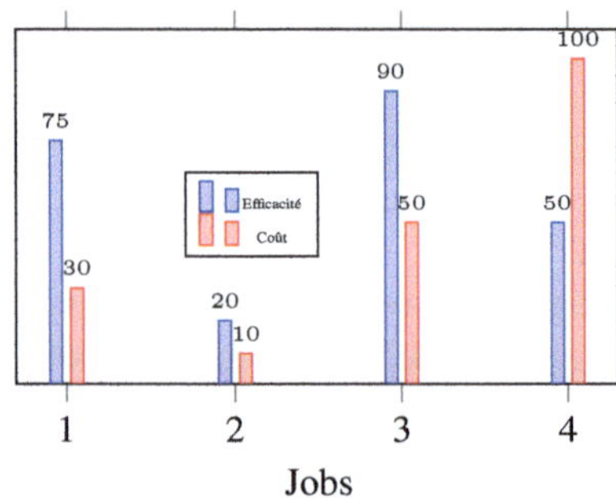

FIG. 2: Valeurs synthétiques de coût et d'efficacité pour 4 eéhantillons de jobs

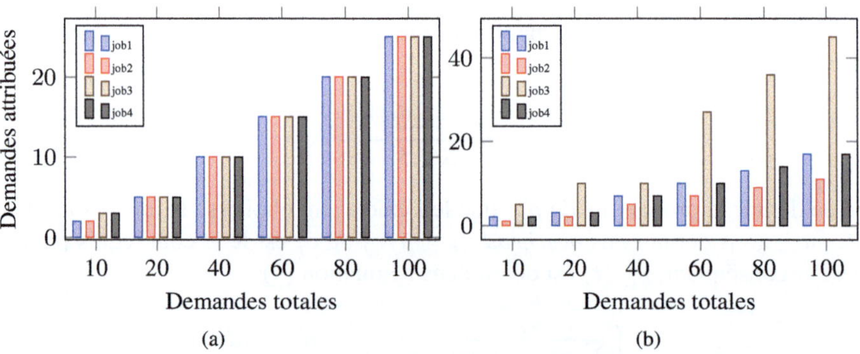

FIG. 3: Diagrammes à barres (a) Les demandes partagées de manière égale par les jobs disponibles et (b) Les demandes partagées sur la base du modèle heuristique proposé.

Nous enregistrons le temps d'exécution d'allocation du modèle heuristique (ligne continue grise) et le comparons avec le temps d'exécution d'allocation de modèle équitable (ligne pointillée bleue) dans la Figure 4 (a). Nous observons que le modèle heuristique a l'efficacité d'allocation la plus élvée. Nous observons également que les coûts calculés cumulés du modèle heuristique sont inférieurs à ceux du modèle équitable comme le montre la Figure 4(b).

5   Conclusion

Dans cet article, nous définissons un problème de "location-allocation" pour la conception d'architecture de lac de données avec le paradigme MapReduce basée sur l'analogie aux chaînes d'approvisionnement. Nous utilisons un algorithme glouton pour résoudre notre modèle. Les résultas montrent l'intérêt de cette nouvelle architecture de lac de données proposée. L'efficacité du modèle mathématique et la prise en compte des problèmes de "location-allocation" permettent d'obtenir des jobs moins coûteux et plus rapides pour répondre aux requêtes des utilisateurs.

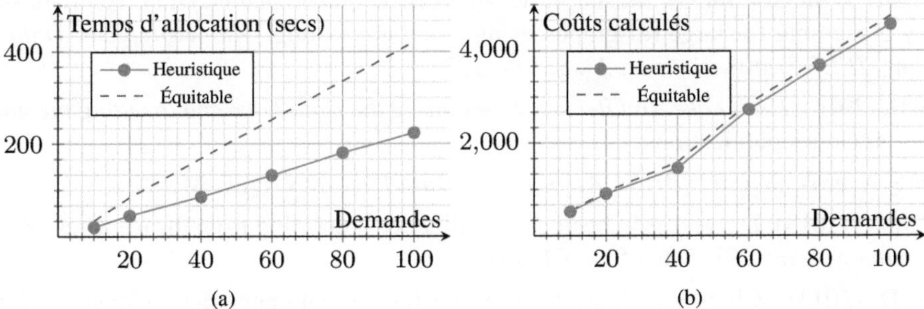

FIG. 4: (a) Diagramme de tracé de temps d'exécution d'allocation par rapport au nombre de demandes (b) diagramme de tracé de coûts calculés cumulés par rapport au nombre de jobs attribués.

Références

Ahmadi Javid, A. et N. Azad (2010). Incorporating location, routing and inventory decisions in supply chain network design. *Transportation Research Part E : Logistics and Transportation Review 46*(5), 582 – 597.

Beamon, B. M. (1998). Supply chain design and analysis : : Models and methods. *International Journal of Production Economics 55*(3), 281 – 294.

Chopra, S. et P. Meindl (2007). Supply chain management. strategy, planning & operation. In *Das summa summarum des management*, pp. 265–275. Springer.

Contreras, I., E. Fernandez, et G. Reinelt (2012). Minimizing the maximum travel time in a combined model of facility location and network design. *Omega 40*(6), 847 – 860. Special Issue on Forecasting in Management Science.

Daskin, M. (2011). *Network and Discrete Location : Models, Algorithms, and Applications.* 9780471018971.

Derakhshannia, M., C. Gervet, H. Hajj-Hassan, A. Laurent, et A. Martin (2020). Data lake governance : Towards a systemic and natural ecosystem analogy. *Future internet 12*(8), 126.

Fang, H. L. (2015). Managing data lakes in big data era : What's a data lake and why has it became popular in data management ecosystem. *IEEE Int. Conf. on Cyber Technology in Automation, Control, and Intelligent Systems (CYBER)* ,(15503297), 820–824.

Giebler, C., C. Groger, E. Hoos, H. Schwarz, et B. Mitschang (2019). Leveraging the data lake - current state and challenges. *Springer Nature 11708*, 179–188.

Giudice, P. L., L. Musarella, G. Sofo, et D. Ursino (2019). An approach to extracting complex knowledge patterns among concepts belonging to structured, semi-structured and unstructured sources in a data lake. *Information Sciences 478*, 606 – 626.

Gorelik, A. (2019). *The Enterprise Big Data Lake : Delivering the Promise of Big Data and Data Science*. O'Reilly Media.

Husain, M., J. Mcglothlin, M. Masud, L. Khan, et B. Thuraisingham (2011). Heuristics-based query processing for large rdf graphs using cloud computing. *Knowledge and Data Engineering, IEEE Transactions on 23*, 1312 – 1327.

Inmon, B. (2016). *Data Lake Architecture : Designing the Data Lake and avoiding the garbage dump*. Technics publications.

LaPlante, A. et B. Sharma (2016). *Architecting Data Lakes*. O'Reilly Media.

Llave, M. R. (2018). Data lakes in business intelligence : reporting from the trenches. *Procedia Computer Science 138*, 516 – 524. CENTERIS.

Loshin, D. (2013). Chapter 5 - data governance for big data analytics : Considerations for data policies and processes. In D. Loshin (Ed.), *Big Data Analytics*, pp. 39 – 48. Morgan Kaufmann.

Melo, T., S. Nickel, et F. Saldanha-da Gama (2008). Network design decisions in supply chain planning. *http ://publica.fraunhofer.de/documents/N-82092.html 140*(1434-9973), 29 pp.

Min, H. et G. Zhou (2002). Supply chain modeling : past, present and future. *Computers & Industrial Engineering 43*(1), 231 – 249.

Munoz, E., E. Capon, J. M. Lainez, M. Moreno-Benito, A. Espuna, et L. Puigjaner (2012). Operational, tactical and strategical integration for enterprise decision-making. In *European Symposium on Computer Aided Process Engineering*, Volume 30 of *Computer Aided Chemical Engineering*, pp. 397 – 401. Elsevier.

Pasupuleti, P. et B. S. Purra (2015). *Data Lake development with Big Data : explore architectural approaches to building Data Lakes that ingest, index, manage, and analyze massive amounts of data using Big Data technologies*. Packt Publ.

Priya, C. P. (2017). *Apache Spark for data science cookbook : over insightful 90 recipes to get lightning-fast analytics with Apache Spark*. Birmingham : Packt Publishing.

Sharma, B. et a. O. M. C. Safari (2018). *Architecting Data Lakes, 2nd Edition*. O'Reilly Media, Incorporated.

Tancrez, J.-S., J.-C. Lange, et P. Semal (2012). A location-inventory model for large three-level supply chains. *Transportation Research Part E : Logistics and Transportation Review 48*(2), 485 – 502.

White, T. (2009). *Hadoop : The Definitive Guide* (1st ed.). O'Reilly Media, Inc.

Zhang, Y., M. Qi, L. Miao, et E. Liu (2014). Hybrid metaheuristic solutions to inventory location routing problem. *Transportation Research Part E : Logistics and Transportation Review 70*, 305 – 323.

Summary

Data lakes have recently emerged as a new generation of data repository. Data lake architecture design, which has significant impacts on data lake performance and data quality, is an active topic. In this paper, we study a joint "location-allocation" problem which is used in supply chain network design for improving data lake architecture and performance. we propose a mathematical model applied to a MapReduce environment, based on an analogy between data lakes and supply chain. We solve this model with a greedy algorithm and determine the optimal numbers of MapReduce jobs that should be run in such a data lake to optimize the performance.

Modèle de graphe pour l'analyse des structures de trajectoires maritimes

Maryam Maslek Elayam*, Cyril Ray*, Christophe Claramunt*

*Naval Academy Research Institute, F-29240 Brest, France
{maryam.maslek_elayam, cyril.ray, christophe.claramunt}@ecole-navale.fr

Résumé. La représentation et l'analyse des données de mobilité peuvent être appréhendées à partir de différentes dimensions spatiales, temporelles et sémantiques inter-reliées. L'étude des structures émergentes devrait permettre de mieux comprendre les comportements et les tendances de mouvements d'entités de tout type et évoluant dans l'espace et le temps. Cet article propose une représentation des trajectoires maritimes basée sur un modèle de graphe, annoté avec une indexation hexagonale de l'espace. Ce modèle est implémenté dans une base de données de graphe en utilisant un référentiel de données historiques maritimes réelles. L'exploitation de requêtes exprimées sous le langage Cypher permet d'appliquer une série d'analyses caractéristiques conduisant à une meilleure compréhension de ces mobilités maritimes.

1   Introduction

Le volume mondial de production de données numériques continue de progresser à un rythme exponentiel. C'est particulièrement le cas pour l'espace maritime qui est le lieu d'une nette augmentation du volume de données issues de capteurs et de systèmes embarqués des navires, et qui permettent une meilleure gestion des trafics maritimes afin d'en assurer sa sécurité et une meilleure efficacité. L'acquisition de larges bases de données de positions de navires ouvre de nouvelles possibilités d'étude des flux, des mobilités et des structures des réseaux constituant ces espaces maritimes. De telles perspectives recouvrent l'analyse de patrons de déplacements, l'identification des propriétés des réseaux de transport et des flux maritimes et passent par la caractérisation des relations spatiales, temporelles et sémantiques entre les différents éléments qui constituent ces réseaux. Ces études de mobilité sont généralement menées à différentes échelles de l'espace et du temps, et permettent de générer des analyses selon différents angles de vue. Par exemple, les travaux effectués dans Renso et al. (2013) caractérisent des couloirs spatio-temporels à partir de données historiques de position, en permettant de définir les routes habituelles et d'identifier les comportements limites comme des navires en retard ou en avance, ou spatialement déviant en comparaison des routes principales.

Ces données de mobilité sont essentielles à la compréhension des activités maritimes, mais pas suffisantes dans la mesure où elles restent cependant essentiellement quantitatives. Il apparaît en effet que le déplacement d'un navire est conditionné par la nature de cet espace maritime (géographie, conditions en mer, situation météorologique, ...) et par des données sémantiques intrinsèques le caractérisant (type de navire, cargaison transportée, ...). Ces données spatio-temporelles de mobilité doivent donc être complétées par des informations sémantiques pour favoriser les processus d'analyse et d'extraction intégrant cette dimension sémantique, et ce, afin de mieux comprendre les facteurs et motifs de déplacement, les comportements sous-jacents et les différents types d'activités qui émergent dans ces environnements maritimes.

Afin d'analyser les patrons de déplacement dans un espace maritime, les données sémantiques associées aux navires doivent en être extraites pour donner un éventail plus complet des situations à analyser. Pour ce faire, il est indispensable de développer des outils de représentation sémantique et proposer de véritables solutions opérationnelles de stockage, de traitement et d'analyse des patrons émergent de ces larges volumes de données. Dans le but de mettre en œuvre une structure logique de représentation des trajectoires sémantiques, cet article propose une formalisation de ces trajectoires à partir d'un modèle de graphe pour définir les différents patrons et modalités des déplacements et activités sous-jacentes. Un tel modèle sémantique doit répondre à des principes de modélisation formelle et conceptuelle mais aussi à des principes de modélisation logiques permettant d'intégrer l'ensemble des données sémantiques et spatio-temporelles de ces navires en structures réseaux caractérisant les patrons de mobilité.

Le reste de cet article est structuré comme suit : la deuxième section présente l'état de l'art des travaux de recherche orientés vers la représentation et l'analyse de mobilité. La troisième section développe une formalisation d'un modèle de représentation des trajectoires maritimes. La quatrième section propose une implémentation du modèle. La dernière section conclut ce travail et présente quelques perspectives offertes par cette recherche.

2 État de l'art

Nous considérons la trajectoire d'un objet mobile comme une trace importante de sa mobilité Renso et al. (2013) et est caractérisée spatio-temporellement. Une trajectoire sémantique est définie comme une trajectoire spatio-temporelle enrichie avec des données sémantiques de différents types Ribeiro de Almeida et al. (2020). La construction d'un réseau de trajectoires sémantiques permet implicitement d'étudier la mobilité dans un espace géographique à différentes échelles de l'espace et du temps, et d'en extraire des patrons voire des comportements particuliers. D'après l'état de l'art effectué par Siabato *et al.* Siabato et al. (2018), il existe plusieurs modèle de représentation de l'information géographique dans un contexte spatio-temporel. Un graphe spatio-temporel est typiquement construit à partir d'un ensemble d'entités dynamiques présentes à des instants t_1, t_2, t_3 qui constitueront les nœuds du graphe, et ayant des relations entre elles qui formeront les liens de ce graphe Del Mondo (2011). Plusieurs champs d'application profitent des avantages que présentent les modèles de graphes pour étudier les mobilités, allant du domaine maritime à la mobilité des individus « indoor » et « outdoor » Noureddine et al. (2020), aux réseaux de transport en ville Gleyze (2001).

Dans la plupart des cas, un graphe de trajectoires est construit à des échelles spatiales et temporelles bien définies et pour une sémantique prédéfinie. A une échelle globale, Peng et *al.* Peng et al. (2019) modélisent le réseau mondial de transport de pétrole brut à partir d'un modèle de graphe. Ce réseau permet le suivi et l'analyse structurelle de la distribution du pétrole brut entre les ports d'exportation et d'importation, en analysant les structures réseaux et les dépendances régionales. A une échelle intermédiaire, Varlamis et *al.* Varlamis et al. (2019) utilisent un modèle global et considèrent les points de retournement et les variations de vitesses obtenus à partir d'une analyse des « clusters » de trajectoires. Le réseau ainsi obtenu modélise non seulement les principaux liens du réseau des trajectoires mais aussi certaines particularités de ces liens au sein de ce réseau. A un niveau régional, Laddada *et al.* Laddada et Ray (2020) et Itani *et al.* Itani et al. (2019) construisent un graphe de trajectoires spatio-temporelles port à port à l'échelle de la Bretagne. D'autres études enrichissent un graphe de trajectoires maritimes par des données sémantiques afin de mieux apprécier les caractéristiques intrinsèques et d'étudier son évolution. Dans ce cadre, Soares et *al.* Soares et al. (2019) utilisent le concept de trajectoire sémantique pour modéliser le réseau maritime à partir de données de positions et notamment de données météorologiques. L'alimentation de ce modèle à partir d'un flux de données en temps réel permet la détection d'anomalies de comportements des navires et l'émission d'alertes en considérant la détérioration des conditions météorologiques.

Ce court état de l'art permet de constater une prépondérance effective et naturelle des modèles de graphe pour la représentation des données inter-connectées sous forme de réseaux. Nous pouvons remarquer que les modèles existant sont complémentaires mais sont souvent étudiés séparément. Dans la plupart des cas, ces études sont menées à un niveau spatio-temporel défini au préalable (pas de multitude de niveaux spatiaux et/ou temporels) et si un modèle hiérarchique est proposé, il est défini à partir d'un processus de classification des données d'un niveau à un niveau d'abstraction supérieure.

3 Modèle de représentation des trajectoires maritimes

Cette section présente la formalisation d'un modèle de graphe pour la représentation des trajectoires maritimes et l'analyse des structures émergentes. Le modèle proposé est **un graphe orienté**, constitué de noeuds et d'arêtes représentants les relations entre ces noeuds. Afin de mieux représenter les trajectoires maritimes et leur environnement structurel, ce modèle comprend une diversité de noeuds de différents types : ports, zones de mouillage, zones d'attente, points de retournement, zones protégées et différents types d'informations sémantiques associées : données météorologiques, état de la mer...

Soit $G = (V, E)$ un modèle de graphe spatio-temporel orienté avec V l'ensemble des noeuds et E l'ensemble des arêtes. V et E sont deux ensembles disjoints et non vides.

Définition 1 : Une trajectoire spatio-temporelle (TS) est un sous-graphe de G, orienté, défini par une séquence de noeuds et d'arêtes tel que :

$$TS(id) = (v_1, e_1, v_2, e_2, ..., e_{n-1}, v_n) \tag{1}$$

où tout $(v_i)_{i=1..n} \in V$ est spatialement référencé par une position $p_i = (x_i, y_i)$ et temporellement référencé par un intervalle temporel $t_i = [t_{i1}, t_{i2}]$ tel que $t_{i1} > t_{(i-1)2}$ et $t_{i2} < t_{(i+1)1}$; $(e_i)_{i=1..n-1} \in E$ dénote le lien orienté entre v_i et v_{i+1}, et est qualifié par une durée δ_i.

Par construction, une trajectoire a nécessairement un noeud de départ, un noeud d'arrivée et peut passer (ou pas) par un ou plusieurs noeuds intermédiaires.

Le graphe des trajectoires ainsi défini représente la dimension spatio-temporelle d'une trajectoire maritime. Dans notre modèle, l'adjonction d'une composante sémantique se traduit sur le graphe par l'étiquetage (ou l'annotation) des éléments du graphe par des données de différents types. Celle-ci permet d'enrichir l'information portée par le graphe et d'appliquer des analyses comportementales liées à l'environnement maritime.

Définition 2 : Une trajectoire spatio-temporelle sémantique (TSS) est définie par le sous-graphe orienté de triplets :

$$TSS(id) = \{(s_1, v_1, q_1), e_1, (s_2, v_2, q_2), e_2, ..., e_{n-1}, (s_n, v_n, q_n)\} \tag{2}$$

avec : $s_i \in S$ où $S = \{$port, zone d'attente, zone de pêche, zone de mouillage,...$\}$ est l'ensemble des types des éléments de V ; v_i est la composante spatio-temporelle du noeud i et telle que $v_i = (p_i, t_i)$ avec $pi = (x_i, y_i)$ une position et $t_i = [t_{i1}, t_{i2}]$ tel que $t_{i1} > t_{(i-1)2}$ et $t_{i2} < t_{(i+1)1}$; $q_i = (q_{i1}, ..., q_{ik}), k \in \mathbb{N}$ est la composante sémantique du noeud i introduite par les paramètres $(q_{i1}, ..., q_{ik})$ (sachant que cette composante sémantique est extensible en terme d'attributs encapsulés).

L'annotation des trajectoires en fonction de l'espace est un élément indispensable de localisation des différents éléments des trajectoires et permet de mettre en oeuvre des mesures et des requêtes spatiales. Une telle approche permet également de représenter un ensemble de données spatio-temporelles et sémantiques à priori volumineuses dans un espace discrétisé, ce qui permet notamment de réduire le temps de calcul par l'utilisation d'index physiques spatiaux. Il existe plusieurs méthodes de discrétisation d'un espace géographique autour de méthodes à grille régulière ou irrégulière Samet (1990).

Nous avons choisi une grille hexagonale pour la discrétisation de l'espace géographique et pour la représentation de la composante sémantique. Cette méthode permet une subdivision de l'espace en hexagones homogènes à une certaine résolution. Chaque hexagone a 6 voisins dont les centres sont équidistants à l'hexagone central Sahr et al. (2003). Cet avantage facilite la recherche optimale des voisins pour l'annotation des noeuds ainsi que l'analyse et le lissage des champs et des gradients des informations sémantiques. Ce type de grille a également montré son efficacité pour la prévision des routes optimales, sous plusieurs contraintes de l'environnement maritime Tsatcha (2014).

Définition 3 : H est une indexation spatiale, hexagonale et hiérarchique si et seulement si :

$$\forall(x, y) \exists \{I^{r_1}, I^{r_2}, ..., I^{r_m}; r_1 < r_2 < ... < r_m\} \in H$$
$$(x, y) \subset h_{r_1} \subset h_{r_2} \subset .... \subset h_{r_m} \tag{3}$$

où (x, y) sont des coordonnées géographiques, I^{r_i} est l'indice de la grille hexagonale h incluant (x, y) à la résolution r_i.

Définition 4 : Une trajectoire spatio-temporelle sémantique représentée dans un système d'indexation spatiale, hexagonale et hiérarchique H s'écrit comme suit :

$$TSS_H(id) = \{(s_1, \tilde{v}_1, \tilde{q}_1), e_1, (s_2, \tilde{v}_2, \tilde{q}_2), e_2, ..., e_{n-1}, (s_n, \tilde{v}_n, \tilde{q}_n)\} \tag{4}$$

où s_i est le type du noeud i ; $\tilde{v}_i$ est la composante spatio-temporelle du noeud i et telle que $v_i = (I_i^r, T_i)$, $I_i^r \in H$ est l'indice de représentation spatiale, hexagonale et hiérarchique correspondant au point de coordonnées (x_i, y_i) à la résolution r, $t_i = [t_{i1}, t_{i2}]$ est un intervalle de temps entre les instants t_{i1} et t_{i2} ; $\tilde{q}_i = (\tilde{q}_{i1}, ..., \tilde{q}_{ik}), k \in \mathbb{N}$ est une représentation de la composante sémantique du noeud i représentée dans l'espace discrétisé par l'indexation H durant l'intervalle du temps t_i.

Cette représentation spatiale hiérarchique permet une composition de différentes représentations selon différents niveaux d'abstraction dans l'espace et dans le temps. Cette approche permet ainsi une représentation par graphe hiérarchique allant du graphe sémantique de trajectoires au graphe de flux maritimes. La construction de ce type de graphes est faite à partir des graphes de trajectoires et repose sur l'extraction et l'agrégation, par niveau d'abstraction, des différents flux qui transitent à l'échelle des trajectoires.

4 Implémentation et résultats

Notre modèle a été implémenté et testé sur un jeu de données réelles. Pour cette implémentation nous avons combiné Python, la librairie MovingPandas, l'index Uber H3, le système de gestion de base de données graphe Neo4j et son langage de requête Cypher.

Données et pré-traitements : Plusieurs systèmes de localisation de navires co-existent et transmettent des données nominatives et de position à fréquences plus ou moins élevées (quelques secondes à quelques heures). Parmi ces systèmes, l'*Automatic Identification System* (AIS) est le plus répandu Ducruet (2017). Un transpondeur AIS est un système d'anticollision collaboratif qui envoie et reçoit, en continu et à haute fréquence, les positions des navires vers les navires environnants et les centres de surveillance terrestres.

Nous avons utilisé un mois (Janvier 2016) de données AIS couvrant l'espace maritime Européen. Ce jeu de données contient 3,72 GO de données avec plus de 61 millions de positions et 74 949 navires. Les données sont structurées en 3 ensembles : les positions des navires, les informations nominatives et les localisations de 550 ports. Les positions des navires contiennent les paramètres suivants : un identifiant international (MMSI), son état de navigation (e.g. stop), sa vitesse de giration (° par min), sa vitesse de déplacement (knot), son cap (° au nord), la position du navire (longitude et latitude exprimées en WGS84), l'empreinte temporelle (t) indiquant le moment de la réception du message AIS. Les informations nominatives comprennent les identités et les données de voyages effectués par les navires et sont décrites par les champs suivants : le MMSI, l'indicatif international d'appel radio (callsign), le nom du navire, son type (e.g. cargo), sa destination, ses dimensions et l'estampille temporelle (t) correspondant au moment de réception du message AIS.

La construction du graphe de trajectoires sémantiques se base sur une étape de pré-traitement afin de représenter chaque trajectoire avec un minimum de points représentatifs et annotés. La première étape consiste à supprimer les positions avec des vitesses nulles (navires à l'arrêt, au mouillage, vitesse non renseignée), ce qui représente 60.6% des données. Nous avons extrait les trajectoires en utilisant *MovingPandas* qui permet de générer des trajectoires en respectant l'ordre temporel des positions associées à chaque navire. Elle présente aussi des fonctions de visualisation et d'analyse de trajectoires Graser (2019). A l'issu de ces étapes, le *jeu de données* contient 23 635 trajectoires.

L'étape suivante est la compression des trajectoires en ne gardant que les Points Tournants Significatifs (PTS) : ce sont les points de changement de la direction du navire, portée par la pente entre k points, dont la variation est supérieure à $10°$. Nous annotons les PTS selon plusieurs propriétés géographiques, de densité et de proximité.

Similairement à Itani et al. (2019), nous procédons à un *clustering* par densité des PTS de nos trajectoires. Pour ce faire, nous avons utilisé l'algorithme HDBSCAN. Les PTS impliqués dans les *clusters* sont étiquetés par le numéro du cluster auquel ils appartiennent. Les autres points sont supprimés.

La dernière étape consiste à réaliser une annotation spatiale des données, comme évoqué en section 3. Deux principaux systèmes de représentation spatiale à base d'hexagones existent : les indexes ISEA3 et Uber H3. Nous avons retenu l'index Open Source H3 Brodsky (2018). Chaque hexagone a un identifiant unique et permet de représenter des coordonnées géographiques en cellules homogènes à une certaine résolution. Ce système contient 15 résolutions différentes.

Base de données graphe : A l'issue de ces pré-traitements, nous obtenons des trajectoires compressées et annotées en fonction de la grille H3 de façon à reconnaître, pour chaque trajectoire, son port de départ, son port d'arrivée et les PTS. Ces données sont par la suite intégrées dans une base de données graphe Neo4j. La figure 1 présente le principe de notre modèle (cf. Section 3) implémenté dans Neo4j. Ce modèle contient plusieurs types de noeuds et d'arêtes, annotés par des attributs spatio-temporels. Le schéma permet de représenter chaque navire et sa trajectoire subdivisée en segments. Ces derniers sont connectés à leurs PTS (WayPoint) de départ et d'arrivée. Notre base de données est composée de 25 976 noeuds de trois types : navires, ports et PTS, et de 5 197 296 relations.

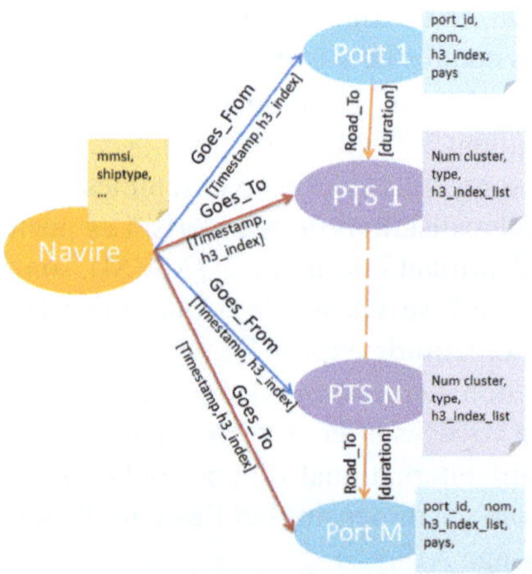

FIG. 1: Modèle de graphe pour la représentation des trajectoires maritimes sous Neo4j

Les requêtes sur la base de données sont effectuées en Python. Elles peuvent produire par exemple des résultats statistiques ou des sous-graphes de trajectoire. L'exemple suivant exploite le modèle proposé, sa dimension spatiale et temporelle. L'information recherchée étant : *quels sont les navires qui partent du Maroc vers la France et traversant le Détroit de Gibraltar entre le 01 et le 15 Janvier ?*

```
MATCH (p1:Port {country:'MA'})<-[r:GOES_FROM]-(s:Ship)
    -[g:GOES_TO{hexagon:$hexa}]->(w:WayPoint)
MATCH p=(s)-[f:GOES_TO*]->(p2:Port {country:'FR'})
WHERE r.time <= datetime('2016-01-15T00:00:00Z')
RETURN s.ship_id AS MMSI
```

Cette requête Cypher extrait ([*MATCH*]) tous les MMSI des navires au départ des ports Marocains ([*GOES_FROM*]) vers ([*GOES_TO*]) les ports Français en passant par le détroit de

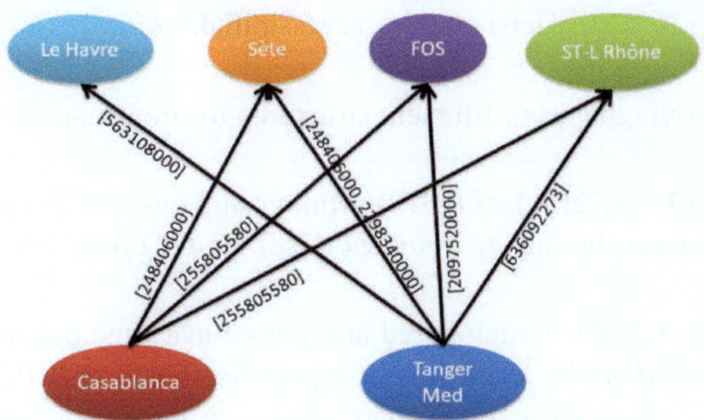

FIG. 2: Sous-graphe des trajectoires résultantes de la requête Cypher

Gibraltar sur un intervalle de deux semaines. Le détroit de Gibraltar est représenté par 3 781 hexagones (*hexa*) indicés par H3 à la résolution 9. La figure 2 illustre0 le graphe des trajectoires résultant de cette requête. Il s'agit d'une liste de 6 navires faisant les trajets : Casablanca → Saint-Louis-du-Rhône, Casablanca → Fos, Casablanca → Sète, Tanger Méditerranée → Saint-Louis-du-Rhône, Tanger Méditerranée → Fos, Tanger Méditerranée → port du Havre, Tanger Méditerranée → Sète.

5   Conclusion et perspectives

L'analyse des données de mobilité vise à comprendre les comportements, les tendances de mouvement des entités évoluant dans l'espace et le temps, ainsi que leur connectivité au travers des dimensions spatio-temporelles et sémantiques. L'abstraction de ces données à partir d'une structure de graphe offre de nouvelles opportunités pour une meilleure compréhension des mobilités. Cet article développe un modèle de graphe annoté d'informations spatio-temporelles et sémantiques, combinées à une indexation spatiale hexagonale. L'implémentation de ce modèle dans une base de données graphe permet une meilleure compréhension de la mobilité des navires. Dans la suite de ce travail, notre objectif sera de définir une représentation hiérarchique selon différents niveaux d'abstraction. Des fonctions caractéristiques associées au graphe hiérarchique (similarité, accessibilité,...) seront définies et permettront de décrire, comprendre et prédire les trajectoires, leurs motifs et leur dynamique temporelle.

Références

Brodsky, I. (2018). H3 : Uber's hexagonal hierarchical spatial index. *Available from Uber Engineering website : https ://eng. uber. com/h3/[22 June 2019]*.

Del Mondo, G. (2011). *Un modèle de graphe spatio-temporel pour représenter l'évolution d'entités géographiques*. Ph. D. thesis, University of Western Brittany, France.

Ducruet, C. (2017). *Advances in Shipping Data Analysis and Modeling : Tracking and Mapping Maritime Flows in the Age of Big Data*. Routledge.

Gleyze, J.-F. (2001). Réseaux, territoires et accessibilité. *Institut Géographique National, Laboratoire COGIT*.

Graser, A. (2019). Movingpandas : Efficient structures for movement data in python. *GIForum 1*, 54–68.

Itani, A., C. Ray, A. El Falou, et J. Issa (2019). Mining ship motions and patterns of life for the eu common information sharing environment (cise). In *OCEANS 2019-Marseille*, pp. 1–6. IEEE.

Laddada, W. et C. Ray (2020). Graph-based analysis of maritime patterns of life. In *Atelier Gestion et Analyse de données Spatiales et Temporelles (GAST@ EGC)*.

Noureddine, H., C. Ray, et C. Claramunt (2020). Semantic trajectory modelling in indoor and outdoor spaces. In *2020 21st IEEE International Conference on Mobile Data Management (MDM)*, pp. 131–136. IEEE.

Peng, P., Y. Yang, S. Cheng, F. Lu, et Z. Yuan (2019). Hub-and-spoke structure : Characterizing the global crude oil transport network with mass vessel trajectories. *Energy 168*, 966–974.

Renso, C., S. Spaccapietra, et E. Zimányi (2013). *Mobility Data*. Cambridge University Press.

Ribeiro de Almeida, D., C. de Souza Baptista, F. Gomes de Andrade, et A. Soares (2020). A survey on big data for trajectory analytics. *ISPRS International Journal of Geo-Information 9*(2), 88.

Sahr, K., D. White, et A. J. Kimerling (2003). Geodesic discrete global grid systems. *Cartography and Geographic Information Science 30*(2), 121–134.

Samet, H. (1990). Applications of spatial data structures.

Siabato, W., C. Claramunt, S. Ilarri, et M. Á. Manso-Callejo (2018). A survey of modelling trends in temporal gis. *ACM Computing Surveys (CSUR) 51*(2), 30.

Soares, A., R. Dividino, F. Abreu, M. Brousseau, A. W. Isenor, S. Webb, et S. Matwin (2019). Crisis : integrating ais and ocean data streams using semantic web standards for event detection. In *2019 International Conference on Military Communications and Information Systems (ICMCIS)*, pp. 1–7. IEEE.

Tsatcha, D. (2014). *Contribution à l'extraction et à la représentation des connaissances de l'environnement maritime : Proposition d'une architecture dédiée. aux applications de navigation*. Ph. D. thesis.

Varlamis, I., K. Tserpes, M. Etemad, A. S. Júnior, et S. Matwin (2019). A network abstraction of multi-vessel trajectory data for detecting anomalies. In *EDBT/ICDT Workshops*.

Summary

The study of the emerging structures of maritime networks should provide a better understanding of transportation patterns at spatial, temporal and semantic levels. This paper introduces a graph-based model for representing maritime trajectories combined with a spatial hexagonal indexing annotation. This model is implemented on top of a graph database and experimented with a sample of maritime historical data. A series of Cypher queries illustrate the potential of the approach for the extraction of some representative maritime network structures.

Fouille de règles différentielles causales dans les graphes de connaissances

Lucas Simonne*, Nathalie Pernelle**, Fatiha Saïs*

*LRI, Université Paris Saclay
simonne@lri.fr, sais@lri.fr
**LIPN, Université Sorbonne Paris Nord
pernelle@lipn.univ-paris13.fr

Résumé. L'intérêt porté aux graphes de connaissances a grandi ces dernières années, à la fois dans le milieu académique et industriel. Nous proposons une approche permettant de déterminer des règles différentielles causales dans des graphes de connaissances. Ces règles expriment qu'un traitement différent pour deux instances d'une classe conduit à un résultat différent pour ces instances. L'approche que nous proposons est basée sur des appariements sémantiques, et des strates définies comme étant des sous-classes complexes. Une première expérimentation sur un extrait de DBPedia montre que de telles règles peuvent permettre d'expliquer certaines variabilités dans les propriétés étudiées.

1   Introduction

Les graphes de connaissances permettent de stocker des données et des connaissances sur différentes thématiques, ie. expériences scientifiques, politique, finance, etc. Ce type de données est aujourd'hui utilisé dans le milieu académique ou industriel. De nombreux travaux de recherche récents ont permis d'effectuer de la fouille de règles plus ou moins expressives dans les graphes de connaissances (Galárraga et al. (2013)). Ces règles permettent de corriger des faits erronés ou encore de déduire des faits manquants. Cependant, il n'existe que très peu d'approches qui ont pour objectif de découvrir des règles causales dans de tels graphes.

Un grand nombre d'expérimentations sont menées afin d'étudier l'existence de liens causaux, et ce quel que soit le domaine, qu'il s'agisse de médecine, d'environnement ou encore de marketing. De nombreux travaux de recherche ont pour objectif de découvrir des règles causales dans des données relationnelles. Ces travaux sont basés sur les modèles causaux structurels (Pearl (2009)), les réseaux bayésiens (Neapolitan (2003)) ou encore sur les modèles à résultats potentiels - i.e. *potential outcome* en anglais (Rubin D. B (1974)). Une approche standard consiste à construire des expériences où l'attribution d'un traitement est aléatoire afin de déterminer son effet au sein d'une population. Ces expériences sont toutefois compliquées à mettre en place, pour des raisons multiples et en particulier le coût de ces expériences ou encore les problèmes éthiques qu'elles peuvent poser. Il est par exemple difficile de forcer des individus à commencer à fumer. Aussi, les données généralement utilisées dans le cadre d'études de liens causaux proviennent de données observationnelles, données pour lesquelles le chercheur n'a pas pu interférer. Dans ce cas, l'attribution du traitement n'est plus aléatoire, et d'autres méthodes sont mises en place pour déterminer l'effet d'un traitement.

L'approche que nous proposons permet de découvrir des règles différentielles causales dans des graphes de connaissances en se plaçant dans un cadre d'étude de résultats potentiels. Le but de notre approche est plus précisément de découvrir des règles permettant d'expliquer des différences de résultats par des différences de traitements. Nous pensons en effet que de telles règles peuvent être utiles en sciences ou en sciences économiques et sociales, afin d'expliquer, par exemple, les raisons possibles d'une différence de salaire, ou d'une date de floraison différente entre des plants de différents champs. Notre approche se base sur une représentation sémantique des règles causales dans laquelle l'appariement de paires d'instances et les strates sont définies par des sous-classes composants une ontologie, et des chemins de propriétés aboutissant à des valeurs litérales. Cette approche permet de sélectionner les règles les plus générales qui ne sont pas sensibles à des paradoxes statistiques où le comportement de la règle s'inverse quand l'on considère classes et sous-classes.

Après avoir présenté l'etat de l'art, nous présenterons les règles différentielles causales, l'algorithme et les résultats obtenus lors d'une première évaluation.

2   État de l'Art

Causalité et Graphe de Connaissances. À notre connaissance, une seule approche (Munch et al. (2019)) traite de la découverte de liens causaux dane les graphes de connaissances. Dans ce travail, les données RDF sont transformées en un schéma relationnel en se basant sur l'ontologie et des connaissances expertes, puis un réseau bayésien est entrainé sur ces données. Cependant, les distributions conjointes résultantes n'indiquent pas de relations causales.

Règles causales dans des données relationnelles. L'étude de règles causales est un thème de recherche actif dans les données relationnelles et différents cadres d'étude existent (Pearl (2009), Neapolitan (2003)).

Étude des résultats potentiels. Un autre cadre d'étude important est celui de l'étude des résultats potentiels (Rubin D. B (1974), Holland (1986)). Dans ce cadre, les individus d'un système sont des unités caractérisées par un ensemble d'attributs. Son objectif est de déterminer l'effet d'un traitement X sur un résultat Y. Un traitement peut être un attribut ou une combinaison d'entre eux. Soit X un traitement binaire et Y un résultat binaire, afin d'étudier l'effet d'un traitement une solution serait de comparer le résultat et le contrefactuel sur le même individu, mais cela est impossible. L'étude des résultats potentiels a pour but de déterminer une estimation de ce contrefactuel afin de déterminer l'effet du traitement.

Dans le cas où les données utilisées sont observationnelles, plusieurs méthodes existent. Stuart (2010) propose une vue d'ensemble des méthodes utilisées, comme l'appariement exact ou tronqué (Iacus et al. (2012)), l'appariement pondéré ou stratifié et l'appariement sur score de propension (Rosenbaum et Rubin (1984)). Le but de ces méthodes est de créer des sous-ensembles composés d'unités des deux groupes ayant des distributions similaires sur les attributs. D'autres variantes existent telle que Li et al. (2017) qui combine l'appariement sur score de propension et les arbres de décision. Cependant, King et Nielsen (2019) ont montré que l'appariement sur score de propension était n'était pas optimal, augmentant le biais. Li et al. (2013) ont développé une méthode permettant de découvrir des règles d'association causales à partir de règles d'associations générées par l'algorithme Apriori. Cette approche utilise une méthode d'appariement tronqué et une mesure de qualité inspirée du oddsratio. Le fait de se limiter aux règles d'associations permet de réduire l'espace de recherche, mais ne permet pas de générer toutes les règles causales qui pourraient être d'intérêt.

Notre approche traite de données observationnelles décrites dans des graphes de connaissances et se place dans le cadre de l'étude des résultats potentiels, en utilisant une technique d'appariement sémantique. L'approche n'a pas pour objectif de découvrir des règles permettant d'inférer un résultat particulier pour un traitement, mais d'expliquer des différences de résultats par des différences de traitement.

3 Fouille de règles différentielles causales

3.1 Définitions

Un graphe de connaissances peut être séparé en deux parties : les données et l'ontologie. Les données sont représentées en RDF[1] et l'ontologie en OWL[2]. Un tel graphe est caractérisé par un couple $(\mathcal{F}, \mathcal{O})$ où : $\mathcal{F}$ est une collection de triplets RDF ; $\mathcal{O}$ est une ontologie définie par $\mathcal{O} = (\mathcal{C}, \mathcal{DP}, \mathcal{OP}, \mathcal{A})$ tel que $\mathcal{C}$ est l'ensemble des classes, $\mathcal{DP}$ est l'ensemble des propriétés litérales , $\mathcal{OP}$ l'ensemble des propriétés objets et $\mathcal{A}$ l'ensemble des axiomes.

Dans notre approche, les valeurs associées aux traitements et au résultat sont définies par des chemins de propriétés qui décrivent la classe cible. Une règle différentielle causale ne pouvant généralement pas s'appliquer à toutes les instances d'une classe, nous définissons la notion de strate qui sera utilisée pour considérer un sous-ensemble d'instances de la classe cible pour lesquelles une telle règle s'applique.

Definition 1. *Strate. Soit i_1 une instance de la classe cible C. Une strate $ST_j(i_1)$ est une conjonction de prédicats qui correspond à un motif de graphe en RDF, dont la racine est i_1, et pour lequel les feuilles représentent des valeurs litérales ou des classes.*

La taille d'un motif de graphe définissant une strate peut être limité par une profondeur d correspondant à la longueur maximale d'un chemin atteint par ce motif de graphe. $TennisMan(X)$ est une strate valide pour la classe $Sportif$ (i.e. $TennisMan \subseteq Sportif$). Une autre strate est la suivante : $TennisMan(X) \wedge nationalite(X, \text{"France"})$.

Definition 2. *Règle Différentielle Causale. Soit $C \in \mathcal{C}$ la classe cible de l'ontologie et pr le résultat étudié, une règle différentielle causale $B \Rightarrow R(X, Y)$ est définie par :*
$$ST_j(i_1) \wedge ST_j(i_2) \wedge pt(i_1, v_1) \wedge pt(i_2, v_2) \wedge compare_t(v_1, v_2) \wedge pr(i_1, z_1) \wedge pr(i_2, z_2)$$
$$\Rightarrow compare_r(z_1, z_2)$$

---

1. https ://www.w3.org/RDF/
2. https ://www.w3.org/OWL/

où :

— *pt (resp. pr) est un chemin de propriétés menant à la valeur de la propriété du traitement (resp. du résultat),*

— *$compare_t$ et $compare_r$ sont des prédicats optionnels permettant de comparer v_1 et v_2, et z_1 et z_2, (i.e. opérateurs arithmétiques $<$, $>$ ou fonction de comparaison de valeurs symboliques hiérarchisées),*

— *ST_j est la j-ème strate de C (i.e. C ou une expression de classe plus spécifique).*

Nous présentons deux exemples de règles n'impliquant pas de strate :

(1) $Athlete(i_1) \wedge Athlete(i_2) \wedge age(i_1, v_1) \wedge age(i_2, v_2) \wedge inferior(v_1, v_2) \wedge performance(i_1, z_1) \wedge performance(z_2, z_2) \Rightarrow superior(z_1, z_2)$

(2) $Athlete(i_1) \wedge Athlete(i_2) \wedge Materialorigin(i_1, c_1) \wedge continentName(c_1, ``Asia'') \wedge Materialorigin(i_2, c_2) \wedge continentName(c_2, ``Europe'') \wedge performance(i_1, z_1) \wedge performance(z_2, z_2) \Rightarrow superior(z_1, z_2)$

3.2 Appariement d'instances et contexte d'identité

Nous utilisons la notion d'identité contextuelle définie par Raad et al. (2017) pour définir sémantiquement comment deux descriptions RDF peuvent être appariées.

Définition 3. *Contexte d'identité.* *Soit KG un graphe de connaissances, le contexte d'identité IC d'une paire d'instances d'une classe (i_1, i_2) est un sous-ensemble de l'ontologie O dans laquelle les descriptions des instances sont identiques à la réécriture de l'URI près. Le prédicat $identiConTo_{IC}(i_1, i_2)$ représente l'identité entre i_1 and i_2 dans le contexte d'identité IC.*

Dans de nombreux contextes, deux instances de classe décrites par des URIs différentes peuvent référer au même objet. C'est pourquoi l'inégalité des URIs n'est pas prise en compte pour définir l'identité. Si l'on considère un graphe de connaissances décrivant des athlètes, un contexte d'identité peut être le sous-ensemble de l'ontologie composé des classes *Athlete* et *Pays* ainsi que des *DP nationalité, nomPays* et *regimeAlimentaire*. De façon analogue, le contexte de différence *DC* est un ensemble de chemins de propriétés pour lesquelles les valeurs litérales atteignables sont définies et différentes. Dans l'algorithme, les strates utilisent des propriétés des contextes d'identité tandis que le traitement appartient au contexte de différence.

Une paire d'instances est prise en compte lorsque la conjonction de ses contextes d'identité et de différence contient l'ensemble des propriétés pertinentes déclarées. Par exemple, le prénom d'un athlète semble non pertinent à l'étude de sa performance.

3.3 Mesure de Qualité

Pour évaluer la qualité des règles, nous mesurons le rapport entre le nombre d'exemples positifs et le nombre d'exemples négatifs. Cette mesure est inspirée de Sebag et Shoenauer (1988), et adaptée aux graphes de connaissances et à la prise en compte de l'appariement sémantique (i.e. seules les couples d'instances appariées sont exploitées pour évaluer la règle).

Soit la règle $R : \vec{B} \Rightarrow compare_r(z_1, z_2)$, la mesure *seb-kg* est :

$$seb - kg(R) = \frac{\#(i_1,i_2):identiconTo_{IC}(i_1,i_2) \wedge \exists z_1,...,z_n:\vec{B} \wedge compare_r(z_1,z_2)}{\#(i_1,i_2):identiconTo_{IC}(i_1,i_2) \wedge \exists z_1,...,z_n:\vec{B} \wedge \neg compare_r(z_1,z_2)}$$

On considère qu'une règle est valide si sa mesure de qualité est significativement supérieure à 1. Un test statistique est réalisé afin de vérifier cette hypothèse.

3.4 Strates et Généralisation de règles causales

L'utilisation de strates permet de découvrir des règles valides sur un sous-ensemble d'instances. Ces règles pourraient ne pas être valides sur des ensembles plus généraux (paradoxe statistique). Notre approche permet de fusionner les strates des règles spécifiées pour des strates différentes si leur effet avéré est le même sur la règle généralisée.

L'ensemble théorique des strates ne peut être exploré du fait d'un manque de données, ou car certaines d'entre elles ne peuvent être instanciées. Il sera par exemple difficile d'étudier des skieurs provenant d'un pays où il n'y a ni montagne ni neige. L'effet d'un traitement par rapport à un autre peut donc être inconnu pour certains ensembles. Dans de tels cas, le système peut se focaliser uniquement sur les strates pour lesquelles toutes les règles identiques impliquant des strates plus spécifiques sont valides (i.e. approche pessimiste), ou bien faire des hypothèses sur les strates manquantes.

3.5 Algorithme de fouille de règles différentielles causales

L'algorithme prend en entrée un graphe de connaissances, une classe cible C, le chemin de propriétés représentant le résultat pr, et un ensemble de propriétés non pertinentes NP. En sortie, il renvoie l'ensemble de règles différentielles causales associées aux données CR.

La première étape consiste à parcourir les paires d'instances de C afin de déterminer le contexte d'identité et de différence de chacune d'entre elles (hors pr). L'algorithme utilisé est inspiré de Raad et al. (2017), mais renvoie un contexte de différence en plus du contexte d'identité. De plus, les valeurs des propriétés non fonctionnelles sont ramenées à une seule valeur pas des fonctions choisies par l'expert (e.g. max, avg,etc.). De plus, les propriétés numériques, excepté pr, sont discrétisées afin de définir des strates d'interêt. Un échantillonnage est réalisé afin de réduire l'espace de recherche.

Un arbre permet de représenter les paires analysées pour chaque contexte d'identité et de différence. Seuls les noeuds dont le contexte de différence se réduit à un chemin de propriété (traitement) sont considérés. L'arbre est parcouru en largeur afin de déterminer des règles différentielles causales. Pour chaque noeud, le traitement peut être instancié par des paires de valeurs différentes. Pour chaque possibilité, l'ensemble des strates les plus spécifiques sont définies et les règles correspondantes sont évaluées en utilisant seb-kg. Un test statistique utilisant un intervalle de confiance à x% de est réalisé et la règle est validée en fonction de ce résultat. L'algorithme est présenté ci-dessous.

1. Pour chaque paire $(i_1, i_2) \in C \times C$
   (a) calcul du contexte d'identité $IC(i_1,i_2)$ et de différence $DC(i_1,i_2)$
   (b) attribution de (i_1, i_2) au noeud n_k représentant les contextes IC et DC dans l'arbre des contextes T
2. Pour chaque noeud $(n_k \in T)$ tel que $support(n_k) > minsup$

(a) Pour toute paire de valeurs (v_1, v_2) instanciant le traitement $PT(DC)$

    i. Pour toutes les strates ST_j de $ST(IC)$ instanciant le contexte d'identité IC et telle que $support(ST_j) > minsup$:

        Si la borne minimale $seb - kg(R)$ de l'intervalle de confiance à $x\% > 1$ alors ajout de R à CR

La dernière étape de l'algorithme consiste à fusionner récursivement les règles afin d'obtenir des règles plus générales.

4   Evaluation expérimentale

Le jeu de données utilisé provient de l'unique approche combinant graphe de connaissances et causalité : Munch et al. (2019). Le schéma de cet extrait de DBPedia est présenté en figure 1. Il comporte 6908 triplets. La classe cible est Auteur (Writer) et le résultat étudié est l'âge auquel un auteur publie son premier livre, défini par l'expression : *dbp :auteur/datesortie - datenaissance*. Les propriétés *dbp :numberOfPages* et *dbp :genre* sont considérées comme non pertinentes pour cette analyse, et la discrétisation a été réalisée en suivant les expériences de Munch et al. (2019). Les tests statistiques ont été réalisés en construisant des intervalles de confiance à 90%.

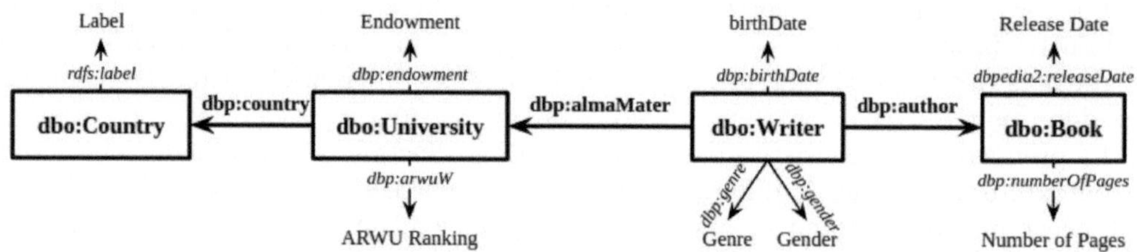

FIG. 1: Schéma du graphe de connaissances utilisé.

L'approche a permis de déterminer 14 règles avant fusion. Certaines de ces règles sont présentées dans le tableau TAB. 1 [3]. Certaines règles sont plus faciles à appréhender que d'autres. Ainsi, il semble raisonnable qu'étudier dans les meilleurs universités favorise une publication plus tôt du premier livre. Par contre, il est plus compliqué d'expliquer en quoi être né après 1960 permette de publier plus tôt que les personnes nées avant 1934, sauf si l'on considère que l'accès et le processus d'édition est d'autant plus facile que les années sont récentes.

TAB. 1: Exemples de règles différentielles causales obtenues sur un extrait de DBPedia.

Strate	Traitement	Tête
Uni.(endowment $< 2.10\hat{}9$) $\hat{}$Author(birthDate) $\in$ [1934,1959]) $\hat{}$(Country=U.S.)	arwu(x,<100) $\hat{}$arwu(y,>100)	agePublish(x) < agePublish(y)
Uni.(endowment $< 2.10\hat{}9$) $\hat{}$Author(birthDate) $\in$ [1960,2000]) $\hat{}$(Country=U.S.)	arwu(x,<100) $\hat{}$arwu(y,>100)	
Uni.(endowment $< 2.10\hat{}9$, arwu >100) $\hat{}$(Country=U.S.)	birthDate(x,>1960) $\hat{}$birthDate(y,<1934)	
Uni.(endowment $< 2.10\hat{}9$, arwu >100) $\hat{}$(Country=U.S.)	birthDate(x,>1960) $\hat{}$birthDate(y,[1934,1960])	
Uni.(endowment $>2.10\hat{}9$, arwu < 100) $\hat{}$Author(birthDate<1934)	country(x,England) $\hat{}$country(x,U.S.)	

---

3. La représentation des propriétés a été simplifiée afin de faciliter la lecture des règles pour les lecteurs.

L'étape de fusion a permis d'obtenir un ensemble de 11 règles qui sont identiques ont qui généralisent les 14 règles les plus spécifiques (6 règles ont pu être fusionnées). Dans cette étape, nous avons considéré les strates non instanciées comme invalides.

L'approche a été testée en faisant varier la taille de l'échantillon et ce pour une série d'exécutions. Les règles obtenues sur l'ensemble du jeu de données sont considérées comme références, et les règles obtenues après échantillonnage sont comparées à ces références. Plus l'échantillon est grand, plus le nombre de règles obtenues est important. Cette évolution n'est pas linéaire, le nombre de règles augmente rapidement puis atteint un plateau. Néanmoins, l'échantillonnage semble permettre la découverte de règles causales différentielles qui restent valides sur tout le jeu de données. Par exemple, en moyenne on découvre 10,67 règles en parcourant la moitié des paires et 80% d'entre elles sont valides. Les règles qui ont été obtenues permettent d'expliquer les différences de 4092 des 13016 ayant des résultats différents, soit environ une sur trois.

Param. échant. (%)	12.5	25	37.5	50
# Règles	3.33 ± 0.48	8.33 ± 0.48	10 ± 2.16	10.67 ± 1.25
Précision (%)	80.56 ± 14.16	75.93 ± 10.29	83.30 ± 4.08	81.23 ± 6.94

Param. échant. (%)	62.5	75	87.5	100
# Règles	12 ± 1.41	12.67 ± 0.94	12.67 ± 1.25	14
Précision (%)	81.39 ± 7.96	70.64 ± 5.61	89.47 ± 3.52	100

TAB. 2: Nombre et précision des règles en fonction du paramètre

Notre approche permet donc de découvrir des règles causales, et ce même en étant très sélective (intervalle de confiance à 90%, heuristique pessimiste pour la fusion). Contrairement à Munch et al. (2019) dont le but est de prédire le résultat (discrétisé auparavant), notre approche vise à expliquer des différences. Les résultats montrent que nos règles sont plus expressives que les règles probabilistes induites par le réseau. Leur approche découvre que la date de publication peut dépendre de la date de naissance et de l'université de l'auteur. Notre approche confirme ces résultats, mais montre que d'autres éléments de description tels que le pays et la richesse de l'université peuvent expliquer des différences. Notre approche n'impose pas de discrétiser les propriétés ayant des valeurs numériques (traitement et résultat), ce qui permet à la fois de découvrir des règles où la contrainte est une simple comparaison numérique ou de s'intéresser à l'impact de la propriété selon des tranches de valeurs.

5 Conclusion

Nous avons proposé une approche originale pour déterminer des règles différentielles causales dans des graphes de connaissances. Les expériences réalisées sur un extrait de DBPedia ont permis de montrer l'efficacité de l'approche pour déterminer de telles règles, permettant d'expliquer certaines variations dans les ages de première publication. Dans nos futurs travaux, nous souhaitons intégrer des contraintes sémantiques afin d'optimiser la fouille de règles et leur évaluation. Nous souhaitons également tester cette approche sur des jeux de données plus volumineux.

Références

Galárraga, L., C. Teflioudi, K. Hose, et F. Suchanek (2013). Amie : Association rule mining under incomplete evidence in ontological knowledge bases. pp. 413–422.

Holland, P. W. (1986). Statistics and causal inference. *Journal of the American Statistical Association 81*(396), 945–960.

Iacus, S. M., G. King, et G. Porro (2012). Causal inference without balance checking : Coarsened exact matching. *Political Analysis 20*(1), 1–24.

King, G. et R. Nielsen (2019). Why Propensity Scores Should Not Be Used for Matching. *Political Analysis 27*(4), 435–454.

Li, J., T. D. Le, L. Liu, J. Liu, Z. Jin, et B. Sun (2013). Mining causal association rules. *Proceedings - IEEE 13th International Conference on Data Mining Workshops, ICDMW 2013*, 114–123.

Li, J., S. Ma, T. Le, L. Liu, et J. Liu (2017). Causal Decision Trees. *IEEE Transactions on Knowledge and Data Engineering 29*, 257–271.

Munch, M., J. Dibie, P. H. Wuillemin, et C. Manfredotti (2019). Interactive causal discovery in knowledge graphs. *CEUR Workshop Proceedings 2465*, 78–93.

Neapolitan, R. E. (2003). Learning Bayesian networks witn integration of indirect prior knowledge. *Prentice Hall.*

Pearl, J. (2009). *Causality.* Cambridge University Press.

Raad, J., N. Pernelle, et F. Saïs (2017). Detection of contextual identity links in a knowledge base. In *Proceedings of the Knowledge Capture Conference, K-CAP 2017.*

Rosenbaum, P. R. et D. B. Rubin (1984). Reducing bias in observational studies using subclassification on the propensity score. *Journal of the American Statistical Association 79*(387), 516–524.

Rubin D. B (1974). Estimating causal effects of treatment in randomized and nonrandomized studies. *Journal of Educational Psychology 66*(5), 688–701.

Sebag, M. et M. Shoenauer (1988). Generation of rules with certainty and confidence factors from incomplete and incoherent learning bases. *Proc. of the European Knowledge Acquisition Workshop Conference*, 28–1–28–20.

Stuart, E. A. (2010). Matching methods for causal inference : A review and a look forward. *Statistical science : a review journal of the Institute of Mathematical Statistics 25*(1), 1–21.

Summary

In this paper, we present an approach that discovers differential causal rules in Knowledge Graphs. Such rules express that for two class instances, a different treatment leads to different outcomes. The proposed approach is based on a semantic matching and strata that can be defined as complex sub-classes. A first experimental evaluation on a DBPedia extract showed that such discovered rules can help to explain a significant number of variability in outcomes.

Approche de traitement des logs pour la prédiction d'erreurs critiques

Myriam Lopez*, Marie Beurton-Aimar*
Gayo Diallo*,** Sofian Maabout*

*University of Bordeaux, LaBRI, UMR 5800, Talence, France
{myriam.lopez, marie.beurton, sofian.maabout}@labri.fr
**BPH INSERM 1219, Univ. of Bordeaux, F-33000, Bordeaux, France
gayo.diallo@u-bordeaux.fr

1 Introduction

La maintenance prédictive, d'importance capitale pour les fabricants (Hashemian (2011); Salfner et al. (2010)) permet d'une part de réduire les coûts liés à l'immobilisation des systèmes après dysfonctionnement et d'autre part anticiper des commandes des pièces de rechange. De nos jours, la plupart des machines modernes de l'industrie sont équipées de capteurs qui mesurent diverses propriétés physiques telles que la pression de l'huile ou la température du liquide de refroidissement. Après nettoyage et traitement, le signal issu de ces capteurs permet d'identifier au fil du temps les indicateurs d'un fonctionnement anormal (Wang et al. (2015)). La richesse de ces données permet de visualiser l'état du système dans le temps sous la forme d'une estimation de la durée de vie utile restante (Guo et al. (2017)). En parallèle, les machines livrent régulièrement des journaux consignant les différents événements qui permettent de suivre l'usage et les anomalies. Ainsi, la prédiction basée sur les événements est un sujet de recherche clé dans la maintenance prédictive (Wang et al. (2017); Gmati et al. (2019)).

Nous proposons, dans ce document, une approche de préparation des données, permettant d'entraîner un modèle de prédiction d'occurrence d'erreur critique. Elle repose sur l'exploitation de données historiques de journal associées aux machines. L'objectif est de prédire suffisamment tôt l'apparition d'un dysfonctionnement critique afin de faciliter les opérations de maintenance. L'approche est appliquée dans un contexte industriel réel et les performances empiriques obtenues montrent son efficacité.

Après avoir introduit les données et les paramètres clés dans la section suivante, nous détaillons notre méthodologie de préparation. Les expériences menées dans le cadre de nos travaux sont présentées ensuite, puis nous donnons un aperçu des travaux connexes. Enfin, nous concluons et donnons quelques indications pour les travaux futurs.

2 Collecte des données

Soit $\mathcal{F}$ un journal produit par une machine $\mathcal{M}$ où sont rapportées les erreurs émises par la machine suite à l'observation des valeurs d'un ensemble de capteurs. Nous supposons que les erreurs sont enregistrées à intervalles de temps réguliers. Considérons un jeu d'erreurs $\mathcal{E} = \mathcal{L} \cup \mathcal{H}$ où $\mathcal{L}$ est l'ensemble des erreurs de faible criticité ℓ_j et $\mathcal{H}$ est l'ensemble des erreurs très critiques h_j. Notre objectif est de prédire l'occurrence des erreurs critiques (nous les appellerons erreurs cibles par la suite) selon l'occurrence des erreurs faiblement critiques (ou erreurs faibles). Chaque enregistrement dans $\mathcal{F}$ est une paire $\langle i, E \rangle$ où i est une estampille temporelle exprimée en jours, et $E \in \mathbb{N}^{|\mathcal{E}|}$ est un vecteur où $E[j]$ représente le nombre d'occurrences de l'erreur $e_j \in \mathcal{E}$ à l'estampille temporelle i. Nous utilisons l'exemple suivant tout au long de ce papier pour illustrer notre approche.

Exemple 2.1. Soit $\mathcal{E}$ un ensemble d'erreurs $\mathcal{E} = \{\ell_1, \ell_2, \ell_3, \ell_4\} \cup \{h_1, h_2\}$. La séquence suivante (tableau 1) décrit le contenu de 10 jours d'historique où chaque ligne est l'enregistrement associé à la journée i.

$Estampille$	ℓ_1	ℓ_2	ℓ_3	ℓ_4	h_1	h_2
1	0	12	6	1	0	0
2	0	0	3	2	0	0
3	0	1	4	1	1	1
4	1	0	1	2	0	0
5	0	1	1	2	0	0
6	0	1	1	1	0	0
7	0	1	1	0	0	1
8	1	0	1	8	0	1
9	0	0	6	1	1	0
10	1	0	7	1	1	0

TAB. 1: Exemple d'un journal d'événements log associés à leur estampille temporelle

Pour élaborer un modèle de prédiction et collecter les données, trois paramètres, illustrés dans la figure 1, sont appliqués successivement :

— **Intervalle Prédictif** : il décrit l'historique de données utilisé pour effectuer des prédictions. Sa taille en jours est définie par le paramètre PI. Les informations contenues dans cet intervalle sont rassemblées dans une structure appelée 'sac'.

— **Intervalle de Réactivité** : D'un point de vue pratique, prédire pour le lendemain présente peu d'intérêt. Aussi, une stratégie courante consiste à appliquer un intervalle de réactivité qui, au cours de l'apprentissage, agit sur le modèle comme une contrainte d'anticipation. La taille de l'intervalle, exprimée par le paramètre RI, contrôle le délais d'anticipation souhaité.

— **Intervalle d'Erreur** : Intuitivement, cet intervalle, dont la taille est définie par le paramètre EI, permet de prédire l'occurrence d'une erreur cible au cours d'un intervalle temporel donné, plutôt qu'à une unité de temps spécifique. Il introduit donc un degré d'incertitude sur la temporalité de la prédiction.

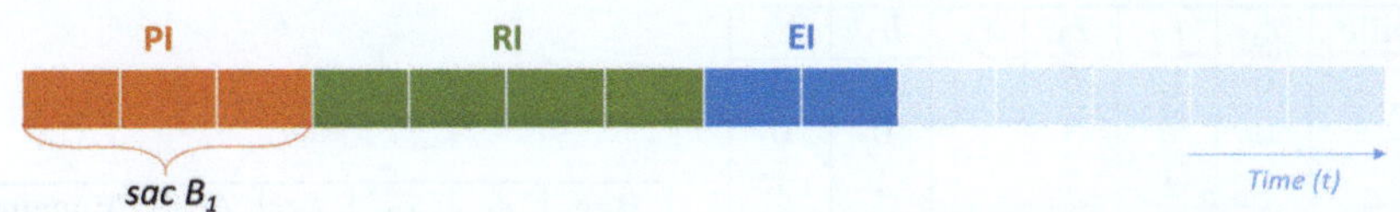

FIG. 1: Les trois paramètres appliqués pour la prédiction, produisant le sac B_1 de 3 jours

3 Méthodologie

L'objectif étant d'établir un modèle prédictif binaire, la condition préalable est de former des exemples représentatifs de l'historique, étiquetés OUI ou NON.

Définition 3.1. Soit B_i un sac et h_j une erreur cible. B_i est étiqueté OUI *ssi* l'intervalle $[i + PI + RI; i + PI + RI + EI - 1]$ contient une occurrence de h_j, il est étiqueté NON sinon.

Exemple 3.1. Soient $PI = 3$, $RI = 2$ et $EI = 2$, l'erreur cible h_1 et l'historique défini par le tableau 1. Pour définir l'étiquette du sac B_1, nous devons vérifier si l'erreur h_1 a été observée au cours des jours $[6; 7]$. Puisque ce n'est pas le cas, B_1 est étiqueté NON. Ainsi, en appliquant la définition ci-dessus, on obtient à partir de l'historique, les sacs B_1 et B_2, étiquetés NON et les sacs B_3 et B_4, étiquetés OUI.
Les sacs 5, 6, 7 et 8 ne peuvent être étiquetés car leur intervalles EI respectifs sont définis en dehors des limites de l'historique. Ils sont donc exclus de l'ensemble d'entraînement.

La configuration ci-dessus (sacs étiquetés) est proche de celle rencontrée dans le Multiple Instance Learning (MIL) Dietterich et al. (1997). Cependant, notre approche n'est pas conforme au MIL car la prédiction est basée sur le sac entier et non sur les exemples individuels. Ainsi, notre méthode alternative consiste à synthétiser l'information de chaque sac B_i, en maximisant les valeurs pour former un exemple unique appelé *méta-instance* [1]

Exemple 3.2. Soient $PI = 3$ et le sac B_1 défini entre $i = 1$ et $i = 3$. B_1 est synthétisé par le vecteur $\langle 0, 12, 6, 2 \rangle$, c'est-à-dire que pour chaque ℓ_j nous gardons la valeur maximale dans B_1. Avec $RI = 2$, $EI = 2$, et l'erreur cible h_1 on obtient les *méta-instances* décrites dans le volet droit de la figure 2.

L'étape de pré-traitement est décrite par l'algorithme 1 où la séquence d'enregistrements T est obtenue à partir d'un journal de logs émis par une machine. Les enregistrements consécutifs sont rassemblés dans des sacs par fenêtre glissante de taille PI. Les sacs sont ensuite étiquetés puis leur contenu synthétisé en une *meta-instance*. La séquence T' obtenue en sortie de l'algorithme est utilisée comme donnée d'entrée du modèle d'apprentissage.
La complexité de la préparation des données est linéairement proportionnelle à la taille de la séquence : la boucle la plus extérieure est exécutée $O(|T|)$ fois. À chaque itération, les lignes de données PI sont synthétisées et l'étiquette est attribuée après identification du contenu de la ligne EI. Ainsi, la complexité globale est de $O(|T| \times (PI + EI))$.
On peut également noter que les itérations de la boucle extérieure peuvent être parallélisées puisqu'elles sont indépendantes les unes des autres.

---

1. Il existe d'autres méthodes de synthèse. Dans le cas d'usage présent, la fonction MAX() a été choisie car elle contribue aux bonnes performances de prédiction.

Estampille	ℓ_1	ℓ_2	ℓ_3	ℓ_4	h_1	h_2
1	0	12	6	1	0	0
2	0	0	3	2	0	0
3	0	1	4	1	1	1
4	1	0	1	2	0	0
5	0	1	1	2	0	0
6	0	1	1	1	0	0
7	0	1	1	0	0	1
8	1	0	1	8	0	1
9	0	0	6	1	1	0
10	1	0	7	1	1	0

Bag	ℓ_1	ℓ_2	ℓ_3	ℓ_4	Étiquette h_1
B_1	0	12	6	2	NON
B_2	1	1	4	2	NON
B_3	1	1	4	2	OUI
B_4	1	1	1	2	OUI

FIG. 2: Stratégie de synthèse des sacs utilisant la fonction MAX()

Algorithme 1 : DATAPREP

Entrées : Sequence T, EI, PI, RI, erreur cible h
Output : Tableau T' de *méta-instances* étiquetées.
début
    pour $i = PI + RI + 1$ à $|T| - EI + 1$ **faire**
        $s \leftarrow$ Synthétiser$(T, i - RI - PI, i - RI - 1, \mathcal{S})$
        //un sac de taille PI commençant à l'index $i - RI - PI$ est synthétisé par une
        fonction $\mathcal{S}$, par exemple MAX()
        $s.label \leftarrow False$
        pour $j = i$ à $i + EI - 1$ **faire**
            si $T[j]$ *contient une occurrence de h* **alors**
                $s.label \leftarrow True$
        Ajouter s dans T'
    retourner T'

---

4 Expérimentations et résultats

4.1 Description du jeu de données

Nous avons recueilli les données brutes à partir d'un historique d'un an de journaux, chacun d'eux étant associé à une machine spécifique.[2]. Les machines partagent les même caractéristiques mécaniques mais elles ne sont pas soumises aux mêmes conditions d'utilisation. Avec une combinaison de paramètres $(PI; RI; EI)$, chaque fichier journal est traité à l'aide de l'algorithme 1. Les séquences obtenues sont ensuite fusionnées pour constituer le jeu de données d'entrée de l'apprentissage. Celui-ci est partitionné en un jeu d'entraînement et un jeu de test avec un rapport 80/20, par échantillonnage stratifié.

---

2. Malheureusement, pour des raisons de confidentialité, nous ne pouvons pas fournir les données de cette étude

Pour chaque erreur cible, nous avons conçu plusieurs modèles, chacun d'eux obtenu par la combinaison de trois valeurs de paramètres $(PI; RI; EI)$. Nos recherches se sont concentrées sur 11 erreurs cibles, dont les jeux de données correspondants sont constitués de 193 *features* (erreurs faibles distinctes). En fonction de l'erreur cible, nous obtenons en moyenne 1000 échantillons, parmi lesquels de 4 à 30 % sont positifs. Bien qu'une technique de correction du déséquilibre de classe soit généralement recommandée dans un tel cas, nos expériences ont montré que le sous-échantillonnage n'a pas apporté de gain de précision substantiel[3]. Nous avons donc décidé de ne pas y recourir. Dans les expériences suivantes, la valeur par défaut pour les deux paramètres PI et RI est fixée à 7 jours. La valeur du paramètre RI, choisie par contrainte métier, représente la durée nécessaire pour effectuer une réparation sur le système.

4.2 Paramètres

Toutes les expériences ont été menées avec le logiciel RapidMiner[4]. Plusieurs algorithmes de classification ont été explorés. L'algorithme de réseau de neurones (NN) du *framework* H2o Candel et al. (2016) a surpassé les autres. On ne présente donc que ce dernier. Nous avons utilisé 4 couches de 100 neurones chacune, 1000 *epoch* et la *Cross-Entropy* comme fonction de coût. Les performances du modèle sont évaluées en termes de F1-score sur la classe positive, défini par la moyenne harmonique de la précision et du rappel.

4.3 Choix de la valeur du paramètre d'Intervalle d'Erreur (EI)

Le paramètre EI introduit une flexibilité pour les prévisions positives et une rigidité pour les prévisions négatives. En effet, une prédiction positive indique qu'au cours d'un intervalle de temps futur, une erreur critique peut se produire, tandis qu'une prédiction négative indique qu'*il n'y aura pas* d'occurrence dans cet intervalle. Intuitivement, pour les prédictions positives, on peut s'attendre à ce que plus EI est élevé, plus les prédictions du modèle sont correctes. Pour analyser cette hypothèse, nous avons fait varier EI de 1 à 4 jours et évalué pour chaque erreur cible, le F1-score de la classe positive. Les résultats sont présentés dans la figure 3.

Bien que le F1-score ne soit pas monotone par rapport à EI, dans l'ensemble, notre hypothèse initiale est confirmée : le F1-score augmente quand EI croît. Dans certains cas, le F1-score est nul (voir les erreurs E3 ; E4 ; E5 ; E10 et E11). Ceci s'explique par une valeur nulle du nombre de vrais positifs. Il est important d'observer qu'il n'y a pas de valeur de EI unique qui optimise le F1-score pour chaque erreur. Ceci plaide pour fixer une valeur de EI par erreur cible.

D'un point de vue applicatif, le taux de faux positifs (FPR) est également un indicateur clé[5]. La figure 4 montre l'évolution du FPR en fonction de EI. On observe qu'en général, le FPR tend à diminuer avec l'augmentation, expliquant les performances obtenues en figure 3.

L'augmentation de la taille de EI multiplie simultanément le nombre d'exemples positifs dans le jeu de données. Cela peut expliquer que nous obtenions de meilleures performances avec un EI plus important. Bien que ces performances puissent aussi dans certains cas masquer une sur-expression de faux positifs, le phénomène n'est pas présent ici, comme le montre la figure 4.

---

3. Par manque de place, les résultats ne seront pas détaillés dans cet article.

4. Rapidminer.com

5. $FPR = \frac{FP}{FP+TP} = 1 - precision$

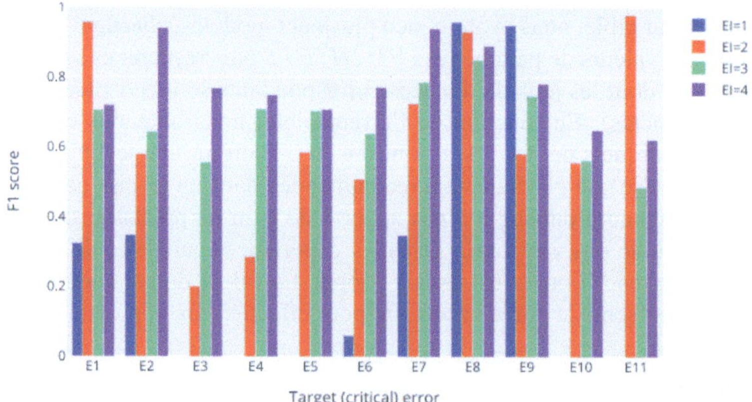

FIG. 3: Évolution du F1-score en fonction de la taille du paramètre EI

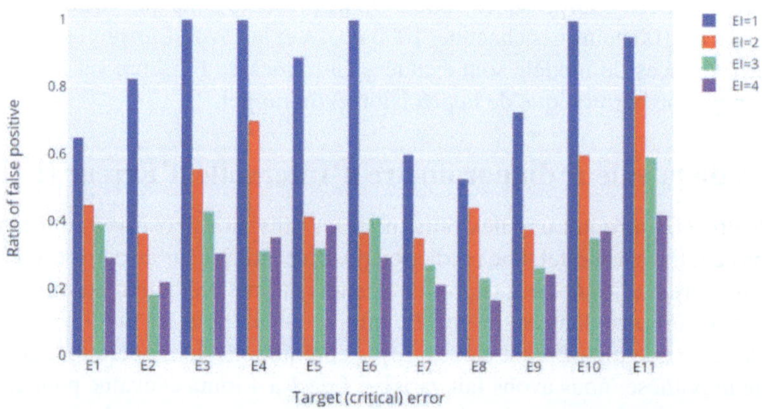

FIG. 4: Proportion de faux-positifs (fausses alarmes) en fonction de la taille du paramètre EI

5 Travaux relatifs

La maintenance prédictive a suscité de nombreuses recherches ces dernières années (Ran et al. (2019); Krupitzer et al. (2020); Zhang et al. (2019)). Les approches basées sur l'apprentissage supervisé, auxquelles notre étude se rapporte, permettent de répondre à ce besoin. À notre connaissance, les travaux de Sipos et al. (2014) et de Korvesis et al. (2018), appartenant à cette catégorie d'approche, sont les plus proches des nôtres.

Bien que similaire à la nôtre, la méthodologie proposée par Sipos et al. (2014) pour étiqueter les sacs, s'applique différemment selon qu'ils soient positifs ou négatifs. En effet, tandis que les sacs positifs sont agrégés par moyenne pour former une méta-instance, les sacs négatifs propagent leur étiquette individuellement sur les instances qu'ils contiennent. Par conséquent, le jeu de données obtenu correspond à un mélange de méta-instances (positives) et d'instances simples (négatives). Les auteurs choisissent la moyenne pour générer les méta-instances afin qu'elles soient, à l'échelle du sac, représentatives du comportement quotidien. En pratique, à moins d'avoir un faible écart-type dans les sacs, un enregistrement peut être très différent de la moyenne du sac associé. Les estimations du modèle s'avéreront alors imprécises et fausseront les prédictions déduites des instances isolées. Dans notre cas d'usage, les écart-types sont élevés ce qui exclut l'utilisation de la moyenne. Par ailleurs, nous traitons les sacs positifs et négatifs de la même manière, ainsi, nous considérons que l'occurrence ou non d'une erreur critique s'explique par l'ensemble du sac associé, et non pas par des cas isolés de ce sac. Cela nous permet également de réduire le déséquilibre des classes. Dans Sipos et al. (2014), les prédictions sont basées sur les instances puis sont propagées aux sacs. Plus précisément, le modèle cherchera à prédire des instances dont les sacs ne sont pas classifiés. Si l'une des instances du sac est positive celui-ci est alors classé positif, négatif sinon. En somme, la classe du sac est prédite en fonction de la classe de ses instances, alors qu'en phase de préparation, ce sont les étiquettes des instances qui dépendent de celle du sac. Fondamentalement, les prédictions sont quotidiennes parce que l'occurrence d'une erreur est expliquée par l'information à l'échelle d'une journée, alors que nos besoins sont de combiner des événements sur une échelle de temps plus large. C'est aussi pour cette raison que, contrairement à Sipos et al. (2014), notre travail ne s'inscrit pas dans une approche d'apprentissage multi-instance (MIL), dont l'hypothèse principale stipule qu'un sac est positif *ssi* l'une de ses instances est positive Dietterich et al. (1997); Carbonneau et al. (2018) . Sur notre cas d'usage, la méthode de Sipos et al. (2014), ne nous a pas permis d'obtenir un F1-score supérieur à 0,2.

Un travail plus récent avec un processus de préparation des données similaire est celui de Korvesis et al. (2018). Ici le modèle de prédiction est basé sur une régression qui estime la probabilité d'occurrence future d'une erreur. Si cette probabilité est supérieure à un seuil fixé, une alerte est déclenchée. Ainsi, lors de la préparation des données, les étiquettes associées aux sacs sont des valeurs de probabilités, estimées à l'aide d'une fonction sigmoïde. Intuitivement, plus un sac est proche d'une erreur, plus sa probabilité est élevée. Leurs résultats ont démontré des performances largement supérieures à celles de Sipos et al. (2014). Nous pensons que cela est principalement dû à l'application elle même et qu'il n'y a pas de meilleure solution dans tous les cas. Notre solution est bien plus simple ce qui ne l'empêche pas d'atteindre des performances très satisfaisantes.

6 Conclusion et perspectives

Nous avons décrit une approche permettant d'exploiter les données des journaux pour prévoir les erreurs critiques qui peuvent provoquer des défaillances coûteuses de machines outil. Cette approche est basée sur l'agrégation des intervalles temporels qui précèdent ces erreurs. Combinée à un réseau de neurones, notre solution s'avère suffisamment précise. Son principal atout, par rapport à d'autres techniques, est sa simplicité. Même si nous ne prétendons pas qu'elle devrait fonctionner pour chaque situation similaire (prédiction basée sur des logs), nous pensons qu'elle pourrait être considérée comme une base avant d'essayer des options plus sophistiquées. Jusqu'à présent, nous avons conçu un modèle par erreur cible. À l'avenir, nous prévoyons d'analyser plus en profondeur les erreurs pour voir s'il serait possible de combiner différentes prédictions afin de réduire le nombre de modèles. En outre, nous souhaitons automatiser le réglage des paramètres : en donnant un (ensemble de) cible(s), trouver les valeurs optimales de PI, EI et RI de telle sorte que la performance du modèle appris soit maximisée.

Références

Candel, A., V. Parmar, E. LeDell, et A. Arora (2016). Deep learning with H2O. H2O AI Inc.

Carbonneau, M., V. Cheplygina, E. Granger, et G. Gagnon (2018). Multiple instance learning : A survey of problem characteristics and applications. *Pattern Recognit. 77*, 329–353.

Dieterich, T. G., R. H. Lathrop, et T. Lozano-Pérez (1997). Solving the multiple instance problem with axis-parallel rectangles. *Artif. Intell. 89*(1-2), 31–71.

Gmati, F. E., S. Chakhar, W. L. Chaari, et M. Xu (2019). A Taxonomy of Event Prediction Methods. In *Proc. of IEA/AIE conf.* Springer.

Guo, L., N. Li, F. Jia, Y. Lei, et J. Lin (2017). A recurrent neural network based health indicator for remaining useful life prediction of bearings. *Neurocomputing 240*, 98–109.

Hashemian, H. M. (2011). State-of-the-art predictive maintenance techniques. *IEEE Trans. Instrum. Meas. 60*(1), 226–236.

Korvesis, P., S. Besseau, et M. Vazirgiannis (2018). Predictive maintenance in aviation : Failure prediction from post-flight reports. In *Proc. of ICDE Conf.*

Krupitzer, C., T. Wagenhals, M. Züfle, et al. (2020). A survey on predictive maintenance for industry 4.0. *CoRR abs/2002.08224.*

Ran, Y., X. Zhou, P. Lin, Y. Wen, et R. Deng (2019). A survey of predictive maintenance : Systems, purposes and approaches. *CoRR abs/1912.07383.*

Salfner, F., M. Lenk, et M. Malek (2010). A survey of online failure prediction methods. *ACM Comput. Surv. 42*(3), 10 :1–10 :42.

Sipos, R., D. Fradkin, F. Mörchen, et Z. Wang (2014). Log-based predictive maintenance. In *SIGKDD conference*, pp. 1867–1876. ACM.

Wang, C., H. T. Vo, et P. Ni (2015). An iot application for fault diagnosis and prediction. In *IEEE International Conference on Data Science and Data Intensive Systems*, pp. 726–731.

Wang, J., C. Li, S. Han, S. Sarkar, et X. Zhou (2017). Predictive maintenance based on event-log analysis : A case study. *IBM J. Res. Dev. 61*(1), 11.

Zhang, W., D. Yang, et H. Wang (2019). Data-driven methods for predictive maintenance of industrial equipment : A survey. *IEEE Systems Journal 13*(3), 2213–2227.

Summary

With the advent of Industry 4.0, failure anticipation is becoming one of the key objectives in industrial research. In this context, predictive maintenance is an active research area for various applications. This paper presents an approach to predict high importance errors using log data emitted by machine tools. It uses the concept of bag to summarize events provided by remote machines, available within log files. The idea of bag is inspired by the Multiple Instance Learning paradigm. However, our proposal follows a different strategy to label bags. Three main setting parameters are defined to build the training set allowing the model to fine-tune the trade-off between early warning, historic informativeness and forecast accuracy. The effectiveness of the approach is demonstrated using a real industrial application where critical errors can be predicted e.g., seven days before their occurence with high accuracy.

Construction d'un graphe de dépendances fonctionnelles à partir de tableaux web

Tarek Benkhelif*, Clara Lebeau**

*Talend, 89 Boulevard de la Prairie au Duc, 44200 Nantes
tbenkhelif@talend.com
**clara.lebeau@hotmail.fr

Résumé. La découverte de dépendances est au cœur de nombreux efforts de profilage et de nettoyage des données. Parmi les dépendances les plus importantes pour les bases de données relationnelles, on trouve les dépendances fonctionnelles (DFs) qui représentent des contraintes entre les attributs d'un modèle de données relationnelles. Dans cet article, nous proposons une méthodologie permettant de construire à partir d'un corpus de tableaux web, une base de connaissance qui prend la forme d'un graphe dont les nœuds sont des types sémantiques et dont les arêtes représentent l'existence d'une dépendance fonctionnelle relaxée.

1 Introduction

L'exploitation des données par les entreprises privées et les acteurs du secteur public connaît une croissance exponentielle, les données sont un atout crucial et leur nettoyage est aujourd'hui devenu un enjeu majeur. Au cours des deux dernières décennies, des recherches intensives ont été menées pour développer des algorithmes et des outils de nettoyage des données. La découverte de dépendances dans un ensemble de données est au cœur de nombreux efforts de profilage et de nettoyage des données. Parmi les dépendances les plus importantes pour les bases de données relationnelles, on trouve les dépendances fonctionnelles (DFs) et les dépendances fonctionnelles relaxées (DFRs). Ces dernières représentent des DFs assouplies sur la méthode de comparaison et/ou sur la contrainte de satisfaction.

Deux types de colonnes peuvent être identifiées dans les tables de données : *atomiques* et *sémantiques*. Les types atomiques tels que les *chaînes de caractères*, les *booléens* ou les *entiers* donnent des informations techniques sur la structure des données stockées dans une table. Tandis que les types sémantiques tels que le *lieu*, la *date de naissance* ou le *nom* donnent des informations plus riches et précises sur les colonnes.

Il est très coûteux de calculer les dépendances fonctionnelles relaxées quand le nombre de colonnes dans les données devient important. Par exemple, Kruse et Naumann affirment dans (Kruse et Naumann, 2018) que leur méthode excéderait les 30 heures d'exécution pour un jeu de données contenant 35 colonnes et $\sim$30 000 lignes. Pour pallier ce problème, nous proposons dans cet article, une méthodologie permettant de construire une base de connaissance qui répertorie les DFRs fréquemment retrouvées dans les tableaux web.

Les contributions principales de notre travail sont (1) l'idée de construire une base de connaissance qui répertorie les DFRs qui occurrent fréquemment entre des colonnes de données caractérisées par leur type sémantique (2) l'idée d'exploiter cette base de connaissance, pour vérifier les DFRs connues sur de nouvelles données, moyennant une phase de détection de type sémantique (3) l'évaluation empirique de quelques stratégies pour la construction d'une telle base de connaissance. L'article est organisé comme suit. Dans la section 2, nous présentons un aperçu des travaux de recherche portant sur l'exploitation des tableaux web, les problèmes de détection de types sémantiques et celui de la découverte de dépendances fonctionnelles. Nous introduisons ensuite, dans la section 3, la méthodologie proposée. Nous poursuivons, dans la section 4, par les expérimentations et les évaluations menées sur le corpus VizNet. Enfin, nous concluons et présentons nos perspectives.

2   Travaux antérieurs

2.1   Tableaux web

Le World Wide Web est constitué d'une énorme quantité de données structurées sous forme de tableaux HTML (Nishida et al., 2017). Les premières études (Cafarella et al., 2008) ont examiné 14 milliards de tableaux et ont montré que 154 millions d'entre eux contenaient des données relationnelles. Des travaux récents, explorant la puissance des tableaux web, mettent en évidence des applications intéressantes : recherche de tableaux (Chapman et al., 2020), extension de tableaux (Lehmberg et al., 2015) et augmentation de la base de connaissance utilisée pour permettre l'interprétation sémantique du contenu des tableaux (Lehmberg, 2019). L'extraction de tables relationnelles depuis le web est une tâche longue et compliquée. Nous avons donc décidé d'utiliser le répertoire de données VizNet. VizNet est un grand corpus de tables web de bonne qualité (650 GB) extraites et rassemblées par Hu et al. (Hu et al., 2019) dans le but de faciliter les travaux de recherches en apprentissage automatique.

2.2   Détection de types sémantiques

La détection de types sémantiques est une étape cruciale vers l'automatisation du nettoyage de données. De nombreux systèmes utilisent des méthodes de comparaisons tels que les expressions régulières ou les dictionnaires pour détecter des types sémantiques au sein d'une table.

Le hachage sensible à la localité   La découverte du type sémantique d'une colonne de données peut être vue comme un problème de recherche de similarité entre l'ensemble des valeurs qui apparaissent dans la colonne, et un dictionnaire qui contient les types sémantiques auxquels nous nous intéressons, attachés aux valeurs qui les définissent. L'idée de base du LSH (Indyk et Motwani, 1998) est d'utiliser des fonctions de hachage qui mettent en correspondance des objets similaires dans les mêmes segments de hachage avec une forte probabilité. L'exécution d'une recherche de similarité sur un index LSH se fait en deux étapes : (1) utiliser les fonctions LSH pour sélectionner des objets « candidats » pour une requête q donnée, et (2) classer les objets candidats en fonction de leur distance à q.

Sato Les méthodes basées sur des dictionnaires de valeurs sont peu robustes pour fonctionner avec des tables de mauvaise qualité et ne permettent pas de détecter un grand nombre de types sémantiques. Hulsebos et al. (Hulsebos et al., 2019) proposent l'utilisation d'un réseau de neurones, Sherlock, permettant d'améliorer grandement la qualité de la détection de types sémantiques en comparaison aux méthodes traditionnelles. Sherlock opère une détection uni-colonne basée sur l'extraction de 1 588 caractéristiques décrivant les propriétés statistiques, la distribution des caractères, l'imbrication des mots et des vecteurs rassemblant les valeurs d'une colonne. Zhang et al. (Zhang et al., 2019) vont plus loin en proposant un algorithme de détection multi-colonnes : Sato. Le but de cet algorithme est de détecter le type sémantique d'une colonne en se basant à la fois sur les valeurs de celle-ci, en utilisant un modèle de prédiction uni-colonne tel que Sherlock, mais aussi en se basant sur les valeurs des autres colonnes qui composent la table relationnelle. Ainsi, en utilisant une technique de modélisation de sujets, « Latent Dirichlet Allocation » (LDA) (Blei et al., 2003), cette méthode permet d'introduire un contexte à la détection.

2.3 Dépendances fonctionnelles relaxées

Étant donné un schéma de relation $R(A_1, A_2, \ldots, A_n)$, X et Y des sous-ensembles du groupe d'attributs $A_1, A_2, \ldots, A_n$, on dit que X détermine Y (ou Y dépend fonctionnellement de X) si et seulement s'il existe une fonction qui à partir de toute valeur de X détermine une valeur unique de Y. On note $X \rightarrow Y$. Les dépendances au sein d'un jeu de données réelles sont souvent approximatives. Découvrir des DFs dans des données réelles, avec leur lot d'incohérences, nécessite une relaxation de ces dernières. L'étude de Caruccio et al. (Caruccio et al., 2016) rassemble 35 types de DFRs et les classe selon leurs domaines d'applications et contraintes relaxées. Nous pouvons distinguer trois types de relaxations :
— la relaxation sur la contrainte de satisfiabilité, autorisant le fait qu'une contrainte ne soit pas satisfaite sur un sous-ensemble de tuples ;
— la relaxation sur le type de comparaison utilisée pour différencier les tuples et autorisant la similarité entre tuples plutôt que l'égalité stricte ;
— la relaxation hybride sur les contraintes de satisfiabilité et de comparaison.

La complexité de la découverte de DFRs augmente avec le nombre de relaxations autorisées. Il existe des algorithmes effectuant la détection d'un type spécifique de DFs ou DFRs. Carrucio et al. ont proposé l'algorithme Dime (Caruccio et al., 2020). Cet algorithme part de seuils spécifiés par l'utilisateur, et effectue une génération niveau par niveau des dépendances candidates à valider successivement. Pyro (Kruse et Naumann, 2018) implémente une stratégie de recherche « diviser pour mieux régner » guidée par échantillonnage qui détecte rapidement les dépendances candidates et les vérifie. Dans le cadre de ce travail, nous nous intéressons uniquement aux dépendances relaxées sur la contrainte de satisfiabilité.

Évaluation et mesures d'erreurs Afin d'évaluer les DFRs candidates, plusieurs mesures d'erreurs ont été proposées. Considérons les trois mesures g_1, g_2 et g_3 à valeurs dans $[0, 1]$, dont les spécificités sont expliquées dans l'article de Kivinen et al. (Kivinen et Mannila, 1995). Pour une table relationnelle r, si l'erreur vaut 0, alors la DF $X \rightarrow Y$ est respectée sur r. Si l'erreur se rapproche de 1, alors pour tous les tuples $u, v \in r$ avec $u \neq v$, on a $u[X] = v[X]$ et

$u[Y] \neq v[Y]$ et la DF n'est pas du tout respectée. Ainsi, nous pouvons affirmer que les DFRs les plus pertinentes seront celles ayant des mesures g_i proches de 0.

$$G_1(X \to Y, r) = |\{ (u, v) \mid u, v \in r, u[X] = v[X], u[Y] \neq v[Y] \}|, \tag{1}$$
$$g_1(X \to Y, r) = G_1(X \to Y, r)/|r|^2, \tag{2}$$
$$G_2(X \to Y, r) = |\{ u \mid u \in r, \exists v \in R : u[X] = v[X], u[Y] \neq v[Y] \}|, \tag{3}$$
$$g_2(X \to Y, r) = G_2(X \to Y, r)/|r|, \tag{4}$$
$$G_3(X \to Y, r) = |r| - max\{ |s| \mid s \subseteq r, s \models X \to Y \}, \tag{5}$$
$$g_3(X \to Y, r) = G_3(X \to Y, r)/|r|. \tag{6}$$

3 Description de la méthodologie

La solution proposée consiste à utiliser le corpus Viznet pour découvrir des dépendances fonctionnelles relaxées, fréquemment découvertes entre un ensemble de colonnes possédant des types sémantiques données. Les différentes phases de la méthodologie sont décrites ci-dessous :

1. **Filtrage des tables et détection de types sémantiques :** afin d'obtenir des tables de bonne qualité pour la recherche de DFRs, plusieurs filtres sont appliqués aux tables du corpus VizNet. Le processus d'extraction de ces tables se déroule en plusieurs étapes. Le corpus est parcouru en appliquant les étapes suivantes pour chaque table :

   (a) Filtrage sur les nombres minimaux de lignes et de colonnes de la table ;

   (b) Détection des types sémantiques présents dans cette table ;

   (c) Filtrage sur le nombre minimal de types sémantiques découverts dans la table.

2. **Fusion de tables :** cette étape consiste à fusionner les tables dont les colonnes correspondent à des types sémantiques identiques et a pour but d'obtenir des tables avec plus d'enregistrements afin d'augmenter la qualité des DFRs découvertes.

3. **Extraction de dépendances fonctionnelles relaxées :** plusieurs approches de découverte de dépendances fonctionnelles peuvent être considérées : recherche exacte, recherche approchée et les approches basées sur l'apprentissage automatique.

4. **Construction du graphe de dépendances :** dans cette dernière étape, une base de connaissance est construite, elle prend la forme d'un graphe dont les nœuds sont des types sémantiques et dont les arêtes représentent l'existence d'une dépendance fonctionnelle relaxée.

4 Expérimentation

Dans cette section, nous présentons d'abord le protocole expérimental ainsi que le score que nous proposons pour évaluer les dépendances. La première expérimentation vise à comparer trois approches de détection de types sémantiques différentes, la deuxième a pour but d'évaluer la pertinence de la phase de fusion.

4.1 Protocole expérimental

Nous déclinons l'ensemble des expérimentations pour les dépendances fonctionnelles d'arité 2, mais l'étude peut être généralisée à des tailles plus importantes en utilisant notamment les algorithmes Pyro (Kruse et Naumann, 2018) ou Dime (Caruccio et al., 2020) pour la phase d'extraction de dépendances relaxées. Les expérimentations sont menées avec l'ensemble des algorithmes et paramètres qui suivent :

— *Filtrage des tables.* Nous évaluons uniquement les tables avec 20 lignes ou plus, et dont les colonnes correspondent à au moins 2 types sémantiques différents.

— *Ensemble de types sémantiques.* Nous construisons la liste ***type44*** pour laquelle nous sélectionnons 44 types sémantiques possédant un ensemble de valeurs fini, nous permettant ainsi, de construire un index LSH autour de cette dernière.

— *Détection de types sémantiques.* Trois approches sont considérées ici, comme première méthode de détection, nous utilisons une version pré-entrainée de ***Sato***. Sato a été entrainé sur 80 000 tables extraites depuis le corpus VizNet afin de détecter des types sémantiques parmi une liste de 78 types sémantiques qui inclut la liste ***type44***. Nous choisissons l'approche ***LSH*** comme deuxième méthode de détection. Cette dernière requiert l'utilisation d'un dictionnaire de valeurs pour chaque type sémantique que nous voulons détecter. Nous utilisons la librairie Datasketch pour construire un index de type Forêt LSH[1] avec 256 permutations. ***Comparaison d'entêtes.***, la troisième et dernière méthode de détection envisagée est la comparaison des noms des colonnes des tables avec une liste de noms de types sémantiques. Ainsi, en considérant que la première ligne d'une table relationnelle représente les noms de ses colonnes et en appliquant un prétraitement à ces derniers, nous pouvons vérifier si ces noms correspondent aux types sémantiques présents dans la liste utilisée. Pour réduire le temps de calcul l'ensemble de ces approches sont exécutées sur un sous-échantillon d'enregistrements si le nombre de ces derniers dépasse 1000.

— *Découverte de dépendances fonctionnelles.* Nous évaluons l'ensemble des couples de types sémantiques qui cooccurrent dans les tables extraites, pour chaque couple (X, Y) et après une étape de fusions facultative de toutes les tables contenant X et Y, nous calculons le DF_{score} (présenté ci-après) de la dépendance $X \rightarrow Y$ ainsi que celui de $Y \rightarrow X$. Si DF_{score} est supérieur ou égal à un certain seuil la DF est considérée comme valide selon l'approche.

— *Création d'un ensemble de DFRs annoté.* Afin d'évaluer les différentes méthodes, nous annotons toutes les DFs de taille 2 possibles pour l'ensemble ***type44***. Cette étape consiste à juger chacune des DFs candidates, obtenues en générant toutes les combinaisons de taille 2 possibles, comme étant vraisemblable ou non.

4.2 Score de dépendances

Nous proposons un score d'évaluation de dépendance combinant d'une part les mesures d'erreurs g_1, g_2 et g_3 (présentées dans la section 2.3), et d'une autre, des informations observées dans les tables. Nous menons un ensemble d'expérimentations pour déterminer les composantes du score et les poids de chaque composante, par souci de brièveté nous ne présentons ici, que les paramètres retenus finalement :

---

1. http://ekzhu.com/datasketch/lshforest.html

$$DF_{score}(X \to Y, r) = 0.7 - \left(\frac{1}{6} \cdot g_1(X \to Y, r) + \frac{3}{6} \cdot g_2(X \to Y, r) + \right. \tag{7}$$

$$\left. \frac{2}{6} \cdot g_3(X \to Y, r) \right) + 0.3 \cdot variety \tag{8}$$

$$variety(X \to Y, r) = min \left(\frac{n_{diff}(X)}{N} \cdot \frac{n_{diff}(Y)}{N} \cdot \frac{1}{0.25} , 1 \right) \tag{9}$$

$$n_{diff}(Z) = \textit{nombre de lignes différentes sur la colonne Z} \tag{10}$$

$$N = \textit{nombre total de lignes dans la table} \tag{11}$$

DF_{score} varie dans $[0, 1]$. Un poids global de 70% est attribué aux erreurs g_1, g_2 et g_3. Un poids de 30% est attribué à la proportion du nombre de lignes différentes pour chacun des attributs concernés par la DF. Si le ratio entre le nombre de lignes différentes et le nombre de lignes total pour un attribut est proche de 1 alors cet attribut est proche d'une clé primaire, si ce ratio se rapproche de 0, alors toutes les lignes tendent à être identiques. Dans les deux cas la DF considérée n'est pas pertinente. Ainsi, un ratio autour de 0.5 nous assure la pertinence de la DF, et justifie le facteur $\frac{1}{0.5 \cdot 0.5}$.

4.3 Comparaison des approches de détection de types sémantiques

Le but de cette expérimentation est de déterminer l'approche de détection de types sémantique qui permet la meilleure découverte de dépendances. Nous utilisons l'ensemble **type44** sur 100 000 tables extraites et comparons la qualité des DFRs retournées par chaque approche en utilisant l'ensemble annoté.

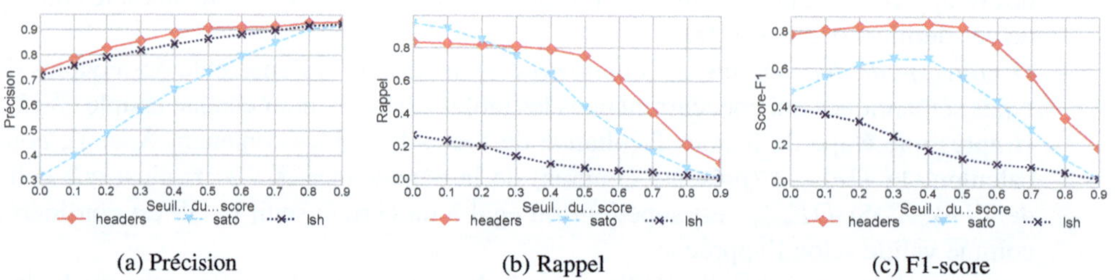

(a) Précision

(b) Rappel

(c) F1-score

FIG. 1: Comparaison entre les méthodes de détection de types sémantiques

La précision, le rappel et le f1-score des trois méthodes en fonction du seuil de score sont représentés respectivement, Figures 1a, 1b et 1c. Les trois graphiques montrent que la méthode par *comparaison d'entêtes* (courbes avec le marqueur losange) est celle qui offre les meilleurs résultats, et ce, indépendamment du seuil de DF_{score} considéré. Ceci prouve la qualité du corpus VizNet, qui comporte un grand nombre de tables relationnelles avec des entêtes. La précision de *LSH* (courbes avec le marqueur x) semble meilleure que celle de *Sato* (courbes avec le marqueur triangle), mais son rappel médiocre nous encourage à favoriser une approche telle que *Sato*, dans le cadre de l'exploitation d'un corpus de moindre qualité. Le seuil optimal pour obtenir une base de connaissance de bonne qualité est autour de 0.5 pour *comparaison d'entête*.

4.4 Pertinence de la fusion

Le but de cette expérimentation est de juger de la pertinence de l'étape de fusion des tables avec des types sémantiques identiques. Nous utilisons l'ensemble *type44*, la *comparaison d'entêtes* et développons les deux approches, sur 100 000 tables extraites. Enfin, nous comparons la qualité des DFRs retournées par chaque approche en utilisant l'ensemble annoté.

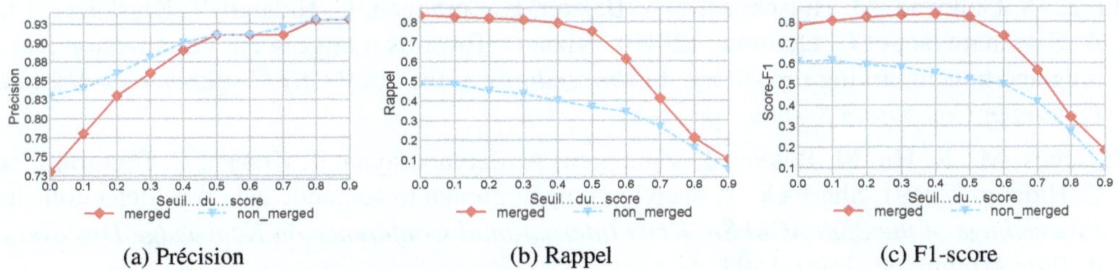

<table>
<tr><td align="center">(a) Précision</td><td align="center">(b) Rappel</td><td align="center">(c) F1-score</td></tr>
</table>

FIG. 2: Comparaison entre les DFRs obtenues avec et sans fusion des tables

La précision, le rappel et le f1-score des trois méthodes en fonction du seuil de score sont représentés respectivement, Figures 2a, 2b et 2c. Les précisions mesurées avec fusion (courbes avec le marqueur losange) et sans fusion (courbes avec le marqueur triangle) sont assez proches, cependant, le rappel des DFRs obtenues avec fusion surpasse largement celui mesuré avec l'alternative sans fusion. Cela s'explique par la nature du DF_{score} qui défavorise les attributs proches d'une clé primaire, dont les valeurs ne se répètent que très rarement dans les tables non-fusionnées. La fusion augmente ainsi leur chance d'être répliquées dans plusieurs enregistrements.

5 Conclusion

Dans cet article, nous avons présenté notre approche pour la construction d'un graphe de connaissance à partir du corpus VizNet. Les résultats obtenus sur l'ensemble de données annoté ont montré la pertinence du score de dépendance proposé et ont permis de guider le choix des paramètres. Le f1-score a dépassé 80% pour la méthode de détection de types sémantiques basée sur la *comparaison d'entêtes*. Par ailleurs, notre étude est axée sur les dépendances fonctionnelles d'arité 2, nous comptons la généraliser à des tailles plus importantes. Nous prévoyons également de généraliser notre méthodologie pour la prise en compte de contraintes supplémentaires telles que les *combinaisons uniques relaxées* ou les *contraintes de déni* (« denial constraints »).

Références

Blei, D. M., A. Y. Ng, et M. I. Jordan (2003). Latent dirichlet allocation. *Journal of machine Learning research 3*(Jan), 993–1022.

Cafarella, M. J., A. Halevy, D. Z. Wang, E. Wu, et Y. Zhang (2008). Webtables : exploring the power of tables on the web. *Proceedings of the VLDB Endowment 1*(1), 538–549.

Caruccio, L., V. Deufemia, et G. Polese (2016). Relaxed functional dependencies—a survey of approaches. *IEEE Transactions on Knowledge and Data Engineering 28*(1), 147–165.

Caruccio, L., V. Deufemia, et G. Polese (2020). Mining relaxed functional dependencies from data. *Data Mining and Knowledge Discovery 34*(2), 443–477.

Chapman, A., E. Simperl, L. Koesten, G. Konstantinidis, L.-D. Ibáñez, E. Kacprzak, et P. Groth (2020). Dataset search : a survey. *The VLDB Journal 29*(1), 251–272.

Hu, K., S. Gaikwad, M. Hulsebos, M. A. Bakker, E. Zgraggen, C. Hidalgo, T. Kraska, G. Li, A. Satyanarayan, et Ç. Demiralp (2019). Viznet : Towards a large-scale visualization learning and benchmarking repository. In *Proceedings of the 2019 CHI Conference on Human Factors in Computing Systems*, pp. 1–12.

Hulsebos, M., K. Hu, M. Bakker, E. Zgraggen, A. Satyanarayan, T. Kraska, Ç. Demiralp, et C. Hidalgo (2019). Sherlock : A deep learning approach to semantic data type detection. In *Proceedings of the 25th ACM SIGKDD International Conference on Knowledge Discovery & Data Mining*, pp. 1500–1508.

Indyk, P. et R. Motwani (1998). Approximate nearest neighbors : Towards removing the curse of dimensionality. In *Proceedings of the Thirtieth Annual ACM Symposium on Theory of Computing*, STOC '98, New York, NY, USA, pp. 604–613. Association for Computing Machinery.

Kivinen, J. et H. Mannila (1995). Approximate inference of functional dependencies from relations. *Theoretical Computer Science 149*(1), 129–149.

Kruse, S. et F. Naumann (2018). Efficient discovery of approximate dependencies. *Proceedings of the VLDB Endowment 11*(7), 759–772.

Lehmberg, O. (2019). *Web table integration and profiling for knowledge base augmentation.* Ph. D. thesis.

Lehmberg, O., D. Ritze, P. Ristoski, R. Meusel, H. Paulheim, et C. Bizer (2015). The mannheim search join engine. *Journal of Web Semantics 35*, 159–166.

Nishida, K., K. Sadamitsu, R. Higashinaka, et Y. Matsuo (2017). Understanding the semantic structures of tables with a hybrid deep neural network architecture. In *Thirty-First AAAI Conference on Artificial Intelligence*.

Zhang, D., Y. Suhara, J. Li, M. Hulsebos, Ç. Demiralp, et W.-C. Tan (2019). Sato : Contextual semantic type detection in tables. *arXiv preprint arXiv :1911.06311*.

Summary

Discovering dependencies in a dataset is at the heart of many data profiling and cleansing efforts. Among the most important dependencies for relational databases are functional dependencies (FDs), which represent constraints between the attributes of a relational data model. FDs can be relaxed on the comparison method and/or on the satisfaction constraint, this relaxation makes their discovery more complex than that of exact dependencies, which is already difficult. In this paper, we propose a methodology to build from a corpus of web tables, a knowledge base that takes the form of a graph whose nodes are semantic types and whose edges represent the existence of a relaxed functional dependency.

Automatisation de la structuration des logs pour le Cloud Computing

Arthur Vervaet*, Raja Chiky**, Mar Callau-Zori*

*3DS Outscale,1 rue Royale 92210 Saint-Cloud
**LISITE-ISEP, 10 rue de Vanves, 92130 Issy-les-Moulineaux
arthur.vervaet@outscale.com, raja.chiky@isep.fr

Résumé. Les registres de *logs* sont une composante fondamentale des systèmes informatiques modernes. Ils permettent aux équipes d'analyse et de surveillance de comprendre les comportements anormaux ou malveillants ayant pu survenir. Cependant, l'augmentation permanente du volume de *logs* générés par ces systèmes a rendu impossible l'inspection manuelle et pose un véritable défi d'automatisation du processus. Afin de traiter automatiquement ces données, plusieurs solutions de structuration des *logs* ont vu le jour. Dans cet article, nous analysons les capacités de deux d'entre elles à répondre aux enjeux du *Cloud Computing* en termes d'efficience et d'efficacité. Nos travaux se concentrent sur l'impact des paramètres et du prétraitement sur les performances de ces méthodes, deux étapes importantes, car nécessitant une intervention humaine incompatible avec l'automatisation du processus de structuration des *logs*.

1   Introduction

Les plateformes de *Cloud Computing* mettent à disposition de leurs clients différentes ressources informatiques à la demande. Cette externalisation rend les fournisseurs garants de la haute disponibilité et de la qualité de leurs services. La gestion d'un parc de ressources mutualisées en croissance constante demande de minimiser l'intervention humaine afin de suivre le changement d'échelle des infrastructures et d'éviter les erreurs. Pour atteindre cet objectif, on doit pouvoir se servir de toutes les informations à disposition afin de développer des outils autonomes servant à contrôler et assurer le respect de la qualité de service.

La journalisation des événements ou *logs*, consiste à enregistrer de manière détaillée des informations relatives à un programme pendant son exécution. Ces *logs* constituent une source d'information précieuse, utilisée pour retracer les différentes étapes d'un processus à la recherche de l'origine d'erreurs ou de pannes, mais également pour identifier des anomalies de performance ou analyser les statistiques d'utilisation (Zhu et al., 2019).

Malgré toutes les possibilités offertes par les *logs* et l'information qu'ils contiennent, les traiter efficacement est une tâche complexe. Les développeurs ayant très peu de contraintes dans l'écriture des macros destinées à produire les messages *logs*, ceux-ci suivent un format semi-structuré. Par exemple, le protocole RFC 5424 pour rsyslog (Network Working Group, 2009) fixe un format en trois parties : un en-tête (HEADER), une partie optionnelle pour des données structurées (STRUCTURED-DATA) et un message (MSG). À l'inverse du HEADER qui possède un format prédéfini contenant la priorité et l'origine du message, le champ MSG doit uniquement contenir un message libre fournissant des informations sur l'événement.

Du fait de la complexité croissante et du besoin de scalabilité des plateformes Cloud, la volumétrie des *logs* ne fait qu'augmenter, et ce de façon rapide. En 2013, Alibaba produisait environ 30 à 50 gigaoctets (environ 120 à 200 millions de lignes) par heure (Mi et al., 2013). Zhu et al. (2019) évoquent un système de Huawei produisant plusieurs téraoctets de *logs* par jour en 2019. De notre côté, nous produisons actuellement chez 3DS OUTSCALE (fournisseur de Cloud français) une moyenne de 250 000 *logs* par seconde dans un de nos systèmes. Le traitement de cette volumétrie demande un système autonome nécessitant le moins d'intervention humaine possible. Afin de réagir le plus rapidement possible à une potentielle dégradation du service fourni, ce système doit pouvoir fonctionner en temps quasi réel.

L'importance de la structuration des *logs* a motivé la recherche et durant ces dernières années plusieurs comparatifs des algorithmes existants ont vu le jour (He et al., 2016; Zhu et al., 2019). Ces études évaluent la précision et la robustesse de différentes solutions de structuration des *logs* sur des jeux de données provenant d'applications différentes. Les résultats de ces études illustrent l'utilisation possible de méthodes existantes pour le traitement des *logs* en temps réel. Cependant, à notre connaissance aucune étude ne pointe les limites restantes pour une automatisation complète du processus. En utilisant deux méthodes de traitement de *logs*, opérant en ligne et présentant de bons résultats, nous avons étudié deux points indispensables à leur automatisation : l'indépendance de ces méthodes au paramétrage et au prétraitement.

Nos contributions sont : une étude de l'impact du paramétrage sur la précision des méthodes et une étude de l'influence du prétraitement sur le temps de traitement et la précision. Ces travaux illustrent la faible dépendance d'une des méthodes étudiées au paramétrage avec cependant un impact modéré, mais potentiellement négatif du prétraitement sur sa précision. A contrario de la seconde méthode étudiée pour laquelle la précision et le temps de traitement dépendent fortement des étapes étudiées.

Dans ce qui suit, nous présentons l'état de l'art pour la structuration de *logs* (Sec. 2), dans la Sec. 3 nous présentons d'autres travaux comparatifs des algorithmes existants. La Sec. 4 présente notre étude des caractéristiques fondamentales pour un système autonome dans le Cloud : la précision et le temps de traitement en fonction du paramétrage et du prétraitement. Enfin, nous concluons le document dans la Sec. 5.

2 Structuration des *logs*

La structuration des *logs* se focalise sur la partie libre du message et cherche à identifier deux composantes : 1/ une composante fixe qui sert de patron 2/ une composante variable, contenant les spécificités du message. Dans le message `" New process started:` `process x92 started on port 42"`, le patron identifié par l'expression régulière est `"New process started: process .* started on port .*"`; le contenu spécifique est représenté par la liste : `[x92, 42]`.

Trois qualités sont primordiales dans la structuration des *logs* : la précision, la robustesse et l'efficacité (Zhu et al., 2019). La précision évalue la bonne détection des différentes parties d'un message. Dans un système où la volumétrie des *logs* à traiter est conséquente et peut évoluer rapidement, il est nécessaire de disposer de solutions robustes, à même de maintenir

Log parser	Année	Technique	Efficacité	Couverture	Pré-traitement
SHISO	2013	Clustering	High	oui	non
LenMa	2016	Clustering	Medium	oui	non
Spell	2016	Longest common subsequence	High	oui	non
Drain	2017	Parsing tree	High	oui	oui

TAB. 1: *Online log parsers* présentés dans Zhu et al. (2019).

leurs performances dans un environnement changeant. Ces solutions doivent également être efficaces et capables de traiter les messages en temps quasi réel.

Dans un cadre industriel, il est humainement coûteux et pas toujours possible d'obtenir un jeu de données labellisées pour paramétrer un système, d'où la nécessité de restreindre l'impact de cette étape sur les performances. Il est courant d'utiliser la connaissance d'un système pour commencer à structurer ses *logs* à l'aide d'expressions régulières servant à identifier des composantes variables. À l'aide d'expressions simples, on peut identifier le chiffre et l'adresse IP du message "Send 92 bytes to system x32 at 112.13.92.1" et ainsi obtenir un message prétraité : "Send * bytes to system x32 at *", les * symbolisant l'emplacement d'une variable identifiée. L'inconvénient de ce prétraitement est qu'il demande une connaissance précise des données traitées et l'intervention d'un ou plusieurs experts pour définir les expressions régulières à employer. De plus, le prétraitement peut impacter négativement la performance (Section 4).

Les *logs* étant générés sous forme de flux, le meilleur moyen de les traiter est de suivre le même fonctionnement. Plusieurs *log parsers* présentés dans la littérature permettent cela. On retrouvera SHISO (Mizutani, 2013) qui se base sur un arbre de structuration enrichi durant le fonctionnement, LenMa (Shima, 2016) qui utilise la séquence constituée par la longueur de chaque mot dans un *log* pour classifier une entrée, Spell (Makanju et al., 2011) basé sur la recherche de la plus longue séquence commune pour rattacher un *log* à un patron déjà connu ou en découvrir un nouveau, et enfin Drain (He et al., 2017) qui construit un arbre de partitionnement de profondeur fixe pour structurer les *logs*.

3 Travaux connexes

He et al. (2016) présentent et comparent la précision et le temps de traitement de 4 méthodes de structuration sur 4 jeux de données issus d'applications différentes. Leurs travaux mettent en valeur l'importance du temps de traitement et de la distribution des calculs pour tenir la charge dans de gros systèmes industriels. De la même façon, les travaux de synthèse de Logpai (Zhu et al., 2019) évaluent la précision, la robustesse et l'efficacité de 13 méthodes sur 16 jeux de données. La Table 1 résume les caractéristiques des méthodes analysées adaptées au traitement en flux des *logs*. Les solutions les plus prometteuses en termes d'efficacité sont Drain, Spell et SHISO, Drain étant présenté comme la solution la plus performante selon ces mêmes critères. L'article met en valeur la combinaison des résultats sur 16 jeux de données et l'impact fort du système d'information sur la précision des solutions.

Nous avons choisi de concentrer nos expériences sur les deux méthodes présentant la meilleure précision dans les études précédentes : Spell et Drain. Dans le cadre de notre étude,

Jeu de données	Taille	#Messages	#Patrons	#Mots uniques
OpenStack	60,01 MB	207,820	51	942
Android	3,38 GB	30,348,042	76,923	3599
HDFS	1,47 GB	11,175,629	30	1445

TAB. 2: Caractéristiques de certains jeux de données présentés dans Zhu et al. (2019).

nous avons ciblé et repris des jeux de données proches de l'environnement d'un fournisseur de Cloud (Tab. 2), les méthodes variant en fonction du système d'information dont provient chaque jeu de données." OpenStack est une solution Cloud permettant un déploiement de plateformes IaaS ; le volume du jeu de données reste cependant trop faible pour l'assimiler à un acteur industriel. Nous avons retenu Android pour ses nombreux patrons différents et ses *logs* de type système d'exploitation (allocation de ressources, gestion des processus et du réseau, etc.). Pour finir, nous avons décidé de considérer HDFS, celui-ci étant largement utilisé dans la littérature malgré son aspect peu complexe et son faible nombre de patrons et de parties variables. Les travaux présentés dans cette section forment une base solide pour comparer diverses méthodes existantes dans de nombreux environnements. Toutefois, ils ne contiennent pas de données concrètes sur l'impact du paramétrage et du prétraitement sur la précision de l'analyse et le temps de calcul nécessaire pour traiter des jeux de données comme HDFS et Android.

4 Évaluation

Nos travaux analysent l'impact du paramétrage et du prétraitement sur la précision et le temps de traitement des méthodes considérées. Cette section est consacrée à la présentation et à l'analyse des résultats obtenus.

Contexte expérimental. Comme discuté dans la Sec. 3, nous avons retenu Spell (Du et Li, 2016) et Drain (He et al., 2017), solutions les plus prometteuses en vue de leur application dans un environnement Cloud. Deux métriques ont été choisies : la précision de structuration (Zhu et al., 2019) définie comme le rapport entre le nombre de *logs* dont le patron est correctement identifié et le nombre total de messages et le temps de calcul par *log* servant à représenter l'efficacité. Trois jeux de données libres, disponibles sur la plateforme LogHub [1] ont été utilisés : OpenStack, Android et HDFS ; des échantillons labellisés de 2 000 lignes ont servi pour le calcul de la précision, les jeux de données complets ont eux été utilisés pour l'évaluation du temps de calcul. Nos expériences ont été réalisées sur une machine virtuelle Cloud de type CentOS Linux 7.8.2003 avec 62 GB de RAM.

4.1 Impact des paramètres sur la précision

Les paramètres sont des variables fixées lors de la configuration d'un système. Dans cette section, nous présentons une étude de l'influence de ces paramètres sur la précision de Spell et Drain afin de savoir si des valeurs génériques sont envisageables.

---

1. https ://github.com/logpai/loghub

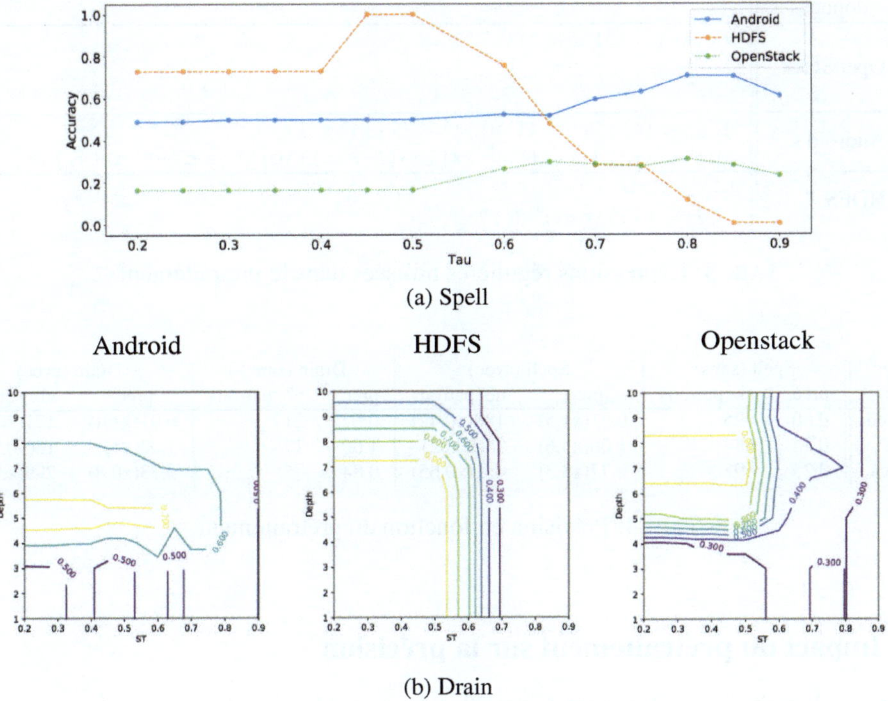

(a) Spell

Android   HDFS   Openstack

(b) Drain

FIG. 1: Précision en fonction des paramètres

Spell n'utilise qu'un seul paramètre servant de seuil pour déterminer si un *log* appartient à un patron déjà connu, $\tau \in [0,1]$, qui est le rapport entre la plus grande séquence commune et la longueur du *log*. De son côté, Drain possède deux paramètres : une profondeur de l'arbre de recherche `depth` et un seuil `ST` $\in [0,1]$ qui sert à déterminer si un *log* appartient à un groupe existant.

La Figure 1 présente l'évolution de la précision en fonction des valeurs des paramètres. La valeur de τ maximisant la précision de Spell diffère pour chaque jeu de données : 0,8 pour OpenStack, 0,85 pour Android et 0,5 pour HDFS. Le jeu de données le plus touché par le choix de τ est HDFS : la moitié des valeurs de τ considérées donnent une précision inférieure à 0,7, pouvant même faire tomber la précision à 0. Dans les deux autres jeux de données, le choix de τ peux faire gagner jusqu'à 15 % de précision pour OpenStack et 20 % pour Android. Drain a un comportement inégal pour les différents jeux de données. Bien que des valeurs élevées de `ST` (>0,7) ne donnent pas de bons résultats, la valeur de `depth` est importante pour obtenir des résultats précis pour OpenStack et Android. De plus, dans le cas d'Android, la précision maximale obtenue est de 0,75 alors que 0,9 est atteint dans les deux autres jeux. Pour les jeux de données concernés, Drain atteint la plus haute précision avec un `ST` compris en 0,2 et 0,5 ; `depth` en revanche est plus versatile, sa valeur optimale étant de 5 pour Android, 6 pour HDFS et 7 pour OpenStack. On peut conclure que la précision des deux solutions est influencée par les choix de paramètres.

Jeu de données	Expressions régulières

OpenStack	`((\d+\.){3}\d+,?)+`
	`/.+?\s`
	`\d+`

Android	`(/[\w-]+)+', r'([\w-]+\.){2,}[\w-]+` `\b(\-?\+?\d+)\b|\b0[Xx][a-fA-F\d]+\b|\b[a-fA-F\d]{4,}\b`
HDFS	`blk_-?\d+` `(\d+\.){3}\d+(:\d+)?`

TAB. 3: Expressions régulières utilisées dans le prétraitement

Jeu de données	Spell (sans)		Spell (avec)		Drain (sans)		Drain (avec)	
	prec.	nb. patrons	prec.	nb. patrons	prec.	nb. patrons	prec.	nb. patrons
Android	0.60	425	0.91(x1.5)	180(x0.42)	0.67	217	0.91(x1.4)	171(x0.79)
HDFS	0.28	684	1.00(x3.6)	14(x0.02)	1.00	17	1.00(x1)	16(x0.94)
O.Stack	0.23	692	0.77(x3.3)	451(x0.65)	0.84	75	0.73(x0.8)	299(x3.99)

TAB. 4: Précision en fonction du prétraitement

4.2 Impact du prétraitement sur la précision

L'étape de prétraitement permet d'identifier des variables avant de commencer le processus de structuration d'un *log*. Nous avons sélectionné un ensemble d'expressions régulières (Tab. 3) identifiant des blocs bien connus dans chaque jeu de données, tels que les chiffres, les adresses IP ou les mots commençant par "blk_-" pour HDFS.

La Table 4 présente les résultats obtenus sur les échantillons de 2 000 lignes. Chaque méthode a tourné avec et sans prétraitement, nous avons calculé la précision, mais également le nombre de patrons afin de détecter une éventuelle surclassification des *logs*. Les paramètres utilisés sont ceux pour lesquels chaque méthode présente la plus haute précision avec prétraitement.

Spell arrive à multiplier par 1,5 sa précision avec l'utilisation du prétraitement, et même par 3,6 dans le cas de HDFS. Même constat pour les patrons : Spell bénéficie d'une influence positive en se rapprochant du nombre réel. Pour Drain, les résultats diffèrent selon le jeu de données, tandis que pour Android, nous notons une amélioration une amélioration similaire à celle de Spell avec le prétraitement. Pour OpenStack, la précision et le nombre de patrons empirent avec les mêmes expressions régulières grâce auxquelles on a constaté des améliorations dans le cas de Spell. Cette baisse de précision est liée à des mots de la forme 54b44eb-2d1a-4aa2-ba6b-074d35f8f12c présents dans 3 patrons. Sans prétraitement, celui-ci altère un niveau de l'arbre de partitionnement. En revanche, avec prétraitement ce mot est découpé en plusieurs parties : *b*eb-*d*a-*aa*-ba*b-*d*f*f*c et altère plusieurs niveaux de l'arbre , faisant ainsi tomber à 0 la précision de Drain pour tout *log* contenant ce type de mot. Spell n'est pas affecté car sa précision sur les patrons contenant ce mot est déjà nulle.

Le prétraitement a donc un effet, mais pas toujours positif sur la précision. Cette étape est de plus coûteuse car exigeant de déterminer à l'avance les expressions régulières.

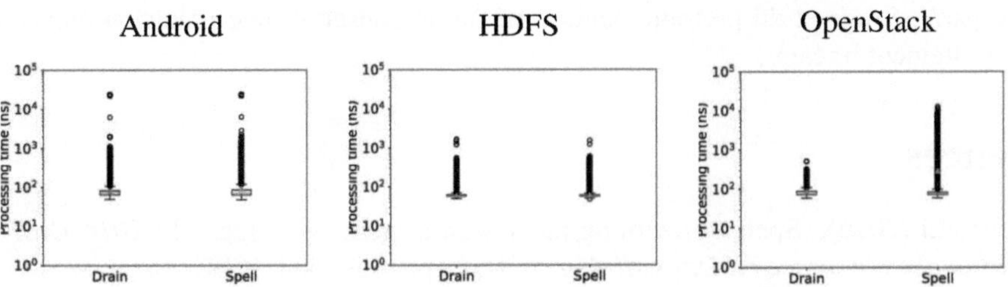

FIG. 2: Temps de traitement total en fonction du nombre de logs déjà structurés

4.3 Impact sur le temps de calcul

Notre dernière évaluation porte sur le temps du traitement : celui-ci doit rester le plus bas possible pour espérer des résultats en temps réel. Nous avons dans un premier temps essayé de faire tourner Spell et Drain sans prétraitement mais le temps d'exécution de Spell était trop long. En effet, au bout de trois heures, Spell n'avait pas terminé les calculs et ce pour les trois jeux de données contre quelques dizaines de minutes avec prétraitement. Les valeurs présentées dans cette section concernent donc les résultats avec étape de prétraitement.

Les résultats présentés dans la Figure 2 montrent la distribution du temps de traitement sur les différents jeux de données. Le temps moyen de traitement de Drain reste dans un ordre de 10**2 ns sur chaque jeu de données et est toujours inférieur à celui de Spell. Il est également important de noter qu'il existe un nombre conséquent de *logs*pour lesquels le temps de traitement peut être jusqu'à 500 fois supérieur à la moyenne. Il est important de noter ces temps divergents car ils sont susceptibles de créer des décalages par rapport au temps réel dans un environnement de production.

5 Conclusion et travaux futurs

L'analyse des fichiers de *logs* est primordiale pour la maintenance des systèmes informatiques et l'automatisation de celle-ci passe par une étape de structuration visant à exploiter l'information contenue dans les messages. Dans cet article, nous nous sommes intéressés à la robustesse et l'efficience de deux méthodes issues de la littérature récente. Ces deux aspects sont cruciaux dans un environnement Cloud où l'interaction humaine doit être minimale pour gérer un volume et une variabilité conséquente des *logs*. Nos résultats montrent que Spell et Drain sont deux approches prometteuses. Cependant, toutes deux sont sensibles au paramétrage, pouvant faire tomber la précision à 0 dans certains cas. Les deux méthodes sont également influencées par l'utilisation d'une étape de traitement préliminaire : Spell en bénéficie fortement, là où Drain se comporte de manière inégale, avec l'existence d'un impact négatif sur le jeu de données OpenStack. Finalement, nous mettons en valeur l'existence d'un écart conséquent par rapport au temps de traitement moyen pour de nombreux *logs* sur tous les jeux de données. Cet écart se manifeste pour Spell et Drain, et pourrait, dans un environnement aux volumétries exigeantes, causer des retards et donc altérer un traitement en temps quasiréel.

Suite à cette étude et afin de satisfaire les contraintes d'une solution de structuration des *logs* dans un environment Cloud, nous allons explorer des solutions autonomes et indépendantes du paramétrage et du prétraitement, à même de conserver une précision élevée et un temps de traitement linéaire.

Références

Du, M. et F. Li (2016). Spell : Streaming parsing of system event logs. In *2016 IEEE 16th International Conference on Data Mining (ICDM)*, pp. 859–864. IEEE.

He, P., J. Zhu, S. He, J. Li, et M. R. Lyu (2016). An evaluation study on log parsing and its use in log mining. In *2016 46th Annual IEEE/IFIP International Conference on Dependable Systems and Networks (DSN)*, pp. 654–661. IEEE.

He, P., J. Zhu, Z. Zheng, et M. R. Lyu (2017). Drain : An online log parsing approach with fixed depth tree. In *2017 IEEE International Conference on Web Services (ICWS)*, pp. 33–40. IEEE.

Makanju, A., A. N. Zincir-Heywood, et E. E. Milios (2011). A lightweight algorithm for message type extraction in system application logs. *IEEE Transactions on Knowledge and Data Engineering 24*(11), 1921–1936.

Mi, H., H. Wang, Y. Zhou, M. R.-T. Lyu, et H. Cai (2013). Toward fine-grained, unsupervised, scalable performance diagnosis for production cloud computing systems. *IEEE Transactions on Parallel and Distributed Systems 24*(6), 1245–1255.

Mizutani, M. (2013). Incremental mining of system log format. In *2013 IEEE International Conference on Services Computing*, pp. 595–602. IEEE.

Network Working Group (2009). The Syslog Protocol. `https://tools.ietf.org/html/rfc5424`. Online ; accessed 19 October 2020.

Shima, K. (2016). Length matters : Clustering system log messages using length of words. *arXiv preprint arXiv :1611.03213*.

Zhu, J., S. He, J. Liu, P. He, Q. Xie, Z. Zheng, et M. R. Lyu (2019). Tools and benchmarks for automated log parsing. In *2019 IEEE/ACM 41st International Conference on Software Engineering : Software Engineering in Practice (ICSE-SEIP)*, pp. 121–130. IEEE.

Summary

Logs are a fundamental component of modern computer systems. They enable the analysis and monitoring teams to understand any abnormal or malicious behavior that may have occurred. The continuous increase in the volume of logs generated by these systems made it unsuitable for manual inspection and represents a real challenge with regard to process automation. In order to process these data, several log-structuring solutions have been developed. In this article, we analyze the capabilities of two solutions in order to meet the challenges of Cloud Computing in terms of efficiency and effectiveness. Our work focuses on the impact of parameterization and preprocessing on the performance of these methods– two important steps as they require human intervention, which is incompatible with with the automation of the log-structuring process.

Amélioration du pronostic par apprentissage profond pour des applications de maintenance prédictive

Guillaume Chambaret *,**, Laure Berti-Equille *,***, Frédéric Bouchara* Emmanuel Bruno*
Vincent Martin** Fabien Chaillan**

* DIAMS/SIIM, Laboratoire d'Informatique et Systèmes, Université de Toulon
** Naval Group Research, Ollioules *** ESPACE-DEV, IRD, Montpellier

Résumé. Dans cet article, nous nous intéressons à l'amélioration de la prédiction de la durée restante de fonctionnement utile d'un système complexe dont l'état est représenté par des séries temporelles de données multivariées. Notre contexte d'application est le domaine de la maintenance prédictive pour l'industrie navale. Nous présentons et évaluons deux approches différentes en mesurant l'amélioration de la prédiction de la durée de vie restante utile (*Remaining Useful Life* ou RUL) au moyen de quatre approches d'apprentissage automatique utilisant des réseaux de neurones profonds. La première méthode que nous proposons s'appuie sur un ré-échantillonnage de la base d'apprentissage afin de réduire localement les erreurs. La deuxième méthode proposée s'intéresse à la détection automatique et l'utilisation d'un point de rupture dans le signal multivarié pour améliorer la phase d'entraînement. Nous montrons que les techniques de détection de points de rupture permettent une amélioration significative de la performance de prédiction des durées de vie restantes avec des gains allant jusqu'à 27 % sur l'erreur moyenne absolue (MAE) quel que soit le réseau utilisé, ce qui démontre la généricité et l'intérêt de notre approche.

1 Introduction

Pour l'industrie navale de Défense et au-delà, le principe de la maintenance prédictive est de développer des outils permettant d'automatiser efficacement la détection, la classification, et l'explication des avaries des bâtiments et de leurs équipements (qui sont eux mêmes des systèmes complexes) par un processus d'accompagnement continu dans leur cycle de vie. Ainsi, l'objectif final est de prédire le temps pendant lequel un système restera utilisable en fonction de son historique et de son état courant. On parle généralement de *i-maintenance*, terme largement popularisé au sein des industries tout secteur confondu. En effet, à la différence de la maintenance préventive qui s'appuie sur des inspections régulières et sur le remplacement systématique des composants, il est possible, par une surveillance continue et par des techniques de prédiction, d'anticiper une usure anormale ou au contraire de repousser un remplacement inutile (augmentant ainsi la disponibilité des équipements).

Dans ce cadre, nous nous intéressons en particulier à l'approche prédictive qui se focalise sur le pronostic, c'est-à-dire l'estimation de la durée de vie restante d'un équipement pour lequel on est certain de l'apparition d'une défaillance. Des défis se posent dès qu'il est question du pronostic selon une approche basée sur les données. Citons, en particulier, le fait de ne travailler qu'à partir des dates de défaillances, et donc d'ignorer le mode de dégradation amenant à la défaillance. Cet article introduit deux contributions aux approches prédictives basées sur la préparation des données précédent un apprentissage automatique. Il s'agit d'améliorer les performances de l'apprentissage en utilisant deux méthodes distinctes : (1) Le rééchantillonage des signaux disponibles pour l'entraînement afin de mieux pondérer les dégradations pour lesquelles la durée de vie est mal anticipée ; (2) La transformation de la durée de vie restante utilisée pour l'apprentissage au moyen de techniques de segmentation : l'idée étant d'ajouter une information sur un potentiel début de dégradation (ou point de rupture).

2   État de l'art

Depuis quelques années le développement du *Prognostics and Health Management* (PHM) (Gouriveau et al., 2016 ; Hashemian, 2010) a mis en évidence une multitude d'approches pour optimiser la maintenance à partir des données sans apport de modélisation du fait de diverses contraintes (temps, expertise, complexité du système). Depuis une décennie, plusieurs articles d'état de l'art ont mis l'accent sur les techniques d'apprentissage automatique pour prédire la durée de vie restante (Schwabacher et Goebel, 2007). Plus récemment, d'autres travaux introduisant l'usage de l'apprentissage profond, pour modéliser les phénomènes non-linéaires, mettent en évidence de meilleures performances sur les mêmes jeux de données que ceux utilisés dans les travaux plus anciens (Khan et Yairi, 2018 ; Ellefsen et al., 2019a). Citons en particulier les architectures de type auto-encodeurs (Tao et al., 2015) qui permettent de reproduire un signal et donc corréler l'erreur de reconstruction à un phénomène de dégradation. Bien que facile à implémenter, ces derniers ont néanmoins tendance à capturer trop d'informations.

Les réseaux récurrents (Gugulothu et al., 2017) sont largement popularisés pour les phénomènes de dégradation car il permettent de prendre efficacement en compte la dimension séquentielle et détectent bien les changements. Ils ont néanmoins tendance à sur-apprendre des phénomènes ponctuels.

Les réseaux convolutifs (Janssens et al., 2016), basés sur la fusion de produits de convolutions, essentiellement popularisés dans le domaine du traitement d'images permettent de bien extraire les variables pertinentes d'un signal multidimensionnel, mais ils sont parfois longs à entraîner.

Enfin, il convient de préciser que des modèles génératifs tel que les RBM (Restricted Boltzmann Machine) (Ellefsen et al., 2019b) ou encore les DBN (Deep Belief Network) (Mao et al., 2017) peuvent également convenir au pronostic car ils permettent de créer des modèles de représentation même en présence de données manquantes.

Notre travail vise à améliorer la qualité de l'estimation de la durée de vie restante par apprentissage automatique quelle que soit l'architecture d'apprentissage profond utilisée. Il s'agit d'un avantage déterminant d'un point de vue opérationnel, car certaines architectures sont plus performantes que d'autres selon les jeux de données et notre approche est "agnostique" et complémentaire à un modèle qui aurait été défini et optimisé au préalable.

3   Mise en œuvre du pronostic par apprentissage profond

Jeu de données. Par souci de reproductibilité et du fait de nos contraintes de confidentialité, le jeu de données utilisé est le jeu de données public " Turbofan Engine Degradation Simulation Data Set " [1] fourni par la NASA. Il est constitué de plusieurs séries temporelles associées à la supervision d'un moteur TurboFan de son démarrage à sa défaillance. Au total, on comptabilise 100 séries temporelles d'entraînement de tailles variables et autant de séries pour le test. Ces dernières sont tronquées aléatoirement. Les durées de vie restante de test (temps réel) sont données dans un fichier annexe. Il convient de les déterminer le plus précisément possible pour la politique de maintenance. Les variables utilisées (température, enthalpie, etc.) pour le pronostic sont décrites dans (Saxena et al., 2008).

Pré-traitement. Initialement, nous pré-traitons les données de manière classique afin de se ramener à un problème d'apprentissage automatique. Ce pré-traitement consiste, dans un premier temps, à recentrer les valeurs observées par une z-normalisation sur l'ensemble des variables (de la totalité des séries temporelles) telle que, pour une variable v non constante, sa normalisation, notée z, est définie par : $\forall t, \quad z(t) = \frac{v(t)-\mu(v)}{\sigma(v)}$. Les paramètres de la normalisation (écart-type et moyenne) sont conservés pour la normalisation des variables du jeu de test. Par la suite, on utilise une fenêtre glissante sur les séries temporelles avec une taille $L = 32$ (taille de la plus courte série de test). Dans un premier temps, les fenêtres sont étiquetées au moyen d'un RUL linéaire. En notant T les différentes séries temporelles d'entraînement, et Z, le vecteur multivarié des variables normalisées, le jeu d'entraînement est finalement composé des paires fenêtres-labels, notées $([Z_{t-L} \ldots Z_t], RUL(t))$.

Métriques. Notons, pour une fenêtre i, d_i la différence entre le pronostic prédit RUL_p et le pronostic réel RUL_r soit $d_i = RUL_p(i) - RUL_r(i)$. Les métriques classiquement utilisées pour évaluer la qualité du pronostic sur le jeu de test de taille N sont : MAE $= \frac{1}{N} \sum_i |d_i|$; MSE $= \frac{1}{N} \sum_i d_i^2$; et nous utilisons également le Score introduit par Saxena et al. (2008) et défini tel que $S = \sum_{d_i < 0} \left(e^{-\frac{d_i}{13}} - 1 \right) + \sum_{d_i \geq 0} \left(e^{\frac{d_i}{10}} - 1 \right)$, car il permet de pénaliser les prédictions tardives, synonyme de remplacements non anticipés d'un équipement dégradé.

Comparaison d'architectures. Afin d'évaluer la meilleure approche pour le pronostic, nous avons sélectionné plusieurs modèles de prédiction de RUL par apprentissage profond issus de l'état de l'art. Plus spécifiquement, il s'agit de : (1) un modèle de réseau convolutif monodimensionnel (CNN1D) , (2) un réseau récurrent avec unités LSTM, (3) un réseau récurrent avec unités GRU , et (4) un perceptron multicouche (MLP) entièrement connecté. Afin de définir notre référence, ces modèles sont prédimensionnés sur un RUL linéaire introduit en section 3.

Pour l'ensemble des architectures, la fonction de coût sélectionnée est la MSE. Les modèles sont entraînés sur 80 epochs, un arrêt prématuré (*early stopping*) est appliqué sous contrôle du jeu de validation. Les résultats des trois métriques obtenus sur le jeu de test sont donnés pour chaque modèle dans le tableau 1.

---

1. FD001-CMPASS, voir https://ti.arc.nasa.gov

Architecture	Détails de la configuration	MAE	MSE	Score
CNN1D	32/16 filtres de taille kernel : 8/4, dropout : 0.1, Batch-normalisation momentum : 0.8, Flatten, Dense (64), activation : SELU, linéaire dernière couche, optimisation : Adam (lr = 0.0001)	16.3	514.7	4137.1
GRU	128 unités GRU, dropout : 0.1, Dense (64/1), activation : tanh, linéaire dernière couche, optimisation : Adam (lr = 0.00005)	**15.8**	**492.3**	**2271.3**
MLP	Dense (256/128/64/1), dropout : 0.1, Flatten, activation : tanh, linéaire dernière couche, optimisation : Adam (lr = 0.0001),	19.0	581.6	4225.6
LSTM	128+64 unités LSTM, Dense (64/1), dropout : 0.1, Dense (64), activation : tanh, linéaire dernière couche, optimisation : Adam (lr = 0.00005)	15.9	533.5	17485.0

TAB. 1 – *Résultats de la comparaison entre les 4 architectures de départ*

4 Améliorations proposées

4.1 Ré-échantillonnage des paires fenêtres-labels

On se propose, tout d'abord, d'améliorer la qualité des labels par une modification de la distribution des données. La durée de vie restante utilisée décroît linéairement. Toutefois, on souhaite donner davantage de poids à certaines prédictions. Notons que pour les modèles proposés, les contributions à l'erreur de prédiction sont extrêmement variables selon les modèles comme l'indique la figure 1 pour la MAE.

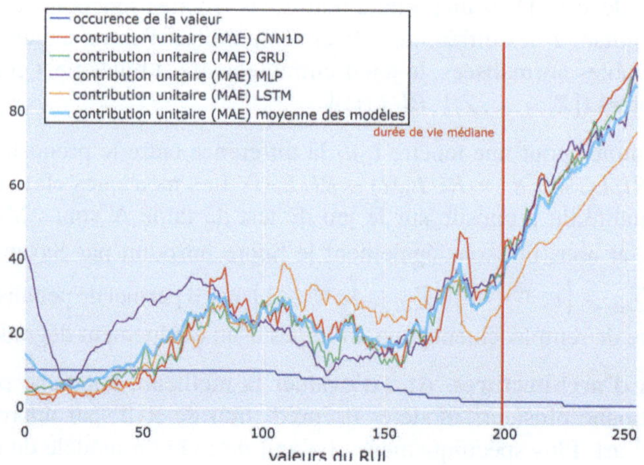

FIG. 1 – *Contribution à l'erreur en valeur absolue (MAE) selon les valeurs de RUL*

Lorsque que l'on observe les signaux, loin en amont de la défaillance, la durée de vie restante peut être considérée comme constante et égale à la durée de vie médiane qui est de 199 (espérance d'un tirage aléatoire sur les durées de vie). Par la suite, on intervient uniquement sur les paires fenêtres-labels pour lesquelles le label est inférieur à 199. On augmente alors le jeu de données en tirant aléatoirement des paires de façon à réduire localement les erreurs. Pour ce faire, on sélectionne deux lois dont les pics coïncident avec la courbe lissée des erreurs quadratiques : l'une étant (1) une distribution gaussienne centrée en 95 avec un écart-type de 17 et l'autre étant (2) un mélange composé de la première loi pondérée deux fois et d'une autre distribution gaussienne centrée en 180 avec un écart-type de 10,6. Les écarts-types sont obtenus par interpolation sur les erreurs quadratiques avec la largeur à mi-hauteur (LMH) tel que : $\sigma = \dfrac{LMH}{2\sqrt{2\log(2)}}$.

Par la suite, on augmente le jeu de données d'entraînement selon un ratio de 5 à 15% de fenêtres-labels dupliqués avec la loi considérée. En pratique, un premier tirage est effectué à 15% puis partitionné aléatoirement afin d'obtenir les ratios inférieurs. Le tableau 2 ci-après donne les résultats obtenus :

Ajout gaussien	RUL linéaire			5 % d'augmentation			10% d'augmentation			15% d'augmentation		
	MAE	MSE	Score	MAE	MSE	Score	MAE	MSE	Score	MAE	MSE	Score
CNN1D	16.3	515	4137	**14.6**	**329**	**654**	**15.1**	**358**	**728**	**15.9**	**403**	**943**
GRU	15.8	492	2271	16.3	432	1063	18.6	552	2600	19.0	603	3423
LSTM	15.8	536	17488	15.7	364	740	17.2	442	1014	19.0	561	1588
MLP	19.0	582	4226	19.6	551	1569	21.9	704	2676	24.3	858	4405
Ajout par mélange	RUL linéaire			5 % d'augmentation			10% d'augmentation			15% d'augmentation		
	MAE	MSE	Score	MAE	MSE	Score	MAE	MSE	Score	MAE	MSE	Score
CNN1D	16.3	515	4137	**14.4**	**328**	**700**	**15.1**	**367**	**869**	16.4	466	4428
GRU	15.8	492	2271	17.9	494	1892	18.5	541	1897	19.2	590	2181
LSTM	15.8	536	17488	16.8	408	1077	17.5	459	1057	19.9	586	1577
MLP	19.0	582	4226	19.4	541	1528	21.7	691	2597	24.8	885	4647

TAB. 2 – Résultats avec ré-échantillonnage

Le ré-échantillonnage a globalement dégradé la qualité des prédictions sur le modèle de RUL linéaire à l'exception du CNN1D (voir les valeurs de MAE, MSE et score des 3 premières colonnes du tableau comparés aux valeurs obtenues par nos méthodes). Mais les performances obtenues par ré-échantillonage avec CNN1D sont néanmoins meilleures que celles de la meilleure architecture initiale. Le réseau convolutif, particulièrement utile pour la reconnaissance de formes a bénéficié des nouvelles occurences qui lui ont permis d'affiner le calcul de RUL. Il serait donc intéressant, pour des travaux ultérieurs sur le CNN1D, d'étendre le nombre de pics pour un ré-échantillonnage plus complet du jeu d'entraînement.

4.2 Modifications de la durée de vie restante par segmentation

Dans cette section, on se propose d'amener davantage d'information via un diagnostic pour décider de l'instant où la durée de vie restante décroît. Prenons l'exemple de la série normalisée d'entraînement pour le moteur #9 présentée en figure 2. La présence d'une rupture semble

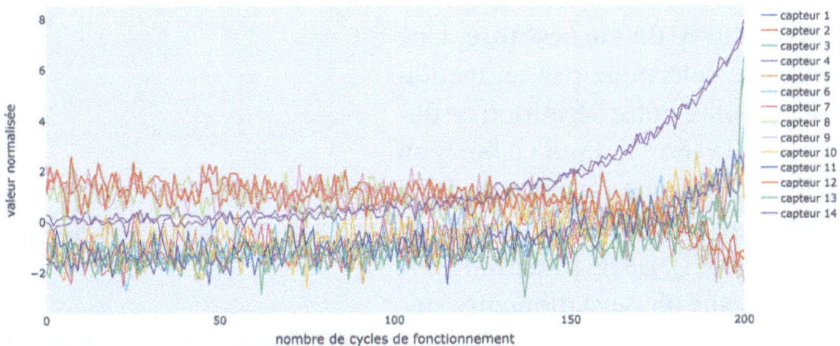

FIG. 2 – Valeurs normalisées en fonction du nombre de cycles pour le moteur #9

évidente vers 130 cycles, néanmoins, il convient de formaliser l'approche. Nous supposerons pour la suite l'existence d'un unique point de rupture. Notre problématique consiste alors à le déterminer via une méthode de recherche et une fonction de coût. En pratique, la fonction de coût c est calculée sur deux parties de la série temporelle (à gauche et à droite du point observé), puis comparée à la fonction de coût de l'ensemble du signal. On définit alors la fonction de divergence au point t sur un segment $[a, b]$ par : $\mathrm{div}(t, [a, b]) = c([a, b]) - c([a, t]) - c([t, b])$. Le point de rupture contenu dans $[a, b]$ correspond alors au maximum de la divergence.

Méthodes de recherche du point de rupture. Dans le cadre de nos travaux, on propose d'utiliser deux méthodes de recherche : (1) une méthode qui consiste à fixer pour une série T, $a = 0$ et $b = len(T)$. En d'autres termes, on calcule la divergence en chaque point, quitte à comparer des segments de tailles variables, il s'agit d'une **segmentation exacte** ; et (2) une méthode de **segmentation locale** (Truong et al., 2020) qui consiste à calculer la divergence sur des segments consécutifs de même longueur tels que $[a, a + l/2]$ et $[a + l/2 + l]$ pour $a = 0..len(T) - l$ afin de trouver le point de rupture en dehors des tendances. Par la suite, on fixe arbitrairement $l = 80$.

Fonction de coût. La fonction de coût sélectionnée détecte les changements dans la moyenne du signal intégré sur un espace de Hilbert $\mathcal{H}$ ayant pour noyau $k(\cdot, \cdot) : \mathbb{R}^d \times \mathbb{R}^d \mapsto \mathbb{R}$ et son morphisme associé : $\Phi : \mathbb{R}^d \mapsto \mathcal{H}$. Pour un signal z multivarié sur un segment $[a, b]$ de moyenne μ sur ce dernier. La fonction de coût est définie telle que : $c([a, b]) = \sum_{t \in K} \|\Phi(Z_t) - \bar{\mu}\|_{\mathcal{H}}^2$ avec pour noyau, une fonction de base radiale (*Radial Basis Function*), $k(x, y) = \exp\left(-\gamma \|x - y\|^2\right)$ et γ égal à l'inverse de la médiane des distances.

Segmentation sur série monovariée. Une dernière approche consiste à essayer de reconstruire le signal multivarié jusqu'à défaillance et à observer le comportement de ce dernier au moyen d'une série monovariée. L'intérêt de cette approche réside essentiellement dans l'élimination du bruit pour obtenir, *a priori*, une meilleure segmentation. Pour procéder, nous définissons un encodeur/décodeur-récurent (LSTM(20) x2) entraîné sur des fenêtres de taille 20, prises sur les 10 premiers pourcents de longueur de chaque série T d'entraînement. On étudie ensuite les résidus sur les prédictions de l'encodeur pour les 90 % restants. On obtient alors une courbe d'erreur croissante en accord avec la dégradation. On applique les méthodes précédentes sur cette dernière (même paramétrage).

Correction de la durée de vie restante. Une fois le point de rupture déterminé par segmentation, il convient de modifier notre définition de durée de vie restante pour la série T. Pour ce faire, on se propose de la définir avec une variation linéaire précédent la défaillance, raccordée par un arc de cercle tangent (voir figure 3). La dégradation n'est pas abrupte, on obtient une phase stationnaire suivie de la dégradation avec la zone linéaire avant défaillance. Pour la zone stationnaire, on choisit, après estimation, la valeur $H = 125$ à $t = 0$. Ainsi, pour une série T, en notant b_k le point de rupture (*breakpoint*), la durée de vie restante rectifiée est définie de la façon suivante

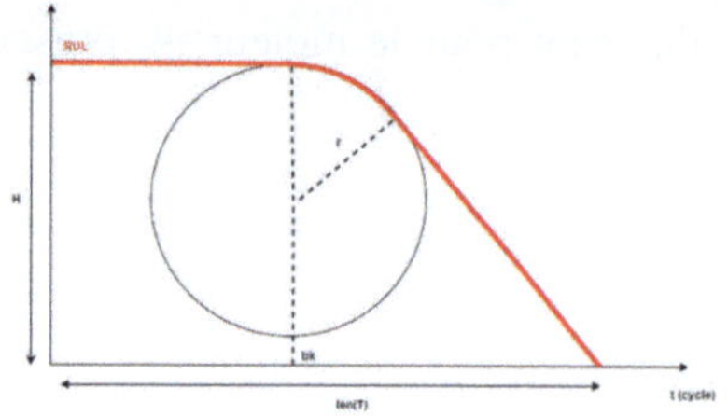

FIG. 3 – *RUL rectifié pour la série T*

avec les résultats obtenus pour les différentes segmentations ci-après :

$$RUL(t) = \begin{cases} H & \text{si } t \in [0, t[\\ H - r + \sqrt{r^2 - (t - b_k)^2} & t \in [b_k, d[\\ \text{len}(T) - t & \text{si } t \in [d, len(T)[\end{cases}$$

$$r = (1 + \sqrt{2})(\text{len}(T) - b_k - H)$$

$$d = b_k + \frac{(1+\sqrt{2})(\text{len}(T)-bk-H)}{\sqrt{2}}$$

Série	RUL linéaire			segmentation exacte			segmentation locale		
multivariée	MAE	MSE	Score	MAE	MSE	Score	MAE	MSE	Score
CNN1D	16.3	515	4137	**10.8**	**219**	**285**	13.3	344	435
GRU	15.8	492	2271	**11.3**	**264**	**329**	13.0	344	445
LSTM	15.9	536	17488	**10.9**	**240**	**292**	13.3	329	393
MLP	19.0	582	4226	**15.8**	**365**	**584**	16.7	423	568
Série	RUL linéaire			segmentation exacte			segmentation locale		
monovariée	MAE	MSE	Score	MAE	MSE	Score	MAE	MSE	Score
CNN1D	16.3	515	4137	12.5	296	384	**11.7**	**248**	**296**
GRU	15.8	492	2271	**11.5**	**264**	**315**	12.6	322	411
LSTM	15.9	536	17488	**11.6**	**269**	**332**	14.5	413	727
MLP	19.0	582	4226	15.9	371	493	**15.1**	**346**	**428**

TAB. 3 – *Résultats avec RUL corrigé par segmentation*

Pour la segmentation multivariée, on remarque une amélioration notable de la qualité des prédictions par ajout d'information via la segmentation. Pour la segmentation exacte, cela représente des améliorations de 27% (MAE), 49% (MSE) et 94% (Score) par rapport aux performances données sur le RUL linéaire. Néanmoins, pour l'ensemble des modèles, la segmentation locale est moins pertinente que la segmentation exacte avec 16% (MAE), 38% (MSE) et 92% (Score) d'amélioration par rapport aux architectures initiales. Ceci s'explique par le fait que la perte d'information liée à la sélection des points de rupture sur des portions de la série ne permet pas de capturer efficacement le démarrage de la dégradation. Dans le cas monovarié, la segmentation contribue également à l'amélioration des prédictions pour toute arhitecture. Notons que la compression de l'information par l'auto-encodeur pour les réseaux récurrents (GRU et LSTM) a dégradé la qualité des prédictions par rapport au cas multivarié. Néanmoins, dans le cas d'une segmentation locale, le recours à cette compression a permis d'améliorer les performances du CNN1D et du MLP pour l'ensemble des métriques considérées, tant par rapport à la durée de vie restante linéaire que par rapport au cas multivarié.

5   Conclusion

Dans cet article, nous nous sommes intéressés à l'amélioration de la prédiction de la durée du fonctionnement utile restante d'un système complexe décrit par des séries temporelles multivariées. Nous avons présenté et évalué deux approches permettant l'amélioration de la prédiction de la durée de vie restante pour quatre architectures d'apprentissage profond. La première méthode proposée est basée sur un ré-échantillonnage de la base d'apprentissage afin de réduire localement les erreurs. Après définition formelle de notre proposition, nous avons mesuré que cette approche dégrade les performances sauf dans le cas du réseau convolutif. La deuxième méthode proposée s'appuie sur la détection automatique d'un point de rupture dans le signal pour améliorer la phase d'entraînement. Le recours à ce dernier nous permet d'adapter le modèle de prédiction de la durée de vie restante après ré-entraînement. Cette seconde approche améliore significativement les performances et démontre la généricité de notre approche.

Références

Ellefsen, A. L., V. Æsøy, S. Ushakov, et H. Zhang (2019a). A comprehensive survey of prognostics and health management based on deep learning for autonomous ships. *IEEE Transactions on Reliability 68*(2), 720–740.

Ellefsen, A. L., E. Bjørlykhaug, V. Æsøy, S. Ushakov, et H. Zhang (2019b). Remaining useful life predictions for turbofan engine degradation using semi-supervised deep architecture. *Reliability Engineering & System Safety 183*, 240–251.

Gouriveau, R., K. Medjaher, et N. Zerhouni (2016). *From Prognostics and Health Systems Management to Predictive maintenance 1 : Monitoring and Prognostics*. John Wiley & Sons.

Gugulothu, N., V. Tv, P. Malhotra, L. Vig, P. Agarwal, et G. Shroff (2017). Predicting remaining useful life using time series embeddings based on recurrent neural networks. *2nd ACM SIGKDD Workshop on Machine Learning for Prognostics and Health Management, Halifax, Canada*.

Hashemian, H. M. (2010). State-of-the-art predictive maintenance techniques. *IEEE Trans. on Instrumentation and Measurement 60*(1), 226–236.

Janssens, O., V. Slavkovikj, B. Vervisch, K. Stockman, M. Loccufier, S. Verstockt, R. Van de Walle, et S. Van Hoecke (2016). Convolutional neural network based fault detection for rotating machinery. *J. of Sound and Vibration 377*, 331–345.

Khan, S. et T. Yairi (2018). A review on the application of deep learning in system health management. *Mechanical Systems and Signal Processing 107*, 241–265.

Mao, W., J. He, Y. Li, et Y. Yan (2017). Bearing fault diagnosis with auto-encoder extreme learning machine : A comparative study. *Proceedings of the Institution of Mechanical Engineers, Part C : J. of Mechanical Engineering Science 231*(8), 1560–1578.

Saxena, A., K. Goebel, D. Simon, et N. Eklund (2008). Damage propagation modeling for aircraft engine run-to-failure simulation. In *IEEE Intl. Conf. on Prognostics and Health Management*, pp. 1–9.

Schwabacher, M. et K. Goebel (2007). A survey of artificial intelligence for prognostics. In *AAAI Fall Symposium : Artificial Intelligence for Prognostics*, pp. 108–115.

Tao, S., T. Zhang, J. Yang, X. Wang, et W. Lu (2015). Bearing fault diagnosis method based on stacked autoencoder and softmax regression. In *IEEE 34th Chinese Control Conf. (CCC)*, pp. 6331–6335.

Truong, C., L. Oudre, et N. Vayatis (2020). Selective review of offline change point detection methods. *Signal Processing 167*, 107299.

Summary

In this article, we are interested in improving the prediction of the remaining useful operating time of a complex system whose state is represented by multivariate time series. We present and evaluate two approaches for measuring the improvement of the *Remaining Useful Life* (RUL) prediction using four different state-of-the-art machine learning approaches based on deep learning. The first method that we propose is based on re-sampling the training data set in order to reduce the errors locally. The second proposed method relies on automatically detecting and using break-points in the signals to improve the training step. We show that break-point detection techniques allow a significant improvement of the RUL prediction performance with gains of more than 27% on the mean absolute error (MAE) regardless of the neural architecture used, which demonstrates the genericity of our approach.

Une approche pour regrouper des sujets atteints de cancers, sur la base des similarités des répartitions cellulaires au sein de leurs biopsies

Yassine El Ouahidi*, Matis Feller*
Matthieu Talagas**,***, Bastien Pasdeloup*,****

*IMT Atlantique, Technopole Brest-Iroise, France
prénom.nom@imt-atlantique.fr
**Univ Brest, LIEN, F-29200 Brest, France
matthieu.talagas@chu-brest.fr
***Département de Dermatologie, CHU de Brest, Brest, France
****Lab-STICC, UMR CNRS 6285, Brest F-29238, France

Résumé. Nous présentons une méthodologie interprétable pour regrouper des sujets souffrant de cancer, basée sur des attributs extraits d'images numériques de leurs biopsies. Nous proposons d'analyser des répartitions cellulaires à l'aide d'histogrammes, et de comparer les sujets via ceux-ci. Nous décrivons ici la méthodologie pour définir ces histogrammes et les exploiter à des fins de clustering. Nous illustrons notre approche sur une base de données de tissus colorés à l'hématoxyline et à l'éosine de sujets atteints d'un adénocarcinome pulmonaire de stade I, où nos résultats coincident avec les connaissances existantes en matière d'estimation du pronostic de survie, avec une confiance statistique élevée.

1   Introduction

La médecine personnalisée en oncologie vise à améliorer le pronostic de survie d'un sujet, en prenant en compte des attributs spécifiques à son métabolisme. La plupart des travaux du domaine caractérisent les sujets sur la base d'attributs quantitatifs, tels que le nombre de lymphocytes infiltrants (TILs) (Mlecnik et al., 2011), leur densité et leur surface (Reichling et al., 2020), ou l'immunoscore (Galon et al., 2012). Cependant, il a été récemment montré que des organisations plus globales de cellules peuvent avoir un impact sur le pronostic vital (Fridman et al., 2012; Yener, 2016; Saltz et al., 2018).

Les biopsies sont numérisées via des scans à haute résolution de tissus cellulaires, préalablement colorés pour révéler les noyaux cellulaires. La coloration par hématoxyline et éosine (H&E) est la plus couramment utilisée pour des raisons financières et de simplicité d'acquisition. Des techniques plus complexes telles que l'immunohistochimie multiplex (mIHC) permettent de capturer des informations plus riches telles que la distinction des lymphocytes CD8/CD4/CD3, mais à un coût plus élevé. Une fois qu'une image haute résolution a été obtenue, une pratique courante consiste à effectuer sa segmentation et son phénotypage, afin de localiser et caractériser les cellules. Pour les images H&E, des outils utilisant des modèles d'apprentissage profond (Wang et al., 2019) ont montré des performances impressionnantes pour localiser des cellules et leur associer un phénotype (cancer/stroma/lymphocyte). Des travaux existent pour les données mIHC, impliquant aussi des modèles d'apprentissage profond (Mercadier et al., 2019). Ces outils produisent des informations similaires. Pour chaque cellule, ils fournissent les attributs suivants : coordonnées x et y, et phenotype. Les phénotypes dépendent de la méthode de coloration et des cellules en présence. Des attributs additionnels (forme, niveau de kératine, etc.) peuvent être générés selon les outils considérés.

Dans cet article, nous introduisons une méthodologie pour capturer des répartitions de cellules dans les biopsies. Notre approche peut être utilisée à différentes échelles (cellulaire, groupes de cellules, etc.), fournissant des informations nombreuses et complémentaires sur le tissu. Contrairement aux approches existantes (e.g., Saltz et al. (2018)), nous ne regroupons pas les sujets dans des classes prédéfinies. Au lieu de cela, nous travaillons de manière non supervisée, et de regroupons les sujets en fonction de leurs similarités entre des attributs. Cela permet 1) l'exploration de nouveaux attributs (ou *bio-marqueurs computationnels*) qui peuvent être corrélés avec la survie ; et 2) la recherche de sujets similaires. La Section 2 détaille la méthodologie proposée ; la Section 3 illustre notre approche sur une base de données de biopsies issues de sujets atteints d'adénocarcinome pulmonaire de stade I, et montre que nos résultats coïncident avec les connaissances existantes dans le domaine. La Section 4 conclut.

2   Méthodologie proposée

Notre méthode prend en entrée un ensemble $\mathcal{S} = \{s^{(i)}\}_{i \in \{1,...,|\mathcal{S}|\}}$ de sujets. Chaque sujet $s \in \mathcal{S}$, dispose d'un ensemble $\mathcal{C}_s = \{c^{(i)}\}_{i \in \{1,...,|\mathcal{C}_s|\}}$ de cellules. Chaque cellule $c \in \mathcal{C}_s$ a des attributs, que nous notons $c[a]$, avec $a \in \{\text{x}, \text{y}, \text{phenotype}, ...\}$. Nous procédons ainsi :

1. On définit un ensemble $\mathcal{F} = \{f^{(i)}\}_{i \in \{1,...,|\mathcal{F}|\}}$ de fonctions associant à un sujet $s \in \mathcal{S}$ un histogramme $H_s^{(i)}$ représentant un attribut complexe. Ces fonctions sont évaluées sur les biopsies des sujets afin d'obtenir les histogrammes $\{H_s^{(i)}\}_{s \in \mathcal{S}, i \in \{1,...,|\mathcal{F}|\}}$;

2. Pour chaque attribut $f^{(i)} \in \mathcal{F}$, et pour toutes paires de sujets distincts $s^{(j)}, s^{(k)} \in \mathcal{S}$, on calcule une matrice de distances $\mathbf{D}^{(i)}[j,k] = d_H\left(H_{s^{(j)}}^{(i)}, H_{s^{(k)}}^{(i)}\right)$ associée à $f^{(i)}$;

3. Pour chaque matrice $\mathbf{D}^{(i)}$, on applique un algorithme de clustering sur $\mathcal{S}$ afin de regrouper les sujets en fonction de leur similarité vis à vis de $f^{(i)}$;

4. Enfin, on effectue une analyse de survie des sous-populations obtenues afin d'évaluer l'importance de $f^{(i)}$ sur le pronostic de survie.

2.1   Définition des attributs complexes

Nous présentons trois attributs modélisant des répartitions cellulaires [1]. Un attribut est une fonction $f^{(i)}$ qui, pour un sujet $s \in \mathcal{S}$ avec ses cellules $\mathcal{C}_s$, produit un histogramme $H_s^{(i)}$.

Introduisons dans un premier temps la notion de filtre. Soit $\mathcal{C}_s^- \subseteq \mathcal{C}_s$ un sous-ensemble des cellules du sujet $s \in \mathcal{S}$. On note $\mathcal{C}_s^-[P] \subseteq \mathcal{C}_s^-$ le sous-ensemble de cellules dans $\mathcal{C}_s^-$ pour lequel

---

1. D'autres attributs, ainsi que leur description sous forme d'algorithme, sont présentés dans la version longue de cet article, accessible à cette adresse : https://arxiv.org/abs/2007.00135.

une proposition $P : \mathcal{C}_s^- \to \mathbb{B}$ est vraie. Rappelons que des attributs sont associés aux cellules, notamment leurs phénotypes. Supposons que l'attribut `phenotype` prend des valeurs dans $\{$`"cancer"`, `"stroma"`, `"lymphocyte"`$\}$. Nous définissons le filtre suivant :

$$lymphocyte : \quad \mathcal{C}_s^- \quad \to \quad \mathbb{B} \tag{1}$$
$$c \quad \mapsto \quad c[\text{phenotype}] = \text{"lymphocyte"} .$$

La notation $\mathcal{C}_s[lymphocyte]$ nous permet d'obtenir les lymphocytes de $\mathcal{C}_s$. De même, nous pouvons définir les filtres *stroma* et *cancer* qui renvoient les cellules correspondantes.

2.1.1 $f^{(1)}$: distances lymphocytes – cellules cancéreuses

Soit un sujet $s \in \mathcal{S}$ aux cellules $\mathcal{C}_s$. Nous retranscrivons ici la proximité entre les lymphocytes et les cellules cancéreuses. Introduisons le filtre qui, pour une cellule donnée $c \in \mathcal{C}_s$, renvoie la cellule dans un ensemble $\mathcal{C}_s^- \subseteq \mathcal{C}_s$ minimisant la distance Euclidienne d_{xy} à c :

$$closest(c) : \quad \mathcal{C}_s^- \quad \to \quad \mathbb{B} \tag{2}$$
$$c' \quad \mapsto \quad c' = \arg \min_{c'' \in \mathcal{C}_s^-} d_{\mathrm{xy}}(c'', c) ,$$

Ainsi, l'histogramme représentant ce premier attribut contient les valeurs :

$$\forall c \in \mathcal{C}_s[lymphocyte] : d_{\mathrm{xy}}\left(c, \mathcal{C}_s[cancer][closest(c)]\right) \in H_s^{(1)} . \tag{3}$$

2.1.2 $f^{(2)}$: distances lymphocytes – interface cancer/stroma

Nous retranscrivons ici la proximité entre les lymphocytes et l'interface (ou frontière) entre cellules cancéreuses et stromales. Soient $\mathcal{C}_s^- \subseteq \mathcal{C}_s$ et $\mathcal{C}_s^{-'} \subseteq \mathcal{C}_s$ deux sous-ensembles disjoints des cellules $\mathcal{C}_s$ d'un sujet $s \in \mathcal{S}$. De plus, soit $\mathcal{T}_s$ l'ensemble des triangles obtenus par triangulation de Delaunay des cellules dans $\mathcal{C}_s$, construite à partir des attributs x et y des cellules. Chaque triangle $t \in \mathcal{T}_s$ est un ensemble de trois cellules. Nous pouvons définir le filtre :

$$interface(\mathcal{C}_s^{-'}) : \quad \mathcal{C}_s^- \quad \to \quad \mathbb{B} \tag{4}$$
$$c \quad \mapsto \quad \exists t \in \mathcal{T}_s : c \in t \text{ and } \exists c' \in t : c' \in \mathcal{C}_s^{-'} ,$$

qui renvoie le sous-ensemble des cellules de $\mathcal{C}_s^-$ adjacentes à des cellules de $\mathcal{C}_s^{-'}$, en vérifiant l'existence d'un triangle défini par des cellules des deux sous-ensembles. On note donc les cellules stromales à l'interface cancer/stroma $\mathcal{C}_s[stroma][interface(\mathcal{C}_s[cancer])]$, et les cellules cancéreuses à cette même interface $\mathcal{C}_s[cancer][interface(\mathcal{C}_s[stroma])]$.

Ainsi, l'histogramme représentant ce second attribut contient les valeurs :

$$\forall c \in \mathcal{C}_s[lymphocyte] : \left\{ \begin{array}{ll} d_c & \text{if } d_c \geq d_s \\ -d_c & \text{otherwise} \end{array} \right. \in H_s^{(2)} , \tag{5}$$

$$\text{où} : d_c = d_{\mathrm{xy}}(c, \mathcal{C}_s[cancer][interface(\mathcal{C}_s[stroma])][closest(c)]) \tag{6}$$

$$\text{et} : d_s = d_{\mathrm{xy}}(c, \mathcal{C}_s[stroma][interface(\mathcal{C}_s[cancer])][closest(c)]). \tag{7}$$

Nous distinguons ici les lymphocytes au sein de la tumeur ($d_c < d_s$) et ceux en dehors de celle-ci ($d_c \geq d_s$) en associant aux lymphocytes intra-tumoraux une distance négative.

2.1.3 $f^{(3)}$: distances entre aggrégats de lymphocytes

Nous retranscrivons ici la proximité entre aggrégats de lymphocytes, définis comme suit : utilisons à nouveau la triangulation de Delaunay des cellules $\mathcal{C}_s$ d'un sujet $s \in \mathcal{S}$. Soit $\mathcal{E}_s$ l'ensemble des arêtes de la triangulation. On retire de $\mathcal{E}_s$ les arêtes reliant deux cellules dont au moins une n'est pas un lymphocyte. Le graphe composé des sommets $\mathcal{C}_s[lymphocyte]$ et des arêtes $\mathcal{E}_s$ est constitué de composantes connexes $\mathcal{K} = \{k^{(i)}\}_i$. Ainsi, l'histogramme représentant ce troisième attribut contient les valeurs :

$$\forall k, k' \in \mathcal{K} \; ; k \neq k' \; ; \forall c' \in k' : \min_{c \in k} d_{\mathrm{xy}}\left(c, c'\right) \in H_s^{(3)} \; . \tag{8}$$

2.2 Fonction de distance entre histogrammes

Nous voulons regrouper les sujets en fonction de la similarité de leurs histogrammes. Cela nécessite une fonction de distance d_H qui soit conforme avec l'information capturée, *i.e.*, pour deux histogrammes $H_s^{(i)}$ et $H_{s'}^{(i)}$ – obtenus en calculant $f^{(i)}$ pour deux sujets $s, s' \in \mathcal{S}$ – nous voulons une distance augmentant à mesure que les formes de $H_s^{(i)}$ et $H_{s'}^{(i)}$ diffèrent. La distance de Wasserstein (Peyré et al., 2019) mesure la quantité de travail nécessaire pour transformer une distribution en une autre. Etant définie entre distributions, nous normalisons nos histogrammes pour que la somme des valeurs soit égale à 1. Une conséquence est que nous ne pouvons plus distinguer certains histogrammes. Cela peut sembler problématique, car des attributs tel que $f^{(1)}$ imposent une relation entre le nombre de lymphocytes dans le tissu et le nombre de bandes dans l'histogramme. Cependant, ces aspects quantitatifs peuvent être directement inclus comme caractéristiques numériques lors de la classification. De plus, cette normalisation ne change pas la forme de l'histogramme, ce qui nous permet de comparer – en reprenant l'exemple de $f^{(1)}$ – les repartitions de lymphocytes autour des cellules cancéreuses. Nous utiliserons donc la distance de Wasserstein d_{wass} entre histogrammes normalisés, *i.e.*,

$$d_H\left(H_s^{(i)}, H_{s'}^{(i)}\right) = d_{wass}\left(\frac{H_s^{(i)}}{\left|H_s^{(i)}\right|_1}, \frac{H_{s'}^{(i)}}{\left|H_{s'}^{(i)}\right|_1}\right) , \tag{9}$$

où $|\cdot|_1$ est la norme ℓ_1 de l'ensemble des valeurs d'un histogramme. La matrice de coûts dans la formulation de d_{wass} (Peyré et al., 2019) est choisie linéaire.

2.3 Clustering des sujets

Nous regroupons à présent tous les sujets de $\mathcal{S}$ – de manière non-supervisée – de sortes à créer des ensembles de sujets aux repartitions de cellules similaires. Pour chaque attribut $f^{(i)} \in \mathcal{F}$, et pour chaque paire de sujets $s^{(j)}, s^{(k)} \in \mathcal{S}$, calculons la matrice $|\mathcal{S}| \times |\mathcal{S}|$ suivante :

$$\mathbf{D}^{(i)}[j, k] = d_H\left(H_{s^{(j)}}^{(i)}, H_{s^{(k)}}^{(i)}\right) \; . \tag{10}$$

Cette matrice est ensuite donnée en entrée à un algorithme de clustering. De par sa forte interprétabilité, nous avons choisi un algorithme de clustering hiérarchique (AHC, single-linkage) (Szekely et Rizzo, 2005). Cet algorithme produit un dendrogramme, dans lequel les feuilles sont les sujets de $\mathcal{S}$, et les nœuds sont les aggrégations des sous-arbres. Ainsi, plus on descend profond dans le dendrogramme, plus les sous-arbres y sont homogènes à l'attribut utilisé pour sa construction. Nous utilisons donc AHC avec $\mathbf{D}^{(i)}$ pour séparer les sujets de $\mathcal{S}$ en deux sous-populations disjointes $\mathcal{S}_1^{(i)}$ et $\mathcal{S}_2^{(i)}$, comme suit :

— $\mathcal{S}_1^{(i)} \subseteq \mathcal{S}$ est obtenue en coupant le dendrogramme à profondeur τ_{AHC}, et en conservant les sujets dans le plus profond sous-arbre obtenu. Ce cluster est homogène à $f^{(i)}$;

— $\mathcal{S}_2^{(i)} \subseteq \mathcal{S}$ est obtenue en regroupant l'ensemble des sujets n'appartenant pas à $\mathcal{S}_1^{(i)}$. Ainsi, ce cluster contient des sujets hétérogènes à $f^{(i)}$.

L'objectif de cette décomposition est de vérifier si des sujets ayant une répartition cellulaire analogue ont un pronostic de survie similaire, contrairement à un autre groupe pouvant exprimer des profils très personnels d'un même attribut. τ_{AHC} est obtenu par recherche exhaustive : pour τ_{AHC} fixé, nous calculons les courbes de survie de Kaplan-Meier (Kaplan et Meier, 1958) des sous-populations obtenues, et effectuons un log-rank test (Mantel, 1966) entre ces courbes pour quantifier leur séparabilité. La valeur retenue pour τ_{AHC} est celle qui minimise la p-value de ce test. Ce choix a pour but de maximiser l'homogénéité de $\mathcal{S}_1^{(i)}$ sans a priori sur sa taille.

2.4 Combinaison des différents attributs

Nous aimerions combiner plusieurs attributs pour le clustering, afin de regrouper des sujets montrant des similarités selon plusieurs critères. Pour cela, nous construisons une matrice $\mathbf{D}$ dénotant l'appartenance de deux sujets à des clusters différents, pour chaque attribut $f^{(i)} \in \mathcal{F}$. Cette agrégation est préférée à une combinaison linéaire car certaines matrices $\mathbf{D}^{(i)}$ corrèlent positivement ou négativement avec le pronostic, selon l'attribut. Soient $s^{(j)}, s^{(k)} \in \mathcal{S}$:

$$\mathbf{D}[j,k] = \sum_{i=1}^{|\mathcal{F}|} w^{(i)} \cdot diff\left(s^{(j)}, s^{(k)}, \mathcal{S}_1^{(i)}\right) \text{ , où} \tag{11}$$

$$diff\left(s^{(j)}, s^{(k)}, \mathcal{S}_1^{(i)}\right) = \left\{ \begin{array}{ll} 0 & \text{si } \left(s^{(j)} \in \mathcal{S}_1^{(i)} \text{ et } s^{(k)} \in \mathcal{S}_1^{(i)}\right) \text{ ou } \left(s^{(j)} \notin \mathcal{S}_1^{(i)} \text{ et } s^{(k)} \notin \mathcal{S}_1^{(i)}\right) \\ 1 & \text{sinon ,} \end{array} \right.$$

$$\tag{12}$$

et où $\{w^{(i)}\}_{i \in \{1,...,|\mathcal{F}|\}}$ sont des valeurs réelles pondérant l'importance des attributs, données par un expert, ou choisies de manière plus automatique, comme proposé en Section 3.3.

3 Expériences

3.1 Base de données considérée

Nous considérons un ensemble de 140 sujets atteints d'adénocarcinome pulmonaire de stade I, issus de TCGA[2]. Pour que sujet, nous disposons de scans de biopsies colorées en H&E, et d'informations cliniques, dont le *time to last follow-up* (TTLFU) et l'état vital à cette date, permettant le calcul des courbes de survie. Nous avons retiré les sujets ayant un TTLFU inférieur à $\tau_{\text{DB}} = 366$ jours (pas assez de recul), ainsi que ceux décédés au delà de τ_{DB} jours

---

2. http://cancergenome.nih.gov/

Clustering de tissus cancéreux selon les similarités des répartitions cellulaires

Attribut	$|\mathcal{S}_1^{(i)}|/|\mathcal{S}|$	$|\mathcal{S}_2^{(i)}|/|\mathcal{S}|$	p-value
$f^{(1)}$	0.55	0.45	0.0574
$f^{(2)}$	0.31	0.69	0.0002
$f^{(3)}$	0.52	0.48	0.0124

TAB. 1: Analyse de survie de la population en fonction de l'attribut utilisé pour le clustering.

(évolution possible de la tumeur). La valeur de τ_{DB} a été choisie pour maximiser la taille de $\mathcal{S}$ en encourageant les propriétés décrites. Après ce filtrage, la base de données contient 97 sujets. Pour chacun, nous avons considéré une biopsie, et avons choisi manuellement des régions d'intérêt (ROIs) afin d'inclure à la fois des cellules cancéreuses et stromales. Pour chaque ROI, nous avons segmenté et phénotypé les cellules via l'outil ConvPath (Wang et al., 2019). Enfin, nous avons retiré les ROI ne contenant pas un ratio cancer/stroma dans l'intervalle $[0.3, 0.7]$. Nous avons au final 94 sujets dont 80 vivants. Chacun dispose de 1 à 9 ROIs, (moyenne 3.86). Ci-après, les histogrammes sont calculés par ROI, et agrégés avant calcul de distance.

3.2 Résultats par attribut (en isolation des autres)

Pour vérifier si les attributs introduits en Section 2.1 corrèlent significativement avec le pronostic vital, nous appliquons la méthode proposée en Section 2 pour chaque attribut individuellement. La Table 1 présente les résultats obtenus. Pour chaque attribut $f^{(i)} \in \mathcal{F}$, nous reportons les tailles des sous-populations obtenues, ainsi que la p-value du log-rank test entre leurs courbes de survie. Les résultats montrent que les attributs $f^{(2)}$ et $f^{(3)}$ séparent les courbes de survie significativement (p-value < 0.05). En particulier, $f^{(2)}$ est très significatif (p-value $\ll 0.05$). Toutefois, $f^{(1)}$ ne corrèle pas significativement à la survie.

Une manière d'analyser visuellement les clusters obtenus est d'observer un histogramme *central* pour chacun d'eux[3] : pour un attribut $f^{(i)} \in \mathcal{F}$ et un cluster $\mathcal{S}_j^{(i)}$ ($j \in \{1, 2\}$) donnés, l'histogramme $H_{s_j^*}^{(i)}$ le plus central du cluster $\mathcal{S}_j^{(i)}$, est celui qui minimise :

$$H_{s_j^*}^{(i)} = \arg \min_{s \in \mathcal{S}_j^{(i)}} \sum_{s' \in \mathcal{S}_j^{(i)}} d_H\left(H_s^{(i)}, H_{s'}^{(i)}\right) . \tag{13}$$

3.3 Combinaison d'attributs

Considérons les attributs ayant une significativité suffisante pour regrouper les sujets. Les poids $\{w^{(i)}\}_i$ dans l'Équation 11 sont choisis pour donner plus d'importance aux attributs plus significatifs. Soit $p^{(i)}$ la p-value du log-rank test pour l'attribut $f^{(i)} \in \mathcal{F}$. On choisit $w^{(i)} = \log\left(\frac{1}{p^{(i)}}\right)$ si $p^{(i)} > 0.05$, ou 0 sinon. En utilisant la matrice $\mathbf{D}$ en Équation 11 avec ces poids dans AHC, nous obtenons deux sous-populations $\mathcal{S}_1$ et $\mathcal{S}_2$. Le log-rank test entre les courbes de survie associées a une p-value de $7.36 \cdot 10^{-8}$, montrant une forte corrélation des clusters avec le pronostic vital[4].

---

3. Les figures présentant les courbes de survie obtenues, ainsi que les histogrammes centraux pour chaque cluster et attribut sont disponibles dans la version longue de cet article.

4. Ces résultats prennent en compte les attributs supplémentaires présentés dans la version longue de cet article.

3.4 Discussion

Notons que $f^{(1)}$ n'est pas assez significatif (p-value > 0.05). Une explication est qu'il ne distingue pas les lymphocytes profondément infiltrés dans la tumeur, de ceux dans l'environnement stromal, à la bordure de la tumeur, sans infiltration.

Cela est pris en compte dans $f^{(2)}$, qui corrèle fortement avec la survie. Les histogrammes centraux des clusters obtenus par $f^{(2)}$ révèlent que les deux sujets possèdent à la fois des lymphocytes infiltrés et non infiltrés dans la tumeur. Une différence notable entre est que le représentant de la sous-population homogène $\mathcal{S}_1^{(2)}$ a une infiltration moins importante (environ $-40\mu m$) que le représentant de la sous-population hétérogène $\mathcal{S}_2^{(2)}$ (environ $-80\mu m$). Afin de vérifier si cette observation se généralise à tous les sujets, nous avons listé la valeur minimale par histogramme, et avons analysé les distributions de ces valeurs par cluster. Ainsi, $\mathcal{S}_1^{(2)}$ a une moyenne de $-43.29\mu m$, (écart type de $20.56\mu m$); et $\mathcal{S}_2^{(2)}$ a une moyenne de $-112.66\mu m$ (écart type de $75.60\mu m$). Le test U de Mann-Whitney indique que ces distributions sont significativement différentes ($U = 201$, p-value $= 1.85e - 09$).

Les histogrammes centraux des clusters obtenus par $f^{(3)}$ révèlent que le représentant du cluster homogène $\mathcal{S}_1^{(3)}$ a une distance maximale entre aggrégats de lymphocytes bien plus petite (environ $180\mu m$) que le représentant du cluster hétérogène (environ $390\mu m$). Les courbes de survie obtenues révèlent que ce dernier cluster a un pronostic de survie bien moindre que le premier. Une analyse des histogrammes de ces représentants révèle des aggrégats de lymphocytes plus proches les uns des autres chez le représentant du cluster homogène, suggérant une répartition régulière des aggrégats de lymphocytes, afin de faire barrière à la progression de la tumeur, *i.e.*, une réponse immunitaire. Nous avons listé la distance inter-aggrégats maximale pour chaque histogramme, et avons analysé les distributions de ces valeurs par cluster. Ainsi, $\mathcal{S}_1^{(3)}$ a une moyenne de $309.639\mu m$, (écart type de $213.06\mu m$); et $\mathcal{S}_2^{(2)}$ a une moyenne de $431.16\mu m$ (écart type de $274.72\mu m$). Le test U de Mann-Whitney indique que ces distributions sont significativement différentes ($U = 611$, p-value $= 0.008$).

Enfin, la combinaison des attributs permet une très bonne séparation des sous-populations, suggérant que les sous-populations tendent à être cohérentes d'un attribut à l'autre. Cette agrégation offre une approche intéressante pour une estimation multi-critères du pronostic.

4   Conclusion

Nous avons proposé une méthodologie pour regrouper des sujets via des histogrammes. Nous avons illustré notre approche sur une population de sujets atteints d'adénocarcinome pulmonaire de stade I, et avons obtenu des clusters cohérents au regard des connaissances existantes en matière d'estimation du pronostic, avec une confiance statistique élevée, tout en permettant l'interprétabilité des résultats. Notre méthode permet l'exploration de nouvelles hypothèses visant à lier l'organisation des cellules et le pronostic, et offre une approche systémique pour comparer des sujets. Elle peut donc aider les oncologues dans leur analyse.

Les suites à ces travaux sont nombreuses. Une direction consiste en l'extension du catalogue d'attributs. Une autre direction est l'analyse de données plus riches, comme les images mIHC, ainsi que l'étude d'autres familles de cancers. Enfin, nous voulons explorer des variations des éléments de notre approche, en changeant par exemple le nombre de clusters produits.

Références

Fridman, W. H., F. Pagès, C. Sautes-Fridman, et J. Galon (2012). The immune contexture in human tumours : impact on clinical outcome. *Nature Reviews Cancer 12*(4), 298–306.

Galon, J., F. Pagès, F. M. Marincola, M. Thurin, G. Trinchieri, B. A. Fox, T. F. Gajewski, et P. A. Ascierto (2012). The immune score as a new possible approach for the classification of cancer. *Journal of Translational Medicine 10*.

Kaplan, E. L. et P. Meier (1958). Nonparametric estimation from incomplete observations. *Journal of the American statistical association 53*(282), 457–481.

Mantel, N. (1966). Evaluation of survival data and two new rank order statistics arising in its consideration. *Cancer Chemother. Rep. 50*, 163–170.

Mercadier, D. S., B. Besbinar, et P. Frossard (2019). Automatic segmentation of nuclei in histo-pathology images using encoding-decoding convolutional neural networks. In *International Conference on Acoustics, Speech and Signal Processing (ICASSP)*, pp. 1020–1024. IEEE.

Mlecnik, B., G. Bindea, F. Pagès, et J. Galon (2011). Tumor immunosurveillance in human cancers. *Cancer and Metastasis Reviews 30*(1), 5–12.

Peyré, G., M. Cuturi, et al. (2019). Computational optimal transport. *Foundations and Trends® in Machine Learning 11*(5-6), 355–607.

Reichling, C., J. Taieb, V. Derangere, Q. Klopfenstein, K. Le Malicot, J.-M. Gornet, H. Becheur, F. Fein, O. Cojocarasu, M. C. Kaminsky, et al. (2020). Artificial intelligence-guided tissue analysis combined with immune infiltrate assessment predicts stage iii colon cancer outcomes in petacc08 study. *Gut 69*(4), 681–690.

Saltz, J., R. Gupta, L. Hou, T. Kurc, P. Singh, V. Nguyen, D. Samaras, K. R. Shroyer, T. Zhao, R. Batiste, et al. (2018). Spatial organization and molecular correlation of tumor-infiltrating lymphocytes using deep learning on pathology images. *Cell reports 23*(1), 181–193.

Szekely, G. J. et M. L. Rizzo (2005). Hierarchical clustering via joint between-within distances : Extending ward's minimum variance method. *Journal of classification 22*(2).

Wang, S., T. Wang, L. Yang, D. M. Yang, J. Fujimoto, F. Yi, X. Luo, Y. Yang, B. Yao, S. Lin, et al. (2019). Convpath : A software tool for lung adenocarcinoma digital pathological image analysis aided by a convolutional neural network. *EBioMedicine 50*, 103–110.

Yener, B. (2016). Cell-graphs : image-driven modeling of structure-function relationship. *Communications of the ACM 60*(1), 74–84.

Summary

We introduce an interpretable methodology to cluster subjects suffering from cancer, based on features extracted from their biopsies. We capture patterns in cell distributions using histograms, and compare subjects based on these. We describe here a workflow to define these histograms and use them for clustering purposes. We illustrate our approach on a database of hematoxylin and eosin-stained tissues of subjects with Stage I lung adenocarcinoma, where our results match existing knowledge with high confidence.

Génération de données binaires groupées à partitionnement contrôlé et évaluation de l'impact des méthodes de réduction de dimension sur ce partitionnement

Siwar JENDOUBI*, Ali BELLAMLIH MAMOU*
Aurélien BAELDE*

*Upskills R&D
16 Rue Marc Sangnier 94600 Choisy-le-roi, France
{siwar.jendoubi, aurélien.baelde}@upskills.ai
https://www.upskills.com/

Résumé. Les données binaires (deux valeurs possibles) sont utilisées dans plusieurs domaines de recherche tel que la modélisation des protéines en bio-informatique En particulier, certains problèmes impliquent des données binaires à partitionner. Un grand nombre de problèmes potentiellement solubles par apprentissage statistique ne peuvent l'être faute à la faible disponibilité des données réelles. Ce problème est encore plus visible dans le cas de l'apprentissage non supervisé, et notamment pour les tâches de partitionnement. D'où l'intérêt de pouvoir générer des données binaires dont le partitionnement est contrôlé, comme proposé dans cet article. Cet article détaille une méthode de génération de données binaires partitionnées, et présente de manière illustrative une comparaison de l'effet d'algorithmes de réduction de la dimension sur les caractéristiques du partitionnement généré.

1 Introduction

Les données binaires sont des données composées des vecteurs de taille arbitraire dont les modalités sont tirées dans une distribution à deux valeurs uniquement. Avec les modalités 0 ou 1, un vecteur de données binaires peut être 010111001010. Elles sont utilisées dans divers domaines d'application. Par exemple, un document de texte peut être modélisé par un vecteur binaire représentant la présence ou l'absence des termes ou de caractères. De plus, plusieurs techniques d'apprentissage automatiques ont été introduites pour l'exploitation de ces données particulières, Bouguila (2010); Wang et Kabán (2005); Ordonez (2003). Dans cet article, nous nous intéressons au problème de l'apprentissage non supervisé des données binaires. En effet, dans ce problème, les données ne sont pas labellisées et les connaissances préalables sont généralement trop faible pour être exploitables. De plus, les données réelles sont soit insuffisantes pour valider un modèle donné, soit inexistantes. D'où l'intérêt de générer des jeux de données groupées en clusters contrôlés.

Dans cet article, un algorithme de génération des données binaires groupées par clusters de variances contrôlées est introduit. Cet algorithme permet la génération de jeux de données binaires ayant des caractéristiques connues et maîtrisées au préalable. Ces jeux de données permettent de tester et valider l'efficacité des solutions de partitionnement de données binaires. Pouvoir contrôler les caractéristiques des données générées permet aussi d'étudier l'applicabilité de ces méthodes et leurs faiblesses. Ces caractéristiques sont aussi utiles pour choisir une technique d'apprentissage automatique. En effet, le choix va être guidé par les caractéristiques des données et des tests dans des circonstances similaires aux cas réels. De plus, une étude comparant des algorithmes de réduction de dimension a été effectuée pour montrer l'utilité des données générées dans le choix d'un algorithme de réduction de dimension, sous l'angle de la conservation des caractéristiques des clusters dans l'espace réduit.

Les contributions principales de cet article sont les suivantes : 1) génération de vecteurs binaires artificiels, et groupés par clusters de variances contrôlés, 2) évaluation des données générées et leur contrôlabilité, 3) évaluation de la séparabilité des clusters, 4) évaluation des données générées à travers une étude expérimentale permettant le choix d'un algorithme de réduction de dimension qui conserve le mieux les clusters. La réduction de la dimension est considérée dans cet article comme solution pour la réduction du temps de partionnement des données.

La suite de l'article est organisée comme suit : La Section 2 présente une discussion de l'état de l'art. La Section 3 introduit l'algorithme de génération de données et évalue ses paramètres et son efficacité. La Section 4 montre une étude de cas des données générées à travers la comparaison de l'impact des méthodes de réduction de la dimension sur les clusters générés. Finalement, la Section 5 conclut l'article.

2   État de l'art

Plusieurs algorithmes de génération des données binaires, Jiang et al. (2020); Lunn et Davies (1998), visent à simuler des phénomènes de corrélation entre les variables binaires. Ces travaux cherchent à simuler un phénomène observé dans plusieurs domaines de recherche tel que la corrélation entre les variables génétiques en bioinformatique. Plusieurs algorithmes de génération de modalités binaires corrélées avec des probabilités marginales variées ont été introduits, Jiang et al. (2020); Lunn et Davies (1998). L'objectif principale de ces algorithmes est de pouvoir générer des données binaires à hautes dmension et avec des variables présentant des corrélations maitrisées entre elles. Ces algorithmes de génération de données sont adaptés pour l'étude de la corrélation des données. Cependant, les données générées avec ces solutions ne sont pas adaptées pour l'étude des approches de partitionnement des données.

Des méthodes de génération des données binaires corrélées longitudinalement ont été étudié par Farrell et Rogers-Stewart (2008). Ces méthodes sont utiles pour simuler des enquêtes empiriques importantes donnant lieu à des données binaires longitudinales corrélées où certains résultats dichotomiques sont mesurés sur les mêmes unités expérimentales au fil du temps. La génération de ces données considère l'aspect "cluster" dans le processus de génération. Un cluster est définit par le fait que les mesures au sein de chaque cluster sont corrélées, mais les mesures de différents clusters sont indépendantes. Ces méthodes de génération sont différentes de notre solution. En effet, ces approches ne maîtrisent pas les distances intra et inter-clusters mais plutôt la corrélation des données dans chaque cluster.

Des données binaires synthétiques ont été utilisé pour expérimenter et valider des algorithmes de clustering comme le travail de Ordonez (2003). Cependant, la méthode de génération de données binaires utilisées n'a permis que la génération des données à haute dimension, mais ces données ne présentent pas de clusters détectables. Ainsi, ces jeux de données ont permis juste l'étude de la scalabilité de l'algorithme de clustering proposé, d'où l'intérêt de l'lagorithme introduit dans la section suivante.

3 Génération de vecteurs binaires artificiels, et groupés par clusters de variance contrôlés

Cette section explique l'algorithme de génération des données binaires (section 3.1) proposé et évalue la séparabilité des clusters générés (section 3.2).

3.1 Algorithme de génération des données

Cette section introduit l'algorithme de génération de données et l'ensemble des paramètres permettant d'en contrôler la sortie. Les valeurs des modalités binaires considérées sont soit 1 soit 0, mais d'autres couples de valeurs sont également possibles. On désigne par bit une modalité qui a exactement deux valeurs possible : 1 ou 0.

---

1 **Inputs** : C : Nombre de clusters. Nc : $Nc = (n_1, n_2, \ldots, n_m)$ est la liste des tailles des clusters. D : Nombre de descripteurs. Tm : Taux de modification des bits du vecteur généré.
2 **pour chaque** *cluster i dans C* **faire**
3   Générer aléatoirement un prototype de dimension D dont les valeurs sont tirées dans une distribution de Bernouilli d'espérance 0.5 *Ber(0.5)*.
4   **pour chaque** *vecteur j dans Nc_i* **faire**
5   Copier le prototype généré et échangé l'état de Tm % des bits aléatoirement choisis
6   **fin**
7 **fin**

Algorithme 1 : *Algorithme de génération des données binaires groupées en clusters de variance contrôlée*

Algorithme 1 introduit l'algorithme de génération des données proposé. Le taux de bits échangés, Tm, contrôle la proximité des vecteurs dans leur clusters (distance intra-cluster), tandis que la distance moyenne entre clusters (distance inter-cluster) est définie par les prototypes. Dans cet algorithme, Tm est identique pour tous les clusters. Cela signifie que la distance intra-cluster est en moyenne identique pour chaque cluster. Un nombre C de vecteurs binaires sont aléatoirement générés et sont utilisés comme les « prototypes » ou « centre » des futurs clusters. Pour chaque cluster i, Nc_i vecteurs sont générés en dupliquant le vecteur prototype, puis en échangeant la valeur d'une fraction T_m arbitrairement définie de bits choisis aléatoirement.

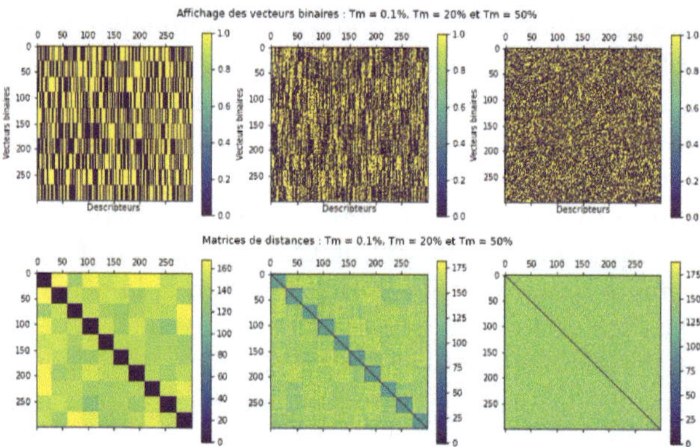

FIG. 1 – *Affichage des vecteurs binaires générés et les matrices de distances correspondantes pour trois valeurs de Tm : 0.1%, 20% et 50%. $C = 10$, $D = 300$ et $Nc = 30$.*

3.2   Évaluation de la séparation des clusters générés

L'algorithme de génération de données binaires introduit dans la section 3.1 est évalué dans cette section. En effet, afin d'utiliser ces données générées avec confiance, il est important de contrôler la qualité de leur génération. Ce contrôle de qualité est définit à travers le contrôle de la distance entre les vecteurs dans un même cluster (distance intra-cluster), et la distance entre clusters (distance inter-cluster). L'ensemble des vecteurs générés est appelé E. Cet ensemble est partitionné en C clusters dont le ième est nommé C_i.

La figure 1 présente une visualisation de trois ensembles de données et des matrices de distances correspondantes avec trois taux de modification de bits $Tm = 0.1\%$, $Tm = 20\%$ et $Tm = 50\%$ respectivement. La matrice des distances consiste à calculer la distance entre chaque couple de vecteur (x, y). La distance retenue dans cet article est la distance de Manhattan : $Man(x, y) = \sum_{i=1}^{D} |x_i - y_i|$. Les vecteurs ont une dimension $D = 300$ et 10 clusters contenant 30 vecteurs sont générés. Lorsque le taux de bits modifiés est faible ($Tm = 0.1\%$), les clusters sont aisément visibles et séparables. En cohérence, la matrice des distances montre que les vecteurs de données appartenant aux mêmes clusters sont proches. Si le taux de modification de bits augmente (et $Tm = 20\%$) les clusters restent visibles mais la distance moyenne intra-cluster augmente, menant à des vecteurs nettement plus différents les uns des autres. Avec un Tm de 50%, il n'y a plus de clusters visibles dans les matrices. Tous les vecteurs sont aléatoires, la distance moyenne intra-cluster est égale à la distance moyenne inter-cluster : la notion de cluster n'a plus de sens dans ce cas. L'expérience illustrée par la figure 2 confirme ces observations. Cette expérience consiste à tracer les histogrammes des distances intra et inter-cluster en fonction du taux moyen de modification de bits. En effet, avec un faible Tm, l'histogramme des distances intra-cluster est localisé à 0, car les vecteurs sont extrêmement similaires les uns des autres. A mesure que le taux de modification de bits Tm augmente, l'histogramme des distance intra-cluster s'élargit et

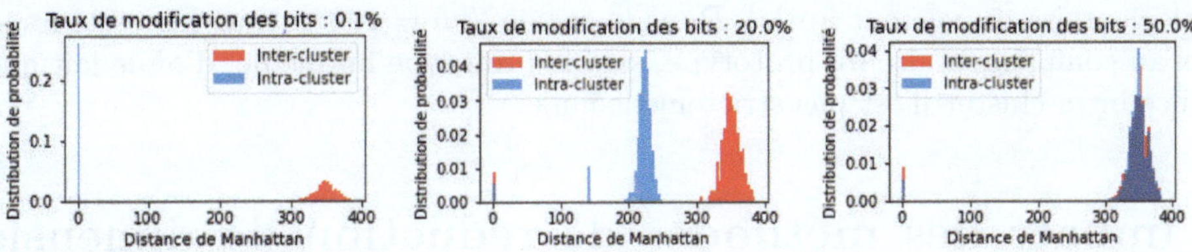

FIG. 2 – *Évolution des distributions des distances intra et inter-cluster en fonction du taux de modification des bits. C = 30, D = 700, et Nc = 50.*

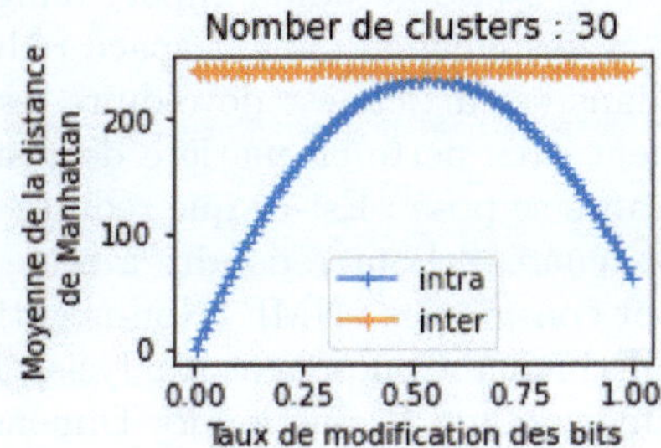

FIG. 3 – *Évolution de la distance moyenne intra et inter-cluster en fonction du taux de bits modifiés. C = 30, Nc = 15 et D = 500.*

se rapprochent de l'histogramme des distances inter-clusters. En effet, les clusters grossissent car le nombre de bits échangés croit. Pour un taux de modification de bits très élevé ($Tm = 50\%$), les deux histogrammes sont confondus : il n'existe plus de clusters, uniquement un nuage de points uniforme. Par ailleurs, on remarque que l'histogramme des distances inter-cluster ne dépend pas du taux Tm. En effet, ces distances sont fixées lors de génération des prototypes initiaux.

La figure 3 montre l'impact du taux de modification de bits Tm sur les distances moyennes intra et inter-cluster. En cohérence avec la figure 2, la distance moyenne inter-cluster est indépendante du taux de modification de bits Tm. De plus, la distance moyenne intra-cluster est croissante jusque $Tm = 50\%$ puis décroissante au delà. De plus, son maximum est presque confondu avec la valeur de la distance moyenne inter-cluster. Pour des Tm faibles, la distance intra-cluster est beaucoup plus faible que la distance inter-cluster : les clusters sont très compacts et éloignés les uns des autres. Lorsque le taux de modification de bits augmente, les clusters grossissent à distance inter-cluster constante. Lorsque $Tm = 50\%$, la distance intra-cluster atteint sont maximum, le rayon des clusters est proche de la distance inter-clusters, il n'y a donc plus de clusters définis. La valeur du maximum à $Tm = 50\%$ est lié au choix arbitraire de l'espérance de la loi de Bernoulli à 0.5 utilisée pour la génération des prototypes. Lorsque Tm continue à augmenter, la distance inter-cluster diminue car le potentiel d'échange de bits a été dépassé, et tout changement de bit supplémentaire conduit au vecteur complémentaire du vecteur initial. Dans le cas où $Tm = 100\%$, tous les vecteurs sont égaux au complémentaire du prototype, sauf le prototype lui même, d'où le fait que la distance intra-cluster n'est pas strictement nulle.

4 Impact des méthodes de réduction de dimension sur la conservation des clusters générés

La section précédente présente l'algorithme de génération de données et met en lumière ses limites d'utilisation. Afin d'illustrer l'intérêt d'un tel algorithme de génération de données binaires, cette section étudie l'impact d'algorithmes de réduction de dimension sur la conservation des clusters dans l'espace réduit. En effet, l'objectif de la réduction de dimension dans cet article est de réduire les données pour minimiser leur temps de partitionnement sans perte en matière de distances entre clusters. Par conséquent, la question suivante se pose : Est-ce que réduire la dimension des vecteurs binaires modifie les clusters générés ? Pour répondre à cette question, trois méthodes de réduction des données sont considérées : NMF (Non-negative Matrix Factorization), Sra et Dhillon (2006), PCA (Principal Component Analysis), Ringnér (2008), et UMAP (Uniform Manifold Approximation and Projection for Dimension Reduction), McInnes et al. (2018).

La figure 4 présente une visualisation des matrices de distances des données générées sans réduction et après réduction avec PCA, NMF, et UMAP respectivement. Trois valeurs de Tm ont été sélectionnées : 0.1%, 20% et 50%. Avec $Tm = 0.1\%$, la matrice des distances des données avant réduction de dimension montre des vecteurs organisés en clusters très bien définis. Après application de la réduction de la dimension avec PCA, NMF et UMAP vers un espace de dimension 100, les clusters restent visibles avec une petite perte de qualité. Ainsi, l'application d'une transformation linéaire ou non-linéaire à dimension constante ne modifie pas les clusters générés. Avec un $Tm = 50\%$, aucun cluster n'est visible sur la matrice des distances des données avant la réduction. Le même résultat est observé sur les trois matrices réduites. En effet, aucun cluster n'est présent dans les données de départ, il est donc logique qu'aucun ne soit visible en sortie des algorithmes de réduction de dimension. De plus, ces algorithmes n'ont pas introduit de biais ou de distorsion créant des clusters n'existant pas dans les données initiales. Avec $Tm = 20\%$, la matrice des distances des données avant réduction de dimension montre que les clusters sont observables mais peu compacts. PCA conserve les clusters mais il y a une perte légère en termes de distances. Après application du NMF, les clusters ne sont plus visibles sur la matrice de distance. Par ailleurs, la matrice de UMAP montre des distance plus élevé que sur la matrice des données avant réduction. Ainsi, UMAP n'a pas conservé les distances des données initiales.

Cette expérience (figure 4) a permis d'étudier le comportement des algorithmes de réduction de dimension en fonction du Tm. Selon cette expérience, PCA est l'algorithme le plus adapté pour réduire la dimension des données binaires, ayant des caractéristiques similaires à ceux générées, puisqu'il a conservé des distances proches aux distances initiales. En effet, les données générées ont été utiles pour l'aide au choix d'un algorithme de réduction de dimension selon les caractéristiques des données.

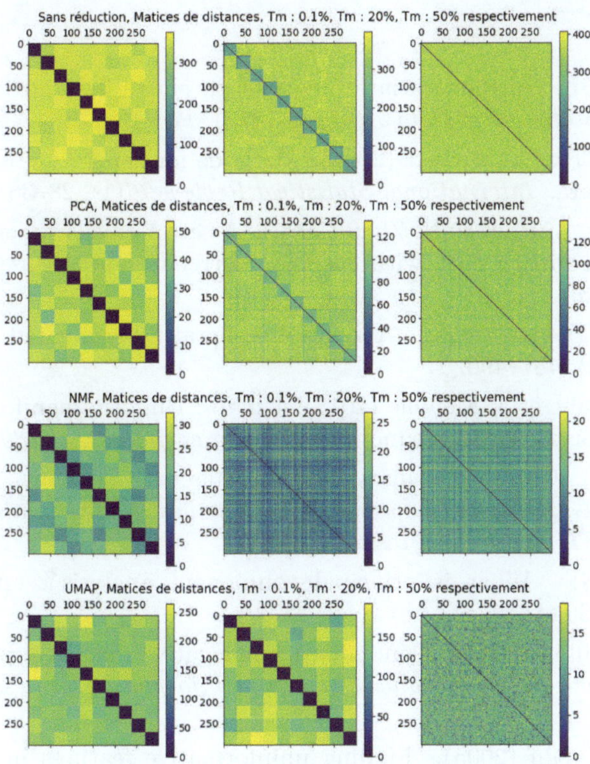

FIG. 4 – *Affichage des matrices des distances des données générées sans réduction et après réduction avec PCA, NMF et UMAP respectivement. Trois valeurs de Tm ont été considéré 0.1%, 20% et 50%. C = 10, D = 700, dimension de l'espace réduit = 100, Nc = 30*

5 Conclusion et perspectives

Cet article introduit un algorithme de génération de données binaires groupées à partitionnement contrôlées. Un ensemble d'expérimentation a été effectué pour prouver la capacité de l'algorithme à générer des données binaires adaptées pour étudier les approches de partitionnement de ce type de donnée. Un deuxième ensemble d'expérimentation a été effectué pour illustrer l'impact d'algorithmes de réduction de dimensions sur les données générées. Trois algorithmes ont été testés : PCA, NMF et UMAP. Ces expérimentations ont prouvé l'utilité des données générées pour aider dans le processus de choix d'un algorithme de réduction de dimension adapté à un problème donné.

Les perspectives de ce travail seront de proposer un algorithme de génération des modalités binaires corrélées avec un partitionnement maitrisé, étudier les modalités et leurs impact sur la conservation des distances, et finalement, étudier le comportement d'algorithmes de partitionnement sur les données générées.

Références

Bouguila, N. (2010). On multivariate binary data clustering and feature weighting. *Computational Statistics & Data Analysis 54*(1), 120–134.

Farrell, P. J. et K. Rogers-Stewart (2008). Methods for generating longitudinally correlated binary data. *International Statistical Review 76*(1), 28–38.

Jiang, W., S. Song, L. Hou, et H. Zhao (2020). A set of efficient methods to generate high-dimensional binary data with specified correlation structures. *The American Statistician*, 1–13.

Lunn, A. et S. J. Davies (1998). A note on generating correlated binary variables. *Biometrika 85*(2), 487–490.

McInnes, L., J. Healy, et J. Melville (2018). Umap : Uniform manifold approximation and projection for dimension reduction. *arXiv preprint arXiv :1802.03426*.

Ordonez, C. (2003). Clustering binary data streams with k-means. In *Proceedings of the 8th ACM SIGMOD workshop on Research issues in data mining and knowledge discovery - DMKD '03*. ACM Press.

Ringnér, M. (2008). What is principal component analysis ? *Nature biotechnology 26*(3), 303–304.

Sra, S. et I. S. Dhillon (2006). Generalized nonnegative matrix approximations with Bregman divergences. In *Advances in neural information processing systems*, pp. 283–290.

Wang, X. et A. Kabán (2005). Finding uninformative features in binary data. In *Lecture Notes in Computer Science*, pp. 40–47. Springer Berlin Heidelberg.

Summary

Binary data, data having two possible values, are widely used in several researches such as protein modelling in bioinformatics. Some problems involve clustering binary data. The availability of real data, to study the applicability of some algorithms to a given problem, is not always obvious. This issue is even more visible in the case of unsupervised learning, and for clustering problems. To resolve these issues, this paper proposes a new clustered binary data generation algorithm. Indeed, this algorithm generates clustered binary data through various parameters. These parameters are useful to generate data with known characteristics and controlled clusters. This article details a method of generating clustered binary data, and presents a comparison of the dimension reduction algorithms to show the effectiveness of the generated data in helping to choose a dimensionnality reduction algorithm that conserves clusters separability.

Modèle à Blocs Stochastiques corrigé en degrés pour des graphes dynamiques

Paul Riverain*,** Simon Fossier** Mohamed Nadif*

*Université de Paris, LIPADE, 75006 Paris, France <prénom.nom@u-paris.fr>
**Thales <prénom.nom@thalesgroup.com>

Résumé. Le Modèle à Blocs Stochastiques (SBM) permet d'offrir des méthodes de classification non supervisée des nœuds d'un graphe. Dans ce papier, nous proposons une extension de ce modèle pour des graphes dynamiques à temps discret permettant de modéliser une plus grande variété de graphes. Le modèle proposé génère des graphes possédant une structure en classes dynamiques ainsi que des paramètres de correction des degrés dépendant du temps qui permettent de modéliser des graphes dont les nœuds ont des degrés variables ou dont le nombre d'arêtes total varie de façon importante dans le temps. Pour l'inférence, nous proposons un algorithme basé sur une variante variationnelle de l'algorithme EM et un lissage temporel des paramètres, afin de limiter le problème de *label-switching* local. L'application de l'algorithme sur des données réelles a fourni des résultats qui illustrent l'intérêt de notre approche.

1 Introduction

Le Modèle à Blocs Stochastiques (SBM) (Snijders et Nowicki, 1997; Daudin et al., 2008) est un modèle statistique pour les données relationnelles qui fourni un modèle parcimonieux, grâce à l'implication croisée de variables latentes, pour la classification non-supervisée des nœuds d'un graphe. Les réseaux réels dépendant souvent du temps (réseaux sociaux, réseaux de transport, réseaux de citations,...), l'extension du SBM pour des données dynamiques est d'intérêt pour l'étude de ces réseaux. Dans un contexte de *clustering* de graphe à temps discret, le but du clustering est de trouver une structure en classes à chaque instant du graphe, tout en maintenant une cohérence dans la dynamique des classes (Fu et al., 2009; Xu et Hero, 2014; Sewell et Chen, 2016; Matias et Miele, 2017). Un SBM statique appliqué à chaque instant du graphe serait ici inapproprié car il ne saisirait pas la dynamique du réseau.

Dans ce papier, nous nous plaçons dans le cadre de multigraphes dynamiques à temps discret, que l'on peut voir aussi comme des graphes dynamiques pondérés par des valeurs entières, et nous cherchons à prendre en compte deux spécificités de ces réseaux dynamiques qui seront décrites ci-après.

Tout d'abord, dans ces réseaux, le nombre d'interactions à chaque instant (le nombre d'arêtes dans chaque multigraphe) peut évoluer de façon importante dans le temps, et certains nœuds peuvent entrer et quitter le réseau à certains instants. Par exemple, dans un réseau de transports, le nombre total de voyages varie beaucoup entre l'ouverture du réseau et l'heure de pointe.

Ensuite, les réseaux réels présentent une grande variabilité dans les degrés des nœuds, suivant parfois une loi de puissance (Barabási et Albert, 1999). Cependant, le SBM classique tend à mettre dans la même classe des nœuds de degré similaire (Karrer et Newman, 2011). Nous nous intéressons donc à ces variantes corrigées en degré, qui considèrent que des nœuds d'une même classe partagent un même *profil de connectivité*, c'est à dire qu'ils se connectent dans les mêmes proportions aux nœuds des autres classes.

Notations   Les vecteurs, matrices et tenseurs sont notés en gras. Nous considérons un graphe dynamique à temps discret à N nœuds, représenté par une suite de matrices d'adjacence $\boldsymbol{X} = (\boldsymbol{X}^t)_{t \in \{1,\dots,T\}}$, où T désigne le nombre d'instants durant lesquels on considère le graphe. $\boldsymbol{X}^t$ est la matrice d'adjacence pondérée du graphe orienté ; $X_{ij}^t \in \mathbb{N}$ et $X_{ii}^t = 0$. Soit $(Z_i^t)_{t \in \{1,\dots,T\}}$ le processus latent associé au nœud i, à valeurs dans $\{1,\dots,K\}$, où K est le nombre de *clusters*. Si le nœud i appartient au cluster k à l'instant t, on note $Z_i^t = k$ ou de façon équivalente $Z_{ik}^t = 1$. Soit $\mathcal{P}(\lambda)$ une distribution de Poisson de paramètre λ et $\phi(.;\lambda)$ sa fonction de masse. $\mathbb{H}$ correspond à l'opérateur d'entropie et $\mathbb{1}$ est la fonction indicatrice. Les sommes et produits correspondant respectivement aux instants, nœuds et clusters seront indicés avec les lettres t, i, j, k and ℓ avec des limites de variation implicites. Ainsi $\sum_t$, $\sum_i$, $\sum_j$, $\sum_k$ and $\sum_\ell$ correspondent respectivement à $\sum_{t=1}^T$ $\sum_{i=1}^N$, $\sum_{j=1}^N$, $\sum_{k=1}^K$ and $\sum_{\ell=1}^K$.

2   Travaux liés

Dans le but de modéliser une grande variété de réseaux réels, nous nous intéresserons tout d'abord aux variantes du SBM qui permettent de prendre en compte la variabilité des degrés des nœuds, puis nous présenterons certaines extensions du SBM dans le cadre dynamique.

Correction des degrés dans SBM   Considérons tout d'abord ce modèle général de graphes statiques : $X_{ij}|Z_{ik}Z_{j\ell} = 1 \sim \mathcal{F}(\lambda_{ijk\ell})$, où les arêtes X_{ij} sont générées par une distribution paramétrique $\mathcal{F}$. Karrer et Newman (2011) proposent de prendre en compte la variabilité des degrés des nœuds pour des graphes non-orientés en considérant $\lambda_{ijk\ell} = \mu_i \mu_j \gamma_{k\ell}$ pour une distribution de Poisson. La normalisation $\sum_i \mu_i Z_{ik} = 1$, pour chaque cluster k, est proposée afin de rendre le modèle identifiable. La correction μ_i peut alors être interprétée comme étant la probabilité qu'une arête du cluster du nœud i soit connectée à i. Cependant, la contrainte sur la variable latente Z rend son utilisation difficile dans le cadre de l'algorithme EM et requiert alors l'utilisation de méthodes heuristiques pour l'inférence. Qiao et al. (2017) développent cette idée, pour modéliser des réseaux invariants à l'échelle, en utilisant des arêtes binaires et $\lambda_{ijk\ell} = \gamma_{k\ell}^{1+\mu_i+\mu_j}$. Les auteurs montrent alors, en faisant l'hypothèse que le degré d'un nœud est essentiellement dû à son cluster (homophilie), que le degré des nœuds converge vers une variable aléatoire qui suit une loi de puissance lorsque le nombre de nœuds tend vers l'infini. Cependant, l'inférence dans ce modèle est difficile et ne donne pas de formules analytiques. Dans le contexte du modèle des *blocs latents* (LBM), et pour des arêtes distribuées selon une loi de Poisson, Ailem et al. (2017) proposent de considérer une correction de degré pour chaque colonne et chaque ligne de la matrice d'adjacence du graphe bipartite $\lambda_{ijk\ell} = \mu_i \nu_j \gamma_{k\ell}$. Les paramètres de correction sont normalisés de façon à ce que $\mathbb{E}(\sum_j X_{ij}) = \mu_i$, ce qui permet de ne pas avoir à estimer de correction de degré dans un contexte de classification.

Cette normalisation n'est cependant pas applicable dans le contexte du SBM, soit à cause des termes diagonaux de la matrice d'adjacence (si on considère ceux-ci non nuls), soit à cause d'une structure de dépendance plus contraignante pour le SBM que le LBM.

Variantes dynamiques du SBM Matias et Miele (2017) présente un modèle dans lequel un processus latent à valeurs discrètes est associé à chaque nœud du graphe et la matrice de connectivité du graphe évolue dans le temps. Ces processus correspondent à des chaînes de Markov indépendantes et identiquement distribuées. Les auteurs montrent que, pour des raisons d'identifiabilité, soit les clusters peuvent avoir une matrice de connectivité variable dans le temps et doivent être définis par les nœuds qu'ils contiennent – et sont donc constants – , soit les nœuds peuvent changer de cluster au cours du temps, mais leur matrice de connectivité doît être contrainte de manière à imposer une caractéristique constante à chaque cluster ($\gamma_{kk}^t = \gamma_{kk}$). Pour l'inférence, les auteurs proposent un algorithme – dynsbm[1] – qui repose sur une variante variationnelle de EM. Rastelli et al. (2018) proposent un modèle similaire dans un contexte bayésien, mais dans lequel la matrice de connectivité des clusters est constante. Afin d'offrir suffisamment de flexibilité au modèle, il est alors nécessaire de considérer un grand nombre de clusters, dont la plupart seront vides à certains instants. L'inférence est réalisée de manière similaire à celle de Corneli et al. (2016). Ainsi, dans les deux précédents modèles, les connectivités intra-classe γ_{kk}^t sont constantes dans le temps, ce qui impose de considérer un grand nombre de clusters si l'on souhaite modéliser un graphe dont le nombre d'arêtes dans toutes les classes évolue beaucoup au cours du temps.

3   Modèle proposé

3.1   Définition du modèle

Soient $(Z_i^t)_i$, N chaînes de Markov indépendantes à valeurs dans $\{1, \ldots, K\}$, de distribution initiale multinomiale de paramètre $\boldsymbol{\alpha}$, où $\forall i$, $\alpha_k = P(Z_i^1 = k)$ et une matrice de transition $\boldsymbol{\pi}$, telle que $\forall i, \forall t \in \{2, \ldots, T\}$, $\pi_{k\ell} = P(Z_i^t = \ell \mid Z_i^{t-1} = k)$. Les poids des arêtes orientées X_{ij}^t du graphe sont générés selon une loi de Poisson dont l'intensité est déterminée par trois termes : la marge entrante μ_i^t du nœud de départ i à l'instant t, la marge sortante ν_j^t du nœud d'arrivée j, ainsi que le terme de connectivité $\gamma_{Z_i^t Z_j^t}$ correspondant aux interactions entre le cluster du nœud i et celui du nœud j. Ainsi, on écrit :

$$X_{ij}^t | Z_{ik}^t Z_{j\ell}^t = 1 \ \sim \ \mathcal{P}(\mu_i^t \nu_j^t \gamma_{k\ell}). \tag{1}$$

3.2   Inférence

Nous cherchons à inférer de façon jointe les variables latentes $\boldsymbol{Z}$ et les paramètres du modèle $\boldsymbol{\theta} = \{\boldsymbol{\alpha}, \boldsymbol{\pi}, \boldsymbol{\mu}, \boldsymbol{\nu}, \boldsymbol{\gamma}\}$. La log-vraisemblance des données complètes est donnée par :

$$\log P(\boldsymbol{X}, \boldsymbol{Z}; \boldsymbol{\theta}) = \sum_{ik} Z_{ik}^1 \log \alpha_k + \sum_{t \geq 2} \sum_{ik\ell} Z_{ik}^{t-1} Z_{i\ell}^t \log \pi_{k\ell} + \sum_{t} \sum_{i,j | i \neq j} \sum_{k\ell} Z_{ik}^t Z_{j\ell}^t \log \phi(X_{ij}^t; \mu_i^t \nu_j^t \gamma_{k\ell}).$$

$$\tag{2}$$

---

1. https ://cran.r-project.org/web/packages/dynsbm/dynsbm.pdf

Inférence variationnelle Étant donné qu'il n'est pas possible de maximiser directement la log-vraisemblance du modèle avec l'algorithme EM, nous employons une approximation variationnelle de la distribution postérieure décrite dans (Govaert et Nadif, 2005; Daudin et al., 2008). Nous utilisons une distribution variationnelle Q, parmi les distributions sur l'espace latent qui se factorisent comme une chaîne de Markov : $Q(\boldsymbol{Z}) = \prod_i Q(Z_i^1) \prod_{t \geq 2} Q(Z_i^t | Z_i^{t-1})$, de façon similaire à Matias et Miele (2017), et nous définissons $q(i,k) = Q(Z_i^1 = k)$, $q(t,i,k,\ell) = Q(Z_i^t = \ell | Z_i^{t-1} = k)$. On peut alors calculer les probabilités marginales de façon récursive : $q(t,i,k) = Q(Z_i^t = k) = \sum_{k'} q(t-1,i,k')q(t,i,k',k)$. Les paramètres de la distribution variationnelle et du modèle sont obtenus en maximisant $F(\boldsymbol{q}, \boldsymbol{\theta})$, une borne inférieure de la log-vraisemblance du modèle :

$$\log P(\boldsymbol{X}, \boldsymbol{Z}; \boldsymbol{\theta}) \geq F(\boldsymbol{q}, \boldsymbol{\theta}) = \mathbb{E}_Q(\log P(\boldsymbol{X}, \boldsymbol{Z}; \boldsymbol{\theta})) + \mathbb{H}(Q). \tag{3}$$

Étapes E et M Pour l'étape E, nous utilisons l'approche heuristique proposée par Matias et Miele (2017), en mettant à jour les probabilités variationnelles de transition avec (**??**, 4, **??**) avec les notations $\phi_{ijk\ell}^t = \phi(X_{ij}^t; \mu_i^t \nu_j^t \gamma_{k\ell})$ et $\Phi_{ijk\ell}^t = \phi_{ijk\ell}^t \phi_{ji\ell k}^t$. Ces formules sont obtenues en remarquant que chaque nœud peut être considéré de façon indépendante. Nous appliquons alors une unique itération d'un algorithme de montée par coordonnées avec des mises à jour de Jacobi pour un instant t (donc réalisées en parallèle) en considérant les probabilités variationelles fixées aux autres instants.

$$q(t,i,k,\ell) \propto \pi_{k\ell} \prod_{j \neq i} \prod_{\ell'} {\Phi_{ij\ell\ell'}^t}^{q(t,j,\ell')} \tag{4}$$

Afin de mettre à jour les paramètres du modèle dans l'étape M, on augmente $F(\boldsymbol{q}, \boldsymbol{\theta})$ par rapport à $\boldsymbol{\theta}$ en maximisant F pour chaque paramètre, conditionnellement aux autres. On met tout d'abord à jour les paramètres de mélange $\boldsymbol{\alpha}$, $\boldsymbol{\pi}$ and $\boldsymbol{\gamma}$ car ils ne dépendent que de $\boldsymbol{q}$, puis on met à jour $\boldsymbol{\mu}$, et finalement $\boldsymbol{\nu}$.

$$\widehat{\alpha_k} \propto \sum_i q(i,k), \qquad\qquad \widehat{\pi_{k\ell}} \propto \sum_{t \geq 2} \sum_i q(t-1,i,k)q(t,i,k,\ell), \tag{5}$$

$$\widehat{\mu_i^t} = \frac{\sum_{j \neq i} \sum_{k\ell} q(t,i,k)q(t,j,\ell)X_{ij}^t}{\sum_{j \neq i} \sum_{k\ell} q(t,i,k)q(t,j,\ell)\nu_j^t \gamma_{k\ell}}, \quad \widehat{\nu_j^t} = \frac{\sum_{i \neq j} \sum_{k\ell} q(t,i,k)q(t,j,\ell)X_{ij}^t}{\sum_{i \neq j} \sum_{k\ell} q(t,i,k)q(t,j,\ell)\mu_i^t \gamma_{k\ell}}, \tag{6}$$

$$\widehat{\gamma_{k\ell}} = \frac{\sum_t \sum_{i,j | i \neq j} q(t,i,k)q(t,j,\ell)X_{ij}^t}{\sum_t \sum_{i,j | i \neq j} q(t,i,k)q(t,j,\ell)\mu_i^t \nu_j^t}. \tag{7}$$

Métriques globales et locales En clustering, nous faisons face au problème du *label-switching*, c'est à dire que les classes ne peuvent être retrouvées qu'à une permutation près. Dans le cadre du clustering dynamique, nous devons aussi prendre en compte le problème difficile du *label-switching* local, qui consiste à associer les classes trouvées à un instant donné avec celles de l'instant suivant. Afin d'évaluer la qualité des partitions trouvées, nous considérons l'indice de Rand ajusté (ARI) (Hubert et Arabie, 1985)). Nous utilisons deux autres versions de cette métrique : une métrique locale correspondant à la moyenne de l'ARI à chaque instant, sur T partitions de N points, ainsi qu'une métrique globale, correspondant à l'ARI d'une unique partition de TN points.

Lissage temporel des paramètres Lors de nos expériences avec le modèle et l'algorithme décrits ci-dessus, tout comme avec `dynsbm`, nous avons observé que, lorsque les classes sont peu stables dans le temps, il y a souvent une différence importante entre les métriques globales et locales. Ceci est révélateur d'un problème de *label-switching* local, dû au fait qu'à chaque itération de l'algorithme, le critère $F(q, \theta)$ est optimisé en termes de paramètres de mélange et en termes de paramètre des densités conditionnelles, résultant potentiellement en une configuration où les paramètres expliquent mieux les classes à chaque instant, mais où leur dynamique est moins bien saisie. Il n'y a en effet pas de garantie pour l'algorithme que nous proposons, tout comme pour `dynsbm`, que le critère augmente à chaque itération.

Afin de réduire ce problème, nous proposons de garder les marges du modèle constantes durant une première phase de l'inférence, puis de relâcher progressivement cette contrainte au cours des itérations suivantes de EM. L'idée est de partir d'un modèle avec une capacité réduite afin de mettre l'accent sur l'estimation des paramètres de mélange α et π. Une fois que ceux-ci sont estimés dans le modèle à capacité réduite, on relâche la contrainte sur les marges afin de rendre leur capacité aux densités conditionnelles, et ceci de manière progressive, afin de ne pas provoquer de *label-switching* local. Pour cela, on peut observer que si μ_i^t est constant dans le temps, alors on l'estime de la façon suivante : $\sum_t n_{\mu_i}^t / \sum_t d_{\mu_i}^t$, où $n_{\mu_i}^t$ et $d_{\mu_i}^t$ sont respectivement les numérateurs et dénominateurs de (6). Pour relâcher la contrainte progressivement, nous proposons un filtrage temporel du numérateur et du dénominateur des marges estimées, dont on va faire varier la bande passante au cours des itérations. Pour un signal $(x_t)_t$, $S_{W^\tau}(x)_t = \sum_{t'} W_{tt'}^\tau x_{t'}$, où $W_{tt'}^\tau$ est un noyau gaussien centré à t et dont la bande passante $\tau \in [0, 1]$ contrôle le niveau de lissage (voir Fig. 1). On considère $n_{\mu_i}^t$ et $d_{\mu_i}^t$

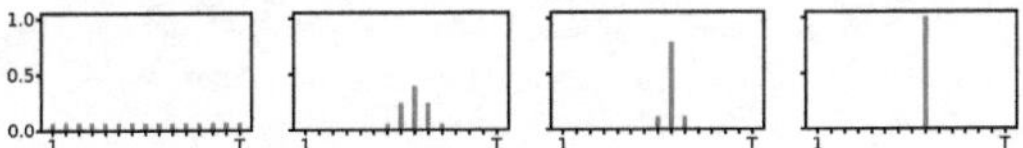

FIG. 1: Poids $W_{tt'}^\tau$ du lissage temporel en fonction de t', pour $t = 8$, $\tau \in \{0, \frac{1}{3}, \frac{2}{3}, 1\}$

comme des signaux et on estime μ_i^t et ν_j^t avec (8). Le même principe peut être appliqué pour l'estimation de la matrice de connectivité présentée dans (Matias et Miele, 2017).

$$^\tau\widehat{\mu_i^t} = \frac{S_{W^\tau}(n_{\mu_i}^t)_t}{S_{W^\tau}(d_{\mu_i}^t)_t}, \quad ^\tau\widehat{\nu_j^t} = \frac{S_{W^\tau}(n_{\nu_j}^t)_t}{S_{W^\tau}(d_{\nu_j}^t)_t}. \tag{8}$$

4 Résultats expérimentaux

Effet des marges Notons M_- le modèle sans marges $(X_{ij}^t | Z_{ik}^t Z_{j\ell}^t = 1 \sim \mathcal{P}(\gamma_{k\ell}^t)$, avec $\forall k,\ \gamma_{kk}^t = \gamma_{kk}$ comme décrit dans (Matias et Miele, 2017)) et M_+ le modèle avec marges $(X_{ij}^t | Z_{ik}^t Z_{j\ell}^t = 1 \sim \mathcal{P}(\mu_i^t \nu_j^t \gamma_{k\ell}))$. Comme illustré qualitativement Fig. 2, alors que M_- tend à regrouper à des nœuds de même degré, M_+ va regrouper des nœuds qui partagent un même *profil de connectivité*. De façon plus quantitative, nous avons pu observer que M_- ne peut distinguer des classes générées par M_+. Cependant, le modèle M_+ obtient souvent des performances comparables à M_- lorsque les données sont générées par M_- et que les classes ne sont pas trop proches.

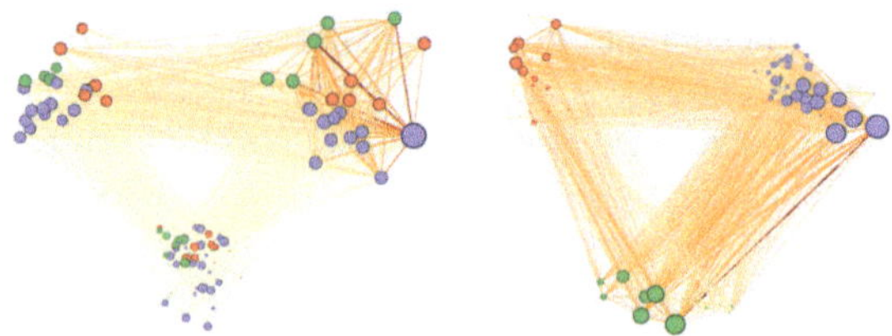

FIG. 2: Clusters obtenus respectivement avec M_- (*gauche*) et M_+ (*droite*). Le graphe initial est non-orienté et généré avec M_+. La couleur des nœuds représente leur vraie classe et leur position dans le plan correspond aux clusters obtenus avec l'algorithme. Le poids des arêtes est représenté par leur couleur (jaune et rouge correspondent respectivement à un poids faible et élevé).

Trajets dans le réseau Transport For London   Le jeu de données[2] compte tous les trajets effectués du 15 au 28 août 2019 entre les $N = 778$ stations du réseau de vélos libre-service de Londres. Le graphe dynamique est construit en agrégeant les trajets de chaque journée ($T = 14$). Le nombre de clusters ($K = 7$) est choisi à partir de la méthode du coude dans la log-vraisemblance des données complètes.

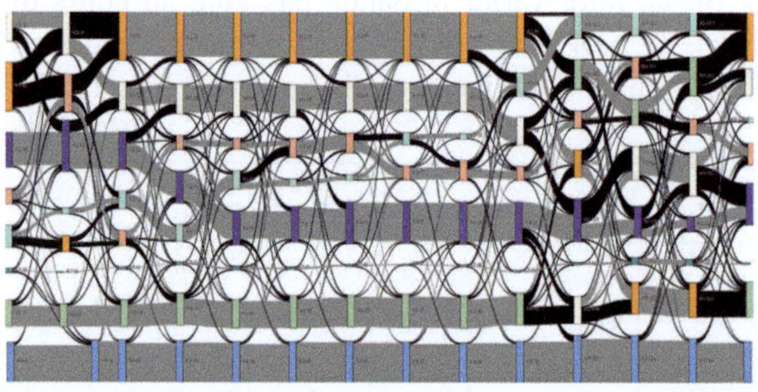

FIG. 3: Transitions de classes du 15 au 28 août 2019, représentées par un diagramme alluvial. Chaque cluster est représenté par une couleur, de taille proportionnelle au nombre de nœuds qu'il contient. Le temps est représenté de gauche à droite, et les transitions entre clusters entre instants consécutifs sont représentées par un flux coloré (gris pour des transitions intra-cluster, noir en inter-cluster). Le troisième cluster en partant du bas correspond aux de degré nul.

Les tailles des clusters ainsi que leurs transitions sont représentées sur le diagramme alluvial Fig. 3. On observe une dynamique des clusters assez stable du 16 au 23 août et de nombreuses transitions les 24 et 25 août. Ceci peut probablement être expliqué par la tenue du carnaval de Notting Hill (2,5 millions de participants) les 24 et 25 août. Les clusters obtenus le 18 août sont présentés Fig. 4a. On observe que les clusters obtenus sont très corrélés géographiquement, ce qui est cohérent pour des trajets à vélo. Les clusters obtenus sont aussi géographiquement plus étendus en périphérie qu'au centre, ce qui est cohérent. Sur Fig.4b sont représentés les clusters obtenus le même jour avec M_-. On observe que les clusters obtenus sont moins cohérents géographiquement que ceux obtenus avec M_+. Fig. 4c et Fig. 4d pré-

---

2. https ://cycling.data.tfl.gov.uk/

sentent respectivement une estimation de la densité des degrés des nœuds dans chaque cluster avec un noyau gaussien pour les modèles M_+ et M_-. On y observe que, dans le cas de M_-, la distribution des degrés est homogène dans chaque cluster, ce qui n'est pas le cas avec M_+. Le modèle que nous proposons permet au contraire, grâce aux marges, de classifier un nœud indépendemment de son degré et de se concentrer sur son *profil de connectivité*.

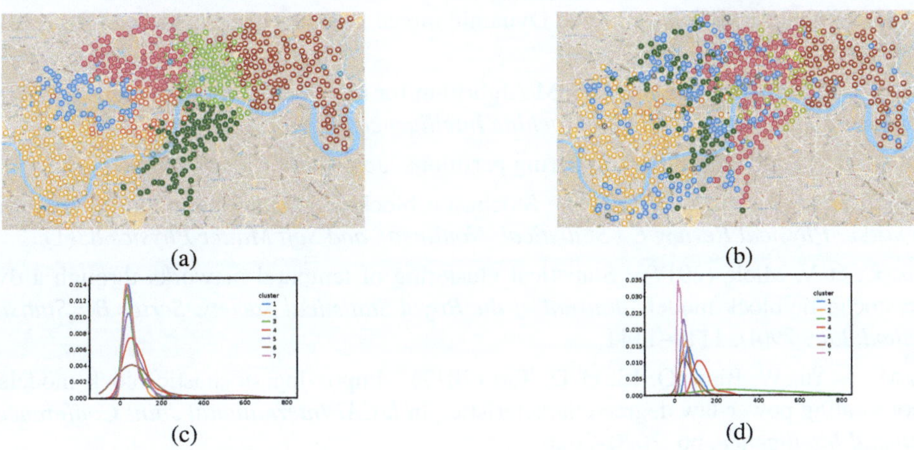

FIG. 4: Clusters obtenus pour le dimanche 18 août 2019 et estimation de la densité des degrés des nœuds dans chaque cluster avec un noyau gaussien *gauche* : M_+, *droite* : M_-

5   Discussion et travaux futurs

Dans ce papier, nous avons présenté un modèle à Blocs Stochastiques dynamique avec correction de degrés, qui nous a permis de modéliser des graphes dynamiques possédant une importante variabilité dans les degrés des nœuds ainsi qu'un nombre d'arêtes qui évolue au cours du temps. Ceci n'était pas possible en maintenant un faible nombre de clusters avec les modèles proposés par Matias et Miele (2017) et Rastelli et al. (2018). Même si l'introduction de marges dans notre modèle est faite au prix de son identifiabilité, nous avons constaté que le fait de considérer une matrice de connectivité constante, en plus de permettre une interprétation plus aisée des clusters, contraignait suffisamment notre modèle pour obtenir une bonne stabilité dans la dynamique des clusters. Nous avons finalement proposé une technique d'inférence qui nous a permis d'estimer des paramètres dynamiques tout en réduisant les risques de *label-switching* local.

Références

Ailem, M., F. Role, et M. Nadif (2017). Sparse Poisson Latent Block Model for Document Clustering. *IEEE Transactions on Knowledge and Data Engineering* 29(7), 1563–1576.

Barabási, A.-L. et R. Albert (1999). Emergence of scaling in random networks. *Science* 286(5439), 509–512.

Corneli, M., P. Latouche, et F. Rossi (2016). Exact ICL maximization in a non-stationary temporal extension of the stochastic block model for dynamic networks. *Neurocomputing 192*, 81 – 91.

Daudin, J. J., F. Picard, et S. Robin (2008). A mixture model for random graphs. *Statistics and Computing 18*(2), 173–183.

Fu, W., L. Song, et E. P. Xing (2009). Dynamic mixed membership blockmodel for evolving networks. In *ICML*, pp. 329–336.

Govaert, G. et M. Nadif (2005). An EM Algorithm for the block mixture model. *IEEE Transactions on Pattern Analysis and Machine Intelligence 27*(4).

Hubert, L. et P. Arabie (1985). Comparing partitions. *Journal of Classification*.

Karrer, B. et M. E. Newman (2011). Stochastic blockmodels and community structure in networks. *Physical Review E - Statistical, Nonlinear, and Soft Matter Physics 83*(1).

Matias, C. et V. Miele (2017). Statistical clustering of temporal networks through a dynamic stochastic block model. *Journal of the Royal Statistical Society. Series B : Statistical Methodology 79*(4), 1119–1141.

Qiao, M., J. Yu, W. Bian, Q. Li, et D. Tao (2017). Improving stochastic block models by incorporating power-law degree characteristic. In *IJCAI International Joint Conference on Artificial Intelligence*, pp. 2620–2626.

Rastelli, R., P. Latouche, et N. Friel (2018). Choosing the number of groups in a latent stochastic blockmodel for dynamic networks. *Network Science 6*(4), 469–493.

Sewell, D. K. et Y. Chen (2016). Latent space models for dynamic networks with weighted edges. *Social Networks 44*, 105–116.

Snijders, T. et K. Nowicki (1997). Estimation and prediction for stochastic blockmodels for graphs with latent block structure. *Journal of Classification 14*, 75–100.

Xu, K. S. et A. O. Hero (2014). Dynamic stochastic blockmodels for time-evolving social networks. *IEEE Journal on Selected Topics in Signal Processing 8*(4), 552–562.

Summary

Stochastic Block Models (SBM) provide a statistical tool for modeling and clustering network data. In this paper, we propose an extension of this model for discrete-time dynamic networks that takes into account the variability in node degrees, allowing us to model a broader class of networks. We develop a probabilistic model that generates temporal graphs with a dynamic cluster structure and time-dependent degree corrections for each node. Thanks to these degree corrections, the nodes can have variable degrees, allowing for more complex cluster structures and for model interactions that decrease or increase over time. The proposed model is compared to an existing model without degree correction and its advantages in terms of global performances are highlighted. We propose an inference procedure based on Variational EM that provides the means to estimate time-dependent parameters while reducing the risk of local label-switchings.

Apprentissage multimodal basé sur des modèles d'attention pour la classification de documents dans un contexte déséquilibré

Ibrahim Souleiman Mahamoud*, Joris voerman*, Mickaël Coustaty**
Aurélie Joseph*, Vincent Poulain d'Andecy*, Jean-Marc Ogier**

*1 Rue Fleming, 17000 La Rochelle, France
Email:
{ibrahim.souleimanmahamoud,aurelie.joseph,vincent.poulaindandecy}@getyooz.com
**La Rochelle Université, L3i
Avenue Michel Crépeau, 17042 La Rochelle, France
Email: {joris.voerman,mickael.coustaty,jean-marc.ogier}@univ-lr.fr

Résumé. Les documents administratifs ont la particularité d'être identifiables par leur contenu textuel (contenu sémantique) ou par leur mise en page (contenu visuel) et pourtant la classification de ces documents ne se fait généralement qu'à partir d'une de ces informations. Chacune d'entre elles constitue pourtant une part essentielle du document qui peut rendre impossible la distinction entre certaines classes. Les méthodes multimodales de l'état de l'art nécessitent une large base étiquetée pour l'ensemble des classes alors que dans la vie réelle les données sont généralement déséquilibrées. Nous proposons ici un modèle adapté à cette contrainte composé d'un RNN texte et d'un CNN visuel. Leur combinaison permet d'obtenir une description multimodale. Un modèle d'attention est également proposé pour chaque modalité afin de classifier plus efficacement une large variété de documents administratifs. Cette combinaison offre un gain de performance de 1% sur notre base de données privée et 3% sur la base de données publique RVL-CDIP.

1   Introduction

Les entreprises ont besoin de gérer chaque jour une grande quantité de documents. Ces documents représentent le cycle de vie de l'entreprise et sont très variés en termes de classes et d'origine. Ils sont généralement liés à la partie administrative et comptable de l'entreprise (factures, lettres, reçus, ...) ou directement associés au coeur de ses activés. De nombreuses entreprises font appel à des systèmes de "Digital Mailroom" (Schuster et al. (2013)) pour automatiser la gestion des documents. L'entrée de ces systèmes se modélise sous la forme d'un flux de documents définissant plusieurs contraintes : un fort déséquilibre de représentation entre les classes au sein de l'ensemble d'entrainement, un temps de traitements qui doit être très faible pour traiter de grands volumes de documents, ou encore la nécessité de limiter les erreurs qui peuvent engendrer de lourdes conséquences (partage d'une informration sensible, absence d'information pour la prise de décision, etc).

La classification de documents est traditionnellement divisée en deux approches : une basée sur l'analyse d'image et l'autre sur l'analyse de texte. Ces deux méthodes ont chacune leurs limites. Les méthodes basées sur l'analyse de texte offrent de bonnes performances lorsque le contenu textuel est très présent cependant il dépend fortement de la qualité de l'extraction (généralement faite par une Reconnaissance Optique de Caractères - OCR) notamment lorsque les documents contiennent des annotations manuscrites. Enfin, certaines classes de documents ne peuvent être décrites par une seule modalité. Par exemple, les publicités ne contiennent que peu de texte, tandis que les approches images ne pourront distinguer deux documents visuellement proches comme un devis et une facture. Il apparaît donc nécessaire de tirer profit des forces de chaque modalité pour extraire un résumé visuel et sémantique pertinent.

Récemment, des méthodes multimodales ont prouvé qu'elles pouvaient égaler, voire dépasser, l'état de l'art en matière d'analyse d'image sur la base de données publique RVL-CDIP (Bakkali et al. (2020)). Dans ce papier, nous voulons approfondir l'évaluation de ces nouvelles approches sur le terrain de la classification déséquilibrée de flux de documents en les comparant avec les méthodes plus classiques de l'état de l'art. De plus, nous proposons notre propre système multimodal intégrant un modèle d'attention conçu pour contraindre le système à n'entrainer que des caractéristiques pertinentes. Ce modèle est également utilisé pour faciliter l'interprétation des décisions du réseau profond en mettant en avant les caractéristiques principales calculées pendant l'entrainement et diminuer l'effet boîte noire inhérente à l'apprentissage profond.

2   État de l'art

Les méthodes de classification de documents peuvent être divisées en deux catégories : visuelles et textuelles. Les approches visuelles utilisent principalement une architecture de réseau convolutif profond pré-entrainé sur la base publique ImageNet (Russakovsky et al. (2015)). On compte parmi elles, les architectures InceptionResNet (Szegedy et al. (2017)), NasNet (Zoph et al. (2018)) et VGG (Simonyan et Zisserman (2014)) pour ne citer que celles-ci. Les approches textuelles quant à elles résument, dans un premier temps, le contenu du document via un système de représentation des mots. La stratégie la plus utilisée actuellement est la méthode dite d'encapsulement de mots (ou "word embedding") qui s'appuie sur des réseaux de neurones récurrents bidirectionnels dont les principaux représentants sont Word2Vec Mikolov et al. (2013), Fast-Text (Joulin et al. (2016)) ou plus récemment BERT (Devlin et al. (2018)).

Quelques travaux récents proposent enfin de combiner les deux approches en une seule pour prendre en compte l'ensemble du document (Sandler et al. (2018),Kim (2014)) L'article Bakkali et al. (2020) propose trois techniques pour combiner les caractéristiques extraites à partir du texte et de l'image. Bien que ce travail démontre de très bonnes performances, il n'intègre pas la question du déséquilibre entre les classes lors de l'apprentissage, et de son impact sur les performances, alors que cela est un réel problème pour les entreprises.

Le déséquilibre des classes d'un corpus pose de nombreux problèmes pour les réseaux d'apprentissage profond. Notre modèle apporte une première solution à ce problème en donnant plus de poids aux classes faiblement présentes lors de la rétropropagation via l'utilisation de modèles d'attention. L'idée est d'obliger le modèle à se concentrer sur l'essentiel Jetley et al. (2018) afin de mieux séparer les classes. L'un des avantages principaux de ces modèles d'attention (Jain et Wigington (2019),Górriz et al. (2019)) est leur capacité à visualiser les caractéristiques utilisées par le réseau neuronal pour prendre leur décision. Cela offre ainsi la possibilité d'interpréter les erreurs sur des modèles utilisant les caractéristiques visuelles ou textuelles. Durant le processus de décision, le système renforce leur importance et supprime les informations hors sujet ou portant à confusion.

3 Modèle proposé

Le modèle multimodal proposé dans cet article se compose d'un modèle textuel et d'un modèle visuel détaillés avec leurs mécanismes d'attention respectifs. Ces mécanismes permettent de focaliser chaque modalité sur ce qui est important tout en facilitant la compréhension du modèle. Enfin, nous présentons notre approche multimodale qui permet de nous assurer que les informations fusionnées sont pertinentes et les moins redondantes possible.

3.1 Modèle d'attention

3.1.1 Module d'attention textuelle

Pour la partie textuelle nous nous appuyons sur une chaîne classique d'extraction d'information textuelle (suppression des "stop-words", des chiffres, des symboles et enfin une lemmatisation des mots). Ce contenu prétraité est ensuite résumé sous la forme d'un vecteur à l'aide du modèle Bert Devlin et al. (2018). Pour cela, nous avons converti les 250 premiers mots de chaque document en un vecteur grâce à une architecture Bert pré-entrainé sur l'anglais et le français Martin et al. (2020) car nos documents sont soit en anglais soit en français. La taille de ce vecteur est de 768. Une fois le texte résumé sous la forme d'un vecteur, nous utilisons une architecture récurrente de type LSTM afin d'apprendre les relations intrinsèques entre les mots du document. Enfin, nous avons placé notre mécanisme d'attention juste après la sortie du réseau récurrent. Le modèle d'attention utilise la sortie de notre modèle LSTM noté h de dimension (250,768). Ce modèle d'attention est composé d'une couche dense suivie d'une couche d'activation *softmax*. Cela permet d'obtenir un vecteur d'attention t de dimension (250). Le produit scalaire entre le vecteur t et h sera l'entrée du classifieur texte. Nous utilisons le vecteur t pour analyser l'attention des mots.

3.1.2 Module d'attention visuelle

Le mécanisme d'attention visuel s'inspire des travaux réalisés par Górriz et al. (2019). L'utilisation de ce modèle permet de concentrer le système sur la partie la plus pertinente d'une image (comme les logos, les signatures ou tout autre élément graphique distinctif). Afin de tester cette idée, nous proposons d'utiliser l'architecture VGG16 de Simonyan et Zisserman (2014) pour extraire les caractéristiques visuelles. Suite aux performances rapportées par Jain et Wigington (2019), nous avons utilisé une approche classique d'apprentissage par transfert, avec un modèle VGG16 pré-entraîné sur le jeu de données d'ImageNet. Nous proposons de coupler ce réseau aux travaux décrit dans Górriz et al. (2019) comme modèle d'attention. Ce modèle propose d'ajouter une couche d'activation de type sigmoïde pour générer un masque d'attention. Ce masque permet ainsi de focaliser le système sur des zones visuelles via une fusion dans la dernière couche de l'architecture VGG16.

Le modèle d'attention incorporé dans le réseau de classification d'image utilise la sortie de la 5ème couche du modèle VGG16 D (composée de 128 filtres) et de dimension (112, 112, 128). Plusieurs couches de convolution avec un noyau de taille $1 * 1$ sont ensuite empilées avec des filtres de dimensions respectives 64 et 16. La couche d'attention correspond alors à la sortie de ce banc de filtres (A) et est de dimension (112, 112, 1). La matrice D est multipliée par A pour obtenir la matrice D'. Enfin, une réduction de la dimension est réalisée par l'application d'une couche de type "average pooling" sur D' pour générer un vecteur f de dimension (128). La dernière étape consiste alors à normaliser ce vecteur d'attention par une couche de pooling sur A. Cette normalisation est la fonction g(x1,x2)=x1/x2 et l'entrée du classifier visuel sera la sortie de cette fonction de normalisation.

3.2 Approche multimodale - texte et image

Bien que les modèles d'attention permettent d'améliorer les performances intrinsèques de chaque modalité, nous proposons en plus dans cet article, d'étudier la combinaison de celles-ci. L'objectif étant de démontrer qu'elles permettent de se compléter et d'améliorer les performances globales en termes de classification de documents. En ce sens, l'architecture multimodale proposée (voir Fig. 1) combine les deux modèles présentés précédemment. De manière pratique, Nous commencons par apprendre l'importance de chaque modalité (c'est à dire, les sorties des classifiers visuels I1 et textuels I2) au travers d'un pondération W. Nous concaténons ensuite la sortie de la multiplication du poids W par les vecteurs I1 et I2 pour l'utiliser dans un classifieur final. Ce dernier vecteur (de dimension 2 * nombres de classes) sera l'entrée de notre classifieur final. Les couches de classification s'appuient sur la même architecture pour le modèle visuel, textuel et multimodal, avec deux couches densément connectées séparées par une couche d'oubli (dropout). Chacun de ces modèles est entraîné séparément dans un premier temps. Puis, ces modèles sont également "fine-tunés" afin d'améliorer leurs performances respectives conjointement.

Le deuxième défi adressé dans cet article concerne le déséquilibre fort entre les classes dans le flux de documents. Cela influe sur les performances globales du système, et touche en particulier les classes faiblement représentées. Afin de prendre en compte le déséquilibre entre les classes dans la phase d'apprentissage du réseau, nous proposons de pondérer ces probabilités au travers d'une d'un vecteur de poids N, comme présenté dans l'équation 1. Le poids attribué à chaque classe est le pourcentage inverse des exemples présents dans l'ensemble d'apprentissage. Ainsi, plus la présence d'une classe est faible, plus son poids durant l'entraînement sera important.

$$Loss_{CE}(i) = -Nt_i log(P(i)) \qquad (1)$$

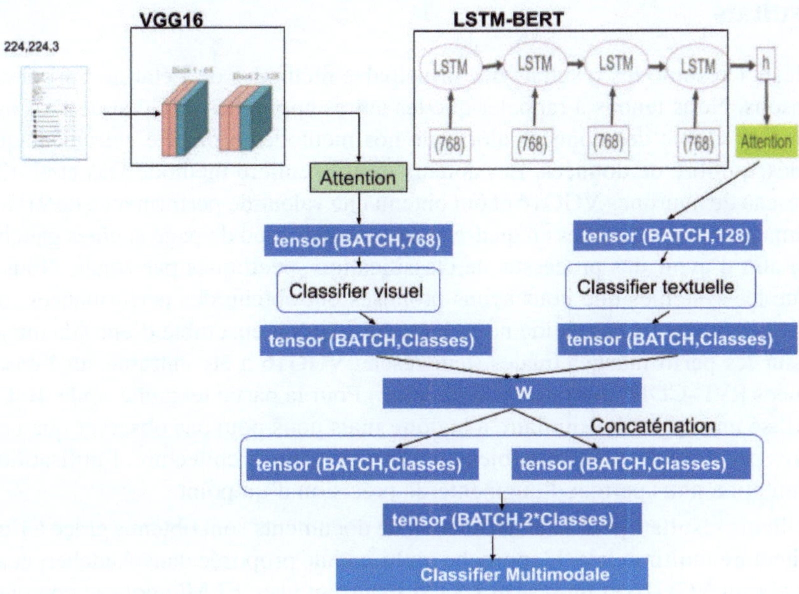

FIG. 1 – *Modèle proposé utilisant la multimodalité et le modèle d'attention*

4 Expérimentation

4.1 Données

Afin d'évaluer notre modèle multimodal basé sur l'attention, nous avons utilisé deux corpus différents. Le premier est un corpus privé de l'entreprise Yooz et déjà déséquilibré provenant de nos clients. Le corpus YOOZ se compose de 15 000 documents pour l'apprentissage, 2 000 pour la validation et 5 000 pour les tests. Il est composé de 47 classes (Facture, chèque, etc.). Certaines classes sont très similaires du point de vue de la structure et du contenu, tandis que d'autres se distinguent facilement.

Afin de permettre une comparaison équitable de notre approche avec les modèles de l'état de l'art, nous utilisons également le corpus RVL-CDIP de Harley et al. (2015). Ce vaste corpus public est composé d'une grande variété de classes de documents équilibrées entre elles. Afin d'évaluer notre contribution, nous proposons un protocole pour le déséquilibrer. RVL-CDIP est un jeu de données équilibré composé de 20 000 images par classe en apprentissage et 2500 images par classe dans les jeux de validation et de test. Afin de valider notre approche, nous avons réduit le nombre de documents pour chaque classe. Nous avons pris 100%, 50%, 10% ou 5% des documents dans chaque classe. Nous avons donc obtenu un total de 33 000 documents pour l'apprentissage et 16 000 pour la validation et les tests.

Pour notre jeu de données privé, nous avons extrait le contenu textuel des documents avec un OCR (ABBYY FineReadear 12), tandis que la version OCR des documents RVL-CDIP est fournie par leurs auteurs(Harley et al. (2015)).

4.2   Résultats

Le tableau 1 résume les résultats des principales méthodes de l'état de l'art et celles que nous proposons. Nous tenons à rappeler que les autres approches de l'état de l'art ont été entraînées sur l'ensemble des données alors que nos méthodes n'ont été entraînées que sur un ensemble déséquilibré de données. Les auteurs de la première méthode Das et al. (2018) ont utilisé un réseau de neurones VGG16 et ont obtenu une valeur de performance de 91% en precision,leurs images ont été divisées en quatre zones (en-tête, pied de page et côtés gauche et droit de la page) afin d'avoir des processus de classification spécifiques par zones. Nous pouvons observer que les systèmes que nous avons proposés ont obtenu des performances inférieures sur l'image uniquement. Ceci valide notre hypothèse qu'un ensemble d'entrainement réduit a un impact sur les performances finales (leur réseau VGG16 a été entrainé sur l'ensemble du jeu de données RVL-CDIP contrairement au nôtre).Pour la partie textuelle seule, Bakkali et al. (2020) a utilisé une approche similaire à la nôtre mais nous pouvons observer que nous avons de meilleures performances. En effet bien qu'ayant la même architecture, l'utilisation de notre modèle d'attention nous permet d'augmenter la précision d'un point.

Les meilleurs résultats pour la classification de documents sont obtenus grâce à l'utilisation d'une architecture multimodale, L'approche multimodale proposée dans Audebert et al. (2019) utilisait un réseau VGG16 et un réseau LSTM récurrent avec ELMO pour le contenu textuel. Nous comparons notre travail avec ce modèle et nous pouvons observer que nous avons une performance légèrement supérieure alors que nous avons utilisé un modèle attaché qui a été entrainé sur un ensemble de données plus petit et déséquilibré. Cela met clairement en évidence la robustesse du modèle que nous proposons pour les données déséquilibrées. La multimodalité a beaucoup mieux fonctionné sur le corpus RVL-CDIP car les classes se distinguent surtout par leur structure, de sorte que le modèle s'appuie sur l'image lorsqu'elle n'atteint pas la classe avec le texte.

Modèles	Precision	Rappel
Modèle proposé utilisant la partie visuelle (VGG16 + Attention)	83,4%	**83.2 %**
Partie Visuelle (VGG16_pretained Das et al. (2018))	**91.1 %**	-
Partie textuelle (BERT Bakkali et al. (2020))	86%	86%
Modèle proposé utilisant la partie textuelle (LSTM + attention)	**87.1%**	**86. 9%**
Approche multimodale Audebert et al. (2019)	90.6 %	-
Modèle multimodal proposé avec attention (LSTM + VGG16 + Attention)	91.1 %	90.7%
Multimodalité + Attention + Pondération (LSTM + VGG16 + Attention + Weighted loss)	**92.3%**	**92.0%**

TAB. 1 – *Évaluation des performances sur RVL-CDIP*

Maintenant que nous avons validé les performances de notre approche proposée sur un ensemble de données publiques, nous présentons dans le tableau 2 les performances obtenues sur notre ensemble de données privée. On peut observer qu'une fois de plus, nous avons obtenu les meilleurs résultats avec l'utilisation d'une approche mutlimodale. De plus, les documents de ce jeu de données se distinguent principalement par le texte. L'utilisation de l'image dans un seul canal ne permet pas dans la plupart des cas de classer correctement le document.

Enfin, nous pouvons conclure que l'approche proposée améliore toujours les résultats même lorsque l'ensemble d'apprentissage est réduit et déséquilibré.

Modèles	Precision	Rappel
Modèle proposé utilisant la partie visuelle (VGG16 + Attention)	87.9%	87.4%
Modèle proposé utilisant la partie textuelle (LSTM + attention)	96.2%	95.7%
Modèle multimodal proposé avec attention (LSTM + VGG16 + Attention)	96.8%	96. 1%
Multimodalité + Attention + Pondération (LSTM + VGG16 + Attention + Weighted loss)	**97.3%**	**97.18%**

TAB. 2 – *Évaluation des performances sur les données YOOZ*

5   Conclusion

Dans cet article, nous avons proposé des méthodes utilisant la multimodalité et les modèles d'attention sur le visuel et le textuel pour la classification de document. L'utilisation de la multimodalité est nécessaire afin de tirer parti des modèles textuel et de l'image pour renforcer les performances. Nous utilisons ici des modèles d'attention pour améliorer les performances mais également pour mieux interpréter les sorties des modèles. Avec l'utilisation de notre système multimodal pondéré avec attention, nous obtenons une augmentation de précision d'environ 2% comparé à de l'état de l'art. Malgré les bonnes performances que nous avons obtenues grâce à la multimodalité, tant sur notre jeu de données que sur RVL-CDIP, il reste encore beaucoup à faire. Nous avons envisagé l'utilisation d'un système d'attention multimodal et des fonctions de coût plus adaptés. D'autres pistes pour mieux extraire les mots les plus pertinents dans un document sont en cours.

Références

Audebert, N., C. Herold, K. Slimani, et C. Vidal (2019). Multimodal deep networks for text and image-based document classification. In *Joint European Conference on Machine Learning and Knowledge Discovery in Databases*, pp. 427–443. Springer.

Bakkali, S., Z. Ming, M. Coustaty, et M. Rusinol (2020).   Visual and textual deep feature fusion for document image classification. In *Proceedings of the IEEE/CVF Conference on Computer Vision and Pattern Recognition Workshops*, pp. 562–563.

Das, A., S. Roy, U. Bhattacharya, et S. K. Parui (2018).   Document image classification with intra-domain transfer learning and stacked generalization of deep convolutional neural networks.

Devlin, J., M.-W. Chang, K. Lee, et K. Toutanova (2018).   Bert : Pre-training of deep bidirectional transformers for language understanding. *arXiv preprint arXiv :1810.04805*.

Górriz, M., J. Antony, K. McGuinness, X. Giró-i Nieto, et N. E. O'Connor (2019).   Assessing knee oa severity with cnn attention-based end-to-end architectures.   *arXiv preprint arXiv :1908.08856*.

Harley, A. W., A. Ufkes, et K. G. Derpanis (2015).   Evaluation of deep convolutional nets for document image classification and retrieval. In *2015 13th International Conference on Document Analysis and Recognition (ICDAR)*, pp. 991–995. IEEE.

Jain, R. et C. Wigington (2019). Multimodal document image classification. In *2019 International Conference on Document Analysis and Recognition (ICDAR)*, pp. 71–77. IEEE.

Jetley, S., N. A. Lord, N. Lee, et P. H. Torr (2018). Learn to pay attention. *arXiv preprint arXiv :1804.02391*.

Joulin, A., E. Grave, P. Bojanowski, M. Douze, H. Jégou, et T. Mikolov (2016). Fasttext.zip : Compressing text classification models. *arXiv preprint arXiv :1612.03651*.

Kim, Y. (2014). Convolutional neural networks for sentence classification. *arXiv preprint arXiv :1408.5882*.

Martin, L., B. Muller, P. J. Ortiz Suárez, Y. Dupont, L. Romary, É. V. de la Clergerie, D. Seddah, et B. Sagot (2020). Camembert : a tasty french language model. In *Proceedings of the 58th Annual Meeting of the Association for Computational Linguistics*.

Mikolov, T., K. Chen, G. Corrado, et J. Dean (2013). Efficient estimation of word representations in vector space. *arXiv preprint arXiv :1301.3781*.

Russakovsky, O., J. Deng, H. Su, J. Krause, S. Satheesh, S. Ma, Z. Huang, A. Karpathy, A. Khosla, M. Bernstein, et al. (2015). Imagenet large scale visual recognition challenge. *International journal of computer vision 115*(3), 211–252.

Sandler, M., A. Howard, M. Zhu, A. Zhmoginov, et L.-C. Chen (2018). Mobilenetv2 : Inverted residuals and linear bottlenecks. In *Proceedings of the IEEE conference on computer vision and pattern recognition*, pp. 4510–4520.

Schuster, D., K. Muthmann, D. Esser, A. Schill, M. Berger, C. Weidling, K. Aliyev, et A. Hofmeier (2013). Intellix–end-user trained information extraction for document archiving. In *2013 12th International Conference on Document Analysis and Recognition*, pp. 101–105. IEEE.

Simonyan, K. et A. Zisserman (2014). Very deep convolutional networks for large-scale image recognition. *arXiv preprint arXiv :1409.1556*.

Szegedy, C., S. Ioffe, V. Vanhoucke, et A. A. Alemi (2017). Inception-v4, inception-resnet and the impact of residual connections on learning. In *Thirty-first AAAI conference on artificial intelligence*.

Zoph, B., V. Vasudevan, J. Shlens, et Q. V. Le (2018). Learning transferable architectures for scalable image recognition. In *Proceedings of the IEEE conference on computer vision and pattern recognition*, pp. 8697–8710.

Summary

The corporate documents classification process may rely on the use of image analysis approach considered separately of textual features.

The recent state of art deep learning methods propose to combine those two within a multimodal approach. In addition, corporate documents classification processes offer a particular challenge for deep learning based systems with an imbalanced corpus. This paper presents an evaluation of several state of the art methods designed for document classification task using the textual content, the visual content and some multi-modal approaches. We complete this evaluation with our own method, a multi-modal network with an attention model .This combination offers a performance gain of 1% for our private database and 3% for the public RVL-CDIP database.

Recommandation diversifiée via des processus ponctuels déterminantaux sur des graphes de connaissances

Lu Gan, Diana Nurbakova, Léa Laporte, Sylvie Calabretto

LIRIS, INSA Lyon, 7 Avenue Jean Cappelle, 69621 Villeurbanne Cedex
prenom.nom@insa-lyon.fr

Résumé. Les systèmes de recommandation top-N sont utilisés dans de nombreux domaines et intéressent autant les industriels que les chercheurs. Alors que l'amélioration de la prédiction de la pertinence des recommandations a fait l'objet de nombreuses recherches, d'autres facettes du problème comme la diversité ou l'explicabilité ont été moins abordées. Dans cet article, nous proposons une approche permettant d'améliorer la diversité tout en assurant un compromis avec la pertinence. Notre approche, DivKG, combine des graphes de connaissances et des Processus Ponctuels Déterminantaux (DPP). Les relations entre utilisateurs, items et autres entités, capturées par un graphe de connaissances, sont représentées via des plongements de graphes. Les vecteurs obtenus sont utilisés pour construire la matrice noyau des DPP, qui génèrent des recommandations diversifiées. Notre approche obtient de meilleurs résultats que l'état de l'art sur un jeu de données de recommandation de films. Cet article est un résumé en français de Gan et al. (2020), article court de la conférence SIGIR 2020.

1   Introduction

Les systèmes de recommandation *Top-N* visent à sélectionner l'ensemble des N items de plus grand intérêt pour un utilisateur. Largement utilisés par les moteurs commerciaux, ils ont fait l'objet de nombreuses études au cours des dernières décennies. Les approches de filtrage collaboratif (CF), utilisant les interactions entre utilisateurs et items, sont plébiscitées, notamment celles basées sur la factorisation de matrice (He et al., 2016; Salakhutdinov et Mnih, 2007). Elles fournissent généralement de très bons résultats en matière de pertinence de prédiction. Néanmoins, d'autres types de relations sémantiques explicites entre items et entités (autres que l'utilisateur) peuvent être intégrées pour améliorer la recommandation. Ces relations peuvent être représentées sous la forme d'un graphe de connaissances. Un exemple de graphe de connaissances pour la recommandation de films est présenté à la figure 1.

Les approches de plongements de graphes de connaissances (Bordes et al., 2013; Lin et al., 2015; Wang et al., 2014; Ji et al., 2015), qui capturent différent types de relations entre des entités variées (utilisateurs, items, etc) ont récemment été considérées afin de modéliser les graphes de connaissances et de les intégrer au processus de recommandation. Dans ce contexte, Zhang et al. (2016) ont utilisé une approche de plongements basée translation pour la recommandation. Xin et al. (2019) ont proposé RCF, une approche de filtrage collaboratif utilisant deux niveaux de relations et exploitant les plongements de graphes de connaissances pour la recommandation top-N. Ces approches améliorent la pertinence des recommandations en exploitant l'information structurée issue des graphes de connaissances.

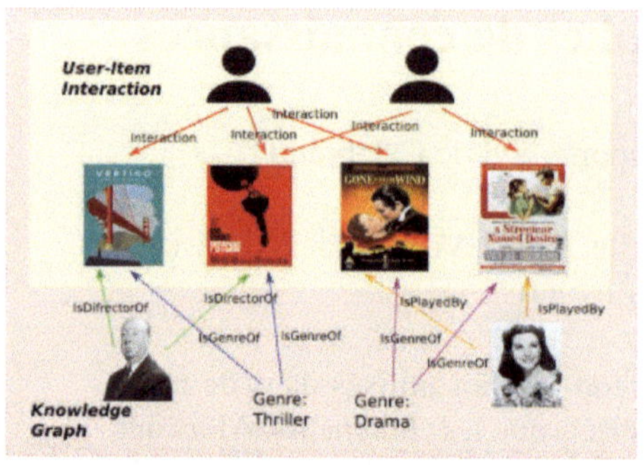

FIG. 1: Exemple de graphe de connaissances pour la recommandation de films, comprenant plusieurs types de relation (*Interaction*, *IsGenreOf*, etc.) entre différents types d'entités (user, item, genre, etc.).

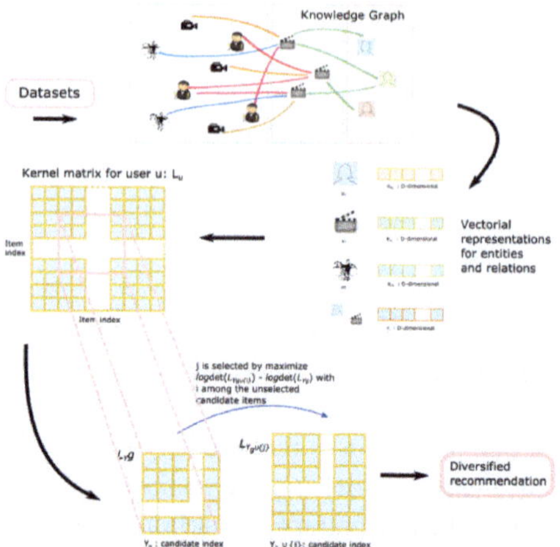

FIG. 2: Schéma général de **DivKG**.

Néanmoins, l'amélioration de la performance sans prise en compte de la diversité des recommandations peut conduire à proposer des items trop similaires aux utilisateurs. Par exemple, un système de recommandation sur un site de e-commerce qui, après avoir détecté l'intérêt d'un utilisateur pour un ordinateur portable, ne retournerait que des recommandations de PC portables, serait inefficace. En effet, il est peu probable qu'un utilisateur achète plus d'un PC à un moment donné. De façon générale, il est crucial de proposer des recommandations diversifiées aux utilisateurs. Dans ce cadre, He et al. (2016) ont proposé une approche de diversification nommée **MMR**, permettant de ré-ordonner les items à recommander via un processus itératif consistant à ajouter à chaque étape l'item pertinent le plus dissemblable à ceux déjà présents dans la liste. Borodin et al. (2017) ont proposé une extension de **MMR** garantissant l'existence d'une solution théorique. Néanmoins, ces solutions de diversification considèrent des similarités entre paires d'items, non sur toute la liste, et peuvent être sous-optimales.

Récemment, les Processus Ponctuels Déterminantaux (DPP) ont démontré leur efficacité pour l'amélioration de la diversité de plusieurs problèmes d'apprentissage automatique (Kulesza et Taskar, 2012; Gartrell et al., 2016; Warlop et al., 2019). Les DPPs sont une classe de modèles probabilistes sur des ensembles paramétrés avec une matrice semi-définie positive. Ils permettent de caractériser la pertinence de chaque élément de l'ensemble vis-à-vis d'un utilisateur ou d'une requête ainsi que la dissimilarité entre sous-ensembles d'items. Les DPP capturent la similarité entre items dans un espace unifié et proposent des listes d'items dissimilaires. L'utilisation des DPPs en recommandation peut améliorer les capacités de diversification des approches. L'enjeu est alors de définir une méthode de construction de la matrice noyau semi-définie positive, afin d'obtenir le meilleur compromis entre pertinence et diversité.

Dans cet article, nous considérons le problème du compromis entre pertinence et diversité pour la recommandation top-N. Nous proposons une approche nommée **DivKG** combinant plongements de graphe de connaissances et DPP, via une méthode de construction de la matrice noyau des DPP basée sur les plongements de graphe. A notre connaissance, **DivKG** est la première approche à combiner des plongements de graphes de connaissances et des DPP inférés par Maximum A Priori pour la recommandation top-N diversifiée. Nos expérimentations sur le jeu de données MovieLens augmenté de données issues d'IMDb montrent que **DivKG** est plus performante que l'état de l'art en matière de pertinence et de diversité.

2 Recommandation diversifiée sur des graphes de connaissances

Nous présentons **DivKG**, l'approche pour la recommandation diversifiée sur des graphes de connaissances. Elle combine des plongements de graphes de connaissances et des processus ponctuels déterminantaux. Son schéma général est donné à la figure 2.

2.1 Plongements de graphe de connaissances pour la représentation d'entités et de relations

Incorporer des informations additionnelles dans les méthodes de filtrage collaboratif peut permettre d'améliorer la qualité des recommandations. Les graphes de connaissances ont démontré leur efficacité pour cette tâche (Zhang et al., 2016; Xin et al., 2019). Dans **DivKG**, nous modélisons l'ensemble des relations dans une seule structure de données à l'aide d'un graphe de connaissances. Contrairement aux travaux de Xin et al. (2019), où seuls les items constituent les sommets du graphe, nous proposons d'utiliser toutes les entités : utilisateurs, items et d'autres entités additionnelles (*e.g.* pour la recommandation de films : genre, acteur, etc). Les interactions utilisateur-item utilisées en filtrage collaboratif sont vues uniquement comme une relation spécifique au sein du graphe de connaissances.

Formellement, nous représentons chaque relation comme un triplet (h, r, t) ayant une interprétation sémantique, où h et t sont respectivement deux entités liées par une relation r. Pour appliquer les plongements sur le graphe de connaissances, nous représentons h, r, t par les vecteurs $\mathbf{v_h}$, $\mathbf{v_r}$, $\mathbf{v_t}$ respectivement. Nous utilisons des approches de plongements orientés translation (Bordes et al., 2013; Wang et al., 2014) telles que $translation(\mathbf{v_h}, \mathbf{v_r}) \approx \mathbf{v_t}$. Nous considérons la fonction de perte de marge γ suivante pour l'optimisation : $Loss_{KGE} = \sum_{(h,r,t)} \sum_{(h',r',t')} [f_r(h,t) + \gamma - f_{r'}(h',t')]_+$. Les triplets (h', r', t') sont dérivés des triplets de référence (h, r, t) en conservant la relation inchangée, $r = r'$, et en conservant une entité inchangée tandis que la deuxième est sélectionnée aléatoirement, i.e. $h' = h$, $t' \neq t$, ou $t' = t$, $h \neq h'$. f_r est la fonction de translation. Dans ces travaux, nous considérons deux fonctions de translation : TransE (Bordes et al., 2013) et TransH (Wang et al., 2014). TransE est définie par $f_r(h,t) = \|\mathbf{v_h} + \mathbf{v_r} - \mathbf{v_t}\|_2$, TransH par $f_r(h,t) = \|(\mathbf{v_h} - \mathbf{w_r}^\top \mathbf{v_h} \mathbf{w_r}) + \mathbf{v_r} - (\mathbf{v_t} - \mathbf{w_r}^\top \mathbf{v_t} \mathbf{w_r})\|_2$, où $\mathbf{w_r}$ est un vecteur de projection.

2.2 DPP pour la diversification des recommandations

Nous proposons d'exploiter les processus ponctuels déterminantaux (DPP) pour améliorer la diversité des recommandations. Selon Kulesza et Taskar (2012), un DPP sur un ensemble de N éléments peut être interprété comme une modélisation sous forme d'un vecteur de présence/absence des éléments. Les variables de ce vecteur sont corrélées négativement : l'inclusion d'un élément diminue la probabilité d'inclusion des autres. Les valeurs de ces corrélations négatives sont dérivées de la matrice noyau qui détermine la similarité globale entre les paires d'éléments de telle façon que les éléments plus similaires ont moins de chances d'apparaître ensembles. Ainsi, les DPPs (Kulesza et Taskar, 2012) sont des modèles probabilistes qui décrivent la distribution d'une liste X dans un ensemble $Y, Y \subseteq 2^X$ telle que la probabilité de sélection de sous-ensemble $S, S \in Y$ est proportionnelle au déterminant de la matrice noyau du DPP. La matrice noyau d'un DPP est semi-définie positive, de taille $|Y| \times |Y|$. Les éléments diagonaux représentent l'affinité inhérente d'un item (pour un utilisateur donné par exemple), tandis que les éléments non diagonaux représentent la similarité entre items pour chaque paire d'items $(i, j)_{i \neq j}$. Nous proposons de combiner les DPP aux représentations obtenues par les plongements de graphes de connaissances (*cf.* section 2.1). Pour cela, nous devons d'une part construire la matrice noyau et d'autre part prédire les items à recommander.

2.2.1 Construction de la matrice noyau des DPP

Pour construire la matrice noyau $\mathbf{L_u}$ pour chaque utilisateur u, nous définissons les matrices auxiliaires $\mathbf{A}_u$ et $\mathbf{D}_u$. $\mathbf{A}_u$ est une matrice diagonale représentant l'affinité de l'utilisateur u pour chaque item candidat, telle que $\mathbf{A}_u = \mathrm{diag}(a_1, ..., a_m)$, avec $a_i = \frac{e^{-(f_r(u,i)-\delta)}}{\sum_{j \in X, j \neq i} e^{-(f_r(u,j)-\delta)}}$, où m est le nombre d'items candidats, $f_r(u, i)$ est la fonction de translation retenue pour les plongements de graphes de connaissances et δ est la moyenne des $f_r(u, i)$ pour l'utilisateur u. Nous utilisons la fonction softmin pour la normalisation. La matrice $\mathbf{D}_u$ représente les similarités item-item, telles que $\mathbf{D}_u = [d_{ij}]^{m \times m}$, avec $d_{ij} = \frac{e^{-f_{r_0}(i,j)}}{\sum_{k \in X, k \neq i} e^{-f_{r_0}(i,k)}}$, et $d_{ii} = 0$. $f_{r_0}(i, j)$ est le plongement des items i et j et de la relation r_0, tel que $v_{r_0} = \vec{0}$ si i et j appartiennent à la même *catégorie* (relation). La matrice noyau $\mathbf{L_u}$ d'un utilisateur u est alors définie comme : $\mathbf{L_u} = \alpha \mathbf{A}_u + \mathbf{D}_u$, où α permet d'ajuster le compromis entre affinité de l'utilisateur pour les items et similarité entre les items, donc entre qualité de prédiction et diversité.

2.2.2 Prédiction par inférence Maximum A Priori (MAP)

Une fois la matrice noyau construite pour chaque utilisateur u, nous sélectionnons une liste S de N items parmi tous les items candidats, telle que : $S_{map} = \underset{S \in Y, |S|=N}{\mathrm{argmax}} \, log\det(\mathbf{L}_S)$ où $\mathbf{L}_S$ est la matrice noyau $\mathbf{L}_u$ indexée par les items de la liste S. Pour rappel, la probabilité de sélectionner un sous-ensemble donné S est proportionnelle au déterminant de la matrice noyau indexée. DPP garantit une diversité des items sélectionnés par définition. Ainsi, les items sélectionnés avec la plus grande valeur du logarithme du déterminant sont théoriquement les plus divers et les plus pertinents pour un utilisateur u. Le problème d'optimisation associé est de difficulté NP. Pour le résoudre, nous utilisons un algorithme glouton proposé par Chen et al. (2018) permettant d'inférer une liste approximée par Maximum A Priori (MAP). Dans la suite, nous noterons FastDPP notre approche combinant DPP et inférence par MAP.

3   Evaluation

3.1   Protocole expérimental

Jeux de données.   Nous avons construit un jeu de données comportant de multiples relations à partir de deux jeux de données reconnus dans la communauté : MovieLens-100K [1] (noté ML-100K) et IMDb. ML-100K comporte 100 000 notes comprises entre 1 et 5 fournies par 943 utilisateurs pour 1 682 films. Chaque utilisateur a noté 20 films a minima. La matrice des notes est extrêmement creuse (93.70% des couples utilisateur-film sans note). Nous avons considéré comme retour implicite positif les scores supérieurs ou égaux à 4. Le jeu de données IMDb [2] contient des informations auxiliaires pour plus de 947 000 films. Nous en avons extrait 13 catégories d'information (genre, acteur, compositeur, réalisateur, etc), que nous avons combiné au jeu de données ML-100K afin de définir les relations au sein du graphe de connaissances.

Protocole d'évaluation.   Nous évaluons **DivKG** selon la qualité de prédiction des recommandations et leur diversité à deux étapes : l'étude de la qualité des plongements pour la recommandation non diversifiée et l'évaluation de la recommandation diversifiée via les DPP.

Qualité de prédiction des recommandations. Nous considérons deux mesures usuelles : le *normalized discounted cumulative gain* $NDCG@N$ et le *hit ratio hit@N*. Calculées pour chaque utilisateur test, elles sont ensuite moyennées sur l'ensemble des utilisateurs.

Diversité des recommandations. Nous considérons deux mesures de diversité définies sur la liste d'items (Chen et al., 2018) : $ILAD = \text{moyenne}_{u \in U}\, \text{moyenne}_{i,j \in R_u, i \neq j}(1 - S_{i,j})$ et $ILMD = \text{moyenne}_{u \in U}\, \min_{i,j \in R_u, i \neq j}(1 - S_{i,j})$, avec U l'ensemble des utilisateurs, R_u la liste des recommandations pour l'utilisateur u et S_{ij} la similarité entre les items i et j. Ces mesures sont calculées pour chaque liste, puis moyennées sur l'ensemble des listes.

Evaluation. Nous adoptons une stratégie de type *leave-one-out*, usuelle dans la littérature (Xin et al., 2019) pour les plongements de graphes de connaissances et les DPP. Pour évaluer la qualité des plongements de graphes de connaissances (section 2.1), nous procédons de la façon suivante. Pour chaque utilisateur, une interaction utilisateur-item est sélectionnée aléatoirement comme jeu de test, tandis que les interactions restantes sont aléatoirement réparties entre jeu d'apprentissage et jeu de validation avec un ratio de 80% : 20% respectivement. Pour évaluer la recommandation diversifiée via les DPP (Section 2.2), nous (1) tirons aléatoirement un item pour chaque utilisateur à partir de ses interactions historiques, (2) pour cet item, nous choisissons les 50 items les plus similaires en terme de résultats de leurs plongements de graphes de connaissances, (3) nous prenons l'union de l'item sélectionné et de ces 50 items pour construire la matrice noyau de DPP et ensuite faire la prédiction avec MAP.

Algorithmes de référence.   Nous utilisons trois algorithmes de référence pour évaluer la recommandation non diversifiée via les plongements de graphes de connaissances : BPRMF, RC et FISM. BPRMF (Rendle et al., 2009), basé sur la factorisation de matrice, apprend sur des retours de pertinence implicites sans considérer les relations entre entités. RCF (Xin et al., 2019), basé sur des graphes de connaissances, considère les interactions utilisateur-item ainsi

---

1. https://grouplens.org/datasets/movielens/100k/
2. Lien au 26/11/2020 : https://datasets.imdbws.com/

que d'autres relations entre items. FISM (Kabbur et al., 2013) est une méthode de filtrage collaboratif centrée item. Pour garantir une comparaison équitable en matière de diversité, nous combinons chaque approche non diversifiée avec deux modèles de diversification : l'approche FastDPP que nous proposons (section 2.2) et la méthode de référence *Maximal Marginal Relevance* (MRR) (He et al., 2016). MRR est une approche de ré-ordonnancement utilisée pour la génération de résumés, permettant de réduire la redondance en conservant la pertinence.

3.2 Résultats

Plongements de graphes de connaissances.   Le tableau 1 montre une amélioration de la qualité de prédiction, quelle que soit la mesure considérée, par l'utilisation des plongements de graphes de connaissances orientés translation. Ainsi, TransE et TransH, les deux méthodes de plongements orientées translation que nous avons considérées, obtiennent de meilleurs résultats que l'ensemble des approches de l'état de l'art, y compris la méthode RCF utilisant aussi des relations entre entités. [3] Par construction, le graphe de connaissances que nous avons proposé tient compte de multiples relations entre les entités (primaires et auxiliaires). Ainsi, une interaction utilisateur-élément (film) devient plus nuancée que la simple considération d'une note ou du nombre de relations comme dans le cas de RCF. Ces nuances sont captées par les méthodes de plongement considérées, TransE et TransH, ce qui se traduit par l'amélioration de résultats de recommandation par rapport aux autres algorithmes de l'état de l'art.

TAB. 1: Résultats avant diversification (dimension = 75, learning rate = 0.001)

Metric	Hit@5	Hit@10	Hit@20	NDCG@5	NDCG@10	NDCG@20
BPRMF	0.1394	0.2200	0.3240	0.0888	0.1150	0.1412
FISM	0.1182	0.2041	0.3160	0.0746	0.1023	0.1304
RCF	0.1442	0.2179	0.3261	0.0888	0.1123	0.1393
TransE	0.1879	0.2842	0.4087	0.1253	**0.1561**	0.1876
TransH	**0.1917**	**0.2861**	**0.4123**	**0.1257**	**0.1561**	**0.1878**

Recommandation diversifiée.   Le tableau 2 présente la performance des méthodes de recommandation diversifiée en matière de qualité de prédiction et de diversité. Nos méthodes, combinant FastDPP avec TransE et TransH, sont respectivement notées $DivKG_E$ and $DivKG_H$. Nous constatons qu'elles obtiennent systématiquement de meilleurs résultats que les approches de l'état de l'art, pour l'ensemble des mesures considérées. De plus, la combinaison des méthodes de l'état de l'art avec FastDPP obtient généralement de meilleurs résultats qu'avec MRR.

4   Conclusions

Dans cet article, nous avons proposé **DivKG**, une approche de recommandation top-N diversifiée, combinant des plongements de graphes de connaissances et des processus ponc-

---

3. Nous avons testé plusieurs configurations de paramètres. Ici, nous décrivons les résultats obtenus pour la meilleure configuration trouvée.

TAB. 2: Résultats pour la recommandation diversifiée avec α=0.9

	BPRMF +MMR	BPRMF +FastDPP	RCF +MMR	RCF +FastDPP	TransE +MMR	DivKG$_E$	TransH +MMR	DivKG$_H$
Hit@10	0.2821	0.3065	0.2842	0.3001	0.2768	0.3160	0.2693	**0.3175**
NDCG@10	0.0789	0.0848	0.0785	0.0798	0.0774	0.1176	0.0705	**0.1178**
$ILAD$	0.9683	0.9922	0.9698	0.9923	0.9911	**0.9959**	0.9898	0.9956
$ILMD$	0.8867	0.9726	0.8886	0.9729	0.9183	**0.9768**	0.8951	0.9690

tuels déterminantaux. Les graphes de connaissances permettent de capturer différentes relations entre items, utilisateurs, et d'autres entités auxiliaires. La diversité des recommandations est assurée par la méthode de construction des noyaux des DPP sur les graphes de connaissances générés. **DivKG** garantit un compromis entre diversité et pertinence. Elle obtient expérimentalement de meilleurs résultats que l'état de l'art en matière de pertinence et de diversité.

Remerciements. Lu Gan bénéficie d'une bourse de doctorat du *China Scholarship Council*, no. 201801810094, pour effectuer sa thèse de doctorat à l'INSA Lyon, France.

Références

Bordes, A., N. Usunier, A. Garcia-Durán, J. Weston, et O. Yakhnenko (2013). Translating embeddings for modeling multi-relational data. In *Proc. of the 26th International Conference on Neural Information Processing Systems - Volume 2*, NIPS'13, pp. 2787–2795.

Borodin, A., A. Jain, H. C. Lee, et Y. Ye (2017). Max-sum diversification, monotone submodular functions, and dynamic updates. *ACM Trans. Algorithms 13*(3).

Chen, L., G. Zhang, et H. Zhou (2018). Fast greedy map inference for determinantal point process to improve recommendation diversity. In *Proc. of the 32Nd International Conference on Neural Information Processing Systems*, NIPS'18, pp. 5627–5638.

Gan, L., D. Nurbakova, L. Laporte, et S. Calabretto (2020). Enhancing recommendation diversity using determinantal point processes on knowledge graphs. In *Proc. of the 43rd International ACM SIGIR conference on research and development in Information Retrieval, SIGIR 2020, Virtual Event, China, July 25-30, 2020*, pp. 2001–2004.

Gartrell, M., U. Paquet, et N. Koenigstein (2016). Bayesian low-rank determinantal point processes. In *Proc. of the 10th ACM Conference on Recommender Systems*, pp. 349–356.

He, X., H. Zhang, M.-Y. Kan, et T.-S. Chua (2016). Fast matrix factorization for online recommendation with implicit feedback. In *Proc. of the 39th International ACM SIGIR Conference on Research and Development in Information Retrieval*, SIGIR '16, pp. 549–558.

Ji, G., S. He, L. Xu, K. Liu, et J. Zhao (2015). Knowledge graph embedding via dynamic mapping matrix. In *Proc. of the 53rd Annual Meeting of the Association for Computational*

Linguistics and the 7th International Joint Conference on Natural Language Processing (Volume 1 : Long Papers), pp. 687–696.

Kabbur, S., X. Ning, et G. Karypis (2013). Fism : Factored item similarity models for top-n recommender systems. In *Proc. of ACM SIGKDD International Conference on Knowledge Discovery and Data Mining*, pp. 659–667.

Kulesza, A. et B. Taskar (2012). Determinantal point processes for machine learning. *Found. Trends Mach. Learn. 5*(2-3), 123–286.

Lin, Y., Z. Liu, M. Sun, Y. Liu, et X. Zhu (2015). Learning entity and relation embeddings for knowledge graph completion. In *Proc. of the 29th AAAI Conference on Artificial Intelligence*, AAAI'15, pp. 2181–2187.

Rendle, S., C. Freudenthaler, Z. Gantner, et L. Schmidt-Thieme (2009). Bpr : Bayesian personalized ranking from implicit feedback. In *Proc. of the 25th Conference on Uncertainty in Artificial Intelligence*, UAI '09, pp. 452–461.

Salakhutdinov, R. et A. Mnih (2007). Probabilistic matrix factorization. In *Proc. of the 20th International Conference on Neural Information Processing Systems*, pp. 1257–1264.

Wang, Z., J. Zhang, J. Feng, et Z. Chen (2014). Knowledge graph embedding by translating on hyperplanes. In *Proc. of the 28th AAAI Conference on Artificial Intelligence*, pp. 1112–1119.

Warlop, R., J. Mary, et M. Gartrell (2019). Tensorized determinantal point processes for recommendation. In *Proc. of the 25th ACM SIGKDD International Conference on Knowledge Discovery & Data Mining*, KDD '19, pp. 1605–1615.

Xin, X., X. He, Y. Zhang, Y. Zhang, et J. Jose (2019). Relational collaborative filtering : Modeling multiple item relations for recommendation. In *Proc. of the 42nd International ACM SIGIR Conference on Research and Development in Information Retrieval*, SIGIR'19, pp. 125–134.

Zhang, F., N. J. Yuan, D. Lian, X. Xie, et W.-Y. Ma (2016). Collaborative knowledge base embedding for recommender systems. In *Proc. of the 22nd ACM SIGKDD International Conference on Knowledge Discovery and Data Mining*, KDD '16, pp. 353–362.

Summary

Top-N recommendations are applied in various real life domains and keep attracting intense attention from researchers and industry. While *accuracy* has been the prevailing issue of the recommendation problem for the last decades, other facets of the problem, namely *diversity* and *explainability*, have received much less attention. In this paper, we focus on enhancing diversity of top-N recommendation, while ensuring the trade-off between accuracy and diversity. We propose an effective framework **DivKG** leveraging knowledge graph embedding and determinantal point processes (DPP). First, we capture different kinds of relations among users, items and additional entities through a knowledge graph structure. Then, we represent both entities and relations through graph embedding, using all kind of historical interaction. We use these representations to construct kernel matrices of DPP in order to make top-N diversified predictions. Our empirical results show substantial improvement over the state-of-the-art regarding accuracy and diversity metrics. This paper is a french translation of Gan et al. (2020).

Approche interactive d'extraction de variables interprétables et explicatives pour la gestion des contraintes du réseau électrique français

Laure Crochepierre*,**, Lydia Boudjeloud-Assala*, Vincent Barbesant**

*Université de Lorraine, CNRS, LORIA, F-57000 Metz, France
{laure.crochepierre, lydia.boudjeloud-assala}@univ-lorraine.fr
**Réseau de Transport d'Electricité (Rte) R&D, Paris, France
{laure.crochepierre, vincent.barbesant}@rte-france.com

Résumé. Les réseaux électriques sont des systèmes hautement surveillés, où les opérateurs synthétisent des informations complexes pour comprendre l'état du réseau. Nos travaux visent à faciliter cette synthèse en créant automatiquement des variables à partir de mesures de capteurs. Nous proposons une approche d'extraction de variables par évolution guidée par la grammaire, qui produit des variables interprétables et physiquement cohérentes. Nous introduisons des restrictions d'opérations sur les grandeurs physiques du problème grâce à une grammaire non contextuelle, construite interactivement avec des experts, qui assure la cohérence avec les lois de la physique, la cohérence des unités, et introduit de l'expertise technique dans l'apprentissage. Nous comparons notre approche à des méthodes d'extraction de variables de l'état de l'art, sur des données réelles du réseau électrique français et proposons également une évaluation de l'interprétabilité de la méthode d'un point de vue humain et fonctionnel.

1 Introduction

Le réseau de transport d'électricité est un système complexe surveillé et exploité en temps réel, 24h/24, 7j/7, par des opérateurs hautement qualifiés. Ils doivent s'assurer en permanence que l'ensemble du système, essentiel dans nos sociétés modernes, reste dans un état sûr pour acheminer l'électricité des centrales de productions vers les consommateurs. En particulier, ils veillent à ce que le flux électrique de chaque ligne reste en dessous de sa limité d'exploitation au-dessus duquel un court-circuit pourrait se produire, et mettrait en danger la sécurité des biens et des personnes à proximité. Cette surveillance est assurée par un grand nombre de capteurs placés sur l'ensemble du réseau et fournit des mesures relayées dans des salle de contrôle. A partir de ces mesures, les opérateurs font une synthèse d'informations pour planifier des actions préventives afin de réorienter les flux avant qu'ils n'atteignent leur seuil critique.

Cependant, même si les opérateurs sont à même de faire fonctionner le système électrique, les gestionnaires de réseaux de transport (GRT) comme le GRT français "Réseau de Transport d'Electricité" (Rte) ont constaté une augmentation de la complexité des opérations en temps réel (Donnot et al., 2017). En conséquence, les lignes électriques sont exploitées plus près de leur limite, et les opérateurs doivent prendre des décisions plus rapidement afin de garder du temps pour gérer des situations critiques. Aujourd'hui, la synthèse d'information est assistée par des simulations massives et un suivi d'indicateurs. Historiquement créés par les opérateurs grâce à leur expertise, ces indicateurs ne sont pas exhaustifs et ne peuvent pas certifier la sécurité de tous flux électriques. Par conséquent, les opérateurs continuent à effectuer eux-mêmes certaines parties de cette synthèse en utilisant leur connaissance et les simulations.

Dans ce contexte, nous proposons une méthode *interactive d'extraction de variables* pour l'explication de flux électriques permettant d'insérer des *contraintes expertes et physiques* (loi d'Ohm par exemple) afin d'obtenir des solutions dont les unités physiques sont cohérentes. L'approche repose sur la programmation génétique guidée par la grammaire (McKay et al., 2010), abrégée en PGGG, pour extraire des combinaisons interprétables. Notre contribution est double. Tout d'abord, nous proposons une méthode de création de variables qui intègre des connaissances via une grammaire non contextuelle construite interactivement. In fine, les variables créées sont analysées et commentées par un expert humain qui fournit des retours utilisables lors des prochains apprentissages. La deuxième contribution est l'*évaluation de l'interprétabilité*. Suivant la terminologie utilisée par Doshi-Velez et Kim dans (Doshi-Velez et Kim, 2017), nous évaluons "fonctionnellement" et "humainement" l'approche proposée en la comparant à d'autres méthodes interprétables et en faisant analyser les résultats par un expert.

Nous utilisons la corrélation linéaire comme fonction fitness. Dans cet article, nous évaluons la méthode sur un jeu de données constitué de mesures du réseau électrique français, au pas de 5 minutes de janvier 2014 à décembre 2018. L'article est organisé comme suit. La Section 2 résume l'état de l'art, la Section 3 décrit les données, la Section 4 détaille la méthode, les expériences et résultats sont présentés en Section 5, et enfin, la Section 6 conclut ce document et propose des perspectives. Cet article est un résumé en français d'un article présenté dans le cadre de la conférence internationale ECML/PKDD 2020 (Crochepierre et al., 2020).

2   Etat de l'art

Les données réelles sont généralement mesurées en grande dimension, redondantes et ont, par conséquent, une structure sous-jacente représentables en plus petite dimension. La famille de méthode utilisée pour appréhender ce type de problème est la réduction de dimension (RD). La RD se fait par sélection ou extraction de variables (Khalid et al., 2014; Van Der Maaten et al., 2009). Là où la sélection ne conserve que les variables les plus informatives, l'extraction *combine* (linéairement ou non) les variales initiales pour en produire de plus expressives. L'extraction linéaire est considérée comme plus interprétable, alors que celle non linéaire représente souvent mieux les données d'origine. La RD est le plus fréquemment réalisée dans un paradigme non-supervisé. C'est une limitation dans notre cas, car il n'est alors pas possible de prendre en compte la connaissance métier dans l'apprentissage.

Le manque d'interprétabilité pose problème en RD. Bien que les méthodes linéaires soient considérées comme interprétables (même en additionnant des grandeurs d'unités physiques différentes), ce n'est souvent pas le cas pour les méthodes non-linéaires, rendant difficile leur utilisation dans des processus industriels. L'interprétabilité améliore aussi la confiance dans la solution et l'acceptation du modèle par l'utilisateur. L'interprétabilité se fait soit par des modèles interprétables soit post-hoc. Les modèles interprétables, tels que les arbres de décision (Breiman et al., 1984), produisent des résultats interprétables mais souvent sous-optimaux.

L'interprétabilité post-hoc, au contraire s'utilise après l'apprentissage pour comprendre le comportement de modèles plus complexes et plus précis tels que les réseaux de neurones. Cependant, Laugel et al. (Laugel et al., 2019) ont identifié le risque d'avoir des explications (posthoc) qui seraient des artefacts appris par le modèle plutôt que de la connaissance réelle sur les données. L'interprétabilité est plus que jamais nécessaire, que ce soit pour la sécurité, l'équité ou la compréhension scientifique. Cependant, il n'existe pas encore de consensus méthodologique pour la définir et l'évaluer. Doshi-Velez et Kim (Doshi-Velez et Kim, 2017) proposent néanmmoins une première méthode d'évaluation à trois niveaux : le premier est une évaluation "appliquée" où l'humain évalue l'interprétabilité sur une tâche réelle ; le second niveau "humain" où l'humain évalue une tâche plus simple ; enfin, le niveau "fonctionnel" où une tâche simple est évaluée sans aucun humain. Ce niveau le plus simple évalue, par exemple, plusieurs algorithmes interprétables afin d'identifier le meilleur vis-à-vis d'une métrique. Nous utiliserons cette taxonomie dans la Section 5.

Parmi les méthodes d'extraction non-linéaires, la programmation génétique (PG) (Koza, 1990) permet d'obtenir des résultats interprétables. Elle fait évoluer une population de programmes représentés par des *arbres*. Chaque arbre est composé de variables initiales (feuilles) combinées au moyen d'opérations (noeuds) prises dans une liste de fonctions licites. Comme dans certains cas l'espace de recherche est grand et empêche la convergence, des variantes ont été proposées telle que la programmation génétique guidée par la grammaire (PGGG) (McKay et al., 2010). En PGGG, l'espace de recherche est limité par des *règles* grammaticales comme celles de la Figure 1. La PGGG permet inclure de la connaisance experte dans l'apprentissage via par exemple des contraintes sur les *unités* physiques des variables (Cherrier et al., 2019). C'est ce qui nous a conduit à envisager cette méthode pour trouver des variables explicatives.

3   Description des données

Le réseau électrique peut être représenté par un graphe $G = (N, L)$ à N noeuds et L lignes. Dans les noeuds sont physiquement connectées les lignes qui transportent l'électricité. On mesure dans les noeuds $n \in N$ les puissances active p_n et réactive q_n. L'information contenue dans les lignes l correspond aux liaisons électriques ($connected_l^{or}$, $connected_l^{ex}$ la connexion à l'origine et extrémité de la ligne, $neighbor_id_l$ la liste des lignes voisines). Avec ces mesures en entrées, des simulations estiment pour chaque pas de temps la tension v_n et l'angle θ_n dans les noeuds $n \in N$ puis le flux aux extrémités des lignes (d'origine *or* et d'extrémité *ex*), i_l^{or} et $i_l^{ex}, \forall l \in L$. Les flux $i_l^{or,ex}$ constituent la sortie de notre problème. Le système étudié forme alors un *système fermé* sans dépendance temporelle car les variables cibles $i_l^{or,ex}$ ne dépendent que des entrées et des hyperparamètres du simulateur. Nous déplaçons les variables des noeuds vers chaque origine/extrémité de ligne connectée à ce noeud, ce qui nous permet maintenant de raisonner uniquement en termes de lignes électriques. Nous nous référerons aux variables mesurées/simulées par $X = (X_l)_{l \in L}$ et aux variables cibles $y = (y_l)_{l \in L}$ où :

$$\forall l \in L, \quad X_l = ((p, q, v, \theta)_{n_or(l), n_ex(l)}, connected_l^{or,ex}, neighbor_id_l)$$
$$y_l = (i_l^{or}, i_l^{ex})$$

Le réseau électrique français est composé de 6 500 noeuds et 12 000 lignes et a de nombreuses interactions avec les réseaux voisins et en son sein. Pour contrôler ces interactions dans l'analyse du réseau, on le divise généralement en sous-zones peu dépendantes. Nous nous

```
# 1) Grandeurs physiques autorisées en sortie
<expr> ::= <p> | <s> | <i> | <p>/<v>

# 2) Operations légales sur chaque dimension
<p>   ::= <p>-<p> | <pop>(<p>, <p>) | <sop>(<p>) | <p_var>
<q>   ::= <q>-<q> | <pop>(<q>, <q>) | <sop>(<q>) | <q_var>
<v>   ::= <v>-<v> | <pop>(<v>, <v>) | <sop>(<v>) | <v_var>
<p2>  ::= <p>*<p> | square(<p>)
<q2>  ::= <q>*<q> | square(<q>)
<s>   ::= sqrt(<p2> + <q2>) |<v> * <i>
<i>   ::= <s>/<v> | <pop>(<i>,<i>) | <sop>(<i>) | <i_frontier_var>

# 3) Operations retournant la même dimension que les entrées
<pop>::= sum | minimum | maximum # Functions à deux arguments
<sop>::= abs | neg | pos # Functions à un seul argument
```

FIG. 1 – *Exemple de grammaire simplifiée. "|" sépare chaque règle pouvant remplacer le symbole placé avant " ::= ". Les entrées sont <p_var> <q_var>, <v_var> et <i_frontiere_var>.*

concentrons ainsi sur une vallée montagneuse de 69 noeuds et 92 lignes où l'escarpement limite intrinsèquement les interactions avec le reste du réseau. 9 lignes sont reliées à l'extérieur. En collectant des mesures de janvier 2014 à décembre 2018, nous obtenons 365 165 observations.

4   Méthode proposée

Etant donné les variables $X \in \mathbb{R}^D$, nous souhaitons extraire par ligne $l \in L$ des combinaisons $X_l^{'} \in \mathbb{R}^d$ où $d << D$ et tel que $X_l^{'}$ soit pertinent pour expliquer y_l. Nous utilisons la PGGG avec une grammaire gérant des données électriques et une métrique de corrélation.

4.1   Description de la grammaire

La construction de la grammaire est cruciale pour une recherche efficace dans l'espace : une grammaire trop lâche chercherait dans un espace trop grand, tandis qu'une grammaire trop contraignante limiterait la recherche à des zones peu pertinentes. Pour des raisons de compréhension, nous fournissons une grammaire simplifiée dans la Figure 1. La grammaire complète utilise toutes les variables décrites dans la section 3. La grammaire est construite de manière itérative avec des experts qui retirent ou ajoutent des règles, variables ou opérations.

Nous définissons d'abord les grandeurs physiques du problème avec leurs unités : la puissance active p (unité : watt W), la puissance réactive q (volt-ampère réactif VAR), la puissance apparente s (volt-ampère VA), la tension v (tension V) et l'intensité i (ampère A) puis le carré de ces grandeurs (ex. $p2$ le carré de p d'unité W^2). La grammaire définit en premier la structure de sortie <expr> pour la contraindre à des grandeurs physiques utiles pour l'expert. <expr> peut être une des grandeurs suivantes : q, p^2, q^2 ou v^2. Puis, elle décrit les opérations réalisables sur chaque grandeur et entre deux grandeurs différentes. Pour passer d'une unité à l'autre, des lois de la physique telles que le triangle de puissance $s = \sqrt{p^2 + q^2}$ ou une variante de la loi d'Ohm $i = \frac{s}{v}$ sont traduites en grammaire. Les variables d'entrée sont <p_var>, <q_var>,

---

Algorithme 1 : Algorithme de recherche évolutionnaire interactive

```
input   : observations X, target y
grammaire ← initialisation_de_la_grammaire()
while operateur_non_satisfait do
    population ← creation_de_la_population(grammaire)
    condition_d'arret_non_satisfaite ← True
    while condition_d'arret_non_satisfaite do
        parents, meilleur_individu ← selection_des_parentspopulation, X, y)
        descendance ← croisement(parents)
        descendance ← mutation(descendance)
        population ← remplacement(population, descendance)
        condition_d'arret_non_satisfaite ← test_des_conditions(meilleur_individu)
    grammaire ← mise_à_jour_de_la_grammaire(grammaire)
return grammaire, meilleur_individu
```

<v_var>, et <i_frontiere_var> ($i_frontiere$ est le flux des lignes transfrontalières modélisant les interactions avec l'extérieur de la zone) de grandeur physique respective p, q, v, i. Les combinaisons de ces variables peuvent produire une nouvelle variable d'unité identique (<p>-<p> d'unité p), ou différente (<p>/<p> est sans unité alors que `square(<p>)` a pour unité p^2). Enfin, nous donnons les types d'opérations licites à un ou plusieurs arguments.

4.2 Description de l'apprentissage

Notre méthode utilise la PGGG avec une grammaire construite par des experts. Nous parcourons l'espace de recherche en itérant des opérations (sélection, croisement, mutation) sur une population d'individus, comme dans l'algorithme 1. La particularité de la PGGG est d'assurer que les individus suivent toujours les règles gramaticales à chaque opération. Afin de sélectionner les parents de la génération suivante, les individus de la génération courante sont évalués par un objectif d'optimisation appelé fonction fitness. L'algorithme s'arrête lorsque la condition d'arrêt pré-définie est rencontrée. A la fin de chaque exécution, nous demandons aux opérateurs d'examiner les variables créées, de les commenter pour proposer de nouvelles règles grammaticales ou les améliorer. Ces itérations ont permis de créer la grammaire en Figure 1.

La fonction fitness comporte deux termes : `fitness = r` $-10^{-8} \times$ `depth`. Le premier, la valeur absolue de la corrélation linéaire de Pearson r, décrit l'adéquation entre un individu et la variable cible y. Il vaut entre 0 et 1, où une valeur de 1 correspond à des prédictions $yhat$ ayant un comportement identique à la cible y. Il mesure la force de la relation linéaire entre deux variables et présente l'avantage de pouvoir comparer le comportement de variables d'ordre de grandeurs différents. Ceci est adapté à notre problème car nous ne nous intéressons pas à la prédiction de la valeur exacte du flux mais plutôt à la compréhension de la *relation* entre les variables d'entrée X et le flux y. De plus, pour l'opérateur, il est aussi intéressant d'examiner une variable F que $10 \times F$. Le deuxième terme régularise la profondeur de l'arbre représentant l'individu (i.e. le nombre maximum de noeuds de la racine aux feuilles) pour empêcher l'explosion de sa taille (Purohit et al., 2011). C'est une contrainte de parcimonie permettant de conserver des expressions lisibles par l'humain. Elle est faiblement pondérée pour ne supprimer que les noeuds redondants sans trop contraindre l'espace de recherche.

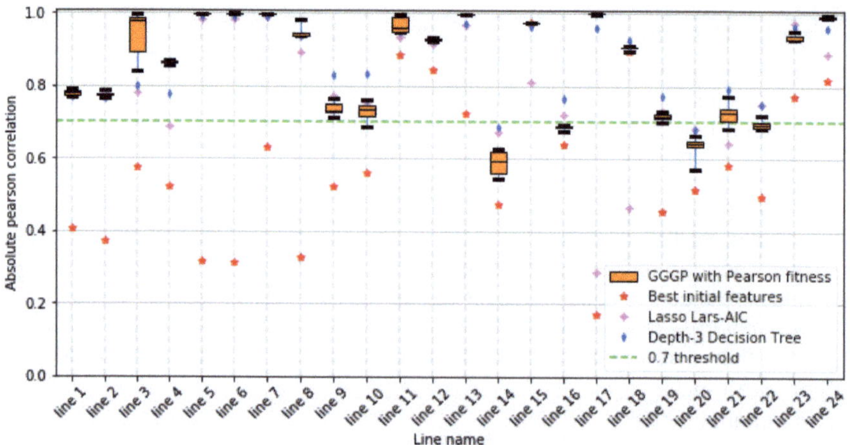

FIG. 2 – *Comparaison entre la PGGG (boîte à moustaches orange) et l'état de l'art : Lasso Lars-AIC (rectangle rose) et arbre de décision (losange bleu). Pour chaque ligne étudiée, le nom correspondant est sur l'axe des abscisses et les résutats sont placés le long d'une ligne verticale en pointillés. La variable initiale la plus corrélée (étoile rouge) sert de référence.*

5   Expérimentations et résultats

5.1   Protocole expérimental

Afin de ne pas examiner d'effets négligeables sur la variable cible, nous sélectionnons un sous-ensemble de lignes sur lesquelles réaliser l'extraction de variables. Pour cela, nous prenons les *lignes les plus fréquemment chargées*, c'est-à-dire se trouvant au-dessus d'un pourcentage $percent_i_threshold$ $(100, 90, 80, et 70\%)$ de la limite de la ligne $i_threshold$ pendant un pourcentage du temps total $percent_time$ $(0{,}05 ou 0{,}1\%)$. Par union de combinaison des hyperparamètres $(percent_time, percent_i_threshold)$, nous identifions 24 lignes.

Nous souhaitons représenter le flux y des lignes présélectionnées par une nouvelle variable. Nous évoluons sur 200 générations une grande population (2 000 individus) en raison du nombre élevé de règles grammaticales. Le jeu de données initial est divisé en 80/20 entre entrainement et test. Pour chaque ligne, la recherche est lancée 30 fois avec une initialisation aléatoire, et seuls les individus les mieux notés sont conservés pour une inspection manuelle. Tous les hyperparamètres ont été sélectionnés en amont par validation croisée.

Nous utilisons l'implémentation parallèle open-source de PG en Python PonyGE2 (Fenton et al., 2017). Nous y insérons une métrique d'erreur basée sur la corrélation, de nouveaux traitement de données, d'évolution et la grammaire complète adaptée à notre problème.

5.2   Résultats

5.2.1   Comparaison avec d'autres méthodes

Cette expérience compare les individus évolués par corrélation avec des algorithmes d'interprétabilité similaires (Bayes Information criterion (Lasso Lars-BIC) (Zou et al., 2007) et un arbre de décision de profondeur 3 (Breiman et al., 1984)) pour évaluer "fonctionnellement" la méthode (Doshi-Velez et Kim, 2017). Nous prenons comme référence la variable la plus corrélée des données initiales. Dans la Figure 2, les résutats associés à chaque ligne sont affichés le long d'une ligne verticale en pointillés, avec le nom de la ligne sur l'axe horizontal. Ainsi, pour la ligne 24 à droite, sont représentés de bas en haut les corrélations avec la cible de : la variable la plus corrélée des données initiales (marquée par une étoile rouge) ; la sortie de Lasso Lars-AIC (rectangle rose) ; la sortie de l'arbre de décision (losange bleu) et la boîte à moustaches des sorties de la PGGG (boîte orange).

Dans la Figure 2, les sorties de la PGGG sont plus corrélées avec la cible que les variables initiales. Nous constatons aussi que seuls 3 des 24 scores les plus élevées obtenus par PGGG sont inférieures au seuil de 0,7, en dessous duquel la corrélation n'est généralement pas considérée comme suffisamment forte pour être significative. Enfin, nous comparons notre approche avec d'autres approches interprétables, telles que le Lasso Lars ou un arbre de décision de profondeur limitée. Nous constatons que les résultats de la PGGG ayant une corrélation significative sont au moins aussi et parfois plus corrélés avec la cible que les autres méthodes.

5.2.2   Analyse experte des résultats

Les meilleures variables obtenues par PGGG sont finalement évaluées par des experts en réseau électriques afin d'identifier leur pertinence technique et physique. Cette expérience vise à confirmer l'interprétabilité d'un point de vue "humain" (Doshi-Velez et Kim, 2017). Les premières conclusions indiquent que toutes les variables au-dessus d'une corrélation de 0,8 sont pertinentes, définissant par ailleurs un seuil d'acceptation ou de rejet par l'expert. De plus, les variables de score très élevé (supérieur à 0,9) sont elles utiles en l'état. Toutefois, pour les variables inférieures à 0,8, les experts auraient trouvé intéressant d'intervenir pendant le processus d'apprentissage en supprimant, remplaçant/ajoutant des noeuds ou des feuilles des arbres pour augmenter leur score.

6   Conclusions et perspectives

En combinant interactivité et PGGG, nous obtenons des résultats prometteurs pour *extraire des variables interprétables* à partir de mesures du réseau électrique. La construction et la validation d'une grammaire non contextuelle permet d'inclure interactivement la *connaissance experte dans l'apprentissage*. Nos expériences évaluent également l'interprétabilité de notre méthode du point de vue "humain" et "fonctionnel". Les experts ont jugé des variables construites suffisamment pertinentes pour être incluses dans des outils d'hyper-vision. Cependant, certaines flux restent difficiles à expliquer avec une seule dimension. En effet, pour ces lignes, un modèle 1D est certainement trop restrictif, et nous envisageons de construire un espace multidimensionnel pour augmenter la représentativité du modèle. Nous utiliserons aussi des grammaires probabilistes pour mieux guider l'exploration.

Références

Breiman, L., J. H. Friedman, R. A. Olshen, et al. (1984). *Classification and Regression Trees*.

Cherrier, N., J. Poli, M. Defurne, et F. Sabatié (2019). Consistent feature construction with constrained genetic programming for experimental physics. In *IEEE Congress on Evolutionary Computation*, pp. 1650–1658.

Crochepierre, L., L. Boudjeloud-Assala, et V. Barbesant (2020). Interpretable Dimensionally-Consistent Feature Extraction from Electrical Network Sensors. In *Proceedings of ECML/PKDD*.

Donnot, B., I. Guyon, M. Schoenauer, P. Panciatici, et A. Marot (2017). Introducing machine learning for power system operation support. In *IREP Symposium*.

Doshi-Velez, F. et B. Kim (2017). Towards a rigorous science of interpretable machine learning. *stat 1050*, 2.

Fenton, M., J. McDermott, D. Fagan, et al. (2017). Ponyge2 : grammatical evolution in python. In *GECCO (Companion)*, pp. 1194–1201.

Khalid, S., T. Khalil, et S. Nasreen (2014). A survey of feature selection and feature extraction techniques in machine learning. In *2014 Science and Information Conference*, pp. 372–378.

Koza, J. R. (1990). Concept formation and decision tree induction using the genetic programming paradigm. In *Parallel Problem Solving from Nature, 1st Workshop, PPSN I, Dortmund, Germany, Proceedings*, Volume 496, pp. 124–128.

Laugel, T., M. Lesot, C. Marsala, et al. (2019). The dangers of post-hoc interpretability : Unjustified counterfactual explanations. In *IJCAI*, pp. 2801–2807.

McKay, R. I., N. X. Hoai, P. A. Whigham, Y. Shan, et M. O'Neill (2010). Grammar-based genetic programming : a survey. *Genetic Programming and Evolvable Machines 11*(3-4), 365–396.

Purohit, A., A. Bhardwaj, A. Tiwari, et N. S. Chaudhari (2011). Handling the problem of code bloating to enhance the performance of classifier designed using genetic programming. In *IICAI*, pp. 333–342.

Van Der Maaten, L., E. Postma, et J. Van den Herik (2009). Dimensionality reduction : a comparative review. *J Mach Learn Res 10*(66-71), 13.

Zou, H., T. Hastie, R. Tibshirani, et al. (2007). On the "degrees of freedom" of the lasso. *The Annals of Statistics 35*(5), 2173–2192.

Summary

Electrical power networks are heavily monitored systems, requiring operators to perform intricate information synthesis before understanding the underlying network state. Our study aims at helping this synthesis step by automatically creating features from sensor data. We propose a feature extraction approach using a grammar-guided evolution, which outputs interpretable and physically consistent features. Operations restrictions on physical units are introduced in the learning process through interactively-built context-free grammars. They ensure coherence with physical laws, dimensional-consistency and also introduce technical expertise in the created features. We compare our approach to other state-of-the-art feature extraction methods on a real dataset taken from the French electrical network sensors and evaluate interpretability on human and functional levels.

Approche ensemble pour le co-clustering par blocs sur des données textuelles: Application au biomédical

Séverine Affeldt*, Lazhar Labiod*, Mohamed Nadif*

*Université de Paris, CNRS, Centre Borelli, F-75006 Paris
<prénom.nom>@u-paris.fr

Résumé. Nous proposons un co-clustering par blocs via une approche ensemble qui fusionne plusieurs co-clusterings élémentaires en une matrice d'affinité *consensus* structurée. Les co-clusterings de base sont issus des mêmes données textuelles et générés par la même méthode de co-clustering. Ce processus de fusion renforce la qualité individuelle des co-clusterings par blocs au sein d'une seule matrice consensus. Notre approche permet un co-clustering complètement non supervisé, où le nombre de co-clusters est automatiquement déduit d'un critère de modularité non trivial généralisé. La fonction objective associée permet l'apprentissage conjoint de l'agrégation des co-clusterings élémentaires et du co-clustering consensus. Les résultats expérimentaux sur plusieurs jeux de données réelles démontrent l'intérêt de notre approche comparée à des méthodes compétitives de co-clustering (Affeldt et al., 2020).

1 Introduction

La classification non supervisée ou *clustering* permet le regroupement d'objets similaires en *clusters* homogènes. C'est une approche incontournable dans la science des données et elle est particulièrement utile pour le traitement des données massives. Le choix d'un algorithme de clustering efficace pour l'obtention d'un partitionnement *profitable* n'est pas une tâche simple. En effet, plusieurs algorithmes de clustering ne produisent pas nécessairement la même partition optimale. L'approche *ensemble*, très populaire en apprentissage supervisé, s'avère un très bon moyen pour pallier cet inconvénient. Ainsi, des méthodes proposant une partition *consensus* ont été proposées pour améliorer la pertinence du partitionnement (Strehl et Ghosh, 2003). Toutefois, de telles méthodes ne sont pas conçues pour des données telles que les données textuelles, notamment biomédicales, qui sont généralement clairsemées (*sparse*) et de très grande dimension.

Pour ce type de données, le *co-clustering* ou classification croisée (Govaert et Nadif, 2013) permet, cependant, d'exploiter efficacement la relation naturellement pré-existante entre l'ensemble des *objets* (eg. documents) et leurs *caractéristiques* (eg. termes). Ainsi à partir des matrices document-terme et une classification simultanée des deux ensembles, on obtient généralement une meilleure réorganisation en blocs que par les approches de clustering appliquées séparément sur les deux ensembles (Labiod et Nadif, 2011; Ailem et al., 2016; Salah et Nadif, 2017; Govaert et Nadif, 2018). Pour un corpus de documents, chaque co-cluster fournit un regroupement des documents *et* une caractérisation des thématiques grâce au regroupement simultané des mots. La réduction de dimension qui s'opère implicitement à chaque itération d'un co-clustering rend ce type d'approche très performante pour des données massives. Peu d'approches *ensemble* pour le co-clustering ont été développées (Hanczar et Nadif, 2012). Récemment, Huang et al. (2015) ont conçu SCCE (*Spectral Co-Clustering Ensemble*) qui se présente comme un problème de partitionnement de graphe bipartite. Plus récemment, Yu et al. (2019) ont proposé CoCE (*Co-Clustering ensemble*), dont la complexité en temps est très inférieure à celle de SCCE. Elle reste toutefois trop élevée pour des données textuelles, généralement clairsemées et de très grande dimension.

Notre contribution La robustesse des approches *ensemble* pour le clustering et les bonnes performances des méthodes de co-clustering pour les données textuelles, nous amène aujourd'hui à proposer une approche ensemble pour le co-clustering par blocs, EBCO (*Ensemble Block CO-clustering*) (Affeldt et al., 2020).

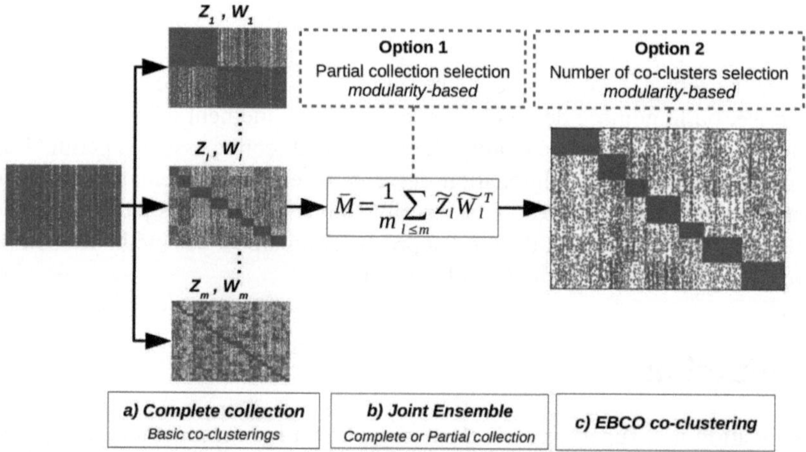

FIG. 1: EBCO : (a) Collection de m co-clusterings $(\mathbf{Z}_\ell, \mathbf{W}_\ell)_{\ell \in [1,m]}$ issus d'une matrice document-terme. (b) Matrice d'affinité intégrant les informations des co-clusterings de base via $\overline{\mathbf{M}}$. (c) Factorisation de la matrice $\overline{\mathbf{M}}$ en un co-clustering consensus par blocs.

La Figure 1 résume notre méthode. EBCO fournit un co-clustering *consensus* par blocs à partir de co-clusterings élémentaires. Notre approche se démarque des méthodes existantes à trois niveaux. Tout d'abord, en combinant les multiples co-clusterings élémentaires dans l'esprit d'un double k-means, EBCO présente une faible complexité en temps. De plus, EBCO prend en compte la nature *directionnelle* des données textuelles. Enfin, notre méthode est complètement non supervisée. Elle permet de choisir automatiquement les co-clusterings de base les mieux adaptés *et* le nombre de co-clusters consensus (Fig. 1 ; Options 1 & 2).

2   Ensemble co-clustering par blocs

Soit une matrice document-terme $\mathbf{X} = (x_{ij})$ de taille $n \times d$, où $x_{ij} \in \mathbb{N}$ est la fréquence du mot j dans le document i. La partition de l'ensemble des documents I en g clusters peut être représentée par la matrice de classification $\mathbf{Z} = (z_{ik}) \in \{0,1\}^{n \times g}$ pour laquelle $\forall i, \sum_{k=1}^{g} z_{ik} = 1$. De même, pour la partition de l'ensemble des mots J, on considère la matrice de partition $\mathbf{W} = (w_{jk}) \in \{0,1\}^{d \times g}$ pour laquelle $\forall j, \sum_{k=1}^{g} w_{jk} = 1$.

Définition du problème et fonction objective Les méthodes de *block seriation* réorganisent I et J selon des blocs diagonaux dont les partitions décrivent de façon optimale $\mathbf{Z}$ et $\mathbf{W}$. On peut concevoir le co-clustering comme une tâche de *block seriation* $\mathbf{Q} = (\mathbf{q}_{ij})$ définie sur $I \times J$ par $\mathbf{Q} = \mathbf{Z}\mathbf{W}^\top$ où $\mathbf{q}_{ij} = 1$ si le document i a les mêmes attributs de bloc que j, sinon $\mathbf{q}_{ij} = 0$. Ainsi, $\mathbf{q}_{ij} = \sum_{k=1}^{g} \mathbf{z}_{ik}\mathbf{w}_{jk} = (\mathbf{Z}\mathbf{W}^\top)_{ij}$. Toutefois, l'approche de *block seriation* n'est pas pondérée par la taille des clusters lignes et des clusters colonnes, ce qui implique qu'un cluster peut être extrêmement petit s'il est affecté par des *outliers*. Nous proposons avec EBCO une nouvelle relation pondérée de *block seriation*,

$$\widetilde{\mathbf{q}}_{ij} = \sum_{k=1}^{g} \frac{\mathbf{z}_{ik}\mathbf{w}_{jk}}{\sqrt{\mathbf{z}_{.k}\mathbf{w}_{.k}}} = \sum_{k=1}^{g} \widetilde{\mathbf{z}}_{ik}\widetilde{\mathbf{w}}_{jk} = (\widetilde{\mathbf{Z}}\widetilde{\mathbf{W}}^T)_{ij} \tag{1}$$

où $\widetilde{\mathbf{Z}} = \mathbf{Z}\mathbf{D}_\mathbf{z}^{-0.5}$, $\widetilde{\mathbf{W}} = \mathbf{W}\mathbf{D}_\mathbf{w}^{-0.5}$, et la taille des clusters $\mathbf{Z}$ et $\mathbf{W}$ sont sur la diagonale de $\mathbf{D}_\mathbf{z} = \mathbf{Z}^\top\mathbf{Z}$ et $\mathbf{D}_\mathbf{w} = \mathbf{W}^\top\mathbf{W}$. Pour une approche de type ensemble, nous pouvons exploiter l'Eq. (1) afin de combiner des co-clusterings. Soit $\mathcal{M} = \{(\mathbf{Z}_\ell, \mathbf{W}_\ell)\}_{\ell \in [1;m]}$ une collection de co-clusterings obtenus par un même algorithme. Chaque co-cluster peut être modélisé par une relation de *block seriation* pondérée, avec $\widetilde{\mathbf{M}}_l = \widetilde{\mathbf{Z}}_l\widetilde{\mathbf{W}}_l^\top$. La matrice d'affinité *consensus* $\widetilde{\mathbf{Q}}$, telle que chaque $\widetilde{\mathbf{M}}_l$ puisse être modélisé par $\widetilde{\mathbf{M}}_l = \widetilde{\mathbf{Q}} + E_l$, peut alors résulter de la minimisation de $\sum_{l=1}^{m} D(\widetilde{\mathbf{M}}_l, \widetilde{\mathbf{Q}})$, où D est une fonction de coût qui quantifie la qualité de l'approximation de $\widetilde{\mathbf{M}}_l$ par $\widetilde{\mathbf{Q}}$. La fonction objective de EBCO peut être ainsi définie par,

$$\min_{\widetilde{\mathbf{Q}}} \mathcal{J}_{EBCO}(\overline{\mathbf{M}}, \widetilde{\mathbf{Q}}) \equiv \min_{\widetilde{\mathbf{Q}}} ||\overline{\mathbf{M}} - \widetilde{\mathbf{Q}}||_F^2. \tag{2}$$

où $||.||_F^2$ correspond à la norme de Frobenius. Il est aisé de montrer que la solution optimale $\widetilde{\mathbf{Q}}^*$ de l'Eq. (2) est la matrice d'affinité moyenne $\overline{\mathbf{M}} = \frac{1}{m}\sum_{l=1}^{m}\widetilde{\mathbf{M}}_l$,

Optimisation et algorithme On peut montrer que l'optimisation de la fonction objective de EBCO présente l'équivalence suivante (voir Affeldt et al., 2020, Proposition 3.1),

$$\min_{\widetilde{\mathbf{Q}}} ||\overline{\mathbf{M}} - \widetilde{\mathbf{Q}}||_F^2 \equiv \max_{\widetilde{\mathbf{Q}}} Tr(\overline{\mathbf{M}}\widetilde{\mathbf{Q}}^\top) \equiv \max_{\widetilde{\mathbf{Z}},\widetilde{\mathbf{W}}} Tr(\overline{\mathbf{M}}\widetilde{\mathbf{W}}\widetilde{\mathbf{Z}}^\top) \equiv \max_{\widetilde{\mathbf{Z}},\widetilde{\mathbf{W}}} Tr(\widetilde{\mathbf{Z}}^\top\overline{\mathbf{M}}\widetilde{\mathbf{W}}). \tag{3}$$

Les propriétés $Tr(AB) = Tr(BA)$ et $Tr(A^\top) = Tr(A)$, A matrice carrée, impliquent,

$$(a) \quad Tr(\widetilde{\mathbf{Z}}^\top\overline{\mathbf{M}}\widetilde{\mathbf{W}}) \;=\; Tr(\mathbf{Z}^\top\overline{\mathbf{M}}\widetilde{\mathbf{W}}\mathbf{D}_\mathbf{z}^{-0.5}) = \langle\overline{\mathbf{M}}\widetilde{\mathbf{W}}, \mathbf{Z}\rangle_{\mathbf{D}_\mathbf{z}^{-0.5}} \tag{4}$$

$$(b) \quad Tr(\widetilde{\mathbf{Z}}^\top\overline{\mathbf{M}}\widetilde{\mathbf{W}}) \;=\; Tr(\mathbf{W}^\top\overline{\mathbf{M}}^\top\widetilde{\mathbf{Z}}\mathbf{D}_\mathbf{w}^{-0.5}) = \langle\overline{\mathbf{M}}^\top\widetilde{\mathbf{Z}}, \mathbf{W}\rangle_{\mathbf{D}_\mathbf{w}^{-0.5}}. \tag{5}$$

Après initialisation de $\mathbf{Z}$ et $\mathbf{W}$, les paramètres peuvent être mis à jour itérativement en maximisant alternativement les termes à droite des Eq. (4 & 5). Cette alternance exploite bien l'interaction document/terme dans le cadre du texte. L'Algorithme 1 détaille la procédure alternée.

Algorithm 1 Ensemble Block Co-Clustering (EBCO).

Input : $\mathcal{M} = \{(\mathbf{Z}_l, \mathbf{W}_l); l = 1, \dots, m\}$ une collection de co-clusterings,
Output : co-clustering $(\mathbf{Z}, \mathbf{W})$, g nombre de co-clusters
Initialisation :
    a) Sélection d'un bon sous-ensemble de $\mathcal{M}$ et calcul de $\overline{\mathbf{M}}$
    b) Initialisation au hasard de $\mathbf{W}$ and $\mathbf{Z}$ [1].
repeat
    1. Affectation des documents : $\bullet$ $\mathbf{Z} \leftarrow Binmax(\overline{\mathbf{M}}\widetilde{\mathbf{W}}\mathbf{D}_{\mathbf{z}}^{-0.5})$
    2. Affectation des mots : $\bullet$ $\mathbf{W} \leftarrow Binmax(\overline{\mathbf{M}}^{\top}\widetilde{\mathbf{Z}}\mathbf{D}_{\mathbf{w}}^{-0.5})$
until convergence de $J_{EBCO}(\overline{\mathbf{M}}, \widetilde{\mathbf{Q}}) = ||\overline{\mathbf{M}} - \widetilde{\mathbf{Q}}||_F^2$

Mise à jour de Z : à $\mathbf{W}$ fixée, $\mathbf{Z}$ est obtenue par maximisation de $\langle \overline{\mathbf{M}}\widetilde{\mathbf{W}}, \mathbf{Z} \rangle_{\mathbf{D}_{\mathbf{z}}^{-0.5}} = \sum_{i,k} z_{ik} \frac{1}{\sqrt{z_{.k}}} \widetilde{\mathbf{w}}_k^{\top} \overline{\mathbf{m}}_i$. La mise à jour de $\mathbf{Z}$ correspond alors à $\mathbf{Z} = Binmax^2(\overline{\mathbf{M}}\widetilde{\mathbf{W}}\mathbf{D}_{\mathbf{z}}^{-0.5})$ c'est-à-dire $\forall i,\ z_{ik} = \text{argmax}_{k'} \frac{1}{\sqrt{z_{.k'}}} \widetilde{\mathbf{w}}_{k'}^{\top} \overline{\mathbf{m}}_i \in \{0, 1\}$.

Mise à jour de W : à $\mathbf{Z}$ fixée, $\mathbf{W}$ est obtenue par maximisation de $\langle \overline{\mathbf{M}}^{\top}\widetilde{\mathbf{Z}}, \mathbf{W} \rangle_{\mathbf{D}_{\mathbf{w}}^{-0.5}} = \sum_{j,k} w_{jk} \frac{1}{\sqrt{w_{.k}}} \widetilde{\mathbf{z}}_k^{\top} \overline{\mathbf{m}}^j$. La mise à jour de $\mathbf{Z}$ correspond alors à $\mathbf{W} = Binmax(\overline{\mathbf{M}}^{\top}\widetilde{\mathbf{Z}}\mathbf{D}_{\mathbf{w}}^{-0.5})$ c'est-à-dire $\forall j,\ w_{jk} = \text{argmax}_{k'} \frac{1}{\sqrt{w_{.k'}}} \widetilde{\mathbf{z}}_{k'}^{\top} \overline{\mathbf{m}}^j \in \{0, 1\}$.

On peut noter que $\overline{\mathbf{M}}\widetilde{\mathbf{W}}\mathbf{D}_{\mathbf{z}}^{-0.5}$ et $\overline{\mathbf{M}}^{\top}\widetilde{\mathbf{Z}}\mathbf{D}_{\mathbf{w}}^{-0.5}$ sont les projections des documents et des mots dans un espace de dimension inférieure. Par ailleurs, on observe le principe de *conscience mechanism* [3] émanant ici des matrices diagonales $\mathbf{D}_{\mathbf{z}}^{-0.5}$ and $\mathbf{D}_{\mathbf{w}}^{-0.5}$. Enfin, EBCO est efficace en terme de calcul et on peut montrer que sa complexité est en $O(n \cdot it \cdot (2g))$ où it est le nombre d'itérations, qui est faible (environ quelques dizaines).

3   Une approche ensemble co-clustering non supervisée

Nous proposons une approche *ensemble* de co-clustering non supervisée en nous basant sur un critère de modularité non trivial (Ailem et al., 2016). Etant donné une matrice d'affinité $\overline{\mathbf{M}}$ définie sur $I \times J$, dans le cadre de la tâche de co-clustering, on considère la mesure de modularité généralisée,

$$\mathcal{J}_{Mod}(\mathbf{Q}) = \frac{1}{2|E|} \sum_{i=1}^{n} \sum_{j=1}^{n} (\overline{m}_{ij} - \frac{\overline{m}_{i.}\overline{m}_{.j}}{2|E|})\mathbf{q}_{ij}. \tag{6}$$

où $2|E| = \sum_{i,j} \overline{m}_{ij} = \overline{m}_{..}$ est le poids total des liens, $\overline{m}_{i.} = \sum_j \overline{m}_{ij}$ - le degré de i et $\overline{m}_{.j} = \sum_i \overline{m}_{ij}$ - le degré de j. Cette mesure de modularité prend la forme matricielle suivante,

$$\mathcal{J}_{Mod}(\mathbf{Q}) = \frac{1}{2|E|} Tr[(\overline{\mathbf{M}} - \delta)^{\top}\mathbf{Q}] \text{ where } \delta_{ij} = \frac{\overline{m}_{i.}\overline{m}_{.j}}{\overline{m}_{..}}. \tag{7}$$

---

1. L'initialisation de $\mathbf{W}$ et $\mathbf{Z}$ peut par exemple être faite avec un spherical k-means.
2. Soit $\mathbf{A} = (a_{ik}) \in \{0, 1\}^{n \times g}$ avec $\forall i, \sum_k a_{ik} = 1$ et $\mathbf{B} = (b_{ik}) \in \mathbb{R}^{n \times g}$, alors $\mathbf{A} \leftarrow Binmax(\mathbf{B})$ signifie $\forall i, a_{ik} = \text{argmax}_{k'} b_{ik'}, k' = 1, \dots, g$.
3. Quand des clusters sont par nature très déséquilibrés, le mécanisme de conscience a un effet de régularisation qui permet d'échapper à un mauvais minimum local où certains clusters sont très grands/petits ou même vides.

La fonction objective de Eq. (7) est linéaire par rapport à $\mathbf{Q}$, et les contraintes que $\mathbf{Z}$ doit respecter correspondent à des équations linéaires. Il est donc en théorie possible de résoudre ce problème de façon exacte. Toutefois, il s'agit d'un problème NP complet qui nécessite des heuristiques. Dans l'Eq. (7), si $\delta = 0$ et si on considère la *block seriation* pondérée $\widetilde{\mathbf{Q}}$ au lieu de la *block seriation* binaire $\mathbf{Q}$, alors $\mathcal{J}_{Mod}$ est équivalente à $\mathcal{J}_{EBCO}$. EBCO peut donc être considérée comme une relaxation du critère de modularité qui prend en compte la taille des clusters en lignes et en colonnes suivant un problème d'optimisation qui peut être traité.

Soit une collection de m co-clusterings de base issus d'un même jeu de données et pour chacun desquels on calcule la modularité. La pertinence des co-clusterings est fortement corrélée avec la valeur maximale de la modularité. Notre approche *ensemble* ne considère donc que les co-clusterings de base ayant une forte modularité. EBCO peut ainsi automatiquement garder les co-clusterings les plus intéressants pour le consensus final (Fig. 1, *Option 1*). EBCO réalise aussi un co-clustering de la matrice consensus pour un nombre de co-clusters qui varie de 2 à K et calcule la modularité. Le nombre optimal de co-clusters étant fortement corrélé à la valeur maximale de la modularité (Ailem et al., 2016), EBCO s'appuie sur cette valeur pour définir automatiquement le nombre final de co-clusters (Fig. 1, *Option 2*).

4   Expérimentations

EBCO est comparée à des méthodes compétitives de type *diagonal co-clustering* telles que DCC (Salah et Nadif, 2017), CoClustMod (Ailem et al., 2016), CoClustSpecMod (Labiod et Nadif, 2011) ou non-diagonal CROINFO (Govaert et Nadif, 2018) et la méthode de *co-clustering ensemble* CoCE (Yu et al., 2019). Les évaluations sont faites sur un large éventail de jeux de données textuelles réelles (Fig. 2, Table, *Caractéristiques*), ayant parfois un fort déséquilibre de classes (faible coefficient de *Balance*). Les données forment une matrice document-terme $\mathbf{X}$ où x_{ij} indique le nombre d'occurrences du mot j dans le document i pondéré selon la méthode TF-IDF[4]. Les évaluations s'appuient sur l'ARI et le NMI[5]. Les labels ne sont connus que pour les documents. Mais, la partition des mots étant associée à celle des documents ; la qualité du regroupement des documents nous informe sur celle des mots.

Nous évaluons d'abord EBCO dans sa version *supervisée* (Fig. 2, Table, g fixé). EBCO surpasse les autres méthodes sur tous les jeux de données avec une augmentation moyenne de $0,128$ pour l'ARI et de $0,098$ pour la NMI. Nos expériences montrent également la bonne capacité de EBCO à traiter les clusters fortement déséquilibrés (eg. SPORTS, TR45). On peut aussi noter les très bonnes performances de EBCO par rapport à CoCE (Fig. 2, (a,b)).

L'évaluation de EBCO avec sélection automatique des co-clusterings de base (Fig. 1, *Option 1*) a montré que les co-clusterings de base avec une modularité supérieure ou égale à 80% de la modularité maximale dans la collection garantissent de bons résultats (voir Affeldt et al., 2020, Section 6.5). Ce seuil est donc préconisé pour tout nouveau jeu de données. On peut alors évaluer EBCO sous sa forme complètement non supervisée, c'est-à-dire en laissant l'approche identifier également le nombre de co-clusters final (Fig. 1, *Option 2*). Les résultats sont très bons à la fois concernant le nombre de co-clusters (Table 1, $g^\star$) et le partitionnement des matrices document-terme (Table 1, $\text{EBCO}_{80\%}$). Il existe toutefois une exception pour PUBMED10, avec un nombre de co-clusters sous-estimé.

---

4. TF-IDF : Term frequency-inverse document frequency
5. ARI : Adjusted Rand Index ; NMI : Normalized Mutual Information

Caractéristiques					Données		DCC	CoClust-Mod	CoClust-SpecMod	CROINFO	EBCO
#doc.	#mots	*Sparsité* (%)	Balance	g							
8580	14870	99.14	0.036	7	SPORTS	NMI	0.57±0.01	0.53±0.04	0.45±0.00	0.57±0.03	**0.59±0.01**
						ARI	0.39±0.01	0.45±0.06	0.30±0.00	0.45±0.04	**0.47±0.06**
690	8261	96.60	0.088	10	TR45	NMI	0.69±0.02	0.49±0.03	0.71±0.02	0.54±0.03	**0.75±0.01**
						ARI	0.56±0.04	0.42±0.02	0.66±0.05	0.44±0.06	**0.69±0.02**
15565	22437	99.72	0.093	10	PUBMED10	NMI	0.56±0.01	0.49±0.02	0.36±0.00	0.56±0.03	**0.63±0.01**
						ARI	0.44±0.01	0.44±0.04	0.18±0.00	0.46±0.04	**0.52±0.02**
6279	31472	99.52	0.281	6	LA12	NMI	0.52±0.02	0.42±0.02	0.35±0.00	0.45±0.04	**0.59±0.01**
						ARI	0.45±0.03	0.41±0.03	0.17±0.00	0.38±0.05	**0.57±0.02**
7094	5896	99.41	0.323	4	CLASSIC4	NMI	0.72±0.00	0.67±0.03	0.41±0.00	0.66±0.06	**0.77±0.01**
						ARI	0.71±0.01	0.61±0.05	0.22±0.00	0.58±0.11	**0.78±0.01**
475	1000	96.60	0.399	4	CSTR	NMI	0.68±0.01	0.66±0.05	0.76±0.00	0.69±0.02	**0.79±0.00**
						ARI	0.61±0.05	0.70±0.05	0.80±0.00	0.70±0.07	**0.83±0.01**
3891	4303	98.95	0.710	3	CLASSIC3	NMI	0.94±0.00	0.94±0.00	0.91±0.00	0.94±0.00	**0.96±0.00**
						ARI	0.97±0.00	0.97±0.00	0.94±0.00	0.96±0.00	**0.98±0.00**

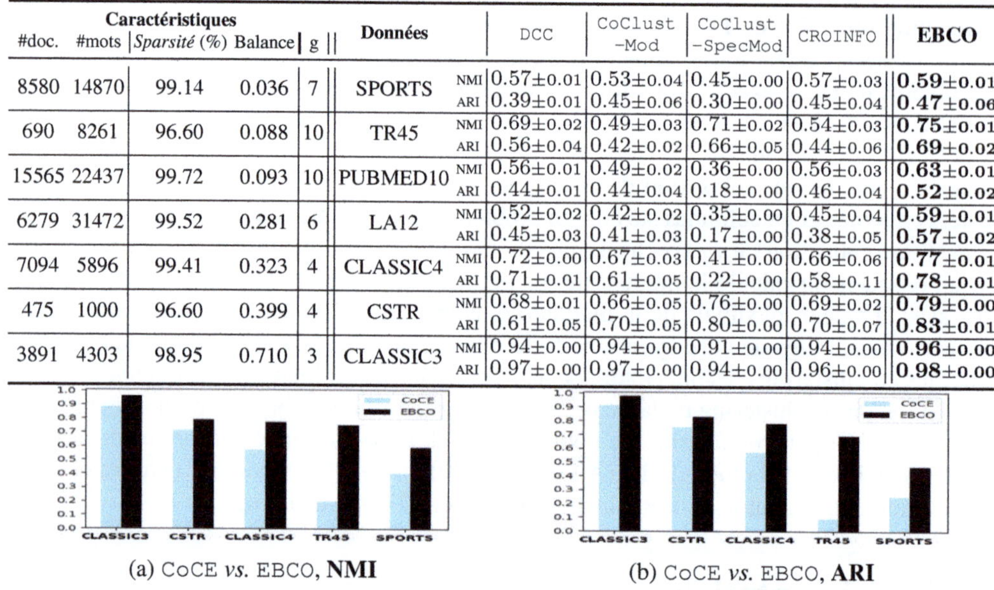

(a) CoCE *vs.* EBCO, **NMI**   (b) CoCE *vs.* EBCO, **ARI**

FIG. 2: NMI et ARI moyens pour le clustering de documents±sd (EBCO avec g fixé).

Données		EBCO$_{80\%}$	$g^\star$ estimé	g attendu
CLASSIC3	NMI	0.95 ± 0.00	3.0	3
	ARI	0.97 ± 0.00		
CSTR	NMI	0.79 ± 0.00	4.0	4
	ARI	0.83 ± 0.01		
CLASSIC4	NMI	0.76 ± 0.02	4.1	4
	ARI	0.76 ± 0.06		
LA12	NMI	0.61 ± 0.02	5.7	6
	ARI	0.59 ± 0.03		
SPORTS	NMI	0.59 ± 0.02	6.0	7
	ARI	0.51 ± 0.06		
TR45	NMI	0.76 ± 0.02	8.5	10
	ARI	0.70 ± 0.04		
PUBMED10	NMI	0.64 ± 0.02	7.1	10
	ARI	0.58 ± 0.03		

TAB. 1: NMI et ARI moyens pour le clustering de documents±sd (EBCO *non supervisé*).

PUBMED10 comporte environ 15000 résumés biomédicaux, issus de la base de données Medline, qui concernent 10 maladies. EBCO infère pour ces données $g^\star = 7$ co-clusters au lieu de 10. Pour 4 de ces co-clusters, les mots les plus représentatifs [6] indiquent qu'une seule maladie concerne le co-cluster (**AMD, Otitis, Migraine** et **Hay Fever** ; Table 2). Les mots représentatifs des 3 autres co-clusters de EBCO reflètent des relations biomédicales réelles entre plusieurs maladies qui expliquent ces regroupements (Table 3). On constate l'association de **Kidney Calculi, Gout** et **Jaundice**. Les calculs rénaux sont fréquents chez les patients ayant des désordres métaboliques comme la goutte. Plusieurs études ont aussi montré des associa-

---

6. On calcule pour chaque terme un score de cohérence avec les autres mots. Ce score, NPMI$_i$ (voir Affeldt et al., 2020, Section 6.7.1), combine la NPMI (Normalized Pointwise Mutual Information) et l'idée du k-nearest neighbors.

tions cliniques entre l'insuffisance rénale et la jaunisse obstructive. Nous voyons également une association entre **Migraine**, **Raynaud's disease** et **AMD** ($g' \in [10..7]$, Fig. 4). Le corps des patients ayant la maladie de Raynaud hyper-réagit par une contrition des vaisseaux sanguins, fréquemment en lien avec la migraine. Ces contritions induisent un manque d'oxygénation qui est un facteur de risque pour l'AMD. Enfin, des études ont montré que l'hépatite (**Hepatitis A**) est une complication grave de la varicelle (**Chickenpox**) chez l'adulte.

Disease	#doc.		AMD	$|\text{NPMI}_i|$		Otitis	$|\text{NPMI}_i|$		Migraine	$|\text{NPMI}_i|$		Hay Fever	$|\text{NPMI}_i|$
			macular	0.61		**otitis**	0.48		placebo	0.34		**allergic**	0.55
Gout	543		**degeneration**	0.47		pneumonia	0.44		efficacy	0.33		**rhinitis**	0.55
Chickenpox	732		retinal	0.46		antibiotics	0.39		adverse	0.33		allergy	0.54
Raynaud's disease	343		edema	0.37		**bacterial**	0.38		treatment	0.33		asthma	0.51
Jaundice	503		acuity	0.37		acute	0.38		dose	0.32		allergen	0.51
Hepatitis A	796		diabetic	0.37		chronic	0.37		drug	0.31		**immunotherapy**	0.40
Hay Fever	1517		**optic**	0.33		influenza	0.32		**headache**	0.30		nasal	0.38
Kidney Calculi	1549		visual	0.30		recurrent	0.32		effect	0.30		pollen	0.38
AMD	3283		vision	0.27		**effusion**	0.32		pain	0.29		symptom	0.34
Migraine	3703		eye	0.26		complication	0.31		**triptan**	0.25		skin	0.28
Otitis	2596		injection	0.26		ear	0.29		treat	0.24		exposure	0.25
			laser	0.23		pathogenic	0.28		severe	0.23		cell	0.25
			amd	0.22		resistant	0.25		medical	0.23		eosinophil	0.25
			therapy	0.21		isolate	0.20		prevention	0.23		airway	0.23
			risk	0.21		membrane	0.20		trial	0.22		seasonal	0.23

TAB. 2: PUBMED10 (à gauche) et mots représentatifs de 4 co-clusters de EBCO (à droite).

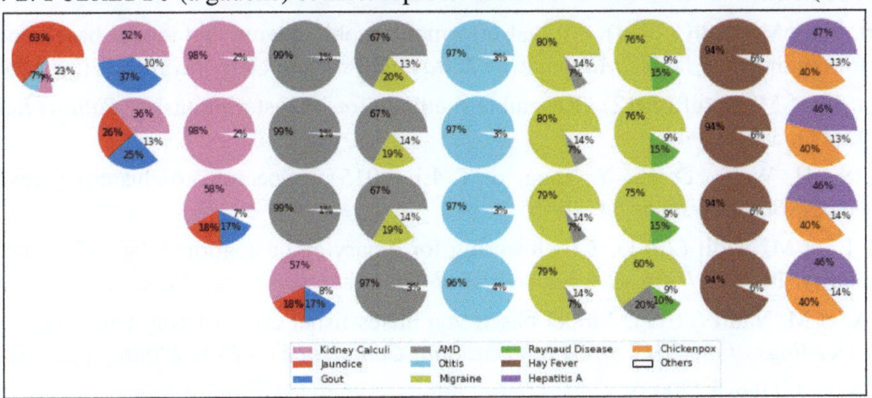

FIG. 3: Regroupements de thématiques avec EBCO pour $g' \in [10..7]$ (haut vers bas).

Kidney Calculi, Jaundice, Gout	NPMI$_i$		Migraine, AMD Raynaud Disease	NPMI$_i$		Hepatitis A, Chickenpox	NPMI$_i$
uric	0.52		mutation	0.42		**varicella**	0.57
kidney	0.46		gene	0.39		**zoster**	0.56
urinary	0.46		allele	0.39		virus	0.48
urine	0.45		genetic	0.39		vzv	0.48
oxalate	0.44		**polymorphism**	0.37		**hepatitis**	0.46
renal	0.44		disease	0.27		infection	0.43
calcium	0.39		**migraine**	0.24		viral	0.42
serum	0.38		affect	0.23		antibodies	0.36
acid	0.37		factor	0.23		immune	0.35
gout	0.36		identify	0.19		prevalence	0.32
obstruction	0.32		associate	0.19		incidence	0.28
jaundice	0.30		analysis	0.18		estimate	0.27
lithotripsy	0.30		evidence	0.18		detect	0.22
patient	0.29		suggest	0.18		outbreak	0.21
calculi	0.28		**blood**	0.15		sample	0.17

TAB. 3: Regroupement de thématiques avec EBCO pour $g^\star = 7$ (EBCO *non supervisé*).

5　Conclusion

Nous proposons EBCO, une méthode ensemble pour le co-clustering particulièrement adaptée aux données textuelles. L'approche est efficace et permet d'obtenir des co-clusters de type document-mot facilement interprétables. Le problème du choix du nombre de co-clusters est crucial. Sur la base d'un critère de modularité non trivial généralisé, EBCO permet l'identification automatique du nombre de co-clusters consensus. EBCO se rapproche, dans une version ensemble, d'un double sphérical k-means pondéré. Cela rend possible le traitement de données clairsemées de grandes dimensions, avec une faible complexité en temps (Affeldt et al., 2020).

Références

Affeldt, S., L. Labiod, et M. Nadif (2020). Ensemble block co-clustering : A unified framework for text data. CIKM '20, pp. 5–14. ACM.

Ailem, M., F. Role, et M. Nadif (2016). Graph modularity maximization as an effective method for co-clustering text data. *Knowledge-Based Systems 109*, 160–173.

Govaert, G. et M. Nadif (2013). *Co-clustering : models, algorithms and applications*. John Wiley & Sons.

Govaert, G. et M. Nadif (2018). Mutual information, phi-squared and model-based coclustering for contingency tables. *Advances in Data Analysis and Classification 12*(3), 455–488.

Hanczar, B. et M. Nadif (2012). Ensemble methods for biclustering tasks. *Pattern Recognition 45*(11), 3938–3949.

Huang, S., H. Wang, D. Li, Y. Yang, et T. Li (2015). Spectral co-clustering ensemble. *Knowledge-Based Systems 84*, 46–55.

Labiod, L. et M. Nadif (2011). Co-clustering for binary and categorical data with maximum modularity. In *2011 IEEE 11th International Conference on Data Mining*, pp. 1140–1145.

Salah, A. et M. Nadif (2017). Model-based von mises-fisher co-clustering with a conscience. In *Proceedings of the 2017 SIAM International Conference on Data Mining*, pp. 246–254.

Strehl, A. et J. Ghosh (2003). Cluster ensembles—a knowledge reuse framework for combining multiple partitions. *The Journal of Machine Learning Research 3*, 583–617.

Yu, X., G. Yu, J. Wang, et C. Domeniconi (2019). Co-clustering ensembles based on multiple relevance measures. *IEEE Transactions on Knowledge and Data Engineering*, 1–1.

Summary

We propose a unified framework for Ensemble Block Co-clustering (EBCO) which aims to fuse multiple basic co-clusterings into a consensus structured affinity matrix. Each basic co-clustering is obtained with a co-clustering method on the same document-term dataset. This fusion process reinforces the individual quality of the multiple basic data co-clusterings within a single consensus matrix. The proposed framework enables an unsupervised co-clustering where the number of co-clusters is inferred based on the non trivial generalized modularity. We define an explicit objective function which allows the joint learning of the basic co-clusterings aggregation and the consensus block co-clustering (Affeldt et al., 2020).

Indexation dynamique pour la maintenance du skyline dans les flux de données

Rui Liu*, Dominique H. Li*,**

*Département d'Informatique, Université de Tours
**Laboratoire d'Informatique Fondamentale et Appliquée de Tours
{liurui, dominique.li}@univ-tours.fr

Résumé. Le calcul du skyline reçoit une attention intensive de la communauté des bases de données dont de nombreux algorithmes ont été développés au cours des deux dernières décennies. Cependant, la maintenance des skylines dans les flux de données est un défi car les mises à jour continues de skyline doivent tenir compte consécutivement de l'ajout de n-uplets entrants et la suppression des n-uplets expirés. Dans cet article, nous présentons RSS, une approche efficace basée sur l'indexation dynamique pour calculer des skylines dans les flux de données en fenêtre glissante. Notre analyse théorique prouve que la complexité temporelle de RSS est limitée par un sous-ensemble du skyline instantané ainsi que notre évaluation expérimentale montre l'efficacité de RSS sur les flux de données de haute et de faible dimension.

1   Introduction

Le calcul du skyline reçoit une attention intensive depuis la première introduction de la *requête skyline* (Borzsony *et al.* [2001]) qui vise à récupérer l'ensemble de n-uplets dominants dans des données multidimensionnelles, pour lequel de nombreux algorithmes efficaces ont été développés au cours des deux dernières décennies. Cependant, le problème de maintenance du skyline dans le contexte de flux de données est un vrai défi car il nécessite des mises à jour instantanées du skyline en concernant l'arrivée de nouvelles données et l'expiration de données trop précoces.

Dans cet article, nous présentons une approche efficace pour calculer les skylines dans les flux de données avec la *fenêtre glissante* (Patroumpas and Sellis [2006]). En général, le modèle de fenêtre glissante est basé soit sur le *comptage* qui couvre un nombre d'enregistrements (*n-uplets*) les plus récents à chaque instant, soit sur le temps (*temporelle*) qui est limité par un nombre d'unités de temps coïncidant avec les *timestamps* de données dans le flux. La figure 1 montre un exemple de maintenance du skyline en fenêtre glissante sur la relation prix-distance, où nous considérons les prix (axe Y) d'hôtels par rapport à leurs distances (X axe) vers un endroit, comme le centre-ville, la plage ou la gare, etc. Considérons une fenêtre de comptage $W = 5$ et l'ordre d'arrivée des enregistrements d'hôtel de a à f, alors il y a initialement 4 n-uplets skyline $\{a, c, d, e\}$ illustré dans la figure 1(a). Au moment où f arrive, le premier n-uplet a doit être éliminé afin de conserver la taille de la fenêtre. En conséquence, puisque a est le seul n-uplet qui domine b, b devient un n-uplet skyline lorsque a est écarté ; de plus, le n-uplet entrant f domine les n-uplets skyline actuels d et c, donc d et c doivent être supprimés du skyline, et finalement le skyline à jour est donc $\{b, c, f\}$, comme le montre la figure 1(b).

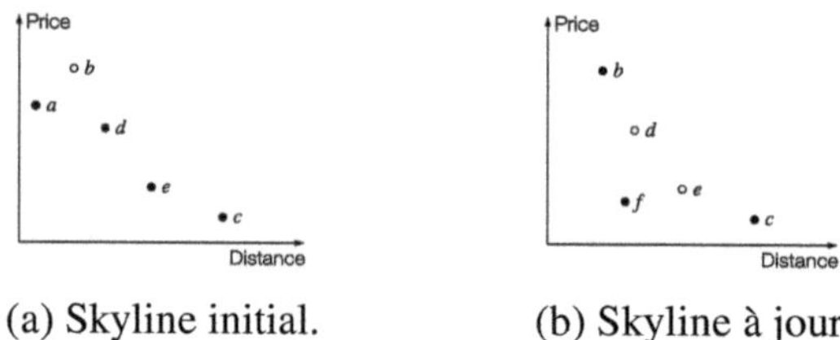

<table>
<tr><td>(a) Skyline initial.</td><td>(b) Skyline à jour.</td></tr>
</table>

FIG. 1 – *La maintenance du skyline.*

En fait, les mises à jour dynamiques montrées dans la figure 1 rendent la maintenance du skyline difficile sur les flux de données : (1) un n-uplet skyline expiré peut libérer des n-uplets dominés de sorte qu'ils deviennent des n-uplets skyline ; (2) un n-uplet entrant domine les n-uplets skyline existants de sorte que ces derniers doivent être supprimés du skyline. L'algorithme RSS (**R**ange **S**earch for **S**treams) présenté dans cet article est basé sur nos travaux récents (Liu and Li [2020a,c]), qui permet la maintenance efficace du *skyline en fenêtre glissante* dans les flux de données en utilisant l'indexation dynamique. Nos principales contributions comprennent :

— nous construisons une structure chaînée de tri pour maintenir un index dimensionnel dynamique qui dessert la fenêtre glissante ;
— nous montrons qu'avec l'indexation dynamique, les tests de dominance imposés par (1) et (2) ci-dessus sont limités à des sous-ensembles du skyline actuel dans la fenêtre glissante, qui rassure l'efficacité de notre approche.

Le reste de cet article est organisé comme suit. La section 2 brièvement introduit les travaux existants liés au calcul de skylines dans les flux de données. Dans la section 3, nous présentons l'approche RSS avec une analyse de complexité temporelle. Nous rapportons l'évaluation des performances de RSS dans la section 4 et nous concluons dans la section 5.

2 Travaux reliés

Le calcul du skyline est relativement peu étudié dans les flux de données en comparaison avec les bases de données conventionnelles. Basé sur l'algorithme BBS (Papadias *et al.* [2005]), Tao and Papadias [2006] ont proposé Lazy/Eager pour la maintenance de skylines dans les flux de données ; étant une amélioration de Lazy/Eager, Morse *et al.* [2007] ont proposé LookOut dont la structure de données se fond sur l'arbre quaternaire. Les deux approches sont limitées dans des données faibles dimensionnelles ($d \leq 6$) et donc ne sont pas comparables avec notre approche présentées dans cet article. L'approche la plus récente MSSD (Alami and Maabout [2020]) utilise une structure d'index NSCt (Negative SkyCube with timestamps) pour traiter les requêtes sous-espace de skyline dans les flux de données, qui est plus efficace que la méthode de l'état-de-l'art BSkyTree (Lee and Hwang [2014]) sur la maintenance de skylines. Nous montrons dans cet article que notre approche RSS est plus efficace que MSSD sur la mise à jour de n-uplets skyline.

3   Maintenance de skylines dans les flux de données

Soit t un n-uplet d-dimensionnel, on note $t[i]$ la valeur du n-uplet t sur la dimension i. Nous définissons l'*ordre de préférence* $\prec$ comme un ordre total sur toutes les dimensions, alors étant donné deux n-uplets t et u, on dit que $t[i]$ est mieux que $u[i]$ si $t[i] \prec u[i]$ et $t[i]$ est identique à $u[i]$ si $t[i] = u[i]$. On dit que $u[i]$ n'est pas pire que $t[i]$ si $t[i] \prec u[i]$ ou $t[i] = u[i]$, noté $t[i] \preceq u[i]$. Nous notons $t \prec u$ que t *domine* u si pour chaque dimension $1 \leq i \leq d$ nous avons $t[i] \preceq u[i]$ et pour au moins une dimension $1 \leq k \leq d$ nous avons $t[k] \prec u[k]$. On note $t \nprec u$ pour que t *ne domine pas* u. Étant donnée une base de données d-dimensionnelles $\mathcal{D}$, un n-uplet $t \in \mathcal{D}$ est un *n-uplet skyline* si et seulement si $\nexists u \in \mathcal{D}$ tel que $u \prec t$. Le *skyline* $\mathcal{S}$ d'une base de données $\mathcal{D}$ est l'ensemble de n-uplets tel que $\mathcal{S} = \{t \in \mathcal{D} \mid \nexists u \in \mathcal{D}, u \prec t\}$. Pour tout couple de n-uplets skyline s et t, nous avons que s et t sont incomparables, noté $s \nsim t$.

Définition 1 (Index dimensionnel). *Soit $\mathcal{D}$ une base de données d-dimensionnelles, l'index dimensionnel $\mathcal{I}$ de $\mathcal{D}$ est l'ensemble des d listes de blocs sur l'ordre de préférence $\prec$, chaque liste $I_i \in \mathcal{I}$, $1 \leq i \leq d$, est un sous-index par dimension. Chaque bloc dans I_i correspond à une valeur unique sur la dimension i et contient un ou plusieurs ID de n-uplet dans l'ordre lexicographique.*

Théorème 1. *Soit $\mathcal{I}$ l'index dimensionnel d'une base de données d-dimensionnelles, I_i est un sous-index arbitraire de $\mathcal{I}$ et t est un n-uplet skyline dans son bloc sur I_i. Alors, t est un n-uplet skyline s'il n'existe aucun n-uplet u tel que $u[i] \prec t[i]$, ou nous avons $s \nprec t$ pour tous les n-uplets skyline s tels que $s[i] \prec t[i]$.*

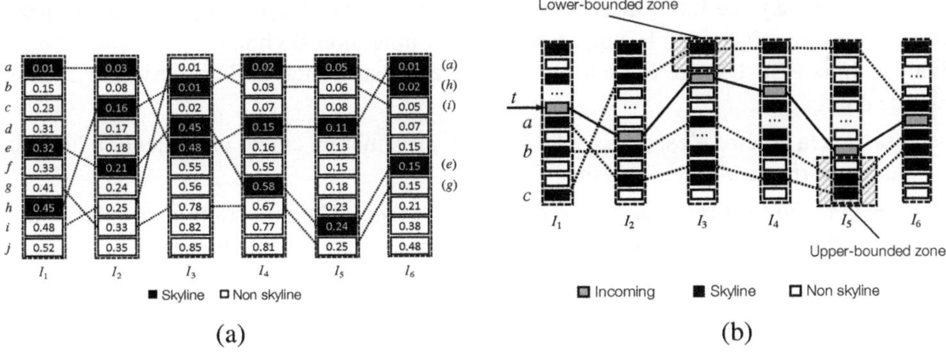

(a)   (b)

FIG. 2 – *(a) Un exemple d'index dimensionnel. (b) Détection de n-uplets skylines dans des zones bornées*

Prenons l'exemple de la figure 2(a) qui se compose de 6 sous-index $I_1, I_2, \ldots, I_6$ et 10 n-uplets. Pour simplifier notre exemple, nous nous intéressons aux n-uplets $\{a, e, g, h, i\}$ en supposant que les autres ne sont pas n-uplets skyline, où nous représentons les n-uplets par des lignes pointillées. Selon le théorème 1, a est un n-uplet skyline étant conclu à partir de I_1, I_2 ou I_6. Si nous nous concentrons uniquement sur I_3, nous avons que $h[3] = i[3]$ dont aucun n-uplet n'est pas meilleur que h et i dans cette dimension, donc $h \prec i$ et $i \prec h$ doivent être testées à la fois pour déterminer si h et i sont des n-uplets skyline (en effet nous avons $h \prec i$ et $i \not\prec h$). Avec I_6 seulement, puisque 3 entrées consécutives contiennent la même valeur 0.15, ces 3 n-uplets doivent d'abord être comparés afin de filtrer les n-uplets skyline localement présents, e dans notre exemple, auquel le théorème 1 peut donc être appliqué.

Basé sur le théorème 1, nous proposons une nouvelle méthode pour la mise à jour d'index dimensionnel pour la maintenance efficace de skylines. Nous illustrons notre méthode avec l'exemple montré dans la figure 2(b) où nous supposons que toutes les valeurs sur n'importe quelle dimension sont uniques. Soit t un n-uplet entrant, nous localisons d'abord les entrées de t sur chaque sous-index par rapport à l'ordre de préférence $\prec$, comme ceux en grise. Ensuite, nous trouvons une dimension low, qui contient le nombre minimum de n-uplets skyline s tel que $s[low] \prec t[low]$, que nous appelons la dimension de *borne inférieure* (*lower-bounded dimension*) de t où une *zone inférieure* (*lower-bounded zone*) peut être détectée. Nous appelons l'ensemble des n-uplets skyline contenus dans la zone inférieure le *skyline inférieur* (*lower-bounded skyline*), auquel nous appliquons le théorème 1 pour tester si t est un n-uplet skyline. Dans cet exemple, le skyline inférieur est situé dans I_3 dont t est un n-uplet skyline. Le n-uplet entrant t peut évidemment dominer les n-uplets skyline existants, le théorème 1 peut également être appliqué pour les filtrer. En effet, nous trouvons une dimension up qui contient le nombre minimum de n-uplets skyline s tel que $t[up] \prec s[up]$, que nous appelons la dimension de *borne supérieure* (*upper-bounded dimension*) de t où une *zone supérieure* (*upper-bounded zone*) et le *skyline supérieur* (*upper-bounded skyline*) peuvent être détectés : pour chaque n-uplet s contenu dans le skyline supérieur, si $t \prec s$, alors s peut être supprimé du skyline. Dans notre exemple, les n-uplets a et b sont dominés par t, donc ils ne seront plus dans le skyline ; sinon, si t n'est pas un n-uplet skyline, aucune détection du skyline supérieur n'est nécessaire. Lors de la suppression d'un n-uplet skyline t, pour chaque n-uplet non skyline x contenu dans la zone inférieure de t telle que $t \prec x$, la zone inférieure doit être parcourue afin de tester si x est dominé par le skyline inférieur ; sinon, x sera un nouveau n-uplet skyline. Aucun test de dominance n'est requis lors de la suppression d'un n-uplet non skyline.

L'algorithme RSS (**R**ange **S**earch for **S**tream) est donc conçu de la description ci-dessus de tests de dominance.

1. Lorsque la fenêtre n'est pas encore remplie, effectuer un calcul incrémentiel du skyline par rapport aux n-uplets entrants.

2. Dès la fenêtre est remplie, un n-uplet entrant invoque la collection de n-uplets expirés par rapport au mode de la fenêtre, soit supprimer un seul n-uplet pour la fenêtre de comptage, soit supprimer un ensemble de n-uplets pour la fenêtre temporelle.

3. Pour chaque n-uplet skyline expiré, vérifier si des n-uplets dominés peuvent être libérés pour devenir de nouveaux n-uplets skyline.

4. Supprimer les n-uplets expirés de la fenêtre.

5. Ajouter le n-uplet entrant à la fenêtre en effectuant un calcul incrémentiel du skyline.

Afin de déterminer les dimensions de borne inférieure et de borne supérieure pour un n-uplet t, nous utilisons les formules d'estimation au lieu de compter les tailles exactes des skylines inférieur et supérieur :

$$I_{lower} = \arg\min_{I_i}\left(\left|\frac{v_t^i - \min(I_i)}{\max(I_i) - \min(I_i)}\right|\right) \quad \text{et} \quad I_{upper} = \arg\max_{I_i}\left(\left|\frac{v_t^i - \min(I_i)}{\max(I_i) - \min(I_i)}\right|\right).$$

L'estimation approximative de ces deux dimensions nécessite $\mathcal{O}(d)$, qui est un compromis entre la sélection de la meilleure dimension et le calcul dans le moins de temps. Dans une fenêtre glissante W sur un flux de données d-dimensionnelles, soit M la taille du skyline et supposons que le test de dominance nécessite $\mathcal{O}(d)$, nous avons le theorem 2 et le theorem 3.

Théorème 2. *Dans le pire cas, RSS insère un n-uplet skyline entrant dans le temps*

$$\mathcal{O}\left(d\log|W| + 2(d+M) + \frac{M}{d}\left(d + \frac{(|W|-M)(d+M)}{d}\right)\right).$$

Démonstration. Pour insérer des entrées d'index dans les d sous-index de taille $|W|$ basés sur B-tree, le temps $\mathcal{O}(d\log|W|)$ est nécessaire. Ensuite, si t est un n-uplet skyline, le temps $\mathcal{O}(2d)$ est nécessaire pour trouver les dimensions de borne inférieure et de borne supérieure, où la taille des skylines inférieur et supérieur est à la fois M/d. Selon le théorème 1, M/d tests de dominance sont requis par t avec chaque skyline borné, donc le temps total est limité à $\mathcal{O}(2d+2M)$. Dans le pire cas, t domine tous les M/d n-uplets dans le skyline supérieur, puis pour chaque n-uplet skyline supérieur, le temps $\mathcal{O}(d)$ est nécessaire pour trouver la dimension borne supérieure, où les $(|W|-M)/d$ n-uplets non skyline sont dominés par chaque n-uplet skyline supérieur. Enfin, pour chacun de ces n-uplets non skyline, le temps $\mathcal{O}(d)$ est nécessaire pour trouver la dimension borne inférieure dont la taille bornée est M/d dans le pire des cas, c'est-à-dire que le temps $\mathcal{O}(d+M)$ est nécessaire pour tester les n-uplets skyline. $\square$

Théorème 3. *Dans le pire des cas, RSS supprime un n-uplet skyline expiré dans le temps*

$$\mathcal{O}\left(d + \frac{(|W|-M)(d+M)}{d} + d\log|W|\right).$$

Démonstration. Pour supprimer un n-uplet skyline, le temps $\mathcal{O}(d)$ est requis pour trouver la dimension borne supérieure. Ensuite, comme indiqué dans la preuve du théorème 2, les $(|W|-M)/d$ n-uplets non skyline dans la zone supérieure doivent être testés dans le pire des cas, chaque test nécessite le temps $\mathcal{O}(d+M)$. Enfin, le temps $\mathcal{O}(d\log|W|)$ est nécessaire pour supprimer les d entrées des sous-indexes B-tree. $\square$

Avec l'analyse ci-dessus, il est clair que RSS nécessite le temps $\mathcal{O}(d\log|W|+d+M)$ pour insérer un n-uplet entrant non skyline et $\mathcal{O}(d\log|W|)$ pour supprimer un n-uplet non skyline expiré. De plus, plus la dimensionnalité d de données est élevée, plus le facteur $(|W|-M)$ est petit. En effet, notre évaluation expérimentale confirme l'efficacité de RSS dans les flux de données de haute dimension.

4 Évaluation expérimentale

Nous présentons notre évaluation expérimentale de RSS sur la fenêtre de comptage et la fenêtre temporelle sur les flux de données. Nous avons implémenté RSS en C++[1] dont tous les exécutables sont compilés par LLVM Clang avec l'option `-O3`. Toutes les expériences ont été menées sur un processeur Intel Core i5 3,1 GHz avec 16 Go de RAM. En raison de la limitation

---

1. `https://github.com/skyline-sdi/sdi-rss`

de l'espace de cet article, nous ne présentons que des résultats essentiels[2]. Tous les résultats rapportés sont les performances moyennes sur 5 itérations.

Nous considérons les jeux de données synthétiques *anti-corrélées* (AC), *corrélées* (CO) et *indépendantes uniformes* (UI) décrits dans l'article de Borzsony *et al.* [2001]. Différentes tailles de fenêtre sont prises en compte dont $W \in \{1K, 2K, 4K, 8K, 16K, 32K\}$ n-uplets pour la fenêtre de comptage et $W \in \{10, 20, 40, 80, 160, 320\}$ secondes pour la fenêtre temporelle. En particulier, la vitesse d'arrivée du flux de données est uniformément randomisée entre 100 et 1000 n-uplets par seconde pour la fenêtre temporelle. Tous les résultats sont rapportés après le remplissage de la fenêtre glissante.

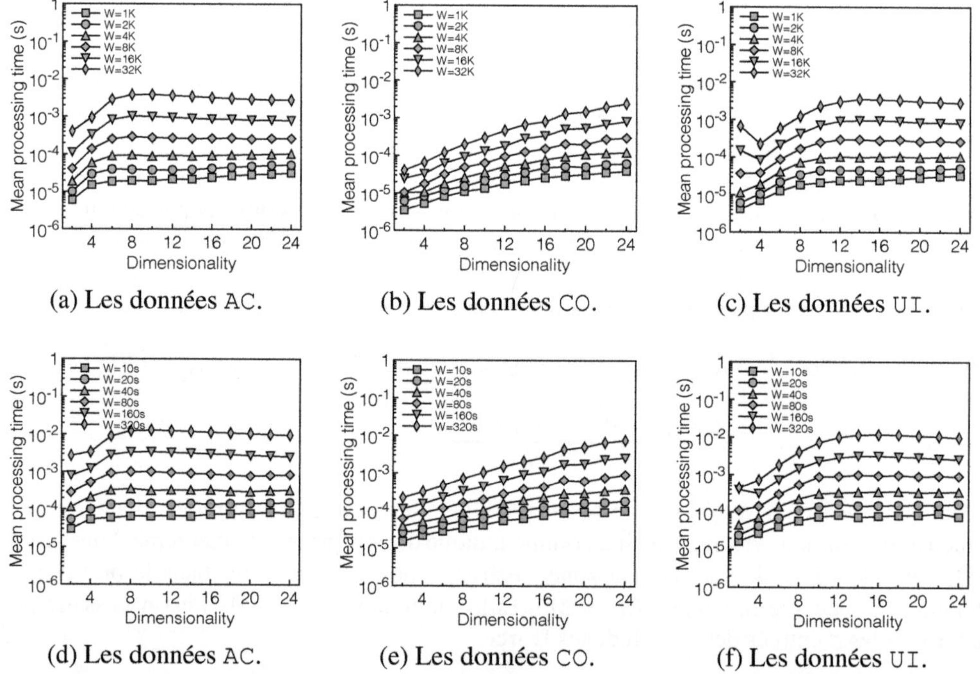

(a) Les données AC. (b) Les données CO. (c) Les données UI.

(d) Les données AC. (e) Les données CO. (f) Les données UI.

FIG. 3 – *Temps moyen de mise à jour du skyline pour la fenêtre de comptage (a, b, c) et la fenêtre temporelle (d, e, f) concernant la dimensionnalité sur les données synthétiques.*

La figure 3 montre le temps de traitement moyen des données synthétiques en faisant varier la dimensionnalité de 2 à 24 par incréments de 2, où le temps de mise à jour par nouveau n-uplet entrant atteint 10^{-5} seconde. Nous notons qu'il y a des points irréguliers lors de $d = 2$ et $W \geq 8K$ dans la figure 3(c), où les mises à jour de skylines dépensent beaucoup plus de temps. Après avoir tracé ce phénomène dans toutes les courbes, nous constatons que le premier n-uplet expiré est un n-uplet skyline qui domine presque la moitié de n-uplet dans la fenêtre donc la mise à jour prend énorme de temps. Par exemple, pour $W = 32K$, le premier n-uplet expiré domine plus de 15 000 n-uplets dans la fenêtre dont la mise à jour dépasse 1 seconde, ainsi, le temps moyen pour la mise à jour est beaucoup affecté. Cependant, sauf pour le premier

---

2. D'autres résultats sont disponibles dans la version intégrale de cet article (Liu and Li [2020b]).

n-uplet expiré, la mise à jour de skylines pour tout nouveau n-uplet reste au niveau de 10^{-5} seconde en moyenne. La figure 4 montre les temps de mise à jour de skylines des données de 8 dimensions et de 16 dimensions dans une fenêtre de 8K n-uplets, les piques vérifient notre observation.

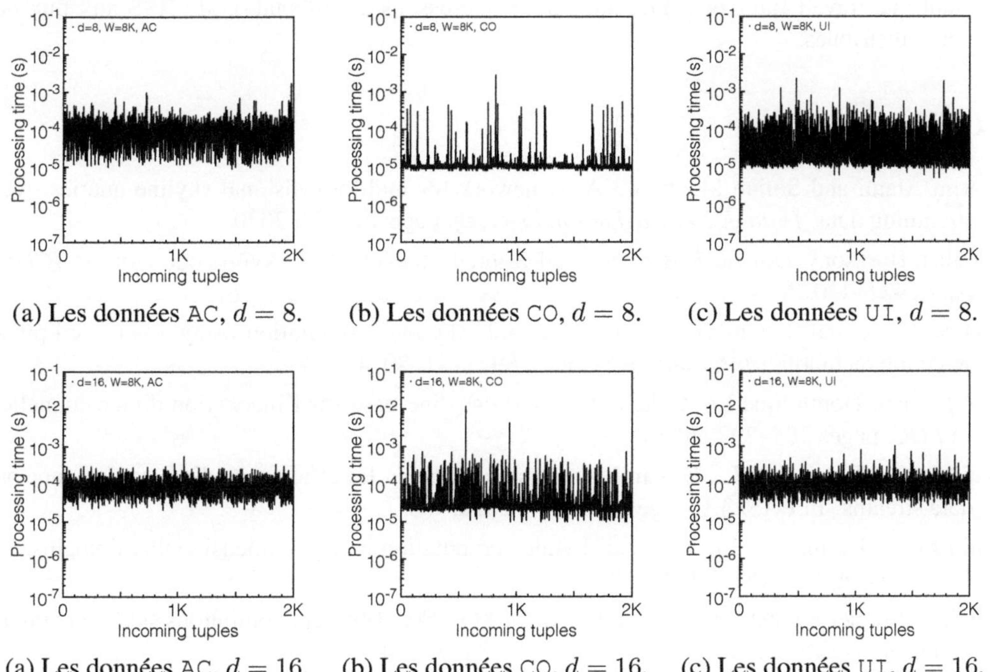

(a) Les données AC, $d = 8$. (b) Les données CO, $d = 8$. (c) Les données UI, $d = 8$.

(a) Les données AC, $d = 16$. (b) Les données CO, $d = 16$. (c) Les données UI, $d = 16$.

FIG. 4 – *Temps de mise à jour de skylines pour les nouveaux n-uplet dans la fenêtre $W = 8K$.*

La table 1 montre brièvement une comparaison du temps moyen passé sur les données indépendantes uniformes de 8 dimensions entre RSS et MSSD. Le temps moyen passé par RSS pour la mise à jour de skylines (100 nouveaux n-uplets) est plus court que le temps passé par MSSD (buffer = 100) pour la mise à jour de sa structure de données sans compter les requêtes sous-espace, toutefois les deux approches ne sont pas dans le même contexte d'applications.

	$W = 1K$	$W = 2K$	$W = 4K$	$W = 8K$	$W = 16K$	$W = 32K$
RSS	0,04 ms	0,06 ms	0,09 ms	0,22 ms	0,52 ms	1,36 ms
MSSD	0,28 ms	0,55 ms	1,13 ms	2,18 ms	4,20 ms	9,93 ms

TAB. 1 – *Comparaison entre RSS et MSSD.*

5   Conclusions

Dans cet article, nous présentons un algorithme efficace pour la maintenance de skylines dans les flux de données. Nous proposons une méthode d'indexation avec laquelle les tests de dominance sont bornés à des sous-ensembles de skyline existant dans la fenêtre glissante. Nous avons développé l'algorithme RSS dont notre analyse théorique montre que la complexité temporelle de la mise à jour du skyline en fenêtre glissante est bornée. L'algorithme proposé a été évalué avec les fenêtres glissantes de comptage et temporelles et son efficacité est montrée. En tant que travail futur possible, nous nous intéressons à l'adaptation de RSS aux flux de données distribués.

Références

Karim Alami and Sofian Maabout. A framework for multidimensional skyline queries over streaming data. *Data & Knowledge Engineering*, page 101792, 2020.

Stephan Borzsony, Donald Kossmann, and Konrad Stocker. The Skyline operator. In *ICDE*, pages 421–430, 2001.

Jongwuk Lee and Seung-Won Hwang. Scalable skyline computation using a balanced pivot selection technique. *Information Systems*, 39 :1–21, 2014.

Rui Liu and Dominique Li. Calcul efficace du skyline basé sur l'indexation dimensionnelle. In *EGC*, pages 285–292, 2020.

Rui Liu and Dominique Li. Dynamic dimension indexing for efficient skyline maintenance on data streams. In *DASFAA*, pages 272–287, 2020.

Rui Liu and Dominique Li. Efficient skyline computation in high-dimensionality domains. In *EDBT*, pages 459–462, 2020.

Michael Morse, Jignesh M Patel, and William I Grosky. Efficient continuous skyline computation. *Information Sciences*, 177(17) :3411–3437, 2007.

Dimitris Papadias, Yufei Tao, Greg Fu, and Bernhard Seeger. Progressive skyline computation in database systems. *ACM Transactions on Database Systems*, 30(1) :41–82, 2005.

Kostas Patroumpas and Timos Sellis. Window specification over data streams. In *EDBT*, pages 445–464, 2006.

Yufei Tao and Dimitris Papadias. Maintaining sliding window skylines on data streams. *IEEE Transactions on Knowledge and Data Engineering*, 18(03) :377–391, 2006.

Summary

The maintenance of skylines in data streams is challenging because of updating non stop adding of incoming tuples and removing of expired tuples. In this paper, we present a dynamic dimension indexing based approach RSS to skyline maintenance on data streams, which is efficient at both count-based and time-based sliding windows regardless the dimensionality of data. Our analysis shows that the time complexity of RSS is bounded by a subset of the skyline and our performance evaluation shows the efficiency of RSS.

Analyse des mesures de hiérarchie et de centralité dans les grands graphes de terrain

Stephany Rajeh *, Marinette Savonnet *, Éric Leclercq *, Hocine Cherifi *

*Laboratoire d'Informatique de Bourgogne EA 7534 - Université de Bourgogne
stephany.rajeh@u-bourgogne.fr

Résumé. L'identification des nœuds influents dans les grands graphes de terrain est cruciale dans de nombreuses applications. Les mesures de hiérarchie et de centralité sont les deux approches principales pour quantifier la notion d'influence d'un nœud. Bien que de nombreux travaux concernent les relations entre les différentes mesures de centralité, aucune étude n'a été menée à ce jour pour caractériser les relations entre les mesures de hiérarchie et de centralité. Dans cet article, une évaluation comparative est réalisée en utilisant un ensemble de réseaux du monde réel provenant de divers domaines. Les résultats indiquent que les mesures de hiérarchie et de centralité sont plus ou moins complémentaires selon les propriétés topologiques des réseaux. Plus précisément, la redondance des informations entre les deux types de mesures est fortement liée à la densité et à la transitivité des réseaux. De plus, les mesures de hiérarchie basées sur la notion d'imbrication de sous-réseaux sont les plus orthogonales aux mesures de centralité étudiées.

1 Introduction

Les systèmes tels que les transports, l'Internet, le World Wide Web, les interactions biologiques et chimiques et les connexions sociales ne sont que quelques exemples de systèmes ayant de nombreuses entités inter-connectées existant dans le monde réel. Les réseaux fournissent une représentation robuste de ces systèmes en modélisant les entités par des nœuds et leurs interactions par des liens. L'identification des nœuds influents au sein de ces réseaux est un problème crucial. En effet, ceux-ci permettent de contrôler la dynamique des épidémies, de repérer les utilisateurs influents pour les campagnes de marketing, de délier les réseaux terroristes, et de découvrir des protéines essentielles (Lü et al., 2016). Pour plus de détails sur les principales applications le lecteur pourra consulter Barabási et al. (2016).

L'une des principales façons d'identifier les nœuds influents passe par les mesures de centralité. Celles-ci mesurent la capacité d'un nœud à influencer d'autres nœuds au niveau du voisinage local ou plus globalement au niveau de l'ensemble des nœuds du réseau. On peut distinguer trois types majeurs de mesures de centralité : celles basées sur le voisinage local, celles basées sur les chemins dans le graphe et celles définies par un processus itératif (Lü et al., 2016). Ces mesures peuvent également être combinées et incorporer des informations sur la structure communautaire des réseaux (Sciarra et al., 2018; Ghalmane et al., 2019a,b; Cherifi et al., 2019). La hiérarchie est un autre moyen d'identifier les nœuds importants au sein d'un réseau. Les structures hiérarchiques peuvent se manifester dans les réseaux écologiques, les réseaux de transport, les réseaux biologiques, les réseaux sociaux et bien d'autres domaines (Zafeiris et Vicsek, 2017). La hiérarchie peut également être considérée sous différents aspects, à savoir la hiérarchie emboîtée et la hiérarchie de flux. La première est basée sur la décomposition hiérarchique du réseau tandis que la seconde est basée sur la hiérarchie des flux de ressources (Lane, 2006).

Étant donné que hiérarchie et centralité traduisent toutes deux la notion d'importance, il est primordial d'examiner les relations qui existent entre ces deux notions. De nombreuses études ont été menées sur les interactions entre les diverses mesures de centralité (Li et al., 2015; Ronqui et Travieso, 2015; Schoch et al., 2017; Oldham et al., 2019). Néanmoins, les relations entre mesures de hiérarchie et de centralité n'ont pas fait l'objet d'études à notre connaissance. Les résultats des travaux que nous avons menés apportent de nombreux enseignements quant aux relations entre ces deux types de mesure d'influence et les propriétés topologiques des réseaux (Rajeh et al., 2020).

Trois questions principales sont abordées :
— Est-ce que les mesures de hiérarchie et de centralité fournissent des informations similaires ?
— Quel est l'impact de la topologie du réseau sur les relations entre ces deux types de mesures ?
— Quelles sont les mesures de hiérarchie et de centralité les plus orthogonales ?

Pour répondre à ces questions, six mesures de centralité et quatre mesures de hiérarchie parmi les plus populaires ont été sélectionnées. Les expérimentations ont porté sur 28 réseaux du monde réel de diverses origines (réseaux sociaux, technologiques, information, etc.). Le détail des propriétés macroscopiques de ces réseaux est donné dans (Rajeh et al., 2020). Les résultats des expérimentations mettent en évidence les interactions entre les mesures de hiérarchie et de centralité et les propriétés topologiques macroscopiques des réseaux telles que la densité et la transitivité. Cela permet de distinguer les situations dans lesquelles les mesures peuvent se substituer pour des raisons d'efficacité, de celles où elles peuvent être combinées afin d'obtenir des mesures d'influence plus performantes.

2 Présentation des mesures et des données

Les six mesures de centralité utilisées sont representatives des trois catégories les plus courantes. Ainsi le degré et la centralité locale sont des mesures qui caractérisent l'influence d'un nœud dans un voisinage à l'ordre 1 et 2 respectivement. La centralité d'intermédiarité (Betweeness) et la centralité de proximité (Current-flow Closeness) reposent sur les plus courts chemins dans le graphe. Deux mesures de centralité reposant sur un processus itératif sont aussi utilisées (PageRank, Katz). Leur définition est reportée dans le tableau 2. En ce qui concerne les mesures de hiérarchie définies dans le tableau 1, deux d'entres elles sont basées sur la notion d'imbrication de sous-réseaux (k-core, k-truss). LRC (Local Reaching Centrality) est quant à elle basée sur la notion de flux à travers les niveaux hiérarchiques. Finalement, "Triangle Participation" intègre ces deux notions. Pour des informations détaillées, on peut se référer à (Rajeh et al., 2020).

Mesure de hiérarchie	Définition
k-core	$\alpha_c(v_i) = k^c_{max} - (c(v_i) - 1)$
k-truss	$\alpha_t(v_i) = k^t_{max} - k^t_{min} - (t(v_i) - 1)$
LRC	$\alpha_l(v_i) = \frac{1}{(N-1)} \sum_{j=1}^{N} \frac{1}{d(v_i, v_j)}$
Triangle participation	$\alpha_{tp}(v_i) = k^{tp}_{max} + 1 - Tp(v_i)$

TAB. 1 – *Définition des mesures de hiérarchie (α_i). $c(v_i)$ = numéro de core du nœud v_i. k^c_{max} = degré maximal induisant le sous-graphe maximal de k-core du graphe G. $t(v_i)$ = numéro de truss du nœud v_i. k^t_{max} = nombre maximum de triangles induisant un sous-graphe maximal de k-truss du graphe G. k^t_{min} = nombre minimum de triangles de telle sorte que $k^t_{min} \geq 2$. N = nombre total de nœuds. $d(v_i, v_j)$ = distance entre les nœuds v_i et v_j. k^{tp}_{max} = nombre total de triangles dans un graphe G. $Tp(v_i)$ = nombre de triangles auquel nœud v_i participe.*

Les graphes de terrain utilisés proviennent de domaines variés. On compte ainsi des réseaux sociaux impliquant des animaux, des humains et des comptes/pages en ligne. Un autre domaine est la biologie où les liens représentent des réactions physiques ou chimiques entre des entités biologiques. Les réseaux de collaboration sont également utilisés. Les réseaux d'infrastructures comprennent soit des routes en tant que nœuds, soit des frontières, soit des unités électriques, soit des aéroports. Enfin, divers réseaux impliquent différents types de nœuds tels que les acteurs, les pays, les mots et les systèmes autonomes, respectivement. Le code et les données sont accessible via GitHub [1].

3   Corrélation et similarité des mesures de hiérarchie et de centralité

Pour chacun des réseaux S_i, $i = [1, 28]$, les six mesures de centralité et les quatre mesures de hiérarchie sont calculées sur chaque nœud. Ensuite, la corrélation entre les mesures de hiérarchie et de centralité est calculée. Ceci est fait pour toutes les combinaisons possibles en utilisant 5 mesures d'évaluation (3 mesures de corrélation et 2 mesures de similarité). Les mesures de corrélation retenues sont Pearson (ρ_p), Spearman (ρ_s), et Kendall's Tau (τ_b). La similarité est évaluée en utilisant l'indice de Jaccard (J) et le "Rank-Biased Overlap" (RBO) (Webber et al., 2010). Hormis pour les résultats reportés dans la table 3, chaque mesure est utilisée séparément. La figure 1 illustre des résultats représentatifs pour la corrélation de Spearman des 28 réseaux étudiés. On peut ainsi distinguer 6 catégories. La première carte de corrélation (ex., CS Ph.D.) dénote une faible corrélation entre les mesures de hiérarchie et de centralité. À l'autre extrémité (ex., World Metal Trade), la corrélation est forte entre les deux types de mesures. Entre ces deux extrêmes, il y a une catégorie de réseaux (ex., E. coli) où seuls k-core

---

1. https ://github.com/StephanyRajeh/HierarchyAndCentralityAnalysis

Mesure de centralité	Définition
Degree	$\beta_d(v_i) = \frac{1}{(N-1)} \sum_{j=1}^{N} a_{ij}$
Local	$\beta_l(v_i) = \frac{1}{(N-1)} \sum_{j=1}^{N} a'_{ij}$
Betweenness	$\beta_b(v_i) = \frac{2}{(N-1)(N-2)} \left(\sum_{s,t \neq i} \frac{\sigma_{v_i}(v_s,v_t)}{\sigma(v_s,v_t)} \right)$
Current-flow closeness	$\beta_c(v_i) = \frac{N}{\sum_{j=1} r_{ii} + r_{jj} - 2r_{ij}}$
Katz	$\beta_k(v_i) = \sum_{p=1} \sum_{j=1} s^p a_{ij}^p$
PageRank	$\beta_p(v_i) = \frac{1-d}{N} + d \sum_{v_j \in M_i} \frac{\beta_p(v_j)}{k_j}$

TAB. 2 – *Définition des mesures de centralité (β_j). a_{ij} = obtenu à partir du voisinage de premier ordre de la matrice d'adjacence A. N = nombre total de nœuds. a'_{ij} = obtenu à partir de la matrice de voisinage de second ordre de la matrice d'adjacence A. $\sigma(v_s,v_t)$ = nombre de chemins les plus courts entre les nœuds v_s et v_t. $\sigma_{v_i}(v_s,v_t)$ = nombre de chemins les plus courts entre les nœuds v_s et v_t qui passent par le nœud v_i. r_{ij} = quantité d'information qui peut être transmise à partir du nœud v_i à v_j à travers toutes les voies possibles. a_{ij}^p = la connectivité du nœud v_i par rapport à tous les autres nœuds obtenue à partir de tous les ordres possibles de la matrice d'adjacence A. p = ordre de la matrice A. s^p = paramètre de pénalité où $s \in [0,1]$. $\beta_p(v_i)$ = Centralité PageRank du nœud v_i. $\beta_p(v_j)$ = Centralité PageRank du nœud v_j. M_i = ensemble des nœuds liés au nœud v_i. k_j = nombre de liens du nœud v_j au nœud v_i. d = paramètre d'amortissement où $d \in [0,1]$.*

et LRC présentent une corrélation significative avec les mesures de centralité. La catégorie suivante est caractérisée par une faible corrélation entre le k-core et le k-truss avec les mesures de centralité (ex., Insects) et une corrélation très marquée pour les autres mesures. La catégorie suivante (ex., Physicians) est caractérisée par une faible corrélation entre le k-truss et les mesures de centralité. La cinquième catégorie (ex., Birds) est caractérisée par une forte corrélation entre les mesures de hiérarchie et de centralité à l'exception de la Betweenness. Les résultats obtenus avec les mesures de corrélation de Pearson et Kendall's Tau sont similaires aux résultats précédents.

En ce qui concerne les mesures de similarité, on retrouve des catégories comparables en utilisant l'index de Jaccard. Par contre, le nombre de catégories passe de 6 à 3 avec RBO. Ceci est dû au fait que cette mesure accorde plus de poids aux nœuds de plus grand rang. Ces premiers résultats illustrent donc la diversité des situations.

4   Impact de la topologie des réseaux

Pour étudier l'influence de la topologie des réseaux sur les relations entre les mesures de centralité et de hiérarchie, on ordonne ceux-ci. On observe ensuite l'évolution des propriétés

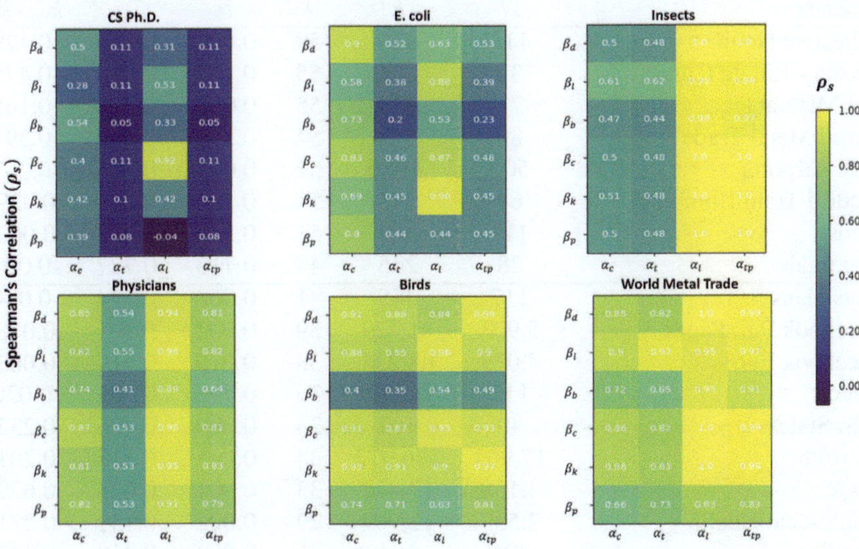

FIG. 1 – *Cartes thermiques de la corrélation de Spearman pour les diverses combinaisons de mesures de hiérarchie α_i et de centralité β_j de 6 réseaux représentatifs. Les mesures de hiérarchie sont α_c = k-core, α_t = k-truss, α_l = LRC, and α_{tp} = triangle participation. Les mesures de centralité sont β_d = Degree, β_l = Local, β_b = Betweenness, β_c = Current-flow Closeness, β_k = Katz, and β_p = PageRank.*

topologiques de base afin de mettre en évidence d'éventuelles relations. Pour ordonner les réseaux, on compte le nombre λ des valeurs des 3 mesures de corrélation qui sont significatives ($\rho_s \geq 0.7 + \rho_p \geq 0.7 + \tau_b \geq 0.7$). Les réseaux sont ordonnés selon le nombre de relations significatives en ordre décroissant. Le tableau 3 résume les résultats obtenus. Notez que les caractéristiques topologiques de base (densité, transitivité et assortativité) sont aussi reportées. Rappelons que la transitivité mesure la proportion de triangles dans un graphe et que l'assortativité mesure la propension des nœuds à posséder des liens avec des nœuds de même degré. L'assortativité est positive lorsque les nœuds de même degré ont tendance à être reliés ensemble. Elle est négative lorsque les nœuds de faible degré ont tendance à être reliés aux nœuds de fort degré. A l'examen du tableau 3, on voit apparaître trois groupes de réseaux. Le premier groupe, qui présente une proportion élevée de corrélation et de similarité significative, se distingue par une densité élevée, une transitivité élevée et une assortativité négative. Le second groupe, qui présente une proportion moyenne de corrélation et de similarité significatives se distingue par une faible densité, une forte transitivité et une assortativité positive. Enfin, le dernier groupe, qui présente une faible proportion de corrélation et de similarité significatives se caractérise par une faible densité, une faible transitivité et une assortativité négative.

Pour évaluer la cohérence des trois groupes, chaque réseau est représenté par son vecteur de mesure d'évaluation. L'algorithme du k-means est alors utilisé pour classifier les réseaux (avec k=3). Les résultats de cette expérience sont conformes aux résultats précédents. Au final,

Réseau	N	$|E|$	λ	ν	ζ	$k_{nn}(k)$
Adjective Noun	112	425	59	0.068	0.156	-0.129
Zachary Karate Club	34	78	55	0.139	0.255	-0.475
Les Misérables	77	254	55	0.086	0.498	-0.165
World Metal Trade	80	875	54	0.276	0.459	-0.391
U.S. Airports	500	2,980	52	0.023	0.351	-0.267
Madrid Train Bombings	64	243	51	0.120	0.561	0.029
Birds	117	304	51	0.577	0.472	0.062
Mammals	28	235	49	0.716	0.727	-0.004
Physicians	117	465	41	0.068	0.174	-0.084
Facebook Pol. Pages	5,908	41,729	39	0.002	0.301	0.018
Facebook Ego	4,039	88,234	38	0.010	0.519	0.063
Insects	113	4,550	36	0.798	0.785	-0.030
U.S. States	49	107	34	0.090	0.406	0.233
AstroPh	17,903	196,972	34	0.001	0.317	0.201
GrQc	4,158	13,422	33	0.001	0.628	0.639
Adolescent Health	2,539	12,969	29	0.002	0.141	0.231
Reptiles	496	984	26	0.008	0.419	0.342
PGP	10,680	24,316	25	0.0004	0.378	0.238
Retweets Copenhagen	761	1,029	23	0.003	0.060	-0.099
Internet A. Systems	6,474	12,572	20	0.0006	0.009	-0.181
NetSci	379	914	19	0.012	0.430	-0.081
Human Protein	2,217	6,418	19	0.002	0.007	-0.331
E. coli Transcription	329	456	19	0.008	0.023	-0.263
Mouse Vis. Cortex	193	214	13	0.011	0.004	-0.844
Yeast Protein	1,458	1,993	12	0.001	0.051	-0.207
U.S. Power Grids	4,941	6,594	5	0.0005	0.103	0.003
EuroRoads	1,039	1,305	4	0.002	0.035	0.090
CS Ph.D.	1,025	1,043	3	0.001	0.002	-0.253

TAB. 3 – *Réseaux du monde réel ordonnés par ordre décroissant selon le nombre de mesures de corrélation significatives (λ). N est le nombre total de nœuds. $|E|$ est le nombre total des liens. Les propriétés topologiques de base des réseaux sont ν, la densité, ζ, la transitivité et $k_{nn}(k)$, l'assortativité.*

il apparaît donc que densité et transitivité sont les propriétés topologiques les plus importantes pour prédire les relations entres les mesures de centralité et de hiérarchie dans les réseaux. Pour les réseaux caractérisés par une forte densité et une grande transitivité on peut réduire la complexité des traitements en substituant une mesure de centralité a une mesure de hiérarchie. Pour les réseaux caractérisés par une faible densité et/ou une faible transitivité, on peut combiner les mesures pour améliorer l'identification des nœuds influents.

5 Redondance entre mesures de centralité et de hiérarchie

Afin de vérifier quelles sont les mesures de hiérarchie et de centralité les plus similaires et les plus orthogonales, une expérimentation est menée en utilisant l'ensemble des réseaux. Pour ce faire, la méthode de vote Schulze (Schulze, 2011) est utilisée. Le réseau est considéré comme un électeur, et les valeurs des mesures d'évaluation entre les mesures de hiérarchie et de centralité sont les candidats. La méthode de Schulze produit ainsi une liste classée des combinaisons des mesures de hiérarchie et de centralité. Les classements basés sur les mesures de corrélation sont reportés dans le tableau 4. Les rangs obtenus à partir des autres mesures d'évaluation sont comparables. Dans tous les cas, il apparaît que la combinaisons la plus orthogonale est formée par le k-truss et la centralité d'intermédiarité (α_t, β_b).

Les combinaisons plus orthogonales :	(α_t, β_b), (α_c, β_b), (α_l, β_p), (α_l, β_b), (α_t, β_p), (α_{tp}, β_c), (α_t, β_c), (α_t, β_l), (α_c, β_p), (α_t, β_k), (α_l, β_d), (α_t, β_d)
Les combinaisons moins orthogonales :	(α_{tp}, β_p), (α_{tp}, β_l), (α_c, β_l), (α_{tp}, β_b), (α_c, β_k), (α_{tp}, β_k), (α_l, β_k), (α_c, β_c), (α_c, β_d), (α_{tp}, β_d), (α_l, β_l), (α_l, β_c)

TAB. 4 – *Classement des combinaisons par ordre décroissant entre hiérarchie et centralité (α_i, β_j) basé sur la méthode de Schulze. Les mesures de hiérarchie sont α_c = k-core, α_t = k-truss, α_l = LRC, et α_{tp} = triangle participation. Les mesures de centralité sont β_d = Degree, β_l = Local, β_b = Betweenness, β_c = Current-flow Closeness, β_k = Katz, et β_p = PageRank.*

6 Conclusion

Afin d'examiner les relations entre les mesures de hiérarchie et de centralité les plus communément utilisées nous avons mené une série d'expérimentations utilisant plusieurs mesures d'évaluation. Il apparaît que la topologie du réseau affecte la relation entre les mesures de hiérarchie et de centralité. Plus précisément, les mesures sont redondantes lorsque le réseau est caractérisé par une forte densité et une forte transitivité. Au contraire, cette redondance décroît lorsque le réseau est caractérisé par une faible densité et/ou une faible transitivité. L'assortativité est moins influente dans les variations observées. Enfin, les mesures de hiérarchie k-core et k-truss sont les plus orthogonales aux mesures de centralité.

Ces résultats impliquent que l'on peut substituer les mesures de centralité aux mesures de hiérarchie lorsqu'un réseau est caractérisé par une forte densité et une forte transitivité à des fins d'efficacité. D'autre part, lorsque les mesures de hiérarchie et de centralité sont complémentaires, leur combinaisons permet d'envisager des schémas multidimensionnels pour l'identification des nœuds influents du réseau.

Références

Barabási, A.-L. et al. (2016). *Network science.* Cambridge university press.

Cherifi, H., G. Palla, B. K. Szymanski, et X. Lu (2019). On community structure in complex networks : challenges and opportunities. *Applied Network Science 4*(1), 1–35.

Ghalmane, Z., C. Cherifi, H. Cherifi, et M. El Hassouni (2019a). Centrality in complex networks with overlapping community structure. *Scientific reports 9*(1), 1–29.

Ghalmane, Z., M. El Hassouni, C. Cherifi, et H. Cherifi (2019b). Centrality in modular networks. *EPJ Data Science 8*(1), 15.

Lane, D. (2006). Hierarchy, complexity, society. In *Hierarchy in natural and social sciences*, pp. 81–119. Springer.

Li, C., Q. Li, P. Van Mieghem, H. E. Stanley, et H. Wang (2015). Correlation between centrality metrics and their application to the opinion model. *EPJ B 88*(3), 1–13.

Lü, L., D. Chen, X.-L. Ren, Q.-M. Zhang, Y.-C. Zhang, et T. Zhou (2016). Vital nodes identification in complex networks. *Physics Reports 650*, 1–63.

Oldham, S., B. Fulcher, L. Parkes, A. Arnatkeviciūtė, C. Suo, et A. Fornito (2019). Consistency and differences between centrality measures across distinct classes of networks. *PloS one 14*(7), 1–23.

Rajeh, S., M. Savonnet, E. Leclercq, et H. Cherifi (2020). Interplay between hierarchy and centrality in complex networks. *IEEE Access 8*, 129717–129742.

Ronqui, J. R. F. et G. Travieso (2015). Analyzing complex networks through correlations in centrality measurements. *J. Stat. Mech. Theory Exp 2015*(5), P05030.

Schoch, D., T. W. Valente, et U. Brandes (2017). Correlations among centrality indices and a class of uniquely ranked graphs. *Social Networks 50*, 46–54.

Schulze, M. (2011). A new monotonic, clone-independent, reversal symmetric, and condorcet-consistent single-winner election method. *Social Choice and Welfare 36*(2), 267–303.

Sciarra, C., G. Chiarotti, F. Laio, et L. Ridolfi (2018). A change of perspective in network centrality. *Scientific reports 8*(1), 1–9.

Webber, W., A. Moffat, et J. Zobel (2010). A similarity measure for indefinite rankings. *ACM Transactions on Information Systems (TOIS) 28*(4), 1–38.

Zafeiris, A. et T. Vicsek (2017). *Why We Live in Hierarchies? : A Quantitative Treatise.* Springer.

Summary

Identification of influential nodes in complex networks is crucial in many applications. Hierarchy and centrality are two principal approaches to quantify the influence of a node. Although there has been a lot of work about the relationship between centrality measures, to our knowledge there is no study to characterize the interplay between hierarchy and centrality measures. In this paper, based on a collection of real-world networks originating from diverse domains, a comparative investigation is performed. Results indicate that hierarchy and centrality measures are more or less complementary according to the network structure. More precisely, density and transitivity drive the redundancy of information between both types of measures. Additionally, nested hierarchy measures are the most orthogonal to the centrality measures under study.

Modélisation du processus de génération de données pour la reconnaissance d'activités

Massinissa Hamidi et Aomar Osmani

LIPN-UMR 7030 CNRS, Univ. Sorbonne Paris Nord
{hamidi,ao}@lipn.univ-paris13.fr

Résumé. La dynamique des mouvements liés à une activité (marche, vélo, etc.) est souvent déterminée par des interactions complexes impliquant diverses parties du corps. Ces dynamiques font partie d'un processus sous-jacent de génération de données et l'intégration de celui-ci dans les systèmes de reconnaissance d'activités basés sur des données peut améliorer leur robustesse et leur efficacité. Dans cet article, nous proposons de modéliser le processus de génération de données et de l'utiliser afin de contraindre l'apprentissage de modèles plus simples au travers de la sélection d'exemples. Nous présentons les résultats des expériences menées sur le jeu de données SHL collecté dans des conditions réelles à partir d'un environnement riche en capteurs. Comparativement au cadre de base, notre approche permet une amélioration des performances de reconnaissance tout en réduisant simultanément de moitié le nombre de sources de données nécessaires.

1   Introduction

La prolifération des objets connectés portatifs (*wearables*) permet l'émergence d'environnements riches en capteurs qui génèrent diverses formes d'informations. Ces sources offrent un large éventail de perspectives, permettant une reconnaissance plus robuste des activités humaines (Hamidi et Osmani, 2020; Radu et al., 2018). En effet, positionnées à différents endroits et générant des modalités variées, ces sources d'information si elles sont exploitées proprement, pourraient offrir de nombreux avantages tels qu'un meilleur rapport signal/bruit, une réduction de l'ambiguïté et une fiabilité accrue (Kurle et al., 2019) et surtout l'acquisition de connaissances de meilleure qualité répondant aux besoins exprimés.

Les tâches d'apprentissage qui émergent dans ces environnements riches en capteurs sont profondément structurées. C'est le cas des *wearables* avec le jeu de données SHL (Gjoreski et al., 2018) considéré dans cet article. Notre travail se concentre sur la reconnaissance des activités humaines à partir de sources de données matérialisées par des capteurs placés à différents endroits du corps suivant une topologie prédéfinie et fixe. Il a été observé que pour une activité donnée, des dynamiques impliquant des parties spécifiques du corps émergent. La combinaison de différentes modalités peut fournir des informations complémentaires permettant de capturer ces dynamiques et par conséquence de reconnaître précisément l'activité en question (Mantyjarvi et al., 2001; Reddy et al., 2010; Bevilacqua et al., 2018).

La dynamique des mouvements du corps fait partie d'un processus de génération de données (PGD) et une longue lignée de recherche, par exemple (Papadopoulos et al., 2014; Parisi et al., 2017), a proposé d'intégrer ce type de connaissances a priori dans les modèles de reconnaissance d'activité. Plus précisément, Parisi et al. (2017) dérivent des représentations 3D basées sur le squelette du corps tandis que d'autres travaux codent des connaissances d'experts du domaine en utilisant des représentations basées sur l'ontologie (Ousmer et al., 2019; Rodríguez et al., 2013). Ces représentations sont ensuite utilisées pour contraindre l'entraînement des modèles de reconnaissance d'activité. Alors que l'incorporation de connaissances a priori sur la dynamique des mouvements du corps dans les systèmes d'apprentissage améliore les performances et est attrayante en termes d'interprétabilité, il est difficile de se fier uniquement à l'expertise humaine pour dériver des modèles de ces dynamiques (Vatavu et Pentiuc, 2012). En effet, celles-ci sont le résultat d'interactions complexes impliquant diverses parties du corps.

Dans cet article, nous proposons une approche novatrice pour dériver et incorporer le PGD dans les modèles de reconnaissance d'activités. Notre approche améliore les performances de ces modèles grâce à deux étapes majeures. On commence par dériver un modèle du PGD par le biais d'une exploration à grande échelle d'un modèle de substitution (espace d'architecture neuronale). Sur la base du modèle ainsi dérivé, on sélectionne des sources de données très fiables pour les inclure dans l'échantillon d'apprentissage en utilisant un algorithme d'estimation de l'importance basé sur la variance. Les expériences que nous avons menées montrent l'efficacité de la combinaison du processus de génération de données par la sélection de sources de données hautement fiables. En particulier, nous obtenons une amélioration des performances de reconnaissance allant jusqu'à 17,84% par rapport à la configuration de référence, ce qui s'accompagne d'une réduction substantielle des données requises.

2 Formulation de la problématique

Nous considérons des configurations où une collection $\mathcal{S}$ de M capteurs (également appelés générateurs de données ou sources de données), notées $\{s_1, \ldots, s_M\}$, sont portés par l'utilisateur au cours des activités quotidiennes et capturent les mouvements du corps. Chaque capteur s_i génère un flux $\mathbf{x}^i = (x_1^i, x_2^i, \ldots)$ d'observations d'une certaine modalité (ex. accéléromètre). L'objectif est de reconnaître un ensemble $\mathcal{Y}$ d'activités, comme la course à pied, la marche ou le vélo.

Définition 1 (Source de données) *Une source de données (ou capteur) est caractérisée par deux attributs principaux : le premier est la* **modalité** *produite par le capteur et le second est la* **position** *où la source de données est située sur le corps. Une source de données est alors définie de manière unique avec ces deux attributs.*

Les activités humaines sont largement déterminées par la dynamique des gestes. En effet, chaque activité est caractérisée par un ensemble de gestes différents qui, à leur tour, impliquent des parties spécifiques du corps. Dans le cas des *wearables*, où ces parties du corps sont équipées de sources de données, souvent, le fait de se concentrer sur ces sources de données spécifiques permet de reconnaître précisément une activité donnée. Par conséquent, notre approche tente de sélectionner des sous-ensembles de sources de données qui sont très informatives par rapport à ces dynamiques. Dans ce travail, nous nous concentrons sur deux notions qui codent ces dynamiques : l'*importance* d'une source de données unique et le degré d'*interaction* entre un ensemble de sources de données.

Définition 2 (Importance) *Étant donné une source de données s_i qui est attachée à une partie du corps et une activité y, l'importance de s_i par rapport à l'activité y, notée $\mu_i^y \in [0,1)$, est définie comme une quantité qui représente l'implication relative de cette partie du corps dans la dynamique des gestes liés à cette activité.*

Définition 3 (Interaction) *Une interaction implique deux ou plusieurs sources de données et se définit comme leur degré de dépendance par rapport à l'implication relative des parties du corps auxquelles elles sont attachées, dans la dynamique des gestes. Plus le degré est élevé, plus les sources de données interagissent. Étant donné un ensemble de sources de données en interaction, $S \subset \mathcal{S}$, leur degré d'interaction est donné par $\mu_S^y \in [0,1)$.*

Problem 1 (Sélection de sources de données basée sur le PGD) *Soit $PGD : \wp(\mathcal{S}) \times \mathcal{Y} \to [0,1)$ le processus de génération de données, qui donne, pour chaque activité $y \in \mathcal{Y}$ l'influence d'un ensemble de sources de données $S \subset \mathcal{S}$. L'objectif est d'utiliser PGD comme fonction indicatrice pour sélectionner des sources de données très fiables et informatives. Soit $\tau_{imp} \in [0,1)$ et $\tau_{int} \in [0,1)$ deux paramètres qui déterminent les seuils au-dessus desquels un ensemble donné de sources de données $S \subset \mathcal{S}$ peut être sélectionné. Il s'ensuit que les sous-ensembles de sources de données en interaction se rapportant à l'activité $y \in \mathcal{Y}$, notés $\mathcal{S}_y$, sont définis comme : $\mathcal{S}_y := \{s_i \in \mathcal{S}|PGD(\{s_i\}, y) = \mu_{s_i}^y \geq \tau_{imp}\} \cup \{S \subsetneq \mathcal{S}|PGD(S,y) = \mu_S^y \geq \tau_{int}\}$*

3 Approche proposée

Notre approche améliore les performances des modèles de reconnaissance d'activité grâce à deux étapes majeures : (1) construction d'un modèle du PGD tel que décrit dans le problème 1 en utilisant un espace d'architecture comme modèle de substitution (proxy), et (2) sélection des sources de données très fiables et informatives à inclure dans l'échantillon d'apprentissage en utilisant un algorithme d'estimation de l'importance basé sur la variance. Ces deux étapes sont décrites ci-après.

3.1 Espace des architectures comme modèle de substitution

Nous utilisons l'espace défini par les architectures d'analyse multimodale comme un modèle de substitution pour la dynamique des mouvements du corps. L'exploration de cet espace d'architecture servira à dériver le PGD tel que défini dans le problème 1.

Une architecture est définie comme un ensemble de composants architecturaux chargés d'extraire, à partir des observations, des informations pertinentes, sous forme de caractéristiques, et de fusionner efficacement différentes sources de données (voir Fig 1). Il est pratique de représenter une architecture sous la forme d'un graphe acyclique dirigé où les composants architecturaux sont reliés entre eux par des arêtes valuées. Nous associons une valeur (hyperparamètre) h_u^v à chaque arête du graphe qui relie deux composants C_u et C_v. Ces valeurs contrôlent la façon dont les composants architecturaux traitent chaque entrée et par la même

FIG. 1: (A gauche) composants d'extraction de caractéristiques et de fusion multimodale définis dans (Atrey et al., 2010). Extraction de caractéristiques (FE), fusion de caractéristiques (FF), fusion de décisions (DF) et unité d'analyse (AU). Ces éléments peuvent être combinés afin de former une analyse multimodale au niveau des caractéristiques, au niveau de la décision mais aussi à un niveau hybride. En outre, les hyperparamètres $h_i \in \mathcal{H}$ contrôlant les effets de chaque entrée sont représentés. (À droite) Illustration d'une architecture où chaque nœud correspond à un composant. Une arête qui lie le composant C_u au composant C_v indique que C_v reçoit la sortie de C_u comme entrée.

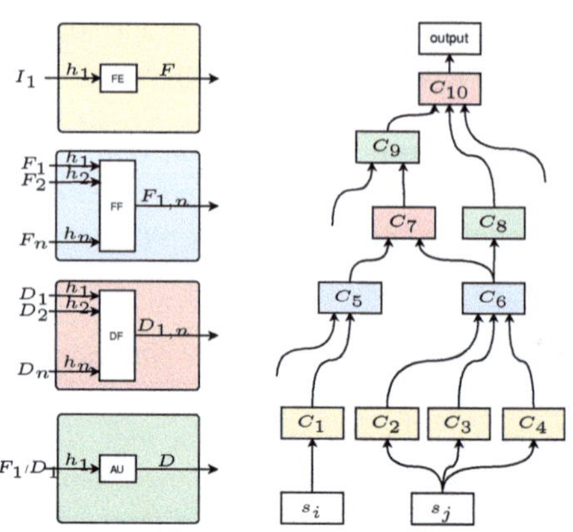

occasion leur influence sur la performance globale de l'architecture. L'ensemble des hyperparamètres d'une architecture est noté $\mathcal{H}$.

Nous nous concentrons sur ce qui découle de l'ajustement et de l'adaptation de ces architectures, à travers leurs hyperparamètres et plus particulièrement ceux qui contrôlent l'influence des sources de données. À chaque couche d'une architecture donnée, il est essentiel de définir la bonne combinaison d'hyperparamètres. En particulier, le choix de la bonne instanciation pour les composants d'extraction des caractéristiques et de fusion des sources peut conduire à une architecture capable de construire, à partir des différentes sources de données, un ensemble original de caractéristiques qui convient à la reconnaissance d'une activité donnée. Nous prenons en compte l'hypothèse suivante : Soit $\mathcal{H}_s \subsetneq \mathcal{H}$ l'ensemble des hyperparamètres contrôlant l'impact d'une source de données s. L'impact global de $\mathcal{H}_s$ sur les performances de reconnaissance représente l'impact de la source de données s.

Le problème de la modélisation du PGD devient alors une exploration de l'espace des architectures. Cette exploration est déterminée par trois aspects : (i) un espace de recherche qui définit les composantes architecturales (ex., les couches convolutives) ; (ii) une stratégie de recherche qui définit comment l'espace doit être exploré (ex., optimisation Bayésienne des hyperparamètres) ; et (iii) une stratégie d'estimation des performances (ex. problème de la classification des séquences) (Elsken et al., 2019). Étant donné un budget d'exploration de B, la stratégie d'exploration produit une série de scores de validation $\nu_1, \ldots, \nu_B$. La tâche de modélisation du PGD se réduit donc à trouver un lien entre ces scores et l'impact de chaque source de données.

3.2 Estimation de l'importance basée sur la Variance

Soit $\mathcal{V}$ un ensemble de scores de validation où chaque score ν_k représente la performance estimée d'une instanciation particulière des hyperparamètres. Afin d'estimer l'importance de chaque source de données individuelle, nous décomposons la relation non linéaire f décrite par $\mathcal{V}$ comme suit $f(\mathcal{S}, y) = \mu_0^y + \sum_{i=1}^{M} \mu_i^y(s_i) + \sum_{i \neq j} \mu_{ij}^y(s_i, s_j) + \cdots + \mu_{1 \ldots M}^y(s_i, \ldots, s_M)$, une moyenne μ_0^y à laquelle s'ajoutent les effets du premier ordre (μ_i^y), les effets du second ordre (μ_{ij}^y) et ainsi de suite. Plus la variance induite par une source de données est faible, plus son influence sur la relation non linéaire f est importante. Cette formulation correspond à une expansion additive et la variance de chaque terme peut être estimée en utilisant l'analyse fonctionnelle de la variance (fANOVA) (Hoeffding, 1948). Elle peut être quantifiée en utilisant l'implémentation efficace proposée dans (Hoos et Leyton-Brown, 2014) qui est basée sur un algorithme de temps linéaire pour marginaliser les prédictions d'arbres de décisions. Comme nous avons accès à l'ensemble des scores de validation indexées par les instanciation d'hyperparamètres, afin d'estimer la décomposition, nous devons déterminer la correspondance entre chaque source de données et l'ensemble des hyperparamètres qui contrôle leur influence.

Correspondance source de données/hyperparamèters. Étant donné une architecture A, nous déterminons une correspondance, $Corr_A : \mathcal{S} \rightarrow \wp(\mathcal{H} \times \mathbb{R})$, entre chaque source de données et les hyperparamètres qui contrôlent leurs effets, comme suit : $Corr_A(s) = \bigcup_{(u,v)\in s\rightarrow^* t} <h_u^v, w>$, où $s \rightarrow^* t$ désigne tous les chemins dans l'architecture qui ont s comme source et t comme destination, h_u^v l'hyperparamètre associé à l'arête (u, v), et w correspond à un poids calculé comme $w = \frac{\omega_1 \cdot dist(s,v) + \omega_2 \cdot \delta^-(v)}{\omega_1 + \omega_2}$ qui pondère la correspondance d'un hyperparamètre donné h_u^v en fonction de son éloignement ($dist(s, v)$) par rapport à l'entrée s et du nombre d'arêtes incidentes du noeud v ($\delta^-(v)$). Les paramètres de pondération $\omega_1, \omega_2 \in [0, 1)$ sont tous deux fixés à $\frac{1}{2}$. Dans le cas où une arête est partagé par plusieurs chemins, nous additionnons les poids attribués à l'hyperparamètre correspondant suivant chaque chemin.

4   Expériences et Résultats

Dans cette section, nous présentons les axes de l'évaluation empirique extensive de l'approche proposée. Nous évaluons différentes stratégies d'exploration de l'espace des architectures pour la dérivation du PGD, avec entre autre *Tree Parzen Estimator*, *Hyperband*, *Grid Search*, etc. En effet, différentes stratégies d'exploration tendent à favoriser différentes régions de l'espace des architectures ce qui entraîne la dérivation de PGD variés. À des fins de comparaison, nous dérivons, à l'aide d'experts du domaine, un autre modèle du PGD que l'on désigne dans ce qui suit par *HExp*. Les modèles ainsi obtenus sont comparés entre eux par rapport à la plausibilité des ensembles de sources de données dérivés. Nous évaluons ensuite l'efficacité de l'incorporation du modèle ainsi dérivé sur quatre jeux de données de reconnaissance d'activité, à savoir *USC-HAD*, *HTC-TMD*, *US-TMD* en plus du SHL. Nous détaillons dans ce qui suit les résultats de l'incorporation du PGD dans le jeu de données SHL. De plus amples analyses peuvent être retrouvées dans (Hamidi et Osmani, 2020).

Jeu de données SHL. Le SHL (Gjoreski et al., 2018) est un jeu de données très polyvalent et précisément annoté consacré à la reconnaissance de l'activité humaine. Ce jeu de données a été collecté dans des conditions réelles et fournit, simultanément, des données de locomotion multimodales issues de plusieurs positions du corps : main, torse, hanches et dos. Ces quatre positions définissent la topologie qui nous permet de modéliser et d'exploiter la dynamique des mouvements du corps pour des modèles de reconnaissance d'activité. Parmi les 16 modalités de l'ensemble de données original, nous sélectionnons les modalités de mouvements corporels à

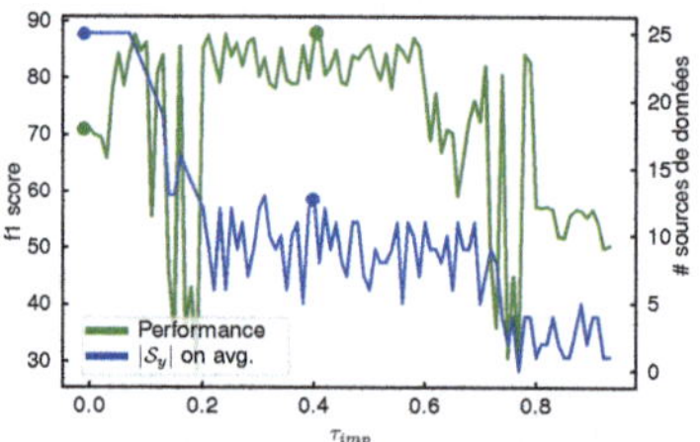

Dataset	s-PGD	a-HExp	a-PGD
USC-HAD	72.1%	75.38%	89.33%
HTC-TMD	74.4%	77.16%	78.9%
US-TMD	71.32%	80.28%	83.64%
SHL	70.86 %	77.18%	88.7%

FIG. 2: Performances de reconnaissance en fonction du seuil d'importance de la source de données τ_{imp}. En parallèle, la cardinalité en moyenne des sous-ensembles $|\mathcal{S}_y|$ utilisés pour l'entraînement des modèles est indiquée. Les points les plus à gauche correspondent à une configuration où toutes les sources de données sont utilisées (s-PGD).

TAB. 1: Comparaison des différentes configurations d'incorporation du PGD en termes de performances de reconnaissance. Les scores de la colonne a-PGD correspondent aux modèles les plus performants, sélectionnés tout en faisant varier le seuil d'importance de la source de données τ_{imp}.

inclure dans nos expériences, à savoir : accéléromètre, gyroscope, magnétomètre, accélération linéaire, orientation, gravité, et en plus, pression ambiante.

Évaluation. Nous incorporons le modèle du PGD que nous avons dérivé dans des modèles de reconnaissance d'activité par la sélection d'échantillons. Nous sélectionnons des sources de données hautement informatives pour former des ensembles d'entraînement. Pendant la phase d'apprentissage, les modèles de reconnaissance d'activité sont encouragés à se concentrer sur les sous-ensembles de sources de données dérivées. Nous désignons cette configuration *a-PGD*, ce qui signifie, avec processus de génération de données. À titre de comparaison, nous apprenons aussi des modèles en utilisant les données générées par la totalité des sources de données. Ces modèles constituent notre configuration de référence que nous désignons *s-PGD* (sans processus de génération de données). En outre, nous évaluons également des modèles auxquelles nous incorporons le modèle HExp. Cette configuration est désignée *w-HExp*.

Fig. 2 montre l'évolution des performances de reconnaissance obtenues en fonction des paramètres τ_{int} et τ_{imp}. De plus, cette figure illustre le nombre moyen de sources de données, qui sont incluses dans les sous-ensembles, en fonction de ces deux seuils. En particulier, lorsque, par exemple, les paramètres τ_{imp} et τ_{int} sont fixés à 0, toutes les sources de données sont incluses. Nous constatons que les modèles appris avec des sous-ensembles restreints de sources de données ont de meilleures performances que la configuration de référence. Cette domination apparait aussi par rapport à la plupart des configurations qui reposent sur un nombre plus élevé de sources de données. Il est à noter que nous obtenons un score de reconnaissance de 88,7%±0,6, mesurée par la mesure f1, en utilisant des sous-ensembles contenant en moyenne 12 sources de données. Il s'agit donc d'une amélioration par rapport au niveau de référence de 17,84% en termes de performances de reconnaissance et d'une réduction de moitié concernant les quantités de données requises. Ce que l'on observe par ailleurs est qu'il n'y a pas beaucoup de sous-ensembles de sources de données qui entraînent de mauvaises performances de reconnaissance pour $0,2 \leq \tau_{imp} \leq 0,6$, où le nombre de sources de données par sous-ensemble est limité entre 5 et 12.

5 Discussion

Dans ce papier, nous avons proposé de dériver le PGD et de l'intégrer dans les modèles de reconnaissance d'activités. L'intégration de la connaissance du domaine dans ce type de modèles est particulièrement prometteuse et a attiré de nombreuses recherches (Vatavu et Pentiuc, 2012 ; Kovalenko et al., 2014 ; Papadopoulos et al., 2014 ; Parisi et al., 2017 ; Dhiman et al., 2019). Si l'intégration des connaissances du domaine dans les processus d'apprentissage est bénéfique, la manière de procéder diffère sensiblement d'une approche à l'autre. Dans (Kovalenko et al., 2014) par exemple, l'ontologie dérivée par les auteurs leur sert de base à la construction d'un réseau d'inférence Bayésien tandis que dans (Parisi et al., 2017), les représentations construites aident les réseaux neuronaux à s'auto-organiser.

Au-delà de la reconnaissance des activités, de nombreuses autres applications s'appuient sur des modèles du domaine, telles que des lois de la physique, afin d'imposer certaines conditions ou équations dans les modèles d'apprentissage (Stewart et Ermon, 2017 ; Nabian et Meidani, 2020). Dans la même lignée, nous avons proposé dans (Osmani et al., 2019) d'exploiter un modèle plus expérimenté, un proxy, qui est chargé de sélectionner des échantillons afin de former de nouvelles générations de modèles dans le cadre de la surveillance industrielle. De nouveaux paradigmes, comme l'apprentissage de Vapnik en utilisant des informations privilégiées (Vapnik et Izmailov, 2015) et les connaissances distillées de Hinton (Hinton et al., 2015), proposent d'incorporer des modèles à haute capacité, similaires aux modèles de substitution que nous proposons ici, appelés *intelligent teachers* dans les modèles d'apprentissage.

Un volume de travaux en constante croissance propose d'exploiter les connaissances du domaine pour améliorer les performances des modèles d'apprentissage. Nos expériences encouragent encore plus l'exploration de cette voie, où des modèles plus complexes et plus expérimentés, comme l'espace d'architecture neurale que nous avons proposé, constituent des substituts aux connaissances du domaine et fournissent des indications pour des modèles plus simples par le biais de la sélection d'échantillons.

Références

Atrey, P. K. et al. (2010). Multimodal fusion for multimedia analysis : a survey. *Multimedia systems 16*(6), 345–379.

Bevilacqua, A. et al. (2018). Human activity recognition with convolutional neural networks. In *ECML-PKDD*, pp. 541–552. Springer.

Dhiman, C. et al. (2019). Skeleton based activity recognition by fusing part-wise spatio-temporal and attention driven residues. *arXiv :1912.00576*.

Elsken, T. et al. (2019). Neural architecture search : A survey. *JMLR 20*(55), 1–21.

Gjoreski, H. et al. (2018). The university of sussex-huawei locomotion and transportation dataset for multimodal analytics with mobile devices. *IEEE Access*.

Hamidi, M. et A. Osmani (2020). Data generation process modeling for activity recognition. In *ECML-PKDD*. Springer.

Hinton, G. et al. (2015). Distilling the knowledge in a neural network. *arXiv :1503.02531*.

Hoeffding, W. (1948). A non-parametric test of independence. *Ann. of math. stat.*, 546–557.

Hoos, H. et K. Leyton-Brown (2014). An efficient approach for assessing hyperparameter importance. In *International Conference on Machine Learning*, pp. 754–762.

Kovalenko, M. et al. (2014). Real-time hand tracking and gesture recognition using semantic-probabilistic network. In *Int. Conf. on Comp. Model. and Simul.*, pp. 269–274. IEEE.

Kurle, R., S. Günnemann, et P. van der Smagt (2019). Multi-source neural variational inference. In *AAAI*, Volume 33, pp. 4114–4121.

Mantyjarvi, J., J. Himberg, et T. Seppanen (2001). Recognizing human motion with multiple acceleration sensors. In *SMC*, Volume 2, pp. 747–752. IEEE.

Nabian, M. A. et H. Meidani (2020). Physics-driven regularization of deep neural networks for enhanced engineering design and analysis. *J. of Comput. and Inf. Sci. in Eng. 20*(1).

Osmani, A., M. Hamidi, et S. Bouhouche (2019). Monitoring of a dynamic system based on autoencoders. In *IJCAI*.

Ousmer, M. et al. (2019). An ontology for reasoning on body-based gestures. In *SIGCHI EICS*.

Papadopoulos, G. T. et al. (2014). Real-time skeleton-tracking-based human action recognition using kinect data. In *Int. Conf. on Multimedia Modeling*, pp. 473–483. Springer.

Parisi, G. I., J. Tani, C. Weber, et S. Wermter (2017). Emergence of multimodal action representations from neural network self-organization. *Cogn. Syst. Res. 43*, 208–221.

Radu, V., C. Tong, S. Bhattacharya, N. D. Lane, C. Mascolo, M. K. Marina, et F. Kawsar (2018). Multimodal deep learning for activity and context recognition. *IMWUT 1*(4), 157.

Reddy, S., M. Mun, J. Burke, D. Estrin, M. Hansen, et M. Srivastava (2010). Using mobile phones to determine transportation modes. *TOSN 6*(2), 13.

Rodríguez, N. D. et al. (2013). Understanding movement and interaction : an ontology for kinect-based 3d depth sensors. In *Int. Conf. on UCAmI*, pp. 254–261. Springer.

Stewart, R. et S. Ermon (2017). Label-free supervision of neural networks with physics and domain knowledge. In *AAAI*, Volume 1, pp. 1–7.

Vapnik, V. et R. Izmailov (2015). Learning using privileged information : similarity control and knowledge transfer. *JMLR 16*(2023-2049), 2.

Vatavu, R. D. et S. G. Pentiuc (2012). Multi-level representation of gesture as command for human computer interaction. *Computing and Informatics 27*(6), 837–851.

Summary

The dynamics of body movements are often driven by large and intricate low-level interactions involving various body parts. These dynamics are part of an underlying data generation process and incorporating them into data-driven activity recognition systems has the potential to enhance their robustness and data-efficiency. In this paper, we propose to model the underlying data generation process and use it to constrain training of simpler learning models via sample selection. We report on experiments conducted on the SHL dataset featuring a sensor-rich environment. Compared to the basic setting, our approach achieves substantial improvements, by simultaneously reducing the number of required data sources by one-half.

Méthode ensemble de clustering profond

Séverine Affeldt*, Lazhar Labiod*, Mohamed Nadif*

*Université de Paris, CNRS, Centre Borelli, F-75006 Paris
<prénom.nom>@u-paris.fr

Résumé. Plusieurs stratégies de classification non supervisée combinant des algorithmes de *clustering* classiques et les auto-encodeurs ont été étudiées. Ces stratégies améliorent généralement les performances de clustering, mais dépendent des données et des hyperparamètres choisis qu'on ne peut fixer en amont pour un apprentissage non supervisé. Pour atténuer l'impact de la configuration des hyperparamètres sur la qualité du partitionnement, nous proposons une approche *ensemble*, ne nécessitant aucun pré-entraînement, qui exploite le clustering spectral et les forces de l'auto-encodeur. Notre approche génère plusieurs encodages profonds à partir des données d'origine, construit une matrice d'affinité *consensus* clairsemée et de faible dimension via la stratégie des *anchors* puis applique la classification spectrale pour obtenir l'espace commun partagé par les encodages. La stratégie des *anchors* assure une représentation efficace des encodages et leur fusion permet d'atténuer les problèmes d'hyperparamètres (Affeldt et al., 2020).

1   Introduction

Malgré leur succès, la plupart des méthodes de clustering sont mises à mal par les données générées avec les applications actuelles, qui sont généralement de grande dimension, hétérogènes et clairsemées. De nombreux chercheurs ont étudié de nouveaux modèles de clustering pour surmonter ces difficultés. Une catégorie prometteuse de ces modèles repose sur l'*embedding* des points (Allab et al., 2016, 2018; Labiod et Nadif, 2020). Dans l'apprentissage profond, les auto-encodeurs (DAE : Deep AutoEncoders) se sont avérés également utiles dans cette tâche (Hinton et Zemel, 1994); les auto-encodeurs peuvent transformer des données de manière non linéaire dans un espace latent. Un auto-encodeur se compose généralement d'un *encoder*, qui peut fournir un encodage des données d'origine en dimension inférieure, et d'un *decoder*, pour définir le coût de reconstruction des données. Dans le contexte du clustering, l'idée générale est d'intégrer les données dans un espace latent de faible dimension, puis d'effectuer le clustering dans ce nouvel espace.

Plusieurs travaux intéressants ont récemment combiné l'apprentissage profond de représentations et le clustering. Ces deux tâches peuvent être associées de manière séquentielle ou conjointe. Ainsi, Tian et al. (2014) utilisent un auto-encodeur *empilé* pour apprendre une représentation du graphe d'affinité, puis exécutent k-means sur les représentations apprises pour obtenir les clusters. Le processus d'embedding ne garantissant pas une représentation adaptée à la tâche de clustering, plusieurs auteurs recommandent d'effectuer les deux tâches conjointement afin de laisser le clustering guider l'extraction des caractéristiques et *vice-versa*. Xie et al. (2016) proposent d'entraîner un réseau profond en minimisant de manière itérative une divergence de Kullback-Leibler (KL) entre une distribution de probabilité centroïde et une distribution cible auxiliaire. Plus récemment, Guo et al. (2017) ont intégré un auto-encodeur dans le cadre *Deep Embedded Clustering* (DEC) (Xie et al., 2016). L'approche effectue conjointement le clustering et l'apprentissage des représentations avec la préservation de la structure locale. Tian et al. (2017) proposent *DeepCluster*, un cadre général pour intégrer les méthodes de clustering traditionnelles dans des modèles d'apprentissage profond et adoptent l'algorithme des directions alternées [1] pour l'optimisation. Yang et al. (2017); Fard et al. (2020) proposent également une approche conjointe de réduction de dimension via un réseau profond et k-means.

Au-delà des approches conjointes ou séquentielles combinant clustering et représentations profondes, le lien entre l'auto-encodeur et l'apprentissage *ensemble* n'a pas encore été exploré. Nous avons pallié ce vide en proposant une approche robuste qui tire simultanément parti de plusieurs modèles profonds avec différents hyperparamètres discutées en détail dans (Affeldt et al., 2020).

2   Classification spectrale évolutive

Tout au long de l'article, les caractères gras majuscules désignent les matrices et gras minuscules désignent les vecteurs. Pour toute matrice $\mathbf{M}$, $\mathbf{m}_j$ désigne la j-ème colonne de $\mathbf{M}$, $\mathbf{y}_i$ désigne la i-ème ligne de $\mathbf{Y}$, m_{ij} la cellule $(i,j)-$ de $\mathbf{M}$ et $Tr[\mathbf{M}]$ est la trace de $\mathbf{M}$ si $\mathbf{M}$ est une matrice carrée ; $\mathbf{M}^\top$ désigne la matrice transposée de $\mathbf{M}$. On considère la norme de Frobenius d'une matrice $\mathbf{M} \in \mathbb{R}^{n \times d} : ||\mathbf{M}||^2 = \sum_{i=1}^{n} \sum_{j=1}^{d} m_{ij}^2 = Tr[\mathbf{M}^\top \mathbf{M}]$. $\mathbf{I}$ la matrice d'identité de taille appropriée.

Plusieurs algorithmes de *spectral clustering* ont été proposés, chacun utilisant les vecteurs propres de manière légèrement différente (Shi et Malik, 2000; Meila et Shi, 2001). La partition des n points de $\mathbf{X} \in \mathbb{R}^{n \times d}$ en k clusters disjoints est basée sur une fonction objective qui favorise une faible similarité entre les classes et une forte similarité au sein des classes. Dans sa version normalisée, l'algorithme de *spectral clustering* exploite les k premiers vecteurs propres du graphe normalisé Laplacian qui sont les relaxations des vecteurs indicateurs fournissant des affectations de chaque point à une classe. Cela revient donc à maximiser,

$$\max_{\mathbf{B} \in \mathbb{R}^{n \times k}} Tr(\mathbf{B}^\top \mathbf{S} \mathbf{B}) \quad s.t. \quad \mathbf{B}^\top \mathbf{B} = \mathbf{I} \tag{1}$$

avec $\mathbf{S} = \mathbf{D}^{-1/2} \mathbf{K} \mathbf{D}^{-1/2} \in \mathbb{R}^{n \times n}$ la matrice de similarité normalisée, $\mathbf{K} \in \mathbb{R}^{n \times n}$ la matrice de similarité et $\mathbf{D} \in \mathbb{R}^{n \times n}$ la matrice diagonale dont l'élément (i,i)- de $\mathbf{X}$ est la somme des i-ème ligne de $\mathbf{X}$. La solution de (1) est de choisir $\mathbf{B} \in \mathbb{R}^{n \times k}$ égale aux k vecteurs propres correspondant aux k plus grandes valeurs propres de $\mathbf{S}$. Après renormalisation de chaque ligne de $\mathbf{B}$, k-means assigne chaque $\mathbf{x}_i$ de $\mathbf{X}$ à la classe d'affectation de la ligne $\mathbf{b}_i$.

Récemment, une approche de classification spectrale évolutive, *Landmark-based Spectral Clustering* (*LSC*) (Chen et Cai, 2011) ou *Anchor-Graph* (Liu et al., 2010), a été proposée. Elle permet de construire efficacement le graphe laplacien et de calculer la *décomposition propre*. Plus précisément, chaque point est représenté par une combinaison linéaire de p points

---

1. ADA ; en anglais ADMM pour Alternating Direction Method of Multipliers

de données représentatifs (ou *points de repère*), avec $p \ll n$. La matrice de représentation obtenue $\hat{\mathbf{Z}} \in \mathbb{R}^{p \times n}$, pour laquelle l'affinité/similarité est calculée entre n points de données et les p points de repère, est clairsemée assurant une décomposition propre plus efficace que la décomposition mentionnée ci-dessus de $\mathbf{S}$ (Eq. 1).

3 Auto-Encodeur et classification via *ensemble* DAE

Un auto-encodeur est un réseau neuronal qui implémente un algorithme d'apprentissage non supervisé dans lequel les paramètres sont appris de telle sorte que les valeurs de sortie ont tendance à copier l'échantillon d'apprentissage en entrée. Il se compose de deux parties, à savoir un *encoder*, f_θ, suivi d'un *decoder*, g_ψ. La première partie calcule un vecteur de caractéristiques, $\mathbf{y}_i = f_\theta(\mathbf{x}_i)$, pour chaque échantillon d'apprentissage d'entrée, fournissant ainsi l'encodage $\mathbf{Y}$ de l'ensemble de données d'entrée. La partie *decoder* reconvertit l'encodage dans sa représentation originale, $\hat{\mathbf{x}}_i = g_\psi(\mathbf{y}_i)$. Les ensembles de paramètres pour f_θ et g_ψ sont appris simultanément pendant la tâche de reconstruction tout en minimisant la perte, $\mathcal{J}_{AE}(\theta, \psi) = \sum_{i=1}^{n} \mathcal{L}(\mathbf{x}_i, g_\psi(f_\theta(\mathbf{x}_i)))$, où $\mathcal{L}$ est une fonction de coût qui mesure la divergence entre l'échantillon d'apprentissage d'entrée et les données reconstruites.

A partir de $\mathbf{X}$ de taille $n \times d$, le but est d'obtenir d'abord un ensemble de m encodages $\{\mathbf{Y}_\ell\}_{\ell \in [1,m]}$ en utilisant m DAEs ayant différents paramétrages. Dans un second temps, on construit une matrice de graphes $\mathbf{S}_\ell$ associée à chaque embedding $\mathbf{Y}_\ell$, puis on fusionne les m matrices de graphes dans une matrice de graphes consensuelle $\mathbf{S}$ (nommée de manière équivalente matrice d'*affinité* ou de *similarité*) qui contient des informations fournies par les m embeddings. Enfin, pour exploiter le sous-espace commun partagé par les m embeddings profonds, le clustering spectral est appliqué à $\mathbf{S}$. Les défis du problème sont triples, 1) générer m embeddings profonds, 2) placer le clustering dans un cadre d'apprentissage *ensemble*, 3) résoudre la tâche de clustering de manière très efficace.

La fonction de coût d'un auto-encodeur, avec un encodeur f_θ et un décodeur g_ψ, mesure l'erreur entre l'entrée $\mathbf{x} \in \mathbb{R}^{d \times 1}$ et sa reconstruction à la sortie $\hat{\mathbf{x}} \in \mathbb{R}^{d \times 1}$. L'encodeur f_θ et le décodeur g_ψ peuvent avoir plusieurs couches de largeurs différentes. Pour générer m représentations ou encodages profonds $\{\mathbf{Y}_\ell\}_{\ell \in [1,m]}$, le DAE est formé avec différents hyperparamètres (eg., initialisation, largeurs de couche) en optimisant la fonction de coût suivante.

$$\|\mathbf{X} - g_{\psi_\ell}(f_{\theta_\ell}(\mathbf{X}))\|^2 \tag{2}$$

où g_{ψ_ℓ} et f_{θ_ℓ} sont appris avec les hyperparamètres ℓ, et $\mathbf{Y}_\ell = f_{\theta_\ell}(\mathbf{X})$ (Fig. 1, (a)). Pour construire $\mathbf{S}_\ell$, nous utilisons une idée similaire à celle de *Landmark Spectral Clustering* (Chen et Cai, 2011) et des *Anchor-Graphs* (Liu et al., 2010) où une matrice de représentation $\mathbf{Z}_\ell \in \mathbb{R}^{n \times p}$, de taille réduite et clairsemée, est construite entre les points de repère $\{\mathbf{u}_j^\ell\}_{j \in [1,p]}$ et les points encodés $\{\mathbf{y}_i^\ell\}_{i \in [1,n]}$ (Fig. 1, (a)). Plus précisément, un ensemble de p points ($p \ll n$) est obtenu par k-means appliqué sur la matrice de embedding $\mathbf{Y}_\ell$. Puis, un mappage non linéaire des données au repère est calculé comme suit,

$$z_{ij}^\ell = \Phi(\mathbf{y}_i^\ell) = \frac{\mathcal{K}(\mathbf{y}_i^\ell, \mathbf{u}_j^\ell)}{\sum_{j' \in N_{(i)}} \mathcal{K}(\mathbf{y}_i^\ell, \mathbf{u}_{j'}^\ell)}; \quad j' \in N_{(i)} \tag{3}$$

où $N_{(i)}$ indique les points de repère les plus proches r ($r < p$) autour de $\mathbf{y}_i^\ell$. Comme proposé par Chen et Cai (2011), nous mettons z_{ij}^ℓ à zéro lorsque le repère $\mathbf{u}_j^\ell$ n'est pas parmi le plus proche voisin de $\mathbf{y}_i^\ell$, ce qui conduit à une matrice d'affinité clairsemée $\mathbf{Z}_\ell$. La fonction $\mathcal{K}(.)$ est utilisée pour mesurer la similitude entre les données $\mathbf{y}_i^\ell$ et l'ancre $\mathbf{u}_j^\ell$ avec L_2 distance dans l'espace noyau gaussien $\mathcal{K}(\mathbf{x}_i, \mathbf{x}_j) = \exp(-||\mathbf{x}_i - \mathbf{x}_j||^2/2\sigma^2)$, et σ est le paramètre de bande passante. La matrice normalisée $\hat{\mathbf{Z}}_\ell \in \mathbb{R}^{n \times p}$ est ensuite utilisée pour obtenir un graphe de rang inférieur, $\mathbf{S}_\ell \in \mathbb{R}^{n \times n}$, $\mathbf{S}_\ell = \mathbf{Z}_\ell \Sigma^{-1} \mathbf{Z}_\ell^\top$ où $\Sigma = diag(\mathbf{Z}_\ell^\top \mathbb{1})$. Comme Σ^{-1} normalise la matrice construite, $\mathbf{S}_\ell$ est bi-stochastique, *ie* la somme de chaque colonne et ligne est égale à un, et le graph laplacien devient, $\mathbf{S}_\ell = \hat{\mathbf{Z}}_\ell \hat{\mathbf{Z}}_\ell^\top$, où $\hat{\mathbf{Z}}_\ell = \mathbf{Z}_\ell \Sigma^{-1/2}$.

3.1 Ensemble de matrices d'affinité et algorithme

Étant donné un ensemble de m encodages $\{\mathbf{Y}_\ell\}_{\ell \in [1,m]}$ obtenu en utilisant m DAEs formés avec ℓ différents hyperparamètres, l'objectif est de fusionner les m graphes des matrices de similarité $\mathbf{S}_\ell$ dans une matrice de similarité consensus qui contient des informations fournies par les m embeddings. Pour agréger les différentes matrices de similarité, nous utilisons une idée de clustering *ensemble* analogue à celle proposée dans (Strehl et Ghosh, 2003; Vega-Pons et Ruiz-Shulcloper, 2011) où une matrice de *co-association* est d'abord construite comme la somme de toutes les matrices de similarité de base, et où chaque matrice de partition de base peut être représentée comme une matrice diagonale en blocs. Ainsi, la matrice d'affinité *consensus* est construite comme la somme des m matrices de similarité de base en utilisant la formule suivante, $\bar{\mathbf{S}} = \frac{1}{m} \sum_{\ell=1}^{m} \mathbf{S}_\ell$. Notons que la matrice obtenue, $\bar{\mathbf{S}}$ est toujours bi-stochastique. Pour de nombreux problèmes, $\bar{\mathbf{S}}$ est approximativement une matrice stochastique en blocs, et donc les premiers k vecteurs propres de $\bar{\mathbf{S}}$ sont approximativement constants par morceaux sur les k sous-ensembles de lignes presque invariants. Dans la suite, nous cherchons à calculer, à moindre coût, $\mathbf{B}$ qui est partagée par les m matrices de graphes $\mathbf{S}_\ell$, et obtenue en optimisant le problème de maximisation de trace suivant $\max_\mathbf{B} Tr(\mathbf{B}^\top \bar{\mathbf{S}} \mathbf{B})$ *s.t.* $\mathbf{B}^\top \mathbf{B} = \mathbf{I}$. La solution de ce problème est de fixer la matrice $\mathbf{B}$ égale aux k vecteurs propres correspondant aux k plus grandes valeurs propres de $\bar{\mathbf{S}}$. Cependant, comme le calcul de la décomposition propre de $\bar{\mathbf{S}}$ de taille $(n \times n)$ est $O(n^3)$, en nous appuyant sur la proposition 3.1 de Affeldt et al. (2020), nous proposons de calculer les k vecteurs singuliers gauches de la matrice concaténée,

$$\bar{\mathbf{Z}} = \frac{1}{\sqrt{m}} [\hat{\mathbf{Z}}_1 | \ldots | \hat{\mathbf{Z}}_j | \ldots | \hat{\mathbf{Z}}_m]. \tag{4}$$

Utiliser la matrice clairsemée $\bar{\mathbf{Z}} \in \mathbb{R}^{n \times \sum_{j=1}^{m} \ell_j}$ avec $\sum_{j=1}^{m} \ell_j \ll n$, à la place de $\bar{\mathbf{S}}$ dont la dimension est plus grande, induit naturellement une amélioration du coût de calcul de $\mathbf{B}$ (Fig. 1, (b)). Les étapes de notre algorithme se basent sur la proposition suivante,

Proposition 3.1. *Etant donné m matrices de similarités $\mathbf{S}_\ell$, tel que chaque matrice $\mathbf{S}_\ell$ peut être exprimé comme $\mathbf{Z}_\ell \mathbf{Z}_\ell^\top$. Soit $\bar{\mathbf{Z}} \in \mathbb{R}^{n \times \sum_{j=1}^{m} \ell_j}$, où $\sum_{j=1}^{m} \ell_j \ll n$, noté $\frac{1}{\sqrt{m}} [\mathbf{Z}_1 | \ldots | \mathbf{Z}_j | \ldots | \mathbf{Z}_m]$, soit la concaténation des $\mathbf{Z}_\ell$'s, $\ell = 1, \ldots, m$. Nous avons d'abord,*

$$\max_{\mathbf{B}^\top \mathbf{B} = \mathbf{I}} Tr(\mathbf{B}^\top \bar{\mathbf{S}} \mathbf{B}) \Leftrightarrow \min_{\mathbf{B}^\top \mathbf{B} = \mathbf{I}, \mathbf{M}} ||\bar{\mathbf{Z}} - \mathbf{B} \mathbf{M}^\top||_F^2. \tag{5}$$

Etant donné $\text{SVD}(\bar{\mathbf{Z}})$, $\bar{\mathbf{Z}} = \mathbf{U} \Sigma \mathbf{V}^\top$ *et la solution optimale* $\mathbf{B}^*$ *est égale à* $\mathbf{U}$.

Les étapes de SC-EDAE sont résumées dans l'Algorithme 1 et illustrées par la Figure 1. Notre approche propose une manière unique de combiner les encodages DAE avec le *Spectral*

Algorithm 1 : SC-EDAE algorithm

Input : data matrix $\mathbf{X}$;
Initialize : m DAE with different hyperparameters setting ;
Do :
(a) Generate m deep embedding $\{\mathbf{Y}_\ell\}_{l \in [1,m]}$ *(Eq. 2)*
(b) Construct the ensemble sparse affinity matrix $\bar{\mathbf{Z}} \in \mathbb{R}^{n \times \sum_{j=1}^{m} \ell_j}$ *(Eq. 3, 4)*
(c) Compute $\mathbf{B}^* \in \mathbb{R}^{n \times k}$ by performing *sparse* SVD on $\bar{\mathbf{Z}}$ *(Eq. 5)*
Output : Run k-means on $\mathbf{B}^*$ to get the final clustering

---

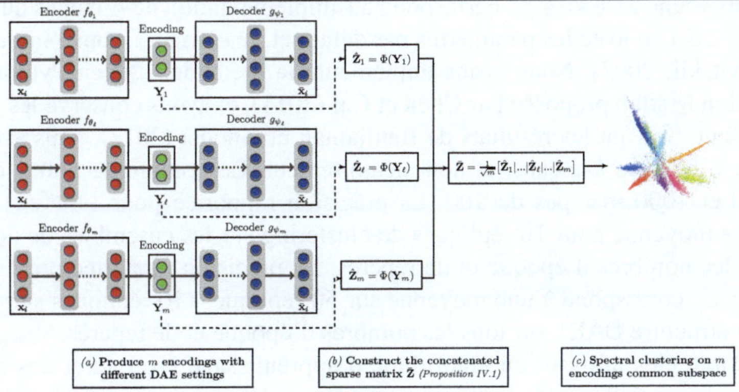

FIG. 1 – **Description de SC-EDAE.** *L'algorithme* SC-EDAE *calcule d'abord m encodages à partir des DAEs avec différents paramétrages* (a)*, puis génère m matrices d'affinité clairsemées, $\{\hat{\mathbf{Z}}_\ell\}_{\ell \in [1,m]}$, qui sont concaténées dans $\bar{\mathbf{Z}}$* (b)*, et exécute finalement une* SVD *sur $\bar{\mathbf{Z}}$* (c)*.*

Clustering via une approche *ensemble*. SC-EDAE bénéficie de la faible complexité de la stratégie des *anchors* pour la construction de la matrice d'affinité du graphe et la décomposition.

L'originalité et l'efficacité de notre méthode *ensemble* reposent sur le remplacement d'une décomposition coûteuse sur $\bar{\mathbf{S}} \in \mathbb{R}^{n \times n}$ par une décomposition sur un matrice de dimension réduite et clairsemée $\bar{\mathbf{Z}} \in \mathbb{R}^{n \times \sum_{j=1}^{m} \ell_j}$, avec $\sum_{j=1}^{m} \ell_j \ll n$ (Alg. 1, étape (c)). En particulier, la *sparsité* de $\bar{\mathbf{Z}}$ permet d'utiliser une décomposition itérative rapide moins coûteuse.

4   Expériences

Les auto-encodeurs sont entièrement connectés avec un encodeur f_θ de trois couches cachées de taille 500, 750 ou 1000 comme suggéré par Bengio et al. (2007), dans tous les ordres possibles. La partie décodeur g_ψ reflète l'encodeur f_θ. Pour chaque architecture DAE, 5 encodages sont générés avec 50, 100, 150, 200 et 250 époques. L'initialisation des poids suit l'approche de Glorot et tous les encodeur/décodeur utilisent des unités linéaires rectifiées (ReLU), à l'exception de la couche de sortie qui nécessite une fonction sigmoïde. Les données de l'auto-encodeur sont normalisées L_2. SC-EDAE exploite des encodages $\{\mathbf{Y}_\ell\}_{\ell \in [1,m]}$ qui sont générés avec soit *(i)* m initialisations différentes ou m nombres d'époques différents pour une même structure de DAE, ou *(ii)* m DAE avec des structures différentes pour le même nombre de points de repère et d'époques. Dans les deux cas, SC-EDAE permet de calculer les différentes matrices d'affinités creuses m $\{\hat{\mathbf{Z}}_\ell\}_{\ell \in [1,m]}$ (Eq. 3) pour générer la matrice d'affinité $\bar{\mathbf{Z}}$ (Eq. 4).

Notre algorithme SC−EDAE (Alg. 1) est évalué sur **MNIST** et **USPS**[2] et leurs encodages DAE. La base de données **MNIST** est chargée à partir du package Python Keras. Les ensembles d'entraînement et de test contiennent respectivement 60000 et 10000 images de taille 28×28 d'entiers compris entre 0 et 9. Les images sont en niveaux de gris redimensionnés entre $[0, 1]$. La base de données **USPS** est préparée comme proposé dans Guo et al. (2017) et contient 9298 images de taille 16×16 pixels d'entiers compris entre 0 et 9.

Nous évaluons d'abord k-means et LSC (Chen et Cai, 2011) sur les deux ensembles de données réels. L'approche kmeans$_{++}$ correspond à l'implémentation de k-means du package Python scikit-learn avec les paramètres par défaut et kmeans$_{++}$ pour l'initialisation (Arthur et Vassilvitskii, 2007). Nous avons implémenté la méthode LSC en Python, en suivant l'implémentation Matlab proposée par Chen et Cai (2011), et avons conservé les mêmes paramètres par défaut. Suivant les résultats de Banijamali et Ghodsi (2017), nous avons initialisé les repères de LSC avec k-means, et non aléatoirement. Le nombre de points de repère est pris entre 100 et 1000, par pas de 100. La précision rapportée pour LSC et k-means$_{++}$ correspond à la moyenne pour 10 répliques de clustering sur les ensembles de données d'origine, sur tous les nombres d'époque et de repères. La précision rapportée pour DAE−LSC et DAE−kmeans$_{++}$ correspond à une moyenne sur 50 répliques (10 répliques sur chacun des 5 encodages par structure DAE), sur tous les nombres d'époque et de repères.

Plusieurs stratégies utilisant un algorithme d'apprentissage profond et des approches de type k-means, séquentiellement ou conjointement, ont démontré une amélioration de la précision de la tâche de clustering. Parmi ces méthodes, deux approches peuvent désormais être considérées comme des méthodes populaires, à savoir IDEC (*Improved Deep Embedded Clustering*) (Guo et al., 2017) et DCN (*Deep Clustering Network*) (Yang et al., 2017). Très récemment, l'algorithme DKM (*Deep k-means*), qui applique k-means dans un espace d'embedding via AE, a surpassé ces approches (Fard et al., 2020). Nous comparons SC−EDAE à ces trois

Model	MNIST		USPS	
	ACC	NMI	ACC	NMI
baselines				
kmeans$_{++}$	55.13 $\pm$0.05	52.89 $\pm$0.02	68.36 $\pm$0.08	65.67 $\pm$0.10
LSC	68.55 $\pm$2.25	70.54 $\pm$0.83	77.20 $\pm$1.49	79.48 $\pm$0.90
DAE+kmeans$_{++}$	78.40 $\pm$6.09	71.97 $\pm$4.13	73.17 $\pm$3.27	70.48 $\pm$1.84
DAE+LSC	89.78 $\pm$5.14	83.06 $\pm$4.38	81.62 $\pm$6.25	80.44 $\pm$3.39
no pretraining required				
SC−EDAE Ens.Init.	92.91 $\pm$0.24	87.65 $\pm$0.18	81.46 $\pm$1.48	82.88 $\pm$0.59
SC−EDAE Ens.Ep.	92.33 $\pm$2.77	87.72 $\pm$2.42	**81.88** $\pm$3.62	83.03 $\pm$1.88
SC−EDAE Ens.Struct.	**93.23** $\pm$2.84	**87.93** $\pm$2.27	81.78 $\pm$3.61	**83.17** $\pm$1.96
Deep clustering approaches without pretraining *(Fard et al. 2020) Fard et al. (2020)*				
DCN^{np}	34.8 $\pm$3.0	18.1 $\pm$1.0	36.4 $\pm$3.5	16.9 $\pm$1.3
IDEC^{np}	61.8 $\pm$3.0	62.2 $\pm$1.6	53.9 $\pm$5.1	50.0 $\pm$3.8
DKM^{a}	82.3 $\pm$3.2	78.0 $\pm$1.9	75.5 $\pm$6.8	73.0 $\pm$2.3
Deep clustering approaches with pretraining *(Fard et al. 2020) Fard et al. (2020)*				
DCN^{p}	81.1 $\pm$1.9	75.7 $\pm$1.1	73.0 $\pm$0.8	71.9 $\pm$1.2
IDEC^{p}	85.7 $\pm$2.4	86.4 $\pm$1.0	75.2 $\pm$0.5	74.9 $\pm$0.6
DKM^{p}	84.0 $\pm$2.2	79.6 $\pm$0.9	75.7 $\pm$1.3	77.6 $\pm$1.1

TAB. 1 – *Comparaisons de différentes méthodes de classification non supervisée.*

méthodes et résumons ces évaluations dans la Table 1. Les six dernières lignes de cette table sont directement extraites de l'étude de Fard et al. (2020). La précision et les valeurs NMI de ces six lignes sont une moyenne sur 10 essais. Les autres valeurs correspondent à nos évaluations. Les résultats de base sont donnés dans les quatre premières lignes et correspondent

---

2. **MNIST** : Modified National Institute of Standards and Technology ; **USPS** : US Postal Service

à la tâche de clustering via `k-means++` ou `LSC` (résultats moyens sur 10 exécutions), et via une combinaison de DAE et `k-means` ou `LSC` (résultats moyens sur 10 exécutions pour chacun des 5 encodages différents). Les lignes `SC-EDAE` donnent la précision et les résultats NMI pour notre méthode d'ensemble, avec un ensemble sur plusieurs initialisations (`SC-EDAE Ens.Init.`), nombres d'époque (`SC-EDAE Ens .Ep.`) et architectures DAE (`SC-EDAE Ens.Struct.`). Comme le montre Table 1, alors que notre approche `SC-EDAE` ne nécessite aucun pré-entraînement, elle surpasse les méthodes DCN et IDEC dans leur version pré-entrainée (Table 1, DCN^p et $IDEC^p$ résultats). La méthode DKM fonctionne bien avec et sans pré-entrainement. Pourtant, notre approche `SC-EDAE` atteint une précision et des résultats NMI plus élevés que l'approche DKM avec et sans pré-entrainement.

5 Conclusion

Pour améliorer le partitionnement de grands ensembles de données, plusieurs auteurs ont proposé d'associer, séquentiellement ou conjointement, une architecture profonde et des méthodes de clustering classiques. Cependant, ces méthodes sont généralement confrontées à des problèmes importants liés à des défis bien connus de l'apprentissage profond, tels que l'initialisation des poids ou les paramètres de l'architecture. `SC-EDAE` atténue ces problèmes en exploitant une approche *ensemble* combinant plusieurs modèles profonds avant d'appliquer un *spectral clustering* ; elle est assez simple et peut être résumé en trois étapes : générer m embeddings profonds à partir des données d'origine, construire une matrice d'affinité consensus clairsemée et de faible dimension basée sur la stratégie des *anchors*, et appliquer une classification spectrale pour obtenir l'espace commun partagé par les m les encodages. Pour plus de détails concernant les développements des étapes d'optimisation et les performances de cette méthode, le lecteur peut consulter (Affeldt et al., 2020).

Références

Affeldt, S., L. Labiod, et M. Nadif (2020). Spectral clustering via ensemble deep autoencoder learning (sc-edae). *Pattern Recognition 108*, 107522.

Allab, K., L. Labiod, et M. Nadif (2016). A semi-NMF-PCA unified framework for data clustering. *IEEE Transactions on Knowledge and Data Engineering 29*(1), 2–16.

Allab, K., L. Labiod, et M. Nadif (2018). Simultaneous spectral data embedding and clustering. *IEEE Transactions on Neural Networks and Learning Systems 29*(12), 6396–6401.

Arthur, D. et S. Vassilvitskii (2007). k-means++ : The advantages of careful seeding. In *Proceedings of the 18th annual ACM-SIAM symposium on Discrete algorithms*, pp. 1027–1035.

Banijamali, E. et A. Ghodsi (2017). Fast spectral clustering using autoencoders and landmarks. In *International Conference Image Analysis and Recognition*, pp. 380–388. Springer.

Bengio, Y., P. Lamblin, D. Popovici, et H. Larochelle (2007). Greedy layer-wise training of deep networks. In *Advances in neural information processing systems*, pp. 153–160.

Chen, X. et D. Cai (2011). Large scale spectral clustering with landmark-based representation. In *25th Conference on Artificial Intelligence (AAAI)*.

Fard, M. M., T. Thonet, et E. Gaussier (2020). Deep k-means : Jointly clustering with k-means and learning representations. *Pattern Recognition Letters 138*, 185–192.

Guo, X., L. Gao, X. Liu, et J. Yin (2017). Improved deep embedded clustering with local structure preservation. In *IJCAI*, pp. 1753–1759.

Hinton, G. E. et R. S. Zemel (1994). Autoencoders, minimum description length and Helmholtz free energy. In *Advances in neural information processing systems*, pp. 3–10.

Labiod, L. et M. Nadif (2020). Efficient regularized spectral data embedding. *Advances in Data Analysis and Classification*, 1–21.

Liu, W., J. He, et S.-F. Chang (2010). Large graph construction for scalable semi-supervised learning. In *Proceedings of the 27th ICML*.

Meila, M. et J. Shi (2001). Learning segmentation by random walks. In *Advances in neural information processing systems*, pp. 873–879.

Shi, J. et J. Malik (2000). Normalized cuts and image segmentation. *IEEE Transactions on pattern analysis and machine intelligence 22*(8), 888–905.

Strehl, A. et J. Ghosh (2003). Cluster ensembles — a knowledge reuse framework for combining multiple partitions. *J. Mach. Learn. Res. 3*, 583–617.

Tian, F., B. Gao, Q. Cui, E. Chen, et T. Liu (2014). Learning deep representations for graph clustering. In *AAAI 2014*, pp. 1293–1299.

Tian, K., S. Zhou, et J. Guan (2017). Deepcluster : A general clustering framework based on deep learning. In *Machine Learning and Knowledge Discovery in Databases*.

Vega-Pons, S. et J. Ruiz-Shulcloper (2011). A survey of clustering ensemble algorithms. *International Journal of Pattern Recognition and Artificial Intelligence 25*(03), 337–372.

Xie, J., R. B. Girshick, et A. Farhadi (2016). Unsupervised deep embedding for clustering analysis. In *ICML*, pp. 478–487.

Yang, B., X. Fu, N. D. Sidiropoulos, et M. Hong (2017). Towards k-means-friendly spaces : Simultaneous deep learning and clustering. In *Proceedings of the 34th ICML*, pp. 3861–3870.

Summary

Several works have studied clustering strategies that combine classical clustering algorithms and deep learning methods. These strategies generally improve clustering performance, however deep autoencoder setting issues impede the robustness of these approaches. To alleviate the impact of hyperparameters setting, we propose a model which combines spectral clustering and deep autoencoder strengths in an ensemble framework. Our proposal does not require any pretraining and includes the three following steps: generating various deep embeddings from the original data, constructing a sparse and low-dimensional ensemble affinity matrix based on anchors strategy and applying spectral clustering to obtain the common space shared by multiple deep representations. While the anchors strategy ensures an efficient merging of the encodings, the fusion of various deep representations enables to mitigate the deep networks setting issues (Affeldt et al., 2020).

Implémentation des Plugins Logstash de Généralisation et de Chiffrement pour l'Anonymisation et la Pseudonymisation

Ali Hassan, Amine Mrabet, Patrice Darmon

Research & Innovation - Umanis
7, Rue Paul Vaillant Couturier, 92300 Levallois-Perret, France
{ahassan, amrabet, pdarmon} @umanis.com

Résumé. Ce papier présente une nouvelle implémentation des méthodes de protection des données à caractère personnel basées sur des algorithmes de chiffrement et de généralisation spécifiques mis en oeuvre dans des plugins Logstash. Notre algorithme de chiffrement est adapté aux données personnelles en considérant les différentes catégories : identifiants, quasi-identifiants et attributs sensibles. En outre, notre solution d'anonymisation propose plusieurs méthodes de généralisation, paramétrables selon les types des données. Afin de valider les résultats de ces méthodes, nous proposons également une étape de vérification des modèles de protection de la vie privée comme le k-anonymat et le l-diversité.

1   Introduction

Les besoins de collecte, de stockage et d'analyse des données sont en croissance constante notamment en raison de la révolution liée aux objets connectés. L'analyse de ces données est essentielle pour les entreprises avec différents enjeux : IA, statistique, publicité, etc... Cependant, le stockage et l'analyse de données personnelles posent des vrais problèmes de confidentialité. Les techniques de protection de la vie privée sont conçues et mises en oeuvre pour équilibrer les usages et la confidentialité des données à caractère personnel (DCP). La confidentialité et les principes de la protection des DCP doivent être garantis dans toutes les phases de collecte, stockage, traitement, analyse et partage des données.

Dans le cadre d'une démarche de protection des données, l'étape de découverte des données est indispensable. Une automatisation de cette étape est proposée dans (Mrabet et al., 2019). Les recommandations relatives à la pseudonymisation et à l'anonymisation visent à protéger l'individu et à renforcer la conformité au RGPD. Dans ce contexte, les techniques d'anonymisation sont une solution pour la protection, mais elles semblent inappropriées dans certaines circonstances. En outre, la pseudonymisation est utilisée à la fois pour réduire les risques de profilage et aider à respecter les obligations de protection des DCP. Donc, l'anonymisation et la pseudonymisation peuvent être utilisées de manière complémentaire ou séparée.

Motivation et cas d'étude

Dans le cadre d'un projet Big Data de smart territoire, une collectivité territoriale, qui collecte des données d'utilisation de wifi dans l'espace public, voudrait protéger le stockage (chez un hébergeur) et analyser les données collectées (un extrait simplifié des données collectées se trouve dans la Table 1). L'analyse des données peut être associée à différents types de traitements : statistiques, clustering, etc... Un des besoins de ce projet est de remplacer chaque valeur de l'identifiant par une valeur pseudonymisée unique mais réversible. C'est pourquoi nous avons choisi le chiffrement pour réaliser la pseudonymisation. En outre, des informations concernant l'utilisation du wifi peuvent être mises à disposition en données ouvertes ce qui nécessite d'anonymiser ces informations avant de les partager. Plusieurs techniques d'anonymisation existent : la généralisation, la permutation, la perturbation et l'agrégation. Des modèles de protection de la vie privée sont validés via les techniques d'anonymisation : k-anonymat et l-diversité. Afin de garder la possibilité du profilage et maximiser les traitements possibles sur les données, la technique choisie dans ce projet est la généralisation.

mail	naissance	ville	heure	lang
jean@live.com	1981/03/08	Paris	2020/01/25 :15	FR
toto@gmail.com	1981/11/24	Levallois	2020/01/25 :13	EN
ali@hassan.sy	1981/08/08	Levallois	2020/01/25 :14	AR
jean@live.com	1981/03/08	Paris	2020/01/26 :09	FR
toto@gmail.com	1981/11/24	Levallois	2020/01/26 :10	EN
franck@live.fr	1981/04/30	Paris	2020/01/26 :11	FR
soso@gmail.com	1981/05/03	Grenoble	2020/02/29 :20	RU

TAB. 1 – *Extrait des données*

Ce papier est structuré de la façon suivante : La section 2 analyse l'état de l'art. La section 3 présente les définitions et les formalisations. Les sections 4 et 5 détaillent respectivement notre proposition de pseudonymisation et d'anonymisation. Nous concluons en section 6.

2   Positionnement et État de l'art

Dans la littérature, le chiffrement et le hachage sont utilisés afin de réaliser la pseudonymisation. Le chiffrement est généralement appliqué au niveau tuple. Des méthodes de chiffrement basées sur l'indexation stockent des index avec les tuples chiffrés (Mykletun et Tsudik, 2006). Ces méthodes permettent d'effectuer des agrégations et des requêtes sur les tuples chiffrés. Le chiffrement homomorphe est également utilisé dans ce contexte de protection de DCP. Ce chiffrement permet d'effectuer des opérations arithmétiques arbitraires sur des données chiffrées sans déchiffrement tout en offrant une sécurité sémantique (Gentry, 2009). Les auteurs de (Ribeiro et Nakamura, 2019) traitent des données personnelles critiques liées à l'obésité des enfants. Ils proposent une solution de pseudonymisation des identifiants des enfants et des parents en utilisant une fonction de hachage. Ce qui protège les DCP mais garde un lien entre les IDs des enfants et les IDs des parents.

Par contre, aucun de ces travaux ne prend en compte la différence entre les catégories des DCP (identifiant, quasi-identifiant et attribut sensible). Plus précisément, Ils ne proposent pas un traitement (chiffrement/hachage) spécifique pour chaque catégorie.

La généralisation dans le Big data est très bien traitée dans la littérature dans des nombreux travaux : avec Hadoop (Nandini Prasaad K.S. et Pratheek T.R., 2015) , avec Spark (Canbay et Sağiroğlu, 2017) et avec MapReduce (Zhang et al., 2014). Par contre, tous ces travaux dépendent de la technique utilisée. Autrement dit, ils ne sont pas réutilisables de manière générique avec d'autres technologies. En outre, ils nécessitent d'analyser les données à généraliser plusieurs fois (plusieurs parcours) ce qui est compliqué et coûteux dans le Big data. Pour pallier cela, nous proposons une généralisation à une seule étape (un seul parcours des données). Nous proposons également une deuxième étape de validation qui filtre les données qui ne respectent pas les modèles de protection de la vie privée k-anonymat et l-diversité.

Nous avons choisi d'implémenter notre solution de pseudonymisation et d'anonymisation sous forme de plugins en Logstash. Ce choix est justifié par les raisons suivantes : (1) Logstash est un système ETL (Extract-transform-load) en temps réel indépendant de techniques de stockage de données (2) il est adapté au Big Data (3) il peut être exécuté en parallèle et il est évolutif (scalable), ce qui veut dire que l'on peut ajouter des nouveaux serveurs Logstash pour réaliser la même tâche en cas de volume de données à traiter accru par exemple.

3   Formalisations et définitions

Nous présentons ici les définitions permettant de formaliser une base de données.
Un **attribut** (att_i), est une séquence nommée et typée des valeurs $\langle V_{att_i}, N_{att_i}, T_{att_i} \rangle$. Où :
$V_{att_i} = (v_0, v_1, ..., v_j)$ est le vecteur des valeurs, N_{att_i}, T_{att_i} sont le nom et le type de l'attribut.

Une **collection de données (D)** est un ensemble d'attributs $\{att_1, att_2, \ldots, att_n\}$. Les attributs d'une collection de données D sont organisés dans les quatre groupes suivants :

— un **identifiant (ID)** est un ensemble d'attributs qui permettent d'identifier une personne directement. Par exemple, nom, mail, etc. $\text{ID} \subseteq \text{D}$.

— un **quasi-identifiant (QID)** est un ensemble d'attributs qui permettent d'identifier une personne indirectement. Par exemple, la date de naissance, la ville natale. $\text{QID} \subseteq \text{D}$.

— un **attribut sensible (AS)** est un ensemble d'attributs qui font apparaître, les origines raciales ou ethniques, les opinions politiques, philosophiques ou religieuses des personnes ou données relatives à la santé des personnes. $\text{AS} \subseteq \text{D}$.

— **(NDCP)** est un ensemble d'attributs qui ne sont pas à caractère personnel. $\text{NDCP} \subseteq \text{D}$.
On pose les données à caractère personnel $\mathbf{DCP} = ID \cup AS \cup QID. \; D = DCP \cup NDCP$.

Un **Cryptosystème (C)** est un système qui permet la transformation d'un vecteur de valeurs $V_{att_i} = (v_0, v_1, ..., v_j)$ en un vecteur chiffré $Vc_{att_i} = (vc_0, vc_1, ..., vc_j)$. Il garantit une confidentialité optimale à l'utilisateur ç-à-d l'information dans la collection de données D ne peut pas être lue par des personnes non autorisées. Le chiffrement et le déchiffrement nécessitent une ou plusieurs clés secrètes connues uniquement par les personnes autorisées.

4   Pseudonymisation des DCP

La pseudonymisation est utile pour protéger les données stockées dans la mesure où il n'est pas toujours possible de rendre les données anonymes. Elle est également utile pour conserver les informations nécessaires à des fins de traitement : scientifiques, statistiques ou même historiques. Le chiffrement est couramment utilisé afin de réaliser ces objectifs. La pseudonymisation par chiffrement remplace les attributs identifiants (ID) et quasi-identifiants (QID) par d'autres chiffrés ce qui signifie que l'identité est cachée, mais en même temps la possibilité de la ré-identifier reste possible. Dans ce sens, nous implémentons pour notre projet un plugin qui permet de pseudonymiser les données via le chiffrement.

4.1 Chiffrement via un plugin Logstash

Notre plugin présenté dans cette section est basé sur un système de chiffrement symétrique (AES256). Pour adapter notre proposition au contexte RGPD, nous proposons un processus de chiffrement spécifique pour chaque catégorie de DCP (ID, QID et AS). Comme présente la Figure 1(a), ce plugin prend deux types d'entrées :
— la classification des catégories pour les DCP : ID, QID et AS, ainsi que les valeurs des données associées à chaque catégorie.
— les paramétrages de chiffrement (deux clés).
Nous supposons que les identifiants (ID) nécessitent plus de sécurité que les quasi-identifiants (QID) et que les attributs sensibles (AS). Donc, notre plugin effectue deux chiffrements différents (avec deux clés différentes) pour protéger les QID et les AS. Pour les QID : $C(QID) = C_{k1}(QID)$ et pour les AS : $C(AS) = C_{k2}(AS)$. Pour protéger les ID, notre plugin exécute les deux chiffrements en cascade (double chiffrement) : $C(ID) = C_{k2}(C_{k1}(ID))$. Ainsi, dans le chiffrement double nous utilisons deux clés secrètes.

Un changement régulier des clés est recommandé. Les données non personnelles NDCP ne sont pas chiffrées. Un exemple (extrait du fichier de configuration de Logstash) d'utilisation du plugin de chiffrement est présenté ci-dessous :

```
1: chiffrement {
2:     ID => ["mail"]
3:     QID => ["naissance", "ville", "heure"]
4:     AS => ["lang"]
5:     K1 => "Cle1"
6:     K2 => "Cle2"}
```

4.2 Déchiffrement via un plugin Logstash

Par ailleurs, le contexte de notre projet nécessite de récupérer les valeurs d'origine pour certains traitements. Pour cette raison, nous avons implémenté un plugin de déchiffrement. Ce plugin se base sur des signatures afin d'effectuer le traitement de déchiffrement. Nous avons intégré ces signatures dans le plugin de chiffrement présenté ci-dessus. Leur rôle est de distinguer le chiffrement utilisé parmi les trois mis en place (C_{K1}, C_{K2} et $C_{K2} \circ C_{K1}$). Le plugin de déchiffrement prend en entrée les vecteurs chiffrés (Vc_{att_i}) avec leurs types d'origine (T_{att_i}). Il retransforme les valeurs déchiffrées en leurs types d'origine. Un exemple d'utilisation du plugin de déchiffrement est ci-dessous :

```
1: dechiffrement {
2:     DCPC => [{"mail"=>"Texte"}, {"naissance""=>"Date"}, {"ville""=>"Texte"},
3:             {"heure""=>"Date"}, {"lang""=>"Texte"}]
4:     K1 => "Cle1"
5:     K2 => "Cle2"}
```

5 Anonymisation des DCP

L'anonymisation des DCP consiste à modifier les valeurs et/ou les attributs afin de rendre impossible la ré-identification des identités des personnes concernées. L'anonymisation est en particulier utilisée pour la diffusion et le partage de données d'intérêt public, comme les données ouvertes (Open data). Afin de mettre en oeuvre cette anonymisation, nos travaux se sont

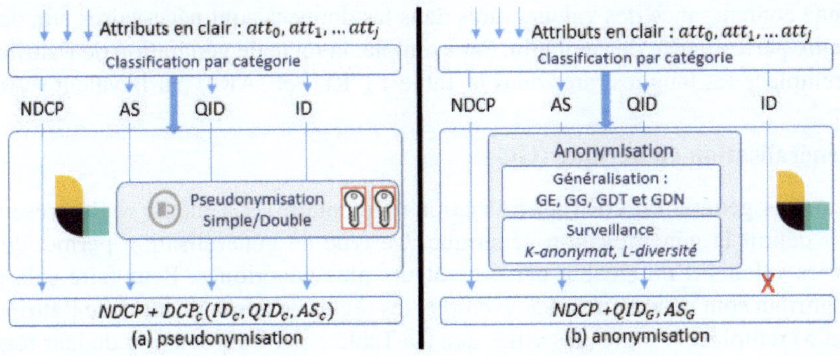

FIG. 1 – *Découverte des catégories et (a) pseudonymisation (b) anonymisation*

basés sur la technique de généralisation. Les modalités de généralisation ont été sélectionnées selon le type et les valeurs des données. Dans ce papier, nous proposons un plugin Logstash afin d'implémenter plusieurs formes de généralisation.

Afin de valider l'efficacité de la généralisation (niveau de protection et qualité de données), il est nécessaire de vérifier des paramètres des modèles de protection (k-anonymat, l-diversité). Un deuxième plugin de surveillance est mis en place pour effectuer cette vérification (cf. Figure 1(b)). Dans la suite de cette section, nous détaillons ces deux plugins d'anonymisation.

5.1 Plugin généralisation

Notre plugin consiste à supprimer les ID et appliquer la généralisation sur les QID et les AS (cf. Figure 1(b)). Les différentes modalités de généralisation sont modélisées par plusieurs types de règles. Elles sont détaillées dans la suite à l'aide de l'exemple suivant :

```
1: generalisation {
2:     regles => {
3:         "lang"   => ["RU","AR", "Autre"]
4:         "ville"  => ["Paris", "Levallois", "IDF"]
5:         "ville"  => ["Grenoble", "Lyon", "RA"]
6:         "naissance"  => "yyyy"
7:         "heure"  => [0, 6, 12, 18, 24]}}
```

5.1.1 Généralisation élémentaire (GE)

Elle est applicable sur plusieurs catégories de données. La règle qui définit la généralisation élémentaire est la suivante :

$$regle_x : N_{att_i} => [V_j \subseteq V_{att_i}, V_{G_i}] \tag{1}$$

Où V_j est le vecteur des valeurs à généraliser, V_{G_i} est la valeur de généralisation, $V_{G_i} \in H_i$ et H_i est une hiérarchie de généralisation de l'attribut att_i. Chaque valeur de V_j appartient à la même hiérarchie H_i à condition que le niveau de V_{G_i} soit supérieur au niveau des valeurs de V_j. Cette règle permet de remplacer les valeurs dans le vecteur V_j par la valeur V_{G_i}.

Ce type de généralisation permet de remplacer les valeurs rares d'un attribut par une seule valeur. Dans ce cas, une règle unique par attribut est suffisante. Une maîtrise des données et une bonne connaissance des valeurs rares dans les données sont nécessaires afin de garantir une meilleure performance de ce plugin. Par exemple, la règle de génération de l'attribut "lang" (ligne 3) remplace les langues rares dans la Table 1 ("RU" et "AR") par la valeur ("Autre").

5.1.2 Généralisation Générique (GG)

C'est un cas général de GE (généralisation élémentaire). La même règle présentée dans Équation 1 définit la généralisation générique. Ce type de généralisation permet de remplacer toutes les valeurs d'un attribut par des valeurs plus génériques. Pour faire cela plusieurs règles par attribut sont nécessaires. Par exemple, les règles de généralisation de l'attribut "ville" (lignes 4 et 5) remplacent toutes les villes dans la Table 1 par l'abréviation de leur région. Une maîtrise des données est nécessaire et permet de tirer pleinement partie des possibilités de paramétrages qu'offre le fichier de configuration de ce plugin.

5.1.3 Généralisation datetime par niveau (GDN)

C'est une opération de généralisation spécifique pour les données de type date-temps. La règle qui définit la généralisation GDN est la suivante :

$$regle_x : N_{att_i} => N_{G_i} | N_{G_i} \in \{"yyyy","mmm","dd","hh","mm","ss"\} \qquad (2)$$

Via ce type de généralisation, nous offrons la possibilité de généraliser les données temporelles sur six niveaux : *"ss"*, *"mm"*, *"hh"*, *"dd"*, *"mmm"* et *"yyyy"* : seconde, minute, heure, jour, mois et année respectivement. Par exemple, la règle de génération de l'attribut "naissance" (ligne 6) remplace les dates de naissance de la Table 1 par les années de naissance.

5.1.4 Généralisation datetime par tranche d'heure (GDT)

C'est une deuxième façon de généraliser les données temporelles : le regroupement des données temporelles par tranches d'heures. La règle qui définit la généralisation GDT est :

$$regle_x : N_{att_i} => [00h, h_1, .., h_i, .., 24h] | h_j \in [1, 23] \wedge 00h < h_1 < h_i < 24h \qquad (3)$$

Cette règle est paramétrée par une liste des heures ordonnée qui commence par l'heure 00h et se termine par l'heure 24h (afin de couvrir les 24h d'une journée). Cette liste doit contenir au moins 3 valeurs (2 intervalles de temps). Toutes les données temporelles qui appartiennent à un intervalle seront remplacées par la borne inférieure de l'intervalle. Par exemple toutes les valeurs dans l'intervalle $[00h, 1h]$ seront remplacées par 00h. Dans notre exemple, la règle de la généralisation de l'attribut "heure" (ligne 7) remplace les heures des données temporelles par les heures présentées dans cette liste $[0, 6, 12, 18, 24]$.

La Table 2 présente le résultat d'anonymisation effectuée via notre plugin de généralisation selon la configuration présentée dans l'exemple précédent sur les données de la Table 1.

5.2 Plugin de surveillance

Le plugin de surveillance valide deux modèles de protection de la vie privée : k-anonymat Samarati (2001), l-diversité Machanavajjhala et al. (2006). Le modèle k-anonymat protège les

classe	naissance	ville	heure	lang
1	1981	IDF	2020/01/25 :12	FR
1	1981	IDF	2020/01/25 :12	EN
1	1981	IDF	2020/01/25 :12	Autre
2	1981	IDF	2020/01/26 :06	FR
2	1981	IDF	2020/01/26 :06	EN
2	1981	IDF	2020/01/26 :06	FR
3	1981	RA	2020/02/29 :18	Autre

TAB. 2 – *Données anonymisées (avant validation par le plugin de surveillance)*

identités en validant qu'il y a au moins (k) tuples (individus) qui ont les mêmes valeurs de QID généralisées. Ces tuples forment une classe d'équivalence. Le modèle l-diversité renforce la protection de k-anonymat en validant la diversité des valeurs des attributs sensibles dans chaque classe d'équivalence. Autrement dit, le modèle l-diversité nécessite d'avoir au moins (l) valeurs différentes pour chaque attribut sensible dans chaque classe d'équivalence.

Dans ce plugin nous effectuons une analyse sur les données anonymisées via le plugin de généralisation. Ce plugin prend en entrées les paramètres des modèles k-anonymat et l-diversité. Il ne retourne que l'ensemble des tuples qui respectent ces modèles. Les paramètres du modèle k-anonymat sont la valeur de (k) et l'ensemble des attributs qui déterminent la classe d'équivalence. De la même manière, les paramètres du modèle l-diversité sont la valeur de (l) et l'ensemble des attributs sensibles dont le plugin doit vérifier la diversité de leurs valeurs.

Une mémoire commune entre les différents threads de Logstash est utilisée, afin de pouvoir exécuter le plugin de surveillance en parallèle. Dans cette mémoire, nous stockons les tuples des classes en cours de validation. Une fois qu'une classe est validée, ses tuples sont envoyés dans la sortie de ce plugin et l'espace mémoire utilisé est libéré.

Exemple : Pour valider le résultat de la généralisation présentée dans la Table 2, nous avons sélectionné les attributs ("naissance", "ville", "heure") pour définir la classe d'équivalence pour notre plugin de surveillance. Le modèle l-diversité est appliqué sur un seul attribut sensible ("lang"). Pour cet exemple, nous avons choisi 3-anonymat et 3-diversité. La configuration du plugin de surveillance correspondant à cet exemple est présenté ci-dessous :

```
1: surveillance {
2:    K => 3
3:    K_classe => ["naissance", "ville", "heure"]
4:    L => 3
5:    L_attributs => ["lang"]}
```

En considérant cette configuration, la Table 2 contient trois classes d'équivalence. La première classe respecte le 3-anonymat parce qu'il y a trois tuples qui ont les mêmes valeurs des QID. Elle respecte également le 3-diversité parce qu'elle contient trois valeurs différentes de l'attribut sensible "lang". La deuxième classe respecte le 3-anonymat, par contre il n'y a que deux valeurs différentes de "lang" donc elle ne respecte pas le 3-diversité. La troisième classe ne contient qu'un seule tuple donc elle ne respecte pas le 3-anonymat. Pour conclure, le résultat final de l'anonymisation comprend seulement la classe 1 de la Table 2.

6   Conclusion

Nous avons présenté dans ce papier des plugins Logstash afin de renforcer la sécurité sur les données dont l'objectif est de répondre aux besoins de conformité RGPD. Notre solution de pseudonymisation est basée sur un système de chiffrement symétrique. Nous appliquons un chiffrement simple sur les attributs de type QID et AS avec deux clés différentes. Un chiffrement double en cascade est appliqué sur les attributs de type ID. Nous avons proposé un plugin de déchiffrement afin de retrouver les valeurs d'origine des attributs.

Notre solution d'anonymisation met en oeuvre plusieurs techniques de généralisation : (1) **une généralisation élémentaire** pour traiter les valeurs rares d'un attribut, (2) **une généralisation générique** afin d'anonymiser toutes les valeurs des attributs et deux techniques de généralisation spécifiques pour les données temporelles : (3) **une généralisation par niveau temporel** et (4) **une généralisation par tranche d'heure**. En outre, nous proposons un plugin de validation de la qualité de protection en respectant les modèles *k-anonymat* et *l-diversité*.

Références

Canbay, Y. et S. Saǧiroǧlu (2017). Big data anonymization with spark. *2nd International Conference on Computer Science and Engineering, UBMK 2017*, 833–838.

Gentry, C. (2009). *A Fully Homomorphic Encryption Scheme*. Ph. D. thesis, Stanford, USA.

Machanavajjhala, A., J. Gehrke, D. Kifer, et M. Venkitasubramaniam (2006). L-diversity : privacy beyond k-anonymity. In *22nd International Conference on Data Engineering*.

Mrabet, A., A. Hassan, et P. Darmon (2019). Détection des données à caractère personnel dans les bases multidimensionnelles. In *EDA*, Volume B-15 of *RNTI*, pp. 31–44.

Mykletun, E. et G. Tsudik (2006). Aggregation queries in the database-as-a-service model. In *Data and Applications Security XX, Proceedings*, Volume 4127 of *LNCS*, pp. 89–103.

Nandini Prasaad K.S. et Pratheek T.R. (2015). Providing anonymity using top down specialization on big data using hadoop framework. In *IEEE India Conference*, pp. 1–6.

Ribeiro, S. L. et E. T. Nakamura (2019). Privacy protection with pseudonymization and anonymization in a health iot system : Results from ocariot. In *IEEE 19th International Conference on Bioinformatics and Bioengineering*, pp. 904–908.

Samarati, P. (2001). Protecting respondents identities in microdata release. *IEEE Transactions on Knowledge and Data Engineering 13*(6), 1010–1027.

Zhang, X., C. Liu, S. Nepal, C. Yang, W. Dou, et J. Chen (2014). A hybrid approach for scalable sub-tree anonymization over big data using MapReduce on cloud. *Journal of Computer and System Sciences 80*(5), 1008–1020.

Summary

This paper presents a new implementation of personal data protection methods based on specific encryption and generalization algorithms implemented in Logstash plugins. Our encryption algorithm is adapted to personal data by considering the different categories: identifiers, quasi-identifiers, and sensitive attributes. In addition, our anonymization solution offers several generalization methods, which can be configured according to the data type. To validate the results of these methods, we also propose a step of verifying privacy protection models such as k-anonymity and l-diversity.

Gradual Pattern Mining Tool on Cloud

Dickson Owuor*,**, Anne Laurent*
Joseph Orero**, Olivier Lobry***

*LIRMM Univ Montpellier, CNRS, Montpellier, France
doowuor@lirmm.fr
anne.laurent@umontpellier.fr
**FIT Strathmore University, Nairobi, Kenya
{dowuor, jorero}@strathmore.edu
***OSU OREME Univ Montpellier, Montpellier, France
olivier.lobry@umontpellier.fr

Résumé. This paper describes an approach that illustrates how gradual pattern mining algorithms are integrated into a containerized *Docker* Cloud platform that implements *OGC* (Open Geospatial Consortium) SensorThings API (application interface). We present a practical application of the SensorThings API as a source of real-time data streams and propose an architecture that allows for extraction of gradual patterns among these data streams.

1 Introduction

Scientific researchers are constantly collecting, crossing and analyzing data in order to help them understand various phenomena. For example environmental data is important for helping to understand phenomena like global warming, rainfall patterns etc. Most of such data is collected using sensors that are enabled to upload data in Cloud frameworks (Liang et al., 2016; Hajj-Hassan et al., 2018; Joshi et Simon, 2018). These researchers obviously wish to spend more time studying phenomena than configuring research tools. Fortunately, integrating data analysis tools into Cloud frameworks alleviates such configuration hustles.

It is important to highlight that understanding certain phenomena may require knowledge to be extracted from numerous unrelated data sets. The technique of combining unrelated data sets in order to identify interesting correlations, also known as *data crossing*, is increasingly gaining more interest in numerous research domains (Hajj-Hassan et al., 2018).

Temporal gradual pattern (GP) mining is an instance of a data analysis technique that allows for extraction of gradual correlations among attributes of a data set. For instance given a set of an ordered time-series data set with attributes {Temperature, Mosquitoes}, a temporal GP may take the form : *"the higher the temperature, the more mosquitoes almost 2 hours later"* (Owuor et al., 2019). Time-series data sets that are collected in real-time are also known as *data streams*. The OGC SensorThings API is an example of a framework that generates and stores data streams from numerous environmental sensors.

The idea of a software implementation that enables the access of GP mining algorithms through a SaaS (Software-as-a-service) model through a Web interface is interesting. In a SaaS distribution model, software is centrally hosted and licensed on a subscription basis. This introduces a flexibility that spares users the agony of spending hours trying to install analysis software (Joshi et Simon, 2018).

It is an added advantage if the software implementation allows users to select and cross numerous unrelated data streams into a single data set from which temporal GPs can be mined. For instance a user can cross a *"temperature"* data stream with a *"no. of bees"* data stream to test for a pattern like : *"the higher the temperature, the higher the population of bees almost 3 days later"*.

According to (Owuor et al., 2019) the computational complexity of mining GPs increases with the size of the data set. For this reason, the algorithms are implemented in Python language in order to harness Python's ability to improve efficiency through multi-core parallel processing. The proposed SaaS allows implementations of these algorithms on a powerful supercomputer and provides a user-friendly client interface for the users.

In this paper, we propose a software architecture model (on a `Docker` Cloud platform) that implements a crossing model for time-series data proposed by (Owuor et al., 2020) and integrates *T-GRAANK* algorithm proposed by (Owuor et al., 2019) in order to allow for extraction of GPs from crossed data streams. The remainder of this paper is organized as follows : we describe the OGC SensorThings API in Section 2 ; we describe the proposed model in Section 3 ; finally, we conclude and give future directions regarding this work in Section 4.

2   OGC SensorThings framework

(Open Geospatial Consortium) OGC [1] is an international consortium consisting of over 530 companies, government agencies, research organizations and universities driven to make geospatial data and services *FAIR* (Findable, Accessible, Interoperable and Reusable). The OGC SensorThings API is an open standard that is built on top of the OGC Sensor Web Enablement (SWE) and (International Organization for Standardization) ISO/OGC Observation and Measurement (O&M) data model (Van de Crommert et al., 2004).

The SensorThings API is specifically designed for constrained *IoT* (Internet of Things) devices ; therefore, it employs the use of efficient technologies such as RESTful (Representational State Transfer) API, JSON (JavaScript Object Notation) encoding, MQTT protocol, OASIS OData (Open Data protocol) and flexible URL conventions (Liang et al., 2016). The OGC SensorThings API is composed of 2 parts : (1) the *Sensing* part and (2) the *Tasking* part. In this paper, we implement the *Sensing* part which allows IoT devices and applications to perform CRUD operations through HTTP requests (i.e. `POST`, `GET`, `PATCH`, `DELETE`).

The *Sensing* part is designed based on the ISO/OGC O&M data model and it defines 8 entities for IoT sensing applications. Figure 1 depicts the 8 entities together with their properties and relationships (Hajj-Hassan et al., 2015 ; Liang et al., 2016). When implemented, the OGC SensorThings exposes a service document resources, that lists the 8 entity sets, that allows its clients to navigate the entities in a hyper-media driven manner.

---

1. `https://www.opengeospatial.org/`

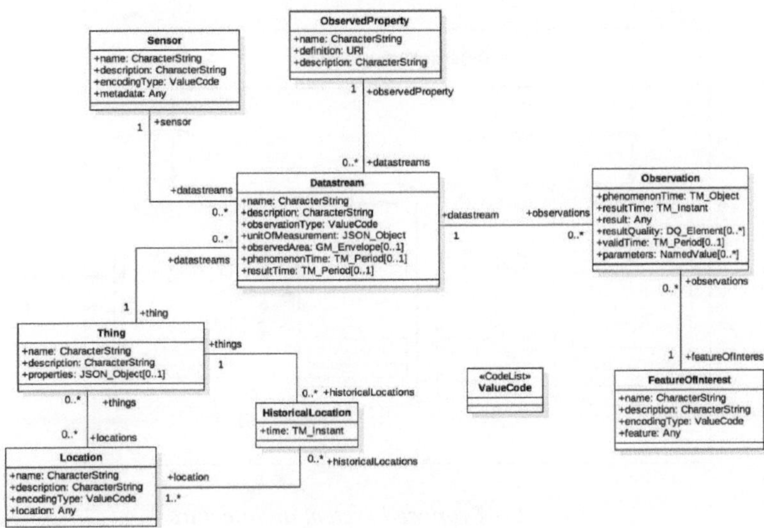

FIG. 1 – *The sensing entities that make the OGC SensorThings API*

3   Proposed model

3.1   System architecture

We propose to extend GOST [2] (golang SensorThings), a certified software implementation of the OGC SensorThings API, to allow for extraction of gradual patterns from unrelated data streams as illustrated in Figure 2.

We implement our model on top of the OGC SensorThings API because, to the best of our knowledge, it stands out as the best API to interconnect IoT devices, sensor data and applications over the Cloud. As can be deduced in Figure 2, the OGC Sensor Things API implementation provides : (1) OGC/SensorThings service, (2) MQTT component for sensor data collection and, (3) data stream storage component. We extend the API and include :

1. data crossing software component - which crosses numerous data streams into one data set and,

2. gradual pattern mining software component - which extracts GPs from the crossed data set.

---

2. https://www.gostserver.xyz

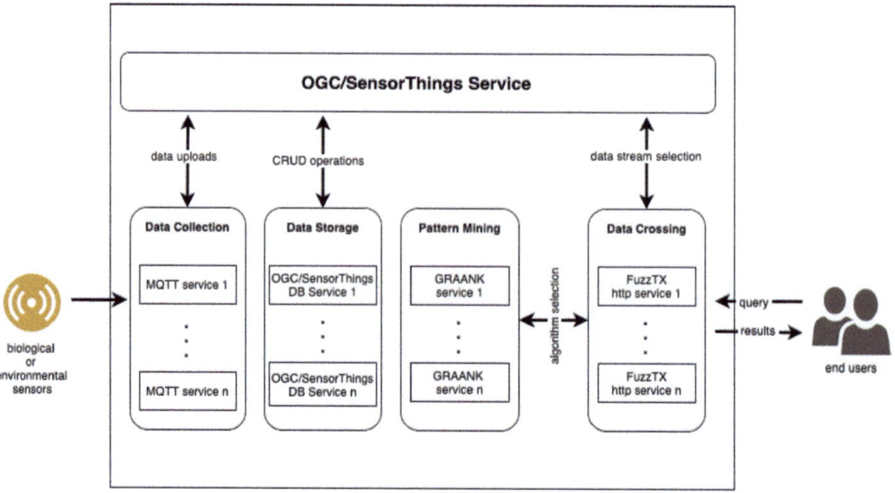

FIG. 2 – *Proposed system architecture*

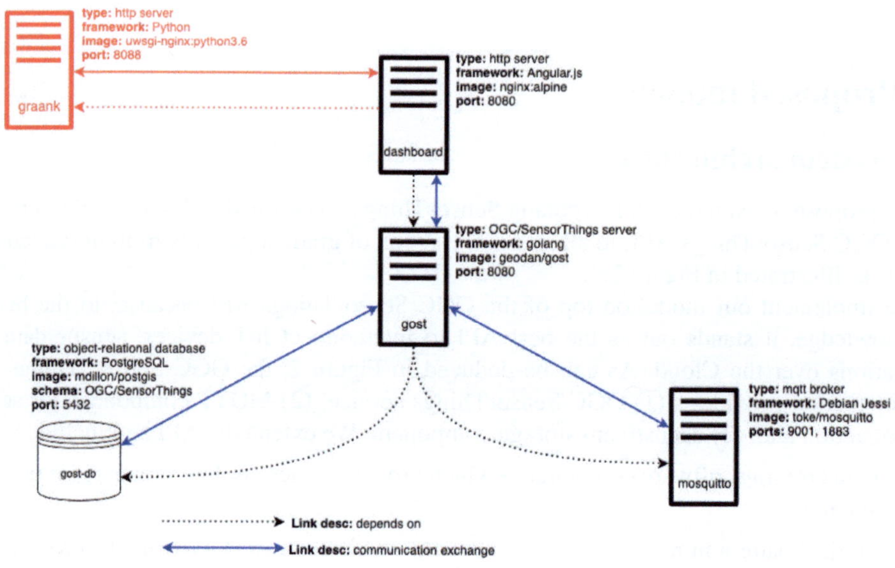

FIG. 3 – *Docker architecture of a Cloud API for integrating GP mining algorithms into a Docker implementation of the OGC SensorThings API*

As shown in Figure 2 and Figure 3, the proposed system is composed of 5 items which we described below.

(1) OGC SensorThings Service (implemented by **GOST** server) exposes the document resources of the 8 entity sets (listed in Section 2) for the SensorThings clients. This is the core task of the SensorThings API since every CRUD action go through it.

(2) Data Collection tool implements MQTT protocol which is a lightweight publish-subscribe protocol designed for constrained devices. This tool (implemented by **Mosquitto** server) is used to connect to sensors in order to collect data from the environment and send them to *OGC SensorThings Service*.

(3) Data Storage tool (implemented by **GOST database**) serves an object-relational database which implements the schema of the 8 OGC SensorThings sensing entities.

(4) Data Crossing tool serves a HTTP **Dashboard** which enables users to interact with our system. Through this tool users are able to send HTTP requests to the *OGC SensorThings Service* and the *Pattern Mining tool*. Specifically, this tool implements `FuzzTX` algorithm proposed by (Owuor et al., 2020) which allows for selection and crossing of numerous data streams into one data set. It sends the crossed data set to the `Pattern Mining tool` for extraction of gradual patterns and presents the extracted patterns to the user.

(5) Pattern Mining tool (implemented by **GRAANK** server) serves the GP mining algorithms which are variants of the `T-GRAANK` (Temporal GRAdual rANKing) technique proposed by (Owuor et al., 2019) and are implemented in Python. This tool runs services that receive HTTP *POST* requests from the *Data Crossing tool* and responds with the extracted patterns.

3.2 Demonstration

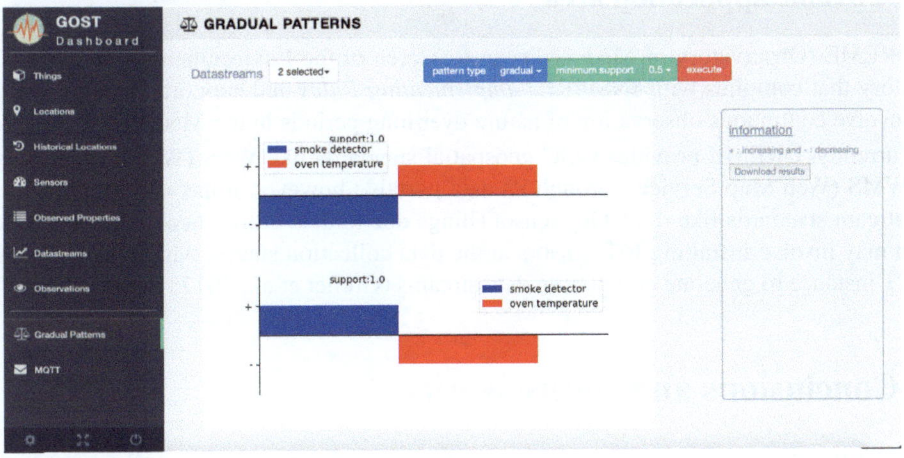

FIG. 4 – *Screenshot of implemented Cloud application for demonstration*

Our proposed Cloud application mostly targets users that require to cross unrelated time-series data collected by sensors and mine them for patterns or knowledge that is not obvious. For demonstration purposes, we allow the application to mine for gradual patterns from crossed sensor data. We proceed to describe how users may interact with the system which is designed to run on a Web interface which is shown in Figure 4.

The left panel of the Web application provides navigation items for accessing : "Things", "Locations", "Historical Locations", "Sensors", "Observed Properties", "Datastreams", "Observations", "Gradual Patterns" and "MQTT". The right panel provides an interface for any navigation item selected by the user. The user clicks on the "Things" navigation item to add a phenomena that he/she is interested in observing. The phenomena (or thing) allows the user to add define data streams, locations, and sensors that will collect data. The user can view these properties by clicking on "Datastreams", "Locations" and, "Sensors".

In order to cross different data streams and mine them for gradual patterns, the user clicks on the "Gradual Pattern" navigation item and the interface on the right panel will appear as shown in Figure 4. At the top of this panel, there are two configuration settings :

— first one allows the user to choose which data streams to cross and,
— second one allows the user to specify the type and quality of the gradual patterns to be extracted.

In this demonstration, the user selects "smoke detector" data stream and "oven temperature" data stream and specifies extraction of gradual patterns whose support is higher than 0.5. Below the configuration settings, is the results interface and it displays two complementary patterns that give the same knowledge. The gradual pattern can be interpreted as *"the higher the oven temperature, the less the smoke" or vice-versa*. We point out that the data streams used to mine this pattern are synthetic for the purposes of demonstration and they do not reflect any real scenario.

3.3   Possible application area

OREME (Observatory of Mediterranean Research of the Environment) is a scientific observatory that complies with INSPIRE[3] *Implementing Rules* and supports research activities that involve continuous observation of nature over long periods in the Mediterranean region.

Currently, OREME provides OGC geospatial standards like WFS (Web Feature Service) and WMS (Web Map Service) through its data portal[4]; however, it has not yet implemented data stream standards like the OGC SensorThings due to data entity incompatibility. One solution may involve installing IoT sensors at the data collection stages, which integrate into an MQTT instance to generate compatible data streams (Grellet et al., 2017; Kotsev et al., 2018).

4   Conclusions and future works

In this paper, we propose and develop a software architecture model that allows gradual pattern mining algorithms to be accessed over a Cloud platform. This allows for these algorithms to be applied on real-time sensor data that is collected over the Cloud through frameworks such as the OGC SensorThings. In future, we intend to deploy this system on top of active research observatories such as the OREME's data portal.

Availability of materials. The entire source code for this work is available at our *GitHub repository*: `https://github.com/DAJOOL2020/cloud-api.git`.

---

3. `https://inspire.ec.europa.eu`
4. `https://data.oreme.org`

Références

Grellet, S., M. Beaufils, K. Schleidt, A. Sarretta, P. Tagliolato, S. Jirka, O. Alessandro, J. M. Rubio Iglesias, et A. Kotsev (2017). Workshop : Integration of O&M data in the INSPIRE SDI - Benefits, challenges and prospects. In *INSPIRE Conference 2017*, Kehl, Germany.

Hajj-Hassan, H., N. Arnaud, L. Drapeau, A. Laurent, O. Lobry, et C. Khater (2015). Integrating sensor data using sensor observation service : Towards a methodology for the o-life observatory. *Sensors & Transducers 194*(11), 99.

Hajj-Hassan, H., A. Laurent, et A. Martin (2018). Exploiting inter- and intra-base crossing with multi-mappings : Application to environmental data. *Big Data and Cognitive Computing 2*(3).

Joshi, O. S. et G. Simon (2018). Sentiment analysis tool on cloud : Software as a service model. In *2018 International Conference On Advances in Communication and Computing Technology (ICACCT)*.

Kotsev, A., K. Schleidt, S. Liang, H. Van der Schaaf, T. Khalafbeigi, S. Grellet, M. Lutz, S. Jirka, et M. Beaufils (2018). Extending INSPIRE to the Internet of Things through SensorThings api. *Geosciences 8*(6).

Liang, S., C.-Y. Huang, et T. Khalafbeigi (2016). OGC SensorThings API part 1 : Sensing, version 1.0.

Owuor, D., A. Laurent, et J. Orero (2019). Mining fuzzy-temporal gradual patterns. In *2019 IEEE International Conference on Fuzzy Systems (FUZZ-IEEE)*, New York, NY, USA, pp. 1–6. IEEE.

Owuor, D. O., A. Laurent, et J. O. Orero (2020). Exploiting IoT data crossings for gradual pattern mining through parallel processing. In *ADBIS, TPDL and EDA 2020 Common Workshops and Doctoral Consortium*, Cham, pp. 110–121. Springer International Publishing.

Van de Crommert, P., F. Langelaan, et J. van Winden (2004). OGC web services in action. *Geo-information Standards in Action*, 67–72.

Summary

This paper describes a software architecture model that integrates temporal gradual pattern (GP) mining algorithms into a Cloud platform which implements *OGC* (Open Geospatial Consortium) SensorThings API (application interface). We build the model on top of the SensorThings API in order to exploit the data streams it generates for extraction of temporal GPs.

"StreamByFacet", un nouvel outil interactif d'exploration de données temporelles par une navigation de type facettes et un affichage en streamgraph

Eric Languenou*, Pascale Kuntz**

*LS2N/Université de Nantes
eric.languenou@univ-nantes.fr
**LS2N/Polytech, Nantes
pascale.kuntz@univ-nantes.fr

Résumé. La profusion des données en provenance des appareils mobiles et de la numérisation de nos vies, conjuguée au besoin des sociologues et des chercheurs en général d'analyser ces données ne cesse de stimuler la création d'outils d'exploration et de visualisation des données temporelles multi-dimensionnelles communément appelées traces. Nous proposons dans cet article une nouvelle approche qui associe la métaphore d'exploration à base de facettes "Elastic List" à une visualisation du nombre d'événements en "streamgraph" afin de fournir une exploration manuelle intuitive des données brutes. Le modéle de données de type facettes, et particuliérement celui lié à "Elastic List", et son adéquation avec la production de "streamgraphs" associés est ainsi mise en avant.

1   Introduction

La profusion des données en provenance des appareils mobiles et de la numérisation de nos vies, conjuguée au besoin des sociologues et des chercheurs en général d'analyser ces données ne cesse de stimuler la création d'outils d'exploration et de visualisation des données temporelles multi-dimensionnelles communément appelées traces. De plus, l'investissement intellectuel important indispensable afin d'utiliser les outils d'analyse statistiques de type R motive le développement d'outils intuitifs. Dans ce cadre, nous présentons dans cette communication *StreamByFacet*, un prototype fonctionnel d'exploration manuelle des données sans pré-traitement qui combine le paradigme *click and see* utilisant la métaphore *Elastic List* introduite par Stefaner et Muller (2007), et son approche de type facettes associée à une visualisation en *streamgraph* du nombre d'événements issu des données filtrées. L'apport du travail présenté réside d'une part, dans le processus de découverte de connaissances qui s'appuie sur la complémentarité de l' *Elastic List* et de la visualisation des données temporelles en *streamgraph*, et d'autre part dans la facilité de prise en main de l'outil.

L'article est organisé comme suit. Après un bref état de l'art, la section 3 présente le modèle de données de type facettes et plus particulièrement celui attaché à l'interface *Elastic List*, son extension au domaine temporel et son adéquation avec la visualisation en *streamgraphs*. La section 4 détaille les interactions disponibles et les choix algorithmiques associés. Des résultats

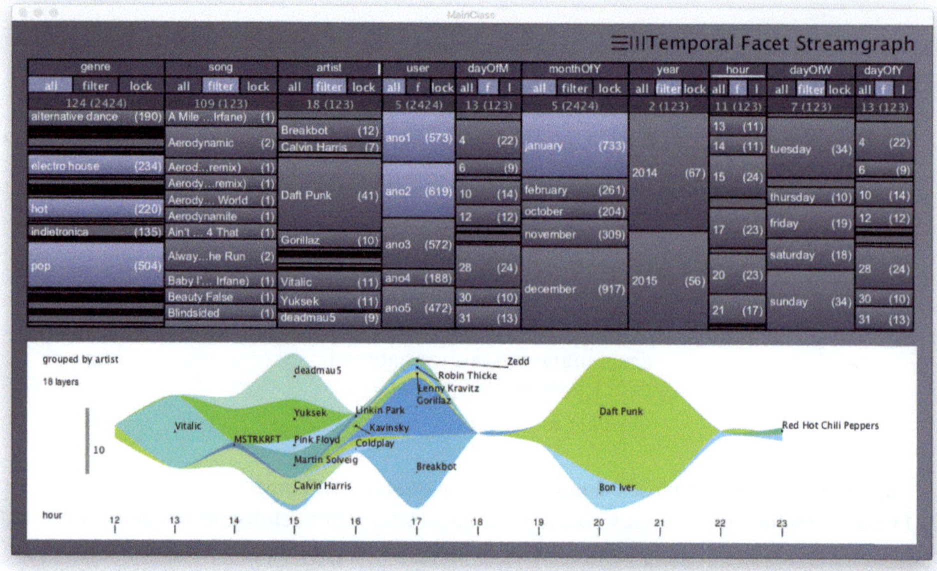

FIG. 1 – *Interface graphique du prototype "StreamByFacet"*

expérimentaux sur des données d'écoute musicale permettent d'illustrer le fonctionnement opérationnel du prototype *StreamByFacet* en section 4.

2   État de l'art

Les travaux présentés dans cet article se situent à la croisée de la visualisation de données temporelles et de la navigation par facettes, Wong et Bergeron (1997). L'analyse des données temporelles a fait l'objet de nombreuses recherches (voir Aigner et al. (2007)) qui ont conduit au développement de nombreuses métaphores : *data cubes*, *nano cubes*, cercles concentriques, Zhao (2015), spirales ou encore *small multipiles*, Bach et al. (2015). Les interactions, le besoin de vision globale, de filtres et de détails ont motivé des propositions variées : lentilles, Zhao (2015), matrices multi-échelles ou encore *horizon graphs*, Perin et al. (2013). En parallèle, les travaux sur l'exploration des différentes facettes des bases de données ont suscité le développement de plusieurs approches qui s'inscrivent dans un continuum : (i) affichage des résultats sous forme de liste ou de grille, (ii) navigateurs de type facettes pour lesquels le nombre d'objets de la facette est communiqué graphiquement à l'utilisateur, comme *FacetMap*, Smith et al. (2006), qui présente un ensemble de bulles afin de montrer les facettes, les valeurs atteintes et les filtres utilisés, (iii) visualisation continuellement adaptée aux modifications des filtres comme la *table lens approach* reposant sur une liste adaptée dynamiquement en fonction des interactions en utilisant une approche *Context+Focus*. La construction et l'exploration de données hiérarchisées issus de classifications des données a également été explorée, Stolper et al. (2014). Notons que dans la plupart des applications le filtrage des données affichées est réalisé via la sélection de nœuds dans un arbre issu de classifications des données ou à partir des données brutes, avec sélection des filtres par différents moyens graphiques comme dans l'application *TimeSlice*, Zhao (2015).

Dans le prototype *StreamByFacet*, la visualisation est effectuée via un affichage basé sur les *streamgraphs*, qui sont dérivés des *stacked graphs*, Harris (1999), popularisé par une publication dans le *New York Times* montrant l'évolution des bénéfices du box office américain, Byron et Wattenberg (2008). Sur un *stacked graph*, chaque série temporelle est associée avec une bande dont la hauteur est proportionnelle à la valeur temporelle, les bandes étant empilées les unes sur les autres. Les *streamgraphs*, quant à eux, présentent des bandes dont les contours sont adoucis et dont la ligne de base, sur laquelle les bandes sont empilées au dessus et en dessous, peut évoluer sur l'axe y afin de limiter les distorsions (*themeRiver*). Leur design attractif provient de leur esthétique et de la facilité de voir l'évolution de la somme des épaisseurs de bandes et celle de chaque bande individuellement.

L'exploration interactive combinée à l'affichage de *streamgraphs* est ainsi adaptée aux données temporelles et plusieurs variations du modèle initial ont été proposées dans la littérature. *MultiStream*, Cuenca et al. (2018), est un outil où la sélection des valeurs à filtrer est réalisée à travers un arbre et la visualisation *via* un *streamgraph* avec un effet loupe et des niveaux de détails automatiquement adaptés. *TouchWave*, Baur et al. (2012), est une application interactive pour tablette affichant des *streamgraphs* et pour laquelle des interactions directes de modification des données visualisées ont été développées.

Notre outil *StreamByFacet* combine la représentation en *streamgraph* avec un modèle de navigation de type facettes interactif basé sur la métaphore *Elastic List*, Stefaner et Muller (2007). Ce modèle permet de restituer les distributions des valeurs atteintes, dans des colonnes correspondant aux dimensions de la base de données, composées de rectangles dont les hauteurs sont dépendantes des cardinaux des valeurs atteintes (voir la partie supérieure de la figure 1). À travers un paradigme *click and see*, l'utilisateur sélectionne des valeurs comme filtre en cliquant sur les rectangles correspondants. Toutes les colonnes sont alors mises à jour, les rectangles apparaissent ou disparaissent ou encore changent de hauteur pour refléter les nouvelles données des facettes de la base de données. Notons que dans la métaphore *Elastic List*, les objets résultant du filtrage sont affichés dans un deuxième espace sous forme de liste. Le résultat du filtrage des données pour les rectangles/valeurs sélectionnés correspond à une conjonction de disjonctions de valeurs. Les objets résultants doivent posséder, sur chacune des dimensions, une des valeurs sélectionnées dans la dimension. Citons, parmi les applications d'*Elastic List*, les travaux de Laube (voir Laube et al. (2008)) qui utilisent certains des principes d'*Elastic List* pour filtrer les données, mais pour lesquelles la visualisation des résultats ne semble pas être intégrée dans l'outil.

3   Modélisation

Afin de montrer l'adéquation entre la modélisation de type facettes, et particulièrement la navigation *Elastic List*, et l'affichage en *streamgraph*, cette section détaille le modèle de donnée de type facettes, l'extension au domaine temporel puis la manière dont la génération de *streamgraphs* est aisément réalisée à travers les méthodes décrites pour le calcul des facettes.

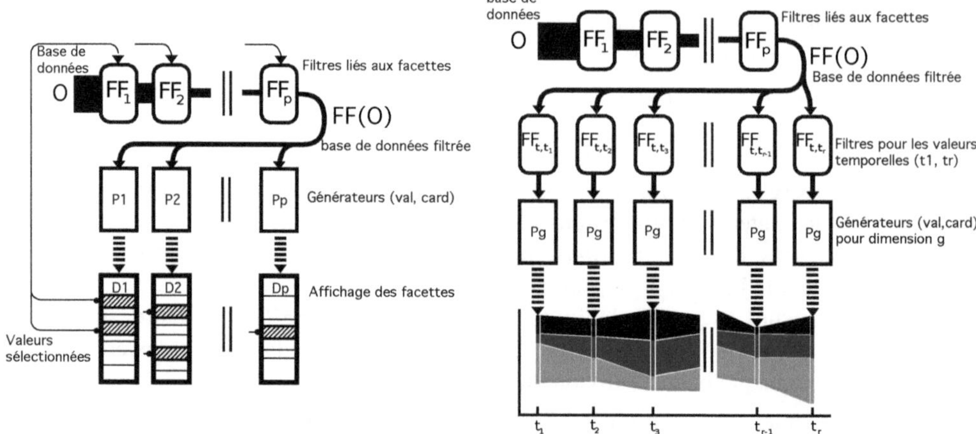

FIG. 2 – *Serveur de facette et colonnes*   FIG. 3 – *Connexion au streamgraph*

3.1 Modélisation en facettes

Soit DB une base de données, contenant O un ensemble de nb objets o_i, $i \in [1, nb]$ chaque objet possédant p valeurs $(x_1, x_2, ..., x_p)$ et S un sous-ensemble de O. Soit x_{ik}, la valeur de l'objet o_i de S sur la k-ième dimension et $V_k(S)$, la facette k, soit l'ensemble des valeurs atteintes sur la dimension k. Cet ensemble peut être décrit par :

$$V_k(S) = \{x/\exists i \in [1, nb] \text{ et } x_{ik} = x\}$$

La modélisation des données de type facettes fournit, pour chaque dimension, la liste des valeurs atteintes associées au nombre d'objets possédant chaque valeur (voir la partie supérieure de la figure 1). Ainsi, dans l'interface *Elastic List*, quand il n'y a pas de valeur sélectionnée par l'utilisateur, la facette k correspond à la liste ordonnée contenant $cardinal(V_k(O))$ couples valeur-cardinal $(v_j; n_j)$ où :

$$\left\{ \begin{array}{l} v_j \in V_k(O) \\ n_j = cardinal\{o_i \in O/x_{ik} = v_j\} \end{array} \right. \tag{1}$$

L'utilisateur peut sélectionner des valeurs parmi celles affichées sur les différentes dimensions. Définissons U_k comme la liste des valeurs sélectionnées sur la dimension k et u_{ki} où $i \in [1, m_k]$ les m_k valeurs de cet ensemble. Ces valeurs vont opérer comme des filtres, réduisant la base de données initiale aux objets possédant une des valeurs de U_k sur k.

Définissons $FF_{k,v}$ une fonction de filtrage sur S qui ne garde que les objets possédant la valeur v sur la dimension k.

$$FF_{k,v}(S) = \{o \in S/x_k = v\} \text{ avec } o(x_1, .., x_p)$$

En utilisant U_k, et pour étendre à l'ensemble des valeurs sélectionnée sur k, une nouvelle fonction de filtrage est définie : FF_k ne garde de l'ensemble S que les objets possédant une des valeurs de U_k sur la dimension k et rend l'ensemble S si U_k est vide.

$$\begin{cases} FF_k(S) = S & si\ U_k = \emptyset \\ FF_k(S) = \bigcup_{i \in [1, m_k]} FF_{k, u_{ki}}(S) & sinon \end{cases} \qquad (2)$$

Elastic List filtre la base de données présentée de telle sorte que les objets retenus doivent posséder sur chaque dimension, une des valeurs sélectionnées par l'utilisateur. Le filtrage pour l'ensemble des dimensions est alors exprimé par une nouvelle fonction FF qui calcule l'intersection des résultats de filtrage sur chaque dimension.

$$FF(S) = \bigcap_{k \in [1, p]} FF_k(S) \text{ ou encore, } FF(S) = \left(\bigcirc_{k \in [1, p]} FF_k \right)(S)$$

Une fois les objets de la base de données filtrés, les valeurs atteintes et leurs cardinaux associés sont affichés via des métaphores graphiques (les hauteurs de rectangles). Pour ce faire, définissons P_k un générateur prenant un ensemble d'objets et produisant l'ensemble des couples valeur-cardinal pour la dimension k, ordonnés suivant l'ordre associé au type de la dimension k.

$$P_k(S) = \{(x, card)/x \in V_k(S) \ et \ card = cardinal(FF_{k,x}(S)\}$$

En appliquant $FF(O)$ pour filtrer la base de données complète et en utilisant $P_k(FF(O))$ sur chaque dimension k, les métaphores graphiques liées aux couples valeur-cardinal sont alors affichables (processus visible sur la figure 2).

3.2   Extension au temporel et à la visualisation en streamgraph

Dans le cas de la visualisation d'événements par *streamgraph*, le nombre d'événements à chaque pas temporel et pour chaque valeur atteinte doit être communiqué visuellement par les épaisseurs de bandes. Pour étendre le traitement au domaine temporel des dimensions sont ainsi ajoutées au modèle : année, mois, quantième, heures, minutes, secondes. Supposons que l'utilisateur désire grouper les valeurs suivant la dimension g et afficher le temps avec une granularité correspondant à la dimension t. Les fonctions définies précédemment sont naturellement utilisées afin d'obtenir les informations nécessaires à l'affichage du *streamgraph*, autrement dit, les valeurs et les cardinaux associés pour les valeurs de regroupement atteintes et ce, pour chaque pas temporel issu du filtrage.

$FF(S)$ réalise le filtrage suivant les valeurs sélectionnées par l'utilisateur. L'expression $V_t(FF(S))$ fournit $(t_1, .., t_r)$ l'ensemble des valeurs temporelles atteintes. Afin de calculer les valeurs rencontrées sur la dimension g, pour chaque temps t_i de cet ensemble, on utilise d'abord le filtre par valeur FF_{t,t_i} puis le générateur P_g qui fournit les valeurs atteintes sur g et leurs cardinaux respectifs. Finalement pour chaque valeur t_i comprise entre t_1 et t_r, on obtient :

$$P_g(FF_{t,t_i}(FF(S)))$$

Le processus complet est décrit sur la figure 3.

4   Visualisation et exploration

Le prototype *StreamByFacet* est développé en java et utilise la bibliothèque Processing (www.processing.org). Il intègre deux composantes majeures. La composante "facettes" communique en elle seule des informations, via les métaphores graphiques, sur la répartition des données suivant les dimensions et pour des valeurs sélectionnées. À tout moment, l'utilisateur peut choisir une première dimension de granularité temporelle et une deuxième dimension de regroupement (bandes) afin d'engendrer le *streamgraph* correspondant. Ces deux dimensions, et donc colonnes, particulières sont identifiables dans l'interface par l'affichage d'un trait blanc horizontal pour le temps et d'un trait blanc vertical pour la dimension de groupe, dans l'entête de colonne (voir figure 1).

Les cardinaux sont communiqués à l'utilisateur via des hauteurs de rectangles à travers une fonction de transfert, la valeur et le cardinal correspondant étant indiqués en texte dans le rectangle. Lorsque la place dans les rectangles est insuffisante pour l'affichage textuel, un mode d'affichage *détail à la demande* peut être activé qui montre ces informations au survol de la souris dans les différentes colonnes et un dégradé de couleur est posé sur chaque rectangle afin d'indiquer ceux qui ne sont pas entièrement visibles. Les colonnes sont munies d'ascenseurs graphiques et l'échelle de représentation peut être modifiée. De plus, cette échelle peut être adaptée pour que la totalité des rectangles soit visible, ce qui communique en un regard les pourcentages occupés par les différentes valeurs (action *échelle adaptée*). À chaque clic de souris sur un rectangle, celui-ci est sélectionné ou dé-sélectionné et la totalité des autres colonnes est modifiée afin de présenter les nouvelles facettes résultant de la modification des valeurs filtrées. *Elastic List* dispose de 3 modes de contrôle sur chaque colonne : "tout" (*all*), "filtre" (*filter*) et "verrouillé" (*lock*). Le mode "tout" affiche toutes les valeurs de la base de données, le mode "filtre" n'affiche que les valeurs filtrées par les valeurs sélectionnées dans toutes les colonnes et enfin le mode "verrouillé" qui gèle les mises à jour et conserve l'affichage quelles que soient les sélections futures.

À tout moment, il est possible pour l'utilisateur d'engendrer le *streamgraph* correspondant aux deux dimensions choisies, de regroupement et temporelle, et aux données filtrées, *streamgraph* pour lequel une navigation en déplacement et changement d'échelle est disponible ainsi qu'une exportation en image vectorielle. Les bandes sont organisées suivant l'ordre naturel de la dimension de regroupement. Les labels des bandes du *streamgraph* sont placés *via* un algorithme génétique et la palette de couleurs est choisie en fonction des limites fixées par l'utilisateur sur les luminances, teintes et saturations. Une échelle placée sur la gauche de la figure informe sur le nombre d'enregistrements et au besoin, l'utilisateur peut, via un clic de souris, afficher les valeurs spécifiques pour une valeur temporelle donnée. Les bandes pouvant être étroites, un mode *détail* affiche la valeur correspondant à la bande située sous le pointeur de souris. L'utilisateur peut exporter la base filtrée, ainsi que les filtres actifs afin de conserver ces données pour un autre usage.

5   Application

Afin d'évaluer l'apport de notre outil d'exploration de données temporelles, différents jeux de données ont été testés (jusqu'à $500K$ enregistrements) et cette section examine les résultats sur une base de données issue d'une étude, Le Guern (2016), sur les usages musicaux à travers les outils numériques par les jeunes adultes.

Pour chaque personne, la base contient les morceaux écoutés par les principaux appareils de diffusion musicale ainsi que par les services de diffusion en ligne. Les titres des morceaux ainsi que les artistes et les dates d'écoute ont été enregistrés avec l'accord des participants.

Comme la musique est généralement référencée par les genres musicaux, la base de données *EchoNest* (à présent *Spotify*) a fourni ces derniers autorisant ainsi une exploration plus riche. Une recherche spécifique résultant de plusieurs valeurs filtrées sur différentes dimensions est donnée dans la suite, montrant ainsi la facilité de filtrage et d'exploration.

La figure 1 présente l'aspect de notre prototype après une exploration visant à afficher la distribution des écoutes au long de la journée regroupées par artistes des genres *electroHouse*, *hot* et *indietronica*, pour deux des personnes et pour le mois de janvier. Cette visualisation montre la facilité de sélection des filtrages sur les différentes dimensions. Pour l'obtenir, les genres musicaux sont sélectionnés dans la facette *genre*, les deux personnes *ano1* et *ano2* également, ainsi que le mois de janvier. La dimension "artiste" (*artist*) est placée en mode "filtre" et en zoom adapté. La partie du prototype montrant les facettes fournit de premières informations. On remarque qu'il y a 22 artistes pour 202 écoutes et que *Daft punk* est le groupe le plus écouté. La facette heure (*hour*) est placée en mode "filtre" et en "échelle adaptée", montrant ainsi la répartition des écoutes au sein de la journée. Trois pics sont visibles sur 15h, 17h et 20h. Quant à la dimension "jour de semaine" (*dayOfWeek*), elle indique par exemple que le mercredi, il y a moins d'écoutes. Le *streamgraph* est engendré après réglage de la granularité temporelle sur la dimension "heure" et le regroupement sur la facette "artiste" (les traits blancs sont visibles sur les entêtes des colonnes). Les trois pics sont confirmés, la part importante de *Daft Punk* également. Une exportation du *streamgraph* résultat sous forme d'image vectorielle (type *svg*), avec la légende de couleurs associée, est possible par l'intermédiaire d'un menu. Remarquons qu'il n'y a pas de limitation sur le type de dimension choisie pour le regroupement des valeurs et ainsi il est possible de regrouper suivant la dimension "jour de semaine". En choisissant alors la dimension "heure" pour granularité temporelle, le prototype affichera le nombre d'écoutes réparties en jour de semaine au long des heures de la journée.

6   Conclusion et travaux futurs

Des extensions sont prévues dans un futur proche. Elles concernent à la fois l'interactivité dans le *streamgraph* et le traitement des données de grande taille. Pour l'interactivité, il sera nécessaire de compléter les modalités de sélection pour restreindre les champs pris par les valeurs, en particulier pour les variables temporelles. Pour le passage à l'échelle, les expérimentations ont montré que l'analyse sans pré-traitement des données originales était parfois associée à une cardinalité très importante des ensembles de valeurs observées sur les variables. Un regroupement à la demande faciliterait l'interprétation. En sus, nous souhaitons approfondir les expérimentations en situation réelle afin de pouvoir évaluer plus précisément les qualités d'usage du prototype *StreamByFacet*.

Références

Aigner, W., S. Miksch, W. Müller, H. Schumann, et C. Tominski (2007). Visualizing time-oriented data-a systematic view. *Comput. Graph. 31*(3), 401–409.

Bach, B., N. H. Riche, T. Dwyer, T. M. Madhyastha, J.-D. Fekete, et T. J. Grabowski (2015). Small multipiles : Piling time to explore temporal patterns in dynamic networks. *Comput. Graph. Forum 34*(3), 31–40.

Baur, D., B. Lee, et S. Carpendale (2012). Touchwave : Kinetic multi-touch manipulation for hierarchical stacked graphs. In *Proceedings of ITS 2012*. ACM.

Byron, L. et M. Wattenberg (2008). Stacked graphs–geometry & aesthetics. *Visualization and Computer Graphics, IEEE Transactions on 14*(6), 1245–1252.

Cuenca, E., A. Sallaberry, F. Y. Wang, et P. Poncelet (2018). Multistream : A multiresolution streamgraph approach to explore hierarchical time series. *IEEE Trans. Vis. Comput. Graph. 24*(12), 3160–3173.

Harris, R. L. (1999). *Information graphics : A comprehensive illustrated reference.* Oxford University Press.

Laube, V., C. Moewes, et S. Stober (2008). Browsing music by usage context. In *In Proc. of 2nd Workshop on Learning the Semantics of Audio Signals (LSAS*.

Le Guern, P. (2016). *Où va la musique ?* Presses des Mines.

Perin, C., F. Vernier, et J.-D. Fekete (2013). Interactive Horizon Graphs : Improving the Compact Visualization of Multiple Time Series. In S. Brewster, S. Bødker, P. Baudisch, et M. Beaudouin-Lafon (Eds.), *Proceedings of the 2013 Annual Conference on Human Factors in Computing Systems (CHI 2013)*, Paris, France, pp. 3217–3226. ACM : ACM.

Smith, G., M. Czerwinski, B. Meyers, D. C. Robbins, G. G. Robertson, et D. S. Tan (2006). Facetmap : A scalable search and browse visualization. *IEEE Trans. Vis. Comput. Graph. 12*(5), 797–804.

Stefaner, M. et B. Muller (2007). Elastic lists for facet browsers. In *Proceedings of the 18th International Conference on Database and Expert Systems Applications*, DEXA '07, Washington, DC, USA, pp. 217–221. IEEE Computer Society.

Stolper, C. D., A. Perer, et D. Gotz (2014). Progressive visual analytics : User-driven visual exploration of in-progress analytics. *IEEE Trans. Vis. Comput. Graph. 20*(12), 1653–1662.

Wong, P. C. et R. D. Bergeron (1997). 30 years of multidimensional multivariate visualization. *Scientific Visualization, Overviews, Methodologies, and Techniques. Washington, DC, USA : IEEE Computer Society*, 3–33.

Zhao, J. (2015). *Interactive Visual Data Exploration : A Multi-focus Approach.* Ph. D. thesis, University of Toronto, Computer Science Dpt.

Summary

The abondance of temporal data incoming from mobile devices and the digitalisation of our lives, associated with the need for sociologists and researchers in general, has resulted in a continuous creation of tools to explore/visualize multi-dimensional temporal data. We propose in this article a novel approach which combines the facet based Elastic List metaphor to a streamgraph visualization in order to provide an intuitive manual exploration tool of raw data. Moreover, the article shows that the data model of Elastic List is specially suited to the production of streamgraphs.

Ontology-based data integration
in a distributed context of coalition air missions

Karima Ennaoui*, Mathieu Faivre*, Md Shahriar Hassan*, Christophe Rey*, Lauren Dargent**, Hervé Girod**, Engelbert Mephu Nguifo*

* Université Clermont Auvergne, LIMOS, UMR UCA-CNRS 6158
** Dassault Aviation, Saint-Cloud, France

Abstract. The IBC (Knowledge Base Integration) project addresses an issue of ontology-based data integration. It aims at combining data residing in different actors (aircraft, drone, satellite...) during an air mission scenario and providing users with a unified view of all available data, in a communication constrained environment. We describe the solution we have implemented based on mediation. We use rule languages to process queries using an OWL2 domain ontology and RDF triples to store data. We also give a performance analysis of our prototype.

1 Introduction

Within the MMT (Man Machine Teaming [1]) program launched by DGA (Direction Générale de l'Armement) and animated by Dassault Aviation and Thales, the IBC (Knowledge Base Integration) project is part of the "Virtual Assistant and Smart Cockpit" axis and focuses on the management of multiple knowledge and databases in a non-centralized environment. The study is about accessing and exploiting data from distributed platforms during coalition air operations. In the field of ontology-based data access (OBDA), this is the issue of ontological mediated query answering (OMQA) Bienvenu et al. (2020) in a distributed context, i.e. how to obtain answers to a query built using many data sources through the use of an ontology in a distributed environment. In the military air mission context, user queries are asked by actors involved in an air mission (fighter jets, drones, satellites, ...). Each actor can be viewed as a data source. The system must face the constraints of being able to generate real time answers to queries, with possible communication interruptions (either voluntarily or involuntarily) and limited storage capacities. In this paper, we propose a solution, its theoretical principle and its implementation.

In section 2, we present the architecture, followed by its components in section 3. Sections 4 and 5 give insights on performances and related works. We then conclude.

---

1. Cf. `https://man-machine-teaming.com`

2 Mediator crowd architecture

The proposed distributed architecture is a mediator crowd. It is a special mediation in which each actor is a mediator and is able to process queries with its own data and send subqueries, if needed, to other data sources to complete the answers. Classically, mediation, a.k.a. virtual data integration, does not require to materialize (i.e. copy) data from an actor to another one in order for the latter to answer queries using data of the former (cf. chapter 9 of Abiteboul et al. (2011)). Figure 1 illustrates this.

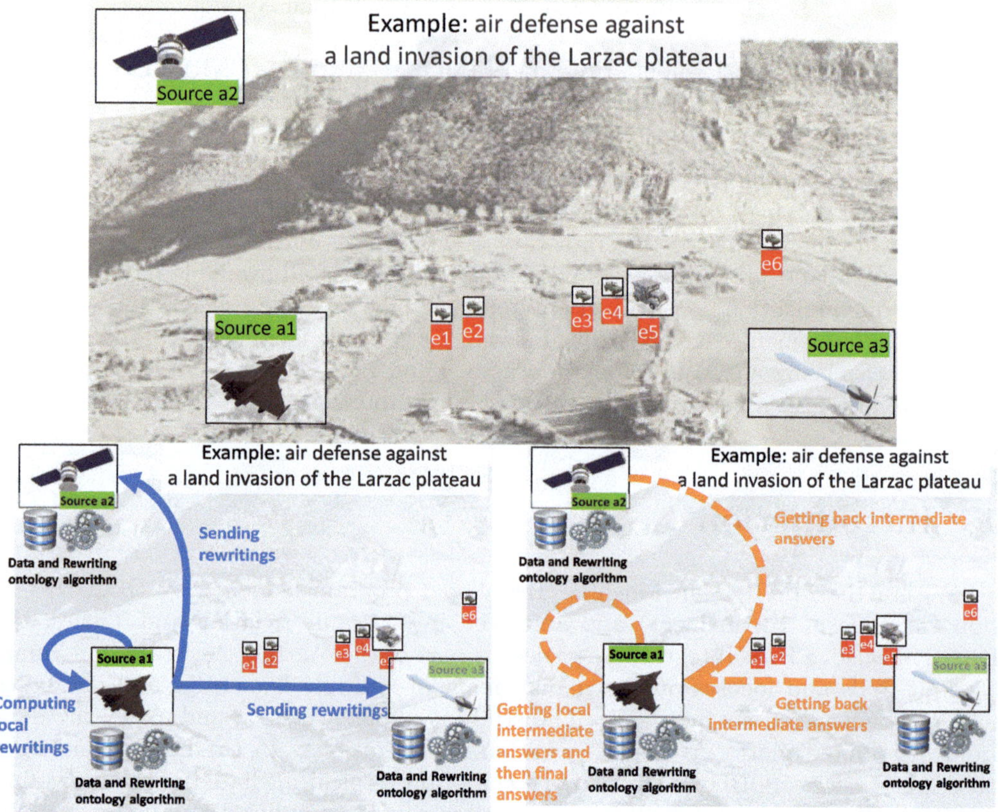

FIG. 1: Mediator crowd architecture on the example of a fictitious air mission with 3 actors (aircraft a1, satellite a2 and drone a3) who defend the Larzac plateau against a invasion led by 6 enemies (e1 to e6). On the bottom left, a1 sends the query rewritings to all actors. On the bottom right, a1 gets back results and computes the answers.

In figure 1, assuming a1, a2, and a3 share the same air mission ontology, but have their own data, the issue is the following: how can a1 answer queries using the ontology, its own data and also a2's and a3's data? An example of a query could be to identify a1's enemies. As illustrated in figure 1, the principle of a mediation crowd is the following. Thanks to the mediator components (see figure 2), a1 first rewrites the query into subqueries, called rewritings, each one corresponding to some distant actor. Then these rewritings are sent to the corresponding actors (including a1 itself). All actors processes their rewritings, thereafter sending the intermediate results to a1. At last, a1 builds the final answers using rewriting results from all actors.

3   Mediator components

As shown in figure 2, we now detail mediator components: the ontology, containing the domain knowledge and the mappings, facts (i.e. data) specific to each source and stored as RDF triples in RDF triple stores, and the query rewriting algorithm.

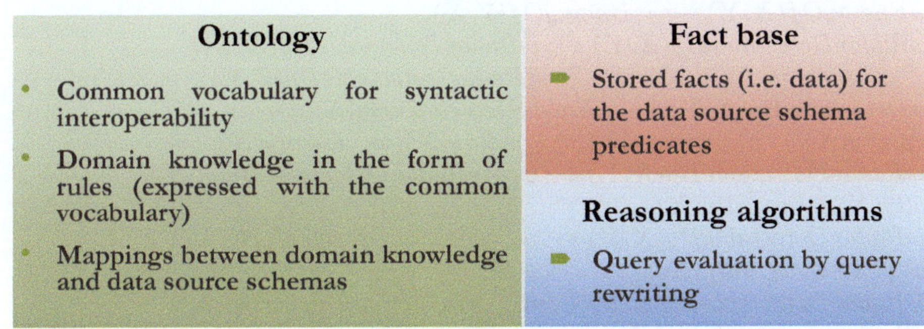

FIG. 2: The components of each mediator.

3.1   Ontology and mappings

The chosen mediation approach provides actors with an ontology describing the military air mission domain, giving a common terminology of concepts and properties such as "mission plan", "is enemy of" or "detectable by radar" and axioms describing some of their relationships. Actors use these to express their queries. The used modeling language is OWL2[2], as it is the reference language in ontology modeling. To be used in the rewriting process, OWL2-modeled knowledge is then translated into so-called skolemized rules (see section 3.2)). In addition to the domain ontology, each actor has its own vocabulary, called "data source schema", to structure the storage of its own data.

Mappings are existential rules (see section 3.2) of the form $Q_O \leftarrow Q_S$ that link a query Q_S expressed on the data sources schemas to one Q_O expressed on the ontology vocabulary. This is called a global and local as view (GLAV) mapping in the data integration literature (see chapter 9 of Abiteboul et al. (2011) for example). Without loss of expressivity, mappings can be expressed as rules of the form : $P_O \leftarrow P_1, ..., P_k$, where P_O is a triple over the ontology and $P_1, ..., P_k$ is a conjunction of triples over data sources predicates (i.e. data source schema elements). Each triple has one of the following form: (i) (?x ibc:pred ?y) with x and y variables and *pred* a binary predicate (a property); (ii) (?x rdf:type *pred*) with x a variable and *pred* a unary predicate (a

---

2. See https://www.w3.org/TR/owl2-overview/.

class); (iii) ($?x$ ibc:pred Y) or (Y $ibc : pred$ $?x$) with x a variable, Y a constant and *pred* a binary predicate.

In a mapping, P_is can refer to the same data source schema or to different ones. Mappings are essential in the rewriting process (see section 3.2) in order for a query to be rewritten using only data source predicates. The ontology and the mapping associated to the example of figure 1 (once translated as rules) are given now [3] (ontology rules R1 to R6 and mappings M1 to M7):

R1: $danger(f1(X,Y)) \leftarrow isDetectableBy(X,Y), isEnemyOf(Y,X)$.
R2: $putInDangerBy(X, f1(X,Y)) \leftarrow isDetectableBy(X,Y), isEnemyOf(Y,X)$.
R3: $isEnemyOf(X,Y) \leftarrow ally(X), enemy(Y)$.
R4: $isEnemyOf(X,Y) \leftarrow isEnemyOf(Y,X)$.
R5: $isRadarDetectableBy(X,Y) \leftarrow isRadarDetectableBy(X,Z),$
$$isRadarDetectableBy(Z,Y).$$
R6: $isDetectableBy(X,Y) \leftarrow isRadarDetectableBy(X,Y)$.
M1: $enemy(X) \leftarrow a_1_enemy(X), a_2_enemy(X), a_3_enemy(X)$.
M2: $isRadarDetectableBy(X,Y) \leftarrow a_1_isRadarDetectableBy(X,Y)$.
M3: $ally(X) \leftarrow a_1_ally(X)$.
M4: $isRadarDetectableBy(X,Y) \leftarrow a_2_isRadarDetectableBy(X,Y)$.
M5: $ally(X) \leftarrow a_2_ally(X)$.
M6: $isRadarDetectableBy(X,Y) \leftarrow a_3_isRadarDetectableBy(X,Y)$.
M7: $ally(X) \leftarrow a_3_ally(X)$.

R1 and R2 say that if X is radar detectable by Y, and Y is an enemy of X, then (R1) there exists something which depends on both X and Y that is a danger, and (R2) X is put in danger by something which depends on both X and Y. R3 says X is an enemy of Y if X is an ally and Y an enemy. R4 defines the $isEnemyOf$ predicate to be symetric. R5 defines $isRadarDetectableBy$ to be transitive. R6 says $isRadarDetectableBy$ is a sub-property of $isDetectableBy$. Mapping M1 defines X as an enemy if X is listed as an enemy for actors a_1, a_2 and a_3. M2, M4 and M6 say that being radar detectable by something is the same notion for each actor as for the ontology. M3, M5 and M7 say that being an ally is the same notion for each actor as for the ontology.

3.2   Theoretical framework and query processing algorithm

We have chosen the knowledge representation and reasoning formalism called "existential rules" (noted e.r., a.k.a. datalog$^\pm$ Calì et al. (2011); Mugnier and Thomazo (2014)) to be the theoretical framework of our proposal. Indeed: (i) e.r. are the main up-to-date theoretical framework for the study of OBDA issues, with many important theoretical results Bienvenu et al. (2020) and existing reasoning algorithms Gottlob et al. (2011); (ii) e.r. generalize the main profiles EL, QL and RL of OWL2 [4] which allows to benefit from the well-known modeling features of OWL2, and also, after a translation step, from the theoretical and practical results available for e.r.; (iii) e.r. allow the expression of more general joins than the main profiles of OWL2, of more cases of existential variables in the head of rules, and also allow recursive knowledge to

---

3. We precise here that the ontology shown here is a toy one, for explanation purposes. The real air mission ontology we have used has been designed by Dassault Aviation and is called SITAC.

4. EL, QL and RL profiles are restrictions of OWL2 allowing decidable and tractable reasoning.

be defined in a very natural way; (iv) rule-based formalisms have proven to be relevant for query evaluation, with or without ontology (mappings and queries are traditionally represented as rules in the data integration field), and e.r. generalize conjunctive queries (which are equivalent to SELECT FROM WHERE queries in SQL, or SPARQL Basic Graph Pattern queries); (v) e.r. can also be equivalently translated as definite clauses in order to process ontologies as logic programs. E.g. in section 3.1, rules R1 to R6 and mappings M1 to M7 constitute a logic program. This is of great value since research in logic programming (noted l.p.) has achieved a few very optimized interpreters that can be used to reason with ontologies.

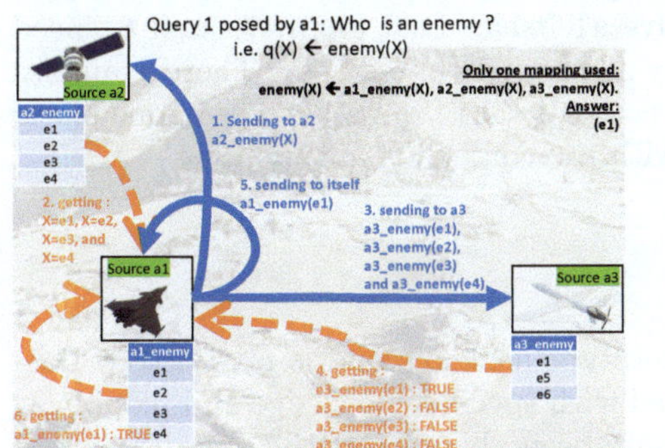

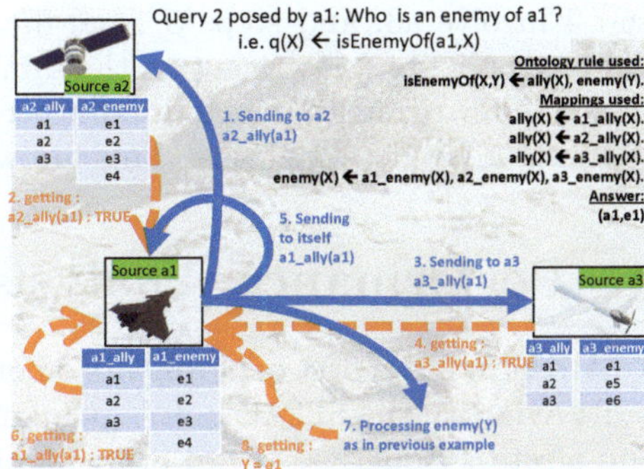

FIG. 3: Example of the rewriting process applied to 2 queries. The rewriting process follows the steps numbered from 1. to 6. for query 1, and from 1. to 8. for query 2.

In the context of e.r., query answering algorithms usually amounts in generating all possible rewritings of the query using the predicates of the data sources schemas and then evaluating these rewritings on these sources. This is a top-down or backward chaining reasoning approach. These rewriting algorithms can be grouped into two categories. First, there are algorithms that reason on decidable restrictions of e.r. They usually are ad-hoc to the supported restriction and still remain largely academic. The second category of algorithms is based on those in the field of l.p. They require translation of e.r. into defined programs or datalog rules, with Skolem functions in order to express existential variables. These algorithms are based on first-order logic resolution (such as SLD-resolution, OLDT-resolution, or SLG-resolution[5]). They are theoretically undecidable because of some cases of infinite loops. In practice, however, they can be made decidable, for instance by imposing a maximal execution time. The great benefit with resolution-based approaches is that they are well-known and optimized because they have been industrialized for a long time (see all prolog implementations for example). Thus, we have chosen l.p. as our algorithmic approach. This means that after modeling the ontology and mappings in OWL2, we translate them into e.r., and then translate e.r. into l.p. rules with Skolem functions (a.k.a. datalog rules with Skolem functions). For instance, function $f1$ used in the rules R1 and R2 given in

---

5. These three resolutions are algorithmic schemes that infer logical consequences from knowledge expressed as first-order logic programs. OLDT- and SLG-Resolutions are SLD-Resolution optimizations. For example, SLG-resolution is the basis of the XSB prolog http://xsb.sourceforge.net/.

section 3.1 is a Skolem function. The reasoner we have chosen that deals with such rules is the so-called JENA backward chaining rule engine, which belongs to the JENA software [6] and implements a top-down rewriting algorithm based on SLG-resolution. JENA has also been chosen since it is one of the most popular open source industrial platforms [7] to store and query RDF data triples based on the semantic web approach.

Figure 3 shows the rewriting process. Query 1 is posed by a1, and rewritten using M1 into a rewriting that is first sent to a2 which generates 4 possible values for X. These values are sent as 4 rewritings to a3, and only one is ok for a3. Since it is ok for a1 too, then it generates one solution which is e1. Query 2 is also posed by a1 and rewritten using R3, M1, M3, M5 and M7. Steps 1. and 2. involve actor a2, steps 3 and 4 involve a3, and steps 5. and 6. involve a1 itself. Last steps, 7. and 8., need the processing of a rewriting on the same way as query 1 (in 6 steps). These examples show the rewriting approach doesn't need to copy all data from all actors in one place, but instead sends rewritings. This fits well with the context of air missions.

4   Performance Analysis

We have made first experiments on our prototype using a scenario provided by Dassault Aviation, the SITAC ontology augmented with specific knowledge and mappings, and a set of 7 queries. Up to now, we have only been able to test the non-distributed case in which all data are directly accessible from all actors. It does not change the way queries are processed (by rewriting them). It only lacks the communication times and interruptions the distributed architecture may imply. Results are shown in figure 4. First, we have measured execution times for the different steps of query processing: (1) resource creation in memory (initialization of data structures), (2) reasoner object creation in memory, (3) assertions (data) loading from the triple store, (4) reasoner setting, (5) inference time (inference of all query answers, in a backward chaining fashion), and (6) displaying of results. Second, we have measured the number of basic operations during inference, namely extensional (i.e. data source) predicate accesses and rule applications (i.e. basic rewriting steps).

Figure 4 shows that executing the JENA engine on the scenario takes less than 1 sec., which fits with the real time constraint. We also see that inference (query processing) time is around 0.1 sec. The most expensive step is loading the data into memory. In a real implementation, this step may be achieved once at the beginning of the mission for data that will not change during the mission. Thus, the data update mechanism might not be as time-consuming since focused on fewer data.

5   Related works

As in this work, Al-Bakri et al. (2015); Abiteboul et al. (2005) work on the same idea of distributed mediation which amounts to sending subqueries (or rewritings) to others actors in order to obtain extra final answers. However, they ground their

---

6. See https://jena.apache.org/.
7. See the ranking at https://db-engines.com/en/ranking/rdf+store.

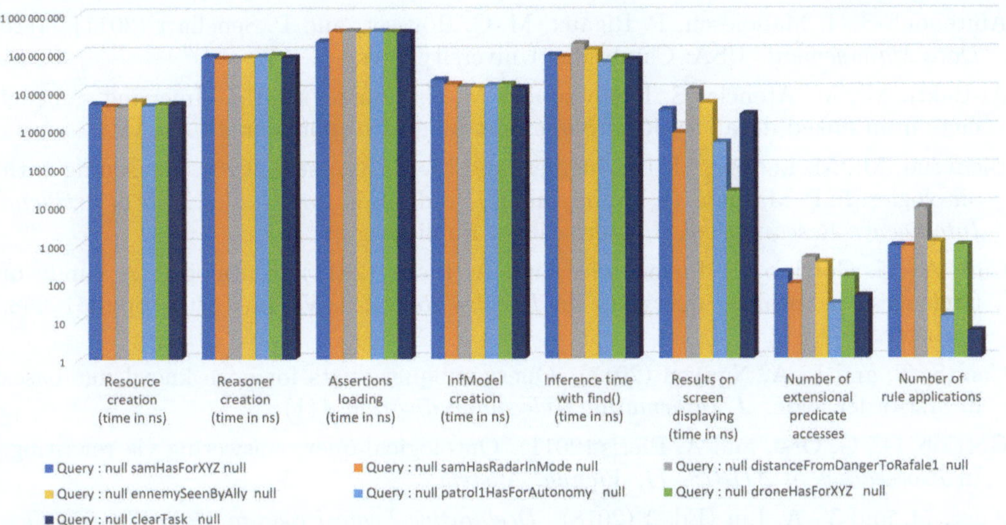

FIG. 4: Experimentation results based on the JENA backward chaining rule engine.

rewriting mechanism on the Query-SubQuery (QSQ) algorithm Vieille (1986), whereas we use SLG-resolution Swift and Warren (2010). As QSQ, SLG-resolution ensures termination when no function are used, but it can also be used with functions (e.g. Skolem functions) which allows us to use it on translated e.r. QSQNet is a recent extension of QSQ Cao and Nguyen (2017) which also handles functions. We have not chosen to use it because its implementation seems not mature enough yet (e.g. it lacks some built-in functions). However, as evoked in Kifer and Liu (2018), no comparative study between QSQ approaches and SLG-resolution has been proposed so far.

6   Conclusion

We have proposed a mediator crowd architecture that can be used in a military air mission context. We have justified the use of an OWL2 domain ontology with RDF data triples and of a top-down rewriting query process relying on the datalog with Skolem functions rule language. We have shown the JENA rule engine could be used to implement the whole approach. Yet, some issues remain open, as robustness (how to deal with communication interruptions?), expressivity (how to add negation or disjunction in the ontology?), and semantic caching (how to optimize performances by caching often used queries and the associated rewritings?).

References

Abiteboul, S., Z. Abrams, S. Haar, and T. Milo (2005). Diagnosis of asynchronous discrete event systems: Datalog to the rescue! In *ACM PODS*.

Abiteboul, S., I. Manolescu, P. Rigaux, M.-C. Rousset, and P. Senellart (2011). *Web Data Management.* USA: Cambridge University Press.

Al-Bakri, M., M. Atencia, S. Lalande, and M.-C. Rousset (2015). Inferring same-as facts from linked data: An iterative import-by-query approach. In *AAAI.*

Bienvenu, M., M. Leclère, M.-L. Mugnier, and M.-C. Rousset (2020). Reasoning with ontologies. In P. Marquis, O. Papini, and H. Prade (Eds.), *A Guided Tour of Artificial Intelligence Research, vol. I.* International Publishing.

Calì, A., G. Gottlob, T. Lukasiewicz, and A. Pieris (2011). Datalog±: A family of languages for ontology querying. In *Datalog Reloaded*, Volume 6702, pp. 351–368. Springer.

Cao, S. T. and L. A. Nguyen (2017). Query-subquery nets for horn knowledge bases in first-order logic. *J. Information Telecommunication 1*(1).

Gottlob, G., G. Orsi, and A. Pieris (2011). Ontological query answering via rewriting. In *Proceedings of ADBIS '11, Vienna, Austria.*

Kifer, M. and Y. A. Liu (Eds.) (2018). *Declarative Logic Programming: Theory, Systems, and Applications*, Volume 20. ACM and Morgan and Claypool.

Mugnier, M. and M. Thomazo (2014). An introduction to ontology-based query answering with existential rules. In *Reasoning Web Summer School, Greece.*

Swift, T. and D. Warren (2010). Xsb: Extending prolog with tabled logic programming. *Theory and Practice of Logic Programming 12.*

Vieille, L. (1986). Recursive axioms in deductive databases: The query/subquery approach. In *Expert Database Conf.* Benjamin/Cummings.

Acknowledgements

We thank the D.G.A. of the French government for funding this work, and the Dassault Aviation company for managing the IBC project and also for its support.

Résumé

Le projet IBC (Intégration de Bases de Connaissances) s'intéresse à un problème d'intégration de données via une ontologie. Il vise à combiner des données stockées chez différents acteurs (avion, drone, satellite, ...) durant une mission aérienne et à donner aux utilisateurs une vue unifiée de toutes ces données dans un environnement de communication contraint. Nous décrivons la solution que nous avons implémentée, basée sur la médiation. On utilise un langage à base de règles pour traiter les requêtes à partir d'une ontologie du domaine modélisée en OWL2 et de données stockées sous forme de triplets RDF. Nous donnons aussi une analyse des performances du prototype.

Découverte de cardinalités maximales FAIR

Léo-Paul Renard, Arnaud Giacometti, Béatrice Markhoff, Arnaud Soulet

Université de Tours, LIFAT, Blois
`firstname.lastname@univ-tours.fr`

Résumé. Les dimensions de qualité FAIR résumées par le slogan "make your data Findable, Accessible, Interoperable, Reusable", portées par le mouvement de la science ouverte, concernent aussi les programmes développés dans le cadre de la recherche. Bien que ces prototypes fonctionnent souvent avec des performances remarquables, ils parviennent rarement à un état réutilisable. Cette démonstration porte sur une démarche d'amélioration des dimensions FAIR pour l'algorithme C3M dédié à la découverte de contraintes de cardinalités maximales contextuelles dans des bases de connaissances du Web. C3M ne bénéficiait jusque-là que d'un dépôt de son code dans Github. Nous présentons comment nous avons amélioré les dimensions FAIR de C3M, en particulier en le rendant utilisable plus simplement en permettant de le tester en ligne depuis un site Web.

1   Introduction

Le Web sémantique relie d'énormes bases de connaissances (BC) dont le contenu a été généré à partir de plateformes collaboratives et par intégration de bases de données hétérogènes. Naturellement, ces bases de connaissances sont incomplètes et contiennent des données erronées. Connaître la qualité de leurs données est un objectif essentiel à long terme pour garantir que leur interrogation renvoie des résultats fiables. Avoir des contraintes de cardinalité qualifiant les propriétés est une avancée importante pour distinguer les individus correctement et complètement décrits de ceux dont les données sont incorrectes ou insuffisamment informées. L'algorithme C3M propose de découvrir automatiquement à partir du contenu de la base de connaissances les contraintes de cardinalité maximale des propriétés pour chaque classe, lorsqu'elles existent. En représentation des connaissances, les contraintes de cardinalité qui spécifient le nombre d'occurrences d'une propriété sont particulièrement utiles (Baader et al., 2003). Par exemple, une telle contrainte peut être utilisée pour définir une classe C comme étant l'ensemble des individus qui ont au plus 3 enfants. De plus, une contrainte de cardinalité peut être utilisée pour déclarer une *cardinalité maximale sur la propriété R dans le contexte C*, par exemple sur `parent` dans le contexte `Person`, pour dire que les individus de la classe `Person` ont au plus deux fois la propriété `parent`. Une telle déclaration permet aux raisonneurs de déduire si toutes les assertions sur la propriété R existent dans la BC pour tout individu appartenant à C. Cela permet d'associer aux réponses des informations sur le *rappel* par rapport à la réalité (Tanon et al., 2017).

L'extraction de contraintes de cardinalité à partir des données existantes est connue comme un problème important de la rétro-ingéniérie des bases de données relationnelles (Soutou,

Person/birthYear			
i	n_i	τ_i	$\widetilde{\tau}_i$
1	**159 841**	**0,999**	**0,996**
2	91	0,928	0,775
3	4	0,571	0,000
4	2	0,667	0,000
5	1	1,000	0,000

Person/parent			
i	n_i	τ_i	$\widetilde{\tau}_i$
1	10 643	0,529	0,518
2	**9 392**	**0,991**	**0,975**
3	75	0,882	0,718
4	9	0,900	0,420
6	1	1,000	0,000

$\top$/team			
i	n_i	τ_i	$\widetilde{\tau}_i$
1	1 221 202	0,901	0,900
2	20 505	0,153	0,148
3	16 876	0,148	0,144
...	...	...	...
20	2	1,000	0,000

FootballMatch/team			
i	n_i	τ_i	$\widetilde{\tau}_i$
1	26	0,008	0,000
2	**3 092**	**0,998**	**0,971**
3	3	0,500	0,000
4	2	0,667	0,000
5	1	1,000	0,000

TAB. 1 – *Distributions des cardinalités de plusieurs propriétés dans DBpedia*

1998; Yeh et al., 2008), mais par rapport à ce cadre traditionnel, ce problème est bien plus complexe pour les bases de connaissances du LOD. Pour mieux comprendre ses challenges, la table 1 fournit des statistiques pour trois propriétés de DBpedia, `birthYear` et `parent` dans le contexte de la classe `Person`, ainsi que `team` dans le contexte de tout DBpedia que nous notons $\top$, et dans le contexte de la classe `FootballMatch`. En particulier, les deux premières colonnes donnent le nombre n_i d'observations d'une cardinalité i. Premièrement, les bases de connaissances contiennent des assertions invalides. Par exemple, on s'attend à ce qu'une personne ait au plus une année de naissance et deux parents. Cependant, en considérant `birthYear` et `parent` dans DBpedia (voir la table 1), où i est la cardinalité de la propriété et n_i le nombre d'individus du contexte qui ont exactement i assertions), certaines personnes ont 5 années de naissance ou 6 parents. Deuxièmement, les bases de connaissances sont incomplètes. Par exemple, la plupart des personnes décrites dans DBpedia n'ont qu'un seul parent informé. Néanmoins, il faut tenir compte du fait que de nombreuses personnes ont deux parents informés pour ne pas sous-estimer la cardinalité maximale de la propriété `parent`.

Dans (Giacometti et al., 2019) nous avons présenté l'algorithme C3M qui répond à ces défis et calcule l'ensemble des contraintes contextuelles de cardinalité maximale significatives qui existent dans une BC. Cette démonstration vise non seulement à montrer ses résultats mais aussi la démarche entamée pour le rendre plus facile à trouver, accessible, intéropérable et réutilisable, en particulier grâce à un site Web pour le tester de manière simple. Dans la suite nous rappelons les principes de C3M, puis les principes FAIR, avant de présenter ce site.

2 C3M : découverte de contraintes de cardinalité maximale

Formulation du problème Etant donné un entier $M \geq 1$, une propriété R et une classe C d'une base de connaissances $\mathcal{K}$, une contrainte de cardinalité maximale contextuelle définie sur R pour C est une expression de la forme : $C \sqsubseteq (\leq M\ R)$ en logique de description. La classe C est appelée contexte de la contrainte. Par exemple, la contrainte contextuelle `Person` $\sqsubseteq$ $(\leq 1\, \texttt{birthYear})$ signifie que chaque personne a au plus une année de naissance, tandis que `FootballMatch` $\sqsubseteq$ $(\leq 2\, \texttt{team})$ signifie qu'un match de football a au plus 2 équipes. On peut remarquer qu'il est vrai d'affirmer qu'un artiste a au plus 1 année de naissance (i.e., `Artist` $\sqsubseteq$ $(\leq 1\, \texttt{birthYear})$), mais cette affirmation est moins générale que `Person` $\sqsubseteq$ $(\leq 1\, \texttt{birthYear})$ puisque `Artist` $\sqsubset$ `Person`. De manière similaire, affirmer que 1,000 est une cardinalité maximale pour `parent` (i.e., `Person` $\sqsubseteq$ $(\leq 1,000\, \texttt{parent})$) est vrai, mais moins précis que `Person` $\sqsubseteq$ $(\leq 2\, \texttt{parent})$. Pour éliminer de telles contraintes redondantes, C3M vise à extraire les contraintes de cardinalité <u>minimales</u> i.e., celles qui ne sont pas redondantes avec d'autres.

Description de C3M Afin de déterminer si une contrainte est significative au sein d'une base de connaissances $\mathcal{K}$, C3M mesure son <u>taux de cohérence</u>. Le taux de cohérence sur $\mathcal{K}$ que la cardinalité i soit maximale pour la propriété R dans le contexte C est le ratio $\frac{n_i^{C,R}}{n_{\geq i}^{C,R}}$ si $n_{\geq i}^{C,R} > 0$ et 0, sinon où $n_i^{C,R}$ (resp. $n_{\geq i}^{C,R}$) représente le nombre de sujets s du contexte C tels que i faits $R(s,o)$ (resp. i faits ou plus) appartiennent à $\mathcal{K}$. Par exemple, considérons la contrainte contextuelle `Person` $\sqsubseteq$ $(\leq 2\ (parent)$ dans la table 1. On a $n_{\geq 2}^{\texttt{Person,parent}}$ qui est égal à $9\,477$ ($9\,477 = 9\,392 + 75 + 9 + 1$). De cette manière, le taux de cohérence $\tau_2^{\texttt{Person,parent}}(DBpedia)$ est de 0,991 (i.e., $9\,392/9\,477$).

Dans une base de connaissances complète et correcte $\mathcal{K}^*$, il n'y a aucun individu qui a une cardinalité sur-estimée et tous les individus sont décrits. Pour cette raison, les contraintes contextuelles que nous souhaitons découvrir ont un taux de cohérence égal à 1 dans $\mathcal{K}^*$. $\tau_M^{C,R}(\mathcal{K}^*)$ est appelé le taux de cohérence réel. Comme nous ne disposons pas de la base de connaissances idéale $\mathcal{K}^*$, nous pourrions en pratique estimer le taux de cohérence réel avec le taux de cohérence mesuré sur $\mathcal{K}$. Malheureusement, comme pour toute estimation, le taux de cohérence mesuré dans une base de connaissances est généralement différent du taux de cohérence réel, i.e. $\tau_i(\mathcal{K}) \neq \tau_i(\mathcal{K}^*)$. Par exemple, le taux de cohérence $\tau_2^{\texttt{Person,parent}}(\mathcal{K})$ est de 0,991 dans la table 1 alors que le taux de cohérence réel d'une cardinalité maximale de 2 pour le rôle `parent` concernant une personne est égal à 1. Plus grave, on a $\tau_6^{\texttt{Person,parent}}(\mathcal{K}) = 1$, alors que le taux de cohérence réel de cette cardinalité est 0 ! Intuitivement, si le fait que le taux de cohérence $\tau_6^{\texttt{Person,parent}}(\mathcal{K})$ soit égal à 1 ne fait pas sens, c'est que ce taux est calculé sur un nombre insuffisant d'observations (seulement une personne a 6 parents). De ce fait, l'estimation $\tau_i(\mathcal{K})$ de $\tau_i(\mathcal{K}^*)$ doit être corrigée. Pour ce faire, comme détaillé dans (Giacometti et al., 2019), C3M utilise le taux de cohérence pessimiste $\widetilde{\tau}_i^{C,R}(\mathcal{K})$ qui exploite l'inégalité de Hoeffding (1963). Formellement, l'algorithme C3M retourne toutes les contraintes minimales de la forme $C \sqsubseteq (\leq M\ R)$ telle que $\widetilde{\tau}_i^{C,R}(\mathcal{K}) \geq min_\tau$.

3 Principes FAIR pour les programmes

Les principes FAIR (Findable, Accessible, Interoperable, Reusable) sont des dimensions de qualité proposées par le mouvement de la science ouverte pour caractériser les productions des activités de recherche quant à leur capacité à être réutilisées. Les bénéfices promis vont d'une meilleure reconnaissance des travaux de recherche ainsi publiés à une multiplication des approches collaboratives, en passant par une meilleure mise en valeur des retombées de la recherche. La Commission Européenne, qui soutient ce mouvement à travers le European

Open Science Cloud (EOSC), a publié fin 2018 une feuille de route fixant des objectifs et des moyens à mettre en oeuvre en ce sens [1]. Si toutes les productions des activités de recherche sont visées par ce mouvement, à savoir les jeux de données, les résultats, les publications, les processus et protocoles, ainsi que les logiciels (les termes Digital Object (DO) sont parfois utilisés pour les désigner), les premières propositions de guides se sont concentrées sur les jeux de données. Le domaine des sciences du vivant est particulièrement moteur sur ce terrain, comme sur celui des ontologies et des données ouvertes liées. Les auteurs de (Wilkinson et al, 2016) ont proposé quinze principes directeurs pour publier des données de façon FAIR [2]. Le premier, **F1**, stipule que le jeux de données ait un *identifiant unique persistant (PID)*, notion qui recouvre par exemple les DOI et ARK (données), ORCID (auteurs), RAiD (projets), PURL et w3id (localisations dans le web). Les plateformes regroupant les données d'un domaine, par exemple UniProt, génèrent automatiquement un PID au moment du dépôt du jeu de données. Ensuite, pour que des logiciels puissent trouver, accéder, interopérer et réutiliser des données, le deuxième principe, **F2**, est d'associer aux données des *métadonnées* (elles-mêmes munies d'un PID). Celles-ci sont donc omniprésentes dans les quinze principes. Le troisième, **F3**, est que les métadonnées contiennent explicitement une référence aux données qu'elles décrivent. Le quatrième, **F4**, est d'enregistrer les (méta)données dans un répertoire public (comme Bio-Portal ou Zenodo) où elles puissent être recherchées. Les cinquième à septième, **A1**, **A1.1** et **A1.2**, sont qu'elles puissent être récupérées via un protocole de communication standard, ouvert et qui permettent un contrôle des droits d'accès. Le huitième, **A2**, est que les métadonnées restent récupérables mêmes si les données ne le sont pas. Les neuvième et dixième, **I1** et **I2**, portent sur les vocabulaires et ontologies décrivant les (méta)données, qui doivent être aussi standard que possible et eux-mêmes respecter les principes FAIR. Le onzième, **I3**, est que les (méta)données doivent inclure des références à d'autres (méta)données. Les douzième à quinzième, **R1**, **R1.1**, **R1.2** et **R1.3**, recommandent un choix d'attributs permettant une réutilisation aussi informée que possible, adapté aux usages dans le domaine propres aux données, incluant une license d'utilisation et des informations de provenance.

Dans (Lamprecht et al., 2020) les auteurs dressent un bilan des réflexions de différents groupes sur l'adaptation des quinze principes FAIR que nous venons de brièvement rappeler aux *logiciels* de la recherche, conçus pour générer et analyser des données et résultats, que ce soient des codes sources, des exécutables ou des services web. Si un logiciel est un objet digital au même titre qu'un jeu de données (on peut lui attacher un DOI, lui affecter une licence d'utilisation, etc.), c'est aussi un *outil*, qui a un comportement et des interfaces, nécessite un environnement d'exécution, peut utiliser d'autres outils, et requiert en général des données en entrée, selon un certain workflow. Un logiciel est donc associé à un ensemble de *dépendances*. De plus, chaque partie peut évoluer, la notion de *version* est donc très importante. La publication d'un logiciel peut se faire via des plateformes comme Github, des sites web, des répertoires spécifiques à un langage comme par exemple PyPI, etc. Le mouvement Open Source côté logiciel rejoint sur certains points le mouvement FAIR et si, côté données, FAIR n'implique pas forcément licence ouverte, côté logiciel on peut aisément argumenter pour l'ouverture des codes. Enfin, il faut bien noter que la question de la qualité d'un logiciel dépasse largement les principes FAIR, qui ne traitent que de la façon dont le logiciel est fourni.

---

1. https ://op.europa.eu/en/publication-detail/-/publication/7769a148-f1f6-11e8-9982-01aa75ed71a1/language-en
2. Repris ici : `https://www.go-fair.org/fair-principles/`

	Principe	C3M	Résultats
F	1) identifiant unique persistant , 2) métadonnées, 3) références aux don-nées, 4) accès public	oui	oui
A	1) protocole ouvert, 2) disponibilité des métadonnées	oui	oui
I	1) vocabulaire standard pour les données et 2) les métadonnées, 3) réfé-rences à d'autres métadonnées, 4) dépendances logicielles informées	oui	oui
R	licences compatibles, réutilisation informée et adaptée	partiel	oui

Tab. 2 – *Principes FAIR pour le prototype C3M et les résultats produits*

Tout ceci étant dit, les auteurs de Lamprecht et al. (2020) revisitent et complètent les quinze principes FAIR pour les logiciels. En résumé : **F1** et **F3** doivent s'appliquer à chaque *version* du logiciel ; pour **I2** il est précisé que les descriptions du logiciel, mais aussi celle des données qu'il utilise ou qu'il produit, utilisent des vocabulaires ou ontologies standards qui respectent eux-même les principes FAIR ; un **I4** est introduit pour que les dépendances du logiciel soient documentées et qu'il y ait un moyen d'y accéder ; enfin, pour **R1.1** il est précisé que la licence associée au logiciel doit être compatible avec celles des autres codes qu'il utilise. De plus, cer-taines des spécificités du logiciel, parmi celles rappelées précédemment, nécessitent des outils pour réaliser les principes FAIR : ainsi l'interopérabilité, qui est une des quatre dimensions la plus complexe à assurer, doit prendre en compte le problème de la portabilité, c'est-à-dire la disponibilité de tout *l'environnement d'exécution* nécessaire. Cet environnement peut être fourni de manières très diverses, de la machine virtuelle Java aux containers Docker, en pas-sant par une encapsulation dans un site Web et/ou une API Web, l'exécution étant alors prise en charge par le serveur Web. Des efforts remarquables en ce sens peuvent être cités dans le do-maine de recherche du web sémantique, comme SPARQL Generate[3] ou SAGE[4]. Cette démo s'inscrit modestement dans leur sillage, en permettant de tester en ligne C3M.

4 C3M plus FAIR

Hébergements sur le Web du code source et des résultats La première initiative pour fa-ciliter la reproductibilité scientifique et plus généralement satisfaire les principes FAIR est de mettre l'ensemble du code source, des données utilisées et des résultats produits à disposition sur le Web. De cette manière, le prototype C3M satisfait le principe **F1** car l'URL du GitHub[5] identifie le prototype de manière unique. Par ailleurs, le jeu de données a aussi été enregistré sous la plateforme Zenodo pour disposer d'un DOI[6] correspondant au prototype C3M. Sous cette même plateforme, plusieurs métadonnées sont disponibles notamment par rapport à la publication scientifique et la licence d'utilisation qui réfèrent explicitement au prototype (sa-tisfaction des critères **F2** et **F3**). Des métadonnées sont également présentes dans le GitHub, exprimées avec les vocabulaires standard DCAT, DCterms, VOID, PROV-O et schema.org. L'hébergement Web garantit également un accès public (critère **F4**) facilité notamment par les

---

3. https://ci.mines-stetienne.fr/sparql-generate/
4. http://soyez-sage.univ-nantes.fr/
5. https://github.com/asoulet/C3M/tree/v1.0
6. http://doi.org/10.5281/zenodo.4106070

moteurs de recherche des plateformes GitHub et Zenodo, reposant sur des protocoles standardisés du Web (critère **A1**). La disponibilité de ces plateformes de référence est très haute et garantit aussi une très haute disponibilité des (méta)données (critère **A2**). Les résultats générés à partir de C3M reposent sur des vocabulaires et des ontologies standardisés du Linked Open Data satisfaisant pleinement le critère **I**. Le prototype lui-même est décrit à l'aide du vocabulaire schema.org dans le GitHub et dans le site Web à l'aide de RDFa. Concernant la réutilisation, le code source Java du prototype est disponible sur GitHub avec l'ensemble des librairies nécessaires (par exemple, Jena). Néanmoins, la documentation du prototype n'est pas suffisante actuellement, c'est un point d'amélioration future. Un autre axe d'amélioration prévu, important pour les principes **I** et **R**, est la mise à disposition du prototype via une API REST Web, qui sera elle-même décrite avec Open API pour faciliter son utilisation dans des programmes clients. Pour l'heure, seule l'interface Web pour les humains est opérationnelle. Elle permet à tout un chacun de vérifier si une propriété présente dans une base de connaissances du Web a des contraintes de cardinalité maximale dans certaines classes de cette base.

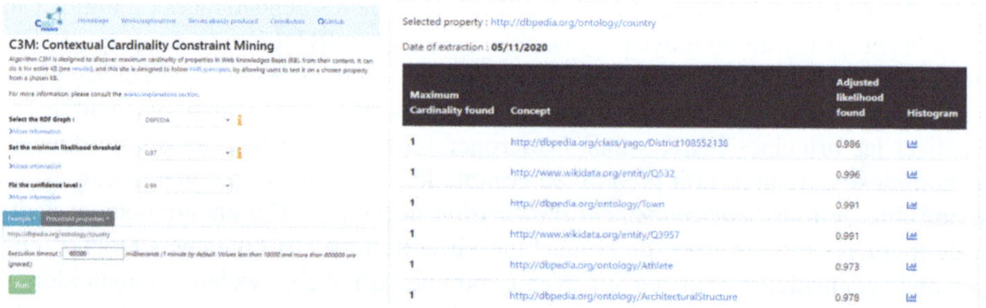

FIG. 1 – *Captures d'écran des entrées et de la sortie pour la propriété* `dbo:country`

Prototype en ligne La difficulté de déploiement d'un prototype (clonage, compilation, exécution) est parfois un frein à sa réutilisation. Par conséquent, nous proposons le site Web `http://c3m.univ-tours.fr/` où une interface simple permet de tester C3M en quelques clics. Toujours dans un souci d'accessibilité, cette application Web n'effectue pas une extraction des contraintes de cardinalité pour toutes les propriétés d'une base de connaissances. Pour avoir un résultat rapide, l'extraction se focalise sur une seule propriété. Néanmoins, le fonctionnement reste similaire et reprend le code source de C3M en Java. Pour cette raison, l'application web a également été codée en Java en utilisant l'architecture J2EE 11.0.7 ainsi que le conteneur web Apache Tomcat 9.0. Nous utilisons MySQL 8.0.20 comme SGBD.

Sur la page principale (cf. la figure 1, gauche), l'utilisateur indique les paramètres suivants :

— La base de connaissances $\mathcal{K}$: Pour le moment le nombre de bases de connaissances disponibles est fixe. Nous envisageons d'ajouter une fonctionnalité permettant à l'utilisateur de rentrer son propre point d'accès SPARQL.

— Le seuil minimal du taux de cohérence min_τ et le niveau de confiance $1 - \delta$: Le seuil min_τ spécifie le taux de cohérence pessimiste minimale pour qu'une contrainte soit significative. De plus, $1 - \delta$ intervient dans le calcul du taux de cohérence pessimiste. Des valeurs raisonnables sont suggérées pour ces deux paramètres.

— La propriété R : Pour chaque base de connaissances des exemples de propriétés sont disponibles pour pouvoir, sans connaître de noms de propriété, utiliser le prototype. L'utilisateur peut également sélectionner une propriété déjà traitée.

— Temps d'arrêt de l'exécution : La valeur par défaut est une minute. L'énorme quantité de données de certaines bases de connaissances peut engendrer un temps de traitement long, même pour une seule propriété.

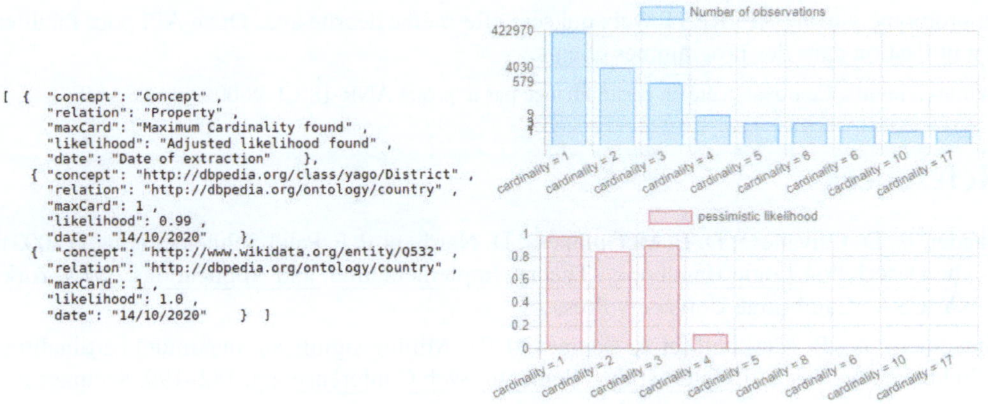


```
[ { "concept": "Concept" ,
    "relation": "Property" ,
    "maxCard": "Maximum Cardinality found" ,
    "likelihood": "Adjusted likelihood found" ,
    "date": "Date of extraction"       },
  { "concept": "http://dbpedia.org/class/yago/District" ,
    "relation": "http://dbpedia.org/ontology/country" ,
    "maxCard": 1 ,
    "likelihood": 0.99 ,
    "date": "14/10/2020"       },
  { "concept": "http://www.wikidata.org/entity/Q532" ,
    "relation": "http://dbpedia.org/ontology/country" ,
    "maxCard": 1 ,
    "likelihood": 1.0 ,
    "date": "14/10/2020"     } ]
```

FIG. 2 – *Liste des contraintes au format JSON et représentation visuelle d'une contrainte*

Lorsque l'utilisateur lance l'exécution, le serveur vérifie que la propriété est bien présente dans la base de connaissances cible. Si ce n'est pas le cas, un message d'erreur est retourné à l'utilisateur, sinon l'implémentation partielle de l'algorithme C3M effectue son traitement. L'application gère aussi différents types d'erreurs tels que les erreurs provenant des points d'accès SPARQL ou encore s'il n'y a aucune contrainte significative détectée car pas assez d'instances pour cela dans la base. Une fois l'exécution terminée le serveur retourne une liste, au format JSON, de contraintes de cardinalité maximale chacune associée à une classe avec ses paramètres associés (voir la partie gauche de la figure 2 qui présente un extrait du résultat pour la propriété `dbo:country`). Ces résultats sont affichés à l'utilisateur sous forme d'une liste (voir la figure 1 à droite) et l'utilisateur peut avoir le détail pour une contrainte. Par exemple, la figure 2 (à droite) présente, pour chaque cardinalité, l'histogramme des individus (en bleu) et le taux de cohérence pessimiste (en rouge).

A noter que les contraintes des propriétés déjà traitées sont mises en cache dans une base de données pour limiter le nombre de requêtes sur les points d'accès SPARQL pendant une séquence de tests. Un inconvénient de cette optimisation est que les informations d'une base de connaissances varient. Cette approche ne garantit pas la fraîcheur des contraintes déjà extraites. C'est pour cela que la date d'extraction est renseignée dans les résultats.

Enfin, le site dispose également de quatre autres pages pour référencer la publication scientifique qui décrit C3M, indiquer les contributeurs, mettre à disposition les résultats de la publication et le code source du prototype, en redirigeant vers le dépôt GitHub.

5   Conclusion

Cette démonstration vise non seulement à montrer les résultats que produit C3M, un algorithme qui calcule l'ensemble des contraintes contextuelles de cardinalité maximale significatives qui existent dans une base de connaissances du Web, mais aussi la démarche entammée pour le rendre plus facile à trouver, accessible, intéropérable et réutilisable, en particulier grâce à un site Web conçu pour pouvoir le tester (dans une version partielle) très simplement. Le site Web en lui-même peut encore être amélioré, la documentation du prototype également. Un autre axe d'amélioration prévu, important pour les principes I et R, est la mise à disposition du prototype via une API REST Web, qui sera elle-même décrite avec Open API pour faciliter son utilisation dans des programmes clients.

Remerciements. Ce travail a été en partie financé par le projet ANR-18-CE38-0009 ("SESAME").

Références

Baader, F., D. Calvanese, D. L. McGuinness, D. Nardi, et P. F. Patel-Schneider (Eds.) (2003). The Description Logic Handbook : Theory, Implementation, and Applications. New York, NY, USA : Cambridge University Press.

Giacometti, A., B. Markhoff, et A. Soulet (2019). Mining significant maximum cardinalities in knowledge bases. In International Semantic Web Conference, pp. 182–199. Springer.

Hoeffding, W. (1963). Probability inequalities for sums of bounded random variables. Journal of the American Statistical Association 58(310), 13–20.

Lamprecht, A.-L., L. Garcia, M. Kuzak, C. Martinez, R. Arcila, E. Martin Del Pico, V. Dominguez Del Angel, S. van de Sandt, J. Ison, P. A. Martinez, P. McQuilton, A. Valencia, J. Harrow, F. Psomopoulos, J. L. Gelpi, N. Chue Hong, C. Goble, et S. Capella-Gutierrez (2020). Towards FAIR principles for Research Software. Data Science, 37–59.

Soutou, C. (1998). Relational database reverse engineering : algorithms to extract cardinality constraints. Data & Knowledge Engineering 28(2), 161–207.

Tanon, T. P., D. Stepanova, S. Razniewski, P. Mirza, et G. Weikum (2017). Completeness-aware rule learning from knowledge graphs. In ISWC, pp. 507–525. Springer.

Wilkinson, M. D. et al (2016). The FAIR guiding principles for scientific data management and stewardship. Scientific Data 3.

Yeh, D., Y. Li, et W. Chu (2008). Extracting entity-relationship diagram from a table-based legacy database. Journal of Systems and Software 81(5), 764–771.

Summary

The FAIR principles carried by the open science movement also apply to softwares developed in research. Although these prototypes often perform remarkably well, they rarely reach a reusable state. This demo focuses on a FAIR improvement approach for C3M dedicated to the discovery of contextual maximum cardinality constraints in Web knowledge bases. We present how we improved FAIR features by making its usage simpler with a Web site.

AgroLD : une base de connaissances pour l'étude du phénome des plantes cultivées

Pierre Larmande*,**,****, Gildas Tagny Ngompe**,*** Manuel Ruiz**,***

*UMR DIADE, IRD, Univ. Montpellier, 911 av Agropolis, 34398 Montpellier, France
**FADO LIRMM, CNRS, Univ. Montpellier, 161 rue Ada Montpellier, France
pierre.larmande@ird.fr,
***UMR AGAP, CIRAD,INRAE, Univ. Montpellier,
Avenue Agropolis, 34398 Montpellier Cedex 5 Montpellier, France
manuel.ruiz@cirad.fr, gildas.tagny_ngompe@cirad.fr
****SOUTH GREEN BIOINFORMATICS PLATFORM, Avenue Agropolis
34398 Montpellier, France

Résumé. Les nouveaux défis de la recherche en agronomie consistent à comprendre les relations existant entre les différents éléments moléculaires responsables de l'expression du phénome. Or ces interactions sont complexes à identifier car elles s'expriment à différentes échelles moléculaires dans la plante et subissent de fortes influences de la part des facteurs environnementaux. Les récents progrès des technologies à haut débit ne permettent de capturer que partiellement cette dynamique. Nous avons développé AgroLD, une base de connaissances qui exploite la technologie du Web sémantique et des ontologies du domaine biologique pertinentes, pour intégrer ces informations et faciliter ainsi la formulation de nouvelles hypothèses scientifiques. Nous présentons des résultats sur le processus d'intégration et sur la plateforme visualisation des données, qui était initialement axé sur la génomique, la protéomique et le phénome.

1   Introduction

La compréhension des interactions génotype-phénotype est un des axes les plus importants de la recherche en agronomie dont l'un des objectifs est d'accélérer la reproduction des caractères importants pour la production agricole. Or ces interactions sont complexes à identifier car elles s'expriment à différentes échelles moléculaires dans la plante et subissent de fortes influences de la part des facteurs environnementaux. Les technologies d'analyse haut-débit ne permettent de capturer que partiellement cette dynamique. Même si ces technologies sont de plus en plus performantes dans l'acquisition de données, notre connaissance du système reste encore parcellaire pour pouvoir comprendre les relations complexes existant entre les différents éléments moléculaires responsables de l'expression du phénome -ensemble des phénotypes observés pour un individu. Cet objectif ne peut être atteint qu'en intégrant des informations de différents niveaux dans un modèle intégrateur utilisant une approche systémique afin de comprendre le fonctionnement réel d'un système biologique. Aujourd'hui, le

Web sémantique propose des technologies pour l'intégration de données hétérogènes et leur transformation en connaissances explicites grâce aux ontologies. Notre hypothèse repose sur l'idée que proposer des graphes de connaissances fondées sur les données et informations produites permettrait de formuler plus aisément des hypothèses de recherche permettant de lier le génotype au phénotype. En prenant le riz comme espèce modèle principale, l'objectif sera de construire des réseaux d'interactions moléculaires à partir de données éparses afin d'identifier les gènes clés pour l'amélioration des plantes. Diverses approches seront mises à contribution relatives à l'intégration de données, à l'enrichissement des connaissances et à des applications sur les graphes de connaissances. Dans la suite de l'article, nous présenterons le contexte de création de la plateforme et nous listerons les sources qu'elle intègre. Par la suite, nous présenterons nos contributions dans le domaine de l'ingénierie des connaissance. Enfin, nous ferons une conclusion.

2   La plateforme AgroLD

2.1   Contexte

Nous avons développé AgroLD [1] (Venkatesan et al., 2018), une base de connaissances reposant sur les technologies du Web sémantique et exploitant des ontologies du domaine biologique, afin d'intégrer des données issues de plusieurs espèces de plantes présentant un intérêt important pour la communauté scientifique, comme par exemple le riz, le blé et arabidopsis. De telles initiatives équivalentes existaient dans le domaine biomédical et bioinformatique, citons Bio2RDF (Belleau et al., 2008), EBI RDF (Jupp et al., 2014), ou encore Uniprot RDF (Redaschi et the UniProt Consortium, 2009), mais aucune dans le domaine agronomique. Nous présentons aujourd'hui, les résultats du projet, qui portait initialement sur la génomique, la protéomique et la phénomique. AgroLD contient plus de 100 millions de triplets créée à partir de plus de 50 jeux de données provenant d'une dizaine de sources de données. Pour cette phase, chaque jeu de données a été transformé à partir de sources sélectionnées et annotées sémantiquement en réutilisant les champs textuels correspondant avec des termes d'ontologies lorsqu'ils ont été fournis par la source d'origine.

L'objectif d'AgroLD est d'offrir une plate-forme de connaissances spécifiques du domaine agronomique afin de répondre à des questions biologiques complexes. De telles questions peuvent concerner le rôle de gènes spécifiques dans les mécanismes de résistance aux maladies des plantes ou de caractères de production identifiés à partir des analyses GWAS [2]. Afin de rendre AgroLD accessible par un plus grand nombre d'utilisateurs, nous avons également développé une application Web proposant plusieurs interfaces de requêtes. Tout d'abord une interface simple qui permet aux utilisateurs d'effectuer des rechercher par mots-clés sur l'ensemble des valeurs de la base et ainsi de parcourir le contenu de la base de connaissance. Puis une interface de recherche avancée qui permet de combiner du texte libre et des filtres base sur les types de classes et propriétés ainsi que des services Web externes proposant ainsi une interface d'agrégation de données distribuées. AgroLD possède également une interface de visualisation des graphes qu'il est possible de configurer pour mettre en valeur certains types de

---

1. Agronomic Linked Data - http://www.agrold.org

2. GWAS, Genome Wide Association Studies, sont des expérimentations biologiques impliquant des méthodes statistiques permettant de corréler un caractère phénotypique a une ou plusieurs région du génome.

relations. Finalement, un éditeur SPARQL propose un environnement interactif pour formuler des requêtes et manipuler des résultats.

2.2 Inventaire des sources de données intégrées

Le cadre conceptuel de la connaissance est basé sur des ontologies bien établies dans le domaine telles que Gene Ontology (Ashburner et al., 2000), une ontologie sur la fonction des gènes ; Plant Ontology (Plant et Consortium, 2002), une ontologie sur l'anatomie des plantes ; Plant Trait Ontology (Cooper et al., 2018), une ontologie sur les caractères phénotypiques des plantes. La majorité de ces ontologies sont hébergées par le projet OBO Foundry (Smith et al., 2007). En outre, compte tenu de la portée de l'effort, nous avons décidé de construire AgroLD en plusieurs phases. La phase actuelle (première phase) couvre les informations sur les gènes, les protéines, les prédictions de gènes homologues, les voies métaboliques, des phénotypes de plantes et le matériel génétique. A ce stade nous avons intégré des données issues de plusieurs ressources telles que Gramene, qui identifie les gènes chez les plantes cultivées ; UniProt, qui répertorie les protéines et leurs fonctions chez tous les êtres vivants ; Gene Ontology Annotation qui identifie les associations de concepts de Gene Ontology avec des gènes ou des protéines. Le choix de ces sources a été guidé par la communauté biologique avec qui nous collaborons. Elles sont en effet très utilisées et bénéficient d'un fort impact sur la confiance des données. Nous avons également intégré des ressources développées par la plateforme montpelliéraine SouthGreen [3]. Ces ressources regroupent des données expérimentales produites par les chercheurs montpelliérains et leurs partenaires. Le tableau 2.2 donne un aperçu des espèces et sources intégrées.

Ressources	Format	Nb Tuples	Espèces	Ontologies	Nb triplets
Oryzabase	TSV	17K	R	All	153 K
GOA	GAF	1, 160K	All	GO	2, 700 K
OryGenes	GFF	1, 100K	R, S, A,	GO, SO	5, 172 K
Gramene	TSV	1, 718K	All	All	30, 000 K
Uniprot	TSV	1, 400K	All	GO, PO	50, 000 K
OTL	TSV	22K	R	PO, TO	300 K
TropGene	TSV	2K	R	PO, TO	20 K
GreenPhyl	TSV	100K	R,A	GO, PO	700 K
SNiPlay	VCF	16K	R	GO	16,00 0K
Q-TARO	TSV	2K	R	PO, TO	20 K
TOTAL					**105,065K**

TAB. 1 – ***Les espèces et les sources de données intégrées dans AgroLD.*** *Le nombre de tuples donne une idée du nombre d'éléments que nous avons annotés à partir des sources de données (par exemple, 1, 160K Gene Ontology annotations). Especes et Ontologies sont référencées suivant R = riz, W = blé, A = Arabidopsis, S = sorgho, M = maïs, GO = gene ontology, PO = plant ontology, TO = plant trait ontology, EO = plant environnment ontology, SO = sequence ontology)*

---

3. `http://southgreen.fr/`

2.3 Contributions dans le domaine de l'ingénierie des connaissances

2.3.1 Vers une automatisation des transformations RDF

Nos contributions portent sur la création de différents pipelines de transformation RDF pour des grands jeux de données agronomiques. Même si de nombreux outils étaient disponibles au sein de la communauté du Web Sémantique, parmi eux citons datalift[4] ou des implementation de csv2rdf[5] ou encore RML.io[6]. Aucun n'était adapté pour prendre en compte la complexité des formats de fichiers du domaine biologique (par exemple le format VCF) ou même la complexité des informations qu'ils pouvaient contenir. Un exemple très simple illustre cette complexité à travers le format GFF (Generic Feature Format)[7] qui représente les données génomique dans un format de type TSV. Il contient une colonne ayant des informations de type *clé=valeur*, de longueur variables et différentes selon les sources de données. Dans ce cas, il est nécessaire d'adapter la transformation en fonction de la source de données. Par ailleurs, le volume important des sources de données était un facteur limitant des outils sus-mentionnés.

Dans ce contexte, nous avons développé des modèles de transformation RDF adaptés à une plus large palette de standards de données en génomique et phénomique tels que GFF, GAF[8], VCF[9] et travaillons actuellement à packager ces modèles dans une API[10]. Ces standards représentent une première étape, car ils sont en effet, les plus utilisés dans la communauté. Nous comptons développer de nouveaux modèles pour d'autres standards de données, notamment pour les données phénotypiques MIAPPE[11].

2.3.2 Annotation sémantique des données avec des bio-ontologies

Pour cette phase de transformation, chaque jeu de données a été téléchargé à partir de sources sélectionnées et annoté sémantiquement avec des URI de termes ontologiques en réutilisant les identifiants d'ontologie lorsqu'ils ont été fournis par la source d'origine. De plus, lorsque cela était possible, nous avons utilisé des annotations sémantiques déjà présentes dans les jeux de données, telles que, par exemple, des gènes ou des traits annotés respectivement avec des identifiants Gene Ontology (GO :0005524 est transformé en URI)[12] ou Trait Ontology. Dans ce cas, nous avons généré des propriétés supplémentaires avec les ontologies correspondantes, ajoutant ainsi 22% de triplets supplémentaires validés manuellement (voir les détails dans le tableau 2.2). Les versions OWL des ontologies candidates ont été directement chargées dans la base de connaissances, mais leurs triplets ne sont pas comptés dans le total.

Par ailleurs, nous avons utilisé l'API de service Web AgroPortal (Jonquet et al., 2018), pour enrichir les données en annotations sémantiques. Par exemple, pour identifier des concepts on-

---

4. https://project.inria.fr/datalift
5. https://www.w3.org/TR/csv2rdf/
6. https://rml.io/
7. http://gmod.org/wiki/GFF3
8. http://geneontology.org/page/go-annotation-file-format-20
9. https://samtools.github.io/hts-specs/VCFv4.2.pdf
10. https://github.com/SouthGreenPlatform/AgroLD_ETL
11. https://www.miappe.org/
12. http://purl.obolibrary.org/obo/GO_0005524

tologiques dans les données comme l'organe d'une plante [13]) ou un caractère phénotypique [14]). Pour cela, nous avons développé, *Table2Annotation* (Larmande et Jibril, 2020), une application spécifique pour traiter les formats de fichiers semi-structurés (tsv, csv, excel), mieux contrôler l'annotation sémantique faite par AgroPortal et y gérer les différents cas particuliers d'annotations pour un résultat optimal.

2.3.3 Méthodes de liage d'entités issus de graphes distincts

Les graphes RDF partagent un espace de noms commun [15] et sont nommés d'après les sources de données correspondantes. Les entités dans les graphes RDF sont liées par des bases d'URI communes. En général, nous avons construit les URI en nous référant à Identifiers.org, qui fournit des patrons de conception pour chaque source enregistrée. Par exemple, les gènes intégrés à partir de la source Ensembl Plant sont identifiés par l'URI de base [16]. Lorsqu'elles ne sont pas fournies par Identifiers.org, de nouvelles URI sont construites ; dans ce cas, les URI prennent la forme [17]. Par ailleurs, les propriétés reliant les entités sont construites sous la forme [18].

Afin de lier des entités similaires issues de sources différentes, nous avons utilisé l'approche basée sur *l'identification de la clé* qui est la plus courante. Son principe est d'analyser les URI afin de rechercher des motifs similaires dans la partie terminale de l'URI. De plus, nous avons également respecté *l'approche URI commune*, qui recommande d'utiliser le même patron d'URI pour deux entités similaires. De ce fait, pour une même entité, cela nous a permis d'agréger des informations issues de différents graphes RDF. Par ailleurs, nous avons utilisé des liens de références croisées en les transformant en URI et en reliant la ressource au prédicat *rdfs :seeAlso*. Cela augmente considérablement le nombre de liens sortants, rendant AgroLD mieux intégrée avec d'autres sources de données. À l'avenir, nous comptons mettre en œuvre une approche basée sur la similarité des propriétés pour identifier les correspondances entre les entités ayant des URI différents.

Afin de faire correspondre les différents types de données et propriétés, nous avons développé un schéma [19] qui associe les classes et propriétés identifiées dans AgroLD avec des ontologies correspondantes. Par exemple, la classe Protein [20] est associée à la classe polypeptide [21] de SO avec la propriété *owl : equivalentClass*. Des mappings similaires ont été réalisés pour les propriétés, par exemple, les classes *Protein* et *Gene* sont liées aux classes de l'ontologie *molecular function* de GO par la propriété *has_function* [22], avec comme propriété *owl : equivalentProperty*. Lorsqu'une propriété équivalente n'existait pas, nous l'avons associée avec la propriété de niveau supérieur avec *rdfs : subPropertyOf*. Par exemple, la propriété *has_trait* [23],

---

13. *leaf* est annoté avec le concept PO_0025034 avec l'URI :`http://purl.obolibrary.org/obo/PO_0025034`

14. *plant height* serait annoté avec le concept ayant TO_0000207 pour URI :`http://purl.obolibrary.org/obo/TO_0000207`

15. `http://www.southgreen.fr/agrold/`

16. `http://identifiers.org/ensembl.plant/`

17. `http://www.southgreen.fr/agrold/[resourceNamespace]/[identifier]`

18. `http://www.southgreen.fr/agrold/vocabulary/[property]`

19. `https://github.com/SouthGreenPlatform/AgroLD_ETL/tree/master/model`

20. `http://www.southgreen.fr/agrold/resource/Protein`

21. `http://purl.obolibrary.org/obo/SO_0000104`

22. `http://www.southgreen.fr/agrold/vocabulary/has_function`

23. `http://www.southgreen.fr/agrold/vocabulary/has_trait`

relie les entités aux termes TO équivalent. Elle est associée à une propriété plus générique. Au total, 55 mappings ont été identifiés.

2.4   Faciliter l'accès aux données liées

En matière d'accès aux graphes de données, même si le langage SPARQL est efficace pour construire les requêtes, il reste difficile à prendre en main pour nos utilisateurs principaux (bioinformaticiens et biologistes). Ainsi, nous avons proposé un modèle d'architecture implémentant divers éléments constituant de systèmes de recherche sémantique (i.e., formulation de requêtes basé sur des patrons, visualisation sous forme de graphe, outils de recherche d'information). Ainsi la plateforme AgroLD fournit 4 points d'entrée :

— **Quick Search**[24], un plugin de recherche à facette mis à disposition par Virtuoso, qui permet aux utilisateurs d'effectuer des recherches par mots-clés et de parcourir le contenu d'AgroLD en naviguant dans les liens ;
— **SPARQL Editor**[25], un éditeur de requêtes SPARQL qui fournit un environnement interactif pour la formulation de requêtes SPARQL. Nous avons développé l'éditeur en se basant sur les outils YASQE et YASR (Rietveld et Hoekstra, 2015) et l'avons adapté pour notre système. Par ailleurs, nous avons proposé une liste de patrons de requêtes modulaires et personnalisables en fonction des besoins des utilisateurs qui peuvent être automatiquement exécutées à travers l'éditeur ;
— **Explore Relationships**[26], est une version modifiée de RelFinder (Heim et al., 2009), qui permet aux utilisateurs d'explorer et de visualiser les relations existantes entre entités ;
— **Advanced Search**[27], un formulaire proposant des recherches spécifiques par entité et possédant un moteur d'agrégation de ressources externes. Le formulaire Advanced Search est basé sur une API REST[28]. Le but de ce formulaire est de fournir aux biologistes un outil permettant d'interroger la base de connaissances tout en masquant les aspects techniques de la formulation de requêtes SPARQL. L'intérêt de coupler API et formulaire est de pouvoir combiner de manière interactive des recherches dans la base de connaissances et dans des services externes à la fois par l'interface utilisateur mais également par la programmation.

3   Conclusion

Actuellement, de nouveaux jeux de données sont en cours d'intégration. Ils portent sur les réseaux d'interaction protéine-protéine, les facteurs de transcription et réseaux de co-expression afin d'étendre les connaissances sur les mécanismes moléculaires. De nombreux développements sont également réalisés au niveau des interfaces de requêtes, notamment au niveau de la visualisation des graphes afin de fournir des outils plus dynamiques, interactifs et contextualisés. Enfin, une attention particulière est portée sur la qualité des données intégrées. Des

---

24. http://www.agrold.org/quicksearch.jsp
25. http://www.agrold.org/sparqleditor.jsp
26. http://www.agrold.org/relfinder.jsp
27. http://www.agrold.org/advancedSearch.jsp
28. http://www.agrold.org/api-doc.jsp

méthodes de liage et de machine learning sont développées pour rechercher des liens et des ressources similaires dans la base de connaissances ou dans des ressources externes.

Références

Ashburner, M., C. A. Ball, J. A. Blake, D. Botstein, H. Butler, J. M. Cherry, A. P. Davis, K. Dolinski, S. S. Dwight, J. T. Eppig, M. A. Harris, D. P. Hill, L. Issel-Tarver, A. Kasarskis, S. Lewis, J. C. Matese, J. E. Richardson, M. Ringwald, G. M. Rubin, et G. Sherlock (2000). Gene ontology : tool for the unification of biology. The Gene Ontology Consortium. *Nat Genet 25*(1), 25–29.

Belleau, F., M.-A. Nolin, N. Tourigny, P. Rigault, et J. Morissette (2008). Bio2RDF : towards a mashup to build bioinformatics knowledge systems. *Journal of biomedical informatics 41*(5), 706–16.

Cooper, L., A. Meier, M. A. Laporte, J. L. Elser, C. Mungall, B. T. Sinn, D. Cavaliere, S. Carbon, N. A. Dunn, B. Smith, B. Qu, J. Preece, E. Zhang, S. Todorovic, G. Gkoutos, J. H. Doonan, D. W. Stevenson, E. Arnaud, et P. Jaiswal (2018). The Planteome database : An integrated resource for reference ontologies, plant genomics and phenomics. *Nucleic Acids Research 46*(D1), gkx1152.

Heim, P., S. Hellmann, J. Lehmann, S. Lohmann, et T. Stegemann (2009). RelFinder : Revealing relationships in RDF knowledge bases. In *Lecture Notes in Computer Science (including subseries Lecture Notes in Artificial Intelligence and Lecture Notes in Bioinformatics)*, Volume 5887 LNCS, pp. 182–187. Citation Key : Heim2009 ISSN : 03029743.

Jonquet, C., A. Toulet, E. Arnaud, S. Aubin, E. Dzalé Yeumo, V. Emonet, J. Graybeal, M. A. Laporte, M. A. Musen, V. Pesce, et P. Larmande (2018). AgroPortal : A vocabulary and ontology repository for agronomy. *Computers and Electronics in Agriculture 144*(October 2016), 126–143.

Jupp, S., J. Malone, J. Bolleman, M. Brandizi, M. Davies, L. Garcia, A. Gaulton, S. Gehant, C. Laibe, N. Redaschi, S. M. Wimalaratne, M. Martin, N. Le Novère, H. Parkinson, E. Birney, et A. M. Jenkinson (2014). The EBI RDF platform : linked open data for the life sciences. *Bioinformatics (Oxford, England) 9*(30), 1–2.

Larmande, P. et K. M. Jibril (2020). Enabling Fast Annotation Process With Table2Annotation Tool. *Genomics & Informatics 2*(18), e19.

Plant, T. et O. Consortium (2002). The Plant Ontology Consortium and plant ontologies. *Comparative and functional genomics 3*(2), 137–42. Citation Key : Plant2002.

Redaschi, N. et the UniProt Consortium (2009). Uniprot in RDF : Tackling data integration and distributed annotation with the semantic web. *Nature Prec 4 Suppl 1*(npre), 1.

Rietveld, L. et R. Hoekstra (2015). The YASGUI Family of SPARQL Clients. *Semantic Web Journal 0*(2015), 1–0. Citation Key : Rietveld2015YASGUI.

Smith, B., M. Ashburner, C. Rosse, J. Bard, W. Bug, W. Ceusters, L. J. Goldberg, K. Eilbeck, A. Ireland, C. J. Mungall, N. Leontis, P. Rocca-Serra, A. Ruttenberg, S.-A. Sansone, R. H. Scheuermann, N. Shah, P. L. Whetzel, et S. Lewis (2007). The OBO Foundry : coordinated evolution of ontologies to support biomedical data integration. *Nat Biotech 25*(11), 1251–1255.

Venkatesan, A., G. Tagny Ngompe, N. E. Hassouni, I. Chentli, V. Guignon, C. Jonquet, M. Ruiz, et P. Larmande (2018). Agronomic Linked Data (AgroLD) : A knowledge-based system to enable integrative biology in agronomy. *PLOS ONE 13*(11), 1–17.

Summary

New challenges in agronomic research aim to understand interactions between molecular elements responsible of the phenome. These interactions are complex to decipher because they are expressed at different molecular scales and are strongly influenced by environmental factors. Recent advances in high-throughput technologies only partially capture these dynamics. We have developed AgroLD, a knowledge graph that exploits the Semantic Web technology and some of the relevant standard domain ontologies, to integrate information on plant species and in this way facilitating the formulation of new scientific hypotheses. We present some integration results of the project, which initially focused on genomics, proteomics and phenomics.

AMADO online, une application multilingue pour la visualisation et l'analyse graphique de matrices de données

Nguyen-Khang Pham*, Jean-Hugues Chauchat**

*Can Tho University, College of Information & Communication Technology
Campus II, 3/2 street, Ninh Kieu district, Can Tho city, Viet Nam
pnkhang@cit.ctu.edu.vn
http://www.cit.ctu.edu.vn/ pnkhang/index-en.html

**Université de Lyon, Laboratoire ERIC, 69676 Bron Cedex, France
jean-hugues.chauchat@univ-lyon2.fr
http://eric.ish-lyon.cnrs.fr

Résumé. *AMADO online* permet de visualiser et d'analyser des matrices de données (présence/absence, ou comptages, ou réponses sur des échelles, ou mesures de variables hétérogènes) selon les principes de Jacques BERTIN. Les nombres sont représentés par des rectangles dont la surface leur est proportionnelle. Pour mettre en évidence la structure des données, les lignes (et/ou les colonnes) peuvent être réordonnées à la main, ou automatiquement selon leurs coordonnées sur le premier axe factoriel de l'Analyse des Correspondances, ou en Composantes Principales, selon la nature des données ; une double Classification Ascendante Hiérarchique est disponible. Selon le cas, on obtient une sériation (chronologique par exemple), ou des blocs exacts ou approximatifs, ou des classes relativement homogènes. Ces graphiques sont fidèles aux données et faciles à lire. Le *Guide de l'Utilisateur*, en français et en anglais, détaille les commandes sur de nombreux fichiers d'exemples fournis avec l'outil.

1   Introduction

AMADO online permet de représenter graphiquement un tableau croisé de nombres, puis de permuter les lignes et les colonnes pour faire apparaître la structure des données : - soit une structure diagonale (sériation) si elle existe, - soit une structure en classes croisées des lignes et des colonnes, voire en blocs. De nombreuses options de mise en forme sont disponibles dans les menus.

L'objectif est de faciliter la lecture des données en mettant en évidence leur structure par des opérations très simples de permutation de lignes (et/ou de colonnes) selon les principes de Jacques Bertin (2017, 1999).

Développé dans le cadre du consortium "Paris Time Machine", l'outil est accessible librement sur la plateforme https://paris-timemachine.huma-num.fr/amado-online/ ; il complète et améliore le travail de Chauchat et Risson (1998). Actuellement les menus sont proposés en 7 langues : anglais, français, espagnol, italien, russe, ukrainien et vietnamien.

Les *Guides de l'Utilisateur* sont disponibles en français et en anglais, chacun faisant une trentaine de pages ; ils présentent plusieurs types de tableaux avec, pour chacun, les données sources et les suites de commandes des menus d'*AMADO online* permettant d'obtenir les graphiques tels que ceux présentés ici ; ces graphiques peuvent être sauvegardés en format image PNG ou vectoriel SVG.

2   Exemple d'un petit tableau croisé de comptage

Le traitement des données commence par leur importation - soit par un simple copier-coller depuis un tableur, - soit par l'ouverture d'un fichier TXT ou CSV. La Fig. 1 montre une suite de traitements d'un tableau classique issu de Snee (1974).

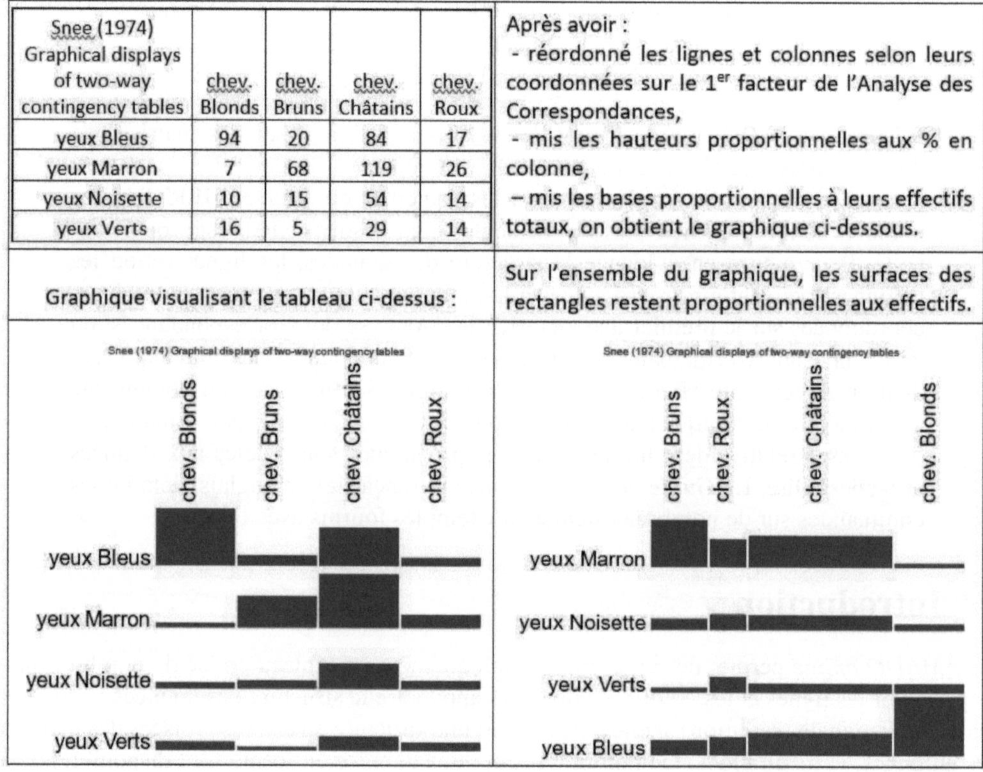

Snee (1974) Graphical displays of two-way contingency tables	chev. Blonds	chev. Bruns	chev. Châtains	chev. Roux
yeux Bleus	94	20	84	17
yeux Marron	7	68	119	26
yeux Noisette	10	15	54	14
yeux Verts	16	5	29	14

Après avoir :
- réordonné les lignes et colonnes selon leurs coordonnées sur le 1er facteur de l'Analyse des Correspondances,
- mis les hauteurs proportionnelles aux % en colonne,
- mis les bases proportionnelles à leurs effectifs totaux, on obtient le graphique ci-dessous.

Graphique visualisant le tableau ci-dessus :

Sur l'ensemble du graphique, les surfaces des rectangles restent proportionnelles aux effectifs.

FIG. 1 – *Tableau croisant les couleurs des yeux et des cheveux de 592 personne, et graphiques produits par AMADO online.*

Les données doivent contenir les intitulés de lignes et de colonnes, mais pas les totaux marginaux ; on importe les données en valeurs absolues ; la première cellule peut contenir un titre.

Dès l'importation des données, *AMADO online* les affiche sous forme d'histogrammes, la surface de chaque rectangle étant proportionnelle au nombre qu'il représente. Ensuite, les commandes permettent la mise en forme du graphique : insertion, correction ou suppression du titre, permutations des lignes (et des colonnes), dimensions du graphique, transposition, taille et couleur des libellés et des valeurs, format d'affichage des valeurs, représentation en % dans chaque colonne, normalisation des lignes ou colonnes, suppression de lignes ou de colonnes, insertion de séparateurs entre des lignes ou des colonnes, largeurs des colonnes proportionnelles à leurs totaux, application de l'Analyse des Correspondances {Benzécri (1982), Greenacre (1984), Tenenhaus et Young (1985)} ou de classifications ascendantes hiérarchiques des lignes et colonnes, etc.

Les graphiques produits par *AMADO online* sont simples à lire ; ils donnent au lecteur un accès direct au résultat : chaque élément d'information - chaque nombre du tableau de données est restitué dans sa forme originelle : les hauteurs des rectangles sont proportionnelles aux valeurs du tableau original, soit en nombres absolus, soit en %.

3 Exemple de tableau de mesures avec des variables d'unités différentes

Dans la Fig. 2, les colonnes ont des unités différentes (cm3, Hp, Km/h, Kg, cm) et ne sont pas directement comparables.

Des hauteurs de rectangles proportionnelles aux nombres du tableau n'auraient pas de sens ici. Pour tout calcul ultérieur, il faut les normaliser : chaque valeur du tableau est centrée sur le minimum de colonne (de façon à ce que tous les résultats soient positifs ou nuls) puis divisée par l'écart-type de colonne ; on obtient alors des nombres purs, c'est-à-dire "sans dimension") X_{ij} devient $\frac{X_{ij}-Min_j}{\sigma_j}$. Ensuite, les procédures de calcul sont effectuées sur ces "nombres purs". Comme *AMADO online* ne peut représenter que des nombres positifs, la plus petite valeur devient zéro ; dans notre exemple, la "Smart Fortwo Coupé" est la plus petite voiture parmi les 6 variables, les 6 valeurs deviennent zéro pour elle dans le graphique.

Sur l'arbre de classification, on distingue les classes de voitures :
— la Smart Fortwo Coupé est seule, la plus petite pour toutes les variables ;
— les Citroën C2, Nissan Micra, Citroën C3 et la Peugeot 307 forment un groupe homogène de 4 petites voitures ;
— petites (mais plus sportives) les Mini, Renault Clio, BMW Z4 et Audi TT ;
— les grandes voitures familiales Land Rover Defender, Nissan X-Trail, Volkswagen Touran, Renault Scenic et Audi A3 ;
— la Land Rover Discovery est spécifique, étant longue, large et lourde, relativement peu puissante pour sa taille et plutôt lente ;
— les 6 berlines grandes, nerveuses et rapides : Mercedes Classe C, Jaguar S, BMW 530d, Peugeot 407, BMW 745i, Mercedes Classe S ;
— enfin les grandes, très puissantes (et extrêmement chères) : Ferrari, Bentley et Aston Martin.

	6 caractéristiques de 24 voitures						Après normalisation et classification

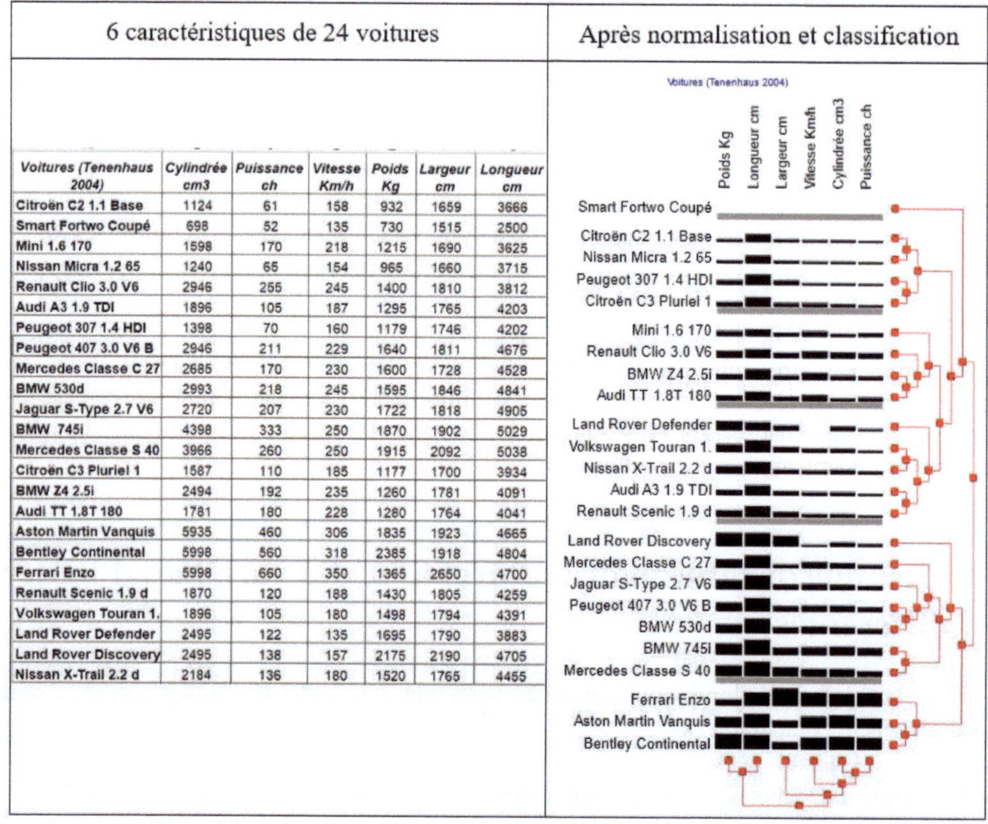

Voitures (Tenenhaus 2004)	Cylindrée cm3	Puissance ch	Vitesse Km/h	Poids Kg	Largeur cm	Longueur cm
Citroën C2 1.1 Base	1124	61	158	932	1659	3666
Smart Fortwo Coupé	698	52	135	730	1515	2500
Mini 1.6 170	1598	170	218	1215	1690	3625
Nissan Micra 1.2 65	1240	65	154	965	1660	3715
Renault Clio 3.0 V6	2946	255	245	1400	1810	3812
Audi A3 1.9 TDI	1896	105	187	1295	1765	4203
Peugeot 307 1.4 HDI	1398	70	160	1179	1746	4202
Peugeot 407 3.0 V6 B	2946	211	229	1640	1811	4676
Mercedes Classe C 27	2685	170	230	1600	1728	4528
BMW 530d	2993	218	245	1595	1846	4841
Jaguar S-Type 2.7 V6	2720	207	230	1722	1818	4905
BMW 745i	4398	333	250	1870	1902	5029
Mercedes Classe S 40	3966	260	250	1915	2092	5038
Citroën C3 Pluriel 1	1587	110	185	1177	1700	3934
BMW Z4 2.5i	2494	192	235	1260	1781	4091
Audi TT 1.8T 180	1781	180	228	1280	1764	4041
Aston Martin Vanquis	5935	460	306	1835	1923	4665
Bentley Continental	5998	560	318	2385	1918	4804
Ferrari Enzo	5998	660	350	1365	2650	4700
Renault Scenic 1.9 d	1870	120	188	1430	1805	4259
Volkswagen Touran 1.	1896	105	180	1498	1794	4391
Land Rover Defender	2495	122	135	1695	1790	3883
Land Rover Discovery	2495	138	157	2175	2190	4705
Nissan X-Trail 2.2 d	2184	136	180	1520	1765	4455

FIG. 2 – *Tableau de mesures hétérogènes : 24 voitures et 6 caractéristiques, inspiré de M. Tenenauss, et graphique de classification automatique en 6 groupes produit par AMADO online.*

Du côté des variables, le poids et la longueur sont fortement corrélés, tout comme la cylindrée et la puissance. La vitesse d'une part et la largeur d'autre part, sont moins corrélées aux autres caractéristiques, et on voit pourquoi sur le graphique : la Land Rover Discovery est large, lourde et peu rapide, tandis que la Ferrari Enzo est légère mais très large, tout en étant très puissante et très rapide.

4   Jacques BERTIN et l'histoire des représentions graphiques de tableaux

L'idée de permuter les lignes et les colonnes d'une matrice dans le but de révéler une structure cachée dans une matrice de données est ancienne : Sir Flinders Petrie (1899) a présenté il y a un siècle une "séquence dans les vestiges préhistoriques", c'est-à-dire une "sériation" chronologique des formes et éléments de décor d'objets trouvés lors de fouilles en Egypte ; le petit exemple représenté Fig. 3 est proposé dans Renfrew et Bahn (1991) pour illustrer cette démarche. Les tombes (C, B, D, G, A, E et F) sont réordonnées, selon un axe de présence-absence des éléments de décor repérés par l'archéologue dans les sites de cette région ; cet ordre correspond probablement à l'ordre chronologique (direct ou inverse) d'invention puis d'abandon de ces créations artistiques.

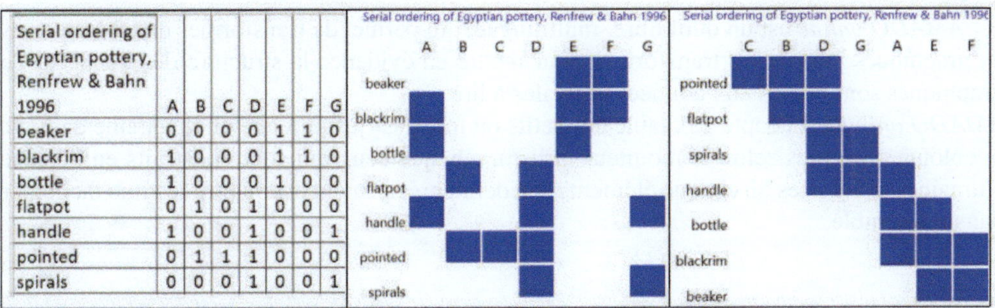

FIG. 3 – *Données de Renfrew-1991, inspirées par celles de Sir Flinders PETRIE pour dater des tombes égyptiennes. Les colonnes (A, B, ...) représentent des tombes où ont été trouvés les objets contenant, ou non, les éléments de décor nommés en lignes. AMADO online produit la sériation en un clic.*

Cette idée a eu une influence croissante dans les mathématiques appliquées, en particulier dans les sciences du comportement. (Bertin (2017, 1999) a mis côte à côte des histogrammes, en utilisant une échelle appropriée, et a permuté les éléments pour révéler les structures sous-jacentes dans les données. Depuis lors, cette approche a connu un essor considérable en France et dans le monde : Heer, Pal, Dhieb (2018), Arabie et al. (1978) et Perin et al. (2018). Ensuite, la diffusion des méthodes d'analyse des données multidimensionnelles [Escofier-Cordier (1969), Benzécri (1982), Greenacre (1984), Tenenhaus et Young (1985), Hoffman et DeLeeuw (1992)] a quelque peu éclipsé cette approche purement visuelle.

Certes, les techniques numériques de l'analyse des données permettent de découvrir rapidement les grands traits de la structure du tableau et on économise ainsi un temps considérable dans la recherche du meilleur couple de permutations des n lignes et des p colonnes du tableau parmi les $n!\,p!$ solutions possibles.

Mais, en analyse factorielle, les listes de coordonnées et autres aides numériques à l'interprétation sont utiles au statisticien mais souvent incompréhensibles pour le chercheur en sciences sociales. Leur interprétation demande un œil averti, et ils doivent peut-être une partie de leur succès auprès du grand public à leur ésotérisme même... De leur côté, les arbres de classification donnent une représentation utile mais déformée ("ultramétrique") du tableau originel.

Au contraire, les graphiques construits par *AMADO online* peuvent utiliser l'analyse factorielle ou la classification tout en donnant au lecteur un accès direct au résultat : chaque élément d'information - chaque nombre du tableau de données - est restitué dans sa forme originelle, soit en nombre absolu, soit en pourcentage. C'est uniquement l'ordre des lignes et des colonnes qui a changé, et cela suffit pour visualiser la structure des données.

5 Conclusion

AMADO online est un outil libre, multilingue, qui permet de transformer un tableau croisé en graphiques puis de les transformer pour mettre en évidence la structure des données. Ces graphiques sont fidèles aux données et faciles à lire.
AMADO online est adapté aux tableaux petits ou moyens (jusqu'à une cinquantaine de lignes et colonnes, ou plus selon le moniteur utilisé), tels que ceux qui sont construits en Sciences Humaines et Sociales où chaque élément a été défini précisément et doit être restitué facilement dans l'ensemble.

Références

Arabie, P., A. Scott, Boorman, et P. R. Levitt (1978). Constructing blockmodels : How and why ? *Journal of Mathematical Psychology 17*(1), 21–63.

Benzécri, J.-P. (1967-1982). *L'Analyse des Données, t. I : Taxinomie ; t. II : L'Analyse des Correspondances.* Paris : Bordas.

Bertin, J. (1967-1973-1999). *Sémiologie Graphique. Les diagrammes, les réseaux, les cartes.* Paris : Mouton, Gauthier-Villars.

Bertin, J. (1967-2017). *La graphique et le traitement graphique de l'information.* Paris : Zones sensibles.

Chauchat, J.-H. et A. Risson (1998). Bertin's graphics and multidimensional data analysis. In J. Blasius et M. Greenacre (Eds.), *Visualization of Categorical Data*, pp. 37 – 45. Academic Press.

Dhieb, M. (2018). Traduire encore Bertin aujourd'hui : pourquoi faire ? Les nouvelles faces cachées de la sémiologie graphique. *Proceedings of the ICA 1*, 27.

Escofier-Cordier, B. (1969). L'analyse factorielle des correspondances. *Cahiers du Bureau Universitaire de Recherche Opérationnelle Série Recherche 13*, 25–59.

Greenacre, M. (1984). *Theory and applications of Correspondence Analysis.* Academic Press.

Heer, J. M. A brief history of data visualization. stanford human computer interaction seminar. https ://www.youtube.com/watch ?v=N00g9Q9stBo.

Hoffman, D. et J. DeLeeuw (1992). Interpreting multiple correspondence analysis as a multidimensional scaling method. *Marketing Letters 3*, 259–272.

Perin, C., J.-D. Fekete, et P. Dragicevic (2018). Jacques Bertin's legacy in information visualization and the reorderable matrix. *Cartography and Geographic Information Science*.

Petrie, W. M. F. (1899). Sequences in prehistoric remains. *The Journal of the Anthropological Institute of Great Britain & Ireland 29*, 295–301.

Renfrew, C. et P. Bahn (1991). Archaeology : Theories, methods and practice. *Archaeological Journal 148*(1), 329–330.

Snee, R. (1974). Graphical display of two-way contingency tables. *The American Statistician 28*(1), 9–12.

Tenenhaus, M. et F. W. Young (1985). An analysis and synthesis of multiple correspondence analysis, optimal scaling, dual scaling, homogeneity analysis and other methods for quantifying categorical multivariate data. *Psychometrika 50*, 91–119.

A   Remerciements

Les auteurs remercient chaleureusement :
— l'équipe du consortium *Paris TimeMachine* qui a soutenu ce travail : Jean-Luc Pinol, Hélène Noizet, Paul Rouet, Laurent Costa, Julien Avinain, Éric Mermet et le conseil scientifique ;
— nos collègues universitaires qui nous ont aidé dans la traduction des menus : Annie Morin et Jairo Cugliari pour l'espagnol, Linda Gattuso pour l'italien, Iryna Zolotariova pour l'ukrainien, Olena Orobinska-Goncharova pour le russe ;
— Basu Tallur qui a partagé son expérience en création de vidéo ;
— Sylvain Clément qui a prêté sa voix pour la vidéo de démonstration en anglais ;
— Jean Dumais pour ses relectures attentives et ses nombreux conseils d'amélioration du *guide de l'utilisateur* en français et sa traduction en anglais ;
— Alban Risson qui, alors étudiant, avait réalisé la première version d'AMADO.

Summary

AMADO online is an application for visualizing and analysing data matrices (presence-absence, or cross-tabulation, or responses on scales, or measures of heterogeneous variables) according to the principles of Jacques Bertin. Numbers are represented by rectangles whose area are proportional to them. To highlight the structure of the data, the rows (and/or columns) can be reordered, manually, or automatically according to their coordinates on the first factorial axis of Correspondence Analysis, or in Principal Components Analysis, according to the nature of the data; a double Hierarchical Agglomerative Clustering is available. Depending on the case, a seriation (chronological for example), or exact or approximate blocks, or relatively homogeneous classes are obtained. These graphs are faithful to the data and easy to read. The *User's Guide*, in French and English, describes the sequence of commands for many example files provided with the tool.

AXIS - Plateforme d'Extraction d'Article et Analyses Statistiques

Brett Becker*, Matthieu Rochard*, Thi Lan Huong Nguyen*, Hélène de Ribaupierre**,
Laurent d'Orazio*

*Univ Rennes, CNRS, IRISA, Lannion, France
laurent.dorazio@univ-rennes1.fr
`http://www.iut-lannion.fr/`
**Cardiff University, Cardiff CF10, Wales
deRibaupierreH@cardiff.ac.uk

Résumé. Une bibliographie est un élément fondamental dans un projet de recherche, en particulier pour définir un problème et motiver une proposition. Cet article de positionnement illustre le fonctionnement d'un outil permettant d'extraire des bibliographies. Il permet également de visualiser des résultats d'analyses statistiques sur des articles scientifiques. Cet outil propose un affichage récursif des références des articles et permet aux utilisateurs de parcourir toutes les sources de l'article. Le sexe des auteurs est déterminé automatiquement. Cela permettra de développer des statistiques précises sur un grand nombre d'articles.

1 Introduction

Effectuer des analyses sur les articles scientifiques est une tâche longue et complexe de par la grande quantité d'informations à collecter et à traiter. Les types de documents analysables sont très variés, il peut s'agir d'articles d'atelier, de colloques, de conférences, de revues, ou de rapports tels que des thèses de master ou de doctorat, sur un sujet écrit par un auteur donné. La quantité d'informations à traiter connaît également une croissance rapide. En effet, ces dernières années, le nombre de possibilités de soumettre des articles de recherche a fortement augmenté. à titre d'exemple, le nombre de documents de recherche référencés par DBLP était d'environ 25 000 en 1990, 76 000 en 2000, 223 000 en 2010, et était d'un peu moins de 379 000 en 2019. Dans un tel contexte, comment est-il possible d'aider les chercheurs à analyser une telle quantité d'informations, d'en savoir plus sur l'évolution de la recherche dans le monde et en particulier comment les femmes [1] chercheuses ont été prises en considération ? Le manque de diversité,qu'il soit genré ou ethnique, dans la recherche scientifique, est une problématique de plus de plus prise en compte et analysée. Une application permettant la simplification de la récolte de données et d'analyses statistiques de ces données permettrait de mettre ces ressources à la disposition d'un public plus large et d'étudier ces différents composants de faćon plus aisée.

---

1. Dans cet article, nous prenons une approche binaire pour le genre

Plusieurs solutions existent pour analyser certains aspects des publications scientifiques comme par exemple : Scopus [2], altmetric [3] [4]Galligan et Dyas-Correia (2013). Ces solutions sont pour la plupart axées sur l'aspect des réseaux de citations, et fournissent des analyses sur le nombre de citations d'une publication, l'indice de notation d'un auteur (h-index) ou encore sur d'autres formes de citations comme le nombre de Tweets liés à un auteur ou à un article. D'autres solutions telles que : Core [5] se concentrent sur le regroupement d'articles scientifiques en libre accès.

Dans un premier temps, pour mesurer l'évolution de la présence des femmes dans la littérature scientifique, une collecte manuelle de données est nécessaire, et doit s'effectuer à partir de différentes plate-formes et interfaces de programmation d'applications (API). Dans un deuxième temps, une chercheuse [6] va devoir choisir quelles méthodes statistique sont les plus appropriées pour analyser ces données. Dans un troisième et dernier temps, cette chercheuse va choisir une technique de visualisation qui lui permettra, par exemple, de comprendre cette évolution au fil du temps et des domaines de recherche. à notre connaissance, une plate-forme fournissant ces différents services n'existe pas.

La solution imaginée est un système qui combinera de nombreuses API pour rassembler une quantité maximale d'informations pour chaque article, analysera les données et construira une visualisation efficace. Par cet intermédiaire, la base de données du système va regrouper toutes les informations disponibles sur un article, ce qui va rendre cette base comme l'une des plus complètes en terme de quantité d'informations sur les articles scientifiques. Le système est également en mesure de rassembler toutes les références et citations des articles, récursivement. Le sexe des auteurs est déterminé grâce à une API qui donne la possibilité de déterminer le sexe de l'auteure grâce à son prénom. Cela permet, par exemple, d'établir des statistiques sur le pourcentage de chaque sexe dans la communauté scientifique.

Cet article est structuré de la manière suivante : la première section traite de l'extraction et du traitement des données, en expliquant comment procéder pour permettre la collecte d'un maximum d'informations. En seconde partie, nous verrons comment analyser ces données, ce qui peut induire différents défis liés à l'identification des auteurs.

2 Motivations

Les données bibliographiques extraites d'articles scientifiques ont de nombreuses applications. Elles peuvent servir à l'élaboration d'une bibliographie d'un champ de recherches, ou à la méta-analyse de ce champ de recherches ou de la science dans son global. Dans cet article, nous allons prendre deux cas d'utilisations : l'analyse de la place des auteures femmes dans les publications scientifiques et son évolution, ainsi que le calcul de l'impact d'un chercheur sur sa communauté.

Pour calculer l'impact d'une publication scientifique, il faut souvent se baser sur le nombre de citations de celle-ci. D'autres métriques peuvent aussi être utilisées, telles que la popularité des articles sur les médias sociaux (Tweeter, researchGate, etc). Plusieurs outils existent

---

2. https ://www.scopus.com/home.uri
3. https ://www.altmetric.com
4. https ://plumanalytics.com/
5. https ://core.ac.uk
6. Dans cet article, nous utiliserons le féminin comme genre neutre.

déjà, tel que Web Of Science [7], Google Scholar, Microsoft Academic, PlumX [8], Altmetric [9], Sci2Tool [10]. La plupart de ces outils ne procure qu'une vue partielle de l'impact d'un scientifique et utilise des méthodes différentes. Par exemple, Google scholar semble compter dans le h-index du scientifique les auto-citations, alors que d'autres outils tels que WebOfScience [11] ne comptent que les publications qui leur sont accessibles. Un chercheur voulant analyser son propre impact ou l'impact de quelqu'un d'autre devra parcourir (quand il aura accès possible) différents sites Web et devra rassembler les différentes informations afin d'obtenir une vue complète de son impact.

Le deuxième cas d'utilisation de cette application consiste à analyser la participation des différentes minorités dans la recherche scientifique. De nombreuses recherches montrent que le pourcentage de femmes auteures est inférieur à celui des hommes Danell et Hjerm (2013); de Ribaupierre (2020). Cependant, cette recherche est souvent réalisée manuellement. La scientifique va ainsi procéder pour collecter un sous-ensemble de données bibliographiques et analyser le pourcentage de femmes auteures dans ce sous-ensemble. Cette méthode est coûteuse en temps et, de plus, elle ne donne qu'une image réduite de la situation globale. La comparaison entre les différents domaines de recherche est alors difficile, et afin de permettre une analyse à plus grande échelle, les données doivent être disponibles et traitées de manière automatique. Ce travail présente plusieurs défis. En premier lieu, toutes les données ne sont pas disponibles gratuitement; ensuite, toutes les données ne sont pas situées aux mêmes emplacements; enfin, certaines données doivent être déduites, comme le sexe de l'auteure, car elles ne sont pas disponibles à partir des données de publication elles-mêmes.

3   AXIS

Le système réalisé : Article eXtraction and statIstical analysiS (AXIS), est décomposé en deux sous-systèmes : L'extraction et le traitement des données qui récupèrent les articles correspondant aux requêtes de l'utilisatrice. Le second sous-système permet d'analyser les données et de proposer des méthodes statistique sur les articles récupérés et de les visualiser.

Extraction des données et traitement.   Le but du système (Image 1) est de permettre à une utilisatrice d'effectuer une recherche sur des articles scientifiques via une interface Web. Les articles sont récupérés depuis différentes bases de données de sites bibliographiques (comme celles de DBLP, CORE, Semantic Scholar et Crossref). Les données récupérées concernent aussi bien les articles, leur type (journaux ou conférences) que leurs auteures. Les informations fournies par les API sont parfois similaires; cependant, certaines API fournissent des informations plus précises. Par exemple, Semantic Scholar présente des informations plus détaillées sur les références et citations des articles. Dans ce cas précis, le système utilise en priorité les données renvoyées par Semantic Scholar concernant les références. Ces informations, une fois récupérées, sont regroupées puis stockées dans notre base de données. Les articles stockés sont alors consultables sur l'interface Web.

---

7. https ://app.webofknowledge.com
8. https ://plumanalytics.com
9. https ://www.altmetric.com
10. https ://sci2.cns.iu.edu/user/index.php
11. https ://app.webofknowledge.com

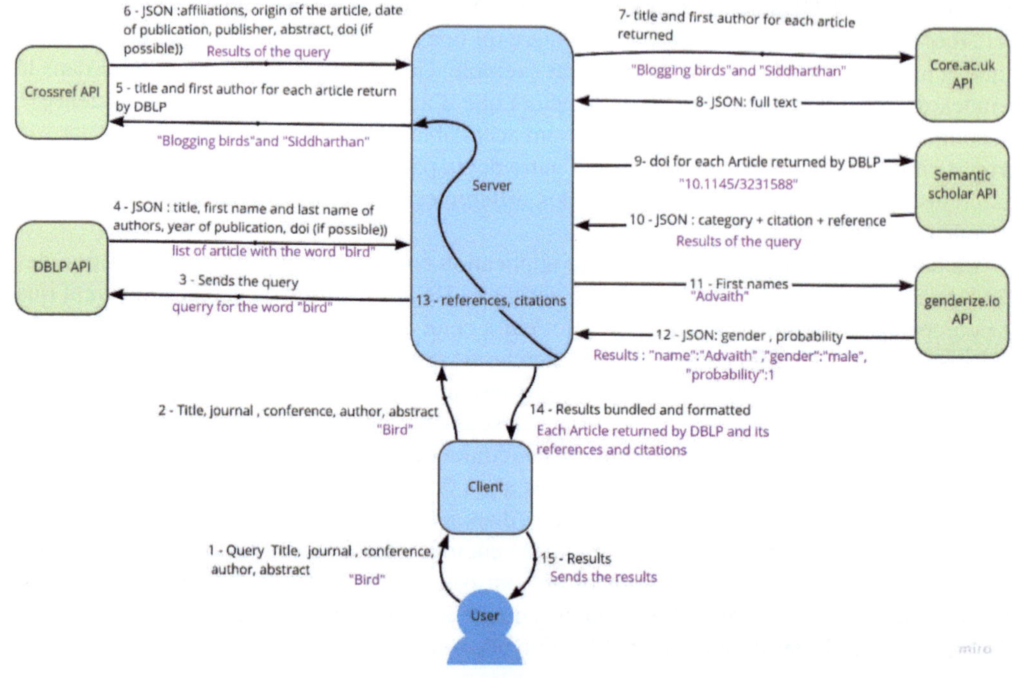

FIG. 1 – Flux de données

Processus. L'utilisatrice effectue une recherche à partir de l'application sur le titre, le journal, le nom de la conférence, le nom de l'auteure ou le résumé d'un article. La requête est envoyée à l'API de DBLP qui retourne une liste d'articles correspondant à la requête. Les données renvoyées sont les suivantes : le titre, l'année de publication et les noms des auteures de chaque article ainsi que le DOI lorsque celui-ci est disponible. Chaque article est ensuite vérifié par rapport aux articles déjà stockés dans la base de données de l'application, en utilisant le titre et le nom des auteurs. Si un article ou des éléments de celui-ci manquent dans la base de données, alors les autres API CrossRef, Core et Semantic Scholar sont appelées. Les données récupérées sont ajoutées aux données connues de l'article. Certaines API sont cependant privilégiées pour certaines données. CrossRef fournit les affiliations des auteurs, le résumé, une date de publication exacte, un type, l'éditeur et le DOI. CORE fournit le texte de l'article. Semantic Scholar fournit les données sur les références et citations (quand elles ne sont pas proposées par CrossRef) ainsi que la catégorie de l'article. Les méta-données des références et des citations de l'article sont extraites et stockées (titre, auteure, année de publication). Chaque article référencé ou cité passe par un processus similaire à celui que nous venons de décrire, ainsi que leurs références et citations, et cela, de manière récursive. Lorsqu'une nouvelle auteure est ajoutée à la base de données, son prénom est envoyé à l'API genderize.io pour déterminer le sexe. Pour finir, une liste contenant toutes ces données récoltées est renvoyée à l'utilisatrice afin qu'elle soit consultée.

Exemple : recherche sur le mot "Birds". L'utilisatrice effectue une recherche sur les articles contenant le mot "birds" dans le titre. Lorsque la recherche est envoyée à DBLP, l'API retourne une liste d'articles correspondant à la recherche. Supposons que le premier article de cette liste (intitulé "Blogging Birds", premier auteur "Advaith Siddhartan", publié en 2019 et DOI numéro "10.11.45/3231566") ne figure pas dans notre base de données. Le système enverra alors "Blogging Birds" et "Siddharthan" à l'API de CrossRef afin d'obtenir l'affiliation de l'auteure de l'article, le journal dans lequel celui-ci a été publié, l'éditeur, et la date exacte de publication. "Blogging Birds" et "Siddharthan" seront ensuite envoyés à l'API de CORE pour récupérer le texte intégral de l'article Blogging Birds. Le DOI sera envoyé à l'API de Semantic Scholar pour récupérer les citations et références de l'article. Le prénom de chaque auteure de l'article sera par la suite envoyé à l'API Genderize.io afin de déterminer le sexe. Si "Advaith" est envoyé à l'API, le résultat renvoyé sera "mâle". Enfin, toutes les références et citations de l'article passeront par le même processus, et cela, récursivement depuis la deuxième étape (CrossRef). Toutes les informations récupérées seront alors enregistrées dans une base de données locale.

Défis. La première difficulté a été de manipuler les différents formats utilisés par les API. Certaines utilisent du XML, d'autres du JSON ou encore Bibtex. Une deuxième difficulté est que les articles ne comportent pas tous un numéro DOI, ce qui peut poser problème lors de la récupération des citations et références des articles.

Une troisième difficulté est liée aux API elles-mêmes. Le temps de réponse des API utilisées, certains pouvant être vraiment longs. Ainsi, la récupération des articles sera longue dans un premier temps, mais plus le nombre d'articles stockés dans la base de données sera important, plus le temps de recherche diminuera pour les utilisateurs. Pour l'instant afin de limité le temps de recherche, le système ne récupère que les références récursivement à un premier niveau. Des outils telle que le parallélisme pourrait rendre possible la récurrence à un plus grand niveau. Cette dépendance aux API peut aussi poser problème lorsque celles-ci sont indisponibles, rendant parfois impossible la récupération de données. Une parallélisation du système est envisageable afin de récupérer les données sur plusieurs API en même temps, réduisant ainsi grandement le temps de récupération des données.

Une quatrième tient à l'identification unique des auteures. Les homonymes, le changement de nom possible au cours de leur carrière (mariage par exemple) peuvent être source d'erreurs. Nous pourrions utiliser l'ORCID id des chercheuses pour résoudre certains de ces problèmes d'identification ; cependant, un grand nombre d'articles, ou même d'auteurs, ne l'utilise pas.

Une cinquième difficulté est liée au fait que même en agrégeant les différentes API, il manque encore un certain nombre de données utiles. Par exemple, des articles provenant d'une même conférence sur des années différentes et dont le nom a changé selon les années, vont être classifiés différemment, la difficulté étant de regrouper ces informations. Pour surmonter cette difficulté, nous proposons une approche consistant à extraire les données directement des pages web disponible (web scraping ou web data extraction). Il est évident que ce processus peut prendre du temps, en particulier lorsqu'un grand nombre de pages est à traiter, ce qui entraîne une latence plus importante. Pour éviter une telle situation, nous proposons de stocker localement les données extraites. Les données collectées peuvent être importées dans la base de données locale pour une gestion efficace. Pour que ces données restent actualisées, des mises à jour peuvent être envisagées périodiquement. Là encore, la récupération de données en parallèle améliorera grandement la vitesse de collecte. Pour le moment, nous extrayons de CORE le nom de la conférence, son acronyme, son code de catégorie et le nom de sa catégorie.

Analyse des données.   Après avoir recueilli de nombreuses données, il est possible de les analyser et d'extraire des informations complémentaires en croisant une ou plusieurs de ces données. Les tests préliminaires ont été réalisés sur un nombre restreint d'articles, et sur un nombre restreint de méthodes statistique.

Processus.   Les statistiques sont calculées sur les données stockées dans la base de données [12]. Les utilisatrices peuvent sélectionner les variables qu'elles souhaitent utiliser : tel que le sexe des auteures, la position des auteures dans l'article, le nombre de citations, d'auto-citations et de références. Un graphique sera généré et l'utilisatrice pourra sélectionner les données qu'elles souhaitent voir apparaître sur chaque axe. Les utilisatrices peuvent choisir d'obtenir les données d'un axe sous forme de pourcentage ; dans ce cas, elles doivent également ment choisir une population pour le pourcentage.
Enfin, l'utilisatrice doit choisir le type de diagramme qu'elle souhaite afficher. La génération du graphique s'effectue à l'aide de l'API Google Charts. L'API utilisée pour l'affichage des diagrammes peut être changée étant donné que le système repose sur une architecture MVC [13].

Exemple : "Proportion de femmes par éditeurs"   L'utilisatrice sélectionne "Proportion of Female Authors", "Editor" comme paramètre à visualiser et choisit un affichage en histogramme. La requête de la base de données retourne alors un jeu de données pour chaque paramètre. En croisant les deux jeux de données, on obtient "la proportion de femmes auteures par éditeurs". Ces données sont envoyées à l'API Google Charts et le graphique souhaité est renvoyé à l'application (Image 2) .

Défis.   Il y a plusieurs aspects qui peuvent influencer les analyses, en particulier pour le genre. Tout d'abord, il n'est pas toujours possible d'attribuer un genre à un nom. Pour cette raison, un seuil de 85% de certitude du genre d'un nom a été fixé. Il semble préférable de réaliser une analyse sur moins de données, plutÃ´t que sur de fausses données. Dans certains cas, il est également difficile de déterminer le genre des auteurs, lorsque seules les initiales sont fournies, ou que le prénom est un prénom mixte tel que Charlie ou Claude.
L'analyse étant réalisée à partir des données contenues dans la base de données de l'application, elle est biaisée par le centre d'intérêt de l'utilisatrice et donc les recherches qu'elle a déjà réalisées avec AXIS. étant donné que des articles sont ajoutés à la base par les utilisatrices, cela nécessitera de nombreuses recherches afin de disposer d'un lot de données intéressant à analyser.

---

12. La base de données repose sur le système PostgreSQL
13. Nous utilisons le FrameWork PHP Laravel, respectant une architecture MVC

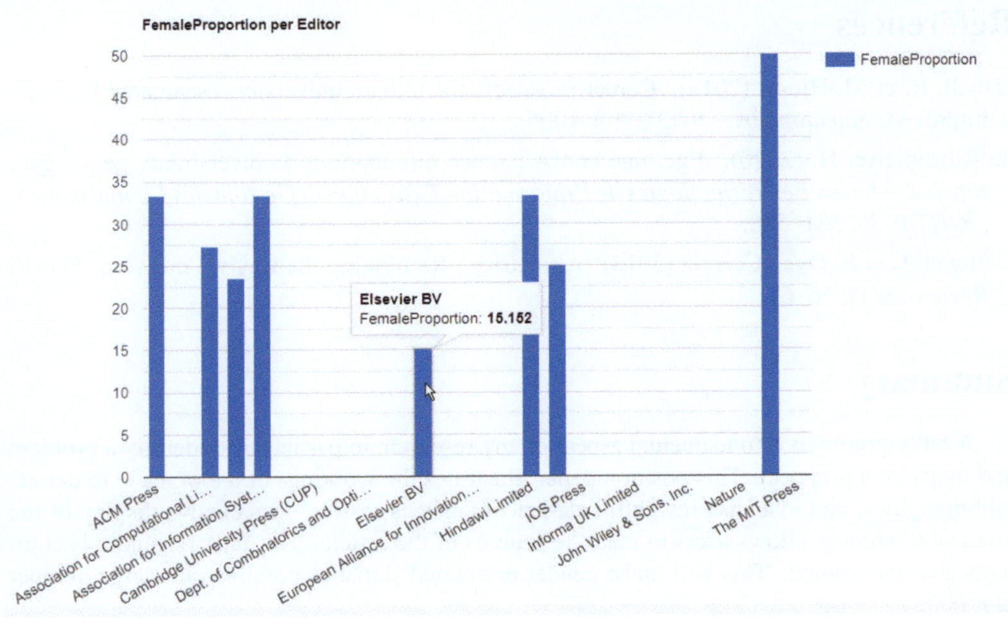

FIG. 2 – *Exemple de diagramme obtenu après l'analyse des données*

4   Conclusion

Cet article présente AXIS, une plate-forme reposant sur plusieurs API pour rassembler et stocker de grandes quantités de publications scientifiques. Cette plate-forme pourrait être très utile pour mener de nouvelles recherches dans le domaine de la sociométrie, ou simplement pour référencer un grand nombre d'articles scientifiques et leurs auteures. Le processus récursif devrait permettre à l'utilisatrice de rassembler une liste précise et importante de publications. Cette plate-forme aidera également les scientifiques intéressés par l'analyse du paysage des publications à avoir un ensemble de données à analyser.

La récolte automatique d'une importante quantité de données permet d'effectuer des analyses statistiques poussées sur des articles, et d'étudier les tendances dans la communauté scientifique. Il est primordial de faciliter l'accès aux grandes quantités d'informations disponibles. Cependant, la quantité des données à traiter s'accompagne d'un grand nombre de défis. Une des difficultés que nous ne sommes pas parvenus à résoudre est le problème des homonymes. Il est fort probable que parmi les auteures insérées dans la base de données, plusieurs porteront les mêmes noms. Il n'existe actuellement aucun moyen de les distinguer. De plus, si une auteure change de nom, elle sera enregistrée comme deux personnes différentes. Le développement de ce système nous a permis de prendre conscience des difficultés de réalisation des analyses sur les publications scientifiques. Ce projet a été également un enseignement sociétal, nous permettant de mieux nous représenter la place qu'occupent les femmes dans le monde de la recherche. Cet outil, en continuant de se développer, pourra mener à des études sur le genre, et sur l'évolution de la mixité dans le monde scientifique.

Références

Danell, R. et M. Hjerm (2013). Career prospects for female university researchers have not improved. *Scientometrics 94*(3), 999–1006.

de Ribaupierre, H. (2020). Egc, une confÃ©rence qui supporte la diversitÃ© genrÃ©e ? *Revue des Nouvelles Technologies de l'Information Extraction et Gestion des Connaissances , RNTI-E-36*, 381–388.

Galligan, F. et S. Dyas-Correia (2013). Altmetrics : Rethinking the way we measure. *Serials Review 39*(1), 56–61.

Summary

A bibliography is a fundamental aspect of any research, in particular to identify a problem and motivate a proposal. This position paper illustrates the workings of a tool made to extract bibliographies, and visualise insightful statistical analysis results. A recursive display of the article's references allows users to read the sources of the article. The authors gender is automatically determined. This will make gender orientated statistics possible on a large number of articles.

Expliquer les prédictions des réseaux de neurones par l'exploration de l'espace de représentation et de la frontière de décision à l'aide d'EBBE-Text

Alexis Delaforge* Jérôme Azé* Arnaud Sallaberry*,**
Maximilien Servajean*,** Sandra Bringay*,** Caroline Mollevi***,****

*LIRMM, Université de Montpellier, CNRS
CC477 - 161 rue Ada, 4095 Montpellier Cedex 5, France
prenom.nom@lirmm.fr
http://www.lirmm.fr/
**Groupe AMIS, Université Paul-Valéry Montpellier 3
Route de Mende, 34199 Montpellier Cedex 5, France
***Institut du Cancer Montpellier (ICM)
208 Avenue des Apothicaires, Parc Euromédecine, 34298 Montpellier Cedex 5, France
caroline.mollevi@icm.unicancer.fr,
https://www.icm.unicancer.fr/fr
****Institut Desbrest d'Epidémiologie et de Santé Publique,
UMR Inserm - Université de Montpellier, Montpellier, France

Résumé. En classification automatique de textes, de nombreux travaux récents portent sur l'interprétation des réseaux de neurones par la production d'explications associées aux prédictions. Dans ce contexte, EBBE-Text offre une visualisation interactive de la frontière de décision, du positionnement des textes vis-à-vis de celle-ci (et donc de la certitude d'un réseau en ses prédictions), des chemins menant d'un texte à la frontière de décision, des informations concernant la proximité entre les textes, tout cela au sein de différentes localités dans l'espace de représentation des textes. Ces informations permettent d'intuiter comment le réseau de neurones de classification fonctionne et ainsi aider à son interprétabilité. Notre méthode crée des données sur la frontière de décision puis utilise des ensembles flous simpliciaux pour créer un graphe avant d'aligner linéairement les données créées sur la frontière de décision. Enfin, un processus itératif place les données d'entrée autour des arrangements linéaires des données de la frontière.

1 Introduction

Récemment, les réseaux de neurones ont connu un vif succès dans les tâches de Traitement Automatique du Langage (TAL) comme la traduction, la reconnaissance d'entités nommées ou encore l'analyse de sentiments. L'utilisation des techniques d'apprentissage profond soulèvent des questions sur l'interprétabilité et l'explicabilité de ces réseaux (Lipton, 2018). Il est, d'ailleurs, primordial de s'intéresser à ces questions, d'autant plus que le parlement européen

(Goodman et Flaxman, 2016) a fixé des règles parmi les plus strictes au monde concernant l'interprétabilité de ces réseaux de neurones.

D'après Lipton (2018), nous notons deux concepts qui constituent la définition de l'interprétabilité : la **transparence** et les **explications post-hoc**. La **transparence** se définit comme la facilité par laquelle un humain peut comprendre et reproduire le fonctionnement d'un modèle indépendamment d'une prédiction. Les **explications post-hoc** sont faites lorsque l'on se sert de différents indicateurs issus ou non du fonctionnement d'un modèle pour expliquer la prédiction qui a été faite. Des techniques en visualisation permettent de présenter l'intégralité de la structure des réseaux, les interpréter, les expliquer, les déboguer (Hohman et al., 2019). Dans ce contexte, nous proposons EBBE-Text, un outil d'aide à l'interprétabilité, offrant une visualisation de **la frontière de décision** d'un réseau de neurones. Cette visualisation de la frontière de décision et de la distance des données à celle-ci, permet une identification des prédictions et de la certitude avec laquelle le réseau les a classées. Dans nos travaux, les explications se font localement et permettent d'identifier le voisinage des données. Ce type d'approche manque actuellement aux méthodes d'explication disponibles en classification automatique de textes. En effet, ces méthodes ne proposent pas une visualisation de la distance à la frontière de décision et de la frontière de décision elle-même.

Dans cet article, nous présentons brièvement les travaux menés en interprétabilité en section 2 puis nous développons nos travaux [1] et notre méthode en section 3 avant de proposer un cas d'étude sur des données réelles en section 5.1. Enfin, nous concluons et proposons des perspectives en section 6.

2   Travaux existants

En classification de textes, différentes techniques d'explication des prédictions sont utilisables pour mettre en lumière les mots ayant le plus participé à la prédiction. Ces techniques s'appuient notamment sur le gradient (Selvaraju et al., 2020; Smilkov et al., 2017), sur les portes présentes dans les réseaux récurrents (Karpathy et al., 2015), sur la suppression de certaines dimensions des représentations apprises par les réseaux (Li et al., 2016) ou sur les mécanismes d'attention (Bahdanau et al., 2015; Vaswani et al., 2017) présents dès la construction des réseaux de neurones. Ces méthodes mettent en évidence les mots utiles à la prédiction à l'aide de cartes de chaleur. Lors de l'utilisation d'espaces de grande dimension (encodage de mots, phrases ou textes (Mikolov et al., 2013)), il est possible d'utiliser les techniques de visualisation et de réduction de dimension pour explorer ces espaces (Smilkov et al., 2016). Ces techniques (McInnes et Healy, 2018), permettant d'explorer les proximités entre les données, servent d'explications post-hoc et participent donc à l'interprétabilité.

Même s'il existe des techniques pour explorer l'espace entier des données, aucune ne permet de l'explorer à travers différentes zones, de celui-ci, contenant des proches voisins (localités) en s'intéressant à la certitude des prédictions. Les explications locales (parfois distinctes des réels mécanismes mis en jeu) ne permettent l'interprétation du réseau de neurones que si elles sont nombreuses et se complètent. Alors, un outil d'exploration globale et locale de l'espace de représentation et du comportement du réseau de neurones dans cet espace est une piste

---

1. http://advanse.lirmm.fr/template_container.php?template=AD/EBBE.php

prometteuse à une meilleure interprétabilité des réseaux de neurones dans les classifications automatiques et dichotomiques de textes.

3 Méthode

Une description générale de la méthode utilisée est présentée en figure 1.

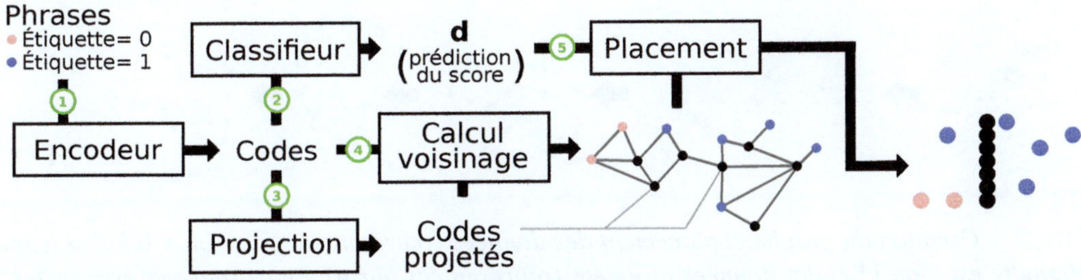

FIG. 1 – *Intégralité de la méthode de visualisation de la frontière de décision d'un réseau de neurones en classification automatique de textes. Les étapes s'appliquent selon l'ordre suivant :* ①, ②, ③, ④, ⑤, ⑥. *Nous décrivons les étapes d'encodage (*①*), de classification (*②*), de projection (*③*), de calcul du voisinage (*④*), de placement (*⑤*) en section 3.*

Pour commencer, les données sont encodées et classées à l'aide d'un réseau de neurones. Ce réseau (auto-encodeur) encode les phrases dans un espace de plus petite dimension (Hinton et Salakhutdinov, 2006) puis, à l'aide d'une régression linéaire multiple, classifie les phrases (classification dichotomique). La structure linéaire de la tâche de classification nous permet de construire des données projetées sur la frontière de décision. La frontière de décision dans l'espace de représentation est dessinée par un hyperplan. Nous construisons les vecteurs de représentation des données sur la frontière de décision en projetant orthogonalement sur l'hyperplan l'ensemble des vecteurs de représentation de nos données.

Dans l'ensemble de représentation des données et de leurs projections sur la frontière, nous calculons l'ensemble simplicial flou Zadeh (1965) associé aux données. Cette méthode est utilisée dans l'algorithme de réduction de dimension UMAP (McInnes et Healy, 2018). Pour ce faire, nous créons un ensemble flou simplicial pour chacune de ces données. Chaque donnée aura un référentiel de distance propre à elle-même fixé en fonction de la proximité avec ses voisins. Ce référentiel, étant flou, construit des probabilités de voisinage entre les données. Nous combinons ensuite tous les ensembles flous simpliciaux locaux en un ensemble global grâce à une union floue. Cette union des liens de voisinage entre les points permet ainsi de construire un graphe (voir figure 2). Dans ce graphe, nous scindons les composantes connexes trop grandes, avant de projeter sur une seule dimension les données projetées (sur la frontière de décision). Face à ce problème (projection sur une dimension) d'arrangement linéaire minimum, nous minimisons les distances entre les données liées à l'aide d'une stratégie proposée par Rodriguez-Tello et al. (2008).

À la suite du placement de la frontière de décision, pour chacune des composantes, nous plaçons les données (non projetées) de la plus proche à la plus éloignée de la frontière de décision. Cette distance détermine pour chaque donnée sa position en abscisse. Pour déterminer leur position en ordonnée, nous calculons la médiane de la position de ses différents voisins déjà placés (donc plus proches de la frontière) et nous répétons cette procédure jusqu'à avoir itéré sur toutes les données d'une composante. Les données qui n'auraient pas pu être placées durant la première procédure sont placées selon la même procédure au cours des itérations suivantes. Les données se trouvant dans des composantes sans point de frontière ne sont pas affichées.

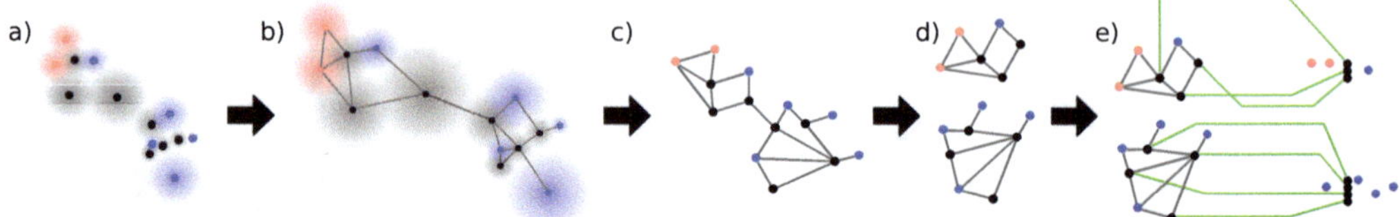

FIG. 2 – *Création du graphe et placement des données (représentées par • ou • selon si leur **étiquette** est 0 ou 1) et des données projetées (représentées par •). En a) sont représentés les ensembles flous simplicials (cercles fondus) de toutes les données. Le graphe en b) est celui produit par l'union des distances entre deux données dans leurs ensembles flous respectifs. Le graphe en c) est le graphe final de toutes nos données. Le graphe en d) est celui produit à la suite de la séparation des composantes. Le graphe en e) est celui issu du placement des données projetées sur la frontière et du placement des données. Les données à gauche de la frontière de décision sont donc prédites à 0, celles à droite à 1. Les traits **verts** montrent le placement d'un point de frontière dans la visualisation finale.*

4   Outil de visualisation globale et locale des données et de la frontière de décision

L'une des caractéristiques spécifiques d'EBBE-Text est qu'il permet d'explorer l'espace de représentation des phrases à travers différentes localités (zones de l'espace de représentation). Pour parvenir à une exploration simplifiée et maximum de cette frontière de décision, nous ordonnons nos localités tout d'abord par colonne. Une visualisation de sept colonnes est produite, où, dans chaque colonne les localités sont classées de la plus grande composante à la plus petite. Enfin, les composantes sont classées au sein de ces sept colonnes en fonction de la répartition de chacune des classes dans ces composantes. Ainsi, les composantes sur la gauche de la visualisation sont celles comportant la plus grande proportion des données d'une classe alors que les composantes sur la droite sont celles comportant la plus grande proportion des données de l'autre classe. Ces techniques de classification des données ne sont possibles que lorsque les **étiquettes** sont connues (jeu d'entraînement par exemple).

Lorsqu'une localité est sélectionnée, nous proposons une visualisation de la frontière de décision (vue de gauche), des phrases de cette localité (vue centrale), de différents espaces de représentation en deux dimensions construits par des méthodes de réduction de dimension (vue de droite), des mots les plus pertinents associés à la localité (vue de droite) et des résultats de classification du réseau de neurones pour cette localité (vue de droite). À chaque survol d'une phrase dans la visualisation de la frontière de décision, la vue de droite propose un affichage des liens de voisinages de cette donnée dans les espaces de représentation. Lors de la sélection, la vue de gauche et la vue centrale montrent les chemins menant de cette phrase jusqu'à la frontière (l'une à l'aide des points représentant les phrases, l'autre grâce aux phrases elles-mêmes). La vue centrale permet d'identifier pour chacune des phrases affichées : l'étiquette de la phrase, sa classification, l'incertitude liée à la prédiction, le nombre de phrases voisines directes plus proches de la frontière de décision. Lorsque l'on est confronté à différentes localités de l'espace de représentation des phrases, il est important de comprendre ce qui fait la particularité de chacune de ces localités. Ainsi, pour compléter la frontière de décision, un classement des mots les plus pertinents (Sievert et Shirley, 2014) est établi par localité (vue de droite), de manière à identifier ce qu'on peut y trouver. Les mots de ce classement, au survol, permettent de trouver les phrases qui, dans la visualisation de la frontière de décision et dans la liste des phrases, les contiennent.

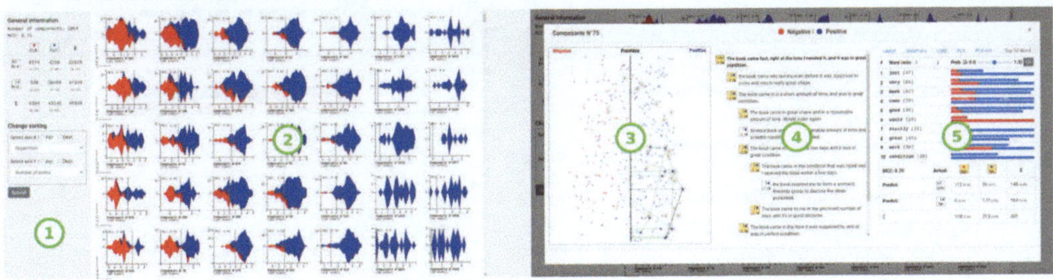

FIG. 3 – *Visualisations globale et locale. À gauche, la visualisation des différentes localités de l'espace de représentation. À droite, la visualisation d'une localité sélectionnée. En ① sont présentes des informations générales sur les classifications dans l'intégralité des données. En ②, nous proposons une abstraction des différentes localités de l'espace de représentation des phrases. En ③ la visualisation de la frontière de décision pour une localité est présentée. En ④, la phrase sélectionnée, ses voisines directes et les chemins de celle-ci à la frontière de décision sont affichés. En ⑤, se trouvent différentes visualisations d'espaces de représentation, un classement des mots les plus pertinents de la localité et des informations sur les classifications dans cette localité.*

5 Cas d'étude

5.1 Données

Le jeu de données utilisé dans notre cas d'étude est AmazonReview[2] (He et McAuley, 2016). Il comprend des avis anglophones sur différents produits vendus sur Amazon. Nous ne conservons que les avis d'au plus 20 mots étant soit les plus positifs ou les plus négatifs. Le jeu de données d'entraînement pour la classification comporte 1,3 millions d'entrées. Nos

---

2. http ://jmcauley.ucsd.edu/data/amazon/index_2014.html

travaux de visualisation ne portent ici que sur un échantillon de 50 000 phrases environ. Sur cet échantillon, la perplexité de la tâche d'encodage est de 1,33 et le coefficient de corrélation de Matthews de la tâche de classification est de 0,71.

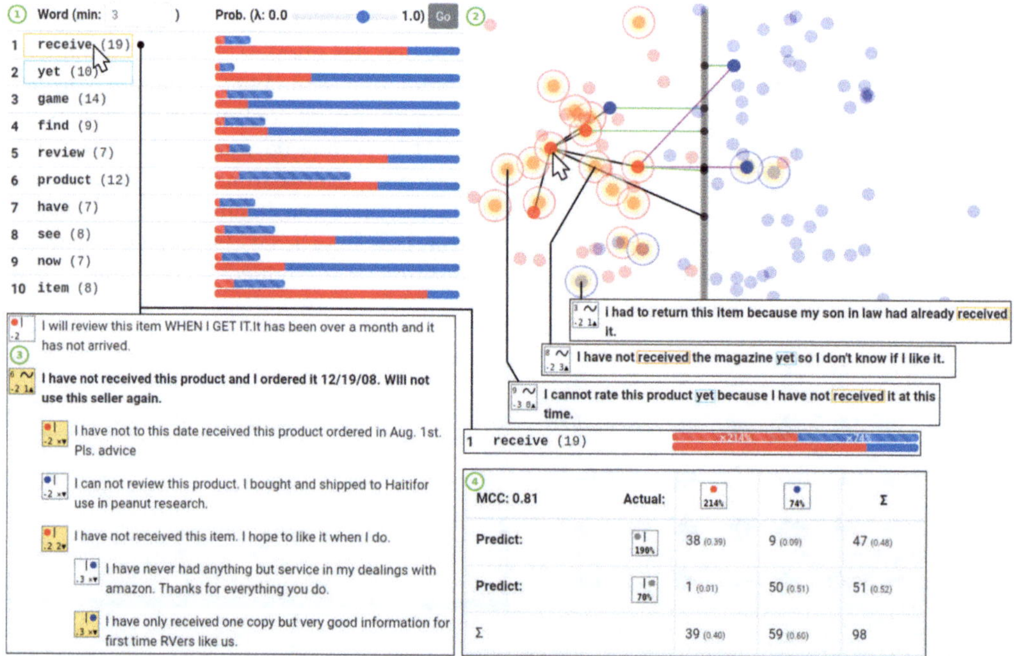

FIG. 4 – *Visualisation des mots influençant la classification. En ① se trouvent les mots les plus pertinents pour cette localité. En ②, à la suite de la sélection d'une phrase on peut observer ses voisins. En ③, on peut observer la liste des phrases en lien avec celle sélectionnée. En ④, se trouvent la matrice de confusion et les informations de distribution de cette localité.*

5.2   Importance des mots

Dans la figure 4, on peut observer que la majorité des phrases contenant le mot "recevoir" (receive) sont d'**étiquette** négative et classées négativement par le réseau. Les phrases positives contenant "recevoir" sont soit sont mal classées, ou correctement classées mais avec une grande incertitude. Toujours à l'aide de cette liste de mots, nous pouvons chercher les phrases contenant le mot "encore" (yet), souvent associé en anglais au fait que l'action se soit déjà déroulée ou non. Les informations présentes dans la matrice de confusion, associées aux probabilités d'apparition de ces mots dans le jeu de données total (barre supérieure) ou dans la localité actuelle (barre inférieure), peuvent aiguiller sur le fait que les mots "recevoir" et "encore" amènent les phrases à être classées plus négativement. De plus, à l'aide d'un clic sur le mot "recevoir", on peut s'apercevoir, qu'à l'apparition de ce mot, les prédictions sont bien plus tirées vers le négatif dans cette localité que dans le reste des données. En observant que le mot "encore" est spécifique à cette localité (au moins dix fois plus présent dans cette localité que dans le reste des données), on peut supposer qu'il y a une synergie entre les mots "recevoir" et "encore", amenant les prédictions a être classées plus négativement. Enfin, la visualisation de la frontière nous permet d'inspecter les données mal classées. Une observation du mot "recevoir" dans la phrase positive mal classée avec la plus grande certitude, nous permet de comprendre l'influence que ce mot peut avoir, et nous aiguiller sur l'influence que d'autres mots peuvent avoir. Ici, par exemple, le mot "retourner" a probablement eu de l'importance. Nous pouvons, par exemple, continuer notre exploration en s'intéressant à ce mot.

6   Conclusion

Dans cet article, nous présentons l'outil EBBE-Text. Il permet d'expliquer le fonctionnement des réseaux de neurones pour une tâche de classification automatique et dichotomique de textes à l'aide de la visualisation de la frontière de décision. Pour chaque localité de l'espace de représentation des données, EBBE-Text présente une visualisation de l'espace de représentation, un classement des mots les plus pertinents et les phrases appartenant à cette localité. L'interactivité d'EBBE-Text permet l'association des informations. Celles-ci contribuent à des traitements plus fins et à une meilleure interprétabilité des réseaux de neurones. Nos futurs travaux porteront sur l'amélioration des associations entre les informations produites par la visualisation de la frontière de décision et d'autres métriques pouvant aider à l'interprétabilité.

7   Remerciements

Ce travail a été soutenu et subventionné par la Région Occitanie [Programme "Allocation Doctorale 2019"] et le SIRIC Montpellier Cancer [Grant INCa_Inserm_DGOS_12553].

Références

Bahdanau, D., K. Cho, et Y. Bengio (2015). Neural machine translation by jointly learning to align and translate. *Computing Research Repository (CoRR) abs/1409.0473*.

Goodman, B. et S. Flaxman (2016). Eu regulations on algorithmic decision-making and a "right to explanation". *AI Magazine 38*, 50–57.

He, R. et J. McAuley (2016). Ups and downs : Modeling the visual evolution of fashion trends with one-class collaborative filtering. In *Proceedings of the 25th International Conference on World Wide Web (WWW)*, pp. 507–517.

Hinton, G. E. et R. R. Salakhutdinov (2006). Reducing the dimensionality of data with neural networks. *science 313*(5786), 504–507.

Hohman, F., M. Kahng, R. Pienta, et D. H. Chau (2019). Visual analytics in deep learning : An interrogative survey for the next frontiers. *IEEE Transactions on Visualization and Computer Graphics (TVCG) 25*(8), 2674–2693.

Karpathy, A., J. Johnson, et L. Fei-Fei (2015). Visualizing and understanding recurrent networks. *ArXiv abs/1506.02078*.

Li, J., W. Monroe, et D. Jurafsky (2016). Understanding neural networks through representation erasure. *ArXiv abs/1612.08220*.

Lipton, Z. C. (2018). The mythos of model interpretability : In machine learning, the concept of interpretability is both important and slippery. *Queue 16*(3), 31–57.

McInnes, L. et J. Healy (2018). Umap : Uniform manifold approximation and projection for dimension reduction. *ArXiv abs/1802.03426*.

Mikolov, T., K. Chen, G. S. Corrado, et J. Dean (2013). Efficient estimation of word representations in vector space. *Computing Research Repository (CoRR) abs/1301.3781*.

Rodriguez-Tello, E., J.-K. Hao, et J. Torres-Jimenez (2008). An effective two-stage simulated annealing algorithm for the minimum linear arrangement problem. *Computers & Operations Research 35*(10), 3331 – 3346. Part Special Issue : Search-based Software Engineering.

Selvaraju, R. R., M. Cogswell, A. Das, R. Vedantam, D. Parikh, et D. Batra (2020). Grad-cam : Visual explanations from deep networks via gradient-based localization. *International Journal of Computer Vision (IJCV) 128*(2), 336–359.

Sievert, C. et K. Shirley (2014). LDAvis : A method for visualizing and interpreting topics. In *Proceedings of the ACL Workshop on Interactive Language Learning, Visualization, and Interfaces*, pp. 63–70.

Smilkov, D., N. Thorat, B. Kim, F. Viégas, et M. Wattenberg (2017). Smoothgrad : removing noise by adding noise. *ArXiv abs/1706.03825*.

Smilkov, D., N. Thorat, C. Nicholson, E. Reif, F. Viégas, et M. Wattenberg (2016). Embedding projector : Interactive visualization and interpretation of embeddings. *ArXiv abs/1611.05469*.

Vaswani, A., N. Shazeer, N. Parmar, J. Uszkoreit, L. Jones, A. N. Gomez, L. u. Kaiser, et I. Polosukhin (2017). Attention is all you need. In *Advances in Neural Information Processing Systems (NIPS)*, Volume 30, pp. 5998–6008. Curran Associates, Inc.

Zadeh, L. (1965). Fuzzy sets. *Information and Control 8*(3), 338 – 353.

Summary

In text classification, many recent works deal with the interpretation of neural networks by the production of prediction explanations. In this context, EBBE-Text offers an interactive visualization of the decision boundary, positionings of texts with respect to it (and thus the certainty of a network in its predictions), paths leading from a text to the decision boundary, information concerning the proximity between texts, trought different localities in the text representation space. These information make it possible to intuit how the classification neural network functions and thus helps in its interpretability. Our method creates data on the decision boundary and then uses simplistic fuzzy sets to create a graph before linearly aligning the created data on the decision boundary. Finally an iterative process places the input data around the linear arrangements of the boundary data.

Génération d'un SNDS synthétique
à partir de données ouvertes

Thomas Guyet*

*Institut Agro / IRISA UMR 6974
thomas.guyet@irisa.fr

1   Introduction

Le SNDS (Système National des Données de Santé) désigne ici la base de données contenant les informations de remboursement de soins par l'assurance maladie également connue sous le nom SNIIRAM (Bezin et al., 2017). Cette base de données contient des informations riches permettant de répondre à de nombreuses questions épidémiologiques et médicoéconomiques. De part son contenu médical sensible et personnel, leur usage est restreint, ce qui limite les possibilités d'expérimentation de nouveaux algorithmes sur ces données.

L'approche proposée dans cet article vise à générer des données synthétiques pour alimenter une base de données, d'une part, respectant la structure originale du SNDS et, d'autre part, reproduisant des statistiques connues sur les agrégats de variables épidémiologiques en s'appuyant pour cela sur les données ouvertes (*open data*). Les mesures de protection statistique mises en œuvre sur les données ouvertes librement accessibles assurent ainsi leur réutilisabilité dans le respect de la vie privée.

2   Génération d'un SNDS synthétique

Le processus de génération en quatre phases principales est illustré dans la Figure 1 : (i) création de la structure générale de la base de données à partir du schéma de la base de données, (ii) chargement des nomenclatures qui alimentent 416 tables, (iii) reconstruction de distributions des variables à partir de données ouvertes, (iv) simulation de nouvelles bases aléatoires (12 tables).

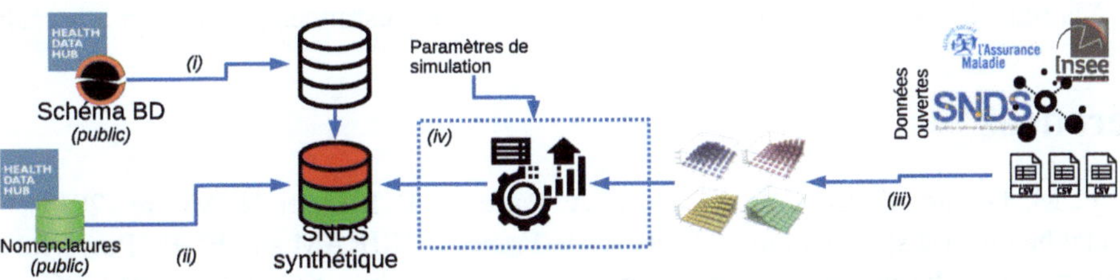

FIG. 1 – *Illustration du processus de génération d'un jeu de données synthétiques.*

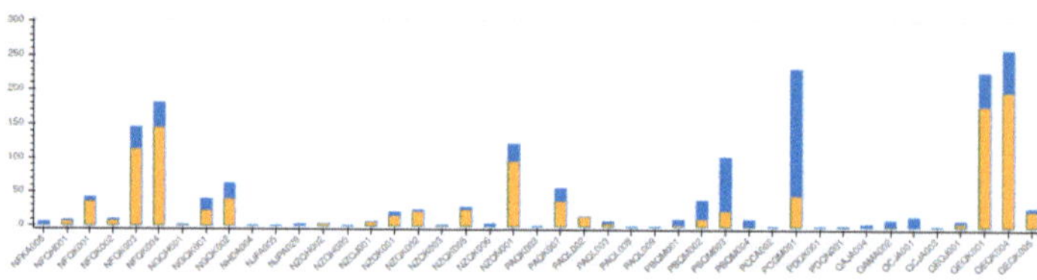

FIG. 2 – *Répartition des actes CCAM de NFKA008 à QEQK005 en population synthétique (en Orange) pour les département 22 et 35 et en population réelle nationale (en bleu).*

Simulation Le génération de données synthétiques est configurée en précisant la liste des départements à considérer ainsi que l'année à simuler. Ces paramètres servent à générer une population synthétique dont on connaît, à une date donnée la structure par sa localisation (code commune), son sexe et son âge quinquennal (par classe d'âge de 5 ans). Pour tous les bénéficiaires de cette population, on génère ensuite leurs éventuelles affections de longue durée (ALD) de manière aléatoire. Finalement, un médecin traitant est attribué à chaque bénéficiaire parmi les médecins de sa commune de résidence (sinon de son département).

Les étapes suivantes génèrent l'historique médical de chaque patient : soin à l'hôpital et « en ville ». Dans les deux cas, le principe de la génération synthétique d'une collection de soins comprend trois dimensions : (i) déterminer si et combien de prestations d'une nature donnée (hospitalisation, visite, acte, etc.) un bénéficiaire a eu dans l'année, (ii) déterminer le code de chacune de ces prestations (code CIM, CCAM, CIP ou NABM) en utilisant des probabilités conditionnelles d'observer ces codes, (iii) lier cette prestation aux informations complémentaires (*p. ex.* spécialité de l'exécutant). Les quantités et les probabilités sont conditionnées aux caractéristiques du patient : son âge, son sexe ou sa localisation de résidence. La granularité de la localisation est par défaut celle du département.

Estimation des distributions Les distributions statistiques et des estimations de quantités de prestations sont estimées à partir des données ouvertes. Le défi est lié à l'incomplétude des informations disponibles. Pour le résoudre, différentes techniques Bayésiennes ont été utilisées pour estimer des distributions jointes à partir de distributions marginales.

3 Résultats

Les outils sont mis à disposition en ligne [1] et permettent à chacun de générer un SNDS synthétique au format SQLite. La Figure 2 illustre les distributions réelles et synthétiques des actes techniques médicaux (CCAM). On constate que les proportions des actes sont plutôt fidèles à la réalité, mais les quantités sont globalement sous-estimées par rapport à la réalité.

Références

Bezin, J., M. Duong, R. Lassalle, C. Droz, A. Pariente, P. Blin, et N. Moore (2017). The national healthcare system claims databases in France, SNIIRAM and EGB : Powerful tools for pharmacoepidemiology. *Pharmacoepidemiology and drug safety 26*(8), 954–962.

---

1. `https://gitlab.inria.fr/tguyet/medtrajectory_datagen`

Comparaison de la capacité des plongements de graphes à capturer les propriétés des réseaux

Rémi Vaudaine*, Rémy Cazabet**, Christine Largeron*

*Univ Lyon, UJM-Saint-Etienne, CNRS, Institut d Optique Graduate School
Laboratoire Hubert Curien UMR 5516, F-42023, SAINT-ETIENNE, France
{remi.vaudaine,christine.largeron}@univ-st-etienne.fr
**Univ Lyon, UCBL, CNRS, LIRIS UMR 5205, F-69621, Lyon, France
remy.cazabet@gmail.com

1   Motivations

Les graphes sont utiles pour modéliser des systèmes complexes dans un large éventail de domaines. Parmi les approches conçues pour les étudier, le plongement de graphes consiste à encoder les noeuds, des parties du graphe ou un graphe entier dans un espace de faible dimension tout en préservant certaines propriétés structurelles. Puisqu'il permet à toute la gamme de techniques d'exploration de données et d'apprentissage automatique qui nécessitent des vecteurs d'être appliquée aux données relationnelles, il peut profiter à de nombreuses applications.

Plusieurs articles de l'état de l'art consacrés au plongement de graphes récemment publiés Cui et al. (2019); Goyal et Ferrara (2017); Cai et al. (2018); Zhang et al. (2020); Wu et al. (2020), comportent une étude comparative des performances des méthodes à résoudre des tâches spécifiques. Or, nous considérons qu'une telle évaluation des modèles de plongement de graphes guidée par une tâche (prédiction de liens / classement / détection de communautés) induit un biais lié au choix de l'algorithme employé pour traiter la tâche. Si les performances obtenues sur la tâche sont mauvaises cela est il dû à l'algorithme choisi pour traiter la tâche ou à l'algorithme d'embedding ? En réalité, l'évaluation guidée par la tâche ignore le fait que les algorithmes de plongement sont conçus, explicitement ou implicitement, pour préserver certaines propriétés structurelles particulières. Leur utilité pour une tâche donnée dépend donc de la manière dont ils réussissent à capturer ces propriétés. Par exemple, dans le cas de l'attachement préférentiel, un classifieur aura du mal à prédire de nouveaux liens si les représentations de deux nœuds voisins ne sont pas proches dans l'espace de plongement. Dans cet article, nous adoptons donc un point de vue différent des évaluations précédentes axées sur les tâches en étudiant directement, à travers une étude comparative expérimentale, la capacité des algorithmes de plongement de graphes à capturer des propriétés spécifiques, qui sont la proximité de premier ordre des nœuds, l'équivalence structurelle (proximité de second ordre) ou l'équivalence isomorphe. Pour ce faire, nous proposons différentes mesures permettant d'évaluer dans quelle mesure les méthodes de plongement les encodent.

Comparaison des plongements de graphes.

2   Propriétés structurelles et mesures

Nous définissons des mesures pour évaleur la capacité des méthodes de plongement de graphes à capturer les trois propriétés correspondantes.

Voisinage ou proximité de premier ordre (P1) : un algorithme qui capture la proximité de premier ordre cherche à rapprocher dans l'espace de plongement chaque paire de nœuds liés dans le graphe. La première mesure S que nous avons définie calcule la proportion des voisins d'un nœud du graphe qui sont aussi les plus proches voisins dans l'espace de plongement.

Equivalence structurelle ou proximité de second ordre (P2) : deux nœuds sont structurellement équivalents s'ils ont beaucoup de voisins en commun. Pour quantifier cette propriété, nous calculons, pour chaque paire de nœuds, la distance entre les lignes de la matrice d'adjacence (qui représentent l'ensemble de voisins pour un nœud) et la distance entre les vecteurs représentant les nœuds. Finalement, la corrélation entre ces deux grandeurs nous indiquent si la méthode de plongement considérée est capable de capturer l'équivalence structurelle.

Equivalence isomorphe (P3) : deux nœuds sont équivalents isomorphiquement s'ils ont le même role dans le graphe, c'est-à-dire si leur réseaux égo-centrés sont isomorphiques. Le réseau égo-centré d'un nœud est le sous-graphe défini par l'ensemble de ses voisins et l'ensemble des liens entre eux. Pour comparer deux réseaux égo-centrés, nous utilisons la distance d'édition de graphes. De plus, pour chaque paire de nœuds, nous calculons la distance entre leurs représentants dans l'espace de plongement. Finalement, la corrélation entre ces deux distances nous indique si une méthode de plongement peut conserver l'équivalence isomorphe.

Le lecteur intéressé pourra se référer à Vaudaine et al. (2020) pour une présentation des résultats expérimentaux de l'étude comparative que nous avons réalisée sur 10 méthodes de plongement portant sur 12 graphes de nature variée à l'aide des mesures que nous avons définies. Le code et les jeux de données sont également accessibles librement sur notre GitHub [1].

Nous remercions les projets BITUNAM ANR-18-CE23-0004 et IDEXLYON ACADEMICS ANR-16-IDEX-0005 pour leur soutien.

Références

Cai, H., V. W. Zheng, et K. C. Chang (2018). A comprehensive survey of graph embedding : Problems, techniques, and applications. *IEEE TKDE 30*(9), 1616–1637.

Cui, P., X. Wang, J. Pei, et W. Zhu (2019). A survey on network embedding. *IEEE TKDE 31*(5), 833–852.

Goyal, P. et E. Ferrara (2017). Graph embedding techniques, applications, and performance : A survey. *CoRR abs/1705.02801*.

Vaudaine, R., R. Cazabet, et C. Largeron (2020). Comparing the preservation of network properties by graph embeddings. In *IDA XVIII*, pp. 522–534. Springer International Publishing.

Wu, Z., S. Pan, F. Chen, G. Long, C. Zhang, et P. S. Yu (2020). A comprehensive survey on graph neural networks. *IEEE Trans. on Neural Networks and Learning Systems*, 1–21.

Zhang, D., J. Yin, X. Zhu, et C. Zhang (2020). Network representation learning : A survey. *IEEE Transactions on Big Data 6*(1), 3–28.

---

1. https ://github.com/vaudaine/Comparing_embeddings

Apport de l'entropie pour les c-moyennes floues sur des données catégorielles

Abdoul Jalil Djiberou Mahamadou*, Violaine Antoine*
Engelbert Mephu Nguifo*, Sylvain Moreno**

*Université Clermont Auvergne, CNRS, LIMOS, ENSMSE
LIMOS, F-63000 Clermont Ferrand France
{abdoul_jalil.djiberou_mahamadou, violaine.antoine, engelbert.mephu_nguifo}@uca.fr,
**Digital Health Hub, Université Simon Fraser, Vancouver, Canada
sylvain_moreno@sfu.ca

1   Introduction

La méthode de clustering flou des *c-moyennes* avec centroids flous FC (Kim et al., 2004) est une extension de la méthode fuzzy k-modes (FKM) (Huang et Ng, 1999) utilisant une représentation floue des centres des clusters. Après dérivation de la fonction objectif de cette méthode, il a été démontré dans (Djiberou Mahamadou et al., 2020) que la formule de mise à jour des centres ne permet pas de garantir la convergence de la méthode. Par la suite, les auteurs ont proposé deux extensions de FC dénommées FC* et CFE (Categorical Fuzzy Entropy c-means). Tandis que FC* utilise des mises à jour dures des centres, CFE incorpore la notion d'entropie dans la fonction objectif pour jouer un rôle de pénalisation sur les poids. Cela permet ainsi une répartition de la masse des poids plus équilibrée sur toutes les valeurs de l'attribut considéré. L'entropie favorise ainsi l'obtention de centroids flous. Dans ce travail nous avons comparé les méthodes CFE, FC* et FKM sur neuf jeux de données réelles.

2   Clustering avec centres flous et entropie

Soit $\mathbf{X} = \{\mathbf{x}_1, \ldots, \mathbf{x}_n\}$ un ensemble de n objets catégoriques décrits par les attributs $A_1, A_2, \ldots, A_p$. Considérons pour chaque attribut catégorique A_l tel que $1 \le l \le p$ le domaine $DOM(A_l) = \{a_l^{(1)}, \ldots, a_l^{(n_l)}\}$ contenant des valeurs uniques. Ainsi $\mathbf{x}_i = [x_{i1}, \ldots, x_{il}, \ldots, x_{ip}]$ constitue un vecteur de p observations du $i^{ième}$ objet et x_{il} dénote la valeur du $l^{ième}$ attribut de l'objet $\mathbf{x}_i$. Soit k le nombre de classes et $\mathbf{v}_j$ les centres tel que $\mathbf{v}_j = [v_{j1}, \ldots, v_{jp}]$ pour tout $1 \le j \le k$. Les centres flous introduit dans (Kim et al., 2004) sont définis par l'utilisation d'un poids w pour chaque modalité associée à l'attribut $A_l : v_{jl} = [w_{jl}^{(1)} a_l^{(1)} \wedge \cdots \wedge w_{jl}^{(n_l)} a_l^{(n_l)}]$, avec $0 \le w_{jl}^{(t)} \le 1$ et $\sum_{t=1}^{n_l} w_{jl}^{(t)} = 1$. La fonction objectif de CFE est définie par :

$$J_{CFE}(\mathbf{U}, \mathbf{W}) = \sum_{i=1}^{n} \sum_{j=1}^{k} u_{ij}^m d(\mathbf{x}_i, \mathbf{v}_j) + \alpha \sum_{j=1}^{k} \sum_{l=1}^{p} \sum_{t=1}^{n_l} w_{jl}^{(t)} log(w_{jl}^{(t)})$$

Avec $\mathbf{U} = (u_{ij})$ la matrice de partitionnement floue, $\mathbf{W}$ l'ensemble des poids, $m > 1$ le coefficient de paritionement flou, $d(\mathbf{x_i}, \mathbf{v}_j) = \sum_{l=1}^{p} \sum_{t,x_{il} \neq a_l^{(t)}}^{n_l} w_{jl}^{(t)}$ et $\alpha > 0$ un coefficient permettant de contrôler l'importance donnée à l'entropie. J_{CFE} est soumis aux contraintes $\sum_{j=1}^{k} u_{ij} = 1, \forall i \,; u_{ij} > 0 \,\forall i, \forall j \,; 0 \leq w_{jl}^{(t)} \leq 1, \forall j, \forall l, \forall t$ and $\sum_{t=1}^{n_l} w_{jl}^{(t)} = 1, \forall j, \forall l.$
Les formules de mises à jour des centres de FC* et CFE ainsi que leurs démonstrations sont décrites dans (Djiberou Mahamadou et al., 2020).

3   Résultats expérimentaux

Le tableau TAB. 1 présente les scores moyens (indice de rand) obtenus sur 100 itérations pour chaque méthode sur neuf jeux de données disponibles sur l'archive UCI. Les expériences sont conduites pour des valeurs de m variant de 1.1 à 2. Nous avons observé que m=1.2 donnait en général les scores optimaux pour tous les jeux de données considérées.

A partir du tableau ci-dessous, on remarque que les algorithmes CFE et FKM ont des scores

TAB. 1 – *Scores moyens obtenus pour m=1.2*

	FKM	FC*	CFE
Lung	0.55	0.56	0.56
Soybean	0.9	0.84	**0.93**
Zoo	0.88	0.87	0.9
Breast Cancer	0.52	0.5	0.**56**
Dermatology	0.48	0.42	**0.57**
Votes	**0.77**	0.76	**0.77**
Credits	**0.67**	0.6	**0.67**
Cars	**0.5**	0.48	**0.5**
Mushrooms	0.56	0.5	**0.58**

supérieurs à celui de FC*. On constate aussi que CFE et FKM ont pour certains jeux de données les mêmes scores. Des analyses statistiques montrent que sur tous les jeux de données considérées pour m variant de 1.1 à 2, CFE donne les meilleures performances. Tandis que la différence de performance est significative entre CFE et FC*, cette dernière est non significative pour CFE et FKM. Néanmoins, l'obtention des centres flous avec la méthode CFE à travers l'entropie peut permettre une meilleure caractérisation et interprétation des classes.

Références

Djiberou Mahamadou, A. J., V. Antoine, E. M. Nguifo, et S. Moreno (2020). Categorical fuzzy entropy c-means. In *Intl. Conf. on Fuzzy Systems (FUZZ-IEEE)*, pp. 1–6.

Huang, Z. et M. Ng (1999). A fuzzy k-modes algorithm for clustering categorical data. *IEEE Transactions on Fuzzy Systems 7*(4), 446–452.

Kim, D., K. Lee, et D. Lee (2004). Fuzzy clustering of categorical data using fuzzy centroids. *Pattern recognition letters 25*(11), 1263–1271.

Analyse de la connectivité fonctionnelle cérébrale de modèles murins par extraction de motifs fréquents dans des graphes

Aurélie Leborgne*, Florence Le Ber*, Laetitia Degiorgis*, Jules Massart*, Laura Harsan*, Stella Marc-Zwecker*, Vincent Noblet*

*ICube, Université de Strasbourg, CNRS, ENGEES, F 67000 Strasbourg
{aurelie.leborgne,florence.le-ber,laetitia.degiorgis}@unistra.fr,
{laura.harsan,stella,vincent.noblet}@unistra.fr

L'imagerie par résonance magnétique fonctionnelle (IRMf) est largement utilisée dans le domaine des neurosciences pour étudier le fonctionnement du cerveau. L'IRMf de repos est plus particulièrement utilisée pour mettre en évidence et caractériser des réseaux cérébraux, *i.e.,* des ensembles de régions qui s'activent de façon synchrone au cours du temps. Bon nombre de méthodes proposées pour l'analyse de ces données reposent sur une modélisation par graphe, chaque nœud correspondant à une région cérébrale et les arêtes représentant leur degré de corrélation.

Nous plaçons ici dans le cadre de la découverte de sous-groupes (Atzmueller, 2015), appliquée à des graphes, pour comparer et caractériser les séquences d'IRMf de repos de deux populations. L'étude porte sur un modèle de souris de la maladie d'Alzheimer (Thy-Tau22) (Degiorgis et al., 2020). Un groupe de 16 souris Alzheimer est comparé à un groupe de 13 souris contrôles. Vingt-deux régions connues pour être impliquées dans la maladie d'Alzheimer ont été sélectionnées. Les coefficients de corrélation partielle entre les décours temporels moyens de chaque paire de régions ont été calculés pour construire une matrice de corrélation pour chaque souris, matrice qui est ensuite binarisée en ne conservant que les corrélations supérieures à un seuil fixé θ.

Chaque matrice binaire est alors représentée comme un graphe, noté $\mathcal{G}_x^i = (\mathcal{S}_x^i, \mathcal{A}_x^i)$, où l'ensemble des sommets $\mathcal{S}_x^i \subseteq \mathcal{S}$ représente les aires du cerveau et l'ensemble des arêtes $\mathcal{A}_x^i$ représentent les liens entre ces aires pour la souris $i \in \{1, ... n_x\}$ de la population $x \in \{\text{Ctrl, Alz}\}$ (voir figure 1). Notons que chaque sommet de $\mathcal{S}$ n'est représenté qu'une fois au plus dans chaque graphe $\mathcal{G}_i^x$ (unicité des sommets).

L'approche mise en œuvre procède en deux temps : 1) extraction des motifs fréquents dans les deux populations confondues, à l'aide de gSPan [1] (Yan et Han, 2002) ; 2) analyse des motifs communs et distincts entre les deux populations. Des expérimentations ont été menées pour des seuils de corrélation θ variant entre $0,3$ et $0,6$, par pas de $0,1$. Le seuil de fréquence pour les motifs a été fixée à $\sigma = 0,25$. Le tableau 1 présente les motifs détectés comme différents entre les deux populations. Avec $\theta = 0,4$ on trouve deux graphes, g_1 (de fréquences $0,375$ pour le groupe Alz vs. $0,769$ pour le groupe Ctrl), regroupant 7 aires, et g_2 (de fréquences $0,625$ vs 1), regroupant 3 aires. Ces graphes ont des fréquences significativement différentes dans les deux populations. Avec $\theta = 0,3$, on trouve le graphe g_3 (5 aires) qui englobe g_2, mais dont la fréquence chute drastiquement chez les souris contrôles.

---

1. `https://github.com/betterenvi/gSpan`

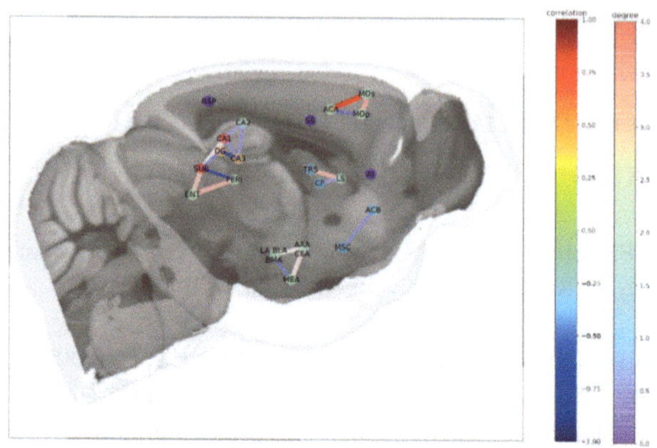

FIG. 1 : Représentations des relations fonctionnelles entre les aires cérébrales d'une souris sous forme d'un graphe

graphe	seuil fréquence	seuil corrélation	fréquence Alz	fréquence Ctrl	p-valeur
g_1	0,25	0,4	6/16	10/13	**0,034**
S_1 = {Both_ENT, Both_CA2, Both_SUB, Both_DG, Both_CA3, Both_PERI, Both_CA1}					
g_2	0,25	0,4	10/16	13/13	**0,013**
S_2 = {Both_MOp, Both_ACA, Both_MOs}					
g_3	0,25	0,3	9/16	2/13	**0,024**
S_3 = {Both_MOs, Both_MOp, Both_ACA, Right_SS, Left_SS}					

TAB. 1 : Sous-graphes détectés comme différents entre les deux populations

Ces résultats préliminaires offrent, par rapport aux approches classiques, une vision plus globale des réseaux altérées et démontrent une plus grande sensibilité pour détecter des anomalies fonctionnelles entre populations.

Remerciements. Les auteurs remercient Lille, Neuroscience & Cognition Center, Dr. Luc Buée et David Blum et le Laboratoire de neurosciences cognitives et adaptatives de Strasbourg, Dr. Anne-Laure Boutiller pour le modèle de souris. Ce projet a été soutenu par l'Idex Université de Strasbourg et le laboratoire ICube.

Références

Atzmueller, M. (2015). Subgroup discovery. *Wiley Interdisciplinary Reviews : Data Mining and Knowledge Discovery 5*(1), 35–49.

Degiorgis, L., M. Karatas, M. Sourty, E. Faivre, et al. (2020). Brain network remodelling reflects tau-related pathology prior to memory deficits in Thy-Tau22 mice. *Brain.*

Yan, X. et J. Han (2002). gSpan : graph-based substructure pattern mining. In *2002 IEEE International Conference on Data Mining, 2002. Proceedings*, pp. 721–724.

Prédiction séquence-à-séquence de séries temporelles multivariées et déséquilibrées avec des réseaux de neurones convolutifs

Mehdi Elion*, Sonia Tabti*, Julien Budynek*

*FieldBox.ai, Quai Armand Lalande, 33300 Bordeaux
melion@fieldbox.ai, stabti@fieldbox.ai, jbudynek@fieldbox.ai
https://www.fieldbox.ai/

Les équipements industriels sont fréquemment munis de capteurs mesurant différentes grandeurs physiques. Il en résulte un historique de séries temporelles à partir desquelles des modèles prédictifs sont construits. En particulier, la prédiction d'évènements rares (ex. pannes, anomalies) est un enjeu clé des opérations industrielles. Il existe plusieurs modèles de classification adaptés à ce type de données, dites déséquilibrées. C'est par exemple le cas des méthodes dites *cost-sensitive* où la fonction objectif pénalise davantage les erreurs relatives aux cas rares, ou encore des méthodes de rééchantillonnage des données d'entraînement. Cependant, moins de travaux traitent de régression déséquilibrée. Laptev et al. (2017) propose une modélisation d'évènements rares saisonniers peu adaptée aux procédés industriels. Torgo et al. (2013) ont proposé SMOTER (Synthetic Minority Oversampling TEchnique for Regression) qui est une adaptation à la régression de SMOTE (Chawla et al., 2002), un algorithme combinant sur-échantillonage de la classe minoritaire et sous-échantillonage de la classe majoritaire dans l'ensemble d'entraînement pour la classification. SMOTER a été adapté aux séries temporelles (Moniz et al., 2017) mais uniquement dans le cas univarié et pour prédire un seul pas dans le futur. Or, les opérations industrielles exigent souvent de prédire plusieurs pas dans le futur à partir de séries temporelles multivariées. Nous avons donc développé une nouvelle technique de rééchantillonnage pour séries temporelles déséquilibrées et multivariées, SMOTEST (Synthetic Minority Oversampling TEchnique for Sequence-To-sequence). Cette méthode étend SMOTER à ces problématiques et utilise un réseau de neurones convolutif unidimensionnel pour la prédiction. Plus précisément, notre but est de prédire à chaque instant un signal de sortie, composé des $w_{out} \in \mathbb{N}^*$ valeurs futures d'une variable cible y, à partir de signaux d'entrée composés des $w_{in} \in \mathbb{N}^*$ valeurs précédentes de y et de variables $(x_i)_{i \in [\![1,n-1]\!]}$.

Soit $\mathcal{D}$ l'ensemble des cas $(X, Y) \in \mathbb{R}^{w_{in} \times n} \times \mathbb{R}^{w_{out}}$ disponibles, où X et Y représentent respectivement les signaux d'entrée et de sortie. On définit une fonction $\Phi : \mathbb{R}^{w_{out}} \mapsto \mathbb{R}$ qui caractérise chaque séquence de sortie par une grandeur. Dans cette étude, Φ renvoie l'augmentation maximale dans la séquence de sortie, mais d'autres critères sont envisageables. Étant donné un seuil $\theta \in \mathbb{R}$ défini par l'utilisateur, l'ensemble des cas rares, dits *positifs*, est alors défini par $\mathcal{D}_P = \{(X, Y) \mid \Phi(Y) \geq \theta\}$. Le sur-échantillonnage s'effectue par itération sur les cas $(X, Y) \in \mathcal{D}_P$. Pour chaque cas, ses k plus proches voisins sont isolés. Ensuite, n_g cas synthétiques sont générés comme suit : un des voisins, noté (X_{nn}, Y_{nn}), est choisi aléatoirement, puis chaque signal d'entrée du cas synthétique courant (X_{new}, Y_{new}) est calculé par combinaison linéaire aléatoire de ceux contenus dans X_{new} et X_{nn} ; Y_{new} est alors généré comme une combinaison linéaire de Y et Y_{nn} dont les coefficients dépendent des distances entre X_{new} et X et entre X_{new} et X_{nn}. Les valeurs de k et n_g sont choisies selon le rééquilibrage souhaité.

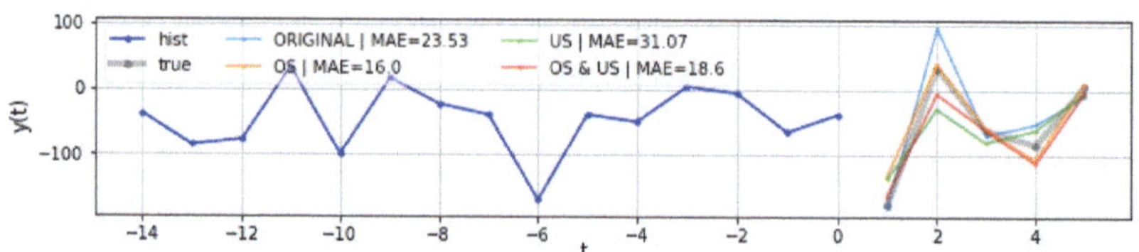

FIG. 1 – *Exemples de prédictions sur le jeu de données synthétique par les modèles avec différents modes de rééchantillonnage : OS (sur-échantillonnage), US (sous-échantillonnage) et ORIGINAL (aucun rééchantillonnage). La partie gauche (hist) représente l'historique de la variable cible utilisé en entrée du modèle, $w_{in} = 15$. La partie droite comprend la séquence de sortie (true) à prédire, $w_{out} = 5$, et les prédictions faites par les différents modèles.*

Nous avons étudié sur un jeu de données synthétiques l'influence du mode de rééchantillonnage : sous-échantillonnage, sur-échantillonnage ou combinaison des deux, cf. FIG. 1. Les résultats suggèrent que le sur-échantillonnage seul présente les meilleures performances. Notons qu'il a été testé que le sur-échantillonage proposé surpasse une simple duplication de données. Enfin, une application de cette méthode sur un jeu de données industriel confidentiel de contrôle qualité a montré des résultats encourageants (cf. TAB 1), démontrant ainsi l'intérêt applicatif de cette méthode. En travaux futurs, nous prévoyons d'étudier plusieurs méthodes de sur-échantillonnage ainsi que d'autres types de modèles prédictifs.

	Cas positifs		Cas négatifs	
	MAE	RMSE	MAE	RMSE
Original	0.36 ± 0.37	0.46 ± 0.43	$\mathbf{0.16 \pm 0.21}$	$\mathbf{0.19 \pm 0.23}$
SMOTEST	$\mathbf{0.34 \pm 0.35}$	$\mathbf{0.42 \pm 0.40}$	0.19 ± 0.21	0.22 ± 0.23

TAB. 1 – *Résultats sur les données industrielles de test ($w_{in} = 90, w_{out} = 20$). Les valeurs à gauche et à droite du signe $\pm$ correspondent resp. à la moyenne et l'écart type de l'erreur.*

Références

Laptev, N., J. Yosinski, L. E. Li, et S. Smyl (2017). Time-series Extreme Event Forecasting with Neural Networks at Uber. pp. 5.

Moniz, N., P. Branco, et L. Torgo (2017). Resampling strategies for imbalanced time series forecasting. *International Journal of Data Science and Analytics 3*(3), 161–181.

Torgo, L., R. P. Ribeiro, B. Pfahringer, et P. Branco (2013). SMOTE for Regression. In *EPIA*.

Extraction d'évènements au sein d'une plateforme de veille

Capucine Antoine*, Leila Khouas*

*Bertin IT R&D
396, rue du Mas de Verchant, Montpellier
capucine.antoine@outlook.com,
leila.khouas@bertin.fr
https://www.bertin-it.com/

1 Contexte et problématique

Dans le contexte d'une plateforme de veille stratégique, nous souhaitons intégrer un outil d'extraction d'évènements qui permettrait de présenter au veilleur les évènements pertinents décrits dans les textes collectés par le processus de veille mis en place. Cet outil devrait idéalement être capable d'extraire des évènements en plusieurs langues, de s'adapter à des types de textes hétérogènes et de traiter efficacement des volumes importants de données. Ce travail décrit notre approche pour réaliser un tel outil.

2 Extraction d'événements

Un évènement se produit, implique des participants et provoque un changement d'état. En général, l'extraction d'évènements est envisagée comme une tâche de remplissage de formulaire.

FIG. 1 – *Évènement de type **Attack** déclenché par **threw** et impliquant cinq arguments.*

Pour répondre à cette problématique, différentes approches sont proposées telles que des approches par extraction de motifs ou par apprentissage automatique, notamment à base de réseaux de neurones. Des compagnes d'évaluation ont permis de fournir des corpus éponymes (MUC, ACE, TAC, ...) et d'établir des typologies d'événements.

3   Approche utilisée

Nous utilisons une approche semi-supervisée basée d'une part, sur la construction automatique de dictionnaires de motifs à partir de corpus annotés, et d'autre part, sur des aménagements manuels du dictionnaire obtenu. Notre démarche repose sur l'utilisation de modèles de motifs de plus en plus complexes et riches, et leur évaluation en termes des indicateurs usuels de précision, rappel et F-mesure. La première étape consiste à construire automatiquement un dictionnaire associant un couple (trigger-POS) à un type d'événement ainsi qu'à des motifs caractéristiques. Ce dictionnaire est ensuite analysé et nettoyé manuellement pour écarter les triggers trop généralistes. L'extraction consiste à suspecter un type d'évènement dès que le couple correspondant dans le dictionnaire est détecté. Nous avons utilisé les composantes train et dev du

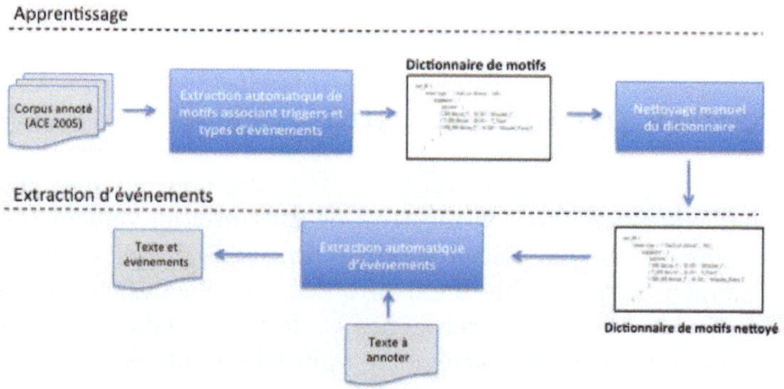

FIG. 2 – *Approche générale utilisée.*

corpus ACE 2005 pour l'apprentissage, et la composante test pour l'évaluation. Voici les résultats obtenus avec les premiers modèles :

	Précision	Rappel	F-Mesure
Identification du trigger	0.45	0.65	**0.53**
Classification du trigger	0.44	0.63	**0.54**

TAB. 1 – *Résultats des premiers modèles.*

Summary

Event extraction consists in extracting structured information about unstructured events in texts. This work focuses on event extraction in the context of business intelligence. We propose the model of an event extraction tool based on a semi-supervised pattern-matching method.

Combinaison de mesures lexicales et sémantiques pour l'extraction de données expérimentales dans des articles scientifiques

Martin Lentschat[*,**,***], Patrice Buche[***]
Juliette Dibie-Barthelemy[****], Mathieu Roche[**]

[*]Université de Montpellier.
[**]TETIS, Univ Montpellier, AgroParisTech, CIRAD, CNRS, INRAE, Montpellier
[***]IATE. Montpellier SupAgro,
Campus Gaillarde 2 place Pierre Viala Bât 31 34060 Montpellier Cedex 01
[***]MIA Paris. AgroParisTech, 16 rue Claude Bernard, F-75231 Paris Cedex 05

1   Introduction

Cet article présente une méthode pour représenter et mesurer la pertinence de données expérimentales extraites d'articles scientifiques. Dans le domaine étudié, les emballages alimentaires, le nombre de documents est réduit et ceux-ci contiennent un vocabulaire spécifique. Nous utilisons une Ressource Termino-ontologique (RTO) pour guider l'extraction, les approches par apprentissage n'étant pas adaptées à la taille du corpus. La RTO définit les entités d'intérêt et les décrits à travers un vocabulaire. Les informations recherchées sont liées aux relations de perméabilité et sont de deux types : symboliques (i.e. une expression lexicale) et quantitatives (i.e. une valeur numérique et son unité de mesure).

Les documents contiennent un grand nombre de faux-positifs dû à la présence d'informations n'étant pas liées à la perméabilité des emballages (par exemple, un nom d'emballage cité à titre de comparaison ou une température autre que le paramètre de contrôle de la mesure de perméabilité). Dans ce contexte, nous proposons ici une méthode complète et originale qui intègre une représentation multi-descripteurs des entités extraites permettant de calculer et combiner des scores de pertinence.

2   Méthode

Dans le cadre de ces travaux, nous nous appuyons sur la représentation (*SciPuRe*) (Scientific Publication Representation) (Lentschat et al., 2020a) qui utilise trois catégories de descripteurs afin de représenter les entités reconnues. Les descripteurs ontologiques indiquent le concept représenté et le concept générique dans la RTO. Les descripteurs lexicaux sont la manifestation de l'entité dans le texte, le terme dénotant l'entité et les termes utilisés pour la désambiguïser. Les descripteurs structurels situent l'entité dans le corpus à différents niveaux et renseignent son contexte : la phrase, la fenêtre lexicale, sa section et l'article. Ces descripteurs sont impliqués dans des scores de pertinence et permettent d'identifier les éléments pertinents.

La mesure de pertinence sémantique utilisée, *conceptual distance*, reflète la spécificité du concept associée aux entités extraites en mesurant la distance entre son concept et son concept générique (Harispe, 2014). Les pertinences lexicales étudiées reposent sur la fréquence des termes et la discriminance exprimée par les modèles *tf-idf* (Salton, 1983) et *tf-icf* (Wang, 1983). Combiner des scores de pertinence permet ensuite de conjuguer les différents critères sur lesquels ils reposent. Des combinaisons linéaires et séquentielles de scores sont étudiées. Notons que la combinaison séquentielle de deux scores consiste à appliquer un ordonnancement à un ensemble d'entités préalablement filtrées selon un autre score.

3   Expérimentations

Nos approches sont évaluées sur un ensemble de 50 articles scientifiques collectées manuellement sur le site *ScienceDirect* (Lentschat et al, 2020b). L'extraction des entités présente un rappel de 0.85, avec peu de fluctuations selon les entités considérées. La précision de 0.41 est sujette à davantage de variations, avec une moyenne à 0.47 pour les instances symboliques et à 0.14 pour les quantitatives. Les résultats montrent que les scores sémantiques et ceux fondés sur la fréquence sont efficaces pour filtrer les entités symboliques. La combinaison linéaire de scores n'a pas offert de gains significatifs. Opérer une combinaison séquentielle permet au contraire d'améliorer la mesure de pertinence des entités symboliques en particulier pour les noms d'emballages. Les instances de concepts quantitatifs, qui présentent des scores de précisions plus bas, peuvent être filtrées par l'usage de scores de type icf utilisant les segments textuels identifiés dans les publications.

4   Conclusion

Les expérimentations réalisées dans cet article montrent que le nombre important de faux-positifs peut être réduit par l'utilisation de scores de pertinences sémantiques, lexicaux et leurs combinaisons. Ces scores peuvent être utilisés afin de filtrer les résultats et déterminer un compromis entre exhaustivité et validité.

Références

Salton, G et McGill, M.J. (1983). *Introduction to modern information retrieval*. McGraw-Hill.

Harispe, S. (2014). *Knowledge-based semantic measures : From theory to applications*. PhD.

Lentschat, M., Buche, P., Dibie-Barthelemy, J. et Roche, M. (2020a). SciPuRe : a new representation of textual data for entity identification from scientific publications. In *Proceedings of the 10th WIMS conference*. pp. 220–226.

Lentschat, M. and Buche, P. et Menut, L. (2020b). Transmat gold standard. *CIRAD Dataverse doi :10.18167/DVN1/U7HK8J*.

Wang, D. et Zhang, H. (2010). Inverse-category-frequency based supervised term weighting scheme for text categorization *arXiv preprint arXiv :1012.2609*.

Quelle modélisation de l'espace politique français sur Twitter ?

Nicolas HERVÉ*

*Institut National de l'Audiovisuel - Ina
nherve@ina.fr

Dans le cadre général de l'analyse de la propagation des informations sur Internet et dans les médias, il est utile de considérer la dimension politique comme un des critères à observer et quantifier. Nous cherchons par exemple à savoir si les choix éditoriaux des principaux médias d'information sont en partie guidés par des considérations économiques, journalistiques ou politiques et à caractériser en quoi les discussions concernant l'actualité sur Twitter influent sur ces choix, notamment selon la polarisation politique des individus qui prennent part à ces échanges (Cagé et al., 2020) ?

Nous présentons ici la construction et la validation de l'espace politique latent permettant l'analyse de la polarisation de ces échanges [1]. Les publications sur ce sujet se situent majoritairement dans le cadre de l'espace politique bipolaire des USA. Nous basons nos travaux sur les approches développées par Barberá (2015) et Garimella et Weber (2017). Elles nécessitent toutes les deux l'existence d'un ensemble de comptes politiques de référence pour lesquels le positionnement politique est connu. Cette polarisation est ensuite propagée aux comptes Twitter anonymes en utilisant les liens structurels de *follow*. Intuitivement, plus un compte Twitter va suivre de comptes politiques d'un même parti, plus on va considérer qu'il en est proche idéologiquement. L'approche naïve de Garimella et Weber (2017) utilise une simple combinaison linéaire pondérée et fournit un positionnement sur un axe classique droite-gauche. L'utilisation de l'AFC, comme le propose Barberá (2015), est plus évoluée, elle ne nécessite aucun *a priori* sur les partis politiques et infère automatiquement leurs positionnements relatifs ainsi que l'importance de chacun des comptes politiques de référence. L'espace obtenu comporte n dimensions. Parmi les rares travaux spécifiques à la France, Briatte et Gallic (2015) utilisent cette dernière approche. En plus de la démarche de Barberá, nous proposons une approche similaire à celle de Garimella, spécifique à l'espace politique français. De plus, nous étendons ces deux modélisations en utilisant les informations de *retweet*. Il n'y a en effet aucune raison pour que l'action de suivre un compte politique particulier soit plus porteuse d'information sur le positionnement idéologique d'un utilisateur que lorsqu'il *retweete* ses messages. Nous avons donc 4 modélisations possibles que nous appliquons à l'espace francophone de Twitter. Nous introduisons de plus une mesure du degré de politisation d'un compte Twitter.

Pour nos expérimentations, nous avons constitué une liste de 4 824 comptes politiques de référence répartis selon 13 tendances. Nous pouvons ainsi établir la polarisation de 184 229 comptes en utilisant les liens de *follow* et de 168 393 avec les liens de *retweet*. En observant les deux premières dimensions des espaces de Barberá, on remarque que des clusters relativement

---

1. Une version longue et détaillée de cette publication avec de nombreux graphiques ainsi que la suite de nos travaux sont disponibles en ligne : http://www.herve.name/twitter-polarization

cohérents sont formés. Il est en revanche difficile d'interpréter la signification des axes déterminés par l'AFC. Pour l'espace basé sur les *follow*, il semble que les comptes soient distribuées sur un *manifold* de dimension intrinsèque plus faible qui préserve un classement des partis politiques selon l'axe traditionnel droite-gauche. On retrouve le même ordonnancement des partis sur l'espace basé sur les *retweets*, mais les comptes anonymes y sont plus uniformément répartis et l'espace est clairement tripolaire. En revanche, sur les deux espaces de Garimella, le positionnement sur l'axe droite-gauche est très cohérent.

Comme pour les travaux dans d'autres pays, nous ne pouvons procéder qu'à une validation partielle et indirecte de la polarisation politique. Nous utilisons deux approches inédites : corrélation de la distribution des polarisations avec des données issues du sondage du Reuters Institute pour les utilisateurs français de Twitter ($\rho = 0.940$ pour l'espace Garimella/*retweet*) et analyse qualitative de la polarisation de hashtags que l'on sait être très partisans. Nous disposons d'un corpus de 3.8 milliards de tweets en français sur une période de deux ans (Mazoyer et al., 2018). Nous en avons extrait les principaux *hashtags* et regardons le positionnement de certains d'entre eux qui sont *a priori* partisans. Un premier ensemble est constitué de tous les *hashtags* contenant 'soutien' ou 'demission'. Un second ensemble est lié au processus électoral, par nature partisan, avec les termes 'vote', 'europe', 'election', et 'municipal'. ainsi que le *hashtag* #directan qui concerne l'actualité des débats à l'Assemblée Nationale. Parmi les *hashtags* très proches des zones identifiées des partis, on retrouve naturellement ceux qui ont été utilisés pour les campagnes électorales (#envideurope, #renaissanceeuropeenne, #votezpourleclimat, #jevoteinsoumis, . . .) ou liés à certaines personnalités (#soutienfillon, #soutienmarine, . . .). Plus au centre, on a des *hashtags* ayant suscité de nombreux *tweets* mais ne concernant que très peu de comptes politisés.

Si on ne s'intéresse qu'à une modélisation sur une dimension unique droite-gauche, alors l'utilisation de Barberá permet d'avoir un bon résultat avec les liens de *follow*. Toutefois, l'approche Garimella fournit des résultats équivalents pour une mise en œuvre plus simple et plus souple. Si on utilise les liens de *retweet*, alors il conviendra de conserver au moins deux dimensions de l'espace latent. Pour une même base de comptes politiques de référence, l'utilisation des informations de *follow* ou *retweet* conduit à caractériser des ensembles de comptes Twitter différents et donc à pouvoir observer des contenus différents. Il est important de bien cerner ce périmètre avant d'interpréter les polarisations induites pour les contenus.

Références

Barberá, P. (2015). Birds of the Same Feather Tweet Together : Bayesian Ideal Point Estimation Using Twitter Data. *Political Analysis 23*(1).

Briatte, F. et E. Gallic (2015). Recovering the French Party Space from Twitter Data. In *Science Po Quanti*, Paris, France.

Cagé, J., N. Hervé, et B. Mazoyer (2020). Social Media and Newsroom Production Decisions. SSRN Scholarly Paper ID 3663899, Social Science Research Network, Rochester, NY.

Garimella, V. R. K. et I. Weber (2017). A long-term analysis of polarization on Twitter. In *11th International Conference on Web and Social Media, ICWSM 2017*.

Mazoyer, B., J. Cagé, C. Hudelot, et M.-L. Viaud (2018). Real-time collection of reliable and representative tweets datasets related to news events. In *BroDyn 2018 (ECIR 2018)*.

Comparaison de méthodes d'apprentissage automatique pour détecter les anomalies dans l'activité des animaux

Nicolas Wagner[*,**,***], Violaine Antoine*, Jonas Koko*, Marie-Madeleine Mialon**,
Romain Lardy**, Isabelle Veissier**

*UCA, LIMOS, UMR 6158, CNRS, Clermont-Ferrand, France
**UCA, INRAE, UMR Herbivores, F-63122 Saint-Genès-Champanelle, France
*** nicolas.wagner@uca.fr

1 Introduction

De plus en plus de domaines scientifiques collectent des données et cherchent à en extraire
de l'information pertinente. C'est par exemple le cas pour l'élevage de précision. Les éleveurs
doivent en effet détecter le plus rapidement possible toute anomalie chez les animaux afin
d'assurer l'efficacité de la production et le bien-être des animaux. Une telle détection semble
possible grâce à l'analyse des activités des animaux (Veissier et al., 2017). Dans cette étude,
nous travaillons sur des données de géolocalisation des animaux qui illustrent leur comportement sous la forme de séries temporelles. Ces données sont caractérisées par un cycle de 24
heures, un bruit important lié à leur acquisition comme par exemple l'imprécision des capteurs, la récupération manuelle des étiquettes, etc. et une fluctuation plus ou moins important
due essentiellement à l'environnement comme par exemple la proximité d'autres animaux.
Nous proposons une méthode basée sur les transformées de Fourier (**FBAT**) pour détecter les
anomalies de cycles dans les séries temporelles. Nous comparons FBAT avec les meilleures
méthodes d'apprentissage actuelles pour la classification des séries temporelles.

2 Fourier Based Approximation with Thresholding

La méthode FBAT (Wagner et al., 2020) permet de détecter les anomalies dans les séries
temporelles en mesurant les variations des composantes cycliques. Tout d'abord, l'algorithme
extrait deux sous-séries A et B de taille p et décalées de q. Une transformée de Fourier est
appliquée sur les deux sous-séries pour extraire leur décomposition harmonique. Avec ces
harmoniques, un nouveau modèle est calculé pour chaque sous-série selon la formule :

$$m(t) = \sum_{f=-z}^{z} |h_f| cos(2\pi f \frac{t}{p} + arg(h_f)), \quad z = 0...\lceil \frac{p-1}{2} \rceil, \tag{1}$$

avec $h_f \in \mathbb{C}$ l'harmonique correspondant à la fréquence f et z le nombre d'harmoniques à
conserver dans le modèle. Les deux sous-séries A et B sont retardées de q. Par conséquent, il
est nécessaire de synchroniser les modèles de A et de B en appliquant un décalage temporel

de $-\frac{q}{p}2\pi$ au modèle de B. La distance euclidienne d_{L2} entre les deux modèles est ensuite calculée, elle reflète la variation de la composante cyclique de la série temporelle. Enfin, un seuil τ est calculé par optimisation sur l'ensemble d'apprentissage (voir Wagner et al. (2020)) de telle sorte que $d_{L2} > \tau$ signifie que la série est anormale.

3 Expérimentations et Résultats

Un jeu de données composé de séries temporelles issues de capteurs fixés sur 28 vaches Holstein est utilisé pour comparer les meilleurs algorithmes de classification des séries temporelles : BOSS, DTW, Hive-Cote FCN et ResNet (Fawaz et al., 2019) avec la méthode FBAT. Le jeu de données comprend les étiquettes *normale* et *anormale* pour décrire l'état d'une vache (e.g. saine ou malade).

Le tableau 1 présente pour chaque classifieur la précision et le rappel pour les classes positives (étiquette *anormale*) et négatives (étiquette *normale*). Le temps CPU (en heure) est également récupéré des expériences (temps d'apprentissage + temps de test). Pour les méthodes d'apprentissage profond, un mode GPU est disponible.

		DTW	Hive-Cote	BOSS	FBAT	FCN	ResNet
$precision_-$		0.31	0.38	**0.43**	0.38	0.40	0.40
$rappel_-$		0.68	0.73	0.36	**0.90**	0.73	0.71
$precision_+$		0.82	0.87	0.80	**0.94**	0.88	0.87
$rappel_+$		0.49	0.60	**0.84**	0.50	0.64	0.65
temps (h)	CPU	1h10	28h	0h38	**0h06**	19h28	16h36
	GPU	-	-	-	-	1h16	2h13

TAB. 1 – *Résultats de tous les classifieurs.*

Deux algorithmes se distinguent : BOSS qui a un $rappel_+$ élevé mais un $rappel_-$ assez bas et FBAT qui donne des résultats inverses. Autrement dit, BOSS détecte la plupart des séries anormales mais produit un nombre élevé de fausses alertes alors que FBAT, qui est le plus rapide des algorithmes, détecte peu de séries anormales mais produit très peu de fausses alertes. La détection de série anormale par FBAT peut être améliorée en prenant en compte la détection d'au moins un jour anormal dans une plage horaire fixée. Ces résultats semblent adéquats pour une utilisation à la ferme. Un test par les agriculteurs est nécessaire pour valider cette conclusion.

Références

Fawaz, H. I., G. Forestier, J. Weber, L. Idoumghar, et P.-A. Muller (2019). Deep learning for time series classification : a review. *Data Mining and Knowledge Discovery 33*(4), 917–963.

Veissier, I., M.-M. Mialon, et K. H. Sloth (2017). Early modification of the circadian organization of cow activity in relation to disease or estrus. *Journal of dairy science 100*(5), 3969–3974.

Wagner, N., V. Antoine, J. Koko, M.-M. Mialon, R. Lardy, et I. Veissier (2020). Comparison of machine learning methods to detect anomalies in the activity of dairy cows. In *International Symposium on Methodologies for Intelligent Systems*, pp. 342–351. Springer.

Comparaison de représentations de textes en vue d'une analyse exploratoire

Florian Barbaro*, Fabrice Rossi**

*Université Paris 1 Panthéon-Sorbonne - Laboratoire SAMM EA 4543
florian.barbaro@etu.univ-paris1.fr
**Université Paris Dauphine-PSL - Laboratoire CEREMADE UMR 7534
rossi@ceremade.dauphine.fr

1 Introduction

Dans cet article, nous étudions de façon qualitative l'intérêt de plusieurs représentations vectorielles de textes pour l'analyse exploratoire d'un corpus. Une représentation élémentaire par sac de mots (unigrammes) est comparée à celle obtenue à partir de la distance Sinkhorn entre les textes calculée sur une représentation vectorielle des mots. Puis, une classification des textes ainsi représentés est construite à l'aide de l'algorithme *high-dimensional data clustering* (HDDC). Les différences, entre les représentations, sont illustrées grâce à un nouveau corpus de textes constitués à partir des rapports 8-K de l'entreprise *Wells Fargo* (pour les années 2015 et 2016). Nous analysons la cohérence des classes ainsi obtenues et cherchons à les caractériser en terme de vocabulaire et de sujets spécifiques.

2 Collecte et représentation des textes

Les rapports 8-K qui constituent notre corpus [1] ont été téléchargés avec l'outil EDGAR de la SEC [2]. 248 rapports ont ainsi été obtenus pour l'entreprise *Wells Fargo* (WFC), celle-ci ayant le plus publiée durant la période de l'indice S&P 500 [3], pour les années 2015 et 2016. Puis, suivant un pipeline classique, les textes ont été pré-traités pour obtenir un dictionnaire de 3778 racines distinctes.

Ensuite, les textes sont représentés de deux manières différentes. La première, qui s'inspire du seul article (Lee et al., 2014) qui à notre connaissance s'intéresse aux rapports 8-K, est basée sur une représentation par sac de mots. La deuxième, repose sur le transport optimal, champ de recherche très actif, et notamment la distance Sinkhorn. Pour obtenir une représentation vectorielle de cette distance, un plongement euclidien en appliquant un *multidimensional scaling* métrique est réalisé.

---

1. Disponible à cette adresse `https://github.com/FloFloB/article-EGC-2021`.

2. Securities and Exchange Commission, organisme fédéral américain de réglementation et de contrôle des marchés financiers.

3. S&P 500 ou Standard & Poor's 500 est un indice boursier américain basé sur les capitalisations boursières des 500 plus grandes entreprises ayant des actions cotées au NYSE (New York Stock Exchange) ou au NASDAQ (National Association of Securities Dealers Automated Quotations).

Comparaison de représentations de textes en vue d'une analyse exploratoire

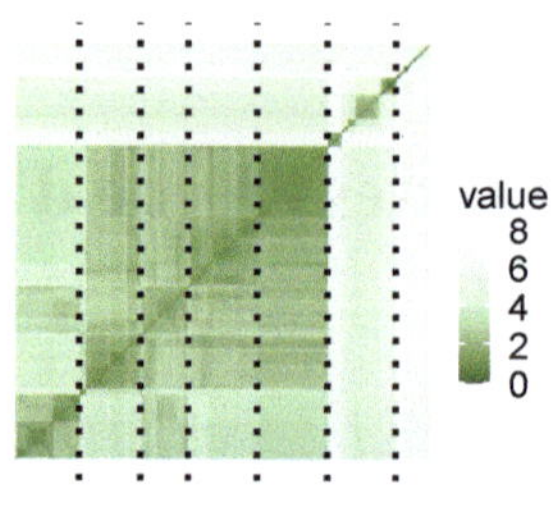

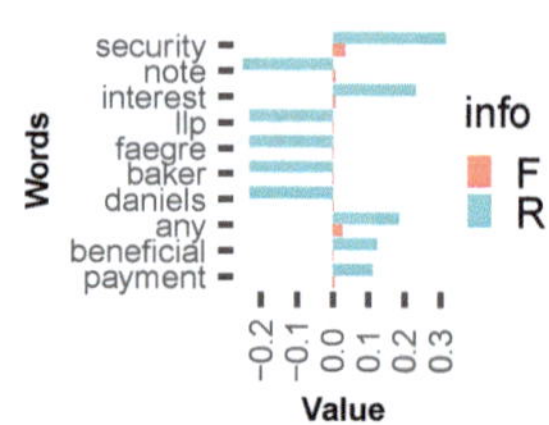

(a) Sinkhorn selon classes HDDC.

(b) Grandes rotations d'une classe Uni.

FIG. 1: Exemples de visualisations.

3 Classification et résultats

Dans l'objectif d'étudier l'intérêt de différentes représentationset pour rendre généralisable notre méthodologie, nous avons retenu l'algorithme *High-dimensional data clustering (HDDC)* (Bouveyron et al., 2007). En effet, les représentations vectorielles de texte ayant généralement une grande dimension dégradant les performances des algorithmes de classification, celui-ci a été spécifiquement conçu pour lutter contre le fléau de la dimension. HDDC est un modèle de mélange gaussien avec, comme spécificité principale, la sélection automatique, à l'aide du critère BIC, d'une projection spécifique en basse dimension pour chaque classe.

L'utilisation d'HDDC conduit à la sélection d'une solution à 3 classes pour les unigrammes et 7 classes pour le transport optimal. De manière empirique, nous avons noté qu'une course à la réduction de dimension amenait à l'élargissement du nombre de classes et à une difficulté accrue pour les analyser. Pour comprendre les projections ainsi obtenues, nous adaptons notre analyse selon les représentations. Pour les unigrammes, les matrices de rotation (cf exemple figure 1b, F pour fréquence et R pour rotation) permettent d'avoir une vision claire des mots générant les plus fortes rotations et donc de l'importance qu'ils ont dans la projection de chaque classe. Pour le transport optimal, l'étude se porte sur la matrice des distances Sinkhorn, figure 1a, et notamment des plans de transport afférents. Une analyse de l'entropie de ces derniers, permet de mettre en lumière les similitudes mais aussi les différences lexicales entre deux textes. Une entropie forte signifiant qu'un mot n'est que peu présent dans le texte sur lequel il est projeté et pour lequel il n'y a pas de mots similaires et le contraire si l'entropie est faible.

Notre méthodologie permet donc de mettre en lumière l'intérêt de différentes représentations sur l'analyse exploratoire de texte et d'offrir une alternative intéressante aux traditionnels *topic models*.

Références

Bouveyron, C., S. Girard, et C. Schmid (2007). High-dimensional data clustering. *Computational Statistics & Data Analysis 52*(1), 502–519.

Lee, H., M. Surdeanu, B. Maccartney, et D. Jurafsky (2014). On the importance of text analysis for stock price prediction. In *Proc. of the Ninth Int. Conf. on Lang. Res. & Eval. (LREC'14)*.

Vers la Reconstruction des Connaissances Agricoles: Perspectives de Détection des Risques Naturels à partir de Sources de Données Hétérogènes

Shufan Jiang[*,**], Rafael Angarita[*],
Raja Chiky[*], Stéphane Cormier[**], Francis Rousseaux[**]

[*]Institut Supérieur d'Electronique de Paris, LISITE, Paris, France
name.lastname@isep.fr,
[**] Université de Reims Champagne Ardenne, CReSTIC, Reims, France
name.lastname@univ-reims.fr

Le progrès des technologies de l'information et de la communication (TIC) visent à relever certains des défis les plus importants de l'agriculture Cox (2002). L'utilisation de ces TIC pour améliorer les processus agricoles est connue sous le nom d'*agriculture intelligente* Wolfert et al. (2017). Des chercheurs ont appliqué un large éventail de technologies pour s'attaquer à certains objectifs spécifiques liés à l'agriculture : des modèles de simulation Hammer et al. (2001), la vision par ordinateur et l'intelligence artificielle Patrício et Rieder (2018), des drones Tripicchio et al. (2015), et le paradigme de l'IoT Patil et al. (2012). Les **appareils IoT** collectent des informations et produisent des *données structurées*; cependant, des informations importantes liées à l'agriculture peuvent également provenir de différentes sources telles que des rapports périodiques officiels comme les *Bulletin de Santé du Végétal*(BSV)[1] et les réseaux sociaux tels que Twitter. Le BSV et les autres rapports formels sont des *données semi-structurées*. Les publications sur les réseaux sociaux sont des *données non-structurées*.

À partir de ce scénario, la question à laquelle nous voulons répondre est la suivante Jiang et al. (2020) : comment tirer parti de ces sources de données **dynamiques** et **hétérogènes** pour détecter des risques pour l'agriculture ? Pour répondre à cette question, l'objectif de cette recherche est de soutenir l'intégration dynamique de sources de données agricoles hétérogènes dans une base de connaissances complète qui peut soutenir les agriculteurs dans leurs activités, présenter des informations globales et en temps réel aux chercheurs et aux parties intéressées et soutenir les systèmes de détection des aléas. Pour cela, nous divisons ce travail en éléments suivants : (i) modéliser une ontologie des aléas naturels et leurs relations avec les cultures ; (ii) la classification automatique des sources de données suivantes selon l'ontologie des aléas naturels : le BSV, les tweets, les données IoT ; et (iii) enrichir l'ontologie des aléas naturels avec de nouvelles informations extraites des différentes sources de données.

Dans l'état de l'art sur l'intégration des données agricoles, le Web de données et les technologies du Web sémantique sont mobilisés. Les chercheurs d'Irstea ont conduit le Projet VESPA qui facilite la recherche documentaire par région, par période et par type

---

1. https : / /agriculture.gouv.fr/bulletins-de-sante-du-vegetal

de culture Roussey et Bernard (2019). L'INRA porte le projet CoSWoT pour augmenter l'interoperabilité et le raisonnement dans le Web sémantique des objets Antoniazzi et al. (2020). En particulier, dans ce travail nous présentons une approche pour la classification automatique des BSV avec BERT (Bidirectional Encoder Representations from Transformers) Devlin et al. (2019).

Références

Antoniazzi, F., G. Atemezing, F. Badeig, M. Bennara, S. Bernard, P. Champin, J. Chanet, C. Gravier, Y. Gripay, F. Laforest, M. Lefrançois, L. Médini, L. Moiroux, C. Roussey, S. Servigne, K. Singh, J. Subercaze, et A. Zimmermann (2020). Interopérabilité et raisonnement dans le web sémantique des objets : le projet coswot. In S. Ferré (Ed.), *IC 2020 : 31es Journées francophones d'Ingénierie des Connaissances (Proceedings of the 31st French Knowledge Engineering Conference), Angers, France, June 29 - July 3, 2020*, pp. 155–158.

Cox, S. (2002). Information technology : the global key to precision agriculture and sustainability. *Computers and electronics in agriculture 36*(2-3), 93–111.

Devlin, J., M.-W. Chang, K. Lee, et K. Toutanova (2019). Bert : Pre-training of deep bidirectional transformers for language understanding.

Hammer, G., J. Hansen, J. Phillips, J. Mjelde, H. Hill, A. Love, et A. Potgieter (2001). Advances in application of climate prediction in agriculture. *Agricultural systems 70*(2-3), 515–553.

Jiang, S., R. Angarita, R. Chiky, S. Cormier, et F. Rousseaux (2020). Towards the integration of agricultural data from heterogeneous sources : Perspectives for the french agricultural context using semantic technologies. In *Advanced Information Systems Engineering Workshops*, Cham, pp. 89–94. Springer International Publishing.

Patil, V., K. Al-Gaadi, D. Biradar, et M. Rangaswamy (2012). Internet of things (iot) and cloud computing for agriculture : An overview. *Proceedings of agro-informatics and precision agriculture (AIPA 2012), India*, 292–296.

Patrício, D. I. et R. Rieder (2018). Computer vision and artificial intelligence in precision agriculture for grain crops : A systematic review. *Computers and electronics in agriculture 153*, 69–81.
FR

Roussey, C. et S. Bernard (2019). Le web de données pour faciliter l'exploitation des bulletins de santé du végétal. *Sciences Eaux & Territoires Numéro 29*(3), 8–13.

Tripicchio, P., M. Satler, G. Dabisias, E. Ruffaldi, et C. A. Avizzano (2015). Towards smart farming and sustainable agriculture with drones. In *2015 International Conference on Intelligent Environments*, pp. 140–143. IEEE.

Wolfert, S., L. Ge, C. Verdouw, et M.-J. Bogaardt (2017). Big data in smart farming–a review. *Agricultural Systems 153*, 69–80.

Analyse de sentiments à base d'apprentissage profond dans les forums de discussions MOOC

Ahlem Mejri*, Dr. Mariem Mahfoudh*,**, Dr. Nihel Kooli***

*Université de Kairouan, Tunis, mejriahlem25@gmail.com
**Laboratoire MIRACL, Université de Sfax, Tunis, mariem.mahfoudh@gmail.com
*** Direction générale de l'armement de France, France, Nihel.Kooli@gmail.com

1 Introduction

Selon (Liu, 2012), l'analyse des sentiments (AS) est "le domaine d'étude qui analyse les opinions, les sentiments, les évaluations, les attitudes et les émotions des gens à partir du langage écrit". Elle vise à analyser les avis pour suivre l'humeur du public à propos d'un produit ou d'un sujet particulier. Notre travail s'intéresse au domaine d'apprentissage en ligne, plus particulièrement à l'AS des avis publiés sur les cours en lignes ouvertes et massives (MOOC). Le MOOC est un type de formation en ligne qui offre aux étudiants/apprenants la possibilité de suivre une formation à distance. Au cours de la formation, les apprenants ont tendance à discuter et publier fréquemment leurs avis sur les forums de discussions, rendant ainsi le travail des instructeurs très difficile en matière d'analyse des avis. Des travaux de la littérature ont cherché à analyser automatiquement les polarités des avis (Nikolić et al., 2020). Cependant, ils se sont concentré sur l'identification des sentiments selon trois classes : négatifs, neutres et positifs.

Nous utilisons des techniques de TAL avec une approche basée sur l'apprentissage profond (CNN) pour déterminer leurs polarités émotionnelles. Les avis sont classés en fortement positif, positif, fortement négatif, négatif, ou neutre.

2 Méthode proposée

Notre approche d'AS sur les MOOC comprend cinq étapes principales :

1. Collection des données : consiste à collecter les commentaires des apprenants de site MOOC Coursera. Ils sont 140320 avis.

2. Pré-traitement des données : consiste à appliquer certaines techniques de TAL, comme la tokonisation, le stemming, la suppression des mots vides sur les avis afin de bien les préparer à la phase de l'analyse.

3. Extraction des caractéristiques : utilise le TF/IDF et le word embedding pour transformer les avis en représentations numériques.

4. Classification des sentiments : adapter les représentations numériques des revues aux réseaux de neurones profonds CNN. Nous avons choisi cet algorithme suite à une comparaison. A titre d'exemple, l'algorithme Random nous a donné 88% comme Accuracy, SVM 90% alors que CNN(Modelseq3) 93%.

5. évaluation : la réparation des avis à cinq classes a donné : 22460 avis positive, 106516 fortement positive, 5923 neutre, 2554 négative et 2867 avis fortement négative). Ex.

– 1. it's not really attractive (négative) ; – 2. BOring (Très négative) ; – 3. Great course - I recommend it for all (Très positive) ; – 4. nice teacher (positive) ; – 5. It's ok (neutre). Le tableau 1 donne une comparaison avec quelques autres approches.

TAB. 1 – *Tableau comparatif de performance dans le dataset Coursera*

Auteurs	Technique	Précision
Rossi et Gnawali (2014)	SVM + noyaux linéaires	89%
Chaplot et al. (2015)	SentiWordNet + Réseau neuronal	77%
Notre Travail	TAL + CNN	93%

3 Conclusion

Nous avons proposé une approche d'analyse de sentiments sur le corpus MOOC Coursera. Elle se base sur le modèle CNN et permet d'identifier cinq classes (fortement négatif, négatif, neutre, positif, fortement positif) avec une précision de 93%. Cette classification nous aidera à mieux comprendre les besoins des apprenants pour une meilleure recommandation des cours.

Références

Chaplot, D. S., E. Rhim, et J. Kim (2015). Predicting student attrition in moocs using sentiment analysis and neural networks. In *AIED Workshops*, Volume 53, pp. 54–57.

Liu, B. (2012). Sentiment analysis and opinion mining. *Synthesis lectures on human language technologies 5*(1), 1–167.

Nikolić, N., O. Grljević, et A. Kovačević (2020). Aspect-based sentiment analysis of reviews in the domain of higher education. *The Electronic Library*.

Rossi, L. A. et O. Gnawali (2014). Language independent analysis and classification of discussion threads in coursera mooc forums. In *15th International Conference on Information Reuse and Integration*, pp. 654–661. IEEE.

Extraction de signaux comportementaux d'utilisateur et prédiction de conclusion de vente

Diana Nurbakova*, Sylvie Calabretto*
Timothée Saumet **, Jialiang Wei***

*LIRIS UMR 5205 CNRS, INSA Lyon - Université de Lyon
diana.nurbakova@insa-lyon.fr, sylvie.calabretto@insa-lyon.fr
**Tilkee SAS
tim@tilkee.com
***AKKA Technologies
jialiang.wei@outlook.com

Le problème de prédiction de conclusion de vente, PCV (deal closure prediction) consiste en l'estimation de la probabilité de convertir une opportunité (un client potentiel) en une vente. Ainsi, il est souvent formulé et abordé en tant que problème de classification binaire auquel sont appliqués des algorithmes d'apprentissage automatique (e.g. (Eitle et Buxmann, 2019)) et dont l'enjeu principal est l'extraction de features de différentes sources (e.g. (Aggour et Hoogs, 2013)). Dans le contexte industriel, ces features sont dans la majorité des cas directement issues de données du système de gestion de la relation client (GRC). Cependant, le problème de la qualité des données, en particulier les données manquantes et/ou erronées, persiste. Il est peut être lié au renseignement manuel par l'équipe commerciale mais aussi à l'absence de traces automatiques d'interactions des commerciaux avec les opportunités. Plusieurs travaux existants s'intéressent aux modèles de pertinence de document / résultats de recherche basés sur *les taux de clics* (CTR) (e.g. (Yu et al., 2019; Zheng et al., 2019)). Ainsi, ils considèrent peu l'engagement post-clic de l'utilisateur (Grinberg, 2018), en s'appuyant souvent sur le temps passé sur la page (dwell time) (Kim et al., 2014; Nurbakova et Saumet, 2020). Ceci est principalement lié à l'absence de données de log de traçage d'interactions d'utilisateur. Cependant, les interactions d'utilisateur avec le contenu des pages affichées (Huang et al., 2012; Grinberg, 2018) ont été utilisées afin d'étudier l'intention utilisateur ainsi que son attention lors de la lecture. Contrairement à ces travaux existant, nous cherchons à relier les interactions d'utilisateur lors de sa lecture de documents commerciaux avec son intention de conclure la vente. Dans (Nurbakova et Saumet, 2020), nous avons montré que la précision de la PCV basée uniquement sur le comportement de lecture de documents est relativement haute. Or, les features créées et utilisées par cette approche sont principalement de multiples agrégations de temps passé sur les pages de documents et des fréquences de visites. Ainsi, elles ne sont pas suffisamment discriminantes et n'exploitent pas le potentiel de tracking.

L'objectif principal de ce projet consiste en l'élaboration d'un algorithme d'extraction de signaux comportementaux d'utilisateur caractéristiques de son intérêt commercial et issus de sa lecture de document numérique. Ceci va servir de base à l'approche de PCV. Pour atteindre l'objectif visé, nous proposons une étude en plusieurs **étapes** : (1) Analyse de l'impact de signaux comportementaux sur la qualité de PCV en combinaison avec les données des opportunités issues de GRC ; (2) Extraction des régions d'intérêt de l'utilisateur et de ses motifs comportementaux de lecture (e.g. la séquence des pages consultées, événements de la souris, surlignement) à travers une étude utilisateur en faisant des parallèles avec les tâches de recherche d'information (e.g. (Grinberg, 2018)) ; (3) Proposition d'un algorithme de PCV tenant compte des résultats des étapes précédentes. En outre, il est envisageable d'effectuer l'étiquetage automatique des documents et d'en tenir compte dans l'algorithme de PCV. Ce dernier doit pouvoir passer à l'échelle et avoir un temps de réponse quasi-instantané ($\leq 2s$).

Ce projet s'effectue en collaboration avec une entreprise spécialisée en tracking de documents numériques. Ceci permet la validation de la pertinence de notre algorithme dans un environnement industriel sous forme de test A/B et d'études utilisateur. Il sera comparée à (1) la baseline actuelle mise en production dans l'entreprise ; (2) l'approche proposée en (Nurbakova et Saumet, 2020) ; (3) RandomForest qui est l'algorithme de base utilisé par Einstein du GRC Saleforce appliqué aux données clients sans les données comportementales de lecture.

Références

Aggour, K. S. et B. Hoogs (2013). Financing lead triggers : Empowering sales reps through knowledge discovery and fusion. In *Proc. of the 19th ACM*, KDD '13, pp. 1141–1149.

Eitle, V. et P. Buxmann (2019). Business analytics for sales pipeline management in the software industry : A machine learning perspective. In *52nd HICSS 2019, USA*, pp. 1–10.

Grinberg, N. (2018). Identifying modes of user engagement with online news and their relationship to information gain in text. In *Proc. of WWW '18*, pp. 1745–1754.

Huang, J., R. W. White, G. Buscher, et K. Wang (2012). Improving searcher models using mouse cursor activity. In *The 35th International ACM SIGIR '12*, pp. 195–204.

Kim, Y., A. H. Awadallah, R. W. White, et I. Zitouni (2014). Modeling dwell time to predict click-level satisfaction. In *7th ACM WSDM 2014*, pp. 193–202.

Nurbakova, D. et T. Saumet (2020). Deal closure prediction based on user's browsing behaviour of sales content. In *ICDM Workshops 2020*.

Yu, H.-T., A. Jatowt, R. Blanco, J. M. Jose, et K. Zhou (2019). A rank-biased neural network model for click modeling. In *Proc. of the 2019*, CHIIR '19, pp. 183–191.

Zheng, Y., J. Mao, Y. Liu, C. Luo, M. Zhang, et S. Ma (2019). Constructing click model for mobile search with viewport time. *ACM Trans. Inf. Syst. 37*(4).

Summary

The deal closure prediction problem consists in the estimation of the probability of transforming *an opportunity* to *a customer*. This prediction is often performed based on the client data entered to a CRM system. However, these data and the methods built upon them lack consequential data about document reading behaviour of users. In this project in collaboration with a company specialised in document tracking, we aim at proposing an approach to extract user behaviour signals allowing to enhance the results of deal closure prediction.

SentiQ: Une approche logique-probabiliste pour améliorer la qualité de l'analyse des sentiments

Wissam Mammar Kouadri***, Salima Benbernou*, Mourad Ouziri*
Themis Palpanas*, Iheb Ben Amor**

*Université de Paris, France
nom.prenom@u-paris.fr
**IMBA Consulting, France
prenom.nom@imbaconsulting.com

1 Introduction

L'opinion exprimée dans les données issues des réseaux sociaux représente un facteur majeur dans le processus de prise de décision. Cependant, malgré les avancés de recherche dans le domaine de l'analyse du sentiment, elle reste une tâche difficile en raison de la richesse et la complexité du langage naturel qui permet d'exprimer le même sentiment de différentes manières. Pour illustrer cette complexité, considérons les deux phrases : (a) Donald Trump softens tone on Chinese investments et (b) Trump drops new restrictions on China investment. Bien que (a) et (b) soient structurées différemment, elles sont sémantiquement équivalentes et expriment la même idée. Les travaux de recherche ont consenti que les textes sémantiquement équivalents doivent avoir la même polarité (Positive, Négative, ou Neutre). Cependant, nous avons constaté à travers des expérimentations intensives, que les algorithmes d'analyse de sentiments ne détectent pas la similarité entre les documents et extraient des polarités différentes conduisant à des incohérences *intra et inter-algorithmes*. Les incohérences intra-algorithme se produisent lorsqu'un algorithme extrait des polarités différentes de documents sémantiquement équivalents. Les incohérences inter-algorithmes représentent le cas où deux algorithmes extraient des polarités différentes d'un document. Dans ce papier, nous présentons SentiQ, un framework basé sur les réseaux logiques probabilistes de Markov (MLN) qui identifie et résout les deux types d'incohérences tout en améliorant la précision des algorithmes.

2 SentiQ : Une approche logique probabiliste pour une analyse de sentiment de qualité

Le vote majoritaire représente la solution triviale pour les problèmes d'incohérences intra et inter-algorithmes. Cependant, cette méthode attribut les mêmes pondérations à tous les algorithmes, ce qui implique une dégradation de la précision des algorithmes comme illustré dans Kouadri et al. (2020). Les limites du vote majoritaire ont été surmontées par des travaux de recherche comme celui de Ratner et al. (2020) qui attribue des pondérations aux algorithmes

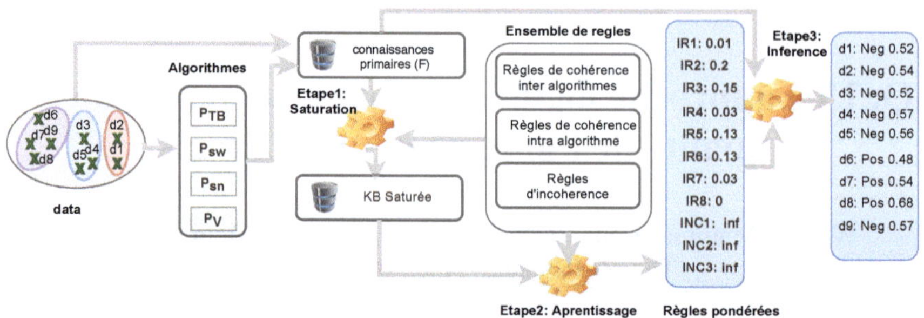

FIG. 1 – *Le framework SentiQ*

statistiquement en résolvant les incohérence inter-algorithmes, et celui de Ding et Riloff (2018) qui prend on considération la sémantique et améliore la précision en résolvant les incohérences intra-algorithmes. Néanmoins, aucun travail n'a traité les deux types d'incohérence en même temps. De ce fait, nous avons proposé SentiQ (FIG. 1), un framework basé sur MLN, qui résout les deux types d'incohérence et améliore la précision (Kouadri et al. (2020)).

•**Étape 1 - Le pré-traitement :** C'est la construction d'une base de connaissance $KB =<F, T>$, contenant les faits F et les règles T. Initialement, F contient les faits primaires, puis F sera saturé en appliquant deux types de règles d'inférences : (1) Les règles de qualité, dites *soft*, présument que les deux types de cohérence intra et inter-algorithmes soient respectées. (2) Les règles d'exploration d'incohérences.

•**Étape 2 - L'apprentissage de poids :** C'est l' attribution des pondérations aux algorithmes en se basant sur leurs cohérences : moins l'algorithme est cohérent, plus sa pondération est petite ; $min - \log P(Y = y|X = x) = min_{w_i} \log Z_x - \sum_i w_i n_i(x, y)$ tels que, X est l'ensemble F incohérents et saturés, Y l'ensemble des requêtes, Z_x un facteur de normalisation, et $n_i(x, y)$ le nombre de fois où les règles de qualité ne sont pas violées.

•**Étape 3 - L'inférence de la polarité adéquate :** C'est l'inférence des polarités les plus adéquates pour les documents. Cette polarité minimise les incohérences en prenant en consi-dération la qualité des algorithmes et qui est représentée par leurs pondérations.

Les résultats obtenus sont prometteurs, montrent l'efficacité de SentiQ, et l'intérêt de résoudre les deux types d'incohérence pour améliorer la précision des algorithmes.

Références

Ding, H. et E. Riloff (2018). Weakly supervised induction of affective events by optimizing semantic consistency. In *Thirty-Second AAAI Conference on Artificial Intelligence*.

Kouadri, W. M., S. Benbernou, M. Ouziri, T. Palpanas, et I. B. Amor (2020). Sentiq : A probabilistic logic approach to enhance sentiment analysis tool quality. In *WISDOM@KDD 2020 : The 9th KDD Workshop on Issues of Sentiment Discovery and Opinion Mining*.

Ratner, A., S. H. Bach, H. R. Ehrenberg, J. A. Fries, S. Wu, et C. Ré (2020). Snorkel : rapid training data creation with weak supervision. *VLDB J. 29*(2), 709–730.

Qualification du biais de données dans le processus de la science des données

Ginel Dorleon[1], Nathalie Bricon-Souf[1],
Imen Megdiche[1], Olivier Teste[1]

[1]Institut de Recherche en Informatique de Toulouse, France
prenom.nom@irit.fr

Dans le contexte de l'apprentissage machine, les données constituent la principale ressource pour guider les prises de décisions. Cependant, lorsque des biais existent dans les données, cela affecte de façon significative l'interprétation des décisions. Le biais est défini comme *une distorsion systématique d'une évaluation ou d'un échantillon statistique choisi de façon défectueuse*[1]. Notre travail consiste à définir et qualifier les biais dans les données utilisées au cours du processus d'apprentissage. Sur un processus d'apprentissage, nous avons identifié les étapes où les biais peuvent survenir. Nous définissons les biais selon Mehrabi et al. (2019) en les qualifiant tout au long du processus d'apprentissage comme illustré à la Fig.1. Nous soulignons dans la suite les défis liés à ces biais.

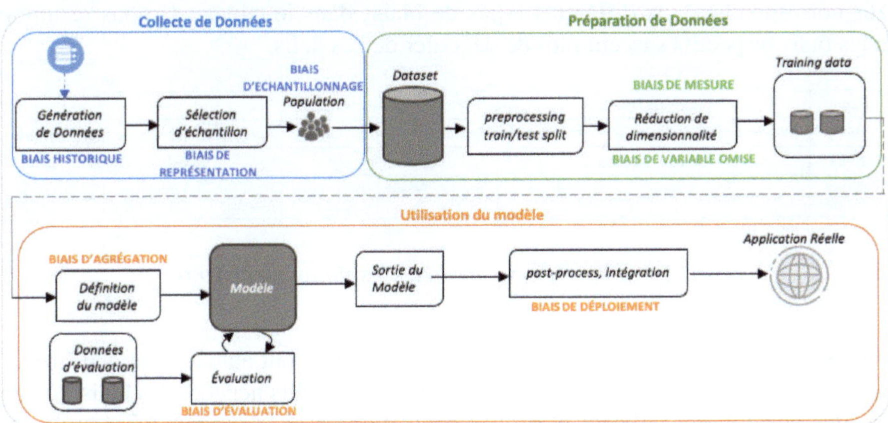

FIG. 1 – *Identification des biais au cours des différentes étapes d'un processus d'apprentissage automatique.*

Les biais dans le processus d'apprentissage. Nous présentons ce processus en trois étapes afin de catégoriser les biais. Chaque étape est dédiée à un objectif spécifique :

---

1. Le Petit LAROUSSE Illustré 2020, page 155

1. Collecte de Données : cette étape consiste à recueillir des données du monde réel par un échantillon de la population décrite par les données. Nous identifions trois types de biais à cette étape : (i) le biais historique qui concerne les problèmes socio-techniques déjà présents dans les données collectées ; (ii) le biais d'échantillonage qui est dû à la manière de réaliser l'échantillonnage (par exemple en modifiant la représentativité de certaines catégories dans les données) et (iii) le biais de représentation qui provient des critères utilisés pour échantillonner la population provoquant une sous-représentation des différents sous-groupes.

2. Préparation de Données : cette étape consiste à mesurer et à sélectionner les caractéristiques pour construire un ensemble de données d'apprentissage. Deux types de biais sont identifiés à cette étape : (i) le biais de mesure qui provient de la façon dont les caractéristiques sont choisies et (ii) le biais de variables (ou caractéristiques) omises qui se produit lorsqu'une ou plusieurs caractéristiques importantes sont omises pendant la phase d'apprentissage du modèle.

3. Utilisation du Modèle : cette étape regroupe les actions liées à l'entraînement, à l'évaluation et au déploiement du modèle. Nous identifions trois types de biais : (i) le biais d'agrégation qui apparaît lorsque le modèle est utilisé sur des sous-groupes avec des distributions conditionnelles différentes ; (ii) le biais d'évaluation qui se produit lorsque les données d'évaluation utilisées pour évaluer le modèle ne représentent pas la population cible initiale et (iii) le biais de déploiement qui surgit s'il y a un décalage entre le problème pour lequel le modèle est conçu et la façon dont il est réellement utilisé.

Les défis soulevés par les biais du processus d'apprentissage. Nous considérons trois principales catégories de défis : « Imbalanced Data », « Feature Selection », « Model Deployment ». Ces défis correspondent aux différents types de biais ; dans le tableau 1, nous résumons ces défis et les biais respectifs susceptibles de découler de ces défis.

Étape	Collecte de Données			Préparation de Données		Utilisation du Modèle		
Biais	Historique	Échantillonnage	Représentation	Mesure	Var. Omise	Agrégation	Évaluation	Déploiement
Défis	Imbalanced Data			Feature Selection		Model Deployment		
Solution Existante	-	Resampling	Reweighting	Ensemble Feature Selection	Double Cross-validation	Multi-task Learning	Subgroup Evaluation	-

TAB. 1 – *Défis et biais associés - solutions existantes*

Bien que nous ne proposions pas de nouvelles méthodes pour atténuer ces biais, nous identifions des solutions existantes pouvant aider à déjouer les effets négatifs des biais. Cependant, ces solutions doivent être utilisées dans leur contexte de biais respectif. Leur applicabilité à des contextes différents sera étudiée dans un prochain travail. Cette étude vise à sensibiliser les lecteurs sur les risques sous-jacents à la mise en place de modèles d'apprentissages sur des données biaisées.

Références

Mehrabi, N., F. Morstatter, N. Saxena, K. Lerman, et A. Galstyan (2019). A Survey on Bias and Fairness in Machine Learning. arXiv e-prints, arXiv :1908.09635.

Index des auteurs

Programme de la conférence

Conférences invitées

Session Agents, Assistants , interactions & recommandation

Session Clustering , Centralités, Découverte

Session Données séquentielles, temporelles

Session Données textuelles, LN - 1

Session Données textuelles, LN - 2

Session Graphes

Session Interprétation, Sélection, Recommandation, Causalité

Session Réseaux Sociaux et Données du web

Session Signal & Maintenance

Session Traces, Logs, Flux

Session Posters

Session Démonstrations

Résumé

La sélection d'articles publiés dans le présent recueil constitue les actes des 21ème Journées Internationales Francophones Extraction et Gestion des Connaissances (EGC 2021) qui se sont déroulées virtuellement du 25 au 29 janvier 2021. L'objectif de ces journées scientifiques est de rassembler dans un même lieu les chercheurs de disciplines connexes (Bases de Données, Statistiques, Apprentissage, Représentation des Connaissances, Gestion des Connaissances et Fouille de Données) et les ingénieurs qui mettent en œuvre sur des données réelles des méthodes d'extraction et de gestion des connaissances. Cette conférence est un évènement majeur fédérateur de la communauté francophone en Extraction et Gestion des Connaissances et regroupe des chercheurs de nombreux pays (notamment France, Belgique, Suisse, Canada, Afrique du Nord). Le programme de la conférence comprend aussi des présentations de chercheurs invités reconnus mondialement pour leurs travaux. Les communications rassemblées dans ce volume traduisent à la fois le caractère multidisciplinaire des travaux de recherche présentés, la richesse des applications sous-jacentes et la vitalité des innovations issues de l'extraction et de la gestion des connaissances.

Summary

The collection of papers presented in this book is the proceedings of the 21th International (French Speaking) Conference on Knowledge Discovery and Management (EGC 2021 in French) which virtualy took place on January, 25 to 29, 2021. The goal of this scientific conference is to bring together in the same location researchers working on closely-related subject (databases, statistics, learning, knowledge representation and manipulation, knowledge management, data mining) and engineers using knowledge discovery and management methods on real-life datasets. The conference is a major scientific event within the French speaking scientific community of these fields and gathers researchers from several countries (e.g., France, Belgium, Switzerland, Canada, North Africa). The conference program includes keynotes from worldwide known researchers. The papers compiled in this book show at the same time the multidisciplinary aspects of the fields, the abundance of the underlying applications and the vitality and the constant innovation of knowledge discovery and management.

Rédacteurs invités

Vincent Lemaire est data scientist et chef d'un programme de de recherche intitulé "Intelligent Data Engineering and Automated Learning" dans le domaine de recherche "Decision and Knowledge" chez Orange Labs, France. Il a obtenu son diplôme de premier cycle à l'Université de Paris 12 en traitement du signal et a été pendant la même période enseignant en électronique. Il a obtenu un doctorat en informatique à l'Université de Paris 6 en 1999. Il a ensuite rejoint la division R&D d'Orange, où il est devenu expert senior en data-mining. Il a obtenu son HDR en

informatique à l'Université de Paris-Sud 11 (Orsay) en 2008. Ses recherches portent
sur l'application de l'apprentissage machine dans divers domaines pour les entreprises
de télécommunications, avec une application principale actuelle dans le data mining
pour la veille économique, la détection de la fraude et la prédiction du churn. Il a
organisé plusieurs ateliers et concours d'apprentissage automatique, notamment la
KDD Cup 2009, le défi AISTATS 2010 sur l'apprentissage actif et d'autres défis, tu-
toriels ou ateliers d'ECML, ICML, ou encore de NeurIPS ...

Jérôme Azé est Professeur à l'Université de Montpellier. Il effectue sa recherche
au LIRMM dans l'équipe ADVANSE sur des problématiques de fouille de données
appliquées à la santé. Il a obtenu son diplôme de premier cycle à l'Université de
Rennes 1 en Informatique. Il a obtenu un doctorat en informatique à l'Université de
Paris-Sud 11 (Orsay) en 2003. Il est devenu Maître de Conférences en 2005 à Poly-
tech Paris-Sud. Il a obtenu son HDR en informatique à l'Université de Paris-Sud 11
(Orsay) en 2012 et a ensuite été recruté, en septembre 2013, comme Professeur des
Universités à Montpellier.